多元文化諮商
在臺灣

陳秉華　主編

陳秉華、郭崇信、陳金燕、黃光國、曹惟純、葉光輝
余安邦、李佩怡、趙文滔、許維素、吳熙琄、劉安真　著
李開敏、邱珍琬、趙祥和、黃瑩暖、王麗斐、杜淑芬

作者簡介
About the Authors

陳秉華 ▌主編;第一、六、十七章;結語

學歷:美國伊利諾大學諮商心理學博士

現職:國立臺灣師範大學教育心理與輔導學系兼任教授

郭崇信 ▌第二、三章

學歷:美國內布拉斯加大學—林肯分校諮商心理學博士

現職:加拿大溫莎大學臨床心理系教授

陳金燕 ▌第四章

學歷:美國威斯康辛大學—密爾瓦基校區哲學博士

現職:國立彰化師範大學輔導與諮商學系教授

黃光國 ▌第五章

學歷:美國夏威夷大學社會心理學博士

現職:國立臺灣大學心理學系特聘教授

曹惟純 ▌第七章

學歷:國立臺灣大學社會學研究所碩士生

現職:中央研究院民族學研究所研究助理

葉光輝 ┃ 第七章

學歷：國立臺灣大學心理學博士

現職：中央研究院民族學研究所研究員

　　　國立臺灣大學心理學系合聘教授

余安邦 ┃ 第八章

學歷：國立臺灣大學心理學博士（社會及文化心理學）

現職：中央研究院民族學研究所副研究員（2020 年 8 月退休）

　　　國立臺灣師範大學教育心理與輔導學系兼任副教授

李佩怡 ┃ 第九章

學歷：國立臺灣師範大學教育心理與輔導學系博士

現職：國立臺北護理健康大學生死與健康心理諮商系教授

趙文滔 ┃ 第十章

學歷：香港大學婚姻與家庭治療博士

現職：國立臺北教育大學心理與諮商學系教授

許維素 ┃ 第十一章

學歷：國立臺灣師範大學教育心理與輔導學系博士

現職：國立臺灣師範大學教育心理與輔導學系兼任教授

吳熙琄 ┃ 第十二章

學歷：美國愛荷華州立大學婚姻與家族治療博士

現職：茵特森創意對話中心執行長

劉安真 ┃ 第十三章

學歷：國立彰化師範大學輔導與諮商學系博士

現職：桐心理治療所諮商心理師、大休息心理諮商所特約心理師

李開敏 ▎第十四章

學歷：美國紐約亨特學院碩士後老人學

經歷：國立臺灣大學社會工作系兼任講師

旭立心理諮商中心諮商心理師

華人心理治療研究發展基金會諮商心理師

個人網站：https://www.kaiminglee.com/

邱珍琬 ▎第十五章

學歷：美國德州理工大學諮商師教育博士

現職：國立屏東大學教育心理與輔導學系教授

趙祥和 ▎第十六章

學歷：國立臺灣師範大學教育心理與輔導學系博士

現職：國立暨南國際大學諮商心理與人力資源發展學系副教授

黃瑩暖 ▎第十七章

學歷：國立臺灣師範大學國文研究所博士

現職：國立臺灣師範大學國文系副教授

王麗斐 ▎第十八章

學歷：美國密蘇里大學諮商心理學博士

現職：國立臺灣師範大學教育心理與輔導學系教授

美國密蘇里大學、教育學校與諮商心理學系「傑出國際客座教授」（永久聘任）

杜淑芬 ▎第十八章

學歷：國立臺灣師範大學教育心理與輔導學系諮商心理學博士

現職：中原大學教育研究所學校諮商輔導組副教授

諮商心理師

主編者序
Preface

　　1980 年後期我在美國讀博士班的時候，修了一門當時對我而言很新鮮的課——跨文化諮商，是由一位黑人女教授 Dr. Elaine Copeland 來上這門課，只記得當時課堂上主要在討論美國社會的黑白與種族議題，以及諮商中的跨種族與文化議題。對當年的我來說，這樣的討論離我的生活經驗很遙遠，我覺得我是到美國來學諮商的，不是要來探討種族議題的。唯一與我自身有相關的課題是「國際學生在美國校園的適應」，可惜這並不是當年美國跨文化諮商關心的題材；但很有趣的，也就是在這門課程的啟蒙下，我開始對於「種族與文化對諮商的影響」這主題有了興趣，於是透過一些思考與閱讀，我發展出了博士論文的題目：諮商師與個案在種族背景的相似性及使用的諮商方式，對於個案評定諮商師的可信性之交互影響。

　　這是我開始接觸跨文化諮商的背景，那時候美國的跨文化諮商（後來稱為多元文化諮商）剛起步，當時主要關心的議題是美國社會少數種族被白人歧視與壓迫，心理健康也因為處於被壓迫的社會處境而受到影響，然而少數族群個案對於使用心理諮商的反應不良，於是諮商界開始反省：即使在諮商室，白人諮商師面對少數種族案主，也會複製白人社會主流文化價值，因而不自覺地壓迫了少數種族案主。

　　我學成回到臺灣之後進入臺灣師大任教，開始在研究所開了多元文化諮商這門課，但是修課的學生極少，我認為這與 30 年前的臺灣社會還少有多元文化的意識有關。而我對於使用美國的多元文化諮商教科書，也覺得格格不入，因為書中所討論的種族議題對於臺灣社會並不適切。因此接下來的一兩年，我把課綱做了調整，放入一些中國文化與哲學思想的內容，開始想要把華人文化融入於心理諮商。這門課在開了兩三年後就因為修課學生太少而停開了，我發現學生主要修課的興趣就如同當年出國進修的我一般，只想專心把「諮商專業」學好。

　　這門課一停就是十多年的時間，再開啟我對於多元文化諮商的興趣，與 2000 年

我去夏威夷進修有關。在一個東西方文化交融的環境裡,反思自己受到的傳統文化及西方文化的影響,於是我的文化認同意識覺醒,我也才更意識到在西方心理學與諮商心理的專業裡,種族與文化議題已經成為了主流,被我擱置多年的多元文化諮商,已經在全面性的拓展,不但成為一個新的諮商專業領域,並且形塑了一個新的諮商專業視野。

從夏威夷回臺灣之後,我再度開始每隔兩三年就在臺灣師大心輔所開設多元文化諮商的課程,修課的學生比以前增加了一些,主要與臺灣的社會轉型有關。臺灣成為一個多元文化的社會,開始重視多元族群的存在,也因為新移民婦女增加、新移民子女出生,改變了臺灣的人口結構,加上婚姻、性別、性取向、老人、身心障礙等不同族群越來越受到政府與社會民眾重視,臺灣是一個多元文化的社會已經是不爭的事實。

如何與來自多元文化族群的案主工作,是臺灣的諮商工作者亟需增進的新知能,而諮商系所學生對於「多元文化諮商」這個名詞也開始不陌生,從使用的美國諮商教科書中總是可以發現有一章與多元種族及文化有關。臺灣近年來的諮商與輔導學會,也已經會以多元文化、多元族群的諮商為研討會或繼續教育的主題,多元文化諮商已正式成為臺灣諮商專業的一個領域。

除了臺灣社會快速變遷,華人本土心理學於臺灣的研究,也在過去 20 年蓬勃發展,積極推動本土化、在地化的心理學研究。回顧臺灣過去 40 年的輔導與諮商心理的教育訓練,主要是全盤接受與應用來自西方的諮商理論與技術,但是這些諮商理論背後所承載的歐美文化價值,卻是過去臺灣的諮商者少有反思的,幾乎是直接套用,對臺灣案主的文化合適性缺乏檢視,更遑論對臺灣社會不同族群的案主提供文化合宜的心理服務。這樣在地化的諮商實務與研究工作,需要在地的諮商工作者先有文化意識的覺醒,然後才能夠耕耘出文化特定的諮商工作模式與方法。

近年來,在我設計的多元文化諮商課程裡,除了教授美國教科書中的多元文化諮商概念,也與學生討論對臺灣不同族群的諮商(新住民、同志、原住民、老人等),以及華人傳統文化與西方諮商的結合、華人本土心理學研究對發展本土心理諮商的啟示等等主題。這樣的課程內容實施了多年,我對於設計的內容及帶給學生的啟發是滿意的,但是仍然一直苦於沒有一本合適臺灣學生的多元文化諮商教科書。多年來我使用的主要教科書,也是美國多元文化諮商的權威性教科書──Sue 與 Sue 所著:*Counseling the Culturally Diverse: Theory and Practice*,其中提到的概念雖然都很重要,但是這本書畢竟是在美國社會的脈絡下所寫,與臺灣社會情境是有落差的,課本中所舉出族群衝突的例子、諮商情境中的案例,都與臺灣的情境不同,於是腦中開始出現要出

版一本我們自己的教科書的念頭。

2015 年，來自加拿大的客座郭崇信教授在臺灣師大與我一起授課多元文化諮商，再度激發我「臺灣需要有自己的多元文化諮商教科書」的想法，乃與郭老師一起討論出本書的大綱與結構，決定集結國內在多元文化諮商領域的學者專家，共同撰寫與出版這本屬於臺灣第一本由國人自撰的多元文化諮商，以供未來教學與訓練之用。當我發出合作寫書的邀請信之後，令我驚喜與感動的是作者們紛紛表示全力支持，願意投入此書的撰寫。經過兩年的時間，這本巨著（因為很厚）終於要出版了，我在拿到一校稿後，有機會閱讀全書，並且在上學期開設的多元文化諮商課程中試用，我及學生都非常喜歡這本書。學生的反應是：內容豐富深厚，但是不易快速閱讀，常常需要停下來思考才能夠繼續；我的反應是：深深感謝所有作者們的用心，每位作者真的是在各自所擅長的主題上，呈現出長年所累積的專業知識與經驗，使得這本書的內容厚實與深入，是每位想要進入臺灣多元文化諮商領域之讀者必讀的好書。我也特別感謝郭崇信教授的支持，如果沒有他的討論與支持，這本書可能還繼續躺在我的腦袋中。

本書分為四大篇，第一篇為「基礎篇」，涵蓋第一章臺灣是多元文化的社會；第二章多元文化諮商風潮：回顧多元文化諮商的過去、現在、未來，及其對臺灣諮商的啟示；第三章多元文化諮商及專業訓練的基本定義、概念與架構；第四章諮商者的多元文化能力。第二篇為「華人文化傳統與心理諮商」，涵蓋第五章「自性」與「五常」：儒家文化中的倫理療癒；第六章人我關係協調的諮商模式；第七章孝道觀念在多元文化諮商中的應用；第八章民俗／宗教療癒做為文化諮商的另類形式：人文臨床學觀點。第三篇為「西方諮商理論在臺灣的應用與文化調整」，涵蓋第九章華人文化哀傷輔導與諮商；第十章運用在地文化進行家庭治療：文獻回顧與實務反思；第十一章焦點解決短期治療於臺灣應用的文化適用性；第十二章後現代敘事治療。第四篇為「特殊族群的多元文化諮商」，涵蓋第十三章多元性別諮商；第十四章多元文化老人諮商；第十五章原住民諮商；第十六章新住民諮商；第十七章儒家文化下基督宗教取向之諮商模式的建構；第十八章 Working WISER：臺灣學校輔導工作模式之本土化發展與建置。最後為結語：臺灣多元文化諮商未來發展的方向與任務。

本書適合諮商心理或心理相關系所學生、心理師、社工師、助人工作者閱讀，也可提供多元文化諮商教育工作者做為參考讀物。本書各章的架構先從主要概念與理論介紹出發，然後進入作者提出在這主題上的文化觀點與文化反思，再配以案例及解析，接著提出結論，最後附上學習活動及討論問題，可做為教師教學時帶領學生討論的材料。

　　承心理出版社的支持願意出版此書，特此感謝。也謝謝辛勞的編輯們，仔細校閱其中的錯字、不通順的字詞、缺漏或浮列的每一筆參考文獻。同時謝謝當這本書一校稿出來後，與我一起使用及討論的臺灣師大心輔所修課學生，與他們豐富的討論，激發了我寫出原本在時間壓力下想要放棄的最後一章結語。最後，感謝我的編輯助理吳馥濃。馥濃在就讀臺灣師大心輔所碩士班時修過我開設的多元文化諮商這門課，她對於教材內容是熟悉的，加上有很好的英文能力，所以郭崇信教授負責的章原以英文撰寫，便由馥濃翻譯為中文；除此之外，馥濃也義務承接下與各作者及出版社之間的往返聯繫、協助我查閱資料、作校對的工作，投入了許多時間，成為我得力的助手，特於此表達我內心的感激。

　　這本書的完成是所有參與者的心血結晶與貢獻，我深深的感謝，也願這本書的出版能對讀者具有啟發性與助益。

陳秉華 敬筆

2017.8.26

目次
Contents

第一篇

基礎篇

Chapter 1 臺灣是多元文化的社會

▍陳秉華

　　我對於「臺灣是個多元文化的社會」這樣的意識發展得很晚，最有印象的是從臺灣政治解嚴開始，我才意識到原來有與主流政治不同政治立場的群體存在。我的背景是外省移民的第二代，但是因為進入了一個幾乎都是外省第二代就讀的小學，小時候並沒有意識到所謂「文化的衝擊」。雖然我出生在臺灣，但我講的是國語，吃的是江浙菜，我的玩伴都是外省第二代，聽父母講的故事是他們在大陸成長與抗戰逃難的生命經驗；看著母親天天穿著旗袍去上班，相信我的故鄉是在海峽的對岸，我活在封閉的環境中，以為大家都和我一樣，渾然不覺其實我是臺灣族群中的少數，身邊大多數人都與我有著很不同的政治社會文化背景經驗。

　　隨著1980年代之後臺灣社會政治開放，我才發現原來臺灣是個多元文化的社會，有不同的族群、有不同宗教者、有不同的外來人口、有不同性取向者……臺灣蘊含著多元豐富的文化。也隨著在多元文化諮商領域的涉獵，我亦關注到臺灣的諮商還是很單一化，主流的諮商教育仍然是以教導應用歐美的諮商學派與技術為主，甚少注意並融入臺灣的多元社會文化特徵，去針對臺灣不同族群團體的文化發展合宜的諮商介入方法，以符合臺灣社會各族群的特殊需要。

　　我回顧臺灣的諮商發展，發現從1950年代開始，臺灣的輔導工作是以僑生輔導為工作重點開始萌芽，到現在經過六十餘年的發展與耕耘，臺灣的輔導與諮商已經進入到專業化與證照的時代，社會大眾對諮商輔導的需要與認識也普遍提升。在這幾十年間，臺灣的政治與社會急速變化，多元族群與本土文化的議題需要被諮商工作者重視，例如隨著少子化、新住民婦女及子女增加、老年人口攀升，臺灣的人口結構在改變，多元族群的心理需要與心理健康成為諮商界不可忽略的一環。而長期以西方諮商專業為主要訓練模式的臺灣諮商工作者，也需要面對全盤接受西方諮商理論與技術應用在臺灣民眾所產生的文化移植問題。本章將針對上述各議題做出探討與提出論述：（1）首先定義什麼是文化、族群、種族、少數群體、文化多樣性；（2）配合統計數

字呈現臺灣多元文化的人口結構,以增加讀者對於臺灣是多元文化社會的認識;(3)探討多元文化族群融合相處的阻力及多元文化主義;(4)臺灣諮商界如何準備迎接多元文化族群案主。

壹、文化、族群、種族、少數群體、文化多樣性的定義

一、文化

在談到多元文化社會與多元文化諮商時,首先需要先了解什麼是「文化」?如何界定「文化」?*Merriam-Webster Dictionary*(韋氏詞典)(2012)定義文化(culture)為:是一個種族、宗教或社會群體習俗、社會常規。因此,當要了解案主時,需要了解對於案主所來自的文化團體之常態想法與行為;對於一個文化團體是常態的行為,有時對於另一個文化團體可能就是非常態(或變態)行為。諮商師如果不了解案主的文化行為,很可能就會認為案主的行為怪異、不符合社會標準與社會規範,而認定案主的行為需要糾正或是改變以導入正軌。

Encyclopedia Britannica(大英百科全書)(2006)對於文化的定義為:文化是一組經整合的知識、信念與行為,人類將此整合到學習的能力中,並傳遞知識給下一代。文化是由語言、思想、信念、習俗、禁忌、準則、制度、工具、技藝、藝術、儀式、符號等組成,在其中生活的人,其態度、價值、想法、信念通常都會受到很大影響。當然,在文化中生活的案主,他們的語言、習俗、價值觀、信念、宗教/靈性、性別角色等等,也都會影響諮商的歷程。

二、族群

族群(ethnicity)被定義為:比對國家、地理、種族、宗教還要大的一種共同感(McGoldrick, Pearce, & Giordono, 1982)。這種共同感是一種受到認同與延續的歷史感而有的意識或潛意識之歷程。臺灣境內的族群可概括為:漢民族(閩南人、客家人、外省人)、原住民、新住民等。

三、種族

Orozco、Lee、Blando 與 Shooshani（2014）將種族（race）定義為：因著身體外型或基因生物性的不同，可將人分為不同的人種，例如：白種人、黃種人、黑人等。但是他們也指出，當今的研究認為種族內的差異往往大過於種族間的差異，而種族這個名詞更多具有的是社會性意涵。

四、少數群體

Corey、Corey 與 Callanan（1988）定義少數群體（minority group）為一群人被歧視或是不公平地對待。例如在臺灣的族群，漢人占了絕大多數，原住民與新住民是少數群體，他們在政治、經濟、社會階層等都處於相對弱勢，處於社會不利的地位。臺灣社會的少數群體，除了非漢人的族群之外，還包括老人、身心失能者、低收入低社經地位者、多元性取向者等等。

五、文化多樣性

學者們定義文化多樣性（cultural diversity）為：承認文化沒有唯一的標準、對錯或優劣的價值，主張文化相對主義，社會中不同的文化有不同的生活方式、不同的價值觀，我們尊重這種差異，而擁有雙文化或多元文化是具有優勢的（Pedersen, 1994; Sue & Sue, 2013）。

貳、臺灣社會多元文化人口結構

臺灣歷史發展形塑了多元的文化，包括原住民文化、17 世紀以後遷徙至臺灣的漢民族、歷史上曾進駐臺灣的西班牙、荷蘭、明鄭、滿清、日本等國際勢力，帶入不同的文化元素，進而混合及轉化（黃永川，2008）。近年來，則有新住民族群與外籍人口數量上升、人口年齡結構的變化等，影響了人口組成的樣貌；此外，臺灣人口中也包含了多元性別、宗教等族群。以下即分就臺灣多元的族群、性別、年齡、宗教、性取向等層面來探討目前的人口結構。

一、臺灣多元族群人口結構

截至 2016 年 8 月，臺灣人口共計 23,516,841 人（內政部統計處，2016e）。居住在臺灣的人口具有多樣性，自古以來，不同時期、各個地域都可能住著不同系統的人（吳密察、陳雅文，2005）。解嚴後，出現「四大族群」的名稱，用來稱呼先後來到臺灣的原住民、閩南人、客家人、外省人四個族群（梁世武，2009）。近年來，居住在臺灣的外籍人士和歸化取得國籍的外裔新住民人數亦有上升趨勢。

（一）原住民

截至 2016 年 8 月，臺灣原住民人口共 550,924 人（內政部統計處，2016h）。目前我國法定原住民族共有 16 族，包括泰雅族、阿美族、布農族、卑南族、達悟族、排灣族、魯凱族、鄒族、邵族、賽夏族、噶瑪蘭族、太魯閣族、撒奇萊雅族、賽德克族、卡那卡那富族、拉阿魯哇族。至 2015 年底，所有原住民中，山地原住民占 53.0%，為數較多，尤其拉阿魯哇族、卡那卡那富族、賽德克族、達悟族、鄒族、太魯閣族、布農族及泰雅族中，山地原住民超過該族人數的九成七以上；魯凱族、排灣族中，山地原住民約占八成，其他各族則以平地原住民較多（內政部統計處，2016f）。

就原住民各族人口而言，至 2015 年底，以阿美族人數占原住民總人口的 37.2% 為最多，排灣族人數占原住民總人口的 17.9% 次之，泰雅族人數占原住民總人口 15.9% 則居第三；此三族人口合計，占原住民總人數的七成以上。原住民人口在臺灣各地的分布，以花蓮縣占 16.8%、臺東縣占 14.5%、桃園市占 12.4% 最多；就一縣市中原住民人口所占的比率來看，則以臺東縣 35.6% 最高，花蓮縣 27.7% 次之，屏東縣 7.0% 居第三（內政部統計處，2016f）。

（二）閩南人、客家人、外省人

根據過往的統計調查，臺灣各族群的人口比例中，閩南人占總人口比率超過四分之三，客家人、外省人各在 10% 上下（徐富珍、陳信木，2004；梁世武，2009）；17 世紀後遷徙至臺灣的漢族為臺灣族群中的多數，其中又以閩南人居多。

值得留意的是，學者指出，過往臺灣的族群身分是參考戶籍資料、用血統來認定，隨著歷史上的遷移、人口發展與變化、族群間通婚漸增，現今族群認同轉為以個人認同或主觀認同，即由自我的界定為主（徐富珍、陳信木，2004；梁世武，2009）。

而外在的社經環境與族群之間的關係，則影響了主觀的族群分類（徐富珍、陳信木，2004）。

　　以客家人為例，行政院客家委員會（2011）以《客家基本法》中定義客家人的認定方式，即「指具有客家血緣或客家淵源，且自我認同為客家人者」，做為調查客家人口的依據。進一步定義時，以親生父母親、祖父母、外祖父母以及祖先是否具有客家人身分，做為衡量客家血緣依據；以配偶是否為客家人、其他家人是否為客家人、住在客家庄且會說客家話、職場或工作關係會說客語等，做為衡量客家淵源依據，若符合上述條件之一，且自我認同客家身分，即符合客家人定義。調查結果顯示，《客家基本法》定義之客家人口占臺灣人口的 18.1%，自我單一認同為客家人口占全國人口的 13.6%，自我多重認同的客家人口為 18.5%，廣義定義的客家人口為 24.8%。該調查也詢問受訪民眾在臺灣客家人、大陸客家人、福佬（河洛／閩南）人、大陸各省市人、原住民等身分中的多重認同，結果為 18.5% 受訪者表示自己是臺灣客家人，2.1%為大陸客家人，75.3%為福佬人，11.5%為大陸各省市人，3.6%為原住民，13.8%為臺灣人，另有 1.1%為其他（行政院客家委員會，2011）。由以上調查結果，可以看到臺灣民眾的族群認同以不同指標來界定時顯現的差異，且一個人的族群認同也可能是多元而非單一的。

　　另外，徐富珍與陳信木（2004）強調，當以「四大族群」概括稱呼時，容易忽略族群內部也存在著差異，無論原住民中的各族，或是閩南人、客家人、外省人之中，都可能具有語言、文化的異質性。

（三）新住民

　　近年來，因婚姻、工作、留學等因素移入臺灣的人口增加，也豐富了臺灣族群的多元性。內政部統計處（2016a）統計數據顯示，自 1982 至 2015 年曾歸化取得國籍者為 84,513 人，另外尚有未歸化國籍的外籍人士居住在臺灣。

　　外籍勞工占在臺外籍人口的多數。2014 年底，臺灣外籍人士（不含大陸）共 80 萬 1 千人，其中 82%來自東南亞國家。所有在臺外籍人士中，55 萬 2 千人為外籍勞工，占 68.9%，是外籍人士主要來臺原因，而外籍勞工以印尼籍占 41.6%、越南籍占 27.3%及菲律賓籍占 20.2%為多數（內政部統計處，2015）。

　　另一個外籍人士移入的主要原因為婚姻。以 2015 年的統計數字為例，該年結婚登記的對數中，其中一方為外籍者占 13%；其中，配偶來自大陸者占 46.6%最多、東南亞國籍占 31.3%次之，其他國籍則占了 16.4%（內政部統計處，2016c）。此外，

2016 年歸化取得國籍者為 3,612 人，其中以女性為主（94.8%），原因則以「為國人之配偶」占 93.4%為主，其原屬國籍以越南籍占 77.7%為最多（內政部統計處，2016d）。2014 年在臺外籍人士（不含大陸）中，尚未取得國籍的外籍配偶則占 5.3%，比例僅次於外籍勞工，其中以越南籍占 36.6%最多，泰國籍占 14.6%次之（內政部統計處，2015）。

　　除了外籍勞工與外籍配偶之外，在臺停留的外籍人士有許多因商務及觀光來臺，來自日本、美國等地為多數（內政部統計處，2015）。此外，近年來臺留學或研習的大專校院境外學生持續成長，104 學年度大專校院境外學生（學位生及非學位生，含外國學生、僑生及陸生等）在臺留學或研習人數總計 110,182 人，占大專校院在學人數的 8.27%。來臺正式修讀學位人數最高的前五名，依序為來自馬來西亞、中國大陸、香港、澳門、越南的學生（教育部國際及兩岸教育司，2016）。

二、臺灣性別人口結構

　　至 2016 年 6 月底，臺灣男性人口 1,171 萬 1,541 人占 49.82%，女性人口 1,179 萬 6,821 人占 50.18%，顯現人口結構偏向女性化（內政部統計處，2016g）。背後原因包括女性平均壽命高於男性（內政部統計處，2016g；范光中、許永河，2010）、外籍配偶移入人口增加（內政部統計處，2016g）。生育率下降及人口高齡化也有關聯，使得低齡與高齡人口的性別不平衡情況更加明顯（范光中、許永河，2010）。

三、臺灣年齡人口結構

　　由於生活水準及醫療技術進步、平均壽命提高，加上經濟型態改變、推行人口政策後的少子化現象，使得臺灣人口中的老年人口比例快速增加（內政部統計處，2016b），已進入高齡化社會。2015 年底，65 歲以上者占 12.51%，且預計於 2018 年進入高齡社會（老年人口 14%以上），2025 年會邁入超高齡社會（老年人口 20%以上），至 2061 年更估計老年人口將達 41%（內政部統計處，2016b；國家發展委員會，2014）。臺灣的老化指數（即 65 歲以上老年人口對 0-14 歲人口）亦逐年上升，由 2003 年底的 46.58%，提高到 2015 年底的 92.18%（內政部統計處，2016b），此老化指數上升的速度，除了低於日本，較許多其他亞太國家快速（范光中、許永河，2010）。人口老化的現象，也影響到社會各個層面，帶來經濟、家庭、政治、社會福利等方面的需求與變化（范光中、許永河，2010）。

四、臺灣多元宗教人口結構

　　根據美國研究機構皮尤研究中心（Pew Research Center）的報告，臺灣在全球宗教多樣性指數（Religion Diversity Index）最高的國家中名列第二。該指標以佛教、基督教、印度教、猶太教、伊斯蘭教、民間信仰、其他宗教與獨立宗教等團體的人數比例越接近的，代表宗教多樣性指數越高（引自中央通訊社，2014）。內政部統計處（2016b）的統計數字則顯示，至 2015 年為止，臺灣主要宗教類別包含佛教、道教、猶太教、天主教、基督教、伊斯蘭教、東正教、三一教（夏教）、理教、一貫道等共 21 個。各宗教登記或成立法人的寺廟教堂中，以道教 61.78%、基督教 16.32%、佛教 15.21%最多，寺廟信徒則以道教占 82.74%最多，佛教 15.29%、一貫道 1.62%次之。各宗教也進行社會服務工作，包括設立醫院、診所、文教機構、公益慈善事業等。

五、臺灣多元性取向人口結構

　　中央研究院社會學研究所「臺灣社會變遷基本調查」第六期第三次調查計畫中，蒐集臺灣民眾性傾向資料，統計結果為 94%表示自己是異性戀、0.2%同性戀、1.7%雙性戀、2.5%不確定、1%不知道（章英華、杜素豪、廖培珊，2013）。不過，楊文山與李怡芳（2016）指出，儘管該調查為臺灣第一個有系統蒐集性傾向資料的大型學術調查，其結果中性少數比率遠低於其他歐美國家的研究，認為該調查採用訪談的方式有可能影響受訪者表達性傾向的意願，且此題目僅針對受訪者之性認同自評進行調查，因而對該調查結果貼近真實、反映性傾向多元面貌的程度表示質疑。

　　楊文山與李怡芳（2016）針對臺灣北部 24 至 29 歲之樣本進行研究，納入不同性傾向之慾望、行為、認同三面向進行分析，結果顯示，約有 2.85%的男同性戀者與 5.21%的女同性戀者；此外，約有 8.86%的男非異性戀者與 27.65%的女非異性戀者（此研究中，非異性戀者為至少符合一項同／雙性戀指標者，即同／雙性戀慾望、行為或認同之中具有一項以上）。另外一份研究在 2004 至 2005 年間蒐集全國大專校院樣本，以分層叢集抽樣法取得 2,613 名大學生的有效樣本，該樣本中少數性傾向組（包含同性戀、雙性戀或對性傾向不確定者）為 118 名，占 4.5%（鄭聖樺，2007）。

參、多元文化族群融合相處的阻力及多元文化主義

多元文化的族群在一個社會中需要融合相處，但是要達到這樣的目標並不容易。社會中存在著許多阻力，包括刻板印象、偏見、歧視、種族中心主義、社會壓迫、社會特權等，在接下來的段落中將一一說明這些概念，在有了這些認識之後，我們需要進一步了解如何促進多元文化族群融合相處，以及與不同族群融合相處的能力是否為可以培養的。

刻板印象（stereotype）：是指為了簡化資訊處理的複雜性，人會傾向於對一個群體用一個概括的方式來描述。這樣概括的印象常常是建立在一段時間的接觸下所產生的認識，但因刻板印象常常是透過報章雜誌、各種媒體的傳播與報導，而不是建立在真實的接觸經驗，所以會有失真實，刻板印象也就容易成為偏見。例如社會大眾對於精神疾病患者的刻板印象是情緒不穩定、具危險性、缺乏意志力、心理脆弱等等。如果精神疾病患者也接受了社會大眾這樣的負面刻板印象，也用此種眼光來看待自己，就會對自己產生負面的自我形象，這樣的歷程稱為「內化的迫害」（internalized oppression）。

偏見（prejudice）：根據美國社會心理學家 Festinger（1954）所提出的社會比較理論，其中指出人會傾向於將自己與相似的團體人群（或稱為參照團體）做比較，如果比較的結果是正向的，就會對自己有好的感受。偏見是指一個人把自己或自己所屬的團體視為正向的參照標準，而對其他不同於自己或是不同於自己所屬團體的人做出負面評價，且認為來自與自己所屬團體的人比較優越，不同於自己團體的其他人就比較差。例如，臺灣社會的新住民婦女人口日益增加，但是她們在臺灣社會的處境常常處於劣勢，因著她們多數來自經濟較落後的地區、有較深色的膚色、使用不同的語言或不流暢／不標準的國臺語、信仰不同於臺灣社會主流的佛道教，所形成的文化差異就容易被臺灣社會歧視，被認為素質比較差，會把整體品質與競爭力往下拉。

歧視（discrimination）：意指對自己所屬的團體提供較佳的福祉，而剝奪了其他群體的利益，因而產生不平等的差別待遇。這樣不平等的差別待遇可能會透過體制或制度強制執行，例如在性別不平等的社會，企業中男女同工不同酬，女性的工作表現不比男性差，但是薪資與升遷機會卻比男性低。

種族中心的單一文化論主義（ethnocentric monoculturalism）：種族中心主義（ethnocentism）是指一個人或一群人把自己的世界觀當成評價的標準，認為是比其他人或

其他團體更加優秀（Leininger, 1978）。其會顯現在把自己或自己所屬團體的語言、習俗、信念、行為視為標準，而其他不同文化的人都是比較差的。種族中心的單一文化論主義是指在社會中所持有的價值觀、信念、行為都僅是建構在一群特定的群體之上，並且以此為標準判斷不同族群文化的優劣（Sue, 2001）。

Sue 與 Sue（2013）指出種族中心的單一文化主義包含了五個成分：（1）相信自己族群的文化傳統比較優秀；（2）認為其他族群的文化傳統比較低劣；（3）將優勢群體的標準與信念強加在劣勢群體身上而造成壓迫；（4）種族中心會呈現在組織與制度中，透過組織、制度的制定、法令、教育課程、工作的薪資與升遷機會等，造成對少數或弱勢群體的壓迫，又稱之為制度的種族主義（Jones, 1997）；（5）形成一種無意識的隱形面紗，使人把這種單一的文化價值當成是普世的、是真理，而無視於不同族群有不同的文化價值。

種族主義（racism）**與文化的種族主義**（cultural racism）：種族主義被定義為一個種族因為生物性的差異（例如：膚色、髮色），自認為能力與特質也因此會有不同，進而對其他種族有優越感，認為有權力凌駕於其他種族之上，而產生種族不平等。因為種族主義所產生的不公平之差別待遇，會來自個人的偏見與歧視，也可能來自透過制度、法規而產生的種族不公平，此又稱為制度化的種族主義（institutionalized racism）。制度化的種族主義會使一個種族獲得不當得的權力與地位，享有更多資源、資訊、權力、利益與發聲的機會（Orozco et al., 2014）。

文化的種族主義則擴大了種族主義的定義範圍，延伸到當某個文化群體認為他們的文化表現優於其他文化群體，而將行為標準強加於其他文化群體之上，例如：臺灣漢人對原住民的各種政策，要求原住民漢化，就是一種文化的種族主義；男性看不起女性，認為女性軟弱、情緒化，而不給女性管理階層的職務，也是一種文化的種族主義，或稱之為性別主義。以此類推，因年齡差別而歧視、有差別待遇稱為年齡主義；社會階層高者歧視社會階層低者稱為階級主義；異性戀性取向者歧視非異性戀性取向者稱為異性戀主義。

壓迫（oppression）**與社會壓迫**（social oppression）：壓迫的現象常出現在當一群體認同一套文化價值標準，會以此套價值標準強加在不同群體，而否定或剝奪了其他人的權利。社會壓迫來自於社會中一群體壓迫另一群體，例如：有錢人會歧視或壓迫窮人、男人會歧視或壓迫女人、異性戀者會歧視或壓迫非異性戀者、身心健康者會歧視或壓迫失能者等。受到壓迫者會感受到憤怒、羞辱、被貶抑、失能感、自尊低落，產生身心症狀，也因此更容易被標籤為病態。

　　社會特權（social privilege）：當一個群體享有權力、特權而壓迫或剝奪另一群體的利益，就是處於社會特權的位置。社會壓迫之所以會繼續存在，常常來自於享有社會特權的人沒有對壓迫—特權的社會結構做出改變。

　　對上述詞彙有了初步了解之後，就可以感受到不同族群要在一起共融相處非常不容易。在臺灣社會，對不同族群的刻板印象、偏見、歧視、種族中心主義、種族社會壓迫、社會特權都是存在的，而受歧視、被壓迫者的身心健康也會因他們的社會處境而產生負面的影響，常見的有情緒困擾、負面的自我形象、低自尊等。但是主流社會往往會無視於這些人不良的社會處境，而把他們的問題歸咎為能力差、不努力、缺乏上進心、缺少克服困難的毅力等個人的缺陷或問題。

　　自 1970 年起，多元文化主義（multiculturalism）在西方心理學領域興起，成為了第四勢力（Pedersen, 1999），其主張心理學者在了解人的行為時，需要增加文化的面向，從文化脈絡的角度去解釋人的行為。文化可以被狹窄地界定為一群人共享社會文化的傳統與歷史，例如同屬一個種族或族群；文化也可以被廣泛地界定為年齡、性別、居住地、社會階層、教育背景及所隸屬的團體。也因此，一個人的文化認同就不會是單一面向的，而是多面向的文化認同。

　　了解到每個人都受所隸屬的不同文化群體之影響，多元文化主義者呼籲每個人或群體都應尊重社會中存在的文化多樣性（cultural diversity），而不要以為別人或別的群體都與自己有相同的文化傳統，或是應該接受自己所認同的文化才是好的或正確的，這樣其實是活在封閉的文化膠囊（cultural encapsulation）中（Wrenn, 1962, 1985）。Wrenn（1962, 1985）提出這個概念，指出有些諮商師無視於與案主的文化差異，而將自己的文化價值強加在案主身上，在諮商室中造成了對案主的文化壓迫。Wrenn 更進一步說明，帶著文化膠囊的諮商師，將自己所認同的主流社會之文化價值視為是普世的價值，並強加在與自己有不同文化傳統的案主身上，因而對諮商的進展造成負面影響。

　　臺灣社會要如何看待多元文化族群的存在？我們能夠容許在一個社會中有多元文化的存在，並尊重與接納每個文化都可以保有各自的文化特殊性嗎？我們能夠尊重與接納文化多元性的社會，且朝向多元文化的共存共融，而不是讓少數或弱勢族群的文化被主流或強勢文化所同化（cultural assimilation）嗎？例如，外籍配偶在臺灣生活，他們可以自由地保有他們文化的特殊性，包括語言、飲食、生活習慣、文化價值觀、世界觀等，而不必被迫接受臺灣主流社會的文化，必須改變或放棄自己的文化認同（cultural identity）。

什麼是文化認同？當我們隸屬於一個文化團體，會接受這個團體既有的信念與習俗，這時就對個人產生極大的影響與意義；當我們越認清自己所從屬的團體是如何形塑了我們的生活，我們就會越清楚自己的文化認同（Pedersen, 1994）。文化認同的面向很多，可包括種族、族群、性別、性取向、社會階層、宗教、年齡、婚姻狀態、教育、所屬政黨、職場角色等。一個人可以在不同的面向都有特定的認同，因此組成一個人的是多元文化認同（multicultural identities），這不同面向的認同之間有時候是整合的，但有時候也可能會是彼此衝突的，例如一個高教育、高社經地位的基督徒男性，同時也認同自己是同性戀者，他在宗教認同面向與性取向認同面向上很可能會經驗到衝突，他的男性、高教育、高社經地位的身分與認同，會帶給他社會的優勢與特權，然而他的性取向會在主流異性戀的社會與教會團體中被排斥。如何協助在多元文化認同上有衝突的案主形成整合，是多元文化諮商工作者的任務之一。

　　一些多元文化主義者更積極地進一步提出社會正義（social justice）的概念，亦即倡議在民主社會中，每個人或群體都享有平等的機會、權力與資源分配公平、有權力決定自己想要的生活（Ratts & Hutchins, 2009）。社會正義有兩個重要的主張：一為承認社會中存在系統性的機制，在權力、資訊或機會獲得方面具差別性；二為透過資源的重新分配去改變不平等（Fouad, Gerstein, & Toporek, 2006）。臺灣社會多元文化族群共處，除了尊重彼此的文化多樣性，還需要對弱勢族群加以扶持，透過行動為弱勢族群發聲，參與改變不公平的社會結構與制度，使弱勢族群能夠獲得同等接受教育、醫療、就業等方面的機會。

肆、臺灣諮商界該如何準備迎接多元文化族群案主

　　歐美的諮商專業是一種單一的諮商文化，蘊含特定白人中產階級的文化價值，不同的文化族群並不共享這樣的文化價值，如果諮商師沒有文化敏感度與多元文化的認識，就很容易在諮商中把單一的文化價值強加在多元文化案主身上，造成在諮商中的文化壓迫。因此諮商師需要有多元文化諮商的訓練，也要了解什麼是社會正義諮商，以挑戰與擴大諮商者原本傳統的諮商角色。此外，臺灣諮商學習者在全盤吸收西方的諮商理論與方法時，必須去面對與思考臺灣社會文化與歐美白人文化的差異，以發展出適合臺灣社會文化的諮商理論與方法。臺灣的多元文化諮商教育因著與西方社會及國情的不同，無法複製西方的多元文化諮商教育訓練，也必須去建構合宜臺灣社會的多元文化諮商教育訓練內容。以下分別討論單一諮商文化的問題、多元文化諮商及社

會正義諮商的興起、臺灣推動多元文化諮商及其教育訓練與倫理的重要性。

一、單一的諮商文化

　　諮商專業的產生脫離不了社會與文化的脈絡。美國的心理學與心理諮商專業是建立在美國的社會文化脈絡之下，尤其是美國歐裔白人的文化，以中等社經階層文化為基調（Duan & Brown, 2016）。過去 20 年來在美國的諮商界，一些有多元文化意識的學者批評這樣的諮商文化是種族中心、單一文化，對不同的少數族群、女性、同性戀者等與美國主流文化不同的團體是有偏見的（Sue & Sue, 2013）。美國的諮商建構在白人的文化，文化特徵包括信仰基督宗教、個人主義、清教徒的工作倫理與資本主義、流暢的標準英語、情緒控制、身體特徵為藍眼淺棕色皮膚等（Anderson & Middleton, 2011），以及強調競爭、控制、人定勝天、直線的時間觀、科學與宗教分離（Katz, 1985）。Sue 與 Sue（2013）指出在美國社會，具有這些特質者通常會得到比較好的對待，獲得比較多的社會資源，而將來自其他不同文化、具有不同文化特質者視為文化次等，例如：有深色膚色、非基督宗教信仰、集體主義文化、採取間接溝通方式、來自非白人種族者，在美國社會常常會被負面地評價，被視為較不聰明、較不具資格、較不受歡迎。因此，美國學者 Schofield（1964）指出，諮商服務偏好的族群具有 YAVIS（Young, Attractive, Verbal, Intelligent, Successful）特徵：年輕、有吸引力、口語能力好、聰明、成功的。而少數族群通常不符合這些特徵，在接受心理諮商服務時，容易被標籤為：是病態的、抗拒不合作、缺少內省能力等，導致這些案主無法與白人諮商師建立信任關係，會提早離開或是不去使用諮商服務（Remy, 1995）。

　　Sue 與 Sue（2013）指出美國的諮商有三種蘊含的價值特性：受文化綑綁的價值、受社會階層綑綁的價值、以及受語言綑綁的價值，與這些價值是否相符會影響諮商的有效性。三種價值特性分述如下：（1）被文化綑綁的價值是指：以個人為中心，重視口語、情緒與行為的表達，個案有洞察力，開放與親密的自我表露，有科學邏輯思考力，對挫折容忍性高，主動與直接溝通；（2）被社會階層綑綁的價值指的是：來自中產階級、準時出席、不尋求立即性的解答而有餘暇安排長時間的處遇計畫；（3）被語言綑綁的價值是指：使用標準的英文、重視口語表達。在美國社會，能夠符合這些價值特性者就是中產階級的白人。這些諮商文化價值對於有不同文化傳統的案主是非常不利的，以亞裔案主來說，常見的是以家庭為中心、不輕易表露情緒、在權威面前不主動不直接溝通、多沉默、期待快速且具體的建議與問題解決、有口音的或不標

準的英文，這些都與美國的諮商文化有距離。

　　雖然諮商工作者的角色是在協助個案提升自我效能感，但是諮商者卻可能不知不覺地在與案主的互動中產生了文化壓迫（cultural oppression）。這現象是如何產生的？諮商工作者受到自己文化傳統的影響，而在評估個案問題、為個案訂定諮商目標時，就以自己所認同的文化價值為依據強加在個案身上，卻未敏感於這樣對來自不同文化傳統的個案是否合適。在一個美國跨文化諮商研究中，發現華裔美人與白人精神科醫師在診斷華人與白人病患的文化差異與文化壓迫情形（Li-Repac, 1980）；白人精神科醫師在評估白人病患時，會使用更多「有情感的」、「冒險的」、「有能力的」這樣的形容詞，而華裔精神科醫師會用更多「主動的」、「有攻擊性的」、「叛逆的」來形容同一個白人病患；而面對華人病患，白人醫師會用更多「焦慮的」、「笨拙的」、「緊張的」、「安靜的」這樣的形容詞，而華裔醫師更多使用「適應的」、「警覺的」、「可靠的」、「友善的」於同一個華人病患。為什麼會這樣呢？誰的判斷是較為準確的？從這個研究直指一件事——無論是白人或是華裔精神科醫師，他們在臨床上的判斷都是受到自己種族中心的信念與價值的影響（Sue & Sue, 2013）。

二、多元文化諮商

　　Duan 與 Brown（2016）認為多元文化諮商的本質與多元文化主義、文化多樣性是相似的，因著個案多向度上（種族、性別、社經地位、年齡、性取向、宗教……）的文化背景與認同的多樣性，諮商工作者需要對案主的文化多樣性背景有覺察與認識，也需要了解案主這些多樣性的文化背景在社會中所獲得的優勢或是社會不利的處境，然後提供案主具有文化敏感度的介入處理，為社會不利的案主增權賦能。當諮商師與案主來自不同的文化傳統而有不同的文化認同時，多元文化的價值與世界觀就流動在諮商師與案主的互動中。例如，異性戀取向的諮商師認定異性戀就是普遍的性取向，當面對一位女性案主提出她的感情困擾時，未加思索也未加探問，就認定案主談的是與異性間的情感困擾，即為一種缺少多元文化敏感度的反應。

　　在西方白人社會，個人追求獨立自主與自我實現是每個人的目標，Triandis（1989）稱之為「個人主義的文化」。然而，也有許多其他族群追求的是家庭或社會集體的利益，可以為他人而犧牲個人的權利，看重人際間相互依賴的關係，尊重長者與權威，稱之為「集體主義的文化」。當諮商師來自個人主義的文化，看到來自集體主義文化的案主事事會考量到與他人的關係，若沒有意識到他與案主之間存在著文化的多樣

性，就可能會種族中心地評斷案主的問題來自於不夠獨立自主，而想要引導案主成為更獨立自主的個體，這就會對案主造成文化壓迫，也對案主提供了文化不合宜的諮商方向。

不認同多元文化諮商重要性的工作者會這樣說：「我沒有看到個案的文化差異，我眼中看到的是每個個案都是獨特的」，這樣的說法好像言之成理，每個個案的確都是獨特的，但是每個個案並非獨立於社會文化脈絡真空地活著，他們無時無刻不受到社會文化處境的影響，就像諮商師自己也隨時隨地都受到社會文化處境的影響一樣。所以在多元文化諮商訓練中，第一步就是要協助諮商學習者覺察自己在多向度上的文化認同，也要了解不同族群的個案有不同的文化認同，做為多元文化諮商工作的起始。

三、社會正義取向諮商

Sue 與 Sue（2013）深切了解到諮商與社會政治環境的關係密不可分，而個人的處境及心理健康也與所生存的社會環境息息相關，因此諮商工作者不能夠只是與個案工作，不能夠把個案的問題視為他個人的問題，例如：能力不夠、努力不夠等。他們根據 Toporek、Lewis 與 Crethar（2009）提出的社會正義取向（social justice approach）論點，將之延伸到諮商工作，提出以下的原則：（1）個人遇到的問題可能不是個人本身的問題，而是社會系統與環境的問題；（2）違反社會常規的行為不一定是失調或是不健康；（3）社會的常規、主流的想法、制度政策都可能需要被挑戰與被改變；（4）看重預防更勝於治療；（5）組織的改變涉及巨觀系統，諮商者所扮演的角色與需要的技巧會超過傳統諮商工作者。依此，Sue 與 Sue（2013）定義社會正義的諮商為：這是一種哲學取向，目的是創造一些情況使平等的機會發生，減少群眾因在教育、健康、就業及其他各方面的差距，所造成生活品質的降低；他們鼓勵心理健康工作者不僅是採用微系統（Micro），也要採用中系統（Meso）、巨觀（Exso）的層面做個案及個案系統的評估、診斷與處遇；要擴大助人者的角色，不僅是傳統的諮商者／治療者，也要是倡議者、諮詢者、心理教育者、改變代理者、社區工作者等。

社會正義諮商挑戰傳統的諮商思維，認為人的問題是個人的問題，心理動力學派、人本主義學派、認知或認知行為學派，都持著問題存在於個人本身，無論是要從內在心理衝突的根源做探尋，或是去發現個人存在的生命意義價值，又或是去改變使人產生困擾的認知與行為，都沒有觸及外在生存的社會與政治環境對人的影響。社會正義諮商引導諮商者去看到諮商室不是一個真空的環境，需要去發現外在的社會系統

也在影響著諮商室內的諮商者及案主的心理與行為表現；諮商者對案主的工作不僅僅是在諮商室內的談話，可以走出諮商室，透過組織與行動的方式，去影響及改變對案主不利的生存環境。舉例而言，一個身心障礙的學生在學校遭受同學的排斥及言語霸凌，諮商師所要做的就不僅限於在諮商室中陪伴這個孩子、傾聽他所受到的傷害，還要能支持他、與他討論如何面對霸凌；諮商師需要走出諮商室，參與或推動校園的反霸凌措施，使學校環境能夠有所改善。

四、在臺灣多元文化的社會，推展有文化視角的諮商之必要

　　臺灣目前已是一多元文化的社會，諮商工作者面對的不再是單一的族群，在面對多元族群的案主時，諮商師的教育訓練也需要在傳統的諮商教育訓練之外，增加多元文化諮商的教育訓練，才能夠因應當前多元族群的案主需要。而臺灣的諮商工作者，除了需要有多元文化諮商的訓練之外，還需要面對諮商員教育的本土化議題。臺灣的諮商工作者需要意識到所學的諮商訓練幾乎都是來自於西方歐美社會，夾帶著西方歐美社會的文化價值及世界觀，這些與臺灣社會文化的價值不是相同的。臺灣的諮商工作者需要將西方的諮商理論與方法經過調整，發展為臺灣文化適用的諮商理論與方法，也需要從臺灣的在地文化中去擷取可用在心理諮商的理念與方法，發展具有在地文化特殊性的諮商工作模式。以下將分別說明之。

　　多元文化諮商的理念是在多元文化的社會中，將案主的文化傳統與文化資源納入考量，提供合適案主文化背景的諮商工作。多元文化社會包含了種族、族群、年齡、性別、性取向、社經地位、教育背景、宗教／靈性、身心失能等各方面的文化背景差異，這些案主的文化背景差異，都會在諮商中帶入到諮商歷程，影響諮商關係的建立、案主問題的評估與診斷、諮商介入策略與方法的使用，進而影響諮商的成效。而當諮商師的文化背景不同於案主時，也會把不同於案主的文化信念、經驗、價值、態度、行為帶入諮商室與案主互動，可能就會因為文化背景的不同，而造成彼此的誤解，甚至是諮商師處於文化膠囊中而對個案造成危害（Wrenn, 1962, 1985）。因此多元文化諮商師一方面需要學習認識自己的價值信念所來自的文化傳統，另一方面也要認識文化傳統帶給自己的權力與優勢；當面對來自不同文化傳統的個案時，就需要特別敏感察覺到其間的差異與不同。當然諮商師更需要留心，當面對的個案是來自於社會弱勢群體，諮商師的不敏感與無知，就會有意或無意地以主流文化價值強加在案主身上，對案主造成壓迫與傷害。因此，身處 21 世紀的臺灣多元文化社會之諮商師，

面對越來越多元化的案主，更需要具備多元文化的知能，才能夠有效地與不同文化背景的案主工作。

此外，諮商是西方的助人專業，將之引進到臺灣社會，就必須面對臺灣社會文化與西方歐美社會文化的不同之處，而需將西方的助人專業放入文化差異的考量。面對臺灣心理諮商本土化的議題時，一方面從臺灣社會中尋找與應用具有療癒性的臺灣本土社會文化宗教資源與支持系統，另一方面則需要將從西方引入的諮商輔導理念與方法經過文化調整，使其成為臺灣社會文化可以適用的助人專業，這是臺灣的助人專業與諮商輔導領域工作者必須面對的課題。

臺灣的諮商學習者，接受的諮商專業訓練主要來自於歐美的諮商體系，但渾然不覺所接受的西方諮商專業背後的價值理念是歐美白人的文化價值，特別是資淺的諮商學習者，這樣的文化省察就更少，而會拿著西方諮商文化價值來評估臺灣案主、為案主設定諮商方向。舉例而言，筆者常常在諮商實習的課堂中，看見年輕的諮商系所學生會用「沉默」、「不主動表達」、「情感壓抑」、「不直接溝通」、「對諮商關係有距離」來評斷案主，這些形容詞很像過去研究中所指出的西方白人諮商師對華人案主的描述。我們的諮商師歸結為這是案主有問題的人格特質，也認為案主是對諮商「抗拒」。其實這樣的描述不就是大多數臺灣人（尤其是傳統的臺灣人／華人）的行為表現嗎？那就是說華人民族的文化與心理表現方式都有問題嗎？這不是拿西方的心理健康標準來衡量華人文化的案主嗎？年輕的學習者沒有在諮商員教育課程中去檢視自己的文化傳統帶給自己的影響，也沒有機會去檢視西方諮商文化帶給自己的影響，更沒有去檢視帶著西方諮商的文化價值去評估臺灣案主所造成的文化壓迫與文化合適性。

五、多元文化諮商教育訓練

相較於傳統諮商者的教育訓練，多元文化諮商工作者需要有能力與個案在文化多樣性層面的議題工作，因此諮商者教育訓練中就需要幫助學習者看見自己的種族中心與單一文化的價值觀。諮商者是助人行業，從事這個行業都是為了幫助人，但是諮商者往往可能在未覺察的情況下，不僅沒有幫到案主，反倒傷害了案主。例如，在家暴中的女性案主無法離開暴力婚姻、離開暴力關係，諮商者可能認為這位女性案主心理無法獨立、依賴著病態的關係。但或許這位案主來自於不支持離婚的宗教背景，而所處的家庭文化對於她的婚姻困難會勸合不勸離，再加上法院也會將子女的監護權判給

有經濟能力的丈夫，在這樣重重的文化壓力、經濟與法律制度的壓迫下，諮商者如果不能理解案主所處的社會脈絡，就認為案主有心理病理的問題，這也是諮商中的文化壓迫。

為了提升臺灣諮商者在多元文化諮商的能力，臺灣的多元文化諮商教育課程需要涵蓋些什麼重要的內容呢？首先，我認為需要幫助學習者認識臺灣是多元文化的社會，有著文化的多樣性。其次，需要認識臺灣社會對於弱勢族群之偏見、歧視與社會壓迫的現象。接著，引導學生認識傳統西方諮商所蘊藏的價值觀對非西方主流族群或非西方國家文化不相融之處，以及諮商中的文化壓迫；認識多元文化諮商與社會正義諮商及其重要性，以及在多元文化諮商中的一些重要概念，包括涵化、文化認同、文化認同發展等；認識臺灣社會本土的文化價值、本土療癒方法；認識西方諮商理論與技術應用在臺灣社會需要做的文化調整、對特定群體的文化合宜諮商（可包括：新住民、原住民、外籍移工、國際學生、低社會經濟階層群體、老年族群、有宗教／靈性背景的族群、多元性取向群體、身心障礙群體等等）。

六、多元文化諮商的倫理

臺灣諮商工作者的倫理守則，主要依據為 2002 年台灣輔導與諮商學會修訂的「諮商專業倫理守則」，其中，「2.2 當事人的權利」中的「2.2.2.公平待遇權」，是與尊重當事人的文化多樣性最有關聯的一條：

當事人有要求公平待遇的權利，諮商師實施諮商服務時，應尊重當事人的文化背景與個別差異，不得因年齡、性別、種族、國籍、出生地、宗教信仰、政治立場、性別取向、生理殘障、語言、社經地位等因素而予以歧視。

臺灣諮商心理學會於 2014 年修訂的「諮商心理專業倫理守則」第五條，也是與尊重案主文化多樣性有關的一條：

本會會員實施心理諮商服務時，應尊重當事人之文化背景與個別差異，不得因年齡、性別、種族、國籍、出生地、宗教信仰、政治立場、性取向、身心障礙、語言、社經地位等因素而予以歧視。

　　這兩條的內容幾乎完全相同,雖然有宣示性的意義,但是內容相當簡要,並且僅止於在諮商師提供心理諮商服務時的倫理規範。

　　反觀美國諮商學會(American Counseling Association, ACA)2005 年修訂的倫理守則,在有關能力的界限、歧視、評估、教育訓練以及研究等,都涵蓋了多元文化的部分。例如:

B.1.a. 多元文化／多樣性考量

　　諮商師對有文化意涵的保密與隱私要有敏感度與覺察,諮商師要尊重案主對於揭露訊息所持有的不同觀點。

C.2.a. 能力的範圍

　　諮商師需要立基在所接受的教育、訓練、督導經驗、州與國家的專業證照、合宜的專業經驗之基礎上,在自己的能力範圍內執業。諮商師要與不同文化背景的案主工作,需要具備相關知識、個人覺察、敏感度與技巧。

C.5. 不歧視

　　諮商師不因案主的年齡、文化、失能、種族、族群、宗教、性別、性別認同、性取向、婚姻狀態、語言偏好、社經地位等而有歧視。

E.5.b. 文化敏感度

　　諮商師要能辨認文化影響與界定個案問題的方式,當為個案做精神疾病的診斷時,需考慮到個案的社會經濟與文化經驗。

E.5.c. 病理診斷的歷史與社會偏見

　　諮商師要能辨認對某些個案與群體做錯誤病理診斷的歷史與社會偏見,以及心理健康工作者在透過診斷與治療後加諸在個案的偏見。

E.6.c. 文化多樣性的群體

　　諮商師為來自不同文化群體的個案挑選評估工具時,需要小心避免使用缺少個案文化群體心理計量特性的工具。

F.6.b. 融入多元文化議題／文化多樣性

　　諮商師教育工作者將多元文化主義／文化多樣性融入於諮商師專業教育課程與工作坊。

F.11.a. 教師多樣性

　　諮商師教育工作者要承諾招募與留住有文化差異的教員。

F.11.b. 學生多樣性

　　諮商師教育工作者要主動招募與留住有文化多樣性的學生群體。

　　諮商師教育工作者要展現對多元文化／文化多樣性的能力之承諾，要能夠辨識與看重不同文化與不同能力的學生。諮商師教育工作者要提供適當的調整，以提升與支持不同學生的身心健康與課業表現。

F.11.c. 多元文化／多樣性的能力

　　諮商師教育工作者要主動地在教育與督導中融入多元文化／多樣性的能力。要主動地訓練學生獲得多元文化能力之覺察、知識與技術。諮商師教育工作者要使用案例、角色扮演、問題討論，以及其他課室活動來促進各種文化的觀點。

G.1.g. 研究中多元文化／多樣性的考慮

　　當研究目的合宜時，諮商師要敏感於在研究程序中加入文化考量，並在合宜的時候尋求諮詢。

　　參考上述 2005 年美國諮商學會修正的倫理守則，可以看到多元文化的主張被納入在倫理中的各個層面，是更為周全的做法。臺灣的諮商專業學會提出的倫理守則，在未來也需要針對多元文化的部分有更多著墨。

伍、結語

　　臺灣是一個多元文化的社會，但是臺灣的諮商員教育課程並未含括多元文化的議題，也沒有對文化多樣性的案主探討文化合宜的諮商做法，更鮮少去探究臺灣諮商員教育課程大量教導歐美的諮商理論與技術時，所遇到的文化合宜性問題。臺灣的諮商

員教育需要更新，重新加入文化的視角去檢視諮商的教材，才能夠培養出有多元文化意識與知能的諮商人員。在臺灣對各文化族群發展文化合宜的諮商理論與方法是必需也是亟需的任務，這樣也才能夠回應臺灣多元文化社會中多元案主的需要。

討論問題

1. 小組分享：面對臺灣多元文化社會中的案主群（例如：不同種族、國籍、性別、性取向、宗教、政黨、社會階層、教育水準、職業、婚姻狀態、年齡、健康狀態、居住地域等），有哪些族群的案主是你熟悉或能夠接納、能夠與他們工作的？有哪些族群的案主非你所熟悉或能夠接納，會阻礙你與他們工作的？
2. 有哪些學習方法能夠幫助你更認識或是更接納你所不熟悉或不知如何與他們工作的族群案主？
3. 什麼樣的族群案主會讓你產生有價值觀的衝突而無法與他們工作？你會如何面對這樣的處境？

學習活動

1. 請在下列所列舉的文化向度中，選三個對你影響最大的向度，說明對你的影響和重要性，以及你的文化認同。

   文化向度：種族、國籍、性別、性取向、宗教、政黨、社會階層、教育水準、職業、婚姻狀態、年齡、健康狀態、居住地域或其他。
2. 承上，影響你最大的三個文化向度中，你是具有社會特權的？還是居於社會劣勢的？
3. 請在課後接觸幾個與你在這三項文化認同上有很大差異的人，了解他們的認同何以會與你不同？
4. 請觀察自己在和這些與你有不同文化認同的人接觸時，你的內在有何反應（包括情緒的、認知的、態度的）？並且省察這樣的內在反應是如何產生的？
5. 如果這些與你有不同文化認同的人是你的個案，請探索將會如何影響你與個案的互動？

📖 參考文獻

中文部分

中央通訊社（2014）。**全球宗教多樣性指數　臺灣第 2**。2016 年 10 月 5 日，取自中央通訊社網站：http://www.cna.com.tw/news/firstnews/201404160109-1.aspx

內政部統計處（2015）。**104 年第 6 週內政統計通報（103 年底在我國之外籍人士）**。2016 年 10 月 5 日，取自內政部統計處網站：http://www.moi.gov.tw/stat/news_content.aspx?sn=9212

內政部統計處（2016a）。**內政統計年報——國籍之歸化取得人數**。2016 年 11 月 3 日，取自內政統計查詢網：http://statis.moi.gov.tw/micst/stmain.jsp?sys=100

內政部統計處（2016b）。**內政統計年報 104 年**。臺北市：內政部統計處。

內政部統計處（2016c）。**105 年第 4 週內政統計通報（104 年結婚登記概況）**。2016 年 11 月 24 日，取自內政部統計處網站：http://www.moi.gov.tw/stat/news_content.aspx?sn=10251

內政部統計處（2016d）。**105 年第 15 週內政統計通報（104 年我國國籍之歸化及喪失情況）**。2016 年 10 月 5 日，取自內政部統計處網站：http://www.moi.gov.tw/stat/news_content.aspx?sn=10486

內政部統計處（2016e）。**土地與人口概況**。2016 年 10 月 5 日，取自內政統計查詢網：http://statis.moi.gov.tw/micst/stmain.jsp?sys=100

內政部統計處（2016f）。**內政統計通報：105 年第 7 週**。2016 年 10 月 5 日，取自內政部統計處網站：http://sowf.moi.gov.tw/stat/week/week10507.pdf

內政部統計處（2016g）。**內政統計通報：105 年第 30 週**。2016 年 10 月 5 日，取自內政部統計處網站：http://sowf.moi.gov.tw/stat/week/week10530.pdf

內政部統計處（2016h）。**原住民人口**。2016 年 10 月 5 日，取自內政統計查詢網：http://statis.moi.gov.tw/micst/stmain.jsp?sys=100

台灣輔導與諮商學會（2002）。**台灣輔導與諮商學會諮商專業倫理守則**。2016 年 10 月 5 日，取自台灣輔導與諮商學會網站：http://www.guidance.org.tw/ethic_001.html

行政院客家委員會（2011）。**99 年至 100 年全國客家人口基礎資料調查研究**。新北市：行政院客家委員會。

吳密察、陳雅文（2005）。**臺灣史 10 講**。臺北市：新自然主義。

范光中、許永河（2010）。臺灣人口高齡化的社經衝擊。**臺灣老年醫學暨老年學雜**

誌，**5**（3），149-168。

徐富珍、陳信木（2004）。**蕃薯＋芋頭＝臺灣土豆？──臺灣當前族群認同狀況比較
分析**。臺灣人口學會 2004 年年會暨「人口、家庭與國民健康政策回顧與展望」
研討會發表之論文。

國家發展委員會（2014）。**中華民國人口推計（103 至 150 年）（新聞稿）**。2016 年
10 月 5 日，取自國家發展委員會網站：http://www.ndc.gov.tw/News_Content.aspx?
n=114AAE178CD95D4C&sms=DF717169EA26F1A3&s=9D22FB94B900C1FD

教育部國際及兩岸教育司（2016）。**境外學生人數突破 11 萬人創新高**。2016 年 11 月
21 日，取自教育部全球資訊網：http://www.edu.tw/News_Content.aspx?n=9E7AC85F
1954DDA8&s=FEAB840E5EF4E49C

梁世武（2009）。臺灣族群通婚與族群認同之研究。**問題與研究，48**（3），33-62。

章英華、杜素豪、廖培珊（主編）（2013）。**臺灣社會變遷基本調查計畫第六期第三
次調查計畫執行報告**。臺北市：中央研究院社會學研究所。

黃永川（2008）。館長序。載於國立歷史博物館編輯委員會（編），**臺灣史績編八講**
（頁 4-5）。臺北市：國立歷史博物館。

楊文山、李怡芳（2016）。步入成人初期之臺灣年輕人性傾向之研究。**調查研究──
方法與應用，35**，47-79。

臺灣諮商心理學會（2014）。**臺灣諮商心理學會諮商心理專業倫理守則**。2016 年 10
月 5 日，取自臺灣諮商心理學會網站：http://www.twcpa.org.tw/about_1_1_detail.
php? nid=14

鄭聖樺（2007）。**性別對於臺灣大學生性傾向與自殺關連性之調節分析**（未出版之碩
士論文）。國立成功大學行為醫學研究所，臺南市。

英文部分

American Counseling Association. (2005). *ACA code of ethics*. Alexandria, VA: Author.

Anderson, S. H., & Middleton, V. A. (2011). *Explorations in diversity*. Belmont, CA: Cengage.

Corey, G., Corey, M. S., & Callanan, P. (1988). *Issues and ethics in the helping professions* (5th
ed.). Pacific Grove, CA: Brooks / Cole.

Duan, C., & Brown, C. (2016). *Becoming a multiculturally competent counselor*. Thousand
Oaks, CA: Sage.

Encyclopedia Britannica. (2006). Chicago, Ill: Encyclopedia Britannica.

Festinger, L. (1954). A theory of social comparison process. *Human Relations*, *7*, 117-140.

Fouad, N. A., Gerstein, L. H., & Toporek, R. L. (2006). Social justice and counseling psychology in context. In R. L. Toporek, L. H. Gerstein, N. A, Gouad, G. Roysircar, & T. Israel (Eds.), *Handbook for social justice in counseling psychology* (pp.1-16). Thousand Oaks, CA: Sage.

Jones, J. M. (1997). *Prejudice and racism* (2nd ed.). Washington, DC: McGraw-Hill.

Katz, J. H. (1985). The sociopolitical nature of counseling. *The Counseling Psychologist*, *13*(4), 615-624.

Leininger, M. (1978). *Transcultural nursing: Theories, research, and practice* (2nd ed.). New York, NY: Wiley.

Li-Repac, D. (1980). Cultural influences on clinical perception: A comparison between Caucasian and Chinese-American therapists. *Journal of Cross-Cultural Psychology*, *11*, 327-342.

McGoldrick, M., Pearce, J. K., & Giordano, J. (Eds.) (1982). *Ethnicity and family therapy*. New York, NY: Guildford Press.

Merriam-Webster Dictionary. (2012). Springfield, MA: Merriam-Webster.

Orozco, G. L., Lee, W. M., Blando, J. A., & Shooshani, B. (2014). *Introduction to multicultural counseling for helping professionals* (3rd ed.). New York, NY: Routledge.

Pedersen, P. (1994). *A handbook for developing multicultural awareness* (2nd ed.) Alexandria, VA: American Counseling Association.

Pedersen, P. (Ed.). (1999). *Multiculturalism as a fourth force*. Philadelphia, PA: Brunner/Mazel.

Ratts, M. J., & Hutchins, A. M. (2009). ACA advocacy competencies: Social justice advocacy at the client/student level. *Journal of Counseling and Development*, *87*, 269-275.

Remy, G. M. (1995). Ethnic minorities and mental health: Ethnic concerns in counseling immigrants and culturally diverse groups. *Trotter Review*, *9*(1), 13-16.

Schofield, W. (1964). *Psychotherapy: The purchase of friendship*. Englewood Cliffs, NJ: Prentice Hall.

Sue, D. W. (2001). Multidimensional facets of cultural competence. *Counseling Psychologist*, *29*, 790-821.

Sue, D. W., & Sue, D. (2013). *Counseling the culturally diverse: Theory and practice* (6th ed.). Hoboken, NJ: John Wiley & Sons.

 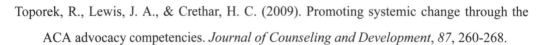

Toporek, R., Lewis, J. A., & Crethar, H. C. (2009). Promoting systemic change through the ACA advocacy competencies. *Journal of Counseling and Development*, *87*, 260-268.

Triandis, H. (1989). The self and social behavior in differing cultural context. *Psychological Review, 96* (3), 506-520.

Wrenn, C. G. (1962). The culturally encapsulated counselor. *Harvard Educational Review*, *32*, 444-449.

Wrenn, C. G. (1985). Afterward: The culturally encapsulated counselor revised. In P. Pedersen (Ed.), *Handbook of cross-cultural counseling and therapy* (pp. 323-329). Westport, CT: Greenwood.

Chapter 2

多元文化諮商風潮：

回顧多元文化諮商的過去、現在、未來，及其對臺灣諮商的啟示

▍郭崇信[1]

　　過去 20 年來，諮商領域在臺灣生根並繁盛發展，是一門年輕而具有活力的專業與學科。當諮商工作領域和諮商心理學持續擴展，適時地對此學門發展進行內省與反思有其必要，長期而言，也有助於諮商領域朝向良好的方向發展。所以，在此時，對於諮商專業和諮商心理學的哲學觀、諮商工作得以運作的基本假設、學術觀點與專業認同，開始以批判性的眼光進行自我檢視，是非常重要的。

　　這種反思與檢視的一個例子，存在於臺灣學者的論述中，他們試圖建立一種具有文化特殊性的諮商或心理治療「品牌」，在哲學觀與實徵應用上皆屬於臺灣人及廣義上的華人（Hwang & Chang, 2009）。臺灣和其他華人文化區域（如香港）的諮商學者與心理學家已呼籲諮商心理學吸納本土心理學和多元文化諮商的理念，以推動具有本土文化和多元文化意識的諮商與心理治療架構（如Hwang & Chang, 2009; Leung & Chen, 2009; Yeh, 2002）。

　　臺灣本土學者尤其警覺到，未經批判性思辨，即進口西方諮商與心理治療理論和技術改用於臺灣案主的風險（洪莉竹、陳秉華，2005；Hwang & Chang, 2009）。更進一步而言，多元文化主義和多元文化諮商及其訓練根源於北美，若在臺灣的文化脈絡中盲目採納多元文化諮商的概念和原則，卻沒有帶著批判性的眼光審慎考量，也同樣不合宜。因此，越來越多臺灣與華人的諮商研究文獻提倡，應以謹慎並具有反思的態度，嘗試結合從北美學習而來的多元文化諮商及臺灣和（或）華人本土心理學，好讓多元文化諮商因應臺灣和華人文化的社會環境，朝向「本土化」發展（Yeh, 2002）。

---

[1] 本文原以英文撰寫，由吳馥濃（國立臺灣師範大學教育心理與輔導學系碩士、諮商心理師）翻譯成中文。

Leung 與 Chen（2009）也提出相似的觀點，強調華人文化脈絡中，獨特的「本土化」多元文化與跨文化諮商能力的必要性。他們呼籲，華人諮商心理學必須奠基於融合了多元文化／跨文化諮商與文化心理學的國際學術文獻。Leung 與 Chen 進一步指出，在華人社群中，諮商心理學和多元文化諮商的本土化，應一方面來自外部（from without），即全面了解相關的學術知識——其中大部分來自西方社會；另一方面，也要來自內部（from within），意謂著既深且廣地理解華人文化與華人心理學的特徵。譬如，Leung 與 Chen（2009）提到，臺灣和華人社群中，多元文化諮商的實務工作與訓練應致力於「促進特定知識、態度、技術的發展，使受訓者能夠幫助案主在追求個人發展與和諧的社會關係之間求取平衡」（p. 956）——亦即平衡西方典型個人主義、和臺灣／華人之集體主義世界觀。

因此，我在撰寫本書的兩章（第二章和第三章）時，是基於臺灣本土化多元文化諮商實務與訓練的精神。在本章中，我試著回顧美國多元文化諮商運動的歷史發展，透過檢視學術與制度的重要發展，探討多元文化諮商風潮的最新趨勢，並藉此提出臺灣諮商實務工作與訓練可借鏡之處。本章的主要目的，是根據多元文化諮商領域過去 50 年來的演進與變化，及其背後的社會政治力量與學術發展潮流，介紹多元文化諮商運動中的主要里程碑，提供讀者系統性的基礎概要。

壹、從社會脈絡解析多元文化諮商：日漸多元化的臺灣

多元文化諮商運動在美國和加拿大的興起，體現了這些國家中一連串社會政治背景及人口結構的變遷，進而帶動心理學中主要的典範（paradigm）轉移。北美的多元文化諮商運動可說反映出，來自心理衛生、諮商與心理學專業領域的社會運動，或這些專業領域對社會的回應；他們挑戰現狀，特別強調對於非主流族群——包括少數種族／族群、原住民、移民、難民、性別少數族群等等，心理衛生提供服務時並不平等，或與這些服務對象之間存在鴻溝。在接受心理專業服務時，弱勢族群經驗到不合理的對待，這是在個人、專業領域、組織和社會層次上，皆應該予以挑戰的（Arthur & Collins, 2010）。由於多元文化諮商關切人權與人的多元性——即真切欣賞不同文化中的個體和差異性，多元文化諮商運動的出現與持續進展，反映了一個社會是否成熟，並具有自覺。臺灣諮商、心理學和心理衛生服務領域對於多元文化及文化議題較以往提高的關注與討論——如本書中所闡述的內容，正顯示了臺灣社會中民主價值日漸成熟，並發展出較為寬廣包容的態度與世界觀。

順著前述的脈絡，首先，我們來檢視逐漸邁向多元文化社會的臺灣具有哪些文化特性。自古以來，臺灣人口即由多元族群組成。根據行政院（2015）國情網頁，就已知的族群分類，目前臺灣的人口組成主要包括：（1）漢人，占 97%，經過數個世代由中國大陸移民而來；（2）原住民，占 2%；（3）其他少數族群，占 1%，包括來自中國的少數族群，及來自中國、香港、澳門、越南、印尼等地的外籍配偶。在占多數的「漢人」中，可更進一步區分為河洛人、客家人及戰後來臺之「外省人」（行政院，2015）。在臺灣原住民中，包括 16 個官方認定的原住民族，分布在不同區域，其血統可追溯至涵蓋太平洋民族的南島語系，這些原住民族各自擁有獨特的方言、習俗和文化傳統。

　　除了上述這些久居臺灣的成員，近幾十年間前來臺灣的移民（大多來自鄰近國家），更加豐富了臺灣的文化與種族多元性。近期人口結構的改變，使得臺灣族群文化組成多元的實況更加明顯，當代臺灣民眾勢必得面對與意識到此議題。由於出生率快速下降，近年來新移民湧入臺灣，以下幾種族群可做為代表：（1）透過跨國婚姻移入臺灣的東南亞女性；（2）跨國婚姻之新移民的子代；（3）中國大陸女性因婚姻移入臺灣；（4）外籍移工，大多來自東南亞國家，在臺從事看護、家庭幫傭或勞動工作。根據內政部統計處（2015）內政統計通報 104 年第 6 週，103（2014）年底在我國外籍人士（不含大陸人士）共計 80 萬 1 千人，82% 來自東南亞國家；外籍勞工則以印尼籍占 41.6%、越南籍占 27.3% 及菲律賓籍占 20.2% 較多。這份報告亦顯示 2014 年臺灣的外籍勞工共計 551,596 位、外籍配偶共計 42,715 位。其中，15,631 位外籍配偶來自越南、6,218 位來自泰國及 4,028 位來自印尼。臺灣人口的文化多元性也顯現於年輕世代，人們以「新移民之子」指稱跨國婚姻之下誕生、數量快速成長的新生代，他們的父親通常生長於臺灣，母親則具有東南亞的文化背景。據教育部（2013）統計，102 學年度（2013）新移民子女就讀國中、小學生數已逾 20 萬 9 千人，較 101 學年度（2012）成長了 3%。如與 93 學年度（2004）相比，10 年來國中、小學新移民子女人數由 4 萬 6 千人，成長至 20 萬 9 千人，遽增 16 萬 3 千人，占國中、小學生數之比率亦由 1.6% 快速增加至 9.9%；其中，國小一年級新生數近 1 萬 9 千人，平均約每 10 位國小新生，即有 1 人為新移民子女。若依新移民之原屬國籍及在國內居住地區觀察，逾八成九國中、小新移民子女之父或母主要分別來自越南、中國大陸及印尼，其居住地區多集中於新北市、桃園縣及高雄市等都會區。

　　縱觀臺灣的歷史背景與近代人口變遷，不難發現許多文化交會於臺灣，臺灣也成為歷代移民落地生根之處。尤其，在過去 25 年，民主制度演進、全球化的影響增強、

移民潮擴展、對於多元文化主義與族群認同的意識提升,種種變化的力量匯集於臺灣,無庸置疑地,臺灣變成一個動態發展、新興的多元文化社會。從人口結構的角度來看,臺灣社會的人口組成多樣已是既成事實,並且,隨著出生率持續下降,預期未來臺灣人口還會繼續朝向多元文化的方向發展。

當人口結構改變、臺灣居民的社會文化背景日趨多元,心理衛生和諮商專業工作者開始面臨隨快速社會變遷而來的新挑戰,例如,新移民在臺灣的文化適應、新移民及其子代如何融入臺灣社會脈絡、族群間的關係與衝突、不同文化背景成員的族群或政治認同等等,這些議題日漸迫切,有時甚至引起高度爭議。因此,在諮商輔導、諮商心理學、臨床心理學及其他心理衛生專業領域中,無論是學生、實務工作者、學者、研究者或行政主管機關,皆須開始採取行動,在進行諮商輔導和實施心理層面的處遇時,實踐全球化、跨文化和多元文化的觀點與作法(Leung & Chen, 2009)。

在美國,最早引起多元文化諮商運動的關鍵力量,背後存在著歷史背景和社會脈絡(Jackson, 1995)。美國當時的狀況,與臺灣近期人口與社會變遷的狀況有相似之處。Derald Wing Sue 與 David Sue 博士(2003)在其頗負盛名的著作《多元文化族群的諮商:理論與實務》(*Counseling the Culturally Diverse: Theory and Practice*)中指出,移民率提高及不同種族之間出生率的差距,造成美國社會組成的多樣化(diversification of the United States),強烈的社會力量,喚起多元文化諮商實務與專業訓練的需求。顯然,目前在臺灣可以觀察到相似的趨勢──人口組成產生變化,特別是移入臺灣的人口增加。進而言之,對於臺灣的諮商輔導、諮商心理學、臨床心理學或其他心理衛生專業領域來說,透過實務工作、專業訓練和學術研究,將本土化的多元文化諮商納入考量並認真推動,是當務之急。

以上述社會、人口、文化和學術研究等因素為背景,在接下來的段落中,將更詳細回顧北美地區多元文化諮商的歷史演進和當代發展,依序介紹:(1)多元文化諮商的歷史脈動:起始與演進;(2)多元文化諮商及專業訓練的定義與範疇;(3)多元文化諮商運動核心的制度面與學術面;(4)多元文化諮商及專業訓練領域中,盛行的概念與實徵研究主題;以及(5)新興議題與未來趨勢。在本章的最後,將透過北美多元文化諮商的發展,討論從現今至未來,其對臺灣諮商實務和訓練有何啟示,以做為總結。

貳、多元文化諮商的歷史脈動：起始與後續發展

在美國政治社會局勢風起雲湧的 1960 年代，緊接著人權運動之後，多元文化諮商的概念興起，最初以「跨文化諮商」（cross-cultural counseling）指稱。諮商心理學領域一向受到社會政治及專業發展的力量所推動，催化其成長，而人權運動對諮商專業的發展產生特別深刻的影響。當時，美國諮商心理學界面臨一系列劇烈的人口、社會和政治變化，必須有所回應，這些社會變遷包括：（1）美國國內快速成長並朝向多元化發展的人口結構；（2）諮商者和心理學家逐漸意識到，美國少數族群所經驗到的種族歧視及不平等、不公義的對待；（3）有些跡象顯示，當時盛行的心理健康服務或心理治療方式未能符合少數族群的需求，例如，少數族群較少求助於諮商及其他心理專業服務、來自少數族群的案主常中途退出或提早結案；（4）因心理諮商服務機構和專業訓練中缺乏文化敏感度的教育訓練，越來越多諮商實務工作者、教育者或有意改革者擔憂諮商者／心理師的多元文化能力不足；（5）最後，在諮商者／心理師和其他心理專業人員中，甚少具有少數族裔背景的成員（Abreu, Gim Chung, Atkinson, 2000; Sue & Sue, 2008）。

美國的多元文化諮商運動興盛於劇烈的社會變動，因此，多元文化諮商在政治、道德倫理和社會正義等面向上，從一開始就立場鮮明而強烈。由於多元文化諮商在心理學史上算是激進而革命性的發展，多元文化諮商的先驅 Paul B. Pedersen 博士（1991）以心理學中的「第四波勢力」來形容，也就是在心理動力、行為學派、人本主義之後興起的力量。Joseph Ponterotto 博士（2008）將多元文化諮商運動逐漸發展的過程以五個時期來描繪，在這五個時期中，從最初對於諮商和文化之間的關聯渾然不覺、徹底忽略，到認可多元文化諮商能力是諮商者／心理師應具備的核心能力，多元文化諮商及其專業訓練更在諮商和心理學的專業範疇中，獨立為成熟的專門領域。接下來，我將回顧與這五個時期相關的重要發展。

一、1960 年代以前：尚未察覺文化因素的時期

Jackson（1995）指出，1940 至 1950 年代，美國的諮商輔導領域反映出當時的種族隔離政策，極少非裔美國人或其他少數種族參與當時的諮商專業工作與組織。譬如，美國諮商學會（American Counseling Association, ACA）的前身——美國人事與輔

導學會（American Personnel and Guidance Association, APGA）的主要幹部名單中，完全沒有少數族群成員。當時，美國諮商和心理衛生專業提供服務時，忽視文化因素、對族群多樣化欠缺考量的現象十分顯著（Ponterotto, 2008）。例如，Jackson（1995）提到，一篇論文回顧1950年代諮商學術領域文獻，包括《人事暨輔導期刊》（*Personnel and Guidance Journal*）等，發現與少數族群諮商相關的期刊論文寥寥無幾。Jackson總括1960年代以前諮商與臨床心理學的學術研究，指出當時主要聚焦於文化因素如何作用於黑白種族的智力測驗表現，但並未考量文化議題和心理治療或諮商關係之間的關聯。借用Wrenn（1962）的話來說，諮商專業和心理學在這個時期，就像是個「文化膠囊」（cultural encapsulation），對於文化議題毫無覺察且盲目無知。

二、1960與1970年代：多元文化諮商的萌芽與幼苗時期

　　1960年代的人權運動，掀起了一波新的思潮，使美國民眾和少數族群覺察到種族之間的不平等，提高了對人權議題及自身種族／族裔榮耀（racial and ethnic pride）的意識。1964年《民權法案》（Civil Rights Act of 1964）通過，迫使心理學界正視過往長期忽略的種族與心理健康服務需求相關議題（Ponterotto, 2008）。在這個時期，諮商專業和諮商心理學的焦點，主要還是侷限於非裔美國人的議題，並逐漸發覺其他種族和少數族群也同樣需要獲得關注。至於學術研究方面，關於多元文化的研究文獻確實開始增加。Ponterotto（2008）觀察發現，當時的研究者通常將種族視為固定的類別變項，特別著重比較不同種族之間的差異。

　　在組織機關層面，此時，美國心理學會（American Psychological Association, APA）裡的少數族裔心理學家開始成立專屬於該團體的單位，例如，黑人心理學家學會（Association of Black Psychologists）、拉丁裔心理學家學會（Association of Psychologists por la Raza）、美國亞裔心理學會（Asian American Psychological Association）及印地安心理學家學會（Society of Indian Psychologists）等（Abreu et al., 2000）。1973年在科羅拉多州舉辦的韋爾會議（Vail Conference），是這個階段的里程碑。在韋爾會議中，諮商者和心理治療師的多元文化諮商知能、與多樣化背景案主合作的能力，正式獲得承認，成為心理工作中不可或缺的專業倫理，此項創舉在多元文化諮商的發展過程中具有劃時代的歷史意義（Ridley & Kleiner, 2003）。接著，1970年代後期至1980年代中期，美國心理學會陸續設立少數族裔事務辦公室（Office of Ethnic Minority）、少數族裔事務委員會（Board of Ethnic Minority Affairs, BEMA）與少數族裔事務部門（Division of Ethnic Minority Affairs，美國心理學會第 45 部門），顯示在美國心理學界，多元文化諮商風潮的影響力日漸茁壯（Abreu et al., 2000）。在 1960 至 1970 年代美國動盪的政治與社會變革下，點燃了多元文化諮商運動之火，因此，這個時期可說是孕育多元文化諮商持續發展的搖籃。

三、1980 年代：成長與演進時期

在 1980 年代，多元文化諮商及其教育訓練的動能持續提升，在此同時，學者開始界定多元文化諮商的宗旨、專業範圍及核心能力內涵。Derald Wing Sue 等人（1982）在《諮商心理學家》（*The Counseling Psychologist*）期刊發表〈立場聲明：跨文化諮商能力〉（Position Paper: Cross-cultural Counseling Competencies），是首篇標誌性的論文。在這篇文章中，作者從文化信念與態度、知識、技術等面向，介紹多元文化諮商能力的基本範疇。

同一時期，少數族裔事務委員會（BEMA）受到催化而誕生，這是首次由美國心理學會設立，主管心理學中少數族群議題的官方單位（Heppner, Casas, Carter, & Stone, 2000）。BEMA 推動了心理學教育訓練架構中的重大變革，例如，成立少數族群教育訓練之特別工作小組（Task Force on Minority Education and Training），著手處理心理學界少數族裔成員比例過低的問題、負責以多元種族為服務對象之心理師的教育訓練，並支持少數族裔成員學習心理學和接受訓練，提供更多機會與資助（Heppner et al., 2000）。

至於多元文化諮商的學術研究方面，此時也出現典範轉移。對於個別族群的研究興趣與關注日益提高，漸漸取代了強調族群差異的研究。在這個時期，學者開始著手針對個別族群的概念與變項進行研究，並建立了重要的多元文化理論，包括黑人和白人的種族認同發展模型（the Black and the White racial identity development model）、涵化（acculturation）、文化間的不信任（cultural mistrust）、案主與諮商者的種族適配性、多元文化量表和測量工具的發展、少數族群的求助態度和對接受諮商的態度等等（Ponterotto, 2008）。

四、1990 年代：多元文化諮商鞏固與成熟時期

1990 年代，多元文化諮商風潮終於達到全盛時期。在 Sue 等人（1982）發表首次聲明（如前所述）的 10 年後，Sue、Arredondo 與 McDavis（1992）的經典論文〈多元

文化諮商能力與守則：呼籲諮商專業〉（Multicultural counseling competencies and standards: A call to the profession）發表於《諮商與發展期刊》（*Journal of Counseling and Development*），這篇重要的論文確立了多元文化諮商領域的藍圖，以及實務工作、訓練、研究的標準守則，更進一步定義與描述多元文化諮商能力中的三個面向（信念和態度、知識、技術），以及諮商者應具有的特質（諮商者對於文化的覺察、理解案主世界觀的能力、發展合適介入策略的能力）。美國心理學會倫理守則及其他專業守則，就有部分內容是建立在這篇論文的基礎之上，例如〈提供心理服務給多元族裔、語言、文化族群之綱領〉（Guidelines for Providers of Psychological Services to Ethnic, Linguistic, and Culturally Diverse Populations）（APA, 1993）及〈心理師之多元文化教育、訓練、研究、實務工作及組織變革的指導方針〉（Guidelines on Multicultural Education, Training, Research, Practice, and Organizational Change for Psychologists）（APA, 2003）。此外，其他單位也訂定心理專業服務和多元文化相關的準則，譬如美國諮商學會（ACA）為諮商輔導工作制定的倫理守則（ACA, 2005）、加拿大心理學會（Canadian Psychological Association）的〈反歧視工作綱領〉（Guidelines for Non-Discriminatory Practice）（CPA, 1996）。顯然多元文化諮商對心理學已形成影響，並受到支持與重視，成為心理學專業的指標，包括倫理準則和評定專業能力的條件。

諮商領域中，文化相關研究達到空前興盛，更反映出 1990 年代多元文化諮商風氣的蓬勃發展。1980 年代奠基的研究此時進一步發展，多元文化諮商學術領域中已普遍納入關於不同種族的認同與世界觀，以及文化涵化的研究（Ponterotto, 2008）。並且，在 1990 年代，學術研究範疇拓寬，除了種族議題之外，在考量多元族群時，也開始包含性別少數族群、高齡族群和身心障礙者（Ponterotto, 2008）。此外，學者開始編製多元文化諮商能力衡鑑工具並檢測其效度（Constantine & Ladany, 1996），1990 年代初期，數個測量多元文化諮商能力的量表出版，並在後續幾年，透過實務應用及信效度研究獲得檢驗。這些文化研究中，強調在人類經驗與文化現象中，同時存在文化特殊性（*emic*）與文化普遍性（*etic*）的面向，更顯示出此時期相關研究具有一定的成熟度。

五、2000 年至今：開拓疆域的時期

千禧年之後，多元文化諮商領域已形成明確而穩固的專業認同，並持續前進。因此時條件已成熟，多元文化諮商不僅深入紮根，也將眼光放遠，嘗試拓寬範圍。Ponterotto（2008）指出此階段的三項新進展：（1）諮商及多元文化諮商運動的國際化；（2）多元文化諮商和其他心理學分支（如正向心理學、人格心理學等）的交會；以及（3）多元文化諮商研究運用更廣泛、多樣的科學方法。在多元文化諮商實務工作的專業訓練方面，教育者在提供訓練時，持續思辨與探討最佳的方式，並發展合適的訓練模式，以突破傳統教學中僅限於課堂、以認知思考為主、教條化的方式，而能夠讓諮商者真正掌握多元文化諮商及介入技術（Kuo, 2012; Smith, Constantine, Dunn, Dinehart, & Montoya, 2006）。

　　諮商者與心理師進一步投入社會正義議題，展開社會倡導與行動，並促進系統、組織、社會層次改變，這些相關的論述與活動，也同樣表示多元文化諮商領域在此階段邁向成熟（Sue & Sue, 2016; Toporek, Gerstein, Fouad, Roysircar, & Israel, 2006）。多元文化諮商運動中，對於廣大社會系統的關切與使命感，形成一股推動的力量，最具代表性的，為各個官方組織在 2000 年後通過的專業綱領和守則，以下列舉幾個例子，如：（1）〈心理師之多元文化教育、訓練、研究、實務工作及組織變革的指導方針〉（APA, 2003）；（2）〈同性戀與雙性戀案主之心理治療綱領〉（Guidelines for Psychotherapy with Lesbian, Gay and Bisexual Clients）（APA, 2000）；（3）〈同性戀與雙性戀案主之心理工作綱領〉（Guidelines for Psychological Practice with Lesbian, Gay and Bisexual Clients）（APA, 2012）；（4）〈身心障礙者衡鑑及處遇綱領〉（Guidelines for Assessment of and Intervention with Persons with Disabilities）（APA, 2011）；（5）〈老人心理工作綱領〉（Guidelines for Psychological Practice with Older Adults）（APA, 2014）；（6）美國諮商學會的倫理守則（ACA, 2005）中，包含對文化與多元族群的考量。

　　從上述美國心理學會專業綱領，不難發現對於文化及多元族群議題的強調與努力，在多元文化諮商近代的發展中已展現顯著成效。多元文化諮商的領域此時更加廣納不同的族群、影響因素、領域和議題，比起 1960 至 1980 年代主要專注於種族和國籍，涵蓋範圍達到前所未有的程度。北美地區多元文化諮商風潮的擴展，相對地反映了美國和加拿大社會態度的變遷，以及與這些議題相關、越來越普遍的公共論述。換句話說，性別平等、跨種族關係、人口高齡化、健全主義（ableism）、多元性別族群（Lesbian, Gay, Bisexual, & Transgender, LGBT）等重要的政治社會議題浮上檯面，這些議題和北美社會的緊密關聯，也引發諮商和心理學領域的探究。

　　以前述的多元文化諮商歷史脈絡為背景，現在，將焦點轉移進入經過多年演變、如今已發展成熟的多元文化諮商及訓練之定義與相關概念。接著，再介紹由專業組織

及學術機構塑造而成、多元文化諮商運動在制度面與學術面的核心主軸。

參、多元文化諮商及專業訓練的定義與範疇

「多元文化諮商」起初稱為「跨文化諮商」。Sue與Sue（2008）將多元文化諮商定義為「一種助人角色或助人歷程，其工作模式及目標，與案主的生命經驗及文化價值觀相吻合」（p. 42）。他們進一步闡釋，具備多元文化諮商能力的諮商者，會考量到案主不同的身分背景，同時運用文化普遍性與文化特殊性的治療策略，並藉個人主義與集體主義的概念，理解案主所屬文化的特定傾向。美國心理學會的多元文化諮商綱領（APA, 2003）中明確規範多元文化諮商訓練內涵，在於運用有系統的方式，努力協助學生或受訓者應用多元文化諮商的理論和知識，以發展臨床實務和學術研究的技術。

以這個定義為基礎，當諮商者／心理師及其他心理專業工作者的工作環境中存在多元的文化，在實務工作中納入多元文化諮商方法及教育訓練，是專業與倫理上必須遵守的義務。也就是說，尊重案主多元的文化特性與經驗，並針對不同文化背景的案主提供具有文化適配性的介入和處遇，是諮商者必須負起的責任（Sue et al., 1992）。較早期、傳統的多元文化諮商與訓練範疇中，特別著重於案主及諮商者的互動和治療關係。對於「案主—諮商者」雙方形成的治療關係與互動歷程當中的文化因素之強調，來自於心理治療背後的西方、歐陸及猶太教／基督教傳統哲學觀，在佛洛伊德的心理動力理論、榮格學派分析理論，以及羅傑斯（Rogers）的個人中心（client-centered）人本主義等理論中，最為顯而易見。

就此而言，多元文化諮商的立場，在於挑戰現狀與心理治療理論中的普遍假設。對於人格心理學與心理病理學中的概念，以及心理治療介入與造成改變的機制，是否普遍適用於來自任何文化背景的案主，多元文化諮商提出質疑，並試圖修正這樣的假設。如果諮商者／心理師帶有未經挑戰與檢視的單一文化、種族中心世界觀，在多元文化諮商的文獻中，常以「文化膠囊」描述之（Wrenn, 1962）。

近幾十年來，多元文化諮商領域對「文化普遍性」假設的挑戰，在實務工作與專業訓練上，拓展至更廣的社會與系統層次（例如，Kuo, in press; Toporek et al., 2006）。具體來說，多元文化諮商運動在過去10年間，除了諮商／心理治療的互動層面議題，更擴張到社會正義面向的介入（Toporek et al., 2006）。最近，多元文化諮商學者呼籲，諮商輔導與諮商心理學領域應投注心力於改變各種形式的壓迫，包括來自系統與

社會層次的壓迫（Speight & Versa, 2008; Versa & Speight, 2003）。因此，多元文化諮商與訓練中，提高了對於社區服務的訓練、倡議工作、政策改革、行動主義（activism）的關注（例如，Kuo & Arcuri, 2014; Toporek et al., 2006）。

肆、多元文化諮商制度面與學術面的核心主軸

多元文化諮商運動的學術發展，在心理學領域的專業與學術組織、單位的集體努力下，受到孕育及支持，並得以延續。在組織、學術與專業方面，美國心理學會第 17 部門「諮商心理學協會」（Society of Counseling Psychology）與第 45 部門「少數族裔心理學研究協會」（Society for the Psychological Study of Ethnic Minority Issues），構成美國多元文化諮商與專業訓練的兩大基礎。另一方面，為多元文化諮商與專業訓練提供貢獻的研究與學術文獻，常見於《多元文化諮商與發展期刊》（*Journal of Multicultural Counseling and Development*）、《諮商心理學家》、《諮商心理學期刊》（*Journal of Counseling Psychology*），也有一些刊登於《諮商與發展期刊》、《文化多元性與少數族裔心理學》（*Cultural Diversity and Ethnic Minority Psychology*）。

過去 20 年來，無數多元文化諮商文獻發表於期刊、研討會，或成書出版，其中一些著作特別突出並具有影響力，在此介紹這些關鍵文獻，例如：由 Ponterotto、Casas、Suzuki 與 Alexander（1995, 2001, & 2010）主編，Sage Publication 出版之《多元文化諮商手冊》（*Handbook of Multicultural Counseling*）已修訂至第四版（Casas、Suzuki、Alexander 與 Jackson [2017] 主編）。本書由多元文化諮商學術與實務領域的佼佼者撰寫，初版於 1995 年，最新版本為 2017 年出版，整合及摘要多元文化諮商的主要發展，彙集過去 22 年來多元文化領域理論、概念與實徵方面的研究，包含了研究、實務及專業訓練的文獻。這本書提供讀者關於多元文化諮商的全面性概要與最新進展，內容涵蓋本書出版時的當代熱門主題，以及正逐漸浮現的新興議題。

多元文化諮商的學術文獻激增，越來越多與多元文化諮商相關的書籍出版，以下依照出版年代，列舉過去 30 年中與多元文化諮商及專業訓練相關的重要典籍，提供讀者參考：

1. Pedersen, P. (1987). *Handbook of cross-cultural counseling and therapy.* Westport, CT: Praeger Publishers.

2. Paul Pedersen 主編之「諮商的多元文化面向系列」（Multicultural Aspect of Counseling Series）收錄 21 本多元文化諮商的系列書籍，主題範圍廣泛，於 1990 年代

至 2000 年代之間由 Sage Publications 出版。

3. Pedersen, P. (2000). *A handbook for developing multicultural awareness* (3rd ed.). Alexandria, VA: American Counseling Association.

4. Pope-Davis, D. B., Coleman, H. L. K., Liu, W. M., & Toporek, R. L. (2003). *Handbook of multicultural competencies in counseling and psychology*. Thousand Oaks, CA: Sage.

5. Carter, R. T. (Ed.) (2005). *Handbook of racial-cultural psychology and counseling*. Hohoken, NJ: Wiley.

6. Toporek, R. L., Gerstein, L. H., Fouad, N. A., Roysircar, G., & Israel T. (Eds.) (2006) . *Handbook of social justice in counseling psychology*. Thousand Oaks, CA: Sage.

7. Dana, R. H., & Allen, J. (Eds.) (2008). *Cultural competency training in a global society*. New York, NY: Springer.

8. Gerstein, L. H., Heppner, P. P., Ægisdóttir, S., Leung, S. A., & Norsworthy, K. L. (2009). *International handbook of cross-cultural counseling: Cultural assumptions and practices worldview*. Thousand Oaks, CA: Sage.

9. Casas, J. M., Suzuki, L. A., Alexander, C. M., & Jackson, M. A. (Eds.) (2017). *Handbook of multicultural counseling* (4th ed.). Thousand Oaks, CA: Sage.

10. Arthur, N., & Collins, S. (2010). *Culture-infused counselling*. Calgary, AB: Counselling Concepts.

11. Sue, D. W., & Sue, D. (2013). *Counseling the culturally diverse: Theory and Practice* (6th ed.). Hoboken, NJ: John Wiley & Sons.

12. Pedersen, P., Draguns, J., Lonner, W., Trimble, J., & Scharron-del Rio, M. R. (Eds.). (2015). *Counseling across cultures* (7th ed.). Thousand Oaks, CA: Sage.

以上這些書籍的出版，顯示出多元文化諮商領域之學術文獻的深度與廣度皆不斷擴展。

伍、當代盛行的多元文化諮商議題：概念與實徵主題

如同前文所述，多元文化諮商運動的發展，反映了美國和加拿大社會中人口結構及政治社會層面的變化。因此，多元文化諮商在學術和專業上的關注焦點，也隨著時間演變。由於多元文化諮商與專業訓練領域所累積的文獻量已十分龐大，在本章有限

的篇幅中，實在難以全數呈現，為了達到向讀者進行概要介紹的目的，我將以總結性的方式，強調特別突出、重要的概念與實徵主題，以及專業領域中的關注焦點與關鍵的討論議題。

　　Ponterotto 等人在 1995、2001、2010 及 2017 年出版的四版本《多元文化諮商手冊》，以及 Pope-Davis 等人（2003）所著之《諮商與心理學之多元文化能力手冊》（*Handbook of Multicultural Competencies in Counseling and Psychology*）當中的部分篇章，對於多元文化諮商文獻進行仔細回顧，藉由過去數十年來的學術研究，檢視多元文化諮商領域中長期發展的議題與主題，提供讀者一個完整的概述。

　　如前文中提及的，多元文化諮商實務工作與訓練領域的重要焦點之一，在於考量如何定義、測量、衡鑑諮商者的多元文化能力，以及分辨哪些因素與多元文化能力相關（Pope-Davis et al., 2003）。過往多年的研究中，已發展許多具有效度的多元文化諮商能力量表，為這個學科劃分出一塊次領域，促進重要的概念與實徵研究進展（Constantine & Ladany, 1996）。另外，數十年來，學界也十分關注如何評估多元文化諮商課程或訓練的效能，通常以量化或質化方法進行分析與研究（Kuo & Arcuri, 2014）。近期，Smith 等人（2006）在一項多元文化諮商教育的後設分析研究指出，多元文化諮商訓練在研究中普遍顯示正向的效果。這項研究總結指出，多元文化諮商訓練課程的參與者，其多元文化諮商能力程度一定高於未曾參加相關課程的人，且在訓練課程結束後，多元文化諮商能力較訓練前大幅提升。根據參與者自評結果，本研究提供了實徵證據，支持研究所課程中多元文化諮商訓練的效果。

　　除此之外，既然多元文化諮商根源於美國的政治社會環境及種族關係議題，近幾十年來，關於種族認同的理論模型（例如：黑白種族的種族認同、亞裔或拉丁裔美國人的認同發展），以及美國其他多元族群（如性別少數族群）的身分認同、族群間關係等議題的研究，也在多元文化諮商學術文獻中占有一席之地（Sue & Sue, 2016）。在這些研究背後的含意是，個人的種族與文化認同，影響了不同族群的心理幸福感，在諮商中也具有「診斷價值」（diagnostic value），可用以預測諮商和心理治療中的治療關係、歷程與結果的狀態（Smith & Silva, 2011; Sue & Sue, 2008）。因此，多元文化諮商領域所累積的研究中，有很大的比例致力於區辨與評估種族認同發展的各個階段和狀態、了解個體多重的身分認同如何交織影響，以及解釋這些歷程對於概念化多元文化族群和其中的個體所蘊含的意義，並應用於多元文化背景案主的諮商工作。

　　多元文化諮商研究也針對少數族裔及移民的涵化進行研究，並取得顯著進展。因此，涵化議題（如，文化調適的歷程及概念）的重要性逐漸浮現，成為諮商心理學研

究中的關鍵變項之一（Kim & Abreu, 2001）。Yoon、Langrehr 與 Ong（2011）指出，由於「涵化」構念十分實用，可用以解析文化群體中的變異，以及文化與更大範疇的心理、行為、健康（如壓力、憂鬱、成癮等等）因素之連結，故多元文化諮商領域對涵化相關研究投注特別多的關注。這些實徵研究的知識，對於諮商與心理健康的介入，隱含了重要的意義。最近，有學者針對涵化的學術研究進行內容分析，從過去 22年來，五個主要的諮商心理學期刊中，發現共有 134 篇已發表的文章，包含 138 個相關研究（Yoon et al., 2011），充分證明這個主題在諮商輔導與諮商心理學領域中普及與數量增長的程度。

最後，在不斷新增與累積的多元文化諮商學術文獻中，常見議題還包括種族歧視及刻板印象、與特定族群的諮商工作（如高齡族群、LGBTQ＋多元性別族群、移民、難民等）、心理衡鑑和診斷、民俗療癒、靈性信仰與宗教、多元文化的督導模式、具有多元文化概念的組織發展，以及其他許多不同的主題（Arthur & Collins, 2010; Ponterotto et al., 2010）。在 Paul Pedersen 博士主編的「諮商的多元文化面向系列」收錄了 21 本書籍，其中詳盡地討論了上述多元文化諮商研究與訓練的重要議題。諮商心理學近期將焦點轉移至促進社會正義與組織改變，這樣的改變也反映在多元文化諮商文獻中，相關主題的研究越來越多（例如：Constantine, Hage, Kindaichi, & Bryant, 2007; Speight & Versa, 2008; Versa & Speight, 2003），包括提倡在多元文化諮商訓練中，針對弱勢族群的工作，增加服務學習及社區行動的參與（Kuo, in press; Kuo & Arcuri, 2014）。在知識論方面，近年來，在諮商心理學與多元文化諮商的文獻中，有更多的關注及討論著眼於質性與量化研究方法的結合（譬如，如何調整及執行混合研究）（例如：Hanson, Creswell, Plano, Petska, & Creswell, 2005; Leong & Ponterotto, 2003; Ponterotto, 2002）。

陸、新興議題與未來趨勢

多元文化諮商領域中許多主題具有一定的重要性，關係到諮商專業的持續發展與進步。首先，儘管許多證據支持現有多元文化諮商教育訓練模式的效能與益處（例如，Smith et al., 2006），越來越多的多元文化領域之學者與實務工作者，批評現存的臨床、諮商心理學及諮商教育課程中，過於仰賴單一化、教條式的教學模式來進行多元文化諮商訓練（Malott, 2010; Priester et al., 2008）。因此，人們一再提問，質疑多元文化諮商的受訓者是否真的可以透過目前盛行的、教條化的訓練模式，把以認知思考

為基礎的知識與學習，轉化為實際應用的「多元文化諮商技術」（Pieterse, Evans, Risner-Butner, Collins, & Mason, 2009）。近幾年，多元文化諮商學者提倡，多元文化諮商訓練需要更強調實用性、以實務經驗為基礎，尤其可增加受訓者與多元文化族群的接觸與直接互動，以做為補救上述教學方法缺失的措施（Abreu et al., 2000; Arthur & Achenbach, 2002; Smith et al., 2006）。最近，有些多元文化諮商訓練採取「文化洗禮」（cultural immersion）的模式，雖然為數不多，但漸漸增加。例如，Hipolito-Delgado、Cook、Avrus 與 Bonham（2011）記錄美國的「多元文化行動方案」（Multicultural Action Project），在這個方案中，三名諮商研究所學生自選群體（如街友、老人或女子監獄），在此群體所處的環境中進行為期 16 週的服務。最近，Kuo 與 Arcuri（2014）更描述加拿大一項新的多元文化訓練與督導模式，透過八個月的多元文化實習，由臨床心理學學生提供具有多元語言和文化背景的難民直接服務，以培養多元文化的臨床能力。這篇文章的作者認為，這個以實習為主的多元文化諮商訓練模式十分獨特，因為它「包含並體現了多元文化主義、社會正義、社區外展服務、體驗式學習及創傷治療的元素」（Kuo & Arcuri, 2014, p. 1023）。此訓練模式的評估研究中，藉由參與這個實務方案的受訓者自陳，提供量化及質性資料之證據，支持其帶來的學習效果和正向影響。

其次，另外一個多元文化諮商學者與實務工作者持續爭論的主要議題是：透過訓練所習得之多元文化諮商能力，究竟具有哪些「有效成分」（active ingredients）（Sammons & Speight, 2008）？現階段的多元文化諮商研究，關注的焦點不再是「多元文化諮商訓練是否真的具有幫助」，而是轉移至「多元文化諮商訓練中，到底是哪些因素有助於受訓者提升多元文化諮商能力」（Malott, 2010; Smith et al., 2006）。若要回答這個問題，首先必須確認，實施多元文化諮商訓練時的「最佳典範」（best practices）為何（Kuo, 2012）；而最好的實務典範，很可能立基於目前文獻中、結合認知學習與實務經驗的訓練課程模式（Abreu et al., 2000; Arthur & Achenbach, 2002; Kuo & Arcuri, 2014）。接著，在實施最佳的多元文化諮商訓練模式時，研究者需要同時用量化與質性的方式探究，哪些促發因素使訓練得以發揮效果，協助受訓者發展出多元文化諮商能力（Hanson et al., 2005; Ponterotto, 2002）。

第三，過去 10 年，兩股運動的力量形塑了多元文化諮商未來的發展方向，分別是：（1）社會正義倡議（Constantine et al., 2007）；及（2）諮商心理學的國際化（Gerstein et al., 2009; Leong & Ponterotto, 2003）。前者反映了多元文化諮商領域中社會政治意識的覺醒，開始致力於強調社會中的不平等，以及對團體和個人的系統性壓迫。如

同 Goodman 等人（2004）所指出的，諮商心理學在學術上根源自女性主義及多元文化主義，與這股力量息息相關。另一方面，過往的諮商者因僅具有在一個國家的生活經驗（例如美國），或只熟悉單一文化脈絡，因而具有「種族中心」（ethnocentric）或「文化膠囊」的觀點。國際化的潮流也喚起諮商者的覺察，使其走出狹隘的視角。國際化的潮流也驅使諮商的專業訓練與實務工作「從國內的多元文化觀點，朝向拓展此專業領域的全球視野」（Leong & Ponterotto, 2003, p. 382）。這些論點的歷史還十分短暫，卻走在多元文化諮商領域的趨勢尖端，等待未來持續推動與詳細研究，並發展得更加完善。

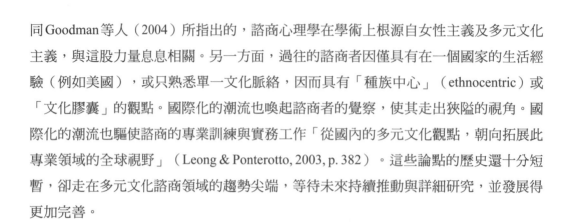

柒、總結：多元文化諮商的歷史，對於臺灣推動「本土化的多元文化諮商」有何啟示？

在本章中，透過回顧過去 50 年至今，北美多元文化諮商風潮發展與演進的歷史，提供讀者概略性的介紹。在本章的結尾，我試著從歷史、社會政治、學術與組織層面，著重論述多元文化諮商風潮中的關鍵進展。在美國和加拿大的社會脈絡中，多元文化諮商運動還在持續不斷地改變與成長，毋庸置疑地，我們不能斷然假設，與北美多元文化諮商相關的社會政治力量、理論、概念與發展歷程，可以直接套用在其他地區、國家或文化情境，例如臺灣。如同前文中提及，臺灣與華人心理學家強調，在臺灣和華人文化的情境脈絡中，顯然還需要持續努力發展「本土化的多元文化諮商」（indigenize multicultural counselling）（Hwang, 2009; Leung & Chen, 2009; Yeh, 2002）。儘管如此，從多元文化諮商風潮的歷史回顧，對於臺灣諮商與心理衛生專業領域中有關多元文化議題的討論，仍具有參考價值。針對臺灣未來推動和增進具有文化智性（culturally-informed）的多元文化諮商，以下提出三個值得考量的可能發展方向：（1）累積多元文化諮商學術研究與文獻；（2）在心理治療與諮商實務中，注入本土文化知識；（3）推動多元文化與跨文化的諮商及心理實務工作專業訓練。

首先，臺灣的諮商輔導、心理學和心理健康相關專業領域若欲著重文化與多元族群議題，應奠基於對居住在臺灣的不同文化群體更豐富的專業和學術知識之上。如同本章及本書中所指出的，臺灣人口結構朝向多元化發展的趨勢已十分明顯，目前，臺灣的多元族群包括原住民、早期的漢人移民後代、近代由東南亞／中國大陸移入的女性及其生長於臺灣的第二代等等。假如能有更多系統性的深度研究，探尋不同族群的經驗、處境及需求，長期而言，將成為諮商輔導、心理治療及其他心理健康專業領域

不可或缺的知識基礎。

　　事實上，從美國多元文化諮商運動的發展歷程，可以看到 1970 至 1990 年代開始有大量研究聚焦於種族及多元族群，且數量持續增長。同樣地，臺灣目前也需要投入大量努力，以生產及建立臺灣各個文化族群專屬的、以文化特殊性為本的（emic-based）知識。充實多元族群的學術研究及知識庫，對於在臺灣孕育具有本土化及多元文化觀點之諮商工作而言，是重要的第一步，也是本書的目的。

　　其次，如果諮商輔導與諮商心理學界，能夠將目前臺灣的本土心理學知識和研究整合融入諮商的學術、實務工作與專業訓練中，將獲益良多（Hwang, 2009）。臺灣的諮商心理學者，例如洪莉竹與陳秉華（2005）留意到，臺灣現今盛行的諮商與心理治療訓練，近乎全面被西方諮商與心理治療的哲學觀、理論與技術所獨占。對於這些由西方「進口」的治療模式和技術運用於臺灣案主的效用及合宜性，在現今的諮商訓練體制中，甚少出現具文化敏感度的批判或實徵性檢驗。西方文化中對於人格、心理病理學、家庭關係及人際關係的預設，影響了臺灣諮商者的信念及對案主的理解，然而，在這些觀念與文化經驗之間，卻常常存在衝突與不一致的情形（Kuo, Hsu, & Lai, 2011）。

　　因此，諮商介入與文化之間的關聯性，應透過紮根於臺灣社會文化脈絡的本土知識，小心仔細地檢視。學者黃光國致力於整合主流諮商心理學與華人心理學，他表示：「多元文化諮商的發展茁壯，不僅代表哲學觀上的轉換，更是兩股文化傳統的結合。」（Hwang, 2009, p. 939）。未來，投入心力於檢視、衡量臺灣本土文化與諮商或心理治療如何交會，對多元文化諮商在臺灣的發展與進步是十分重要的。

　　第三，目前學界已普遍認知到，若欲推動和培養諮商者／心理師的多元文化能力，針對多元文化諮商提供系統性的教育訓練與督導，是不可或缺的關鍵工作（Abreu et. al, 2000; Kuo & Arcuri, 2014; Smith et al., 2006）。稍早在本章中曾提到，在美國，多元文化諮商的教育訓練經過多年的演進，眾人積極投入，努力地推動、呼籲其重要性，並在過去數十年來，持續創造並改良多元文化諮商訓練的內容與課程設計（Arredondo & Arciniega, 2001; Malott, 2010; Ridley, Mendoza, & Kanitz, 1994）。結果，多元文化諮商訓練成為美國諮商輔導、諮商心理學和臨床心理學研究所課程（APA, 2003）必備的核心課程，也是美國心理學會（APA, 2013）與加拿大心理學會（Canadian Psychological Association, 2011）課程及學位評鑑的指標之一。

　　從上述內容看來，臺灣的諮商輔導與諮商心理學研究所課程，如果能夠持續、有意識地納入多元文化諮商學術文獻及訓練課程，將能提升受訓者的多元文化諮商能

力，而有所獲益。2007 年起，本人在臺灣教授多元文化諮商及跨文化課程（2007-2008 年及 2015 年，在國立臺灣師範大學擔任特聘客座教授期間授課），也在臺灣各地開設多元文化諮商的工作坊及講座，參與聽眾涵蓋多元的專業背景，包括研究生、大學教員、服務於大專校院的諮商者、高／國中小學輔導老師、教牧諮商員、心理師、社會工作者等等。從這些經驗中，我感受到臺灣諮商專業人員及研究生強烈的興趣、動力及好奇心，他們想檢視與學習文化和諮商之間的關聯，以及如何連結到與臺灣案主的實務工作。因此，我相信現在時機已成熟，臺灣的諮商實務工作者及學者、專業諮商機構、諮商輔導與諮商心理學系所，應整合資源，開始積極提供諮商領域的學習者和執業諮商者／心理師受訓的機會，以培養他們的多元文化諮商能力。不過，在此提醒，良好的多元文化諮商訓練課程，需要長期且系統性地學習多元文化諮商的原理，包含課堂中知識性的學習，同時搭配實習或經驗性的學習，在接受督導的情況下，與多元族群進行諮商，才能更完整、更有系統性的強化多元文化諮商的能力（Kuo, in press; Kuo & Arcuri, 2014; Sammons & Speight, 2008）。

討論問題

1. 臺灣社會中的文化與族群變得越來越多元，這個現象對於諮商專業工作者或心理師來說，有什麼樣的含意？在臺灣的社會脈絡中，諮商者或心理師若想增進多元文化諮商能力或文化敏感度，有哪些機會可以利用？又，可能會遭遇什麼挑戰？

2. 臺灣社會中的不同族群，現在面臨哪些社會、經濟或政治上的不平等或差別待遇？這些社會或政治上的不平等待遇，如何影響不同族群的心理健康？現今臺灣各個族群的社會政治處境及族群間關係，又可能如何影響案主與諮商者的互動和諮商關係？

3. 花幾分鐘想想看，現在的你會如何增進與不同族群工作的多元文化諮商能力？寫下你所想到能加強多元文化諮商能力的方法和步驟，例如透過練習、督導或課程等等。

學習活動 • • •

　　找一位來自不同背景的朋友（或同事、鄰居……），對方可能和你具有一個以上的文化差異，例如：性別、種族淵源、宗教、社經地位、性傾向、語言、國籍、年齡或世代、身心障礙、來自不同地區等等。訪問並了解對方的生命經驗、價值觀與世界觀，和對方分享你跟他／她之間的相似與相異之處。之後，思考在這個活動中，你從對方身上發現與學習到什麼。

 **參考文獻**

中文部分

行政院（2015）。國情網頁——人民。2016 年 3 月 5 日，取自 http://www.ey.gov.tw/state/news3.aspx? n=7C222A52A60660EC&sms=3DDA3041F685942A

內政部統計處（2015）。內政統計通報 **104 年第 6 週**。臺北市：作者。

教育部（2013）。新移民子女就讀國中小人數分布統計（**102 學年**）。臺北市：作者。

洪莉竹、陳秉華（2005）。臺灣諮商人員對西方諮商與華人文化信念衝突的轉化經驗。**教育心理學報，37**（1），79-98。

英文部分

Abreu, J. M., Gim Chung, R. H., & Atkinson, D. R. (2000). Multicultural counseling training: Past, present, and future directions. *The Counseling Psychologist*, *28*, 641-656. doi: 10.1177/0011000000285003

American Counseling Association. (2005). *ACA code of ethics*. Alexandria, VA: Author.

American Psychological Association. (1993). Guidelines for providers of psychological services to ethnic, linguistic, and culturally diverse populations. *American Psychologist, 48*, 45-48. doi:10.1037/0003-066X.48.1.45

American Psychological Association. (2000). Guidelines for psychotherapy with lesbian, gay, and bisexual clients. *American Psychologist, 55*, 1440-1451. doi:10.1037//0003.066x55. 12.1440

American Psychological Association. (2003). Guidelines on multicultural education, training,

research, practice, and organizational change for psychologists. *American Psychologist, 58*, 377-402. doi:10.1037/0003-066X.58.5.377

American Psychological Association. (2011). *Guidelines from assessment of and intervention with persons with disabilities*. Retrieved on July, 25, 2017 from http://www.apa.org/pi/disability/resources/assessment-disabilities.aspx

American Psychological Association. (2012). Guidelines for psychological practice with lesbian, gay, and bisexual clients. *American Psychologist, 67*, 10-42. doi: 10.1037/a0024659

American Psychological Association. (2013). *Guidelines and principles for accreditation of programs in professional psychology*. Washington, DC: Author.

American Psychological Association. (2014). *Guidelines for psychological practice with older adults. American Psychologist, 69*, 34-65. doi: 10.1037/a0035063

Arredondo, P., & Arciniega, G. M. (2001). Strategies and techniques for counselor training based on the multicultural counseling competencies. *Journal of Multicultural Counseling and Development, 29*, 263-273. doi:10.1002/j.2161-1912.2001.tb00469.x

Arthur, N., & Achenbach, K. (2002). Developing multicultural competencies through experiential learning. *Counselor Education and Supervision, 42*, 2-14. doi:10.1002/j.1556-6978.2002.tb01299.x

Arthur, N., & Collins, S. (2010). *Culture-infused counselling*. Calgary, AB: Counselling Concepts.

Canadian Psychological Association. (1996). *Guidelines for Non-Discriminatory Practice*. Ottawa, ON: Author.

Canadian Psychological Association. (2011). *Accreditation standards and procedures for doctoral programmes and internships in professional psychology* (Fifth revision). Ottawa, ON: Author.

Casas, J. M., Suzuki, L. A., Alexander, C. M., & Jackson, M. A. (Eds.) (2017). *Handbook of multicultural counseling* (4th ed.). Thousand Oaks, CA: Sage.

Constantine, M. G., Hage, S. M., Kindaichi, M. M., & Bryant, R. M. (2007). Social justice and multicultural issues: Implications for the practice and training of counselors and counseling psychologists. *Journal of Counseling & Development, 85*, 24-29. doi:10.1002/j.1556-6678. 2007.tb00440.x

Constantine, M. G., & Ladany, N. (1996). New visions for defining and assessing multicultural competence. In D. Pope-Davis & H. L. K. Coleman (Eds.), *Multicultural counseling competencies: Assessment, education and training, and supervision* (pp. 482-498). Thousand Oaks, CA: Sage.

Gerstein, L. H., Heppner, P. P., Ægisdóttir, S., Leung, S. A., & Norsworthy, K. L. (2009). *International handbook of cross-cultural counseling: Cultural assumptions and practices worldview*. Thousand Oaks, CA: Sage.

Goodman, L. A., Liang, B., Helms, J. E., Latta, R. E., Sparks, E., & Weintraub, S. R. (2004). Training counseling psychologists as social justice agents: Feminist and multicultural principles in action. *The Counseling Psychologist, 32*, 793-837. doi:10.1177/0011000004268802

Hanson, W. E., Creswell, J. W., Plano, V. L., Petska, K. S., & Creswell, J. D. (2005). Mixed methods research designs in counseling psychology. *Journal of Counseling Psychology, 52*, 224-235. doi:10.1037/0022-0167.52.2.224

Heppner, P. P., Casas, J. M., Carter, J., & Stone, G. L. (2000). The maturation of counseling psychology: Multifaceted perspectives, 1978-1998. In S. D. Brown & R. W. Lent (Eds.), *Handbook of counseling psychology* (3rd ed., pp. 3-49). Hoboken, NY: John Wiley & Sons.

Hipolito-Delgado, C. P., Cook, J. M., Avrus, E. M., & Bonham, E. J. (2011). Developing counseling students' multicultural competence through the Multicultural Action Project. *Counselor Education and Supervision, 50*, 402-421. doi:10.1002/j.1556-6978.2011.tb01924.x

Hwang, K. K. (2009). The development of indigenous counseling in contemporary Confucian communities. *The Counseling Psychologist, 7*, 930-943. doi:10.1177/0011000009336241

Hwang, K. K., & Chang, J. (2009). Self-cultivation: Culturally sensitive psychotherapies in Confucian societies. *The Counseling Psychologist, 7*, 1010-1032. doi:10.1177/0011000009339976

Jackson, M. L. (1995). Multicultural counseling: Historical perspectives. In J. G. Ponterotto, J. M. Casas, L. A. Suzuki, & C. M. Alexander (Eds.), *Handbook of multicultural counseling* (pp. 3-16). Thousand Oaks, CA: Sage.

Kim, B. S. K., & Abreu, J. M. (2001). Acculturation measurement: Theories, current instruments, and future directions. In J. G. Ponterotto, J. M. Casas, L. A., Suzuki, & C. M. Alexander (Eds.), *Handbook of multicultural counseling* (2nd ed., pp. 394-424). Thousand

Oaks, CA: Sage.

Kuo, B. C. H. (in press). Refugee-serving multicultural therapy Practicum: An example of a culture-infused, service-based training program. In N. Arthur & S. Collins (Eds.). *Culturally-infused counselling: Fostering social justice change process* (3rd ed.). Calgary, AB: Counselling Concepts.

Kuo, B. C. H. (2012). Situating multicultural counseling in the Canadian cultural context: A reflection on Clemmont Vontress's works. In R. Moodley, L. Epp, & H. Yusuf (Eds.). *Counseling across the cultural divide: The Clemmont E. Vontress reader* (pp. 261-275). Ross-on-Wye, UK: PCCS Books.

Kuo, B. C. H., & Arcuri, A. (2014). Multicultural therapy practicum involving refugees: Description and illustration of a training model. *The Counseling Psychologist, 42*, 1021-1052. doi:10.1177/0011000013491610

Kuo, B. C. H., Hsu, W. S., & Lai, N. H. (2011). Indigenous crisis counselling in Taiwan: An exploratory qualitative case study of an expert therapist. *International Journal for the Advancement of Counselling, 33*, 1-21. doi:10.1007/s10447-010-9108-y

Leong, F. T. L., & Ponterotto, J. G. (2003). A proposal to internationalizing counseling psychology in the United States: Rationale, recommendations, and challenges. *The Counseling Psychologist, 31*, 381-395. doi:10.1177/0011000003031004001

Leung, S. A., & Chen, P. H. (2009). Counseling psychology in Chinese communities in Asia: Indigenous, multicultural, and cross-cultural considerations. *The Counselling Psychologist, 7*, 944-966. doi:10.1177/0011000009339973

Malott, K. M. (2010). Multicultural counselor training in a single course: Review of research. *Journal of Multicultural Counseling and Development, 38*, 51-63. doi:10.1002/j.2161-1912.2010.tb00113.x

Pedersen, P. (1991). Multiculturalism as a fourth force in counseling. *Journal of Counseling and Development, 70*, 5-25.

Pieterse, A. L., Evans, S. A., Risner-Butner, A., Collins, N. M., & Mason, L. B. (2009). Multicultural competency and social justice training in counseling psychology and counselor education: A review and analysis of a sample of multicultural course syllabi. *The Counseling Psychologist, 37*, 93-115. doi:10.1177/0011000008319986

Ponterotto, J. G. (2002). Qualitative research methods: The fifth force in psychology. *The Coun-

seling Psychologist, 30, 394-406.

Ponterotto, J. G. (2008). Theoretical and empirical advances in multicultural counseling and psychology. In S. D. Brown & R. W. Lent (Eds.), *Handbook of Counseling Psychology* (4th ed., pp. 121-140). Hoboken, NJ: John Wiley & Sons.

Ponterotto, J. G., Casas, J. M., Suzuki, L. A., & Alexander, C. M. (Eds.) (1995). *Handbook of multicultural counseling*. Thousand Oaks, CA: Sage.

Ponterotto, J. G., Casas, J. M., Suzuki, L. A., & Alexander, C. M. (Eds.) (2001). *Handbook of multicultural counseling* (2nd ed.). Thousand Oaks, CA: Sage.

Ponterotto, J. G., Casas, J. M., Suzuki, L. A., & Alexander, C. M. (Eds.) (2010). *Handbook of multicultural counseling* (3rd ed.). Thousand Oaks, CA: Sage.

Pope-Davis, D. B., Coleman, H. L. K., Liu, W. M., & Toporek, R. L. (2003). *Handbook of multicultural competencies in counseling and psychology*. Thousand Oaks, CA: Sage.

Priester, P. E., Jones, J. E., Jackson-Bailey, C. M., Jana-Masri, A., Jordan, E. X., & Metz, A. (2008). An analysis of content and instructional strategies in multicultural counseling courses. *Journal Multicultural Counseling and Development, 36*, 29-39. doi:10.1002/j. 2161-1912.2008.tb00067.x

Ridley, C. R., & Kleiner, A. J. (2003). Multicultural counseling competence: History, themes, and issues. In D. B. Pope-Davis, H. L. K. Coleman, W. M. Liu, & R. L. Toporek (Eds.), *Handbook of multicultural competencies in counseling and psychology* (pp. 3-20). Thousand Oaks, CA: Sage.

Ridley, C. R., Mendoza, D. W., & Kanitz, B. E. (1994). Multicultural training: Re-examination, operationalization, and integration. *The Counseling Psychologist, 22*, 227-289. doi: 10.1177/ 0011000098266001

Smith, T. B., Constantine, M. G., Dunn, T. W., Dinehart, J. M., & Montoya, J. A. (2006). Multicultural education in the mental health professions: A meta-analytic review. *Journal of Counseling Psychology, 53*, 132-145. doi:10.1037/0022-0167.53.1.132

Smith, T. B., & Silva, L. (2011). Ethnic identity and personal well-being of people of color: A meta-analysis. *Journal of Counseling Psychology, 58*, 42-60. doi:10.1037/a0021528

Sammons, C. C., & Speight, S. L. (2008). A qualitative investigation of graduate-student changes associated with multicultural counseling courses. *The Counseling Psychologist, 36*, 814-838. doi:10.1177/0011000008316036

Speight, S. L., & Versa, E. M. (2008). Social justice and counseling psychology: A challenge to the profession. In S. D. Brown & R. W. Lent (Eds.), *Handbook of counseling psychology* (4th, ed., pp. 54-67). Hoboken, NJ: John Wiley & Sons.

Sue, D. W., Arredondo, P., & McDavis, R. J. (1992). Multicultural counseling competencies and standards: A call to the profession. *Journal of Counseling and Development, 70*, 477-486. doi:10.1002/j.2161-1912.1992.tb00563.x

Sue, D. W., Bernier, J. B., Durran, M., Feinberg, L., Pedersen, P., Smith, E., & Vasquez-Nuttall, E. (1982). Position paper: Cross-cultural counseling competencies. *The Counseling Psychologist, 10*, 45-52. doi:10.1177/0011000082102008

Sue, D. W., & Sue, D. (2003). *Counseling the culturally diverse: Theory and practice* (4th ed.). Hoboken, NJ: John Wiley & Sons.

Sue, D. W., & Sue, D. (2008). *Counseling the culturally diverse: Theory and practice* (5th ed.). Hoboken, NJ: John Wiley & Sons.

Sue, D. W., & Sue, D. (2016). *Counseling the culturally diverse: Theory and practice* (7th ed.). Hoboken, NJ: John Wiley & Sons.

Toporek, R. L., Gerstein, L. H., Fouad, N. A., Roysircar, G., & Israel, T. (Eds.) (2006). *Handbook of social justice in counseling psychology*. Thousand Oaks, CA: Sage.

Versa, E. M., & Speight, S. L. (2003). Multicultural competence, social justice, and counseling psychology: Our expanding roles. *The Counseling Psychologist, 31*, 253-272. doi:10.1177/ 0011000002250634

Wrenn, C. G. (1962). The culturally encapsulated counselor. *Harvard Educational Review, 32*, 444-449.

Yeh, K. S. (2002). Multicultural counselling: Reflections on Asian cultures. *Asian Journal of Counselling, 9*, 83-104.

Yoon, E., Langrehr, K., & Ong, L. Z. (2011). Content analysis of acculturation research in counseling and counseling psychology: A 22-year review. *Journal of Counseling Psychology, 58*, 83-96. doi:10.1037/a0021128

Chapter 3 多元文化諮商及專業訓練的基本定義、概念與架構

▌郭崇信[1]

隨著全球化快速發展，生活在不同地區的人們越來越頻繁地遷移，世界變成「地球村」的結果是，地球上各個角落的族群或個體的命運，比以往任何時代都更加緊密連結。普世主義者（universalist）的單一文化（monocultural）觀點，根源於歐陸、猶太教和基督教世界觀，以及美洲個人主義，長期主導西方心理學典範與哲學觀，近幾十年來，由於越來越多跨文化的實徵證據出現，這樣的假設受到強烈的挑戰（Arthur & Collins, 2010）。同樣的，諮商輔導、諮商心理學與臨床心理學界在不同文化中進行個案概念化、建構理論與處遇心理健康議題時，常立基於狹隘的「種族中心」（ethnocentric）或「單一文化」觀點，甚至維持了這種觀點的存在（Sue & Sue, 2016）。早在 1960 年代，Wrenn（1962）即警告心理學界與心理衛生專業人員，應留意自己是否停留在封閉的文化觀點中，形成「文化膠囊」（culturally encapsulated）的狀態，面對具有不同文化經驗與預設觀點的案主，難以認可及欣賞他們的世界觀。

如同本書前面章節中所提及的，在美國、加拿大和世界其他地區，心理學、心理治療、諮商輔導與心理衛生的學術與專業領域中，無論研究、教學、專業訓練或實務工作層面，多元文化及文化議題逐漸獲得越來越多的關注（例如，Arthur & Collins, 2010; Gerstein, Heppner, Ægisdóttir, Leung, & Norsworthy, 2009; Sue & Sue, 2016），包括臺灣及國際上其他華人社群亦是如此（Leung & Chen, 2009）。儘管諮商輔導、心理學和心理衛生領域的學者及專業人員時常討論「文化」、「多元文化主義」與「多元文化諮商」等議題，「文化」這個概念，以及文化和諮商專業、心理服務之間的關聯，其實並非總是受到充分理解。不過，在不斷增長的多元文化諮商與專業訓練文獻中，

---

[1] 本文原以英文撰寫，由吳馥濃（國立臺灣師範大學教育心理與輔導學系碩士、諮商心理師）翻譯成中文。

重要的議題與內容實在過於豐富與廣泛，在本章有限的篇幅中，難以詳盡檢視所有的部分。因此，本章試圖提供讀者概論與回顧，包括過去數十年來所發展出的支撐多元文化諮商領域的基本概念、定義、原理和議題。

為了達到這個目的，在本章中，我將仔細回顧我個人認為對諮商者與學習諮商的學生而言，十分關鍵的文化及多元文化主題。這些重要主題的概念與範疇，有助於諮商者及受訓者了解並學習「諮商」和「文化」之間如何產生交集，以及如何發展多元文化諮商能力。具體而言，本章將：（1）描述及定義「文化」與「多元性」，呈現出這兩個構念多重的面向；（2）說明「多元文化諮商」與「多元文化諮商能力」的操作型定義；（3）介紹多元文化諮商能力的衡鑑與測量工具；（4）概論多元文化諮商與教育訓練的現有模式；（5）檢視對於諮商互動與治療關係具有重要性的文化因素／變項／構念。如此安排內容的用意，是希望透過概括回顧，提供讀者入門的知識基礎，藉此，在臺灣的社會生態與文化脈絡中，繼續累積與發展多元文化諮商或臨床工作上的覺察、知識和技術。

壹、文化與諮商的交會

若要確保關於多元文化諮商的論述是有意義的，前提為對於「文化」這個概念具有堅實的理解和操作型定義。因此，身為諮商者，首先對於「『文化』是什麼？」建立完整的定義，是非常重要的。

雖然文化無處不在，文化及其對人類經驗的影響，卻是十分模糊而無法捉摸的，因而難以徹底解釋。事實上，各個學術領域是以不同的觀點看待文化、用不同的方式賦予文化概念上的意涵。文化的定義分歧，隨著定義者是藝術家、記者、歷史學家、神職人員、人口學家、人類學家、社會學家、政治科學家、心理學家或生物學家，都會有所不同，端看定義者的關注焦點和視角為何。順帶一提，有時候文化被描述為「我們呼吸的空氣」或「我們看世界的鏡頭」，可以說明，我們如何思考、行動、知覺他人與世界，都受到文化所塑造。文化對個體和群體的影響無所不在又根深蒂固，有時甚至使得置身其中的人忘記了它的影響；之所以如此，是因為經過了多年的濡化（enculturation）及社會化之後，文化的影響力常在我們的意識層面之外，只有當我們置身於（或在心理空間上處在）不同的文化環境（例如跨國移民、留學、出國旅遊等），或者在社會情境中遇到跨文化的交流及衝突時──可能是工作場合，或者諮商情境中案主與諮商者的期待、觀點、世界觀、價值系統、宗教信仰或甚至語言具有文

化差異──此時，文化的作用才會變得凸顯。

因此，對於諮商專業人員來說，多元文化諮商訓練的重要性，在於挑戰文化影響性自然形成的「隱形面紗」，特別是在諮商與治療關係的脈絡中。如果沒有刻意訓練、提供學習機會，讓諮商者進行自我反思，檢視自己在社會文化中的地位、特性、價值觀，諮商者很容易就忽視了文化的制約作用，及其如何在有意識或無意識的情況下影響與案主的工作和互動。如此一來，將無可避免地引起諮商歷程及「案主—諮商者」關係中的潛在阻礙與衝突。

為了強調文化與諮商之間的關係，我先在此鋪路，首先考量以下的問題：（1）「文化到底是什麼？」及（2）「文化可能如何影響諮商歷程和治療關係？」在接下來的段落中，將回顧與文化的定義有關的關鍵概念，以及相關領域中常受到檢視的多元文化諮商與多元文化諮商能力的重要概念。

貳、文化及多元性的多重面向：從類別與向度的觀點

一、文化的類別化操作型定義

在理解文化及文化如何作用於人類經驗方面，跨文化心理學領域已經從批判性的心理學觀點做出顯著的貢獻（Matsumoto & Juang, 2013）。既然我們現在關注的是多元文化諮商或跨文化諮商，尋求跨文化心理學的幫忙，藉由與心理學、諮商和心理治療領域相關的架構，為文化下操作型定義，似乎是十分合適的。美國跨文化心理學家 David Matsumoto 博士與 Linda Juang 博士（2013）將「文化」明確定義為：

> 一個獨特的意義與資訊系統，由群體共享，並透過世代傳遞，使群體可滿足生存需求、追求幸福與安適感，並從生命獲得意義。（p. 15）

根據這個定義，文化是由特定文化群體中的個人，跨越多個世代所共享的基本溝通系統。也就是說，文化涵蓋了一個文化群體中存在與經驗的所有面向，它的存續與運作，是為了將群體的福祉與生存上的利益最大化。從這個心理學觀點，文化是一個具有多重面向的概念，因此，它的影響既根深蒂固，又範圍廣泛。由於文化是個多重面向的構念，它常與一些相關的概念相連，並藉這些「代理的」（proxy）概念來描

述文化的內涵，包括種族、族裔與多樣性。以下分別釐清並詳細解釋這些概念和專有名詞：

（一）種族

「種族」（race）一詞常被用來替代文化的概念。「種族」用以代表「一群擁有共同祖先的人，與其他群體之間具有生理特徵的差異，例如：毛髮的型態、眼睛和皮膚的顏色、身高。」（McAuliffe, 2013, p. 12）——數個世紀以來，人們普遍接受及預設這個概念可用以區隔人類不同群體之間的差異。然而，如今自然科學與社會科學家卻大多認為，由於沒有任何明確的生理證據或實徵基礎（如 DNA 標記）支持，「種族」並非生物學上實體存在的概念（Matsumoto & Juang, 2013）。不過，以「種族」指稱文化群體間的差異，在當代大眾的對話與論述中仍十分盛行，取而代之的是將其視為一個「社會建構」的概念，這是由於「種族」這個概念影響了相關刻板印象和偏見的形成，並造成世界各地不平等的待遇，在社會政治與個人情緒層面仍具有重要的意涵（Arthur & Collins, 2010）。

例如，在美國，「種族」一詞持續廣泛用於指稱白人、非裔、亞裔、拉丁裔、美國原住民等等，美國的多元文化諮商學術研究也是如此，主要是因為「種族」一詞可衍生出許多與社會政治相關的涵義。在世界上許多地方，一直將種族特徵（如膚色）用於推論個體或團體的態度和傾向（譬如：能力、智力、性格、行為等等），也因而連結到種族偏見及種族歧視。受到種族歧視的例子包括：美國的黑人、加拿大的第一民族（First Nation people，即加拿大的原住民）、來自東南亞的臺灣新移民女性、臺灣原住民等。因此，儘管「種族」一詞沒有實質上的科學根據，種族之間的衝突、壓迫與緊張情勢卻始終存在，受到「種族化」（racialized）的少數群體或「有色人種」（people of colour）則長期承受心理和情緒上的傷害。

（二）族裔

一般而言，族裔（ethnicity）用以表示「因源自共同國家、地緣、文化或語言而具有相似特徵的團體」（Matsumoto & Juang, 2013, p. 18），例如：菲律賓裔澳洲人（Filipino Australians）、加拿大的因紐特人（Inuit Canadian，為美洲原住民族之一）、伊朗裔美國人（Iranian Americans）等等。經由族裔淵源，個體和團體之間因共享語言／方言（譬如母語）、風俗習慣、宗教和靈性信仰，以及居住在具有相似地理特徵的區域，而彼此連結。與種族不同的是，族裔通常由個人的自我認同所界定，而非由他

人基於外在的生理特徵（如膚色、頭髮或眼睛的顏色等）所分配和指派的標籤。因此，一般認為「族裔」的概念比種族更能精確、有意義地描述文化特性（Arthur & Collins, 2010）。McAuliffe（2013）便指出，至少有兩個主要原因使族裔的概念具有重大意義。首先，儘管個人未必有意識地覺察到族裔對自身的影響，族裔仍表徵了一個人的信念、行為與規範的來源。其次，在一個特定社會（例如：美國、加拿大或臺灣）中，若一個人並非優勢群體的成員，族裔身分可提供一個標誌，明顯地標示出他／她與其他族裔之間的區別。此外，族裔可能成為個體或群體之身分認同、整體感與榮耀的來源。以臺灣的多元文化族群來說，客家人、閩南／河洛人、外省人，原住民族如泰雅族、阿美族、排灣族、布農族，以及越南裔臺灣人等等，皆為有意義的族裔類別。族裔之內的凝聚，會喚起因共享價值觀、傳統、語言、歷史、情感及身分認同所產生的特有感受。因此，倘若情況合適，諮商者在評估案主的文化特性及文化歸屬感（cultural affiliation）時，若能詢問及探索案主的族裔背景和族群認同，將會有所幫助。本章稍後將更詳細闡釋「族裔認同」及「文化認同」和案主與諮商者相關的議題。

（三）多樣性

「多樣性」（diversity）是目前常受到談論的用語，且與「文化」及「多元文化主義」的概念密切相關。根據美國諮商學會（ACA, 2005）倫理守則，多樣性用以表示：「文化內或文化間的相似性與差異性，以及文化認同（cultural identities）與社會認同（social identities）之間的交會」（p. 20）。McAuliffe（2013）進一步將多樣性定義為：「人類之中存在的變異性，特別是文化和社會中豐富多樣的風俗習慣」（p. 13）。這樣的觀點在定義多樣性或文化多樣性時，超越了通常與文化連結的種族、族裔和國籍等人口相關概念。多樣性也常與個人、團體、社會和國家對於多元個體和群體的態度相關，即他們如何看待這些保持和彰顯人類多樣性的個體和群體，譬如不同的宗教信仰、性傾向、性別認同等等。當代多元文化諮商學者普遍的共識則是，應採取涵蓋範圍廣泛的文化和多元文化主義架構，其中盡可能容納許多的多樣性因素（Pedersen, 2000）。

大約 20 年前，美國諮商學者 Pamela Hays（1996）為諮商專業提出文化多樣性的概括定義。Hays極力主張諮商者須仔細留意案主在人口統計變項和傾向上各個不同的向度和特徵。Hays 的模式用縮寫 ADRESSING 稱呼，代表一個人的年齡和所屬世代（**A**ge and generational status）、身心障礙（**D**isability）、宗教（**R**eligion）、族裔與種族（**E**thnicity and race）、社會地位（**S**ocial status）、性傾向（**S**exual orientation）、在

地傳統（Indigenous heritage）、祖籍／出生國（National origin）、性別（Gender）。Hays（1996）指出任何人——包括案主和諮商者——可以從 ADRESSING 中的各個向度中辨認出自己的文化特性。以上所述的觀點，近年被稱為「多重身分認同的交織」（intersection of multiple identities），個體可藉此同時辨認與自己相關的許多身分認同因素，顯示出個體所認同之各個群體具有不同的特性（Arthur & Collins, 2010）。每一個人身上多重身分認同的交織性，說明了文化影響力與個人身分認同，具有很高的複雜性及多元的面向。

舉例來說，在臺灣，兩個泰雅族原住民的男性案主具有相似的族裔背景，但在宗教信仰、性傾向、居住狀態等向度上則可能明顯分歧。譬如，其中一位泰雅族男子為異性戀、信仰基督教，在泰雅族部落長大，並在靠近宜蘭的農村地區接受一般教育。同時，另一位泰雅族案主認同自己是泰雅族人，但生長於臺北（臺灣最大的城市），為已出櫃的雙性戀，沒有特定宗教信仰。因此，這兩位案主可能在某些生活範疇擁有相似的經驗（例如，原住民在臺灣受到的歧視經驗），但在其他向度上，則遠遠不同（包括宗教信仰和性傾向等）。

此外，在諮商情境的脈絡中，兩位泰雅族案主的哪些身分較為凸顯，也會有所差異，端視哪些文化中的面向與諮商議題關聯性較高而定。既然文化在個體身上之影響力的交互作用是如此複雜，諮商者絕對不該只憑案主的一、兩項文化特性，就以刻板印象粗略、籠統地理解案主。因此，與案主相關的各種潛在社會文化、人口結構與個人相關的因素和力量，以及其之間複雜的互動與交織的關係，需要連結案主當前情境及特定的背景脈絡，全面而小心仔細地考量（Arthur & Collins, 2010）。顯然，假如諮商者有意在多元文化諮商工作中，加入對文化和多樣性的理解，對於人類經驗及生活型態的多元面貌，他／她勢必要具備比較開放和包容的態度。

二、文化的向度化操作型定義

以類別化的方式定義文化的概念，會運用許多類別來歸化群體特徵（例如：種族、族裔、性別、性傾向等等），這樣的方式既符合直覺又能有效提供訊息，可幫助我們討論文化和多樣性，並釐清不同文化群體之間的相似性及差異性。然而，當我們想要談論文化中特定的「內容」或「本質」時，這些人口統計變項的類別「標籤」就不再那麼適用。相對地，從向度的角度來為「文化」下操作型定義，則能銜接這道鴻溝，在界定文化的概念，以及文化與諮商的關係時，可以提供我們更多更廣面的觀點。

（一）文化的客觀與主觀層面

　　若將文化更具體細分，可用「客觀層面文化」（objective culture）和「主觀層面文化」（subjective culture）加以描述及概念化。文化的客觀層面，代表文化當中易於觀察與指認的元素，常用來做為一個文化或國家的象徵，例如：巴黎的艾菲爾鐵塔之於法國、萬里長城之於中國、泰姬瑪哈陵之於印度。廣義而言，文化中客觀的面向包含建築、歷史遺跡和地標、飲食、服飾、藝術、工藝、音樂、習俗及儀式等等——即顯而易見、可明確體現文化的部分。在臺灣，我們可以觀察到的客觀文化元素，舉例而言，包括泰雅族的紋面、客家人的藍衫、與閩南人傳統信仰密切相關的媽祖聖像和媽祖廟。這些文化的客觀表徵，通常屬於人類學家、考古學家、藝術家和歷史學家等學者的關注範圍。

　　另一方面，文化的主觀層面則代表文化中自然而然就潛移默化、根深蒂固的元素，對於這個文化群體中的成員來說，既明顯可見，卻又容易忘記它們的存在。然而，對於「外團體」成員（即不屬於這個群體的人）來說，這些元素卻太過細微、近乎隱形，因此很難察覺與辨別出來。文化群體中的成員從小就耳濡目染、深深內化這些文化中的主觀成分，包含信念、價值觀、態度、規範、偏見和對事物的假設等等。透過社會中的體制，包括父母、家庭、學校和宗教組織等，文化中的這些部分受到反覆刻劃和形塑，此社會化的過程又稱為「濡化」（即文化習得或教化的過程）。譬如，華人家庭文化中，親子關係受到「孝道」觀念所支配（Kuo, Hsu, & Lai, 2011）；拉丁文化裡，*Machismo*（男子氣概）的概念，則與傳統性別角色及家庭關係相關（Kuo, Roldan-Bau, & Lowinger, 2015）。這些鮮明的例子，反映了主觀文化如何深藏在文化裡的信念與規範之中。

　　McAuliffe（2013）形容，主觀文化是個人所「內化的假設」（internalized assumptions），案主的自尊、對於人際關係的期待、對事業與人生的渴望及其他種種，都遵循這些態度、習慣、規範和信念而行。儘管主觀文化如此隱微難見，卻具有強大的力量，推動人類的行為及人們與自我、他人或世界之間的互動，所以，這些文化元素對於諮商及助人關係具有非常直接而深遠的影響。在諮商／治療關係中，案主和諮商者的行為和決定背後，受到各自的知覺、價值觀、信念與動機所驅使，但是，潛藏在雙方互動中的文化因素卻是隱含其中、未曾明說的。

　　因此，美國諮商學會（ACA, 2005）強調文化經由社會建構，而個人隸屬其中，「相同文化中的個體具有相似的世界觀，其中包含生理、心理、歷史、社會和其他因

素,他們共同創造集體的價值觀、信念、規範、界限和生活型態,並吸收進個人的生活之中。」(ACA, 2005, p. 20)。諮商者必須認清,自身文化中的價值觀、偏好與成見和案主有何差異,以及自己的文化特性可能如何促進或阻礙與案主的諮商關係。為了發展對文化及文化差異的敏感度,諮商者一定要審慎地檢視自己與自我反思,特別是針對自身及案主所屬文化中內隱、主觀的面向。

(二)文化、人類經驗及心理歷程中的文化普遍性(*etic*)與文化特殊性(*emic*)面向

一位具有文化回應(culturally responsive)敏感度、抱持健全多元文化立場的諮商者或治療師,一定對於人與人之間的相似性與差異性有完整的了解,包括一般人普遍所經驗到的以及案主置身的特定脈絡。當人們談到「文化」,第一個自動浮現的反應往往是想到:「不同的文化或文化群體之間有什麼差異?」談起文化,喚起的想像經常是世界各地的不同國家和人民的各種飲食、衣著、音樂、風景、語言、宗教、建築和歷史遺跡(即客觀文化)。同樣的,當諮商者或心理學家想到文化、多樣性或多元文化諮商,其關注焦點則常會立即落在:「不同種族、族裔或宗教背景的案主具有哪些獨特的傾向或特性?」不過,大多諮商者和心理學家也覺察到,若只根據社會文化特性對案主形成假設,可能導致以種族或文化刻板印象來看待案主。結果是,剛接觸多元文化諮商的諮商者時常感到困惑與納悶:「文化敏感度到底是指強調案主的獨特文化特性(文化背景),還是應該反其道而行,盡量淡化案主的文化特徵,以避免刻板印象呢?」

在這個議題上,具備多元文化概念的諮商者,應該要注意到文化及心理歷程的文化普遍性(*etic*, culturally-universal)及文化特殊性(*emic*, culturally-specific)兩種面向之區別(Pedersen, 2000)。這兩個術語最初來自語言學研究,*etic* 一詞相應於語言中的語音(phonetic,即言語的聲音)層面,指所有文化共通的語言行為(verbal behaviors)。相對的,*emic* 則對應於語言中的音位(phonemic,又譯音素,指語言中可區別意義的最小單位)層面,顯示出一個語言或文化中獨特的語言行為(Pike, 1954)。於是,跨文化心理學家借用 *etic* 一詞來描述人類經驗和心理歷程中,跨越各文化皆可觀察到、普遍共有的部分。更進一步,他們用 *emic* 代表在單一文化中才可見到、專屬於該文化群體成員的獨特人類經驗和心理歷程(Matsumoto & Juang, 2013)。

舉例來說,無論文化背景和文化中的信念為何,大多數的人失去親近的重要他人(例如:配偶、小孩、父母、家庭成員或關係緊密的朋友)時,都很可能引發混雜各

種強烈、負面情緒的反應，包括失落、哀慟和悲傷。然而，表達哀悼的方式與喪禮等儀式，卻隨著文化而有很大的差異（好比情緒節制、強調莊重且時間相對較短暫的北美葬禮，對照鋪張、繁複且時間較長的臺灣傳統喪禮）（Kuo et al., 2011）。前述因所愛之重要他人逝去而產生的情緒反應，是喪親之痛的心理歷程中，屬於 etic 或文化普遍性的元素之一，主要來自基因、生理和演化所塑造的，屬於人類的內建硬體之先天傾向。後者，也就是人們溝通、透過儀式表達哀痛與失落等情緒的方式，則是喪親之痛的心理歷程中，呈現 emic 或文化特殊性的示例，為社會文化制約以及文化濡化歷程之下的產物。

　　因此，實踐多元文化諮商時，須保持平衡的觀點，來看待案主經驗中 etic（文化普遍性）與 emic（文化特殊性）的特徵，理解到這一點，對諮商者和治療師來說是十分重要的。這兩種觀點並存，可交織並互補，描繪出一個人完整而全面的輪廓。換句話說，不論在什麼樣的文化環境中長大，每個人身上都具有與其他人共通的特性（例如：基本的情緒、心理和心理健康上的需求），包括諮商者與案主之間也是如此，同時，人們亦擁有來自文化濡化歷程及文化環境所塑造之獨特的社會文化特性、經驗和偏好（例如，對諮商、心理治療和心理衛生服務、民俗療法的態度）。與案主工作時，整合文化普遍性與文化特殊性的觀點，可幫助諮商者避免「文化視盲」（cultural blindness）（譬如，假設每個人都是一樣的，忽略了案主身上重要而特殊的文化因素）；另一方面，更可以減少刻板印象或用概括化（generalization）的方式看待案主（例如，用國籍、性傾向、宗教等明顯的文化或人口變項特徵來推論案主的經驗）。

參、多元文化諮商及多元文化諮商能力的操作型定義

　　在上述討論了文化及多樣性的向度與內涵之後，接下來將轉到目前主要的多元文化諮商與專業訓練的相關文獻中，說明關於「多元文化諮商」與「多元文化諮商能力」的概念化及操作型定義。

一、定義多元文化諮商

　　如同本書第二章所說明的，多元文化諮商運動的興起，是針對北美心理衛生系統中的文化議題和社會政治不平等，所提出的重要回應。在此之前，這些議題在美國的諮商、心理學和心理衛生領域已受忽略許久。美國的諮商與心理治療理論與實務工作

及心理衛生服務的提供，長期以來深受西方、歐美的文化價值觀及預設所支配，而多元文化諮商風潮挑戰了這樣的現況（Sue & Sue, 2016）。於是，此領域中的先驅學者將多元文化諮商運動喻為心理學發展史中，繼心理動力、行為學派和人本主義之後，革命性的「第四波勢力」（Fourth Force）（Pedersen, 1997）。1980 年代之後的三十多年，多元文化諮商的研究文獻數量激增，想當然耳，許多文獻曾嘗試描繪和定義多元文化諮商。根據我所回顧的相關文獻，以下羅列三篇文獻對多元文化諮商之定義所做的嘗試：

1. Sue 與 Torino（2005）定義多元文化諮商及心理治療為：「一種助人角色與助人歷程，在其中，助人者採取的模式和目標與案主生命經驗及文化價值觀相符，認可案主在個人、群體及普世層面的身分認同，在療癒的過程中，提倡同時採用具有文化普遍性及文化特殊性概念的策略與角色，並在衡鑑、診斷與處遇案主及其所屬系統時，平衡對個人主義（individualism）和集體主義（collectivism）的重視程度。」（引自 Sue & Sue, 2008, p. 42）

2. Arthur 與 Collins（2010）以「注入文化的諮商」（culturally-infused counselling）表示多元文化諮商，並將其定義為：「在諮商歷程的所有層面，以及諮商者或心理師所扮演的各個角色中，有意識並刻意地注入文化的覺察和敏感度。」（p. 18）

3. 採用「警覺於文化的諮商」（culturally alert counseling）一詞，McAuliffe（2013）將其形容為一種諮商取向，成分包含：「諮商者持續願意辨認案主生命中的文化層面，繼而將文化整合進諮商工作中。」（p. 6）

前兩項多元文化諮商的定義中，強調具有文化智性（culturally-informed）的諮商者和諮商關係，即多元文化諮商同時是彈性的「角色」，也是動態的「歷程」。Sue 與 Torino（2005）進一步提示：（1）在助人歷程中，無論在理解人類經驗或考量介入選項時，都要同時顧慮文化普遍性和文化特殊性層面（例如，兼顧一般諮商與心理治療理論和技巧。以及傳統民俗療法）；（2）明白案主受到「個人主義」或「集體主義」之文化影響並塑造而成，且理解這樣的傾向會如何顯現在案主與諮商者的互動關係中，是十分重要的。相似的，美國心理學會（APA, 2003）的多元文化綱領中規範：「運用心理學進行工作時，具備文化合適性的做法，是對自己身為文化下的產物和專業心理學家所抱持的世界觀，以及他人的世界觀（特別是受其種族／族裔背景影響的部分），有所覺察並擁有相關知識。」（p. 390）

基於以上所引用的定義，應該不難發現，多元文化諮商並非僅限於來自不同種

族、族裔或國籍背景的案主和諮商者所形成的諮商關係。反之，多元文化諮商說明了，所有諮商關係在某種程度上都是「跨文化」的，因為就算案主和諮商者來自相同國家、屬於相同的種族或族群，雙方也不可能享有一模一樣的文化信念、價值觀和特性（Pedersen, 1997）。美國諮商學會（ACA, 2005）對此附和，如此描述多元文化諮商：「認可多樣性的諮商方式，且多元文化諮商所擁護的諮商取向，必備條件是會在歷史、文化、經濟、政治、心理社會的脈絡下，支持個體的價值、尊嚴、潛力與獨特性」（p. 20）。因此，在多元文化諮商對個人和治療關係的概念化中，案主和諮商者被視為繼承自文化、受到文化影響的產物。

　　透過前文提及多元文化諮商的工作定義（working definitions），需要明白的是，多元文化諮商是關於諮商及助人關係的「思考方式」（a way of thinking），其內涵廣泛、兼容並蓄。因此，我們不該誤解多元文化諮商是一種特定的諮商理論、諮商模式，或是一套既定的諮商、心理治療、介入技巧（例如：認知行為治療、家族治療、心理動力治療等）。相對的，多元文化諮商是一種「後設理論」（metatheory），為概括性且可用於批判性思考的架構，能夠融入或補足各種諮商與心理治療理論及技術（McAuliffe, 2013）。諮商者和臨床工作者學習並獲得這種非制式、動態靈活的臨床能力之後，即可展現與應用多元文化諮商（或具有文化智性的諮商方式）（Pedersen, 1997; Sue & Sue, 2016）。

二、定義多元文化諮商能力

　　緊接著多元文化諮商的操作型定義之後，現在轉個方向，來探討「多元文化諮商能力」的內容與意義。Sue 與 Torino（2005）從廣義角度描述多元文化能力如下：

　　　……可投入行動或創造條件，以幫助案主及其系統達到最佳發展的能力。透過覺察、獲取知識與技術，有效能地在多元化的民主社會中運作（包括為來自不同背景的案主溝通、互動、商議與介入的能力），在組織與社會層次，積極提倡發展新的理論、實務工作、政策和組織結構，使其更符合所有群體的需要。（引自 Sue & Sue, 2008, p. 46）

　　在主要的多元文化諮商與專業訓練文獻中，多元文化諮商能力特別常和 Derald Wing Sue 博士等人（Sue, Arredondo, & McDavis, 1992）提出的「三元模式」（tripartite model）相連結。多元文化諮商的三元模式明訂，多元文化諮商能力須透過諮商者的三種能力展現：（1）覺察（awareness），諮商者對個人的文化假設、價值觀與偏見有覺察的能力；（2）知識（knowledge），關於案主的文化背景及世界觀，有一定程度的認知及知識；（3）技術（skills），擁有與多元文化背景的案主工作時，文化合宜的介入策略與技術（Sue et al., 1992）。其後，多元文化學者補充「多元文化諮商關係或治療聯盟」（multicultural therapeutic relationship or alliance）之重要性，為原有模式新增一個面向（Arthur & Collins, 2010; Roysircar, Gard, Hubbell, & Ortega, 2005）。

根據這四個面向，美國諮商學會（ACA, 2005）具體說明，當「諮商者擁有關於自我、他人之文化與多元性的覺察及知識，並且知道在和案主及其所屬群體工作時，如何有效運用這種覺察與知識」（p. 20），即為多元文化諮商能力的展現。不過，多元文化技術施展及運用的範疇其實十分廣泛，且遠遠不只有一對一諮商、治療的互動情境。美國心理學會綱領（APA, 2003）即呼籲實務工作者，應在不同領域，基於廣泛的理由發揮多元文化能力，可能的領域包括諮商、臨床、學校、諮詢與組織心理學等等，以及不包含在前述領域的其他範圍。

肆、衡鑑與測量多元文化與文化諮商能力

過去 25 年來，在多元文化諮商的概念性及實徵性學術研究裡，多元文化諮商能力量表的發展及信效度檢驗研究已占有一席之地（Sheu & Lent, 2007）。為了釐清執業諮商者、實習諮商者與研究所學生的多元文化諮商能力，學者以文化覺察、知識、技術和諮商關係為基礎，再加上多元文化諮商能力的參數，發展出多元文化諮商能力的衡鑑方法。換句話說，多元文化諮商能力的衡鑑與評估有很高的應用價值，不僅在學術研究上具有意義，也有助於提供多元文化諮商教育訓練的課程給諮商者和心理師。

因此，前文提到的 Sue 等人所提出的多元文化諮商能力「三元模式」（Sue et al., 1992; Sue & Sue, 2016），在好幾個重要的多元文化諮商測量工具編製和發展時，被用作架構和概念之基礎（Constantine & Ladany, 1996）。這些自陳式量表在編製時都以施測為目的，從諮商者的覺察、知識和技術層面，捕捉多元文化能力。學術文獻中最常提及和應用的四種多元文化能力測量工具包括：（1）LaFromboise、Coleman 與 Hernandez（1991）所發展的「跨文化諮商量表—增訂版」（Cross-Cultural Counseling Inventory−Revised, CCCI-R，共 20 題）；（2）D'Andrea、Daniels 與 Heck（1991）的「多元文化覺察／知識／技術調查」（Multicultural Awareness/Knowledge/Skills Survey,

MAKSS，共 60 題）；（3）Sodowsky、Taffe、Gutkin 與 Wise（1994）的「多元文化諮商量表」（Multicultural Counseling Inventory, MCI，共 40 題）；（4）Ponterotto、Gretchen、Utsey、Rieger 與 Austin（2000）的「多元文化諮商知識與覺察量尺」（Multicultural Counseling Knowledge and Awareness Scale, MCKAS，共 32 題）。本章內容難以涵蓋這些測量工具的細節，有興趣的讀者若想更深入了解這些量表，歡迎查閱相關參考文獻。

　　然而，在大多量表編製完畢並納入多元文化研究超過 20 年之後，質疑聲浪興起，人們開始討論，究竟這些測量工具的心理計量品質，以及真正反映受測者多元文化技術（除了多元文化覺察及知識以外）的效果為何（Sheu & Lent, 2007）。近年來新發展的量表，例如 Sheu 與 Lent（2007）發展的「多元文化諮商自我效能量表——種族多樣性量表」（Multicultural Counseling Self-Efficacy Scale－Racial Diversity Form），即藉由諮商者主觀自評在多元文化諮商的介入、衡鑑與晤談管理過程裡「與多元種族案主進行諮商的能力」（Sheu & Lent, 2007, p. 31），試圖更直接地評估諮商者的多元文化技術。

　　前文回顧過去發展的多元文化諮商能力量表，大多聚焦於諮商受訓者的多元文化能力，除此之外，也有些學者著手編製關於研究所課程中多元文化訓練的測量工具，以衡鑑與評估多元文化訓練課程或大學系所。Ponterotto、Alexander 與 Grieger（1995）發展的「多元文化能力檢核表」（Multicultural Competency Checklist, MCC），以及 Pope-Davis、Liu、Nevitt 與 Toporek（2000）的「多元文化環境量表」（Multicultural Environmental Inventory, MEI）即為兩個代表性的例子。譬如，MCC 共包含 22 題，對應於研究所訓練課程中與多元文化主義及多樣性相關的六個獨立主題：少數族群代表性（minority representation）、課程議題、諮商實務與督導、研究考量、學生與教職員的能力評估，以及實體環境（physical environment）（Ponterotto et al., 1995）。另一方面，MEI（共 27 題）則透過學生或課程參與者的主觀感知，評估研究所課程或系所重視多元文化或多樣化的程度。這些量表的編製者建議，這種測量工具可提供各組織檢驗本身的文化多樣性，甚至做為訓練課程的評估或評鑑之用（例如，美國心理學會或加拿大心理學會可於評鑑各個臨床、諮商、學校心理學研究所課程時運用）。

伍、多元文化諮商教育訓練模式

多元文化訓練課程的效能若要經得起驗證，先決條件是具備可清晰表達及明確定義的指標性構念，即多元文化諮商能力。因此，毫不意外地，致力於釐清多元文化諮商能力或文化能力（cultural competencies）究竟包含哪些範疇與特性的研究，不管是概念或實徵方面，都與多元文化教育訓練之課程設計與執行的學術討論密切相關。學者努力鑽研多元文化諮商的教學模式與策略，以持續改善訓練課程及研究所教育，這塊領域已成為多元文化諮商學術研究和論述中不可或缺的一部分（APA, 2003）。

Ridley、Mendoza 與 Kanitz（1994）提出的多元文化諮商訓練模式，是最早期且構想最為完善、精細的模式之一。這個模式稱為「多元文化課程發展金字塔」（Multicultural Program Development Pyramid, MPDP），他們論述多元文化諮商訓練的發展與實施須建立五個層次，從下到上依序為：（1）教育訓練的哲學觀；（2）學習目標；（3）教學策略；（4）課程設計；（5）課程評估（Ridley et al., 1994）。在北美洲，多元文化諮商訓練以各種不同的模式，包含在諮商者訓練或專業心理學研究所課程中。Ridley 等人（1994）觀察，多元文化諮商訓練包括六種模式：（1）傳統課程；（2）工作坊；（3）獨立課程；（4）同根源但跨領域的學科（interdisciplinary cognate）；（5）次專業訓練；（6）整合性的課程。就概念上而言，這個整合性的多元文化諮商訓練取向是最理想和完整的，因為它強調「課程中全面融入多元文化諮商訓練」（p. 273）。

關於多元文化諮商訓練中所用的教學方法，許多文獻強調與提倡一種結合傳統課堂教學與體驗性學習的策略。例如，Arredendo 與 Arciniega（2001）建議多元文化諮商講師採取特定的教學技術與課程，以協助諮商者發展個人的文化覺察、知識與技術。他們推薦教學者有創意地運用教材閱讀、撰寫自傳與札記、角色扮演、短片欣賞、諮商演練與討論，來達到訓練目標。這些訓練方法和前文中提到，Ridley 等人（1994）所提出的討論是一致的。Ridley 等人強調多元文化諮商訓練應包含：（1）教學方法；（2）體驗活動，例如實習並接受督導；（3）指定閱讀；（4）書面作業；（5）參與式學習；（6）觀察或模仿學習；（7）運用輔助性科技的訓練；（8）內省；（9）研究。

說到多元文化諮商訓練的特定形式，Paul Pedersen 博士的「三角訓練模式」（triad training model）和「精微諮商」（microcounseling）取向，對多元文化諮商訓練貢獻良

多（Pedersen, 2000）。三角訓練模式著重訓練諮商者聽見來自多元文化背景案主的「內在對話」（internal dialogue），並能以足夠的文化素養、在文化上合宜的態度，於治療中回應。此模式利用角色扮演活動，讓幾位受訓者同時扮演諮商者，以及跨文化背景案主內在之「贊同諮商者」（pro counselor）與「反對諮商者」（anti counselor）的不同聲音。藉由這種方法，Pedersen 博士發展的模式和實務工作，將訓練文化交流時採用的原則與技術，整合並融入多元文化諮商介入與訓練之中，發展成難得而獨特的一種取向。

　　至於目前多元文化諮商訓練的實施狀況，回顧近期諮商與心理學研究所中的多元文化課程，會發現獨立課程——即開設一門傳統課堂教學式的課程，仍是美國諮商教育訓練及諮商心理學研究所中，最普遍採取的多元文化諮商訓練方式（Malott, 2010; Priester et al., 2008）。例如，Pieterse 等人近年檢視美國相關系所中 54 個多元文化諮商課程的大綱，結果顯示大多課程使用傳統教學和反思學習的方法（Pieterse, Evans, Risner-Butner, Collins, & Mason, 2009）。諮商教學中，最常運用的教學取向包含以下幾種：撰寫反思個人文化背景的自傳，占 57%；參與跨文化的活動，占 56%；撰寫個人札記，占 50%；課堂口頭報告，占 48%。

　　儘管如此，越來越多證據顯示，透過非傳統教學、體驗式的學習歷程，更有益於增進諮商者的文化能力（Heppner & O'Brien, 1994），直接接觸、和不同文化背景的案主工作也是如此（例如，Roysircar et al., 2005）。這樣的觀察，引發一些多元文化諮商學者和教學者的迴響，呼籲心理師和諮商者的訓練課程中，應納入多元文化諮商／心理治療的實習（Dickson & Jepsen, 2007; Smith, Constantine, Dunn, Dinehart, & Montoya, 2006; Tomlinson-Clarke, 2000）。儘管多元文化諮商實習聽起來好處良多，幾乎毋須考慮，甚至直覺上就可知道這樣的教學取向對增進實務工作者的文化能力十分有益，但翻開過去紀錄，明文記載的多元文化實習課程卻是少之又少。

　　為了回應這個缺口，近年來，幾個研究紀錄與檢視運用文化洗禮（cultural immersion）的訓練模式（其中大多為質性研究），即讓諮商受訓者直接與多元族群接觸，例如，以第二語言外語學習生（second language students）（Roysircar et al., 2005）、街友、老年人、女囚（Hipolito-Delgado, Cook, Avrus, & Bonham, 2011）等為對象。這些立基於社區的跨文化訓練，體現了多元文化主義及社會正義的原則，因此，象徵了多元文化教育訓練的重大進展。

　　Kuo 與 Arcuri（2014），以及 Kuo（in press）近期在加拿大發展的多元文化心理治療訓練中著重實習經驗，即可做為這類強調親身體驗之訓練模式的範例之一。這項

計畫中，實習生為心理學博士生，在具有多元文化諮商的專業督導下，提供難民直接的心理治療服務。這項多元文化諮商實習計畫的背後，有大學和社區之間的合作夥伴關係做為支持，且紮根在多元文化諮商能力、社會正義、社區外展與服務、經驗性學習和創傷治療的原則之上。受訓者首先完成多元文化諮商與心理治療的課程，接著，在翻譯員的協助下，提供來自不同國家的難民每週持續的諮商和心理治療。

Kuo 與 Arcuri（2014）以混合研究探討這個多元文化諮商實習訓練模式的成效，測量受訓者多元文化諮商能力的發展與改變，結果發現參與者的多元文化諮商技術及自我效能，包括多元文化的介入、衡鑑、晤談管理等等，皆有顯著的提升。此研究結果與過往文獻一致，指出諮商者與多元文化背景案主的實際諮商經驗，可預測多元文化技術、諮商關係及覺察等方面的改善（Arthur & Januszkowski, 2001; Dickson & Jepsen, 2007）。在質性結果方面，此研究則顯示，多元文化諮商技術與自我效能的提高，很可能來自於直接處在案主與諮商者的互動關係之中，對文化因素的覺察與自我覺察都更加敏銳（Kuo & Arcuri, 2014）。這個體驗性的多元文化諮商訓練模式提供了初步證據，支持在提供多元文化諮商訓練時，透過實境（in vivo）體驗，在文化智性足夠的環境中接受督導，實際經歷與不同文化背景的案主之諮商歷程，這樣的方式具有高度的價值與效能。因此，強調文化洗禮、親身經驗的多元文化諮商訓練模式，樹立了多元文化諮商教育的里程碑，並為未來諮商者與心理師的教育訓練課程指引了新的方向。

陸、多元文化諮商互動關係中，與文化相關的關鍵因素與變項

在追求多元文化諮商能力時，若要將多元文化的概念及想法轉譯、置換為實際的諮商實務工作或教育訓練，諮商者或受訓者必須先對多元文化諮商歷程的相關文化變項，建立基本的知識背景。在接下來的段落中，將回顧與介紹一些多元文化及跨文化心理學的概念，特別是與多元案主工作所需之多元文化諮商能力相關的部分。首先，聚焦在影響諮商者的因素與變項上，接著，再討論與案主相關的因素和變項。

一、與諮商者自身有關的因素

多元文化諮商的學術文獻中，一直不斷地強調，多元文化諮商能力的發展與培養，亟需諮商者反思及處理個人的文化認同、價值觀與社會地位，進行自我覺察、探

索與檢視（Arthur & Collins, 2010; Sue & Sue, 2016）。人們常引述這句話：「諮商者，認識你自己」（counsellor know thyself），代表諮商者養成過程的基本原則。Arthur 與 Collins（2010）強調，諮商者一定要探索所處的文化脈絡，及其如何塑造了自己的態度、信念與行為，同時，諮商者必須體認並看待自己是「存有文化之個體」（a cultural being）。諮商者如果希望對於自己的文化條件與文化認同有所覺察，對接下來列舉的幾個關鍵概念，務必加以熟悉並深入領會。

（一）種族中心的單一文化論主義（ethnocentric monoculturalism） vs. 多元文化主義（multiculturalism）

　　Wrenn（1962）用「文化膠囊」一詞，形容人們時常傾向根據個人經驗與心境，以單一的一套假設來看待及感知這個世界。因此，關在文化膠囊裡的諮商者，容易從自身狹隘的視角，來揣想和詮釋案主的經驗和議題。Wrenn 指出，如此一來，文化膠囊裡的諮商者進行處遇時，很可能有意無意地，把自己有限的、「種族中心」（ethnocentric）的觀點，強加在案主的身上，進而影響了諮商與心理治療的進程。

　　根據 Arthur 與 Collins（2010），種族中心主義（ethnocentrism）的意思是「有意識或無意識地相信，自己的文化經驗、價值觀和假設是正常或基本的，所謂的『差異』是相對於這個以自己為標準的世界觀，所比較出來的結果」（p. 77）。另一方面，單一文化主義（monoculturalism）則是相信自己的文化傳統及水準優於其他文化，包括案主所屬的文化。單一文化主義和多元文化主義（multiculturalism）完全相反，因多元文化主義主張「認可一個國家的社群生活中，各種文化並存且相互貢獻，其中，沒有任何一種文化被當作標準規範、強制所有人皆受其同化」（McAuliffe, 2013, p. 99）。多元文化主義可納入體制成為國家政策，如 1988 年通過的《加拿大多元文化主義法案》（Canadian multiculturalism act）（Department of Justice Canada, 1988），人們也可能在個人層次，吸收並實踐多元文化主義的信念。

　　顯然，為了培養真正的多元文化諮商能力，諮商者以開放及正向的態度，發自內心相信、贊同及實踐多元文化主義的精神是不可或缺的一環。因此，具備多元文化能力的諮商者一定會有所警惕，反思自己是否存有種族中心、單一文化主義的傾向。諮商者必定要積極、持續地省思及評估與案主相關的種族中心偏見，包含價值觀、信念、態度與文化條件等方面。尤其是在對案主的背景較陌生或有排斥性的時候，諮商者能夠深刻理解種族中心主義的偏見可能如何影響到知覺、決策過程，以及與案主的互動，這是非常重要的。

（二）與文化及種族相關的偏見

種族中心主義與單一文化主義，經常展現在對其他個體與族群（擁有與自己不同的社會文化背景、生活型態）的偏見（bias）之中。這些偏見常化身為對特定族群的**刻板印象**（stereotype）、**歧視**（discrimination）、**成見**（prejudice，或譯偏見）、**概括化**（generalization）或**種族歧視**（racism）。所有不同形式的偏見，皆同樣牽涉到對於其他人或族群抱有外顯／公開、或內隱／隱微的預設想法，但這些假設僅建立在表面的文化特性或社會人口特徵之上（例如：膚色、外表、宗教、語言、性別、口音等）。這些成見、刻板印象與仇恨，甚至可能導致針對特定個體或群體的某些行為（Matsumoto & Juang, 2013）。

此外，另一種偏見展現的形式為「微型歧視」（microaggression），意指「針對社會地位較低的族群成員，在日常生活中以輕蔑、貶低、侮辱或不予認可的方式對待，即便許多人是出於好意」（Sue & Sue, 2016, p. 747）。儘管微型歧視有時來自無意識的心理運作機制，且對個人和群體來說，以這類態度和信念來看待世界及對待他人，常是很「方便」的，但這種方式不僅誤解他人，更會帶來傷害，可能引發被歧視對象的強烈負面情緒，包括恐懼、憤怒、怨恨與受傷等等。個人的歧視態度（如前文所述，對與自己不同的個體或群體之微型歧視），常來自家庭或所屬團體長時間的社會化，因而塑造了根深蒂固的信念。

另外，抱持「種族盲視」（colour-blindness）態度的個人或諮商者常忽略了，若要理解多元文化背景的個體或群體經驗，文化及種族因素具有多大的關聯性。種族盲視的態度甚至讓人否認種族或其他形式的歧視，以及不平等待遇的存在。懷著種族盲視態度的人，常說出這類的話：「我沒有把你視為_____（原住民、穆斯林、女人、外籍人士……），我只把你視為一個人。」乍看之下，這句話似乎合情合理，甚至值得讚賞。不過，如果進一步檢視，就會發現這句話向對方（例如案主）傳達了種族盲視的態度，似乎在告訴他／她，你的文化認同和文化特徵是無關緊要的，儘管文化因素實際上與對方切身相關。

因此，坦誠並持續、小心地檢視個人及文化中，對於自己和他人根深蒂固的信念、偏見與假設，是成為一個文化能力充足的諮商者必經之路。為了達到這個目標，諮商者與諮商學習者需要一個平臺，來思考、處理和挑戰文化及種族相關的信念與成見。課堂學習、訓練及臨床實務的督導，可提供一個開放而安全的環境，促發參與者自由探索個人正負向的態度與信念，而毋須害怕受到評價。

與前面討論的「盲視」（blindness）相關，多元文化諮商文獻也強調，具備多元文化諮商能力的諮商者，在與案主互動時，必須能夠辨識及承認自己的「優勢」（privilege）、「地位」（status）和「權力」（power）。舉例來說，諮商者如果屬於社會中的優勢群體（例如，美國和加拿大社會中的白種男性、臺灣社會中的漢人等等），在與屬於弱勢文化或社會群體的案主工作時，必須體認到，自己所認知的社會現實（例如，與歧視相關或遭受歧視的經驗、取得社會福利或經濟資源的難易度等等），可能和對方的主觀經驗差距甚大。

（三）文化價值觀與世界觀

　　如果希望在諮商關係中能對多元文化議題產生足夠的敏感度，首先，諮商者一定要把自己徹底視為社會文化環境下的產物或「存有文化之個體」。換句話說，諮商者必須敏銳覺察並真切體會到，自己所屬文化包含哪些特徵與面向，包括文化中的價值觀與世界觀，以及在和多元文化背景的案主工作時，這些因素如何影響互動與決策。

　　Duan 與 Brown（2016）指出，「文化價值觀」（cultural values）意謂文化中成員所共享的信念與實踐的行為，並且，文化中的價值系統帶有規範性質（normative value system），文化價值觀於是滲透在個人生活的各個範疇之中。另一方面，世界觀（worldview）是一個文化現象，反映出個體如何定義他人、如何維持與他人的關係（Duan & Brown, 2016）。例如，個人主義與集體主義（Triandis, 2001）、「獨立我」（independent self construal）與「相依我」（interdependent self construal）的概念（Markus & Kitayama, 1991）是兩個主要的世界觀類別（或向度）之範例，這些不同的世界觀塑造了個體的動機、情緒、認知和行動，影響深遠。越來越多跨文化心理學研究，聚焦於個人主義及集體主義傾向如何影響個人及群體的內在或人際關係（Triandis, 2001），例如：壓力、因應方式及心理健康（Kuo, 2013; Kuo & Kwantes, 2014），以及尋求諮商協助的態度（Kuo et al., 2015）。於是，我們現在對文化價值體系／傾向（例如，個人主義和集體主義）及心理歷程之間的互動關係，已累積了豐富的跨文化心理學知識，也更了解這些知識於多元文化諮商，以及和多元文化背景人口進行心理治療時，有何應用價值。

　　舉例而言，研究顯示案主與諮商者之間，若存在個人主義與集體主義世界觀的差異，可能影響諮商歷程、諮商關係，以及諮商或治療的效能（Kuo, 2004）。如同稍早曾提及的，Sue 與 Torino（2005）闡明含有多元文化能力的諮商取向：「在衡鑑、診斷與處遇案主及其所屬系統時，平衡對個人主義和集體主義的重視程度。」（Sue &

Sue, 2016, p. 54）。因此，廣泛接觸及熟習不同文化世界觀的概念是非常重要的，包括個人主義與集體主義、獨立我與相依我等等，可以協助諮商者概念化不同文化群體及個人之間的相似性及差異性，因而更加容易理解其他文化。

（四）諮商者的文化認同

文獻中已證實，在界定個人文化特性時，文化認同是其中的一個面向（Phinney, 1992）。提供諮商服務給多元文化族群時，若要適切回應不同的文化，諮商者一定要留意自己和案主的文化認同為何。種族認同和族裔認同即為文化認同的特定類型，個體因屬於不同種族或族裔，而形成並主張各自的認同（Sue & Sue, 2016）。因此，不管在諮商情境脈絡之內或之外，種族／族裔認同都承載了認知、情緒、行為和社會上的重大意涵。多元文化諮商文獻中，有大量的研究探討種族和文化認同的發展模式。Arthur 與 Collins（2010）解釋一個人的文化認同包含廣泛而多重的面向，包括：（1）文化因素（如年齡、性別、族裔、性傾向等）；（2）個人因素（如發展史與發展過程）；（3）脈絡因素（如社會政治與經濟背景）；（4）意識形態因素（ideological factors）（如偏見與成見、宗教信仰等等）；（5）所有人類共享的普遍因素。因此，想要概念化一個人的文化認同，諮商者勢必要：（1）將人（無論是案主或諮商者本身）視為「上述多種因素交織」之下的產物；（2）絕不在尚未仔細探索之前，把對方的種族、族裔、國籍等（最顯而易見的特徵）視為其最主要或最有意義的面向。

同樣的，文獻中也強調，諮商者須覺察和理解自己的文化認同，以及不同的因素如何交織在自己的生命中，這對發展多元文化臨床能力是不可或缺的（Sue et al., 1992）。因此，我們會期待一個有文化能力的諮商者，清楚明白自己的認同如何在多重文化因素交錯影響下發展，如前文說明 Pamela Hays 博士（1996）之 ADRESSING 架構中所包含的因素。同時，諮商者更要留意並了解案主的文化認同發展。

二、與案主相關的因素和變項

雖然上一小節談及的文化因素和變項，主要從與諮商者相關的角度討論，這些變項和文化概念（如：種族中心主義、世界觀、文化認同）同樣可以應用於理解多元文化背景的案主。不過，還有一些與案主相關的文化因素及變項值得我們額外關注與探討，尤其在理解個體如何經歷文化變遷（cultural transition）時（譬如，移民及其子女），這些因素具有特別的重要性和關聯性。在以下的段落中，將介紹兩個已受廣泛

研究的文化變項，並回顧相關文獻。目前研究已發現，這兩個構念對解釋群體和個體之間的文化變異程度非常有幫助，有益於理解來自不同文化背景的案主。

（一）涵化

涵化（acculturation）是跨文化心理學中的重要概念，普遍用於概念化一個人過渡到不同文化的歷程與經驗，例如：移民、難民、國際學生、移工、旅居外地的人。按照定義，涵化代表兩個獨立文化群體直接接觸的歷程，進而造成其中一方或雙方的改變（Redfield, Linton, & Herskovits, 1936）。因此，當一個人從其他文化脈絡來到新的文化脈絡所必經的過程，就反映在涵化的概念中。在許多不同文化群體相互交流、滲透的社會文化環境中（通常新加入的文化群體為自願或被迫的移民），涵化的現象較為常見（Berry, 1997）。

根據 Berry（1997）的涵化理論，經歷涵化之後，個人可能歸屬於原本的文化或新接觸的文化，最終結果包括四種：融合（integration）、同化（assimilation）、分離（separation/segregation）與邊緣化（marginalization）。融合象徵雙重認同，整合了兩種文化中的各種元素；在四種可能的結果當中，融合是最有利的。同化為個體付出昂貴的代價，完全捨棄原有文化，接納新的文化。分離代表繼續堅持依附著本來的文化，拒絕接受新的文化。最後，邊緣化則是對於原本的文化和新的文化，都無法形成認同或歸屬感，或在兩種文化中皆未受到接納，因此，邊緣化被視為最不利於個體的涵化結果（Berry, 1997）。

目前，關於涵化及心理健康的關係〔可參考Yoon等人（2012）回顧相關文獻〕，以及移民的壓力因應與調適結果〔可參考Kuo（2014）回顧相關文獻〕，在學術界已累積為數龐大的研究。譬如，Yoon等人（2012）透過後設分析，試圖從心理健康（例如，以憂鬱、焦慮、心理困擾、負面情緒與正面情緒等為指標）的角度，探究移民和不同種族／族裔的涵化與濡化（從傳統或原本文化背景習得文化）如何影響適應狀況。這項根據325個研究所做的後設分析中，作者總結，涵化與增進心理健康、減少負面的心理狀態相關，濡化則僅與增進心理健康相關。此外，此研究結果更進一步點出，在這些具有多元文化背景的族群中，花費多一些心力在涵化（例如，學習和吸收新文化的語言與行為），以及保持內在的濡化（例如，維持自己的種族或族裔認同）的人，擁有最佳的適應狀況與心理健康。

因此，具有多元文化能力的諮商者，需要留意不同種族／族裔案主之涵化程度，及其狀況屬於哪一種類型，特別是對移民、難民、移工、國際學生、移居他國者及正

在經歷文化環境改變的本地人來說，涵化是一個很重要的文化變項。因此，和這些族群工作時，諮商者一定要評估案主的涵化狀態，確認涵化對其心理健康、安適感及文化認同有何影響。

（二）案主的文化認同發展

就如前文所論述的，無論對諮商者或案主來說，文化認同都是個體內在一個核心的面向。文化認同受到個體所屬較凸顯的群體身分（譬如種族或族裔）影響與塑造，文化認同發展（cultural identity development）則指：「自我概念中的一個向度，綜合了以下兩者——覺察到自己屬於具備獨特價值觀的某個群體，以及對自己所屬群體與群體外的人產生相應的情緒。」（Arthur & Collins, 2010, p. 79）。因此，案主的文化認同是一個關鍵的變項，進行多元文化諮商時，需要仔細評估與考量。

諮商者能否偵測並真正理解文化與脈絡性因素，以及這些因素對來自多元文化族群之案主的文化認同發展有何影響，可說是決定諮商者是否具備多元文化諮商能力的核心指標之一（Sue et al., 1992; Sue & Sue, 2016）。案主的文化認同可能和他們的種族、性別、族裔、宗教、性傾向等面向相關——即先前說明 Hays（1996）所提出的 ADRESSING 架構裡所有多樣性的向度。案主之文化認同發展的相關訊息，不但有助於諮商者了解案主的文化傾向與世界觀，更提供諮商者線索，協助諮商者評估及推測案主對諮商和心理治療的反應（Sue & Sue, 2016）。已有證據顯示，案主的文化認同發展可能影響他／她的：（1）對諮商中主訴議題的觀點；（2）尋求諮商協助的可能性；（3）傾向接受與自己文化背景相同之諮商者的協助；（4）與諮商者的關係（Arthur & Collins, 2010; Sue & Sue, 2016）。所以，諮商者不可或缺的，包括評估及概念化案主文化認同發展的知識與技術，以及具備足夠的技巧，能夠在治療情境中開啟討論，幫助案主探索文化認同對其的重要程度。

簡言之，在治療情境中，多元文化諮商者應了解案主的文化認同，並針對諮商中主訴議題相關的單一文化認同，或多個相互交織的認同進行工作。對於案主的文化認同以熟練及合適的方式評估與探索，有助於諮商者完整而精確地了解案主文化認同的狀態，以及對諮商的期待。

柒、結論與建議

本章概要性地回顧了多元文化諮商及訓練的基本概念與架構，特別聚焦於：（1）定義文化與多樣性；（2）多元文化諮商與多元文化諮商能力的操作型定義；（3）評估多元文化諮商能力；（4）說明多元文化諮商的訓練模式與方法；（5）說明及回顧多元文化諮商中與諮商者和案主相關的重要因素。基於本章所回顧的內容，在最後的這個段落將提出幾個建議，以幫助臺灣的諮商者和諮商學習者在多元文化諮商領域中成長，並增進多元文化諮商能力。

首先，諮商者應開始以具有批判性思考的態度，從文化認同的角度反思並自我檢視「我是誰」。文化認同可以由個人的種族（如非裔加拿大人、雙重種族認同者等等）或族裔認同（如，閩南人、客家人等等）體現。由於臺灣的族群組成越來越多元，可預期未來在臺灣的社會文化中，族裔認同的議題將更受關注。Phinney（1992）定義族裔認同是自我概念的一部分：「來自於認知到自己是特定社會團體的成員，以及屬於這個身分的價值與意義。」（p. 156）。換句話說，文化認同精確地反映出，個體如何連結或歸屬於他／她所屬的主要文化或社會團體，以及此身分認同塑造與影響其自我認識、信念與行為的程度。

然而，在多元文化社會中，相較於其他形式的身分認同，如性別認同、家庭角色或職業身分，人們在社會互動中常常忽略了文化認同，或未曾深入理解文化認同。Phinney（1992）在其多元文化族裔認同理論（multicultural ethnic identity theory）中，描述了族裔認同的四個要素：（1）對於族裔的自我認定（self identification）或自我標籤（self label）；（2）與族裔相關的行為或實踐的行動；（3）確認（affirmation）與歸屬感（belonging）；（4）達成族裔認同（ethnic identity achievement）。從族裔或種族認同理論衍生，對於諮商與臨床實務工作的啟示是，心理師一定要評估、理解案主的文化認同，並針對文化認同工作，同時，也要留意自身的文化認同。案主與諮商者不同強度的文化認同與文化特性所形成的組合，可能影響案主─心理師的互動關係（例如，不適配的諮商關係或衝突）及治療結果（Sue & Sue, 2008）。近年來，臺灣本土諮商實務工作的研究中，已顯示出這樣的效應，例如，臺灣本土針對悲傷議題的危機介入（Kuo et al., 2011）。因此，與具有多元文化背景的臺灣案主工作時（如，原住民、東南亞籍女性移民或移民的子代），諮商者需要了解案主對其族裔或文化背景的知覺與態度（Kuo, 2004; Kuo et al., 2011）。

其次，除了解文化認同的概念及案主的文化認同，諮商者應時常檢視及反思自己的文化價值觀、世界觀和偏見（McAuliffe, 2013）。這同時牽涉到，諮商者體認自己是包含家庭、文化結構、宗教信仰、社會經濟與教育背景等因素在內的社會化下之產物。除非諮商者可以清楚明白自己是文化的產物，並能夠覺察文化特性對於個人、諮商關係與歷程的潛在影響，否則很容易被偏見及刻板印象所蒙蔽。甚至，諮商者可能在與案主的互動中，也受到對自己和他人的主觀知覺與評價〔也就是「文化上的種族視盲」（cultural colour-blindness）〕所誤導。因此，諮商者絕不該把自己或案主對文化的成見與文化特徵視為理所當然。要做到這一點，臺灣或其他地方的心理師與心理專業人員，一定要以開放的心胸，願意承認自己可能對特定團體或族群（包括具有多元文化背景的案主）有根深蒂固但未必符合事實的成見與刻板印象。

第三，為了增進多元文化諮商能力中的「覺察」與「知識」，諮商者務必積極學習多元文化諮商。在此，推薦幾種學習的途徑：（1）諮商者可以透過閱讀、留意最新的多元文化與跨文化心理學研究進展來自我學習。如此一來，諮商者將更了解多元文化諮商中的新興理論與最佳的實踐方式，對諮商中常遇到屬於不同文化、族裔或社會團體的案主（例如，臺灣來自東南亞的女性移民、性少數、宗教團體、偏鄉地區居民等等），以及他們獨特的心理與文化議題，則可增加更豐富的知識。（2）諮商者可參加以多元文化諮商為主題的專業訓練或工作坊，以增進文化敏感度及諮商中對文化議題的同理回應能力。除了獲取課堂上的知識以外，這類工作坊常包含體驗式和自我反思的活動，可促進參與者對本身文化價值觀、文化認同與偏見的自我探索及自我檢視。這些體驗式的探索，需要在安全而支持的環境下引導和進行。以帶有批判性思考的態度進行探索學習如此重要，是因為文化中的主觀層面（如，信念、價值觀、態度、規範與偏見等），常在我們意識覺察範圍之外。此外，公開討論文化相關議題（特別是刻板印象和族群間的衝突）是高度敏感且可能讓人覺得不舒服的，因此，在有效能的多元文化諮商教育訓練中，確保參與者不會受到批評的安全環境是必備的條件。

最後，諮商者和心理健康專業人員若要真正提升多元文化諮商能力中的「技術」與「治療關係」兩個成分，除了透過實務工作學習，直接提供服務給來自不同文化的案主，沒有其他捷徑。想要增進多元文化能力的諮商者，應積極尋求和多元文化族群的案主及其家庭工作的機會，不論工作場域是學校、社區中的心理衛生機構、大專校院諮商中心或醫院。另外，進行諮商輔導時，如果案主的文化背景或文化議題是諮商者所不熟悉的，應向具有多元文化專長的資深治療師尋求諮詢或督導。只有在具效

能的督導支持之下，從事實際的多元文化諮商工作，諮商者才能夠真正學習、成長，並欣然面對多元文化諮商中的挑戰、複雜度與帶給諮商者的回饋。

　　總而言之，臺灣社會中本就存在多樣化的族群，隨著移民及新進人口的增加，逐漸成為比過去更加多元化的社會。預期在未來數年或數十年間，對於能夠適切回應不同文化的諮商服務、諮商／心理專業人員及心理衛生服務／系統的需求也將隨之提高。因此，強烈建議臺灣的諮商輔導、心理學及心理衛生領域的專業人員、教育者、學者、組織與系統的決策者，主動準備、計畫和推動多元文化諮商與心理衛生服務，及相關的教育訓練課程，這項工作刻不容緩。

　　本章內容從多元文化諮商及跨文化心理學的觀點，探討文化與諮商如何相互交織，期待能提供讀者基本的理解。當臺灣的諮商者、心理師、心理衛生專業人員、教育者和學者欲發展本土化的心理工作，或在臺灣的社會文化脈絡中推動多元文化諮商的發展時，本章中回顧的多元文化諮商運動相關文獻，以及多元文化諮商能力衡鑑與訓練模式，可供相關專業人員參考。希望本章中的文獻回顧及建議，可以鼓勵臺灣的諮商輔導與心理學領域的學生、實務工作者、教學者與研究者，擴展及挑戰目前文化與學術的視野，在臺灣的諮商與心理衛生工作上，追尋更多元而包容的觀點及願景。

討論問題

1. 根據本章中對文化、多樣性和文化認同的定義，你會如何描述自己的「文化」與「文化認同」？你認為自己的文化背景（或文化特性）與文化認同，對於你身為一個人，或身為一位諮商者／心理師／助人專業工作者，有什麼樣的影響？

2. 討論你對多元文化諮商能力的理解（如，對文化的覺察、知識、技術及多元文化諮商中的諮商關係），以及在臺灣的諮商與心理衛生服務情境中，這些多元文化能力的重要性或如何適用於臺灣？

3. 回想到目前為止，在你的職業生涯發展過程中，曾接受過哪些與多元文化諮商或專業相關的訓練？在評估你的多元文化諮商訓練及經驗之後，現在思考：如果要繼續發展並增進你的多元文化能力，你期待朝哪方面著手？繼續發展哪些多元文化能力的範疇，或接受哪些特定主題的多元文化諮商教育訓練？

學習活動

1. **活動名稱**：影響我的認同的力量

   活動目的：幫助參與者反思與檢視，影響與塑造目前文化認同的重要「力量」為何。

   活動過程：首先，找一位夥伴，兩人一組。接著，花幾分鐘想想，以下這些因素對你的重要性：性別、教育、宗教與靈性、種族／族裔／文化背景、社會經濟背景及其他（你可以任意加上其他影響你的認同的重要因素）。請特別思考一下，每一個因素如何塑造出今天的你及你的自我認同。下一個步驟，請大略估算每一個因素分別占你的自我認同整體的多少百分比，以建立一個你的認同（或認同相關因素）的檔案。最後，和你同組的夥伴分享這個檔案，向對方解釋自己的檔案，並找出你們的認同有哪些相似或相異之處，再討論這些因素與影響的力量，對於做為一位諮商者可能有何影響。

2. 找一、兩位夥伴、朋友或同事，在你們所組成的這個小團體裡，分享你曾直接或間接經歷哪些和刻板印象、歧視、偏見或種族歧視相關的經驗。互相討論這些經驗，並分別從面臨這些負向經驗的受害者角度，及以這些方式對待他人的加害者觀點，思考這些經驗。

 **參考文獻**

英文部分

American Counseling Association. (2005). *ACA code of ethics*. Alexandria, VA: Author.

American Psychological Association. (2003). Guidelines on multicultural education, training, research, practice, and organizational change for psychologists. *American Psychologist, 58*, 377-402. doi:10.1037/0003-066X.58.5.377

Arredondo, P. & Arciniega, G. M. (2001). Strategies and techniques for counselor training based on the Multicultural Counseling Competencies. *Journal of Multicultural Counseling and Development, 29*, 263-273. doi:HYPERLINK "http://psycnet.apa.org/doi/10.1002/j.2161- 1912.2001.tb00469.x" \t "_blank" 10.1002/j.2161-1912.2001.tb00469.x

Arthur, N., & Collins, S. (2010). *Culture-infused counselling.* Calgary, AB: Counselling Concepts.

Arthur, N., & Januszkowski, T. (2001). The multicultural counseling competencies of Canadian counselors. *Canadian Journal of Counseling, 35,* 36-48.

Berry, J. W. (1997). Immigration, acculturation, and adaptation. *Applied Psychology: An International Review, 46,* 5-43. doi:10.1080/026999497378467

Constantine, M. G., & Ladany, N. (1996). New visions for defining and assessing multicultural competence. In D. Pope-Davis & H. L. K. Coleman (Eds.), *Multicultural counseling competencies: Assessment, education and training, and supervision* (pp. 482-498). Thousand Oaks, CA: Sage.

D'Andrea, M., Daniels, J., & Heck, R. (1991). Evaluating the impact of multicultural counseling training. *Journal of Counseling and Development, 74,* 143-150.

Department of Justice Canada. (1988). *The Constitution Act.* Retrieved from http://laws.justice. gc.ca/en/const/annex_e.html#guarantee

Dickson, G. L., & Jepsen, D. A. (2007). Multicultural training experiences as predictors of multicultural competencies: Students' perspectives. *Counselor Education and Supervision, 47,* 76-95. doi:10.1002/j.1556-6978.2007.tb00040.x

Duan, C., & Brown, C. (2016). *Becoming a multiculturally competent counsellor.* Thousand Oaks, CA: Sage.

Gerstein, L. H., Heppner, P. P., Ægisdóttir, S., Leung, S. A., & Norsworthy, K. L. (2009). *International handbook of cross-cultural counseling: Cultural assumptions and practices worldview.* Thousand Oaks, CA: Sage.

Hays, P. A. (1996). Addressing the complexities in culture and gender in counseling. *Journal of Counseling and Development, 74,* 332-338.

Heppner, M. J., & O'Brien, K. M. (1994). Multicultural counselor training: Students' perceptions of helpful and hindering events. *Counselor Education and Supervision, 34,* 4-18. doi: 10.1002/j.1556-6978.1994.tb00306.x

Hipolito-Delgado, C. P., Cook, J. M., Avrus, E. M., & Bonham, E. J. (2011). Developing counseling students' multicultural competence through the Multicultural Action Project. *Counselor Education and Supervision, 50,* 402-421. doi:10.1002/j.1556-6978.2011.tb01924.x

Kuo, B. C. H. (2004). Interdependent and relational tendencies among Asian clients: Infusing

collectivistic strategies into counseling. *Guidance and Counseling, 19*, 158-162.

Kuo, B. C. H. (2013). Collectivism and coping: Current theories, evidence, and measurements of collective coping. *International Journal of Psychology, 48*, 374-388. doi:10.1080/00207594.2011.640681

Kuo, B. C. H. (2014). Coping, acculturation, and psychological adaptation among migrants: A theoretical and empirical review and synthesis of the literature. *Health Psychology and Behavioral Medicine: An Open Access Journal, 2*, 16-33. doi:10.1080/21642850.2013.843459

Kuo, B. C. H. (in press). Refugee-serving multicultural therapy practicum: An example of a culture-infused, service-based training program. In N. Arthur & S. Collins (Eds.), *Culturally-infused counselling: Fostering social justice change process* (3rd ed.). Calgary, AB: Counselling Concepts.

Kuo, B. C. H., & Arcuri, A. (2014). Multicultural therapy practicum involving refugees: Description and illustration of a training model. *The Counseling Psychologist, 42*, 1021-1052. doi:10.1177/0011000013491610

Kuo, B. C. H., Hsu, W. S., & Lai, N. H. (2011). Indigenous crisis counselling in Taiwan: An exploratory qualitative case study of an expert therapist. *International Journal for the Advancement of Counselling, 33*, 1-21. doi:10.1007/s10447-010-9108-y

Kuo, B. C. H., & Kwantes, C. T. (2014). Testing predictive models of positive and negative affect with psychosocial, acculturation, and coping variables in a multiethnic undergraduate sample. *SpringerPlus, 3*, 119. doi:10.1186/2193-1801-3-119

Kuo, B. C. H., Roldan-Bau, A., & Lowinger, R. (2015). Psychological help seeking among Latin American immigrants in Canada: Testing a culturally-expanded model of Theory of Reasoned Action, using path analysis. *International Journal for the Advancement of Counselling, 37*, 179-197. doi:10.1007/s10447-015-9236-5

LaFromboise, T. D., Coleman, H. L. K., & Hernandez, A. (1991). Development and factor structure of the Cross-Cultural Counseling Inventory－Revised. *Professional Psychology: Research and Practice, 22*, 380-388. doi:10.1037/0735-7028.22.5.380

Leung, S. A., & Chen, P. H. (2009). Counseling psychology in Chinese communities in Asia: Indigenous, multicultural, and cross-cultural considerations. *The Counselling Psychologist, 7*, 944-966. doi:10.1177/0011000009339973

Malott, K. M. (2010). Multicultural counselor training in a single course: Review of research. *Journal of Multicultural Counseling and Development, 38*, 51-63. doi:10.1002/j.2161-1912.2010.tb00113.x

Matsumoto, D., & Juang, L. (2013). *Culture and psychology* (5th ed.). Belmont, CA: Thomson Wadsworth.

Markus, H. R., & Kitayama, S. (1991). Culture and the self: Implications for cognition, emotion, and motivation. *Psychological Review, 98*, 224-253. doi:10.1037/0033-295X.98.2.224

McAuliffe, G. (2013). *Culturally alert counseling: A comprehensive introduction* (2nd ed.). Thousand Oaks, CA: Sage.

Pedersen, P. B. (1997). *Culture-centered counseling interventions: Striving for accuracy*. Thousand Oaks, CA: Sage.

Pedersen, P. B. (2000). *A handbook for developing multicultural awareness* (3rd ed.). Alexandria, VA: American Counseling Association.

Phinney, J. (1992). The Multigroup Ethnic Identity Measure: A new scale for use with diverse groups. *Journal of Adolescent Research, 7*, 156-176.

Pieterse, A. L., Evans, S. A., Risner-Butner, A., Collins, N. M., & Mason, L. B. (2009). Multicultural competency and social justice training in counseling psychology and counselor education: A review and analysis of a sample of multicultural course syllabi. *The Counseling Psychologist, 37*, 93-115. doi:10.1177/0011000008319986

Pike, K. L. (1954). *Language in relation to a unified theory of the structure of human behaviour, Pt. 1* (Preliminary ed.). Glendale, CA: Summer Institute of Linguistics.

Ponterotto, J. G., Alexander, C. M., & Grieger, I. (1995). A multicultural competency checklist for counseling training programs. *Journal of Multicultural Counseling and Development, 23*, 11-20.

Ponterotto, J. G., Gretchen, D., Utsey, S. O., Rieger, B., & Austin, R. (2000). *A construct validity study of the Multicultural Counseling Awareness Scale* (MCAS). Unpublished manuscript.

Pope-Davis, D. B., Liu, W. M., Nevitt, J., & Toporek, R. L. (2000). The development and initial validation of the Multicultural Environmental Inventory: A preliminary investigation. *Cultural Diversity and Ethnic Minority Psychology, 6*, 57-64.

Priester, P. E., Jones, J. E., Jackson-Bailey, C. M., Jana-Masri, A., Jordan, E. X., & Metz, A. (2008). An analysis of content and instructional strategies in multicultural counseling courses. *Journal Multicultural Counseling and Development, 36*, 29-39. doi:10.1002/j. 2161- 1912.2008.tb00067.x

Redfield, R., Linton, R., & Herskovits, M. (1936). Memorandum for the study of acculturation. *American Anthropologist, 38*, 149-152.

Ridley, C. R., Mendoza, D. W., & Kanitz, B. E. (1994). Multicultural training: Re-examination, operationalization, and integration. *The Counseling Psychologist, 22*, 227-289. doi: 10.1177/ 0011000098266001

Roysircar, G., Gard, G., Hubbell, R., & Ortega, M. (2005). Development of counseling trainees' multicultural awareness through mentoring English as Second Language students. *Journal of Multicultural Counseling and Development, 33*, 17-36.

Sheu, H. B., & Lent, R. W. (2007). Development and initial validation of the Multicultural Counseling Self-Efficacy Scale−Racial Diversity Form. *Psychotherapy: Theory, Research, Practice, Training, 44*, 30-45. doi:10.1037/0033-3204.44.1.30

Smith, T. B., Constantine, M. G., Dunn, T. W., Dinehart, J. M., & Montoya, J. A. (2006). Multicultural education in the mental health professions: A meta-analytic review. *Journal of Counseling Psychology, 53*, 132-145. doi:10.1037/0022-0167.53.1.132

Sodowsky, G. R., Taffe, R. C., Gutkin, T. B., & Wise, S. L. (1994). Development of the Multicultural Counseling Inventory: A self-report measure of multicultural competencies. *Journal of Counseling Psychology, 41*, 137-148.

Sue, D. W., & Sue, D. (2008). *Counseling the culturally diverse: Theory & practice* (5th ed.). Hoboken, NJ: John Wiley & Sons.

Sue, D. W., & Sue, D. (2016). *Counseling culturally diverse: Theory and practice* (7th ed.). Hoboken, NJ: John Wiley & Sons.

Sue, D. W., & Torino, G. C. (2005). Racial-cultural competence: Awareness, knowledge, and skills. In R. T. Carter (Ed.), *Handbook of racial-cultural psychology and counseling* (pp. 3-18). Hoboken, NJ: John Wiley & Sons.

Sue, D. W., Arredondo, P., & McDavis, R. J. (1992). Multicultural counseling competencies and standards: A call to the profession. *Journal of Counseling and Development, 70*, 477-486. doi:10.1002/j.2161-1912.1992.tb00563.x

Tomlinson-Clarke, S. (2000). Assessing outcomes in a multicultural training course: A qualitative study. *Counseling Psychology Quarterly, 13*, 221-231. doi:10.1080/713658487

Triandis, H. C. (2001). Individualism-collectivism and personality. *Journal of Personality, 69*, 908-942. doi:10.1111/1467-6494.696169

Wrenn, C. G. (1962). The culturally encapsulated counselor. *Harvard Educational Review, 32*, 444-449.

Yoon, E., Chang, C. T., Kim, S., Clawson, A., Cleary, S. E., & Hansen, M. et al. (2012). A meta-analysis of acculturation/enculturation and mental health. *Journal of Counseling Psychology, 60*, 1-16. doi:10.1037/a0030652

Chapter 4　諮商者的多元文化能力

▎陳金燕

　　二十多年前，規劃在彰化師範大學輔導學系[1]開設「泛文化諮商」[2]（cross-cultural counseling）課程時，有同學不解地問：「臺灣又沒有黑人、白人、印地安人，為何要開設這門課呢？」當下，我笑回：「就衝著這個問題，就有開設這門課的需要了！」

　　事實上，在當年，同學的疑惑並非無的放矢，甚至是理所當然的。

　　因為，當時臺灣的諮商專業書籍、文獻，無不以美國諮商學界的專書、期刊為主；諮商專業、理論的發展與趨勢，也都是亦步亦趨地跟隨著美國的腳步；從事諮商教育工作的師長，更大多是赴美深造返國者；課堂所使用的教科書，則幾乎只有原文書或中譯本。

　　當時，同學們透過教科書及文獻看到的多元文化諮商中所強調的族群自然都是黑人、白人、印地安人，最接近自己的就是亞裔，但，也都是存在於種族大熔爐的脈絡中；師長們在課堂上分享的經驗，也多屬個人以少數族群身分留學異國的觀察與體驗，確實很難讓諮商學習者將「多元文化」的觀點及思維，直接與生活於臺灣的自己產生連結。

　　因此，同學們很容易在書籍文章中，看到遠在太平洋彼端的原民、非裔、亞裔……，卻未必能看到生活中，真實存在於自己身邊的原民、客家、閩南……；同學們或有機會熟悉美洲大陸資本主義下的種族、階級、隔離、歧視、壓迫……，卻可能無感於島國政經發展過程中同樣存在的族群、階級、隔離、歧視、壓迫……。

　　難免，深讀、熟悉了文字上的族群，卻輕忽、疏離了眼前生存的主體……。

　　多年來，隨著主體意識的覺醒，「本土化」（或言「在地化」，localization）已在世界蔚為風潮，從全球看到在地特色（from global to local）、從在地連結全球網絡

---

[1] 1999 年更名為輔導與諮商學系。
[2] 後更名為「多元文化諮商」（multicultural counseling）。

（from local to global），各行各業如此，各種不同專業領域亦復如此。諮商專業當然也不例外！

所謂「登高必自卑，行遠必自邇」，所以，意欲學習成為一位具有多元文化能力的諮商者，自然是要以覺察自己身上存有的文化影響力為起點，舉步邁進……。

壹、緣起與緒論

眾所周知，心理諮商專業乃源自歐美社會，諸多重要原創的諮商理論與模式亦是植基於西方哲學與人性觀。因此，當諮商專業被引進至臺灣社會後，其成效雖受肯定，卻也總存在著文化適配性的質疑；最常聽到的不外乎：這是西方人（或歐美國家）的價值觀、想法、做法，適合我們東方人（或華人、中國人、臺灣人）嗎？事實上，此種質疑與實務上的落差，最早也存在於美國不同族群之間的運用。因為，源自白人中產階級價值觀的諮商專業，運用於美國社會中的其他非白人之種族（如：原住民、非裔、拉丁族裔、亞裔等）或非屬中產階級之不同群體（如：勞工階層等）之際，也常有因觀念價值、傳統習俗、宗教信仰上的落差致生隔閡、誤解之情形；後來再衍生至與不同性別（含多元性別）、年齡、區域等群體差異性的相關議題。以至於有跨文化諮商（cross-cultural counseling）的興起，乃至發展為目前所指稱之多元文化諮商與治療（multicultural counseling and therapy, MCT）的自成一家。究其根本，關鍵應是在於：諮商專業以「人」為主體的本質與特色，由具有諮商專業知能的人（諮商者）協助面對生命或生活困境的人（當事人）；因此，凡是對個人有深遠影響的文化、社會、家庭等因素，自然也會對具有人際互動本質之諮商關係、歷程與成效帶來密切且深遠的影響。

一、諮商中的多元文化

多元文化諮商與治療發展迄今，以 Paul Pedersen 為主的許多學者已將之視為繼心理動力、行為主義及人本思想之後，諮商輔導發展的第四大勢力（陳金燕等人譯，2000；Ivey, D'Andrea, Ivey, & Simek-Morgan, 2007; Lee, 2006; Pedersen, 1999），故關注與強調當事人之文化經驗與處境及諮商者與當事人之文化適配性的多元文化諮商理論、取向或模式，日益成為諮商輔導養成教育中的主流。筆者之所以認同多元文化諮商與治療為第四勢力之主要原因在於：從多元文化的觀點切入思考當事人的問題時，

不僅考量到當事人自己的個人因素對其生命困境之影響,同時,也涵蓋了家庭系統理論(family system theory)對於個人困境之家庭因素與責任的重視,進而將「系統」的觀點擴大及於個人與其家庭所屬之社區、社會及文化等層面之影響;故而能以更周延的角度看到一個事實現象:個人問題的發生及處理,均涉及了個人本身、原生家庭、社會環境及文化生態等層面之因素(Arredondo & Arciniega, 2001)。因此,透過各種不同的課程及設計之職前與在職訓練,期能提升諮商專業人員經由當事人的主觀世界與生命經驗,了解來自不同族群、經歷不同經驗、擁有不同生命圖像的個人,進而提供更適切有效的專業服務,已成為諮商教育訓練規劃與執行之重要環節。是以,在諮商專業人員的實務工作及養成教育中,「具有多元文化敏感度」已被視為諮商專業人員的必備基本能力之一。簡言之,多元文化諮商實乃從當事人中心(client-center)演變至以文化為中心(culture-center),強調以當事人的家庭、社會及文化背景與經驗為諮商歷程的核心,以系統及脈絡的視框理解當事人的處境與困擾,並以前述經驗與理解做為與當事人溝通互動的基礎,進而提供適切且有效的專業服務。

　　針對文化、價值觀與諮商之間的相互影響與連結關係,筆者認為:文化與諮商的共同核心焦點為「人」,兩者均為人類文明之產物;筆者亦深信:人類在創造文明的同時,也為其所創之文明所塑造。因此,人類創造文化,亦為文化所形塑;人類發展諮商,也為諮商所激勵成長。所以,諮商者賴以為實務根基之諮商模式,必然明顯地與諮商者所屬之文化經驗、哲學背景、社會常模及個人價值觀密切相關(洪莉竹,2000,2001;陳金燕,2003;Chen, 1988),換言之,諮商者所用的諮商理論模式,乃其世界觀之展示櫥窗。在文化內涵的諸多向度中,價值觀無疑地是其中之重要關鍵,因為「文化……包含了價值系統,相對地,價值系統也是文化的建構基石」(Hofstede, 1984, p. 21)。一般而言,價值觀之建立乃習自家庭、社會及文化;因此,來自不同家庭、社會及文化背景之個體,在人際關係、溝通型態及生活期待等層面上必然有著不同的價值觀。尤有甚者,價值觀在個人決策過程中扮演著關鍵角色,價值觀決定了一個人對於好壞、對錯、美醜、褒貶、願否、得失及成敗之界定的立場;除了是個人生活的準則與標準之外,價值觀同時也是個人外在言行之內在思維(陳金燕,2003;Chen, 1988)。諮商者若能藉由自我覺察,更清楚地看到文化、社會及家庭等因素在自己身上所產生的影響、所留下的痕跡,對於自己之所以為自己,不僅「知其然」,也「知其所以然」(陳金燕,1998),也才能推己及人地了解、體會當事人受其文化脈絡因素之影響,進而提供更貼近當事人文化經驗與脈絡的諮商服務。

　　在Ivey等人的論述中(陳金燕等人譯,2000),除了明示文化因素對於個人生命

困境之影響外，也強調個人致力於覺察所屬文化如何影響自己的重要性。因此，因著文化這個議題本身無法被直接看到，故須透過對社會常模、生活型態、語言溝通等向度之觀察，進而覺知此等向度在個人行為、價值觀等層面上的影響，方得以辨識文化之存在與作用。然而，意欲覺知前述這一切，就必須回歸到個人身上，直接了解個人在文化架構下之成長、發展與變化，亦即，以自我覺察為基礎、起點，再延伸至文化覺察。雖然，文化本身是個非常廣泛的議題，且無法直接觀察，但是，文化需有「時空因素」的形塑且深受「時空因素」的影響卻是不爭的事實。所以，在強調諮商者應具備之多元文化敏察／覺察能力時，臺灣獨特的歷史發展、文化融合、族群特色等向度，實乃論述臺灣諮商者應加強或具備之多元文化能力時所必須關注、包含的。

二、淺論時空轉輪下的臺灣

就空間而言，臺灣是個南北縱向狹長形的海島（有因其形狀類似「番薯」而使部分臺灣人自稱「番薯」，以有別於 1949 年隨國民政府遷徙來臺的基層官兵——「芋仔」——之指稱），[3] 面積約有 3.6 萬平方公里（14,400 平方英哩），西部與中國大陸以臺灣海峽相隔，東部則面向浩瀚的太平洋，往北是日本、琉球群島，南接菲律賓群島。[4] 由於中央山脈以南北縱向隔在臺灣東西部之間，雖然常在颱風季節形成颱風西襲時的天然屏障，卻也同時是阻絕東西相通的交通險阻，因此，西部的移民人口及開發均較東部來得早、來得多，也較為發達；所以，臺灣每每以北、中、南、東做為分區，將西部區分為北、中、南三區，但將涵蓋同樣長度距離的東部視為一區。除了臺灣之外，還包含澎湖、金門、馬祖、蘭嶼、綠島等大小不一之離島群，基於交通便利與否、資源分配多寡等因素使然，離島的開發與建設也都明顯相對落後於臺灣本島。

就時間而言，南島語系原住民祖先應是最早移居臺灣的原民，從 16 世紀的大航海時代起，開始有西方人在臺灣進行貿易、殖民行動之痕跡。17 世紀初期，荷蘭人進駐臺灣南部之臺南安平建立據點，西班牙人則占領臺灣北部之基隆、淡水，開始在臺灣從事傳教、貿易、殖民等活動，應算是開啟臺灣經歷不同時期的政經管理與移民之歷史開端。[5] 回顧過去大約 500 年的時間裡，臺灣歷經荷蘭、西班牙、鄭成功父子、

---

[3] 民間有以「芋仔番薯」形容隨國民政府遷臺之基層官兵與臺灣女性聯姻所組成之家庭及子女。

[4] 資料來源：交通部觀光局—探索臺灣—臺灣概況 http://taiwan.net.tw/m1.aspx? sNo=0001004，瀏覽日期：2016 年 4 月 15 日。

[5] 資料來源：交通部觀光局—探索臺灣—歷史沿革 http://taiwan.net.tw/m1.aspx? sNo=0001007，瀏覽日期：2016 年 4 月 15 日。

清朝、日本、國民政府等多個不同的政治管理者（組織或政府）之治理，也因不同治理者的移民政策，開啟了以漢人為主的族群移居，形成臺灣由不同時期移民者所組成的多元族群社會（李筱峰，1999a，1999b）。

荷蘭與西班牙為了貿易經營與管理，招募中國沿海漢人移墾臺灣；鄭氏父子以反清復明為號召，不少軍旅軍眷隨行而來；清朝設藩屯墾，開啟「有唐山公，無唐山媽」的移民政策；1895 年的馬關條約，開啟了臺灣的日治時代，至 1945 年二戰結束為止，期間亦有鼓勵日人來臺之移民政策，因此，戰後遣送回日之民眾中有一些「灣生」[6] 身分者（田中實加，2014，2015）；1949 年的國民政府大遷徙，再次讓臺灣居民經歷一次人口數量及住民背景的明顯變化，有一世代的許多小孩被以「臺生」[7] 命名，記錄著那個年代的父母之某種心態。因此，目前生活在臺灣這塊土地上的人民，不僅在種族血統、遺傳基因上，有著極為多元的混血與融合；在文化、傳統上，除了深受中國以儒家、道家為首的哲學思想之影響外，也含納了不同階段治理者所引進的觀念、習俗；在語言、溝通上，也有著不同的母語（如：各族原民的族語、閩南語、客語等）及國語（如：日語、華語等）；更因移居年代的不同，有多達十數代者，也有僅二、三代者，而或在成長的經驗上有明顯不同、或在生活習慣及言行思維上各所偏好、或在族群認同上有明顯差異。

自國民政府遷臺以來，除了 1949 年的大遷徙之外，1947 年的 228 事件、1949 年的戒嚴與 1987 年的解嚴（長達 38 年的戒嚴期）、1971 年的聯合國代表權轉移、1978 年的中美斷交、1979 年的美麗島事件、1987 年的開放大陸探親、1990 年的三月學運（又稱野百合運動）、1996 年的總統直選等幾個重要的政策與事件，均對不同世代的臺灣人之成長經驗留下明顯的烙印與影響（李筱峰，1999b）。與民生教育相關者，如：1946 年開始的國語推行、1949 年的土地改革（耕者有其田、375 減租）、1968 年起實施的九年國教等，亦對臺灣人在語言溝通、土地重新分配、全民教育上有關鍵且明顯的影響（李筱峰，1999b），同時也與後來的母語教育政策、土地正義議題有密切相關；目前的課綱議題、十二年國教政策等也多見延續性之關聯與影響。1980 年代跨國婚姻的盛行，促成了新移民（或新住民）及臺灣之子的新增，再次影響臺灣的人口結構（行政院主計總處，2014）；1989 年引進外籍勞工，則對臺灣經濟及就業職場帶來明顯的衝擊（鄭乃云、李聯雄、李淑媛，2014）；2000 年、2008 年及 2016 年總統選舉帶來的三次政黨輪替，代表著臺灣社會的民主政治發展及演變；2009 年起陸續

---

[6] 灣生，意指 1895 年至 1946 年在臺灣出生的日本人，因為戰爭的緣故被迫離開臺灣返回日本。

[7] 相對於「灣生」的身分說明，「臺生」則是當年許多新生兒以臺灣為出生地、在臺灣出生的實際命名。

經由訂頒公約施行法，將聯合國國際人權公約國內法化，[8] 強化了基本人權及平權觀念的法治化，也提升了對於多元族群（如：多元性別認同者、身心障礙者等）之權益促進與保障作為。凡此種種，均是影響臺灣社會現行結構與觀念的重要因素，且存在著前因後果之關係。前述時空因素，均直接、間接地影響著生活於臺灣這塊土地上的民眾，當然也影響著諮商關係中的當事人與諮商者，如：當事人所遭遇之問題與困擾的類型、對個人問題與困擾的認定、對求助資源的態度與期待、對問題解決與否的標準等；諮商者對當事人問題與困擾的解讀、對諮商理論與技術的採用、對諮商目標的設定等（陳金燕，2003）。因此，豐厚諮商者對本國歷史發展的了解與熟悉，實乃提升其多元文化諮商能力之重要基礎。

因此，本章聚焦於諮商者應具備之多元文化敏察／覺察能力，除了參考既有多元文化諮商理論與文獻所指稱之能力外，並以臺灣獨特的歷史發展、文化融合、族群特色等向度為基礎，論述臺灣諮商者應加強或具備之多元文化能力。目的在於：從臺灣之歷史、文化、族群的角度，提升諮商者對本土多元文化的認識及尊重，檢視諮商者在臺灣的社會環境中，因傳統文化、信仰價值、差異對待等因素之影響，而對非主流文化及族群可能存在的迷思、盲點、偏見、歧視，進而提升諮商者對多元文化及非主流文化與族群的敏察／覺察能力。

以下依序將先陳述多元文化能力之概念及要素，並論述適用於臺灣的多元文化能力，接著結合諮商實務討論多元文化能力的實踐，最後提出案例及學習活動供教學參考。

貳、多元文化能力之概念與要素

本小節將以美國及我國主要諮商專業組織的觀點為基礎，兼論主要學者的主張，並論述多元文化能力的重要性與必要性，以及其概念與要素。

一、主要諮商專業組織的觀點

根據美國諮商學會（American Counseling Association [ACA], 2014）的界定，「多

---

8 意指公民與政治權利國際公約及經濟社會文化權利國際公約（簡稱兩公約）施行法、消除對婦女一切形式歧視公約（CEDAW）施行法、兒童權利公約施行法及身心障礙者權利公約施行法。詳參「全國法規資料庫」，網址：http://law.moj.gov.tw/Law/LawSearchResult.aspx?p=A&k1=%e5%85%ac%e7%b4%84%e6%96%bd%e8%a1%8c%e6%b3%95&t=E1F1A1&TPage=1，瀏覽日期：2016 年 4 月 15 日。

元文化能力」（multicultural/diversity competence）意指：諮商者對自己及他人之文化與多樣性的覺察與知識，以及如何有效地運用這些覺察與知識於協助當事人及團體之諮商實務工作上：

Multicultural/Diversity Competence－counselors' cultural and diversity awareness and knowledge about self and others, and how this awareness and knowledge are applied effectively in practice with clients and client groups. (p. 20)

「多元文化諮商」（multicultural/diversity counseling）意指：肯認多樣性與包容性的諮商，在諮商中能從其歷史、文化、經濟、政治和社會心理脈絡中支持個人的價值、尊嚴、潛能和獨特性：

Multicultural/Diversity Counseling－counseling that recognizes diversity and embraces approaches that support the worth, dignity, potential, and uniqueness of individuals within their historical, cultural, economic, political, and psychosocial contexts. (p. 20)

據此，ACA 的專業倫理規範（Code of Ethics）（ACA, 2014）中，明確將尊重、包容多元文化及脈絡視為諮商的五項核心專業價值之一，強調要尊重多元性並包容多元文化取向，以支持個人在其社會及文化脈絡中之價值、尊嚴、潛能及獨特性：

Honoring diversity and embracing a multicultural approach in support of the worth, dignity, potential, and uniqueness of people within their social and cultural contexts; (p. 3)

ACA 並在不同的專業倫理條文中提出明確規範，以期落實尊重、包容多元文化及脈絡的核心價值。舉例言之，在諮商關係上，諮商者需了解文化對不同的語言溝通及個人價值觀之影響，並使用適當、貼切的溝通方式，以確保當事人的理解；一旦當事人有語言理解上的困難時，諮商者有責任提供適切的通譯資源，以確保當事人的正確理解，同時，諮商者也應適時地依文化差異調整其實務工作。[9] 在隱私保密方面，

---

[9] 2014 ACA Code of Ethics; **Section A: The Counseling Relationship－A.2. Informed Consent in the Counseling Relationship－A.2.c. Developmental and Cultural Sensitivity:** Counselors communicate information in ways that are both developmentally and culturally appropriate. Counselors use clear and understandable language when discussing issues related to informed consent. When clients have difficulty understanding the language that counselors use, counselors provide necessary services (e.g., arranging for a

多元文化諮商在臺灣

諮商者應敏察不同文化對保密隱私的意涵,並尊重當事人對於分享、揭露的不同觀感與抉擇。[10] 有關專業服務部分,更特別強調無歧視(nondiscrimination)之規範,要求諮商者應秉持專業責任,對所有當事人提供零歧視且無差別待遇的專業服務。[11] 執行評量衡鑑解釋時,諮商者應具有文化敏察度,除考量當事人受其所屬社經背景與文化經驗之影響,更應了解並慎重面對多元文化議題與因素對評量衡鑑解釋之影響。[12]

　　ACA 除了針對直接提供當事人諮商專業服務有所規範,於執行諮商督導、教育訓練之際,亦要求諮商者除應敏察多元文化議題與因素對督導之影響,且應於諮商教育及訓練課程中含納多元文化能力議題。除應徵聘多元化、多樣性的教育工作者外,亦應招收多元化、多樣性的學習者,並提供諮商學習者多元文化能力訓練。[13] 順應現

---

qualified interpreter or translator) to ensure comprehension by clients. In collaboration with clients, counselors consider cultural implications of informed consent procedures and, where possible, counselors adjust their practices accordingly. (p. 4)

[10] 2014 ACA Code of Ethics; **Section B: Confidentiality and Privacy—B.1. Respecting Client Rights—B.1. a. Multicultural/Diversity Considerations:** Counselors maintain awareness and sensitivity regarding cultural meanings of confidentiality and privacy. Counselors respect differing views toward disclosure of information. Counselors hold ongoing discussions with clients as to how, when, and with whom information is to be shared. (p. 6)

[11] 2014 ACA Code of Ethics; **Section C: Professional Responsibility—C.5. Nondiscrimination:** Counselors do not condone or engage in discrimination against prospective or current clients, students, employees, supervisees, or research participants based on age, culture, disability, ethnicity, race, religion/spirituality, gender, gender identity, sexual orientation, marital/partnership status, language preference, socioeconomic status, immigration status, or any basis proscribed by law. (p. 9)

[12] 2014 ACA Code of Ethics; **Section E: Evaluation, Assessment, and Interpretation—E.5.b. Cultural Sensitivity:** Counselors recognize that culture affects the manner in which clients' problems are defined and experienced. Clients' socioeconomic and cultural experiences are considered when diagnosing mental disorders. (p. 11)

E.8. Multicultural Issues/Diversity in Assessment: Counselors select and use with caution assessment techniques normed on populations other than that of the client. Counselors recognize the effects of age, color, culture, disability, ethnic group, gender, race, language preference, religion, spirituality, sexual orientation, and socioeconomic status on test administration and interpretation, and they place test results in proper perspective with other relevant factors. (p. 12)

[13] 2014 ACA Code of Ethics; **Section F: Supervision, Training, and Teaching—F.2. Counselor Supervision Competence—F.2.b. Multicultural Issues/Diversity in Supervision:** Counseling supervisors are aware of and address the role of multiculturalism/diversity in the supervisory relationship. (p. 13)

F.11. Multicultural/Diversity Competence in Counselor Education and Training Programs—F.11.a. Faculty Diversity: Counselor educators are committed to recruiting and retaining a diverse faculty. (p. 15)

F.11.b. Student Diversity- Counselor educators actively attempt to recruit and retain a diverse student body. Counselor educators demonstrate commitment to multicultural/diversity competence by recognizing and valuing the diverse cultures and types of abilities that students bring to the training experience. Counselor educators provide appropriate accommodations that enhance and support diverse student well-being and academic performance. (p. 15)

代科技的發展與趨勢，在遠距諮商科技媒體議題上，即便是以科技為主的範疇，諮商者仍必須慎重面對多元文化因素之影響與限制，並關注網路使用的便利性與可溝通性。[14]

顯而易見地，根據 ACA 的倫理規範，多元文化能力是全面性地融入美國的諮商專業中。據此，對美國諮商教育訓練有主導性影響的「諮商與相關教育課程認證委員會」（Council for Accreditation of Counseling & Related Educational Programs, CACREP）明確將「社會與文化的多元性」（social and cultural diversity）列為所有諮商學習者必修的八個共同核心領域之一，並具體要求其內容應包含：（1）全國性與國際性不同團體之內與之間的多元文化及多元性特色；（2）多元文化諮商理論與模式、文化認同發展及社會正義與倡議；（3）多元文化諮商能力；（4）傳統、態度、信念及文化適應經驗對於個人對他人觀點的影響；（5）權力與特權對諮商者及當事人的影響；（6）不同當事人的求助行為；（7）靈性信念對當事人及諮商者之世界觀的影響；（8）區辨及消除障礙、偏見、有意與無意地迫害及歧視的策略等。[15]

其中，社會正義（social justice）一直被視為多元文化諮商的內涵之一，因其重要性與必要性，亦被部分學者視為接續多元文化諮商之後而為諮商輔導發展的第五大勢力（洪瑛蘭，2014；葉寶玲，2016；劉安真，2006；Ratt, 2009）。惟，本文仍以社會正義為多元文化諮商的重要指標之一，將之納入文化能力之論述中。根據ACA（2014）的定義，社會正義是以終止迫害與不正義為目的之平等權益的保障與捍衛，其影響對象包含了當事人、學生、諮商者、家庭、社區、學校、職場、政府及任何社會組織系統。

美國心理學會（American Psychological Association，簡稱 APA）是另一個與美國諮商專業相關的專業組織，APA（2003/2010）的倫理守則明顯是從尊重與捍衛基本人權（human rights）與尊嚴（dignity）的角度與立場，提出對於多元文化與族群的重視

F.11.c. Multicultural/Diversity Competence: Counselor educators actively infuse multicultural/diversity competency in their training and supervision practices. They actively train students to gain awareness, knowledge, and skills in the competencies of multicultural practice. (p. 15)

[14] 2014 ACA Code of Ethics; **Section H: Distance Counseling, Technology, and Social Media−H.5. Records and Web Maintenance−H.5.d. Multicultural and Disability Considerations:** Counselors who maintain websites provide accessibility to persons with disabilities. They provide translation capabilities for clients who have a different primary language, when feasible. Counselors acknowledge the imperfect nature of such translations and accessibilities. (p. 18)

[15] SECTION 2: PROFESSIONAL COUNSELING IDENTITY−COUNSELING CURRICULUM。詳參 CACREP 官網 http://www.cacrep.org/，瀏覽日期：2016 年 4 月 17 日。

與規範，要求心理專業人員應覺察與尊重當事人基於年齡、性別、性別認同、種族、文化、國籍、信仰、性取向等因素而產生的文化、個人與角色之差異。[16] 同時，APA 除將前述對多元文化與族群的重視與規範列為專業能力的標準外，並據以要求心理專業人員禁止歧視與騷擾之言行。[17]

至於我國主要諮商專業學會與組織，雖然同樣強調多元文化的重要，但是並未如 ACA 針對「多元文化能力」與「多元文化諮商」予以具體界定。相對於 ACA 的明文界定與全面性規範，以及 CACREP 明確將之列為「必修」課程，我國對諮商者的多元文化能力之規範與培訓上，顯然較接近 APA 的做法：提出重視的立場與原則，但未有進一步之具體規劃。

我國歷史最悠久的輔導與諮商專業團體，當屬「台灣輔導與諮商學會」（簡稱輔諮學會），我國最早訂定相關專業倫理守則的也是輔諮學會。根據輔諮學會的專業倫理守則（台灣輔導與諮商學會，2002），雖然未如 ACA 般明文將尊重、包容多元文化及脈絡列為諮商的核心專業價值，卻也比照 ACA 做法，將多元文化能力呈現於部

---

[16] Ethical Principles of Psychologists and Code of Conduct, with the 2010 Amendments; **GENERAL PRINCIP-LES- Principle E: Respect for People's Rights and Dignity:** Psychologists respect the dignity and worth of all people, and the rights of individuals to privacy, confidentiality, and self-determination. Psychologists are aware that special safeguards may be necessary to protect the rights and welfare of persons or communities whose vulnerabilities impair autonomous decision making. Psychologists are aware of and respect cultural, individual, and role differences, including those based on age, gender, gender identity, race, ethnicity, culture, national origin, religion, sexual orientation, disability, language, and socioeconomic status, and consider these factors when working with members of such groups. Psychologists try to eliminate the effect on their work of biases based on those factors, and they do not knowingly participate in or condone activities of others based upon such prejudices. (p. 4)

[17] Ethical Principles of Psychologists and Code of Conduct, with the 2010 Amendments; **2. Competence-2.01 Boundaries of Competence:** …(b) Where scientific or professional knowledge in the discipline of psychology establishes that an understanding of factors associated with age, gender, gender identity, race, ethnicity, culture, national origin, religion, sexual orientation, disability, language, or socioeconomic status is essential for effective implementation of their services or research, psychologists have or obtain the training, experience, consultation, or supervision necessary to ensure the competence of their services, or they make appropriate referrals, except as provided in Standard 2.02, Providing Services in Emergencies. (pp. 4-5)

3. Human Relations—3.01 Unfair Discrimination: In their work-related activities, psychologists do not engage in unfair discrimination based on age, gender, gender identity, race, ethnicity, culture, national origin, religion, sexual orientation, disability, socioeconomic status, or any basis proscribed by law. (p. 5)

3.03 Other Harassment: Psychologists do not knowingly engage in behavior that is harassing or demeaning to persons with whom they interact in their work based on factors such as those persons' age, gender, gender identity, race, ethnicity, culture, national origin, religion, sexual orientation, disability, language, or socioeconomic status. (pp. 5-6)

分守則條文中，試圖將多元文化能力廣泛性地融入我國的諮商實務工作中。舉例而言，在諮商關係中，諮商者應覺知自己的價值觀、信念、態度和行為，也應尊重當事人的價值觀、文化背景與個別差異，以保障當事人要求公平待遇的權利（台灣輔導與諮商學會，2002）：

2.1.6. 價值影響：

諮商者應尊重當事人的價值觀，不應強為當事人做任何的決定，或強制其接受諮商者的價值觀。

2.2.2. 公平待遇權：

當事人有要求公平待遇的權利，諮商者實施諮商服務時，應尊重當事人的文化背景與個別差異，不得因年齡、性別、種族、國籍、出生地、宗教信仰、政治立場、性別取向、生理殘障、語言、社經地位等因素而予以歧視。

諮商者的專業責任之一即為：不得歧視當事人、學生、受督導者。從事測驗及評量時，諮商者應避免偏見和成見，審慎配合相關資料，避免以偏概全，並須考慮當事人的個別差異；從事研究時，諮商者應注意研究對象的個別及文化差異。教育訓練部分，諮商教育工作者應提供學生多元化的諮商理念與技術；進行網路諮商時，諮商者須具備多元文化諮商的能力。

3.2.6. 避免歧視：

諮商者不得假借任何藉口歧視當事人、學生或被督導者。（參見2.2.2）

5.11. 報告結果：

撰寫測驗或評量結果報告時，諮商者須考慮當事人的個別差異、施測環境及參照常模等因素，並指出該測驗或評量工具的信度及效度的限制。

6.1. 以人為研究對象：

諮商者若以人為研究對象，應尊重人的基本權益，遵守倫理、法律、服務機構之規定、及人類科學的標準，並注意研究對象的個別及文化差異。

7.8. 理論與實務相結合：

諮商者教育者應提供學生多元化的諮商理念與技術，培養其邏輯思考、批判思考、比較及統整的能力，使其在諮商實務中知所選擇及應用。

8.1. 資格能力：

實施網路諮商之諮商者，應具備諮商之專業能力以及實施網路諮商之特殊技巧與能力，除應熟悉電腦網路操作程序、網路媒體的特性、網路上特定的人際關係與文化外，並具備多元文化諮商的能力。

依據《心理師法》設置之諮商心理師公會，由社團法人中華民國諮商心理師公會全國聯合會（簡稱全聯會）訂定「諮商心理師專業倫理守則」（全聯會，2012），針對以下四項工作提示多元文化因素之重要：（1）在提供諮商服務時，應尊重當事人的文化背景與個別差異；（2）在運用心理評估與心理衡鑑資料時，應避免偏見、成見；（3）撰寫心理評估與心理衡鑑報告時，須考慮當事人的個別差異等因素，以及信度與效度的限制；（4）從事研究時，應注意研究對象的個別及文化差異（詳參該守則第7、13、17、18條條文）。除了專業倫理守則之外，全聯會另訂有「會員自律公約」（全聯會，2011），其中亦明文要求會員應尊重當事人的文化背景：

第四條

本會會員及所屬公會會員執行諮商心理師業務，應尊重當事人之文化背景並予公平待遇，不得因年齡、性別、種族、國籍、語言、宗教信仰、政治立場、性傾向、身心特質或社經地位等因素而予以差別待遇。

我國與諮商專業相關之組織另有臺灣諮商心理學會及臺灣心理學會，因未能從前者之官網尋獲相關參考資訊，故無法論述該會之觀點。根據臺灣心理學會（2013）訂頒之「心理學專業人員倫理準則」，開宗明義即從本土化的角度與立場標示文化因素之重要：

壹、基本倫理準則

一、文化與使命

國內心理學者應本於其自身所處的文化氛圍與社會環境，不墨守既有成規，

不拘泥於西方思維，審度自身發展之進程與世界學術之趨勢，竭盡所能在內涵與實踐上創新突破，謀求心理學學術與服務在本土社會中最完善之發展，建立具有文化特色之心理學，以期能與其他傳統之心理學並駕齊驅。心理學者同時肩負傳播正確的心理學知識與導正社會迷思之責任，並應主動積極營造良善的社會文化。

二、人道尊嚴與社會福祉

　　心理學者應基於本土社會文化之氛圍，尊重人性之尊嚴與價值，在從事專業工作時，隨時考慮其作為對他人與社會福祉的可能影響。

　　其中，除了在「測驗、衡鑑與診斷」上再次強調社會文化脈絡之考量外，並未特別在包含「臨床心理衡鑑、治療與諮商」之其他議題上強調文化或多元文化因素：

伍、測驗、衡鑑與診斷

二、在編製或修訂心理測驗和其他衡鑑工具時，心理學專業人員應遵循既定的科學程序，並考量社會文化脈絡，遵照臺灣心理學會的標準，使測驗能達到標準化。

　　我國並無類似美國CACREP的組織以主導諮商專業教育，故由各相關專業系所依各自評估規劃、開設「多元文化諮商」課程；《心理師法》亦未將「多元文化諮商」納入攸關考試資格的學程要求及考試科目中，唯有在「專門職業及技術人員高等考試諮商心理師考試命題大綱」[18]的上百項命題大綱中呈現。在考試科目「諮商與心理治療理論」的命題大綱中，與焦點解決、敘事治療、東方治療理論等列為「後現代取向」之一；另在考試科目「諮商與心理治療實務與專業倫理」的命題大綱中臚列「諮商心理師個人與專業成長」、「不同年齡族群之諮商實務」、「特殊議題諮商」，並將「多元文化諮商」列為「特殊議題諮商」之一。

　　相對於諮商專業以當事人的多元文化背景、經驗為重，心理學界則較偏重於本土化發展的責任。綜言之，國內外主要諮商專業團體均一致地認同：「文化」因素與議題在諮商及心理專業上的重要性；且對於「多元文化」與「多元文化能力」的重要性與必要性，在諮商專業領域中有較多的論述。然而，除了ACA針對「多元文化能力」的意涵有所界定，我國的輔諮學會及全聯會僅強調「多元文化能力」的重要，卻未有

---

[18] 詳參考選部網站之「專技人員各應試專業科目命題大綱及參考用書」—諮商心理師 http://wwwc.moex.gov.tw/main/content/wfrmContentLink4.aspx?inc_url=1&menu_id=154&sub_menu_id=613，瀏覽日期：2016 年 6 月 15 日。

進一步的界定。至於美國與臺灣的心理學界,則是宣示文化因素對心理專業的重要及影響,卻也未對「多元文化能力」之意涵與培訓有所著墨。從我國諮商專業長久以來師承歐美的趨勢觀之,假設國內諮商專業團體同意並採用 ACA 的「多元文化能力」意涵,應該是順理成章的。因此,以下論述便以 ACA 對「多元文化能力」的界定為依準,論述主要學者對此議題的觀點與理論。

二、主要學者的觀點與理論

根據前述 ACA 的界定,「多元文化能力」至少應包含兩個主要的意涵:其一,對文化與多樣性的覺察與知識;其二,有效運用前述的覺察與知識於實務工作上。這和 Ivey、Ivey 與 Zalaquett(2014)針對「多元文化能力」彙整提出之覺察(awareness)、知識(knowledge)及技術(skills)不謀而合。Ivey 等人強調覺察、知識及技術是諮商者必須兼而有之的專業能力,並強調將三者轉換成具體行動(action)之重要性與必要性。茲摘述 Ivey 等人(2014)針對覺察、知識及技術的論述如下:

覺察意指「覺知自己的假設、價值觀與偏見」(Be aware of your own assumptions, values, and biases.)(p. 41)

從覺察諮商者自己本身的文化經驗為起點,延伸至對他人的文化經驗覺察,並關注脈絡性因素對個人性議題的影響(如:迫害、歧視等)及基於文化與刻板化而來的特權議題(privilege)。

知識意指「了解來自不同文化背景之當事人的世界觀」(Understand the worldview of the culturally different client.)(p. 42)

從拓展諮商者對不同族群成員的文化、歷史與現況的知識著手,透過學術研究、文獻的閱讀及直接的接觸與互動,了解、認識不同群體及其因所屬背景(如:種族、性別、性傾向、社經階層等)而可能遭受的經驗。

技術意指「發展適當的介入、處遇策略與技術」(Develop appropriate intervention strategies and techniques.)(p. 43)

秉持著「文化尊重態度」（culturally respectful manner）採行各種可用、適用的諮商策略與技術，接受自己為多元文化中的一部分，方能從多元文化的本質出發，採行貼近來自不同文化及擁有不同文化特質者之技術。

　　而為了避免落入「口惠而實不至」之失，Ivey 等人（2014）特別強調：前述的覺察、知識及技術必須經由「化知為行」且做到「知行合一」方屬有效，也才能發揮具體的效用。

　　回顧從跨文化諮商到多元文化諮商之緣起與發展的相關文獻，可清楚看到：ACA的界定與 Ivey 等人的彙整，實乃多元文化諮商領域浸淫多年且著墨甚深的學者們（如：Paul Pedersen、David Sue、Derald Sue、Diane Sue 等）就此議題上所曾提出的共同主張與觀點（Pedersen, 1995a, 2000; Sue & Sue, 2008; Sue & Sue, 2012）。

　　Pedersen（1995a）在 *A Handbook for Developing Multicultural Awareness* 一書中，即以多元文化假設的覺察（awareness of multicultural assumptions）、多元文化資訊的知識（knowledge of multicultural information）及多元文化行動的技術（skills for multicultural action）為主軸，深論多元文化能力的訓練與提升之道，並具體介紹「三人組合訓練模式」（triad training model）於培育具有多元文化能力諮商者之運用。首先，針對多元文化假設的覺察，Pedersen（1995a）提醒及要求諮商者要能看到不同文化之間存在的相似（similarities）與差異（differences），以及文化具有錯綜複雜（complex）與動態平衡（dynamic balance）之特性，並期許諮商者能進一步檢視在諮商中常見的偏頗假設（biased assumptions），且警惕忽視文化的危險性。其次，關於多元文化資訊的知識，Pedersen（1995a）強調：諮商者應發展個人的文化認同（cultural identity），基於對文化衝擊（culture shock）、種族歧視、偏見與權力等概念之認知與了解，檢視個人的文化發展與認同階段，進而透過文化系統的模式（patterns of cultural systems）了解文化系統；所謂文化系統乃是「個人與團體間分享相同觀點的關係網絡」（Pedersen, 1995a, p. 121）。為了吸收及了解多元文化資訊，Pedersen 主張：諮商者應透過文獻資料的回顧與閱讀，從歷史的角度、少數族群的觀點、國際視野、理論視框，以及諮商者與當事人的角度強化多元文化知識的提升。最後，就多元文化行動的技術而言，除了介紹「三人組合訓練模式」外，Pedersen 亦從問題清晰化（articulating the problem）、辨識抗拒（recognizing resistance）、減少諮商者的防衛（diminishing counselor defensiveness）及發展復原技術（developing recovery skills）四個面向提出多元文化技術的訓練。

　　Pedersen 以「所有的諮商都具多元文化屬性」（all counseling is multicultural）的

觀點為基準，引用 Sue、Arredondo 與 McDavis 於 1992 年 [19] 的論述，提出成為深具多元文化技術之諮商者（multiculturally skilled counselor）的三個層次（引自 Pedersen, 1995a; Sue & Sue, 2012）：

層次一 —— 覺察能力：諮商者對自己的文化價值觀與偏見之覺察（Awareness competencies: Counselor awareness of own cultural values and biases）

層次二 —— 知識能力：諮商者對當事人的世界觀之覺察（Knowledge competencies: Counselor awareness of client's world view）

層次三 —— 技術能力：具有文化適當性的處遇策略（Skill competencies: Culturally appropriate intervention strategies）（Pedersen, 1995a, pp. 261-270）

上述每個層次均包含態度與信念、知識及技術等三個類別；這三個層次也正是「三人組合訓練模式」運用於培育諮商者多元文化能力的三個階段（Pedersen, 1995a, 2000）。換言之，多元文化覺察能力的訓練與提升，乃是諮商者發展其多元文化諮商能力的第一步；以多元文化覺察能力為基石，諮商者得以學習有助於正確了解當事人及其文化背景脈絡的知識與資訊。Pedersen 認為，多元文化覺察能力協助諮商者提出「正確的問題」（right questions），多元文化知識能力則是幫助諮商者找到「正確的答案」（right answers）（2000, p. 106）。植基於多元文化覺察與知識之能力，諮商者方能正確地選擇及運用符合多元文化特質的專業技術，提供當事人適切的協助。據此，顯而易見的結論與共識是：覺察、知識及技術乃「多元文化能力」之主要構成要素。

D. W. Sue（2001）進一步針對諮商專業提出「文化能力的多面向模式」（multidimensional model of cultural competence, MDCC），意圖將影響多元文化諮商的三個重要向度：「特定族群的世界觀」（group-specific worldviews）、「文化能力的要素」（components of cultural competence）及「具療效性處遇的焦點」（foci of therapeutic interventions）予以整合，同時強調其間之相互連結、影響。根據 D. W. Sue 的觀點，所謂「特定族群」，泛指不同年齡、性別、種族、國籍、性取向、身心障礙、社經地位等群體及其成員；不同族群成員因歸屬與認同之差異衍生不同的生命經驗與世界觀，

---

[19] Sue, D. W., Arredondo, P., & McDavis, R. J. (1992). Multicultural competencies/standards: A call to the profession. *Journal of Counseling & Development, 70*(4), 477-486.

自然地被帶進諮商中，並帶來舉足輕重的影響。文化能力的要素即是前述一直重複被提及、強調的覺察、知識與技術。具療效性處遇的焦點則包含個別性（individual）、專業性（professional）、組織性（organizational）與社會性（societal）等四個關鍵且相連的重要因素；因為，多元文化諮商的前提是：不能只侷限在「個別性」的處遇層次，必須要能含納專業性、組織性及社會性層次的考量，方能有效地介入與處理（Sue & Sue, 2012）。各層次所涉及之議題及應有的作為摘述如下：

焦點一 —— 個別性：意指助人專業工作者必須經由態度、信仰、情感及行為上的積極改變以導正其個人對社會中多元族群可能存在的偏見、成見、誤解、無知。

焦點二 —— 專業性：意指諮商專業受限於發展根基（西方歐美觀點）而對心理認知與行為的界定恐有偏見，並與不同文化群體不合，所以心理健康實務上的專業標準與倫理準則，必須有所調整、改變以反映多元文化性的世界觀。

焦點三 —— 組織性：意指專業組織制度中具有單一文化性（monocultural）的實務、政策、活動規劃及結構，很可能對特定團體或族群造成抑制或壓迫，這些都是必須調整、改變的標的。

焦點四 —— 社會性：意指當面對有害於少數族群（minority groups）成員之身心健康的社會政策時，助人專業工作者肯定有無可推卸的責任為之提出改變的倡議。（pp. 49-51）

D. W. Sue 並以立方體展現三個面向之內涵及彼此間的交互關係（參閱圖 4-1）（Sue & Sue, 2012）。由於 D. W. Sue 所提出之多面向模式為多數美國多元文化諮商領域學者的肯定與引用，因此，筆者將採用其所提出之多面向模式，做為以下論述適用於我國的多元文化能力之基本架構。

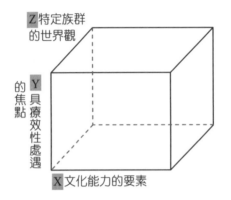

圖 4-1 文化能力的立方體（摘自 Sue & Sue, 2012, p. 49）

參、培養適用於臺灣的多元文化能力

本小節將以文化能力的三要素：覺察、知識與技術為基準軸線（圖 4-1 X 軸），先對應考量臺灣不同族群的世界觀（圖 4-1 Z 軸），再納進個別性、專業性、組織性與社會性四個具療效性處遇的焦點（圖 4-1 Y 軸）。

根據前面的論述，雖然覺察、知識及技術乃「文化能力」之主要構成要素已是基本共識，但是這三個要素的具體內涵則隨諮商者及當事人所處的國度、社會、區域之差異而變，因其族群的不同而異。亦即，覺察什麼？如何覺察？學習哪些知識？如何學習？選用何種技術？如何選擇？如何使用等，才是文化能力的實質內涵與具體展現，並隨當事人之所在、所屬而異。所以，這一切都是需要放在臺灣的文化脈絡下思考、檢視及討論，更需要以臺灣各不同族群的經驗為起點、圓心（洪莉竹，2000，2001；陳金燕，2010a，2010b；劉安真，2006）。

一、覺察

首先，當諮商者要訓練「覺知自己的假設、價值觀與偏見」之能力時（X 軸），就必然涉及諮商者的族群認同與歸屬（Z 軸），其所屬的「特定族群及文化經驗」直接與「族群的世界觀」有密切連結，例如：女性諮商者的族群經驗與世界觀顯然不同於男性諮商者；非異性戀諮商者的經驗與觀點明顯有別於異性戀諮商者；有、無宗教信仰的諮商者自然也會有不同的生命經驗與體會。同時，所謂「族群的世界觀」又可區分為：以族群為單位的「族群世界觀」及以諮商者個人為單位的「族群中的個人世

界觀」；前者是彰顯特定族群特色的重要指標，後者則是呈現特定族群內必然存在的個別差異，所以，不同的女性諮商者之間、不同的非異性戀諮商者之間及不同的基督徒諮商者之間，均會因個別差異而有所不同。關鍵的提醒是：諮商者檢視自己的族群認同、經驗、世界觀時，務必要將之放進臺灣的歷史文化、發展演進、社會脈絡中，方能彰顯臺灣諮商者的多元文化覺察之獨特性。

因此，當諮商者意圖「覺知自己的假設、價值觀與偏見」之際，可依序透過以下問題引導檢視與覺察：

1. 我的主要族群認同為何？該族群的主要特色、世界觀／價值觀為何？身為該族群的一份子，我與族群的主流觀點之間的差異為何？
2. 在臺灣，我所屬族群的評價、地位為何？身為族群一份子，我自己是如何評價所屬的族群？我又是如何評價擁有這個族群身分的自己？
3. 在臺灣，我的族群身分對我的成長與生活（含求學、就業、社交、愛情、婚姻等）影響為何？

以前述問題做為覺察諮商者自己本身的文化經驗之起始，再據以延伸至對他人文化經驗覺察之前，諮商者亦應關注脈絡性因素對個人性議題的影響（如：迫害、歧視等），以及基於文化與刻板化而來的可能議題（如：特權等）（Y軸），諮商者可透過以下問題來引導進一步的覺察：

1. 在臺灣的社會脈絡中，我所屬的族群是如何被看待及對待的？我自己是如何被看待及對待的？
2. 從臺灣諮商專業領域的觀點，如何看待我所屬的族群？我所屬的諮商專業組織，如何看待我所屬的族群？
3. 我所屬族群被看待及對待的原因，與臺灣的歷史發展、演變之關係為何？與諮商專業在臺灣的發展、脈絡之關係為何？
4. 在臺灣，我所屬的族群如何評價、看待、對待其他不同族群（或特定族群）？做為族群一份子，我自己是如何評價、看待、對待其他不同族群（或特定族群）？
5. 我自己對其他不同族群（或特定族群）的評價、看待、對待方式，從何而來？

由於每個人可能會因多重身分、角色而有不只一種族群認同，因此，在回應上述問題時，除了「主要族群認同」之外，亦可依循諮商者個人的選擇，以次要族群認同或其他族群認同為回應上述問題的族群依據。例如：諮商者的主要認同為臺灣人，同

時也屬生理男性族群，是祖輩隨國民政府來臺的第三代，有四分之一排灣族血統；或諮商者的主要認同是客家人，為生理女性，是虔誠佛教徒，也是同志。

二、知識

其次，當諮商者要培養「了解來自不同文化背景之當事人的世界觀」之能力時（X軸），自然要有辨識當事人所屬族群的能力與敏感度（Z軸），更要有能力區辨當事人的「族群世界觀」及其「個人世界觀」，方能在正確認知的前提之下，不會因輕忽了個別差異而有「以偏概全」之失。針對這項能力的培訓，諮商者除須了解與熟悉臺灣的歷史發展外，更須理解這樣的歷史發展對於生活在臺灣的民眾之意義與影響，並以此做為了解所服務之當事人的先備知識。例如，諮商者面對臺灣原民當事人時，除了認識原民的文化、傳統、習俗之外，應了解原民族群在臺灣歷史發展過程中其身分角色、生活型態、居住環境的演變，亦應知曉不同原族、個體間的差異；面對高齡當事人時，除了發展理論中有關長者的基本理論與知識外，亦須了解當事人移居臺灣的年代、背景及身分等因素對當事人的不同影響；面對來自勞工階層的當事人時，除了對職業類別、工作型態、環境、條件有所了解外，亦應對臺灣經濟發展歷史中之勞資關係、外勞政策、薪資結構、區域發展等因素有基本的了解。亦即，諮商者在建構對當事人之族群認同、經驗、世界觀的了解視框時，也必須將之放進臺灣的歷史文化、發展演進、社會脈絡中，方能彰顯臺灣諮商者的多元文化知識之適切性。

當諮商者試圖「了解來自不同文化背景之當事人的世界觀」時，可依序回答以下問題引導資料的擷取與蒐集：

1. 當事人的主要族群認同為何？該族群的主要特色、世界觀／價值觀為何？身為該族群的一份子，當事人與族群的主流觀點之差異為何？

2. 在臺灣，當事人所屬族群的評價、地位為何？身為族群的一份子，當事人自己是如何評價所屬的族群？

3. 在臺灣，當事人的族群身分對其成長與生活（含求學、就業、社交、愛情、婚姻等）之影響為何？

諮商者可先從拓展自己對不同族群成員之文化、歷史與現況的知識著手，除了透過學術研究、文獻的閱讀外，亦可經由直接接觸與互動，了解、認識不同群體及其因所屬背景（如：性別、性傾向、社經階層、移居年代、家庭結構、教育層級等）而可

能經歷的體驗與待遇。同時，諮商者仍應關注脈絡性因素對個人性議題的影響及基於文化與刻板化而來的權力（power）與權利（rights）議題（Y 軸），可透過以下問題予以進一步地引導探索：

1. 在臺灣的社會脈絡中，當事人所屬族群是如何被看待及對待的？當事人所屬族群如此被看待及對待的原因，與臺灣的歷史發展、演變之關係為何？

2. 我（個人）是如何看待、對待當事人所屬的族群？這如何影響我（個人）對當事人的看待、對待？

3. 從臺灣諮商專業領域的觀點，如何看待、對待當事人所屬的族群？我（諮商者）所屬的諮商專業組織，如何看待、對待當事人所屬的族群？當事人所屬族群如此被看待、對待的原因，與諮商專業在臺灣的發展、脈絡之關係為何？

4. 我（諮商者）是如何看待、對待當事人所屬的族群？這如何影響我（諮商者）對當事人的看待、對待？我（諮商者）對當事人所屬族群的評價、看待、對待方式，從何而來的？

5. 當事人所面對的困擾及問題，與其所屬族群在臺灣社會之處境的關係為何？從臺灣諮商專業領域的觀點，如何看待、對待當事人的困擾及問題？我（諮商者）所屬的諮商專業組織，如何看待、對待當事人的困擾及問題？

6. 我（諮商者）如何看待、對待當事人的困擾及問題？亦即，我（諮商者）對當事人所形成的個案概念化為何？設定的諮商目標為何？達成諮商目標的規劃與策略為何？前述的概念化、目標、策略，除了符合諮商專業的標準外，與當事人所屬族群特色的適配性為何？

同樣地，由於每個人可能會因多重身分、角色而有不只一種族群認同，因此，在諮商者透過上述問題檢視自己對當事人的了解時，除了當事人的「主要族群認同」之外，亦可依循當事人的個人選擇，以當事人之次要族群認同或其他族群認同做為回應上述問題的族群依據。例如：當事人的主要認同為中國人，來自單親的勞工階層家庭、具有跨性別身分；或當事人的主要認同是鄒族人，有八分之一漢人血統，為生理男性，是虔誠基督徒，就讀藝術學校學生。

同時，諮商者除了透過國外文獻吸收、了解國際趨勢及新知之外，國內許多與諮商專業相關之學術期刊也出版為數眾多的文獻資料，如：《中華輔導與諮商學報》、《中華心理學刊》、《本土心理學研究》、《教育心理學報》、《中華心理衛生學刊》、《教育與心理研究》、《女學學誌：婦女與性別研究》、《科技、醫療與社

會》[20]等，由科技部人文社會科學研究中心審議後，收錄於 TSSCI 之相關期刊；另有相關系所及專業組織自行出版之刊物，如：《輔導與諮商學報》（國立彰化師範大學輔導與諮商學系）、《諮商心理與復健諮商學報》（國立高雄師範大學諮商心理與復健諮商研究所）、《教育心理學報》（國立臺灣師範大學教育心理與輔導學系）、《臺灣諮商心理學報》（臺灣諮商心理學會）等，亦多屬本土性研究之文獻，均有助於諮商者豐厚其對臺灣多元文化知識之擷取，提升對當事人之文化性了解的基礎。

三、技術

最後，當諮商者意圖「發展適當的介入、處遇策略與技術」之能力時（X軸），除了以諮商專業知能的訓練為基準外，最重要的便是以前述覺察及知識做為選擇與使用技術之參考。亦即，唯有秉持著尊重多元、多樣性文化的態度採行各種可用、適用的諮商策略與技術，並接受自己（諮商者）與當事人均為多元文化中的一部分，方能從多元文化的本質出發，選用貼近來自不同文化及擁有不同文化特質者之技術；除了檢視諮商者個人可能存在的偏見、成見、無知與誤解之外，尤其宜注意特定族群可能特別在意的限制、忌諱、禁忌等因素。考量多元文化之適配性，僅略將諮商技術予以分類如下：

1. 基本共通性技術：此類技術適用於多數的當事人，包括以接收及回應當事人為主的傾聽、同理、接納等，或以確認當事人陳述為目的之詢問、澄清等。
2. 考量臺灣文化及普遍特性之技術：較具引導性的封閉式問話、有指導性意味的建議、共同經驗分享的自我揭露等，對於多數習慣順從專業、權威的臺灣當事人而言，或許較為合適；至於面質、挑戰、此時此刻等可能引發衝突焦慮、傷及和諧、顧慮面子等狀況的技術，宜少用或慎用。
3. 族群特殊性考量的技術：針對特定族群的特殊因素，如：宗教信仰、習俗傳統，則應注意避用有特殊限制、忌諱或禁忌的言詞、動作、肢體接觸等。

除了前述考量族群特性的技術分類外，選用技術時，亦宜在前述多元文化覺察與知識的基礎上，進一步以對象為何（who）、何種技術（what）、為何選用（why）、

---

[20] 請參閱科技部人文社會科學研究中心（依據「臺灣人文及社會科學引文索引核心期刊收錄要點」）2015年度 TSSCI 收錄期刊名單「心理學」、「綜合類」、「跨領域或新興領域」，http://www.hss.ntu.edu.tw/model.aspx? no=67，瀏覽日期：2016 年 6 月 15 日。

何時使用（when）、如何執行（how）等向度做為具體評估、選用的依據，以期更貼近、符合不同文化背景當事人的需求。

肆、多元文化能力的實踐

多元文化能力以覺察、知識及技術為主要要素，其中又以「覺察」為知識及技術的定錨、基石，而文化的覺察植基於自我覺察，也影響自我覺察。亦即，多元文化的覺察以自我覺察為基礎、起點，延伸至個人對文化的覺察；個人透過文化覺察的體會與洞察，自然地迴力於個人的自我覺察。因此，自我覺察與文化覺察形成一個反覆循環的關係（如圖 4-2 所示）。

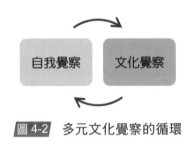

圖 4-2　多元文化覺察的循環

由於多元文化能力的實踐，不易透過單純論述呈現，故以下透過案例分析，並搭配結語之學習活動與討論問題加以說明。

案例部分，茲舉五個案例之分析，做為展現多元文化能力之具體實踐。五個案例分別包含隨國民政府遷臺之長者、單親家庭與經濟弱勢者、被原生家庭綑綁的成人小孩、多元性別認同者，以及因婚姻而來臺之新移民，自然無法含括臺灣所有族群類型，但透過覺察、知識、技術等三項基本能力的分析，期能提升諮商學習者對於多元文化諮商能力之具象化與理解，進而達到「舉一反三」之學習成效。學習活動部分，則以實作方式將前述之概念與認知化為實際作業活動，以期達到「知行合一」的行動效果。

伍、案例

案例一 少年中國美麗島（隨國民政府遷臺之長者）----------

　　趙伯伯，85 歲。雖然耳背、腳跛，不過身子還算硬朗，可自行行動，但需有人從旁關照、扶持為宜。18 歲時響應政府「十萬青年十萬軍」的號召，入了軍旅。1949 年隨著國民政府來臺，歷經結婚成家、養兒育女、解甲退役、返鄉探親、喪偶鰥居等人生起伏，目前居住在由退輔會督導管理的榮家。雖然每個月僅有微薄的終身俸，但因花費不多，倒也無太大經濟壓力；惟因兒女多不在身邊，常感孤寂。近年來，因年歲老大，常常記不得眼前的人事物，卻總見兒時記憶歷歷在目；每每夢醒之際，總在模糊的現實與鮮明的記憶之間擺盪許久，方能清晰分辨身在何處……。

分析

● **覺察：覺知諮商者自己的假設、價值觀與偏見**

　　除了對於自己所屬之年齡、性別等族群因素的覺察外，諮商者亦宜檢視家族長輩來臺的年代對個人之影響及對當事人所屬特定族群（高齡長者、1949 年遷臺之軍人族群等）存有之評價、觀感；並覺察自己對於華人傳統之孝順與奉養長輩的期待等觀念的態度。諮商者也應檢視自己對於兩岸既對峙又交流的特殊形勢與關係，以及所衍生之臺灣國際處境、國內意識形態等現況的立場與觀感。

● **知識：了解當事人的世界觀**

　　以發展理論對高齡長者之共通特質為基礎，宜加強吸收了解獨居長者在臺灣社會的處境，並釐清當事人對於傳統「養兒防老」、「含飴弄孫」的期待與想望。更應理解 1949 年遷臺之軍人族群經歷當初的離鄉背井、隔絕對立，以及在年歲增長後，受「回顧過往」、「落葉歸根」等心態之影響。同時，兩岸的特殊形勢與關係，對這群出生成長於中國、成家立業於臺灣的長者所帶來的拉扯與糾結及身不由己，也是諮商者應有所知悉的。

● **技術：適當的介入、處遇策略與技術**

　　除了配合高齡長者回顧、陪伴等基本需求而展現的傾聽、同理之外，亦宜真誠接納當事人對於隔著臺灣海峽的家鄉及兒時記憶的緬懷，甚至很可能存有的無奈、遺憾

之感。對於當事人因一甲子以來的政治因素而深受影響的生命歷程與經驗,諮商者應謹慎以對,宜敏察於臺灣社會存在意識形態對立之事實,但應避免落入未經檢視的「以偏概全」,或輕忽地讓個人的觀感介入、影響專業歷程而不自知。必要時,可協助當事人配合榮家的時間,針對生活作息做簡單、可行的規劃與安排,透過規律的作息提升長者與現實連接的現實感。

案例二 不能沒有你(單親家庭與經濟弱勢者)

　　錢女士,35 歲。三年前因家暴問題與配偶離異,原本無業,故離婚後僅能靠原本少許的積蓄維持生活,獨自帶著當時才 5 歲的哥哥與 3 歲的妹妹,靠著做手工、打零工及回收度日;有善心鄰居提供廢棄的寮房供三人遮風避雨,可減免住宿的負擔。為了應付生活中的基本開銷及孩子的必需品,常常必須拉長工作時間,以時間換取金錢酬勞。在家做手工或外出回收時,還可將兩個小孩帶在身邊,但外出打零工時,則必須將兩個小孩獨留住所。雖然零工的工資較做手工及回收好,但因擔心小孩安危,所以不敢太常接零工,尤其哥哥已上小學,更不放心將妹妹一人獨留在家。雖然哥哥放學後可在家陪妹妹,卻也曾因不符合規定而遭社政單位人員叮嚀、告誡,甚至警告:必要時要將兩個小孩進行安置……。

分析

● 覺察:覺知諮商者自己的假設、價值觀與偏見

　　除了對於自己所屬之性別、婚姻狀態、社經階層等族群因素的覺察外,諮商者亦宜檢視個人對於婚姻、家庭、親職等議題之觀感,以及其對自己看待當事人所屬特定族群(受暴女性、離婚女性、單親母親、經濟弱勢等)所存有之評價、觀感。諮商者也應覺察臺灣整體社會觀點對於自己的前述評價、觀感之影響。針對涉及女性處境的議題,諮商者亦宜檢視、覺察自己對於性別平權議題的立場與態度。

● 知識:了解當事人的世界觀

　　以發展理論對成年前期者之共通特質為基礎,宜加強吸收了解受暴女性、離婚女性、單親母親、經濟弱勢者在臺灣社會的處境,更應理解女性的受暴經驗及兒童目睹(eye-witness)家暴的經歷對當事人及其子女之影響。必要時,亦應積極了解臺灣相關社會福利政策、法規之現況與資源,甚至蒐集社工專業資源訊息,以備不時之需。由於當事人的困擾涉及女性在臺灣的處境議題,諮商者應擷取影響臺灣在性別平權議

題上的觀念及演變之因素,進而了解臺灣現今之性別平權政策與法規。

● 技術:適當的介入、處遇策略與技術

　　除了針對受暴女性、離婚女性、單親母親、經濟弱勢者的困難處境展現傾聽、同理之外,亦宜適度地提供社福資源訊息,並予以當事人賦權(empowerment)。必要時,應結合社工專業資源以期更有效地協助當事人。對當事人的女性身分於其成長歷程與生命經驗的影響,諮商者應具有性別意識且敏感於臺灣社會普遍存在「男尊女卑、重男輕女」之事實,應避免落入未經檢視的「性別刻板印象」,或輕忽地讓個人的觀感介入、影響專業歷程而不自知。

案例三 割不斷的臍帶(被原生家庭綑綁的成人小孩)

　　孫先生,30歲。從小在備受呵護的環境與氛圍中長大,一直是依循著父母的規劃學習才藝、進入私立中小學、選填父母眼中較有前途的科系及大學,並在父母的安排下在一家股票上市的科技公司擔任程式工程師,公司不僅薪資福利均屬優渥,且有配股配息。父母唯一未能如願直接插手安排的應該是服兵役一事,但是,除了人在軍營內的日子不受父母掌控外,新訓時的省親日及服役期間的放假日,仍然是由父母所主導。兩年前在父母的選擇及資助頭期款之下,於緊鄰父母住家的新社區購屋置產,說是方便回家探望父母,事實上則是便利父母每天關照其起居生活。新屋所有的室內設計、家具採購均是父母打理,只是在某日下班與父母吃過晚餐後,一起散步過來,便住進新居,連行李衣物都免了,而原本物品也都早已一一歸位。這一切,在別人眼中算是一應俱足且令人稱羨的,然而,兩年來,每每外出返回住處時,總會看到父母來過所留下的痕跡,總難免會有一份無以言喻的複雜感。曾幾何時,小時候備受呵護的幸福感,反倒成了處處綑綁的窒息感……。

分析

● 覺察:覺知諮商者自己的假設、價值觀與偏見

　　除了對於自己所屬之性別、年齡、社經階層等族群因素的覺察外,諮商者亦宜檢視個人對於家庭互動、親子關係、自主與依賴等議題之觀感,以及其對自己看待當事人所屬特定族群(未婚、成年、科技新貴等)所存有之評價、觀感。諮商者也應覺察臺灣整體社會觀點對於自己的前述評價、觀感之影響。針對涉及成年子女意圖獨立、分化的議題,諮商者亦宜檢視、覺察自己對於傳統家父長觀念、家族主義與個人主義

等議題的立場與態度，並釐清諮商者個人對現今臺灣社會中常見的「直昇機父母」、「媽寶」等現象的觀感。

● **知識：了解當事人的世界觀**

以發展理論對成年前期者之共通特質為基礎，宜加強吸收了解未婚、成年、科技新貴在臺灣社會中的處境，更應理解自小依附父母、在父母主導下生活成長的歷程與經驗對當事人之影響，亦宜了解當事人對於傳統家父長觀念、家族主義與個人主義等議題的立場與態度。諮商者亦需知曉臺灣社會對於傳統家父長觀念、家族主義與個人主義等議題的演變，以及不同世代之間的差異對當事人及其父母的影響。因涉及家庭互動與溝通議題，諮商者亦宜涉獵家庭系統理論及溝通分析等相關基礎知識，並了解當事人與父母間既有的溝通、互動模式。

● **技術：適當的介入、處遇策略與技術**

除了針對深受束縛之當事人的困難處境展現傾聽、同理之外，亦宜適度地透過家庭系統理論之溝通、對話技術，改變既有溝通、互動模式，並予以當事人賦權。必要時，得邀請當事人父母同來，以期更有效地協助彼此之了解與溝通。諮商者應對社會現象及脈動多所敏察，避免落入未經檢視的「刻板印象」，或輕忽地讓個人的觀感介入、影響專業歷程而不自知。

案例四 不一樣又怎樣（多元性別認同者）

李元，15 歲，國三生。從小就隱約覺得自己跟別人不太一樣，不像別人會對異性好奇、仰慕或暗戀，自己總是對同性有較多的關注、靠近或喜歡。在國小階段，學校的故事志工及課輔志工常會慎重地告誡：「男生喜歡男生、女生喜歡女生」是病態、有罪的，千萬不可以沾染這種惡習，也要避免接觸這些會引人「誤入歧途」的訊息；因此，不僅不敢告訴任何人自己與別人的不同，也不敢向他人訴說自己的害怕與焦慮，更認定自己一定是有病的怪胎。而到了國中階段，老師邀請一些大哥哥大姐姐到課堂的分享活動中，卻又公開地告訴大家：「男生可以喜歡男生、女生也可以喜歡女生」，就跟「男生喜歡女生、女生喜歡男生」是一樣的正常。雖然，新的說法與訊息令他稍感寬心，卻也因自小被灌輸的觀念深植，使內心充滿著矛盾、疑惑與拉扯，帶來更多莫名的焦慮、害怕與壓力……。

分析

● **覺察：覺知諮商者自己的假設、價值觀與偏見**

除了對於自己所屬之性別、性傾向、性別認同等族群因素的覺察外，諮商者亦宜檢視個人對於性傾向、性別認同等多元性別議題之觀感，以及其對自己看待當事人所屬特定族群（青少年、同性戀者等）所存有之評價、觀感。諮商者若有特定宗教信仰，亦應檢視該宗教信仰對多元性別議題之立場，以及該立場對自己的專業實務工作之影響。

● **知識：了解當事人的世界觀**

除以發展理論對兒童青少年階段之共通特質為基礎外，亦應涉獵性別認同發展相關理論及知識，此外，宜加強吸收影響臺灣在多元性別平權議題上的觀念及演變之因素，進而了解多元性別者在臺灣社會的處境，更應理解多元性別者在成長過程中可能遭遇之對待與處境對當事人的影響。必要時，亦應積極了解臺灣相關法規（如：《性別平等教育法》及其子法、《兒童及少年福利與權益保障法》等）對未成年當事人在相關議題上的保護及保障。諮商者尤應擷取及了解臺灣社會和校園現今之性別平權政策與法規。

● **技術：適當的介入、處遇策略與技術**

除了針對多元性別認同者處於性別弱勢的困難處境展現傾聽、同理之外，亦宜適度地提供正確的資訊（如：世界衛生組織、聯合國、我國諮商心理師公會全聯會等組織之「除病化」的專業見解與呼籲），並予以當事人賦權。對於當事人的多元性別身分對其成長歷程與生命經驗的影響，諮商者應具有性別意識且敏察於臺灣社會依然是「異性戀主流價值觀」的事實，避免輕忽地讓個人的觀感介入、影響專業歷程而不自知，甚或成為「性別弱勢者」或「性少數者」的壓迫者。尤其應遵守專業規範，不得將當事人之性傾向視為病態，亦不得有強加「修復治療」或者「轉換治療」之意圖與措施。[21]

---

[21] 全聯會於 2013 年 12 月 4 日提出：「諮商心理師不得視『同性戀』為病態」及「諮商心理師不得對同性戀者有強加『修復治療』或者『轉換治療』之意圖與措施」之呼籲。詳參全聯會官網 http://www.tcpu.org.tw/front/bin/ptdetail.phtml? Part＝news1021204&Category＝383153，瀏覽日期：2016 年 4 月 17 日。

案例五 日久他鄉作故鄉（因婚姻而來臺之新移民）

　　阮氏里，28 歲。五年前由來臺結婚多年的同鄉介紹，婚配來臺，目前育有一女（4 歲）一子（2 歲）。來臺前即有基本聽、說的華語能力，但不懂讀、寫；由於夫家是在以臺語為主的鄉鎮地區，因此來臺後慢慢在與夫家長輩、親友、鄰居的日常對話中學習陌生的臺語，經過一段雞同鴨講、比手畫腳的歷程，目前已能說得一口流利的臺語；只是仍常因口音而輕易被辨識出非土生土長的臺灣人，所以在陪同長輩或子女外出時，偶爾會被誤以為是來臺工作的看護或幫傭。不過，從實際的生活型態及家庭角色與責任負擔來看，似乎也比較像是夫家沒有支領固定薪資的看護或幫傭，而不全然是個內人／妻子、晚輩、母親的角色……。

分析

● **覺察**：覺知諮商者自己的假設、價值觀與偏見

　　除了對於自己所屬之性別、婚姻狀態、社經階層等族群因素的覺察外，諮商者亦宜檢視個人對於跨國婚姻、家庭與親職中的女性角色與任務等議題之觀感，以及其對自己看待當事人所屬特定族群（外籍／裔女性、婚姻移民、特定宗教信仰等）所存有之評價、觀感。諮商者也應覺察臺灣整體社會觀點對於自己的前述評價、觀感之影響。針對涉及女性婚姻移民處境的議題，諮商者亦宜檢視、覺察自己對於性別平權議題的立場與態度。

● **知識**：了解當事人的世界觀

　　以發展理論對成年前期者之共通特質為基礎，宜加強吸收了解跨國婚姻家庭、女性婚姻移民在臺灣社會的處境，更應理解離鄉背井之異國女性，其所屬母國之文化、習俗、宗教等因素對其成長經驗及價值觀之影響，以及前述經驗與價值觀對於當事人在臺灣社會及家庭生活之適應的影響。諮商者亦應積極了解臺灣相關婚姻移民政策、法規之現況、資源與限制，尤其是我國國民身分之取得程序及時程等。由於當事人的困擾涉及女性婚姻移民在臺灣的處境議題，諮商者應擷取影響臺灣社會對跨國婚姻及婚姻移民議題上的觀念及演變。

● **技術**：適當的介入、處遇策略與技術

　　除了針對女性婚姻移民的困難處境展現傾聽、同理之外，亦宜適度地提供移民與

入籍等相關政策及法規資訊,並予以當事人賦權。必要時,可結合社會福利及與其母國相關之組織或團體等資源,以期具體協助當事人對臺灣社會環境的適應。對於當事人的異國女性身分對其成長歷程與生命經驗的影響,諮商者除了應具有性別意識且敏感於臺灣社會普遍存在「男尊女卑、重男輕女」之事實外,亦應關注當事人因身在異國而缺乏社會支持系統的事實。更應避免落入未經檢視的「性別刻板印象」,或輕忽地讓個人的觀感介入、影響專業歷程而不自知,尤宜注意當事人因母國文化、習俗與宗教而有的獨特規範或禁忌。

陸、結語

多元文化能力除了與族群之次文化密切相關外,也因牽涉議題之寬廣,重要者如:特權、歧視、迫害、偏見、文化認同與發展、社會風俗、家庭與婚姻、性別、社經層級、年齡、身心障礙、宗教信仰等,更因主流(majority)與非主流(minority)在權利與權力上之對比而深受影響,因此針對多元文化能力的學習,絕非單一章節可以完整涵蓋。所以,本章所論述及介紹之能力,均需結合本書其他章節的內容,並據以做為諮商者培養及提升多元文化能力的基礎。

諮商者在正確且深入地了解當事人之多元文化經驗與遭遇時,自當無可迴避或忽視當事人之特定族群經驗與處境的獨特性及系統脈絡。透過諮商的養成教育過程,不僅要提升諮商學習者的「多元文化敏察度」,亦需強化學習者在特定敏感議題的敏察能力,以使諮商者在從事諮商實務工作時,能具有平等、平權的意識及觀念,進而在其實務工作中,除了提供諮商專業協助外,亦能做到對當事人的人性關照。心理諮商與輔導的服務對象為我國社會中的所有成員,他們的身分可能是來自各種不同家庭結構的成員,是不同宗教信仰者,是不同社會經濟階層中的一份子,是處在不同生命階段之個體,或是處於不同婚姻狀況者;當然,也很可能來自不同性別、性別特質、性傾向或性別認同族群等。諮商者都應本於自由平等、尊重人權的普世價值,提供專業服務。

學習活動與討論問題

　　學習活動一以多元文化能力之「覺察」為主，學習活動二則以多元文化能力之「知識」與「技術」為重。建議兩項活動依一、二順序分次進行，時間點可落在學期初及學期末，一來可以活動一做為學習者初學多元文化諮商的「暖身」，以對自己的回顧與整理做為學習的起點；二來可藉由活動二做為學習者學習多元文化課程成效的「檢核」，以與特定族群的直接接觸、互動做為學習的統整，並具體與諮商實務連結。

學習活動一：個人的文化經驗之回顧與整理【多元文化能力：**覺察**】

- 根據個人之成長歷程撰寫個人文化經驗的回顧與整理。
- 回顧與整理的重點可包含：影響個人的重要文化事件／經驗（正向、負向）、個人的主要文化認同、個人文化認同之發展與形成等。

討論問題：

1. 分享個人對自己文化經驗回顧與整理過程中的觀感與發現。
2. 分享個人文化認同的發展歷程與形成脈絡。
3. 分享文化認同對個人的影響。
4. 從個人經驗出發，進一步討論前述議題對諮商實務工作之影響，如：諮商關係與目標之建立、諮商技術與技巧之運用等。

學習活動二：不同族群成員之接觸與了解【多元文化能力：**知識、技術**】

- 先行設定自己的族群屬性後，選定一個與自己族群不同之族群為接觸了解的對象。
- 透過直接互動（如：對話、訪談等方式）與之接觸，增進自己對對方的認識與了解。整理重點可包含：選擇該族群的原因、描述該族群的文化特色、比較你直接互動前／後，對該族群之認識的異同、互動經驗之觀感。

討論問題：

1. 分享個人選擇特定族群的動機與發想。
2. 分享個人對特定族群之既有想像與理解，分享自己在接觸過程中的觀感與體會。
3. 比較個人在接觸前／後的差異。

4. 從實際體驗出發，進一步討論前述議題對諮商實務工作之影響，如：諮商者對當事人的主、客觀印象，對於諮商關係與目標建立的影響、特定議題對不同族群當事人的不同意義、運用諮商技術與技巧時的族群考量等。

 **參考文獻**

中文部分

台灣輔導與諮商學會（2002）。**諮商專業倫理守則**。臺北市：作者。

田中實加（又名：陳宣儒）（2014）。**灣生回家**。臺北市：遠流。

田中實加（又名：陳宣儒）（2015）。**灣生回家（全新增訂版）**。臺北市：遠流。

行政院主計總處（2014）。**2014 年性別圖像**。臺北市：作者。

李筱峰（1999a）。**臺灣史 100 件大事（上）**。臺北市：玉山社。

李筱峰（1999b）。**臺灣史 100 件大事（下）**。臺北市：玉山社。

社團法人中華民國諮商心理師公會全國聯合會（2011）。**會員自律公約**。臺北市：作者。

社團法人中華民國諮商心理師公會全國聯合會（2012）。**諮商心理師專業倫理守則**。臺北市：作者。

洪莉竹（2000）。**臺灣諮商輔導人員在學習諮商過程中文化議題的衝擊與統整**（未出版之博士論文）。國立臺灣師範大學教育心理與輔導研究所，臺北市。

洪莉竹（2001）。**諮商員專業歷程之文化反省**。「2001 諮商心理與輔導專業學術研討會」發表之論文，臺北市。

洪莉竹（2002）。與諮商有關的文化議題。**諮商與輔導，198**，23-28。

洪莉竹（2003）。諮商專業倫理中的多元文化議題。**諮商與輔導，215**，30-34。

洪瑛蘭（2014）。諮商專業中的社會正義責任。**諮商與輔導，341**，31-33。

陳秉華（2003）。重建臺灣／華人諮商倫理的文化思考。*Asian Journal of Counseling, 10*(1)，11-32。

陳金燕（1998）。**諮商員專業訓練應有之內涵：助人關係**。「二十一世紀諮商員教育與督導之發展國際研討會」發表之論文，高雄市。

陳金燕（2003）。自我覺察在諮商專業中之意涵：兼論「自我覺察督導模式」。**應用心理研究，18**，59-87。

陳金燕（2006）。輔導工作者之個人成長。載於輔導工作者的啟航——第五屆馬來西亞華社輔導研討會論文集（頁 53-65），馬來西亞新紀元學院。

陳金燕（2009）。做個有性別敏感度的諮商輔導人員。**性別平等教育季刊，45**，45-51。

陳金燕（2010a）。多元國度中的多元文化經驗與覺察能力訓練：以馬來西亞華裔諮商學習者為例。**輔導季刊，46**（3），1-7。

陳金燕（2010b）。多元國度中的多元文化經驗與覺察能力訓練：以美國 CSUF 諮商學習者為例。**諮商與輔導月刊，289**，32-37。

陳金燕等譯（2000）。**諮商與心理治療：多元文化觀點**。臺北市：五南。

黃瑛琪（2004）。諮商師教育訓練中「多元文化諮商能力」與諮商倫理議題之探討。**輔導季刊，40**（4），1-8。

葉寶玲（2016）。多元文化諮商的核心：社會正義諮商。**輔導季刊，52**（2），13-21。

楊明磊（2001）。**資深諮商工作者的專業發展——詮釋學觀點**（未出版之博士論文）。國立彰化師範大學輔導與諮商系，彰化市。

臺灣心理學會（2013）。**心理學專業人員倫理準則**。2016 年 4 月 17 日，取自 http://ww2.psy.ntu.edu.tw/cpa/psyethics.asp

劉安真（2006）。諮商師訓練的新挑戰——論多元文化諮商能力與訓練。弘光人文社會學報，**4**，167-185。

鄭乃云、李聯雄、李淑媛（2014）。**外勞引進政策對國人就業之衝擊評估研究**。臺北市：勞動部勞研所。

蘇盈儀、姜兆眉、陳金燕（2015）。**自我覺察督導模式訓練手冊——新手督導訓練**。臺北市：雙葉。

英文部分

Abdullah, A. & Pedersen, P. (2003). *Understanding multicultural Malaysia: Delights*, *puzzles & irritations*. Kuala Lumpur, Malaysia: Pearson/Prentice Hall.

American Counseling Association. (2014). *ACA code of ethics*. Alexandria, VA: Author.

American Psychological Association. (2003/2010). *Ethical principles of psychologists and code of conduct, with the 2010 amendments*. Washington, DC: Author

Arredondo, P., & Arciniega, G. M. (2001). Strategies and techniques for counselor training based on the multicultural counseling competencies. *Journal of Multicultural Counseling & Development, 29*(4), 263-273.

Aspy, C. B., & Sandhu, D. S. (1999). *Empowering women for equity: A counseling approach.* Alexandria, VA: ACA.

Byrne, R. H. (1995). *Becoming a master counselor: Introduction to the profession.* Pacific Grove, CA: Brook/Cole.

Chen, C. Y. (1988). *Chinese culture and counseling in Taiwan: A counseling model based on Confucianism and Taoism.* Unpublished doctoral dissertation, University of Wisconsin − Milwaukee.

Chen, P. C. (2015). *Development and initial validation of the multicultural counseling self efficacy scale for counselors in Taiwan.* Unpublished doctoral dissertation, University of Florida, Gainesville.

Connerley, M. L., & Pedersen, P. B. (2005). *Leading in a multicultural environment: Developing awareness, knowledge and skills.* Thousand Oaks, CA: Sage.

Corey, G. (2017). *Theory and practice of counseling and psychotherapy* (10th ed.). Boston, MA: Cengage Learning.

Evans, K. M., Rotter, J. C., & Gold, J. M. (Eds.) (2002). *Synthesizing family, career and culture: A model for counseling in the twenty-first century.* Alexandria, VA: ACA.

Fouad, N. A. (1995). Balancing client and cultural specificity. *The Counseling Psychologist, 23* (1), 63-67.

Gudykunst, W. B., & Kim, Y. Y. (2003). *Communicating with strangers: An approach to intercultural communication* (4th ed.). Boston, MA: McGraw Hill.

Halbur, D. A., & Halbur, K. V. (2006). *Developing your theoretical orientation in counseling and psychotherapy.* Boston, MA: Allyn & Bacon.

Harper, F. D., & McFadden, J. (2003). *Culture and counseling: New approaches.* Boston, MA: Allyn & Bacon.

Ho, D. Y. H. (1995). Internalized culture, culturocentrism, and transcendence. *The Counseling Psychologist, 23*(1), 4-24.

Hofstede, G. (1984). *Culture's consequences: International differences in work-related values.* Beverly Hills, CA: Sage.

Ivey, A. E., D'Andrea, M., Ivey, M. B., & Simek-Morgan, L. (2007). *Theories of counseling and psychotherapy: A multicultural perspective* (6th ed.). Boston, MA: Allyn & Bacon.

Ivey, A. E., Ivey, M. B., & Zalaquett, C. P. (2014). *Intentional interviewing & counseling: Fac-*

ilitating client development in a multicultural society (8th ed., IE). Belmont, CA: Brooks/ Cole.

Kiselica, M. (Ed.) (1999). *Confronting prejudice and racism during multicultural training.* Alexandria, VA: ACA.

Lee, C. C. (Ed.) (2006). *Multicultural issues in counseling: New approaches to diversity* (3rd ed.). Alexandria, VA: AACD.

Lee, C. C., & Richardson, B. L. (Eds.) (1991). *Multicultural issues in counseling: New approaches to diversity.* Alexandria, VA: AACD.

Lowe, C. M. (1976). *Value orientations in counseling and psychotherapy: The meanings of mental health.* Cranston, RI: Carroll Press.

McFadden, J. (Ed.) (1999). *Transcultural counseling* (2nd ed.). Alexandria, VA: ACA.

McHenry, W., & McHenry, J. (2007). *What therapists say and why they say it: Effective therapeutic responses and techniques.* Boston, MA: Allyn & Bacon.

Nanda, S. (1994). *Cultural anthropology.* Belmont, CA: Wadsworth.

Neukrug, E. (2003). *The world of the counselor: An introduction to the counseling profession* (2nd ed.). Belmont, CA: Brooks/Cole.

Pedersen, P. B. (Ed.) (1985). *Handbook of cross-cultural counseling and therapy.* Westport, CO: Greenwood Press.

Pedersen, P. B. (1995a). *A handbook for developing multicultural awareness* (2nd ed.). Alexandria, VA: ACA.

Pedersen, P. B. (1995b). *Cross-cultural applications of counseling theory and practice.* Paper presented at Counseling and Guidance in Taiwan and U.S.A. 1995 Symposia, Kaohsiung, Taiwan.

Pedersen, P. (1997). *Culture-centered counseling interventions: Striving for accuracy.* Newbury Park, CA: Sage.

Pedersen, P. B. (Ed.) (1999). *Multiculturalism as fourth force.* Philadelphia, PA: Brunner/Mazel.

Pedersen, P. B. (2000). *Hidden messages in culture-centered counseling: A triad training model.* Thousand Oaks, CA: Sage.

Pedersen, P. B., & Carey, J. C. (2003). *Multicultural counseling in schools: A practical handbook* (2nd ed.). Boston, MA: Allyn & Bacon.

多元文化諮商𝒾臺灣

Pedersen, P., Draguns, J. G., Trimble, J. (2007). *Counseling across cultures* (6th ed.). Thousand Oaks, CA: Sage.

Pedersen, P. B., & Ivey, A. (1993). *Culture-centered counseling and interviewing skills*. Westport, CT: Greenwood Press.

Ponterotto, J., Utsey, S., & Pedersen, P. (2006). *Preventing prejudice* (2nd ed.). Thousand Oaks, CA: Sage.

Ramirez, M. (1999). *Multicultural psychotherapy: An approach to individual and cultural differences* (2nd ed.). Boston, MA: Allyn & Bacon.

Ratt, M. J. (2009). Social justice counseling: Toward the development of a fifth force among counseling paradigms. *Professional School Counseling, 11*(2), 90-97.

Roysircar, G., Sandhu, D. S., & Bibbins, V. E. (Eds.). (2003). *Multicultural competencies: A guidebook of practice*. Alexandria, VA: ACA.

Roysircar, G., Arrendondo, P., & Fuertes, J. (2002). *Multicultural counseling competencies 2003*. Alexandria, VA: AMCA.

Smith, T. B. (2004). *Practicing multiculturalism: Affirming diversity in counseling and psychology*. Boston, MA: Allyn & Bacon.

Schmidt, J. J. (2006). *Social and cultural foundations of counseling and human services: Multiple influences on self-concept development*. Boston, MA: Allyn & Bacon.

Sue, D. W. (2001). Multidimensional facets of cultural competence. *The Counseling Psychologist, 29*, 790-821.

Sue, D., & Sue, D. M. (2008). *Foundations of counseling and psychotherapy: Evidence-based practices for a diverse society*. Hoboken, NJ: John Wiley & Sons.

Sue, D. W., & Sue, D. (2012). *Counseling the culturally diverse: Theory and practice* (6th ed.). Hoboken, NJ: John Wiley & Sons.

Sue, S., & Morishima, J. K. (1985). *The mental health of Asian Americans: Contemporary issues in identifying and treating mental problems*. San Francisco, CA: Jossey Bass.

Vontress, C. E., Johnson, J. A., & Epp, L. R. (1999). *Cross-cultural counseling: A casebook*. Alexandria, VA: ACA.

Winkelman, M. (1994). Cultural shock and adaptation. *Journal of Counseling & Development, 73*(2), 121-126.

影音參考資料

【以下僅是略舉參考，建議依實際需要透過網路平臺搜尋特定族群適用的影音資料】

1895-1945.日治時期的臺灣 http://www.youtube.com/watch?v=mr491ZD8ddc&NR=1，瀏覽日期：2016 年 7 月 1 日。

中華民國 1949 大遷徙（數集） https://www.youtube.com/watch?v=ZxtmLbpeUVc&list=PL1E4DACF2FEEB55B6，瀏覽日期：2016 年 7 月 1 日。

日治時期臺灣原住民紀錄影像 http://www.youtube.com/watch?v=jUU-paFXHyM，瀏覽日期：2016 年 7 月 1 日。

發現者─歷史的臺灣─荷蘭篇 https://www.youtube.com/watch?v=71E0VBI5wzA，瀏覽日期：2016 年 7 月 1 日。

發現者─歷史的臺灣 2/4─移民篇 https://www.youtube.com/watch?v=0LBEVMn4U9g，瀏覽日期：2016 年 7 月 1 日。

發現者─歷史的臺灣 3/4─日據篇 https://www.youtube.com/watch?v=tY4fY9w8igU，瀏覽日期：2016 年 7 月 1 日。

發現者─歷史的臺灣 3/4─民國篇 https://www.youtube.com/watch?v=faacOMJ5WoQ，瀏覽日期：2016 年 7 月 1 日。

電影《灣生回家》前導影片 https://www.youtube.com/watch?v=6BeM1eBiG6Y，瀏覽日期：2016 年 7 月 1 日。

臺灣平埔族原住民 https://www.youtube.com/watch?v=L7elNRmHOHI

臺灣史望春風（數集） https://www.youtube.com/watch?v=DdQuXfRImCU&list=PLmWYW2GhCugGGkhL0YiOL11cCs1JeT59W，瀏覽日期：2016 年 7 月 1 日。

臺灣史詩電影 1895 http://www.youtube.com/watch?v=vA4-twkFtuE&feature=related，瀏覽日期：2016 年 7 月 1 日。

第二篇

華人文化傳統與
心理諮商

Chapter 5 「自性」與「五常」：儒家文化中的倫理療癒

| 黃光國

　　德國哲學家雅斯培（Karl Jaspers, 1883-1969）於 1949 年出版了《歷史的起源與目標》（*The Origin and Goal of History*）一書，提出了「軸樞時代」（axial age）的哲學發展理論，認為當時世界上主要宗教背後的哲學是在西元前八世紀到前二世紀的 600 年之間發展出來的。在那段期間，不論是西方、印度或中國，都湧現出許多革命性的思想家，促成了這三個地區文化的蓬勃發展。在那個「軸樞時代」，西方文化的代表人物是「希臘三哲」：蘇格拉底、柏拉圖、亞里士多德；印度文明對應的是釋迦摩尼佛；而中國的聖哲是孔子、孟子、老子、莊子等人。耶穌基督的誕生，則是西元紀年的開始。

　　在西元第一世紀的東漢時期，佛教傳入中國，和中國文化結合，成為「儒、釋、道」三教合一的東亞文明。當年雅斯培所謂的四大文明，經過兩千多年的融匯與交流，已經發展成三大文化區。Inglehart 與 Baker（2000）曾經在 65 個國家做了三波的「世界價值觀調查」（World Values Survey, WVS），結果顯示：在控制經濟發展的效果之後，歷史上屬於基督教、伊斯蘭教和儒教的三大文化區，顯現出截然不同的價值系統。這些社會在「傳統／世俗－理性」（traditional versus secular-rational）和「生存／自我表現」（survival versus self-expression）的價值向度上有所不同。雖然大多數社會（包括西方）都朝向「世俗－理性」及「自我表現」的價值（即現代與後現代）之方向變動，但其速度並不相同，而且各文化區之間仍然保有其差異性。

　　Inglehart 與 Baker 的研究顯示：如果將經濟發展的因素排除掉，則世界各國可以區分成基督教（包括新教、天主教、東正教）、儒教和伊斯蘭教三大文化區。因此他們懷疑：「在可預見的未來，所謂現代化的力量是否會產生一種同質的世界文化（homogenized world culture）」（Inglehart & Baker, 2000, p. 49）。

今天心理學界所用的諮商輔導與心理治療理論，大多是從基督教文化中發展出來的，可以稱之為「基督教的治療」（Christian therapy）（Dueck & Reimer, 2009），本文的主要目的，則是要以我所提出的「含攝文化的理論」為基礎（Hwang, 2015a, 2015b），發展出儒家文化中倫理療癒的理論。

壹、自我的曼陀羅模型

本文所謂「含攝文化的理論」，包括〈自我的曼陀羅模型〉（黃光國，2011；Hwang, 2011）與「儒家的庶人倫理」（黃光國，2015），分別涉及個人的「自我」和「關係」。這裡我們先談前者。

一、人／自我／個體

〈自我的曼陀羅模型〉中的「自我」（self）處於兩個雙向箭頭之中：橫向雙箭頭的一端指向「行動」（action）或「實踐」（praxis），另一端則指向「知識」（knowledge）或「智慧」（wisdom）；縱向雙箭頭向上的一端指向「人」（person），向下的一端指向「個體」（individual）。從文化心理學的角度來看，這五個概念都有特殊的涵義，都必須做進一步的分疏：在西方的學術傳統裡，個體、自我和人這三個概念有著截然不同的意義；「個體」（individual）是一種生物學層次（biologistic）的概念，是把人（human being）當作人類中的一個個體，和宇宙中許多有生命的個體並沒有兩樣。

「人」（person）是一種社會學層次（sociologistic）或文化層次的概念，這是把人看作是「社會中的施為者」（agent-in-society），他在社會秩序中會採取一定的立場，並策劃一系列的行動，以達成某種特定的目標。每一個文化對於個體該怎麼做才算扮演好各種角色，都會做出不同的界定，並賦予一定的意義和價值，藉由各種社會化管道傳遞給個人。

「自我」（self）則是一種心理學層次（psychologistic）的概念。在圖 5-1 的概念架構中，「自我」是經驗匯聚的中樞（locus of experience），他在各種不同的情境脈絡中，能夠做出不同的行動，並可能對自己的行動進行反思。

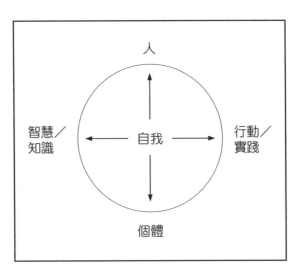

圖 5-1 自我的曼陀羅模型

二、超我／自我／本我

「人」、「自我」和「個體」的區分，是由 Grace Harris（1989）所提出的。她在深入回顧人類學的文獻之後，指出：不論是在哪一個文化裡，人格都包含有「人／自我／個體」三重結構。不同的文化可能使用不同的名字來稱呼這個結構體的不同組成，但其結構體卻是一致的。即使是心理分析學派的創始人佛洛伊德也認為：人格是由「超我（super ego）／自我（ego）／本我（id）」所組成（Freud, 1899），它跟「人／自我／個體」是同構的（isomorphic）。

「人／自我／個體」和「超我／自我／本我」雖然是同構的，但其理論脈絡卻完全不同。前者適合於幫助我們用「認知」或「行為」的語言，建構所謂的「科學」理論；後者則適合於讓我們採用「全人」的觀點，從事心理治療或諮商輔導的工作。在這兩個系統裡，self 和 ego 兩個字若翻成中文，都叫做「自我」，可是，如果我們要用英文討論「科學微世界」的建構，必須使用 self；若使用心理動力的模式（psychodynamic model）討論個人在「生活世界」中的「行動」，則必須使用 ego。兩者各有不同的適用範疇，學者務必明辨慎思。

三、集體潛意識

值得強調的是：對於文化研究可能有較大貢獻的心理分析家，並不是佛洛伊德，

而是榮格。榮格（Carl Gustav Jung, 1875-1961）是瑞士人，大學時期立志要成為一位精神科醫師。畢業後，開始在精神病院工作時，發現可以用電流計測量具有激動情緒之作用的「情結」（complexes），而當時佛洛伊德正因為出版《夢的解析》（*The Interpretation of Dreams*）（Freud, 1899），引起歐洲學術界的廣泛注意。榮格因此主動和他聯繫，表示願意用自己的研究方法，證明佛洛伊德的理論。1907 年，兩人初次會面後，即展開密切的合作。可是不久之後，榮格就因為不同意佛洛伊德將一些難以解釋的「情結」都解釋成「心理上的性」（psychosexuality），而和他發生歧見。

對佛洛伊德而言，潛意識是意識的殘餘，是被壓抑之廢棄物的儲藏庫。可是，榮格卻認為：潛意識才是母體，它是意識的基礎。他將潛意識區分為兩個層次：（1）表層的個人潛意識（personal unconscious），具有個人的特性，其內容主要是「情結」，包含被壓抑的慾望、被遺忘的經驗，以及閾下的知覺等等；（2）深層的集體潛意識（collective unconscious），則不是來自個人意識到的學習經驗，它是文化的儲藏所。個人潛意識一度曾經是意識，而集體潛意識卻從來不曾在意識中出現過，它是客觀的，跟宇宙一樣寬廣，向整個世界開放（Jung, 1965）。

四、文化的默會學習

可是，許多文化心理學的研究顯示：我們固然可以說「集體潛意識是文化的儲藏所」，然而，文化卻是由默會的學習（implicit learning）而獲致的。更清楚地說，語言是文化最重要的載體，個人在其生活世界中學習語言及其在各種情境中的使用方式時，他同時也不知不覺地學習到語言所承載的文化。前蘇聯心理學家維高斯基（Vygotsky, 1896-1934）提倡起源法（genetic method），認為研究人類心理的發展，不只應當包括個體起源的研究，且應當兼顧物種起源的（phylogenetic）社會歷史分析。

維高斯基（1927/1978）認為：個體的發展是根植於社會、歷史與文化的，在研究人類的心理歷程時，必須同時關注整個社會與文化的歷史條件和歷史過程。個體發生史（ontogeny）關心的是個人從出生到老死之間，整個心智發展歷程所涉及的改變。而文化則是整個社群在其歷史過程中，所創造之人為飾物（artifacts）的總和，它是一個社群所累積的人為飾物，也是人類（心智）發展的媒介（medium），是人所特有的（species-specific）。人類使用的各種工具、創造的各種藝術、運用的各式語言，都是人為飾物的不同類別。就這層意義而言，文化是「現在的歷史」（history in the present）。做為心智之媒介的語言（language），其發展以及它在世世代代的繁衍、生產

與再生產，是人類獨特的顯著特徵。

五、文化的過去

在物種起源史（phylogenesis）方面，維高斯基認為：人類與動物的分野在於高等心理功能的出現與發展。要了解人類與其他高等靈長類在物種發展史上的差異，就必須研究語言或文字的出現與使用，各種工具的創造、發明與使用，以及勞動形式的改變。此一部分的研究工作涉及整個人類歷史與文化的發生與發展。

在維高斯基的影響之下，文化心理學者Cole（1996）認為：成人過去的文化經歷與限制，將透過社會化的歷程而轉移到新生兒身上，成為新生兒在發展上的另一種文化條件。換言之，成人會根據其自身的文化經驗所建構的世界，來創造與嬰兒互動的環境。唯有擁有文化的人類能夠回到「文化的過去」（culture past），並將它投射到未來；然後，再把這個概念上的未來帶回現在，而構成新成員的社會文化條件。反過來說，文化的中介（cultural medium）使人類將自身的過去，投射到下一代的未來。這個觀點使我們能夠藉由文化來找到世代之間心理歷程的連續性。

六、中華文化發展的歷史

從這個角度來看，「文化的過去」就是透過語言的媒介而傳遞給個人的。華人本土心理學者要想建構「含攝文化的理論」，必須要先了解中華文化發展的歷史。在傳說中，孔子曾經問禮於老子，其學說以「仁」為核心；繼承並發揚孔子思想的孟子全力闡揚「義」的概念，荀子則主張「禮」，構成「仁、義、禮」倫理體系。法家思想以「法、術、勢」為主要內容；稍後又有兵家思想。這一脈相承的文化傳統代表了中華文化的辯證性發展，後起的思想對先行的學說有批判的繼承，也有創造的發展。用老子的話來說，這就是：「失道而後德，失德而後仁，失仁而後義，失義而後禮」（《老子·道德經》），我們也可以進一步說，「失禮而後法，失法而後術，失術而後勢」。若連「勢」都派不上用場，最後只好以兵戎相見。

春秋戰國時期「道、儒、法、兵」這一脈相承的思想發展，代表中華文化由聖入凡、由出世到入世的世俗化歷程。依這個順序發展下來，就是華人所謂的「順則凡」。而在道家思想中，則教導個人「復歸於樸」、「復歸於無極」，希望能夠回到「與道同體」的境界，可以稱之為「逆則仙」。

七、民族發展歷程的重演

在「道、儒、法、兵」的文化傳統影響之下，個人發展的歷程幾乎是具體而微地重演了其民族發展的歷程。甚至在一日之中的不同階段，個人都可能重新經歷「道、儒、法、兵」的不同境界。王陽明（1472-1528）講過一段頗具啟發性的話：

> 人一日間，古今世界都經過一番，只是人不見耳。夜氣清明時，無視無聽，無思無作，淡然平懷，就是羲皇世界。平旦時，神清氣朗，雍雍穆穆，就是堯舜世界。日中以前，禮儀交會，氣象秩然，就是三代世界。日中以後，神氣漸昏，往來雜擾，就是春秋戰國世界。漸漸昏夜，萬物寢息，景象寂寥，就是人消物盡世界。學者信得良知過，不為氣所亂，便常做個羲皇已上人。（《傳習錄下》）

王陽明所說的「羲皇世界」、「堯舜世界」、「三代世界」、「春秋戰國世界」、「人消物盡世界」，和「道、儒、法、兵、佛」五家思想所要處理的人生境界，大體是互相對應的。即使今日世界各地的華人社會，紛紛轉變成為工商業社會，仔細思考王陽明所講的這段話，反倒令人覺得更為貼切。

用《知識與行動》（黃光國，1995）一書的概念架構來看，上文中那位「人」，清晨起床後，「神清氣爽」地和家人相處，可能用源自於儒家的若干理念，經營出一幕「雍雍穆穆」的「堯舜世界」。在現代的工商業社會裡，各式各樣的組織不斷地生生滅滅，大多數的人也都必須置身於各種不同的組織之中。上班之後，在工作場合，有些華人組織的領導者可能用法家的理念來管理組織，企圖締造出他們的「三代世界」。而其組織成員不論在組織內、外，都可能使用兵家的計策行為，和他人勾心鬥角，營造出一幕幕的「春秋戰國世界」。下了班後，回到家，在「萬物寢息，景象寂寥」的「人消物盡世界」裡，他可能又「復歸於樸」，回歸道家或佛家境界，「做個羲皇已上人」。

八、「身―心―靈」一生的發展

王陽明的比喻說明繼承華人文化傳統的「人」，在一日之間可能具體而微地重演其民族發展的歷程。不僅如此，這樣的一個「人」，一生發展的過程也可能重演其民族發展的歷程。

用立體的〈自我的曼陀羅模型〉來看，王陽明所謂的「人」，應當是業已經歷過兒童時期的「慾界」，而進入到成人階段的「色界」。他不僅「身—心—靈」三方面都已經發展成熟，而且能夠運用源自中華文化傳統的行動智慧，在生活中的不同場域，和跟他關係不同的他人進行互動。

　　等到這個「人」邁入老年階段的「無色界」，他可能企圖使用源自於道家的氣功、太極拳、外丹功來維持「身—心—靈」的平衡，或使用禪坐、禮佛、念經的方法，來祈求心靈的安頓。一旦這些努力都不再有效，佛教或道家的修養也能夠使他坦然面對人生大限，「復歸於無極」；正如智侃禪師所說的「撒手便行，古路坦然」。所以說，個體發展的歷程（ontogenesis）具體而微地重演了（recapitulates）其民族發展的歷程（phylogenesis）。

貳、知識與智慧

　　用〈自我的曼陀羅模型〉來看，個人在成長的過程中，會針對自己所處的外在世界，學到各種不同的「知識」（knowledge），以及如何使用「知識」獲取各種資源，以滿足「個體」需求的「智慧」（wisdom）。前者包含邏輯性、技術性及工具性的認知基模（schemata），後者則包含行動能力（action competence）及社會能力（social competence）。

一、三個世界

　　用 Giddens（1993）的構動理論（structration theory）來說，做為施為之主體的自我，具有兩種重要的能力：「反身性」（reflexivity）意謂他能夠覺察自己的行動，甚至能夠給出行動的理由；「能知性」（knowledgeability）則是指他能夠記憶、儲存並整理各種不同的知識，使其成為整合良好的個人知識系統。

　　我們可以借用 Popper「三個世界」的概念，來說明個人與知識之間的關係。在《自我及其腦》（*The Self and Its Brain*）一書中，Popper 與 Eccles（1977）總結其「進化認識論」而提出其「三個世界」的理論，將人類經驗到的世界區分為三個：第一，是物理客體或物理狀態的世界；第二，是意識狀態或精神狀態的世界，或有關活動之行為意向的世界；第三，是思想的客觀內容的世界，包括科學思想、詩的思想，以及藝術作品的世界，其中他最重視的是各種不同的理論體系、相關的問題和問題情境，

以及圖書館中刊載這些訊息及其批判性辯論的期刊和書籍。

二、客觀知識

從科學發展的角度來看，問題、猜測、理論、期刊和書籍，其本質都是主觀精神狀態或行為意向的符號表現或語言表現，它們只不過是一種溝通的工具而已。然而，Popper（1972/1989）卻認為：第三世界是一種獨立存在的「實在」。假設有一天，所有的機器和工具，以及如何使用它們的主觀知識都毀壞了，但圖書館及我們從其中學習的學習能力仍然存在，經過一段時間的調整，我們的世界仍然可以再次運轉。然而，假使連圖書館都毀壞了，以致於我們無法再從書籍中學習，則我們的文明在幾千年內都不會重新出現了。因此，他認為：第三世界不僅是實在的，而且有其自主性。

客觀知識一旦形成之後，便與個人的主觀意向無關，它的存在不會受到個人意志的影響。即使沒有讀者，一本書仍然還是書。換句話說，相對於主觀意識而言，任何知識都是客觀的，有其相對穩定而且可以公開的內容。Popper（1972/1989）認為：將客觀知識和主觀知識分開，知識才能跳脫發明者的主觀意識，成為全人類可以共享的存在，並且使人類能夠根據客觀知識的遺產，繼承並且更進一步地發展知識。

Popper（1972/1989）所說的「主觀知識」，就是「個人知識庫」中所儲存的主要內容。他所說的「客觀知識」，則是科學社群的研究成果，它們會儲存在「社會知識庫」中，成為「社會知識庫」的重要內容，但卻只占「社會知識庫」的一小部分。通常也只有某一科學社群的專家，會去找尋 Popper（1972/1989）所說的那種「客觀知識」。

在思考「社會知識庫」所儲存的內容之時，首先我要指出的是：在人類知識發展的過程中，智慧的出現是先於理論的。因此，我們必須先討論：什麼是「智慧」？

三、兩種智慧

Paul Beltes 所領導的研究團隊在德國柏林的馬克斯普朗克研究院（Max Planck Institute）投入數十年的時間，研究人類的智慧。他們將智慧界定為一種人類理想中最完美的「烏托邦狀態」（Beltes & Kunzmann, 2004），認為智慧是一種文化集體性的產物。他們依照西方的文化傳統，在「個人實際的智慧表現」和「抽象的存在智慧概念」之間做出區分，認為：個人在生活中所展現出來具有智慧的想法與作為，其實是儲存在文化之中的抽象智慧理念的體現。從這個角度來看，人和文化中重要的經典文

獻一樣，都是智慧的「承載者」（carriers），但不管是個人或是這些經典文獻，都不具有真正的智慧。

由於個人所擁有的智慧只是這個生命及實用智慧大集合的一小部分，因此 Baltes 等人將個人所具有的部分智慧稱為「智慧相關知識」（wisdom-related knowledge），以別於文化群體所擁有的智慧。從圖 5-1 的〈自我的曼陀羅模型〉來看，Baltes 等人所做的這種區分具有十分重要的意義。個人所擁有的「智慧相關知識」儲存於「個人知識庫」中；「抽象存在知識概念」則儲存於「社會知識庫」之中。這兩種知識對於本土心理學的發展各有其重要的涵義，必須分別加以析論。

四、「智慧」與「哲學」

為了說明中華文化傳統的「智慧」跟以「哲學」為基礎的近代「知識」有何不同，在《聖人無意》（*Un sage est sans idée. Ou l'autre de la philosophie*）一書中，法國哲學家弗朗索瓦‧于連（*Jullien, 2014*）指出：中華文化傳統中的道家、儒家、佛家思想，跟西方的哲學有其本質上的差異。儒、道、佛各家聖人對其弟子所做的訓誨，應當說是一種「智慧」（*wisdom*），並不是西方意義中的「哲學」（*philosophy*）。西方的哲學是哲學家以某一觀念做為基礎，用辯證性的邏輯思考，逐步推演出來的。這種優先的觀念，就是海德格所說的「基礎律」（*principle of ground*），它源自希臘文的 *axiom*，在命題推演的過程中，它是做為始端的命題。中華文化傳統中的「智慧」卻強調「勿意、勿必、勿我、勿固」，它沒有優先的觀念（意）、沒有固定的立場，也沒有個別的自我。因此，聖人所說的觀念都可以保持在同一個平面之上，並沒有先後之別。

正因為西方哲學是以某一種觀念做為基礎，用辯證性思考逐步推演出來的，不同的哲學家可以根據不同的預設，發展出不同的哲學。因此，西方的哲學是有歷史的，不同的哲學家對某一特定範疇中之事物所做的解釋，也不斷地進步。與此對比之下，智慧卻沒有歷史，任何人都沒有辦法寫一部智慧的「發展史」。聖人可以從不同的角度，說出不同的話語，他所說的每一句話，雖然不斷地在變化，但卻是智慧的「全部」，所以需要一再地重複。

為了要進行辯證性的思考，西方哲學對其核心概念必須給予清楚的定義，讓人了解其意義，藉以正確認識外在世界中的事物。針對其認識之對象所存在的範疇，哲學家可以用各種不同的方法來檢驗其命題陳述的正確與否，而逐步朝向所謂的「真理」

邁進。相形之下，聖人的「智慧」卻是以「嘉言懿語」的方式呈現，其中不必有嚴謹的定義，卻能提醒人注意到大家視為理所當然的事物之「道」。對於這些他所熟知的事物，他之所以會視若無睹，只不過是因為他被偏見遮蔽，看到了事物的一面，卻看不到事物的另一面。聖人所說的智慧話語，讓他意識（悟）到事物的整體，而不是學習到某種認識世界的方法。

參、反思「自性」

Giddens（1993）的構動理論雖然認為：人具有「反身性」，能夠覺察自己的行動，並且給出行動的理由，然而，人並不一定會對自己的每一項行動都進行反思。依照 Giddens（1993）的說法，行動者的實作意識（practical consciousness）使他能夠以默會的方式，熟悉並身體化某種實作的技巧或知識。Bourdieu（1990）的「建構主義的結構論」（constructivist structuralism）則是以「慣習」（habitus）這個概念，來說明這種藉由身體（embodied）所表現出來的結構化特質。它是在某一社會結構條件下，行動者所形成的實踐或行動傾向，讓行動者得以在特定的時空情境和社會關係網絡中，表現出具有一定秩序的動態身心實踐形式。

一、自我的雙元性

行動者的實作意識雖然也有規則可循，但一般人通常只能心神領會，知道如何（how）實作，但不一定知道自己為何（why）要如此做。然而，當個人「反思地監視」（reflexively monitor）自己及他人的行動時，他的「論述意識」（discursive consciousness）卻使他能夠計算並評估自己行動的後果，同時為自己與其他人的行動提供合理化的理由。

從心理學的向度來看，個人反思覺察（reflexively awareness）的能力會使個人產生自我的雙元性（duality of self）：做為「主體」（subject）的自我能夠整合自己的行為，使自己與其他人有明顯的不同，並以之做為「自我認同感」（sense of self-identity）的基礎。同時，自我又能夠以自己做為反思覺察的「客體」（object），看出自己和世界中其他客體之間的關係，並把自己視為某一特殊社會群體中的一部分，而獲致一種「社會認同感」（sense of social identity）或「個人認同感」（sense of personal identity）。

對於生活在華人社會中的個人而言，他最重要的「社會認同感」就是跟他生活世界中各種不同的互動對象，建立適當的角色關係。用下一節所要討論的「儒家的庶人倫理」來說，他的「社會認同感」使他有足夠的「智慧」，讓他在跟不同的社會對象互動時，能夠依據社會上對於「做人」的要求，表現出符合「仁、義、禮」等「仁道」的行動。

　　在「個人認同感」方面，個人最重要的任務，就是根據前節所述的歷史實在論和精神實在論，找出自己的「人生之道」。用榮格心理學的觀念來說，這就是找尋自己的「自性」。

二、超越的原型

　　為了要了解自我潛意識的內容，榮格很早就以法國人類學家 Levy-Bruhl（1857-1939）對於「集體表徵」（collective representation）的研究為基礎，從精神病患敘說的象徵中，探索集體潛意識中的「原型」或「原始模型」（primordial archetype）。榮格指出：在世界各國文學的神話和童話中，都有反覆出現的主題。在今天活著的個人之幻想、夢境、極度興奮和錯覺中，都能發現相同的主題，這些典型的形象和聯想，稱為原型的理念（archetypical ideas）。原型越生動逼真，越容易被抹上情調的色彩（feeling-toned），它讓我們留下印象，並能夠影響或迷惑我們（Jung, 1934）。

　　然而，「原型」自身卻是超越的。它是空洞的純粹形式，正如在母親身體中孕育的一種晶體結構（crystalline structure in the mother liquid），本身沒有任何物質實體（no material existence of its own）（Jung, 1934），所以它真正的本質是不可能被意識到的。雖然它沒有包含任何東西，但它卻先天具有各種展現的可能性。

　　榮格探索過的「原型」，包括：人格面具（persona）、阿尼瑪（anima）、阿尼姆斯（animus）、陰影（shadow）、老智者（old wise man）、老祖母（grande-mere）等等。榮格研究的各種「原型」中，最重要的是「自性」。

三、先驗的自我

　　榮格在中學時期就察覺到自己有「第二人格」（second personality）（Jung, 1965），他稱之為自己的「二號人格」（personality No.2）。在他的「自傳」中提到：「一號人格和二號人格的作用和反作用貫穿了自己的一生。」在他的一生中，他總是試著為從他內心深處走出來的二號人格（自性）騰出空間（Jung, 1965）。對於一般

人而言,「緊扣於時間上的」(time-engaged)「自我」(ego)總是努力地要以其「意識」來了解其「自性」,但自性卻是「超越」(transcendent)而永不可及的。人類所能知道的,僅是其「先驗自我」(transcendental self)。為了探討西方人如何了解其「先驗自我」,榮格花了許多時間研究西方文化中的「占星術」(astrology)(Hyde, 1992),並在 76 歲時,出版《基督教時代:自性的現象學探索》(*Aion: Researches into the Phenomenology of the Self*)(Jung, 1969),說明占星術如何預言基督的到來,以及基督教千百年的發展,收錄於「榮格全集」中。

四、曼陀羅與自性

在人類有歷史之前,已經有人用「曼陀羅」來代表宇宙、世界或心靈的圖像。對榮格而言,「自性」(the Self)是心靈超越的中心及整體(psyche's transcendent center and wholeness),曼陀羅的中心不是「自我」,而是人格的總體,「自我」僅只是人格的一部分。「自性」提供了一種先驗性的條件,它跟後天環境眾多因緣的交互作用,形成了個人的人格。

由於「自性」是超越的,人類以其有限的智慧,永遠無法知道它的整體。然而,每一種宗教都試圖用一種同心圓、方形或曼陀羅來描述「自性」,但他們所能描繪的,其實僅只是其潛意識中的「先驗自我」而已。在《基督教時代》(Jung, 1969)中,榮格試圖用「四方位體」(quaternity)取代基督教文化中的「三位一體」(trinity),來描繪「自性」的結構(Stein, 1998)。在我看來,榮格所描繪的心靈地圖,其實反映出受基督教影響的西方人,其集體潛意識中的「自性」(Jung, 1929);從東方文化的角度來看,「自性」較為恰當的圖像,應當是一座立體的曼陀羅或「婆羅浮屠」佛塔。

「自性」的中心是「至善」(the Good),它是其意義與人格取向的基型(archetype of orientation and meaning),個人所做的每件事都必須朝向中心。朝向中心就是整體朝向「至善」。當個人所作所為都是朝向「至善」的時候,他會覺得自己的生命充滿了意義感,他的心裡也必然是健康的;相反的,如果個人的行動違背了「至善」的目標,他的生命便開始出現沉淪的跡象,因此,找回「自性」會有療癒的功能。

五、自性化

「自性」是先天賦予個人的各種條件,它跟外在環境的交互作用,決定了個人生

命的發展。在榮格心理學裡,「自性化」(individuation)是指變成單一而且均衡的存在。由於「自性化」必須和個人內心最深處、而且無人可比的獨特性相容,它就成為個人獨特的「自我」。

就其字面的意義而言,「自性化」(individuation)一詞應譯為「個體化」,梁恆豪(2014)在他所著的《信仰的精神性進路:榮格的宗教心理學觀》中,將之譯為「自性化」,這個譯法是正確的。從建構實在論的觀點來看(Wallner, 1994),當 A 文化中的某一個概念被翻譯成 B 文化中的文字,而找不到適當的字詞來表述它的時候,就表示這是 A 文化所獨有的概念。榮格窮半生之力探究「自性」的意義,到晚年才出版《未被發現的自我:象徵及夢的解釋》(*The Undiscovered Self: With Symbols and the Interpretation of Dreams*)(Jung, 1957)。他所謂的「未被發現的自我」確實是有「自性」的意義,和一般心理學者的用法並不一樣。假如我們用大寫的「自性」(the Self)來指稱榮格所謂的「未被發現的自我」,應當比較符合榮格本人的意思(Jung, 1957)。

在榮格的心理學裡,「自性」是我們生活的目標,而完整地表達出意識和潛意識命定的組合(fatal combination),稱為「自性化」。因此我們可以說「個體化」就是走出「自我之道」(coming to Selfhood)或「實現自性」(Self-realization)(Jung, 1928)。這也就是《中庸》開宗明義所說的:「天命之謂性,率性之謂道,修道之謂教」。

肆、「四端」與「五常」

基督宗教認為:人是上帝創造的。做為造物主的上帝是外在超越的,人與上帝之間存有一條無法跨越的鴻溝。在歐洲文藝復興運動發生之前,西方人花了許多時間與精力,思索如何認識外在超越的上帝;文藝復興之後,開始用同樣的思維方式探索外在世界中的事物,甚至把自己也當作物來看待,因此,他們很不容易去探索並發現「自性」。

儒家文化則不然。《易經》可以說是儒家文化的根源。《周易》六十四卦有「上經」和「下經」之分:「上經」三十卦言「天道」,明天地自然之象;「下經」三十四卦述「人道」和「天道」相通,所以「下經」的〈序卦傳〉說:

有天地,然後有萬物;有萬物,然後有男女;有男女,然後有夫婦;有夫

婦，然後有父子；有父子，然後有君臣；有君臣，然後有上下；有上下，然後禮義有所錯。

「儒家的庶人倫理」就是以這樣的宇宙觀為基礎而建構出來的。在我看來，儒家經典中，最能夠反映儒家「庶人倫理」之特色者，是《中庸》第二十章中所說的一段話：

仁者，人也；親親為大。義者，宜也；尊賢為大。親親之殺，尊賢之等，禮所由生也。

這段話說明了，儒家主張個人和其他任何人交往時，都應當以「親疏」和「尊卑」兩個社會認知向度（social cognitive dimensions）來衡量彼此之間的角色關係：前者是指彼此關係的親疏遠近，後者是指雙方地位的尊卑上下。做完評定之後，「親其所當親」，是「仁」；「尊其所當尊」，是「義」；依照「親親之殺，尊賢之等」所做出的差序性反應，則是「禮」。

儒家的「庶人倫理」還可以用西方的「正義理論」來加以解釋，後者將人類社會中的「正義」分為兩大類：（1）「程序正義」是指群體中的成員認為應當用何種程序來決定分配資源的方式；（2）「分配正義」則是指群體中的成員認為應當用何種方式分配資源（Leventhal, 1976, 1980）。依照儒家的觀點，在人際互動的場合應當先根據「尊尊」的原則，解決「程序正義」的問題，決定誰是「資源支配者」、有權選擇資源分配或交易的方式；然後再由他根據「親親」的原則，決定資源分配或交易的方式。

儒家的「庶人倫理」和我所建構的〈人情與面子〉理論模型（Hwang, 1987），具有一種「同構」（isomorphic）的關係。當請託者要求資源支配者將他掌握的資源做有利於請託者的分配時，資源支配者分別以需求法則、人情法則和公平法則，來和對方進行互動。在資源支配者的心理過程中，關係、交換法則及外顯行動三者，和儒家「庶人倫理」的「仁、義、禮」倫理體系是互相對應的；關係對應於「仁」，交換法則對應於「義」，外顯行動則必須合乎於「禮」（見圖5-2）。

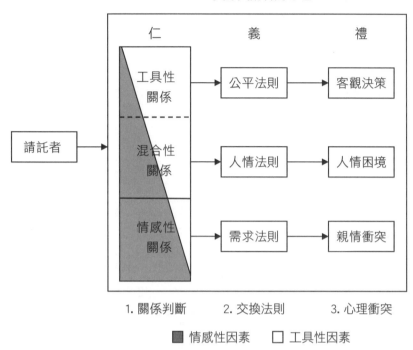

圖 5-2 儒家庶人倫理中的「仁─義─禮」倫理體系

一、「五倫」與「三綱」

在「程序正義」方面，儒家「庶人倫理」所強調的是「尊尊法則」；在「分配正義」方面，它所強調的是「親親法則」。儒家認為：君臣、父子、夫婦、兄弟、朋友是社會中五種最重要的人際關係，儒家稱之為「五倫」，認為五倫中每一對角色關係的互動都應當建立在「仁」的基礎之上。然而，由於五倫的角色關係各不相同，它們之間應當強調的價值理念也有所差異：

> 父子有親，君臣有義，夫婦有別，長幼有序，朋友有信。（《孟子‧滕文公上》）

父子、夫婦、兄弟三倫，旨在安排家庭中的人際關係，是屬於情感性關係的範疇；朋友、君臣則是混合性關係。值得強調的是，除掉「朋友」一倫外，其他四倫都蘊含有「上／下」、「尊／卑」的縱向差序關係：

> 何謂人義？父慈，子孝；兄良，弟悌；夫義，婦聽；長惠，幼順；君仁，臣忠，十者謂之人義。（《禮記・禮運篇》）

二、「相互倫理」

上段引文將朋友一倫排除在外，而特別強調：這五種角色關係的互動都必須遵循「尊尊法則」。更清楚地說，依照儒家所主張的「十義」，扮演「父、兄、夫、長、君」等角色的人，應當分別依照「慈、良、義、惠、仁」的原則做出決策；而扮演「子、弟、婦、幼、臣」等角色的人，則應當依照「孝、悌、聽、順、忠」的原則，善盡自己的義務。

更具體地說，以前述的「庶人倫理」之深層結構做為基礎，儒家對個人生命中的五種角色關係，又按彼此間的「尊卑」及「親疏」程度，分別做不同的倫理要求，而形成一種「相互倫理」，要求每一個人在五種重要的人際關係中善盡自己的義務，這就是所謂的「五倫」。其中，儒家最重視的是親子關係中的「父慈／子孝」，這樣的倫理安排跟儒家的生命觀有十分緊密的關聯。儒家在反思自我生命的起源時，他們並不像基督教那樣，設想出一位獨立於世界之外的造物主，相反的，他們從自己的宇宙觀出發，認識到一個簡單而且明確的事實：「自己的生命是父母親肉體生命的延續」。儒家有關「孝道」的觀念，都是從這一個不容置辯的事實衍生出來的。

三、「絕對倫理」

我在分析儒家思想的內在結構時，用以詮釋的文本是以孔子和孟子為主的先秦儒家思想。這種「共時性分析」的目的旨在說明儒家的「文化型態」（morphosasis）（Archer, 1995）。事實上，中國在秦、漢之後的漫長歷史上，儒家思想還有非常複雜的發展，而且對於中國人社會行動有所影響的，也不只是儒家思想而已。我之所以決定以孔、孟思想做為詮釋的文本，一則是因為「分析二元論」研究取徑的要求；再則是因為他們廣為一般中國人所熟知，對中國文化有深遠的影響。可是自漢代董仲舒提出「三綱」之說，主張「君為臣綱、父為子綱、夫為妻綱」，將先秦儒家要求自己的「相互義務」轉變成要求下對上單方面服從的「絕對義務」，對中國社會的歷史發展造成了非常惡劣的影響。我在《盡己與天良：破解韋伯的迷陣》（黃光國，2015）一書中，也有深入的批判。這種「歷時性分析」的目的，則是在說明儒家文化型態的衍

生及其轉化（morphogenesis）。

四、「四端」之心

以〈自我的曼陀羅模型〉和「儒家的庶人倫理」為基礎，我們還可以進一步了解儒家的兩個重要概念：「四端」和「五常」。

《孟子・公孫丑上》中，有一段話：

> 無惻隱之心，非人也；無羞惡之心，非人也；無辭讓之心，非人也；無是非之心，非人也。惻隱之心，仁之端也；羞惡之心，義之端也；辭讓之心，禮之端也；是非之心，智之端也。人之有是四端也，猶其有四體也。有是四端而自謂不能者，自賊者也；謂其君不能者，賊其君者也。

在〈孟子・告子上〉中，他又以相反的語氣表達了類似的觀念：

> 惻隱之心，人皆有之；羞惡之心，人皆有之；恭敬之心，人皆有之；是非之心，人皆有之。惻隱之心，仁也；羞惡之心，義也；恭敬之心，禮也；是非之心，智也。仁義禮智，非由外鑠我也，我固有之也，弗思耳矣。故曰：「求則得之，舍則失之。」或相倍蓰而無算者，不能盡其才者也。

這兩段引文中的第一段採負面表述，強調「無四端之心」，「非人也」。第二段採正面表述，強調「四端之心」，「人皆有之」。然而，因為儒家強調個人必須盡一己之心力施行「仁道」，施行「仁道」的範圍越廣，個人在立體〈自我的曼陀羅模型〉上的道德成就便越高，所以孟子指出：人在這方面可能有「成倍」的差異，甚至到無法計算的境界（或相倍蓰而無算者）。

五、第二序的道德

先秦儒家認為：「仁、義、禮、智」是由「四端之心」發展出來的，而「惻隱之心」、「羞惡之心」、「辭讓之心」、「是非之心」則是發展出「仁、義、禮、智」的「道德情緒」，是「人固有之」的，這跟康德所強調的：道德判斷必須以「理性思辨」做為基礎，極不相同。歷來儒家學者在解釋這兩段話的意義時，大多偏向於「以

經解經」，引用各家學者對這段的詮釋來說明其意義，而不是從社會科學的角度，建構出普世性的理論模型，來說明它們的心理功能。

然而，從本文的析論來看，「儒家的庶人倫理」可以解釋「仁、義、禮」，「智」則是〈自我的曼陀羅模型〉中的「智慧」。Gergen（2009）在其著作《關係性的存在》（*Relational Being: Beyond Self and Community*）中，曾經將道德區分為兩類：第一序的道德（first-order morality）或倫理，包含構成任何長久存在之關係型態的價值，它在「某種生活方式中有意義」，但卻與善、惡無關，它是隱晦而無所不在的。個人可以藉此整合「為人之道」的各種不同觀念，形成他的「自我認同」，也可以在某一個特定的社會團體裡，形成他的「社會認同」。經由自我覺察的反思，第一序的道德可能由隱晦變為清晰，並可以用一組規則將之加以陳述，而形成第二序的道德（second-order morality）。

這種情況通常發生在兩個文化群體相互遭逢，並在信仰、價值或實踐等方面發生衝突的時候。用Gergen（2009）的概念來說，「仁、義、禮」是「第二序道德」，是可以用規範、原則或律則表現出來的道德，對這三者的反思，則成為「智」。「智」是「第一序道德」，自我可以隨機應變，靈活地將它展現在個人與他人的互動過程之中。這四個概念，並不是同一層次的東西，先秦儒家卻從道德情緒的考量將之並列為「四端」，傳統儒家及人文學者不論從哪一個角度來加以詮釋，都不容易說清楚。儒家通常所謂的「五常」，是「仁、義、禮、智、信」，「信」則是雙方互動時，個人的堅持，無法以這些形式性的理論模型表現出來，但其後果，卻可以再進一步建構「含攝文化的理論」來加以說明（黃光國，2009；Hwang, 2012）。

六、「五常模式」

依照這樣的思維邏輯，我們也可以建構一個「五常模式」來描述儒家中理想的雙人互動（dyad interaction），如圖 5-3。以下針對此圖做更細緻的說明：

在先秦儒家思想裡，除了「智」之外，還有一個完全無法用任何「無道」的理論建構所框限住的概念，那就是孟子所說：「盡心知性以知天」（《孟子·盡心》）中所謂的「心」。我經常提醒學生：《論語》中記載孔子跟弟子的對話，絕大多數是由弟子問，孔子回答。只有少數幾次，是由孔子主動向學生提示，最能夠反映出儒家的核心價值：

子曰：「參乎，吾道一以貫之。」

曾子曰：「唯。」子出，門人問曰：「何謂也？」

曾子曰：「夫子之道，忠恕而已矣。」（《論語·里仁》）

　　有一次，孔子主動向曾子強調說：「吾道一以貫之。」曾子說：「是。」孔子離開後，其他的弟子問曾子：「老師所說的『一貫之道』究竟是什麼？」曾子的回答是：「夫子之道，就是『忠』跟『恕』兩個字罷了！」

　　這是理解孔子思想非常重要的一段對話。更清楚地說：在孔子平日對弟子所講述的「仁道」中，只有「忠」跟「恕」兩個字是可以「一以貫之」，對待任何人都適用的普遍性倫理原則。朱熹對這兩個字的解釋是：「盡己之謂忠，推己之謂恕」。用圖5-3「雙人互動的五常模式」來看，「太極」的「陰／陽」兩魚代表互動的雙方，魚眼中的「忠」、「恕」兩字代表：雙方互動時，一方若能「盡己」，另一方也比較會「推己及人」，雙方互動的方式才可能符合「仁、義、禮、智、信」的「五常」要求。

圖 5-3 雙人互動的五常模式

七、智慧的結晶

　　這種雙方互動的方式，代表了儒家文化系統（cultural system）中的一種理想。至於在現實生活中的實際狀況，則取決於互動雙方的「智慧」。從本文的論述脈絡來看，任何一個文化傳統都會有許多「智慧的結晶」（crystallized intelligence），幫助其成員處理有關「生命規劃」（life planning）、「生活管理」（life management）與「人生回顧」（life review）等重大生命議題（Baltes, Dittmann-Kohli, & Dixon, 1984; Baltes & Smith, 1990）。譬如 Moody（1983）分析西方的歷史文獻，發現智慧展現的範疇包

括：扶養家庭、服務社群、企業管理、教區經營、政府管理和國際關係。在現代，深入討論智慧的兩大領域包括：（1）管理人類事務的專業，如法律、行政等領域；以及（2）探討人類存在本質的領域，如神學和宗教。楊世英研究臺灣華人的智慧觀時，發現臺灣社會民眾的智慧通常是在日常生活中以下列方式呈現：（1）妥善處理生活事務，如，解決工作上所遭遇到的難題與挑戰，在強大壓力下，堅持做自己認為正確的事，化危機為轉機；（2）圓融地經營人生，如，決定人生發展方向，活得有意義，生活有價值；（3）成功地造福社會，如，幫助他人或對大環境有所建樹，以求共善（楊世英，2008；Yang, 2007）。

總而言之，任何一個文化傳統都有其「抽象存在的智慧概念」，可以幫助個人解決他在生活世界中所遭遇到的難題。至於如何運用這些「文化傳統」，則是「運用之妙，存乎一心」，取決於個人的「智慧」。

伍、結論

本文以我所建構之〈自我的曼陀羅模型〉（黃光國，2011；Hwang, 2011）及「儒家的庶人倫理」（黃光國，2009，2015）做為基礎，提出「儒家倫理療癒」的「五常模式」，認為在「儒家關係主義」的文化傳統裡，心理治療或諮商輔導的最高原則，是要幫助案主運用其「個人相關的智慧」，恢復他在其個人關係主義網絡中的「心理社會均衡」（psychosocial homeostasis），這和西方個人主義文化中的心理治療強調「個人心理適應」（personal adjustment）有很大的不同。

在倫理療癒的過程中，諮商師和案主之間的關係也跟西方心理治療有所不同。西方的心理治療是從基督宗教的「告解」（confession）衍生出來的（Dueck & Reimer, 2009; Foucault, 1985），諮商師彷彿是上帝的代理人，他所扮演的是分析師、評估者或指導者的角色；但在儒家的倫理療癒中，諮商師和案主之間卻是像師徒關係，諮商師的主要任務是提供「知識」或「抽象的存在智慧」，幫助案主運用其「個人智慧」，以恢復「心理社會均衡」。

本文在討論「集體潛意識」的內容時，是以儒家文化傳統做為例子來加以論述。然而，在所謂「全球化」的時代，不同族群之間的交流與接觸越來越頻繁，來自異文化之間的人建立不同關係，並產生摩擦與衝突的可能性也越來越高，所謂「多元文化諮商」的議題也應運而生。由於這些問題已經超出本文的範圍，我們將留待其他章節再做討論。

討論問題

1. 文化最重要的載體是語言，臺灣號稱是「多元文化」的社會，其中承載了哪幾種主要的文化？你對哪幾種文化有真正的了解？

2. 「儒家的倫理與道德是支撐住華人生活世界最重要的力量。」這句話在當前的臺灣社會還成立嗎？它會不會是造成華人價值衝突的根源？這兩種說法，對於華人社會中的「多元諮商」有何意義？

3. 生命經驗存藏於「個人潛意識」中，「集體潛意識」則是文化最重要的儲藏所。榮格的心理學理論和佛洛伊德的心理分析有何不同？對於華人社會中的「多元諮商」，哪一種理論比較適用？為什麼？請說明其理由。

學習活動

請找一個實際的案例，用〈自我的曼陀羅模型〉及「儒家的庶人倫理」，分析案主所面臨的心理衝突，並用所謂的「多元諮商」觀點，思考如何對案主提供適當的協助。

參考文獻

中文部分

梁恆豪（2014）。信仰的精神性進路：榮格的宗教心理學觀。上海市：社會科學文獻。

黃光國（1995）。知識與行動：中華文化傳統的社會心理詮釋。新北市：心理。

黃光國（2009）。儒家關係主義：哲學反思、理論建構與實徵研究。新北市：心理。

黃光國（2011）。心理學的科學革命方案。新北市：心理。

黃光國（2015）。盡己與天良：破解韋伯的迷陣。新北市：心理。

楊世英（2008）。智慧的意涵與歷程。本土心理學研究，**29**，185-238。

英文部分

Archer, M. S. (1995). *Realist social theory: The morphogenetic approach.* Cambridge, UK: Cambridge University Press.

Beltes, P. B., Dittmann-Kohli, F., & Dixon, R. A. (1984). New perspectives on the development of intelligence in adulthood: Toward a dual-process conception and a model of selective optimization with compensation. In P. B. Beltes & O. G. Brim Jr. (Eds.), *Life-span Development and Behavior* (Vol.6) (pp. 39-76). New York, NY: Academic Press.

Beltes, P. B., & Kunzmann, U. (2004). Two faces of wisdom: Wisdom as a general theory of knowledge and judgment about excellence in mind and virtue vs. wisdom as everyday realization in people and products. *Human Development, 47*, 290-299.

Beltes, P. B., & Smith, J. (1990). Toward a psychology of wisdom and its ontogenesis. In R. J. Sternberg (Ed.), *Wisdom: Its nature, origins, and development* (pp. 87-120). New York, NY: Cambridge University Press.

Bourdieu, P. (1990). *In other words: Essays towards a Reflexive Sociology* (A. Mattew Trans.) Stanford, CA: Stanford University Press.

Cole, M. (1996). *Cultural psychology: A once and future discipline*. Cambridge, England: Harvard University Press.

Dueck, A., & Reimer, K. (2009). *A peaceable psychology: Christian therapy in a world of many cultures*. Grand Rapids, MI: Brazos Press.

Foucault, M. (1985). *The history of sexuality*, Vol. 1 & 2. (R. Hurley Trans.). New York, NY: Vintage. (謝石、沈力譯,《性史》。臺北市:結構群。)

Freud, S. (1899). *The interpretation of dreams* (3rd ed.) (A. A. Brill Trans.). New York, NY: Bartleby.com. (Original work published 2010).

Gergen, K. (2009). *Relational being: Beyond self and community*. Oxford, England: Oxford University Press.

Giddens, A. (1993). *New rules of sociological method: A positive critique of interpretative sociologies* (2nd ed.). Stanford, CA: Stanford University Press.

Harris, G. G. (1989). Concepts of individual, self, and person in description and analysis. *American Anthropologist, 91*, 599-612.

Hwang, K. K. (1987). Face and favor: The Chinese power game. *American Journal of Sociology, 92*, 944-974.

Hwang, K. K. (2011). *A proposal for scientific revolution in psychology* (in Chinese). Taipei, Taiwan: Psychological Publishing Co..

Hwang, K. K. (2012). *Foundations of Chinese psychology: Confucian social relations*. New

York, NY: Springer.

Hwang, K. K. (2015a). Cultural system vs. pan-cultural dimensions: Philosophical reflection on approaches for indigenous psychology. *Journal for the Theory of Social Behaviour, 45* (1), 1-24.

Hwang, K. K. (2015b). Culture-inclusive theories of self and social interaction: The approach of multiple philosophical paradigms. *Journal for the Theory of Social Behaviour, 45*(1), 39-62.

Hyde, M. (1992). *Jung and astrlogy*. London, England: Aquarian Press/Thorsons.

Inglehart, R., & Baker, W. E. (2000). Moernization, cultural change, and the persistence of tra-ditionhal values. *American Sociological Review, 65*, 19-51.

Jaspers, K. (1949/1953). *The origin and goal of history*. London, England: Routledge and Kegan Paul.

Jullien, F. (2014). *Un sage est sans idée. Ou l'autre de la philosophie*. Paris: Seuil.

Jung, C. G. (1928). *The relations between the ego and the unconsious*. Collected Works of C. G. Jung, Volume 7. Princeton, NJ: Princeton University Press.

Jung, C. G. (1929). *Commentary on "The Secret of the Golden Flower"*. Collected Works of C. G. Jung, Volume 13. Princeton, NJ: Princeton University Press.

Jung, C. G. (1934). *The archetypes and the collective unconscious*. Collected Works of C. G. Jung, Volume 9. Princeton, NJ: Princeton University Press.

Jung, C. G. (1957). *The undiscovered self (present and future)*. Collected Works of C. G. Jung, Volume 10. Princeton, NJ : Princeton University Press.

Jung, C. G. (1965). *Memories, dreams, reflections*. New York, NY: Vintage Books.

Jung, C. G. (1969). *Aion: Researches into the phenomenology of the Self*. Collected Works of C. G. Jung, Volume 9 (Part 2). Princeton, NJ: Princeton University Press.

Leventhal, G. S. (1976). The distribution of reward and resources in groups and organizations. In L. Berkowitz (Ed.), *Advances in experimental social psychology* (Vol. 9) (pp. 91-131). New York, NY: Academic Press.

Leventhal, G. S. (1980). What should be done with equality theory? In K. J. Gergen, M. S. Gre-enberg, & R. H. Willis (Eds.), *Social exchange: Advance in theory and research* (pp. 27-55). New York, NY: Plenum Press.

Moody, H. R. (1983). *Wisdom and the search for meaning*. Paper presented at the 36th Annual

Meetings of the Gerontological Society of America, San Francisco, CA.

Popper, K. (1972/1989). *Objective knowledge: An evolutionary approach*. Oxford, England: Oxford University Press.

Popper, K., & Eccles, J. C. (1977). *The self and its brain*. London, England: Routledge & Kegan Paul.

Stein, M. (1998). *Jung's map of the soul: An introduction*. Chicago, IL: Open Court.

Vygotsky, L. S. (1927/1978). *The Historical meaning of the crisis in psychology: A methodological investigation*. New York, NY: Plenum Press.

Wallner, F. G. (1994). *Constructive realism: Aspects of new epistemological movement*. Wien, österreich: W. Braumuller.

Yang, S. Y. (2007). Conceptions of wisdom among Taiwanese Chinese. *Journal of Cross-Cultural Psychology, 32*(6), 662-680.

Chapter 6 人我關係協調的諮商模式

▌陳秉華

有關「人我關係協調諮商模式」的發展，我最初的想法來自於 1999 年在夏威夷大學進修的那段期間。在那氣息慵懶的熱帶地方，我整個人放慢了腳步，除了有大量的閒暇欣賞明媚的風光，還有餘暇沉浸在這東方與西方文化交會之處，於是迸發出了這個帶有本土的「人我協調」之諮商概念。

自從 40 年前在臺灣大學接觸了心理學、心理諮商的課程，我的心理學知識就完全被西化，當年在學校影響我極深、也是我極敬愛的心理學泰斗——楊國樞、黃光國老師，在那時還沒有開展出本土心理學的陣營，於是我也依樣畫葫蘆地學習起西方心理學（可見老師的影響之深）、採用西方的心理諮商方法學習幫助個案，倒也有不少個案在與我工作中獲得了幫助，問題得到解決，於是這樣的心理諮商方式就被我一直延用至今。當我成為心理諮商的大學教師之後，我也將這套知識教給我的學生，至今又是 30 年過去了。及至我到夏威夷進修之前，我腦中從未出現過發展「本土的諮商模式」這樣的想法。

在夏威夷時，我有機會與心理系教授Dr. Marsalla（他也是黃光國老師的博士論文指導教授）不定時地做一些討論。因為時日已久，不記得當時是如何進行討論，但是在討論的過程中，「處在現代華人社會，特別是在仍受儒家文化影響下的華人社會，要維持心理健康與良好人際關係，需要具備有彈性的自我協調能力。」這樣的想法就蹦出來了，於是Dr. Marsalla就立刻坐下來，協助我用英文把這想法寫出來準備投稿。只是因為當時已經接近我回臺灣的時間，所以他僅協助我完成了第一段，我就回國了。接下來，我用中文寫成第一篇〈華人「人我關係協調」之諮商工作架構〉，刊登於《測驗與輔導》期刊（陳秉華，2001）。過了幾年，*The Counseling Psychologist* 期

刊主編 Dr. Carter 邀請黃光國老師主編一期以「發展當代儒家社會的本土諮商」（The Development of Indigenous Counseling in Contemporary Confucian Communities）為主題的論文集，我完成了 "A counseling model for self-relation coordination for Chinese clients with interpersonal conflicts" 一文，成為其中一篇發表的文章（Chen, 2009）。在發表論文之前，我也曾在國際的心理學會研討會中口頭發表，引起一些好評，認為這是具有華人文化特色的諮商模式，給了我不少信心。接著我向國科會（現在的科技部）申請經費，進行相關研究，完成了兩篇在國內期刊發表的論文（陳秉華、李素芬、林美珣，2008；陳秉華、林美珣、李素芬，2009），也指導了研究生完成與人我關係協調有關的四篇論文（林美珣，2007；范嵐欣，2009；張蘭心，2008；陳謙仁，2010）。以下關於「儒家文化下華人社會人我關係協調的諮商模式」的介紹，主要是基於以上的論文整理，再加上我近年對於這個模式的反思。

貳、主要概念與理論基礎

在提出人我關係協調的諮商模式前，我曾經對於自己長期以來所接受的西方諮商專業訓練與對西方文化的認同做過一些反省，也再回過頭更多思考與理解己身所從出的文化傳統，以及對當前臺灣社會文化的脈絡做更多理解，因此開始思考如何能夠提供前來接受諮商的求助者更符合文化契合性的諮商目標與方法。

臺灣與其他東亞地區或國家的華人社群，一方面仍然受傳統儒家文化的影響，在人際互動與人我關係上，有異於西方歐美深受個人主義文化影響的人的行為；但是，另一方面，臺灣與其他非西方的華人社群，受到外來西方文化、經濟、政治、科技不斷快速接觸與移入的影響，傳統儒家文化對於人的心理與行為之影響逐漸減弱，而同時也在個人身上發展出西方個人主義文化的心理與行為特徵（陸洛，2003；楊國樞，1992，2004）。我接受這樣的論述，並且更進一步認為當前臺灣民眾在個人自我與人我關係上的困擾，也需要從這樣的華人文化與社會變遷的脈絡來理解，這是過去 40 年來，臺灣諮商輔導界在學習與不斷應用西方的諮商理論與方法時，所缺少的文化反省（洪莉竹、陳秉華，2003）。我根據以上的思考，提出了有關「協調自我」的概念，以及「人我關係協調」的諮商模式架構（陳秉華，2001；Chen, 2009），並透過實徵研究與方法，來檢驗這個諮商模式架構對案主的助益性，也更精緻化地發展出這個諮商模式的諮商方法與步驟，以及了解可能的適用對象與範圍。

一、以儒家文化為基礎的傳統臺灣／華人社會

中國人的文化，歷代以來受到三大哲學與宗教思想的影響很大，包括儒家、道家與佛教。每一種思想都可以追溯自長期的歷史發展，在中國文化中已經根深柢固，這些思想中所孕育的「我觀」與「人觀」，對於中國人的為人處世影響甚為深遠。在儒家、道家與佛教三者之中，又以儒家文化對於一個人的自我與人我關係之互動法則影響最大。根據黃光國（1988，1995）對中華文化傳統的分析，他指出儒家文化是對華人社會行為影響最大的傳統文化；楊國樞（2004）也提出東亞社會（特別是華人社會）屬於儒家文化圈的國家，不同於西方社會（特別是美國社會）屬於基督教文化圈的國家，對於自我的看法自會有很大不同。

從儒家的觀點，修身是每一個人的終極目標，修身的目的是在使個人修養心性，能夠克己復禮，抑制自己的私慾與私心，發展自己的德性，表現出合乎社會規範與秩序的合宜行為，協助維護社會秩序的和諧。這樣的人，儒家也稱之為「仁人」或是「人」，這是一個有德性的人，也是一個有道德的人（韋政通，1979；馮友蘭，1993）。儒家所建構的社會倫理被五倫所規範，五倫指的是五種社會關係的倫理，包括君臣之間有忠、父子之間有孝、夫婦之間有禮、兄弟之間有愛與恭，與朋友之間有誠信。因此一個人的社會行為，是他所身處的特定社會角色關係而表現出特定的行為。

二、當代華人社會行為科學家對華人的「自我」與「人我關係」的概念

當代中國社會學家費孝通提出了中國人「差序格局」的社會行為論，他認為中國人是一個複雜的以社會人際網絡為中心的社會，每個人都按照特定的社會關係在做反應（Fei, 1948）。中國人的社會結構好比是將一顆石頭丟入水中，在水面上所產生的一圈圈波紋，每個人都是他社會影響所推出去的圈子的中心，而跟著圈子所推及的波紋發生聯繫。

除了費孝通之外，近代另外一位對中國人「自我」的看法很有貢獻之華人文化人類學者許烺光（Francis Hsu），他曾經用情境中心與個人中心（situation-centered vs. in-dividual-centered）的概念，來區分中國人和美國人性格的差異（Hsu, 1953, 1985）；中國人的文化是「情境中心」的，而美國人的文化是「個人中心」的。許烺光也提出了用以理解中國人社會一個重要的概念，稱之為心理社會平衡（psychosocial homeosta-

sis）。他寫道：「人，……就像人的身體，是處於一種動態的平衡。是每一個個體尋求維持一個滿意的心理與人際關係平衡的視角（perspective），同樣的，每一個生物有機體，都有一種維持有助於各個部分與整體的生理平衡的傾向，這樣的過程就稱之為『心理社會平衡』」（Hsu, 1985, pp. 33-34）。他也提出了心理社會圖（psychosociogram）（Hsu, 1985），包括了七個不同大小的同心圓，由最內、也最小的核心同心圓，到最外層涵蓋最大的同心圓，共有七層；由內到外分別為潛意識、前意識、未表達的意識、可表達的意識、親密的社會與文化、運作的社會與文化、較大的社會與文化等七個同心圓，都被最外層的「外在世界」所環繞。中國人所謂的「人」或是「做人」，發生於「未表達的意識」到「運作的社會與文化」四個同心圓之間。我認為，許琅光所謂的「人」，是個人與他人及社會緊密接觸與相互影響的地帶，因此，按照許琅光的說法（Hsu, 1985），他認為對中國人而言，「人」的意思是指「一個人與他人之間的互動」。

相近於情境中心文化的概念，楊國樞（1993）提出了華人社會的社會取向（social orientation）概念、心理學家何友暉（Ho, 1993）提出了關係取向（relational orientation）的概念，都是用來概念化華人社會中人的心理與社會行為。楊國樞（1993）指出華人的社會取向，包含了關係取向、權威取向、家族取向及他人取向，這四種特徵代表了華人在不同生活場域（平行的關係、上對下的關係、家庭或家族的關係，以及概化的他人關係）中與他人的互動方式。而何友暉（Ho, 1993, 1995）的關係取向概念，認為中國人的自我並不能夠單獨存在於社會關係，他指出分析華人社會行為的基本單位有二：一個是「關係中的人們」（persons-in-relation），是指在一種關係中的不同的許多人；另一個分析的單位稱為「不同關係中的人」（person-in-relations），是指一個人身處於不同的社會關係之中。何友暉（Ho, 1995）比較儒家、道家、佛教、印度教與西方的自我（selfhood）與認同（identity）之不同，他認為儒家文化以五倫的關係為重心，主導著中國人的社會行為，以儒家文化為重的社會是個關係主導（relationship dominance）的文化，而每個在這樣文化中的人之自我認同（self-identity），也是以關係為重的認同，稱之為「關係的認同」（relational identity），這樣的自我（self）又稱之為「關係我」（relational self）。「關係我」的特徵是這樣的「我」，一直在個人的主觀現象場，會強烈地意識到別人的存在；一個人自我的萌芽與誕生，是伴隨著意識到別人的存在一起出現的，自我與他人是緊密相合的，自現象世界中分化出來，形成「在他人關係中的我」（self-in-relation-with-others）（Ho, 1995, p. 117）。

臺灣社會心理學家黃光國，以儒家文化與倫理做為了解及研究現代華人的社會心

理與社會行為的基礎（黃光國，1988，1995；Hwang, 1987, 1997-1998），在回顧與分析了何友暉提出對於華人社會行為的關係取向之理論與關係取向的分析架構之後，他贊同何友暉關係取向的說法，認為可以把中國人的自我，看作是「社會中的代理人」（social agent），這樣的人，是在社會關係的系統中，依循某種道德秩序而生活、採取行動，並且對他人的行動做出反應（Hwang, 2000）。與何友暉有相同的呼籲，黃光國認為，對於華人的社會，建構出一個以儒家文化為主之「不同關係中的人」的概念，並且從事實徵研究，是華人心理學家應該致力的工作。

綜合上述文獻探討可知，華人心理學家都有相似的論點，認為華人社會的自我是與人際關係密不可分的，自我是存在於關係之中，這樣的自我與相依的自我（Markus & Kitayama, 1991, 1994）、包容式自我（Sampson, 1988）有相似之處。它不同於西方個人主義（individualism）文化下的獨立自我或自足式自我（Sampson, 1988; Triandis, 1993, 1995），認為自我是獨立於關係之外、自我與他人有清楚的界線、自我是以個人做為控制的中心。華人的自我也是有中心的，但不同於西方人的自我獨立於社會關係，華人的自我與社會關係緊密相連，自我不斷為連結與維繫社會關係而運作。

楊國樞（2004）根據華人的社會取向與個人取向理論，提出華人自我四元論。他認為當代的臺灣與華人社會，已經是社會取向與個人取向並存的社會，因此每個人身上都會有「個人取向自我」（強調個人自主、獨立與自足），以及「社會取向自我」（強調相互依賴、角色義務、關係和諧）的並存，而社會取向內又含有「關係取向自我」、「家庭取向自我」，因此呈現出自我的多元性。

在西方的心理諮商領域，多元的自我論也因為邁入了後現代的時代，開始有更多從社會建構與多元文化主義的角度來討論有關自我與自我認定，因而有飽和自我（saturated self）或多重自我（multiple self）概念的提出（Gergen, 1991）。其認為在社會多重角色、關係與快速變遷的文化下，個人的自我不再是如傳統西方心理學者所認為的，自我是一個單一的、核心的、穩定的心理建構，自我變得有多面向、多元性，也經常會隨所處的社會文化脈絡而改變；自我是一個不斷建構與再建構的變化過程。但是西方後現代諮商與心理治療學者對於這樣一個變動的自我，是帶著懷疑與負面的眼光，認為這樣的自我很容易會是分裂的、解組的、散亂的，而缺少組織性、統整性的自我，會影響個人的心理適應（Messer & Warren, 2001）。

從以上有關華人自我與人我關係的文獻探討，可以了解當代的華人心理學者都支持華人社會重視關係，個人的自我與社會關係緊密相連；他們也幾乎都支持華人自我的運作，是讓自己在不同社會情境與社會關係中，知覺與判斷要做出的合宜行為反

應。在其中，自我是有主體性的，而不是被動的、無中心的、完全受情境牽制的個體。但是這樣的自我，與西方歐美個人主義文化所建構的自我很不相同，也與西方後現代的一些諮商與心理治療學者之看法有所不同。那麼，當前臺灣與華人的多元自我，是否會有出現了個人覺得有衝突、無法使自我內在達到整合與平衡和諧相處的時候？如果出現了這樣的自我矛盾與衝突，或是個人自我與關係中的他人出現矛盾與衝突時，如何透過心理諮商，協助有這樣心理與人際困擾的求助者能夠重新達到自我與人我關係的協調？這是我身為臺灣與華人心理諮商工作者的一份子所關心與希望能夠處理的問題。

參、當前臺灣自我與人我關係困擾來源及其心理諮商

我支持楊國樞（2004）的華人多元自我之概念，也認為多元自我之間是需要有一個自我的統整功能，才能夠使人維持在一個心理社會平衡的狀態。不同自我之間並不是都能夠和諧地並存且處於統整的狀態，自我內在的衝突與矛盾，也會影響到在與他人的關係中出現衝突與矛盾。我認為，臺灣當前社會藉助心理諮商來處理自我與人我關係困擾的案主，其困擾來源可以從兩方面來探討——多元自我的衝突，以及自我與人我關係之間的衝突，也在這樣的思考下，我提出了「協調我」的概念，以及「人我關係協調」諮商模式的構想。

一、多元自我的衝突來源

多元自我的衝突，會出現在個人自我與社會自我相互衝突時。在我諮商的實務工作中，經常會遇到案主帶來自我的困擾，一方面案主有個人想要滿足的需求與目標（例如，追求個人獨立自主），但是又因為想要維繫和諧的關係，而需要配合與照顧關係中他人的需求與目標（順從配合與照顧滿足對方）。當案主在這兩種自我的需求無法同時兼顧時，就會產生很大的心理衝突與緊張感，時間久了也會導致心理與情緒困擾。而社會自我又涵蓋了關係自我、家庭自我與概化的社會自我，這三者之間也會有彼此衝突的時候。在諮商中，常見案主在不同社會自我間產生衝突，例如，是要以配偶的需要為優先考慮，而以夫妻關係為重？還是以體貼順從父母為優先，而希望配偶也能夠配合順從？若父母與配偶間彼此的需要與期待有衝突，案主就會出現社會自我的矛盾與衝突了。

二、現代華人社會人我關係衝突來源

以臺灣社會的兩性婚姻關係為例,受到女性的經濟能力與教育水準提高,再加上西方女性主義與兩性平權思想的影響,在在都衝擊著傳統華人社會男尊女卑的兩性關係。楊國樞(2002)的研究發現,平權開放與兩性平權的心理與行為,明顯與遵從權威、安分守成、男性優越的傳統心理與行為間會有互斥。因此,當現代女性走向兩性平權與平等,而男性仍停留在男性中心的保守心態,則兩性情感關係的衝突與適應困難就會增加,這可能與目前臺灣社會出現高離婚率也是有關的。在諮商實務工作中,常見在兩性親密關係的議題上,許多女性案主一方面受到傳統文化女性順從的角色規範影響,會為了關係而委屈、隱藏、壓抑個人自我,但另一方面又受到西方兩性平權的影響,也出現要在關係裡維護與主張個人權益的個人自我。她們經常在這兩種自我中感到衝突矛盾,而這樣的衝突矛盾感受,又會因為關係中對方的態度若趨於主導與控制,感受會更加強烈。當在兩性關係中,女性案主還有家庭自我的層面,會要求自己配合家庭女兒與媳婦角色、順從家中長輩、維繫家庭和諧,會對於個人取向的自我造成重重矛盾與對立,使得自我內在產生很大的衝突與壓力感。

三、心理諮商中「協調我」概念的發展

我提出「協調我」(陳秉華,2001)的概念,是指在當前華人社會文化的特殊脈絡下,個人需要經常在個人取向自我與社會取向自我的衝突中做出協調,以取得兩者之間的動態心理平衡。為了要協助諮商中案主在自我內在產生矛盾或衝突時,能做出較好的協調,研究者認為首先需要協助案主對於自我的狀態能夠產生較高的自我覺察與自我了解,這涉及需要對於「個人取向自我」以及「社會取向自我」兩個自我部分有更多的發展與更深的認識,才能夠進一步使這兩個部分的內在自我產生比較完整的接觸、對話與整合。

為了協助案主處理多重自我的衝突,在諮商的工作中,我認為協助案主發展「協調我」,可涉及四個部分:個人自我的覺察與認識、社會自我的覺察與認識、社會自我間的協調、多元自我之間的衝突與協調,以下分別說明之。

(一)個人自我的覺察與認識

個人取向自我的覺察與了解,對於當前臺灣社會的許多諮商求助案主其實是相當

陌生的,雖然許多案主都已經知道主張與維護個人自我的重要,但是他們對於自己的「個人自我」其實認識並不多。這是因為傳統以來華人更重視社會的角色與行為,而對於個人內在心理的重視與了解,還在剛開啟的階段。受到過去以關係為重的影響,許多人於個人的想法與感覺中常常混淆著他人的想法與感受,常以他人的想法為想法、以他人的感覺為感覺,自我與他人之間的分化低,沒有機會去學習不斷澄清、確認自己的想法與感受,也較少有機會學習去對別人表達自己的想法與感受。缺少這樣的學習,會導致對於自己是誰、自己想要什麼都感到陌生。一個心理健康的人,需要對自己有清晰的認識,才有可能好好地做自己的主人。

要協助案主增加個人取向自我的覺察與了解,包括增加案主覺察在面對壓力情境下,個人內在的生理與情緒反應、感受與想法、內在未滿足的期待與需要、想要發展的人生目標與獨特的生命意義、個人獨特的自我認定等。諮商者在這個過程中,需要避免自己主觀的涉入,接納與尊重案主,協助案主能夠在較自由與自發的諮商關係中,去除社會評價的拘束,而能夠更自由地探索個人自我,經驗到自我尊重與接納個人自我的價值,建立對個人自我的肯定與價值感,產生正向的個人自我認定。

(二)社會自我的覺察與認識

過去 20 年,西方諮商理論隨著時間進展到了後現代的女性主義、多元文化與社會建構論(Luepnitz, 1988; Sue & Sue, 2013; White & Epston, 1990),更加協助案主發展出對於自我的文化認同,能夠尊重與接受自己所從出的特定社會與文化經驗而重新建構自我,改變被社會與文化所外加賦予的單一論述與被侷限的自我定位。案主在諮商中,需要有機會與諮商者從族群、性別、特定的文化傳統、社會結構等大的社會層面,對於個人自我與自我認同的影響之視角,重新做出檢視與探討,而扭轉與改變對自我的建構。

對於臺灣與華人社會的案主,受到傳統社會取向文化的影響,個人與關係、家庭,甚至社會的關聯性更是密切。除了從上述西方諮商理論中的人際心理動力取向、家庭系統取向、社會建構取向所提供的諮商觀點,對於臺灣與華人案主,所需要做的是協助案主能夠重新檢視傳統社會取向的文化價值、人際互動所依循的倫理與法則,是如何在透過個人的社會與家庭角色、社會與家庭關係的網絡,對個人的社會人際與個人心理及行為產生影響。此種社會自我層面的覺察與認識,可以協助案主更加清楚自我是如何在社會關係中被牽引與影響、自己是如何對這層層的社會關係做反應,以及個人的反應又如何影響到外在的社會與人際關係,使案主可以成為對所身處的社會

文化具有敏感與知覺,並且有機會因為這些覺察與反省而能為自我做出新的調整與選擇的社會人。

（三）社會自我間的協調

隨著臺灣社會現代生活的多元化與社會的變動,使得每個人的社會與家庭角色不再像傳統社會般有固定的角色分工,許多時候每個人需要有彈性的角色功能,以及多元化的行為角色目錄,以便在需要的時候能夠隨時轉換角色,而這樣的轉變直接衝擊現代的家庭與婚姻生活。例如,現代許多臺灣婦女在結婚後仍然留在工作職場,她們一方面要維持傳統在家庭的婚姻、親職、媳婦角色,同時也繼續擔負工作與社會角色。這些婦女常會在諮商中表露,因無法兼顧與勝任多元的社會與家庭角色而感到心力交瘁,以及在婚姻與家庭中的緊張關係。透過諮商,求助者能夠發展出對多元社會角色行為的認知、在多元社會角色間做出優先順序的選擇、在多元角色之間做出需要的協調、減少角色負荷過重或是角色混淆是需要的。又例如,現代兩性婚姻關係強調的是夫妻軸、兩性平權,但是現代家族關係也仍然強調父子軸、孝道倫理,因此許多男性案主一方面要以夫妻關係為重,但有時又必須以父母為優先考量,再加上在婚姻、親子角色與工作角色上需要有所投入,因此會在工作、家族與家庭等角色上產生衝突,並有婚姻中的角色負荷過重、角色衝突的困擾。如何協助這樣的案主在面對多元社會角色的衝突時能夠做出角色協調,是當前許多臺灣社會諮商工作者所面對的重要諮商議題。

（四）多元自我（社會自我與個人自我）之間的衝突與協調

自我與他人的衝突協調

在華人的社會中,如果遇到人我間的目標或是利益有衝突的情況,習慣上都會盡可能避免公開協商,自己先私下思考衡量,尋找如何能夠使自己不吃虧、別人也不失面子的兩全辦法,在自己與他人之間找到平衡點後再做出反應,這麼做的目的常常是為了使衝突公開化的威脅減到最小。在自己私下的衡量過程中,個體能夠越清楚自己與他人的需要與目標,以及自己在與他人關係中的階層位置與角色期待,就越可能在這個自我協調的過程中,做出兼顧自我與社會關係的行為反應。

肆、華人社會的人我關係衝突處理

我回顧過去在夫妻或伴侶關係衝突的國內研究，發現主要的研究是在探討對衝突的因應，而因應衝突的方式有的是與避免面對衝突、求取和諧有關，例如：忍耐克己、配合調整、迂迴面對、順應、逃避、自我抽離、妥協安撫、維持和諧等；有的衝突因應則是與直接面對衝突、求取改變有關，例如：直言不諱、面質挑戰、平等對待、自我表達、尊重彼此、相互協調等；另外也發現有訴諸情緒的衝突因應，例如：宣洩指責、堅持己見等（利翠珊，1995；張思嘉，2001；劉惠琴，1999，2003）。

當在一個關係中的兩方有不同的態度、期望、觀點、目標及利益時，往往就會產生衝突。早年西方學者對衝突是持著負面的看法，認為衝突解決會帶出競爭與破壞；為達到個人的目標，就需要增加個人的控制力，而削減對方或競爭對立者的控制力（Coleman, Deutsch, & Marcus, 2014）。近代的西方學者則有不同的看法，他們認為衝突可以帶出互相的理解與合作關係，造成雙贏的局面（Hocker & Wilmot, 1991）。

另於探討西方伴侶衝突因應的文獻時發現，主要的研究在探討攻擊、開放、安撫、妥協、逃避與尋求支持、解決問題等衝突因應，以及影響衝突因應的相關因素，例如，Peterson（1983）提出五種處理與結束衝突的類型，包括：分離退縮、主導壓制、妥協讓步、達成共識與重新架構關係；Sanderson 與 Karetsky（2002）發現較強烈聚焦於親密目標之個體，通常能致力於開放性的討論與妥協、能展現出對伴侶的關切，並能尋求社會支持，且較不會否認和忽略衝突。此外，也發現開放溝通、自我表露及高的社會對建構衝突解決管理都是重要的。

華人學者李亦園（1996）曾指出，華人傳統的基本價值取向是追求和諧與均衡，除了追求與天的和諧，也追求人的和諧，以及社會的和諧。這三個層面的和諧與均衡就是達到華人「致中和」的理想境界，不會有災害與病痛，也能夠得享平安福祉。

楊國樞（2004）從個人自我與社會自我的角度分析人際間的衝突，可能來自於彼此在個人取向自我與社會取向自我的強度上差異太大，例如，一個人的個人取向很強而社會取向很弱，另一個人的社會取向很強而個人取向很弱，這兩人相處時就很可能會產生衝突。而我認為，兩個個人取向強而社會取向弱的人在一起相處，如果各自堅持自己的看法、不願意容忍遷就對方，也同樣是有可能產生衝突的。

臺灣本土心理學家黃囇莉（2006）也指出華人追求和諧具有多面向的正向功能，從積極面看，會帶來善美樂，在和諧的關係中可享心靈愉悅美樂；從消極面來看，和

諧代表無爭端與疏離，可使人處於理性之中，不至於在情緒慾求或行為上失控。她提出三種和諧類型，分別為辯證式和諧、調和式和諧，以及統制式和諧。辯證式和諧是以對立而又相關的對偶結構為基礎，經由相生相成的互動歷程來呈現；調和式和諧是在差異中求和諧，兼容相異或相反之事並加以調節，達到相輔相成的整體性和諧；統制式和諧是其中之一居統治地位，發揮主導地位，其他則居從屬／附從地位，壓抑其個別性帶來的歧異，達到大一統的和諧。

雖然臺灣歷經西化，但是整體而論仍然是一個重視和諧的社會。一旦關係中產生競爭與對立，就會破壞和諧關係，產生緊張感，因此往往雙方會避免衝突——至少是避免公開的衝突。尤其在上對下的關係時，處於下方者經常會用隱忍、逃避、順從、保持沉默等做為衝突解決的方式（Chen, 2009; Hwang, 1997-1998）。

過去幾位華人本土心理學家分別提出了華人社會人際衝突解決模式（黃囇莉，2006；陳秉華，2001；Hwang, 1997-1998）。黃囇莉認為衝突或協調都具有虛實性，衝突解決是個動態的歷程，會歷經和諧階段、衝突外顯化階段，以及衝突化解階段。和諧階段會使用維持和諧、避免衝突的方法達到實性或虛性和諧，但是無法達到和諧，虛性和諧即會擴大使衝突外顯。透過衝突化解，可能會淡化衝突，回到實性或虛性和諧，但也可能會使衝突激化，導致關係破裂或中止。關於衝突化解方法，黃囇莉提出：協調（雙贏，具建設性的理想方法）、相濟相成（雙贏，達到兼容並蓄的和諧目的，將焦點轉到雙方共同的長遠利益目標，成為互相依存的關係）、折衷妥協（不再堅持己見，各自退讓一步換取和諧）、協商談判（在權衡利害之後，在利中取大，害中取小，利益交換）、據理力爭（堅持己見，勇於表達）、威權壓制（以強勢強權壓迫對方屈從）、出擊反擊（以攻擊獲勝或為報復而反擊）、退避（隔離退棄、消極抵制、玉石俱焚）、忍讓（放棄自己，配合對方）、自我壓抑（壓抑負面情緒，不表達）、阿 Q 精神（吃虧就是占便宜的認知轉化）、順勢迂迴（策略性忍讓，以退為進）。

黃光國（Hwang, 1997-1998）提出華人社會的人際衝突處理模式，他認為在衝突關係中的個體，會不斷問自己一個重要的問題：我要維繫社會和諧，還是堅持自己的目標？而個人做出的衝突因應反應，會涉及特定的社會角色關係（上對下 vs. 平行關係、內團體 vs. 外團體關係）、個人的目標，以及和諧關係三個決定因素。在一個上對下的內團體之衝突關係中（例如，父母與子女），通常在下位者會維持表面和諧的關係與符合孝道倫理，但是也會透過間接的溝通（陽奉陰違、表裡不一致）來達到個人的目標；而在一個平行的內團體關係中（例如，兄弟），就會以公開的方式表達意

見、面對衝突。

黃光國（2009）以華人社會和諧觀為基礎，建構出「追求個人目標 vs. 放棄個人目標」與「維持人際和諧 vs. 不顧人際和諧」兩個向度，形成五個衝突化解模式，分別為：忍讓（為和諧而放棄個人目標的追求）、抗爭（不顧人際和諧，堅持追求個人目標）、陽奉陰違（顧慮人際和諧，但也不放棄個人目標）、妥協（顧慮人際和諧，願意在個人目標上退讓一些）、斷裂（不顧關係和諧，不在關係中去達成個人目標）。黃光國繼而再把關係區分為縱向的上下與橫向的平行關係；再以內外團體區分，將人際關係分為縱向內團體（例如：父母對子女的親子關係、傳統的夫妻關係、親近的師生關係）、橫向內團體（例如：手足關係、現代的夫妻關係、親近的朋友關係）、橫向外團體（例如：與陌生人的交易關係）。當然被歸為內團體或外團體（外人），一方面是依血緣關係，另一方面也會依與對方的熟識度而區分，例如，陌生人是外團體，但是會因為變成朋友而被歸為內團體（內人、自己人）。黃光國認為依照個人在面臨涉及以上三種人際關係的衝突時，會考量「維護和諧關係」、「達成個人目標」、「達成目標的協調方式」，以及最可能採取的「優勢反應」，就可分為 12 種衝突化解方式（見表 6-1）。

表 6-1 華人社會的衝突化解模式

	保持和諧	達成目標	協調	優勢反應
縱向內團體	顧面子	陽奉陰違	迂迴溝通	忍讓
橫向內團體	給面子	明爭暗鬥	直接溝通	妥協
橫向外團體	爭面子	抗爭	調解	斷裂

陳秉華（2001）也認為華人社會的和諧是重要核心價值，在面對人我關係衝突時，個體會不斷在人我關係中做出協調，因此將人我關係衝突協調定義為：個體能夠經常地、有意識的、有目的的，以私下或公開的思考或行動，在自己與他人的關係中做出協調，使自我的目標達成，也能夠獲得人際的和諧。這是個人一種有動機性的，也是不斷在人我之間尋求動態平衡的心理社會能力，它的功能是使個人能夠滿足自我的需要，也同時兼顧到關係中他人的需要，而使個體達到兼顧自我及維持社會和諧的目標（陳秉華，2001，頁 3514）。

在臺灣地區婚姻衝突的研究中，李良哲（1997）針對 301 對已婚男女進行婚姻衝突因應的研究。結果發現在衝突發生時，男性較會暫時逃避衝突的情境，避開不和諧

的氣氛，例如，會獨自進行家庭以外的活動；女性則較會以爭論、不善罷甘休、力爭到底的情緒等直接反應做為因應。

　　婚姻與家庭研究學者利翠珊（1995）研究指出，臺北地區的年輕夫婦婚姻衝突的處理方式，會採用迴避衝突、保持沉默、道歉、迂迴地向對方提出建議等。年輕的女性也會用溝通、爭論或妥協處理衝突。研究也發現，使用逃避方法所承受的痛苦會大於採取直接溝通者。雖然年輕女性會交替使用迴避與直接兩種溝通方式，但是使用迴避溝通遠多於直接溝通。此研究顯示，傳統華人的和諧文化價值與兩性的角色期待仍然影響著當今臺灣年輕婦女的婚姻衝突解決方式。

　　劉惠琴（2003）的婚姻研究發現，夫妻對於婚姻衝突的因應包括五種方式：（1）順從隔離：從衝突中抽離，以表面順從及情緒抽離為主要因應方式；（2）宣洩指責：以發洩、情緒宣洩為因應方式；（3）面質挑戰：直接表達與對方不同的意見及情緒；（4）配合調整：不直接表達，先試著體會對方的處境；（5）僵持己見：僵持並維護自己的立場與看法。劉惠琴（2003）的研究也發現有順應與辯證兩種方式。順應的方式包括了壓抑情緒，不對對方的行為表達負面的反應，而是用正面的方式回應；辯證的方式是覺察自己的需要與目標，採取協商去達到自己的目標與需要，或是重新定義自己的角色與行為。使用順應的方法者，會在關係中順應配合對方以達到關係的和諧；而採取辯證方法者，會重新界定自己的角色，對關係的情感依附也會比較少。順應的歷程與維持和諧、自我修養，以及自我協調有關，也會預測建設性的因應行為。

　　葉光輝一系列孝道與親子衝突處理的研究（葉光輝，1995；葉光輝，1996；Yeh & Bedford, 2004），從孝道探討華人社會親子衝突的處理。他指出在華人孝道文化下的衝突解決模式，依對滿足父母需求的重視程度（對孝道價值的重視程度），以及對達成個人期望目標的重視程度兩個向度，可分成五種因應方式，分別為：自我犧牲、功利主義、兼容並蓄、規避逃離、折衷妥協五種類型。「自我犧牲」是指當子女面臨孝道兩難困境時，會遷就父母的要求與行為，自己承擔問題，犧牲自己利益來解決問題；「功利主義」是指子女會把個人的利益或目標放在優先考量；「兼容並蓄」是指子女會同時兼顧孝道與個人利益或目標；「規避逃離」是指子女採取逃避困境或什麼都不做的方式來解決問題；「折衷妥協」是指子女退而求其次，採取滿足雙方部分需求的折衷方式來解決衝突。其中，兼容並蓄是一種皆大歡喜的衝突解決方式，但是需要有個人的經驗、能力、智慧與情境的條件配合才能夠達成，葉光輝（1996）也認為只有兼容並蓄是完全解決的方式，才能真正削減衝突張力。他呼籲當遇到親子衝突時，採取兼容並蓄的方式，照顧到子女的利益或目標，也同時照顧到父母的需要，將

更有助於消弭親子衝突問題,也較符合現代社會的需求。

　　葉光輝提出的兼容並蓄衝突解決模式,與我提出的人我關係協調之概念相似,但是要如何在華人社會作衝突處理?西方心理學所指出好的或雙贏的衝突解決策略(或稱為創造性衝突解決、建設性衝突解決)都是基於雙方分享權力或是平權的基礎上,雙方共同發展出的衝突解決策略。但是在華人社會,角色關係與社會階層(上對下的階層關係)往往主導了關係的本質,也決定了關係中的權力是不對等的,這現象在家庭中展現於親子關係、配偶關係、婆媳關係裡;在學校中展現於師生關係;在組織中展現於不同職務間的上司與下屬關係;在陌生人的關係中,則展現於誰擁有的資源多、誰擁有的資源少,鮮少有如西方社會主張的平等、權力共享之關係。

　　因此我認為華人社會的衝突解決不能一味使用西方社會主張的創造性或是建設性衝突解決方法,華人社會自有文化中使用的衝突解決方式,這在黃光國的人際衝突解決模式論文中已經闡述得很清楚。但是正如學者們(楊國樞、陸洛)指出,現代華人是一種雙文化自我的組成,具有傳統性以及現代性的心理特徵,因此在面對人際關係衝突時採取的衝突解決模式,也會包含傳統性與現代性或西化的兩種文化衝突解決模式。例如,有時候採用退後迴避或是陽奉陰違,但有時也會採用直接溝通,端視兩造之間的角色位置與關係而定。

　　我回顧過去本土心理學家的研究,提出以下現代華人社會衝突的處理模式(見表6-2)。

表 6-2　現代華人社會人際衝突處理模式

我的角色位置 衝突處理方式 他者角色位置	我在上位 (強勢)	我在平等位置 (權力分享)	我在下位 (弱勢)
他者在上位 (強勢)	直接溝通 妥協協商(各退一步) 協調(共謀雙方最大利益、達成共同目標) 明爭暗鬥	主導、要求 vs.抗爭 斷裂 協商 協調	順應、忍讓、退避 vs.主導、壓制 迂迴溝通 陽奉陰違
他者在平等位置 (權力分享)	主導、要求 vs.斷裂	直接溝通 協商 協調	順應 協商 協調
他者在下位 (弱勢)	主導、控制 vs.順應、忍讓、退避 迂迴溝通 陽奉陰違	直接溝通 協商 協調	順應 協商 協調

表 6-2 的橫軸與縱軸為兩位溝通者的角色（階層）位置，橫軸代表自己為溝通的一方，縱軸代表他者為溝通的另一方，在階層關係中有上對下、平等、下對上共九種對偶關係。在不同的對偶關係中，會因為我方或是他方在不同的角色位置與權力關係，而產生各種不同的衝突處理方式。

　　在華人家庭中，當親子產生衝突，父母通常是上位者，也是權力擁有者，子女則處於下位，權力相對弱小。因此子女在面對與父母衝突時，常會採用順應、忍讓、退避、迂迴溝通，而父母也常採用主導、控制來面對衝突。但是這樣的角色位置並不是靜態不會改變的，隨著孩子長大、父母年邁，彼此擁有的權力與資源就會彼此消長，成年的孩子可能與年邁的父母轉變為平等的位置，甚至逆轉為上對下的角色位置。當親子轉變為平等關係時，採取的衝突處理策略就可能會不同於年幼時的親子關係，孩子會使用更多直接溝通、協商或更理想的協調方式來處理衝突，而父母也可能會放下過去的角色位置與權力，與孩子直接溝通、協商或協調。當親子之間的關係逆轉為孩子的資源與權力大過於父母，而華人傳統的孝順倫理也不再規範孩子時，孩子就會使用主導、控制，父母也可能變為順應、忍讓、退避或迂迴溝通。但是，因為華人文化的孝道倫理仍然相當有力量地影響著華人的親子關係，因此成年的子女雖然擁有的資源或是權力變大，卻也往往會因為孝順父母的關係，讓父母仍然站在高位，而繼續延續著順應、忍讓、退避、迂迴溝通或陽奉陰違的溝通與衝突解決方式。

　　在華人的婚姻關係中，夫的傳統角色是居高位、有較大的權力，因此當夫妻產生衝突，夫就會使用主導、控制因應衝突，而妻子則使用順應、忍讓、退避，或迂迴溝通、陽奉陰違來處理衝突。但是受到西方社會兩性平權與重視情感關係的影響，現代華人的妻子會爭取在婚姻中與先生有平等的關係，也重視親密關係，夫妻之間的衝突，如果先生放下權力與在上位的傳統角色，則夫妻會站在平等關係來處理衝突，直接溝通、妥協協商（各退一步）、彼此協調（兼容並蓄，共謀雙方最大利益，達成共同目標）都可能成為衝突解決的方法。但是先生若繼續站在傳統角色，而妻子持續要求平等關係，則夫妻衝突就會越演越烈，夫主導、控制，妻抗爭、明爭暗鬥，關係斷裂都成為可能。有的妻子也會採取重新界定角色關係，要求與先生協商或是協調展開新的夫妻角色行為與關係，因而成功化解了婚姻衝突。

　　由此看來，在現代華人社會，面對可能在不斷變動中的角色關係，每個人需要的是發展多元化的衝突解決策略。我認為協調是最理想的衝突解決策略，因為可以最大化雙方的利益與目標，使雙方的需要都得到滿足，但是要如何做才能夠透過協調達到這最大化的目標呢？

我認為「協調」需要建立在雙方都有聆聽對方意願的基礎上，雙方都有表達自己內在需要與目標的機會，也都能被對方聽到，然後雙方謀求共同達到目標的策略，以此來化解衝突。

根據以上的思考，我提出「人我關係協調」的概念，用來說明在華人社會中，面對關係中的衝突時，個體會經常有意識的、有目的的、以私下或是公開的思考或行動，在自己與他人的關係中做協調，使自我的目標達成，也希望維持人際的和諧。這是個人一種有動機性的，也是不斷在人我之間尋求動態平衡的心理社會能力，它的功能是使個人能夠滿足自我的需要，也可同時照顧到社會關係中他人的需要，而使個體達到兼顧自我與維持社會和諧的目標（陳秉華，2001）。

伍、「人我關係協調」的諮商模式

在諮商中的案主，常見到他們帶來各樣人際關係的問題，而這些問題多是來自處於個人自我的需要和目標，與關係中他人的期待是有衝突與矛盾的，例如，我曾經與一名年輕案主會談，她想要出國留學但是沒有經濟能力，她很想向父母拿錢，父母也表示可以支持她，但是她覺得父母已經逐漸老邁，自己不但無法賺錢補貼父母，還要拿父母的退休老本去念書，對此感到很過意不去，甚至覺得自己很不孝，因此左右為難，不知如何是好。在諮商中，我們探討了她出國的計畫、需要有的花費預算、拿父母錢的心理壓力與負擔、對父母的虧欠與不忍。當她在自己的需要、目標與對父母的孝心之間來回思量後，她說出了這番話：「我找到解決之道了！當我完成學業，我的父母會相當以我為榮，這就是我回報他們的方式，而我學成之後所賺得的錢，也可以再回報父母，所以我現在拿他們的錢出國念書，可以感到心安理得了。」這個年輕人在自己的目標與父母的需要、做為兒女的責任之間找到了一個心理上的協調，也達到了一種心理與社會的平衡。

我也曾經與一對年輕夫妻會談，夫妻對於婚姻中的性別角色都持有一些傳統性。先生認為自己是一家之主，希望太太能夠在工作之餘，也要打理家務、協助照顧公婆；太太一方面認同先生在家庭的角色，但是也希望先生在自己勞累時，能夠幫忙一些家務，使自己有喘息的空間。但是，太太不太敢在先生面前表達出自己的需要，她體貼先生下班後也需要休息，並且認同打理家務本來就是太太的角色任務。她卡在自己勞累時希望有機會休息以及期待自己能承擔妻子及媳婦角色二者間的角色衝突，她害怕說出自己的需要會破壞了關係的和諧。在諮商中，我與這對夫妻一起討論，協助

太太表達出關係和諧對自己的重要，以及表達出自己的需要就要擔心關係會被破壞的恐懼，也協助先生有機會聆聽與了解太太的需要及感受，以及了解影響雙方性別角色行為背後的家庭與社會脈絡。透過這樣的了解與溝通，夫妻開始因彼此有真實的接觸與更多的了解，而進入到協調的歷程，使關係和諧和自我需要與目標的達成能夠有機會同時兼顧。夫妻做出的協調是，當太太在勞累無法做家務時，她向丈夫請求支援，而丈夫也願意在他的能力範圍內協助妻子。

　　西方心理治療重視溝通取向的學派（Satir, 1988），對於促進人我之間的溝通與親密提供了很豐富的觀點與工作方法，但是因為文化背景的不同，Satir的溝通學派強調的是一個平等的關係，重視每個人在關係中的獨特性與重要性，而現代華人社會的人我關係，雖然已經開始重視個人的自我與自我表達的權力，但是社會關係中的階層與角色地位，仍然對人際間是否能夠直接面對衝突與開放溝通有相當程度的影響。所以在諮商中協助案主在表達自我的同時，也能夠理解自己身處的關係特性、在關係中彼此的角色期待，而能夠兼顧到自己與對方的需要及目標，從中做出妥協與協調，我認為是諮商中處理現代華人人我關係衝突的工作原則。

　　我以楊國樞（2004）的華人自我四元論為基礎，發展出「人我關係協調」的諮商架構，處理案主所帶入諮商的自我與人我關係之困擾。為協助這樣的案主，我的諮商目標有二，第一個目標是協助案主發展出「協調我」的能力，其中含有四個次目標：發展個人自我的覺察、發展關係自我的覺察、發展關係自我之間的內在協調、發展個人自我與關係自我之間的內在協調；第二個諮商目標是協助案主發展出人我關係的協調，也就是在案主的自我與他人的衝突關係中做出協調。

　　我將以上論述中重要的概念摘要如下：

一、主要概念

1. 個人自我（personal self）

　　是指個人的衝突因應方式、內在情感與感受、個人信念、目標、需要與渴望。例如，太太在面對與先生的衝突時，可能為了維持關係和諧而採取退避沉默的因應方式，內在可能同時感受到害怕、生氣與孤單。她的內在信念為：爭執是可怕的，會導致關係破裂，但是她想要的目標是自己的聲音可以被聽見、自己的意見可以被接受、自己內在的需要與渴望能夠被認可、彼此關係有好的連結，以及能夠有好的自尊與價值感。

2. 關係自我（relational self），或稱關係中的自我（self-in-relation）

是指個人在關係中的角色與義務、社會期望。例如，太太在夫妻衝突中，可能會意識到自己身為女性、妻子，需要保持溫柔體貼的形象，而且與先生衝突也會引發先生的生氣，使先生失去尊嚴面子，更會破壞了兩人的關係。

3. 自我協調（self-coordination）

是指個人自我與關係自我兩個部分進行協調，達到和平共處的狀態。例如，在夫妻衝突中的妻子，個人自我需要表達自己的聲音與意見，關係自我需要維繫婚姻和諧與先生的尊嚴，當這兩個內在自我產生矛盾與衝突時，就會讓妻子有緊張感，因而需要啟動一個自我協調的歷程。一方面關照自己的個人需要，去釐清自己內在想要表達的意見；一方面也意識到自己希望有和諧的關係，進而開始思考何時、何地、在何種情境、如何表達，可以使內在這兩部分自我的需要都得到滿足。

4. 心理社會均衡（psychosocial homeostasis）

是指個人自我與關係自我兩個部分達到內在的均衡，沒有衝突感、處於內在的平和狀態；或是個人與關係中的他人獲得衝突解決，關係從緊張恢復到平和，或甚至因為衝突解決的歷程，達到彼此更多的了解、接納，以至於更加親密融合的關係。以上述妻子為例，當她在找到可以同時使個人自我與關係自我的需要都得到滿足的解決途徑時，就會處在一種沒有衝突緊張感的內在心理狀態，也就是達到了內在的心理社會均衡。

5. 關係和諧（relational harmony）

在人際關係中處於雙方衝突和解、人我關係和諧的狀態。

6. 人我關係協調（self-relation coordination）

是指個人在關係中與他人協調，達到內在自我與人我關係雙重協調的狀態。以上述妻子為例，當她在面對與丈夫的衝突時，將自我協調的衝突化解策略應用在關係中，使得夫妻關係衝突得以實際化解，就是達到了人我關係協調，也就是人我關係間達到社會心理均衡。

7. 關係衝突處理（relational conflict resolution）

在人我關係中會使用多元、有彈性的衝突處理方法，解決關係中的衝突。最理想的衝突化解是採取協調，使雙方的利益與目標都能夠兼顧，但是也有許多時候協調的

衝突化解一時不易達到，需要因時因地因人而採取多元的衝突解決策略。例如，處理衝突的夫妻關係，面對在怒氣中的丈夫，妻子可能採取暫時退讓的策略，等到有其他合適的時機，再與丈夫討論衝突，進行協調。

二、人我關係協調的諮商模式

（一）諮商目標

在遇到人我關係目標或利益衝突時，透過個人需求與目標的覺察、人我關係的角色義務覺察，進行內在的個人自我及關係自我的協調，進而與衝突關係中的他人進行人我關係協調，達到人我的心理社會均衡，減除人我及內在自我衝突。

諮商關係

諮商者的溫暖、傾聽、同理了解與真實性，是促進建立合作的諮商關係之本質。透過諮商者的傾聽、理解與引導，協助案主進入諮商關係，並且願意逐漸開放自己表達出困難，進而對自己的困難進行反思，對人我關係產生新的理解與洞察，找到新的衝突解決方法。諮商者的角色可以是傾聽支持者、陪伴探索者、催化省察者、與個案對話提供新觀點者、與個案共同尋找解決方法者。

（二）諮商歷程

諮商歷程包括五個部分，以下用一個案例進行說明：

1. 建立關係、協助案主開放敘說、理解案主的人際衝突與內在自我衝突

作者曾經與一女性案主會談，案主談到目前的困擾是要做出決定，是否要與交往多年的男友結婚。案主表示與男友交往多年，男友對自己很好，她很珍惜這份感情，再加上彼此已達適婚年齡，結婚是理所當然的下一步。案主的父母婚姻破裂，她很希望自己能夠有一個完滿的婚姻生活，但是讓案主猶豫的是，男友的母親早年喪偶，與案主男友的關係很緊密，男友是長子，自認為有責任與義務照顧寡母及其他的弟妹，也決定結婚後會與寡母同住，這樣的想法使案主卻步，因為案主觀察到男友的母親常會干涉案主與男友的行為，也希望孩子能夠常常回家幫忙家務。案主擔心結婚後會沒有自己的生活，並失去自己的自由。案主處在關係自我與個人自我的衝突中。

2. 協助案主覺察內在個人自我與關係自我的各面向

在諮商中，案主覺察到自己經歷父母的離異，開始了孤單的生活，但是也在孤單中培養出自我照顧的能力。對於自己逐漸能夠學會照顧自己的生活與情緒，案主感到很寶貴，因為她覺得心理上的自主與獨立非常重要。

在關係中，她發現自己重視與男友的和諧關係，男友在各方面都會尊重案主的意見，使案主覺得備受重視，唯有在與男友母親相處的事上，男友抱持著孝道至上的想法，成為與案主主要衝突的來源。案主認為自己並非不孝，但是不認為需要對男友母親一味順從。

3. 協助案主在個人自我與關係自我的衝突中取得協調，達到內在心理社會平衡

案主的個人自我重視個人的獨立與自主性，需要有自我的空間，但是她在關係自我的層面遇到了角色衝突，被男友期待要以其母親為重，案主的不願意順從男友的孝道倫理，使她與男友的關係產生了衝突。

4. 協助案主覺察與理解關係中人我在個人自我與關係自我的內在心理狀態及差異

案主也發現男友與自己在關係考量上的差異。男友相當重視關係，更重視與母親的關係，寧可與女友衝突也不願意違抗母親；案主也重視關係，但是她認為一旦結婚就應該以夫妻關係為重；此外，案主發現男友會為了維繫母子關係而妥協或犧牲自己，但是案主認為犧牲自己是有限度的，如果真的危害到自己的利益，還是需要站出來自我維護。

5. 協助案主在自我與關係中的他人之間進行內在對話

案主在內在對話的過程中，越來越發現自己的需求與利益是需要自己來維護的。過去她很害怕面對這個衝突後，與男友的關係就會破裂，所以她隱藏自己的感受，表面上配合男友與男友的母親，給男友一個假象，以為她是可以退讓與妥協的。在自我對話的過程中，她決定冒一個險，向男友坦誠表達自己的意見，以及討論彼此在對男友母親關係上的差異。

6. 協助案主在自我與關係中的他人之間進行真實對話，並且做出衝突協調

案主在諮商者的協助下與男友共同對話，雙方認知到彼此的差異，並且共同尋求衝突處理的途徑。兩人在經過一段時間的溝通後，決定暫時不考慮進入婚姻，兩人仍然維繫未婚伴侶關係，案主維繫了與男友的關係，也保有了在關係中的自主。

（三）諮商方法與技術

1. 個人自我的覺察與理解

諮商者協助案主覺察個人內在的自我狀態，包括個人在衝突中的因應方式、情感、信念、內在需求與渴望、目標等，諮商者可以使用口語交談、自我對話、角色扮演、雕塑等技巧。

2. 關係自我的覺察與理解

諮商者協助案主覺察個人在關係中的角色與義務，可使用口語交談、自我對話、角色扮演等技巧。

3. 內在自我協調

諮商者協助案主在個人自我與關係自我中進行協調，使這兩部分達到自我內在的心理社會均衡，諮商者可以使用口語交談、角色對換、角色扮演、角色對話等技巧，幫助案主達到內在衝突的覺察與協調。

4. 人我關係協調

諮商者協助案主在真實的人我關係間進行衝突協調，一方面協助案主理解並可彈性使用多種衝突處理技巧，並學習彈性的使用協調的衝突解決策略，諮商者可以透過使用口語交談、角色對換、角色對話等技巧達成目的。

陳秉華、林美珣與李素芬（2009）的研究指出，經過人我關係協調的諮商，在案主與伴侶身上出現的好轉變包括：相信彼此有善意、增加對彼此的溝通與表達、增加支持與親密感、增加處理關係問題的信心、尊重雙方差異、達成對衝突處理的共識。觀察諮商者的作為也發現，諮商者會協助案主清楚表達自己的需要、增進自我覺察以調整在關係中的反應、協助感受對方的善意、向對方表達對關係的肯定、增加問題處理的信心、建立新的溝通模式等。以上的研究發現，支持我所說的要提升人我關係協調與衝突處理的能力，內涵包括：對自我的覺察（清楚自我的需求、清楚自己行為對關係的影響）、對關係的肯定（相信彼此有善意、感受到對方的善意與接納、向對方表達肯定）、溝通與表達（清楚表達自己的需要、尊重雙方差異、建立新的溝通模式、達成衝突處理的共識）。

陸、案例

　　光明和莉莉是一對夫妻,結婚五年,與公婆住在一起,光明是長子,婚前就一直與父母同住。莉莉是職業婦女,下班後很想有自己的私人空間休息,也想與光明有夫妻的相處時間,但是回家後,她常常需要陪著光明和公婆聊天、看電視,直到公婆累了回房睡覺;然而此時這對夫妻也已經十分疲憊,無暇再有夫妻間的親密談話。莉莉對此相當不滿,想要搬出去自組家庭,但是光明認為與父母住在一起可以省下房租錢,並且也認為父母需要照顧,覺得與父母同住沒有什麼不好。夫妻為此經常有口角,莉莉甚至出現想離婚的念頭,於是夫妻倆一起來尋求婚姻諮商。

分析

　　光明成長在華人家族主義與重視孝道文化的社會,身為長子,他認為應該負起照顧父母的責任,而妻子嫁給他,理所當然應該與他一起分擔照顧父母的責任,他認為與父母同住,可以隨時照顧父母,是對父母盡孝,況且父母已經老邁,可能與子女相處的時間不會太長,而夫妻的相處時間還來日方長,不需要急於一時建立自己的小家庭。光明的身上有傳統的做為子女的角色義務及親情,重於對夫妻關係的重視,他覺得莉莉的要求雖然有道理,但他更想要莉莉能夠了解他想要照顧父母的心情。

　　莉莉認同西方文化的自我及婚姻觀,認為有自己的需要及空間是重要的,也重視夫妻之間要有隱私且親密的關係,再加上她是住在公婆家,雖然結婚五年,但是公婆的生活習慣與她有很大差異,她感覺自己是被迫要接受公婆的生活方式,因此產生極大的痛苦感,她不敢直接告訴公婆她的不適應,而希望光明能夠為她想辦法。但是她覺得光明不了解她的痛苦,也不滿光明把對父母的重視放在她之上,要放棄婚姻並非是她想要的,但是她覺得走投無路,於是提議光明一起接受婚姻諮商。

　　光明與莉莉之間的關係中,明顯是光明的地位較高,也較為強勢,再加上外在大環境支持家族主義與孝道文化,所以莉莉勉強接受了光明的安排與決定,也在公婆家表面上扮演了媳婦順從的角色,但是內心卻相當不滿。

諮商目標與歷程

- **婚姻諮商的總目標**

  夫妻關係協調。

- **諮商次目標與諮商歷程**

  1. 建立溫暖、信任、開放的諮商關係。

  2. 澄清夫妻對於婚姻關係的期待（雙方都仍然想要維繫婚姻關係）。

  3. 協助光明與莉莉覺察自己的內在需求（光明想要照顧父母，孝心想要被莉莉認可；莉莉想要自主空間與親密婚姻關係，被光明關心與了解），以及各自的角色義務（光明是家中長子，也是丈夫；莉莉是媳婦，也是妻子）。

  4. 協助雙方了解自己的衝突解決方式（光明用主導與控制的方式解決衝突；莉莉用隱忍與表面順應的方式解決衝突）。

  5. 協助光明與莉莉覺察各自的衝突解決模式對於婚姻關係及對方的影響（光明的主導與控制令莉莉感覺被強迫、被忽視、婚姻關係被破壞；莉莉的隱忍與表面順應令光明感覺莉莉的需要可以被忽視，毋需去面對莉莉的困難）。

  6. 協助光明與莉莉各自進行內在的自我協調（光明開始了解他雖然重視孝順父母，但是他其實也想要維繫婚姻關係，應該對莉莉的內在需要有多一些理解與支持；莉莉發現自己雖然需要空間與親密關係，但是她並沒有對光明表達出自己有這樣的需要，因為她隱約覺得為自己著想是自私的、不好的，不是媳婦該有的行為）。

  7. 協助夫妻達成協調：（1）關係的肯定（肯定光明與莉莉都想要維繫關係，肯定光明願意多關心與了解莉莉的內在需要，肯定莉莉其實也希望自己能夠有好媳婦的表現，肯定夫妻能坦誠自己內在的想法與需要）；（2）雙方學習溝通表達與協調（雙方表達出需求的差異，尊重接納彼此的差異，對莉莉想要的私人空間與夫妻相處的時間找到有共識的解決方法，例如，夫妻協調出莉莉可以有一些時間不必陪伴公婆而去做自己的事，而由光明單獨陪伴父母；有時夫妻晚上可向父母請假外出，使兩人有私下相處的時間）。

以上是華人社會常見的一個案例，莉莉因為丈夫與父母的關係，連帶也負有媳婦的角色與責任，因而引發了婚姻危機。莉莉在與公婆的關係中，依傳統隱忍與表面順應的方式溝通，所以沒有造成明顯的婆媳衝突；莉莉在傳統家族主義與孝道文化的華

人社會，採取順從、不忤逆長輩等可以被社會文化接受的做法。此外，莉莉在婚姻關係中也處在傳統男女角色地位不平等的位置，而在面對夫妻衝突時，亦採取隱忍與表面順從去應對。這是在傳統婚姻關係中可以被文化接受的方式，但是莉莉的內在有著認同個人自我需要的想法，所以會產生內在個人需要的不滿足，造成心理社會的失衡。透過人我關係協調的諮商，夫妻雙方更清楚了解彼此的內在自我狀態，鞏固了彼此的關係，也共同協調出衝突化解的策略，使得雙方的目標與需要都得以兼顧滿足。

柒、總結

人我關係協調誕生於一個處在傳統性與現代性交接的華人社會脈絡，適用於承受著在傳統性與現代性雙文化衝突中的案主。隨著現代性的強化與傳統性的式微，新世代的年輕人越來越不受傳統文化的束縛，而更趨向追求自由與獨立自主，對於這樣的年輕世代案主，諮商的目標可能就不再是人我關係的協調，而是西方社會的追求個人自我與自我實現。因此，這個人我關係協調的諮商模式，有它存在的社會時空特性，也正是它的適用性。

學習活動與討論問題 ● ● ●

1. 請三至五人為一組，反思並討論在自己身上接受到的華人儒家傳統文化的影響（例如：孝道文化、男尊女卑的性別角色、為人處世與應對進退的道德倫理……）。

2. 請三至五人為一組，反思並討論在自己身上接受到的西方現代文化的影響（例如：獨立自主、性別平權、自我價值、肯定自我……）。

3. 請三至五人為一組，反思並討論在自己身上所經驗到的傳統文化與現代文化價值信念的衝突與矛盾之處。

4. 請三至五人為一組，繼續分享與討論自己認為處理這些衝突與矛盾的最佳解決之道，並討論彼此對於所採取衝突解決之道的利弊得失。

參考文獻

中文部分

利翠珊（1995）。夫妻互動歷程之探討：以臺北地區年輕夫妻為例的一項初探性研究。**本土心理學**，**4**，260-321。

李亦園（1996）。傳統中國價值觀與華人健康行為特性。載於曾文星（主編），**華人的心理與治療**（頁29-52）。臺北市：桂冠。

李良哲（1997）。婚姻衝突因應行為歷程模式之驗證研究。**國立政治大學學報**，**74**，53-94。

林美珣（2007）。**諮商歷程中兩對兩性伴侶情感關係衝突協調之研究**（未出版之碩士論文）。國立臺灣師範大學教育心理與輔導研究所，臺北市。

洪莉竹、陳秉華（2003）。諮商員專業發展歷程之文化反省經驗。**教育心理學報**，**35**（1），1-18。

范嵐欣（2009）。**華人夫妻關係衝突之人我關係協調諮商改變歷程研究**（未出版之碩士論文）。國立臺灣師範大學教育心理與輔導研究所，臺北市。

韋政通（1979）。**中國思想史**（上下冊）。臺北市：水牛。

張思嘉（2001）。婚姻早期的適應歷程：新婚夫妻之質性研究。**本土心理學研究**，**21**，85-123。

張蘭心（2008）。**一位未婚女性在愛情關係中的衝突協調歷程**（未出版之碩士論文）。中國文化大學心理輔導研究所，臺北市。

陳秉華（2001）。華人「人我關係協調」之諮商工作架構。**測驗與輔導**，**168**，3511-3515。

陳秉華、李素芬、林美珣（2008）。諮商中伴侶關係的自我協調歷程。**本土心理學研究**，**29**，117-182。

陳秉華、林美珣、李素芬（2009）。人我關係協調之伴侶諮商研究。**教育心理學報**，**40**（3），463-488。

陳謙仁（2010）。**夫妻關係協調工作坊方案助益分析**（未出版之碩士論文）。國立臺灣師範大學教育心理與輔導研究所，臺北市。

陸洛（2003）。人我關係之界定——「折衷自我」的現身。**本土心理學研究**，**20**，139-207。

馮友蘭（1993）。**中國哲學史**（增訂本）（上下冊）。臺北市：臺灣商務。

黃光國（1988）。儒家思想與東亞現代化。臺北市：巨流。

黃光國（1995）。知識與行動：中華文化傳統的社會心理詮釋。新北市：心理。

黃光國（2009）。華人社會中的衝突化解模式。載於黃光國（著），儒家關係主義：哲學反思、理論建構與實徵研究（頁447-500）。新北市：心理。

黃囇莉（2006）。人際和諧與衝突——本土化的理論與研究。臺北市：揚智。

楊國樞（1992）。中國人的社會取向。載於中央研究院民族學研究所（主編），中國人的心理與行為科際學術研討會論文集。臺北市：中央研究院民族學研究所。

楊國樞（1993）。中國人的社會取向：社會互動的觀點。載於楊國樞、余安邦（主編），中國人的心理與行為：理念及方法篇。臺北市：桂冠。

楊國樞（2002）。華人心理的本土化研究。臺北市：桂冠。

楊國樞（2004）。華人自我的理論分析與實徵研究：社會取向與個人取向的觀點。本土心理學研究，**22**，11-80。

葉光輝（1995）。孝道困境的消解模式及其相關因素。中央研究院民族研究所集刊，**79**，87-118。

葉光輝（1996）。親子互動的困境與衝突及其因應方式：孝道觀點的探討。中央研究院民族研究所集刊，**82**，65-114。

劉惠琴（1999）。從辯證的歷程看夫妻衝突。本土心理學研究，**11**，153-202。

劉惠琴（2003）。夫妻衝突協調歷程的測量。中華心理衛生學刊，**16**（1），23-50。

英文部分

Beck, J. M. (2008). The basque power-sharing experience: From a destructive to a constructive conflict? *Nations and Nationalism, 14*(1), 61-83.

Chen, G-M, & Starsosta, W. J. (1997-8). Chinese conflict management and resolution: Overview and implications. *International Communication Studies, 7*(1), 1-13.

Chen, P. H. (2009). A counseling model for self-relation coordination for Chinese clients with interpersonal conflicts. *The Counseling Psychologist, 37*(7), 987-1009.

Coleman, P. T., Deutsch, M., & Marcus, E. C. (Eds.). (2014). *The handbook of conflict resolution* (3rd ed.). San Francisco: CA: Jossey-Bass.

Fei, S. T. (1948). *Rural China* (in Chinese). Shanghai, China: Ovwerver.

Gergen, K. J. (1991). *The saturated self: Dilemmas of identity in community life*. New York, NY: Basic Books.

Ho, D. Y. F. (1993). Relational orientation in Asian social psychology. In U. Kim & J. W. Berry (Eds.), *Indigenous psychologies: Research and experience in cultural context* (pp. 240-259). Newbury Park, CA: Sage.

Ho, D. Y. F. (1995). Selfhood and identity in Confucianism, Taoism, Buddhism, and Hinduism: Constructs with the west. *Journal of the Theory of Social Behavior, 25,* 115-139.

Hocker, J. L., & Wilmot, W. W. (1991). *Interpersonal conflict* (3rd ed.). Eubuque, IA: W. C. Brown.

Hsu, F. L. K. (1953). *Americans and Chinese: Two ways of life.* New York, NY: Abelard-Schuman.

Hsu, F. L. K. (1985). The self in cross-cultural perspective. In A. J. Marsella, G. A. De Vos, & F. L. K. Hsu (Eds.), *Culture and self: Asian and western perspective*s (pp. 24-55). New York, NY: Tavistock.

Hwang, K. K. (1987). Face and favor: The Chinese power game. *American Journal of Sociology, 92,* 944-974.

Hwang, K. K. (1997-8). Guanxi and Mientze: Conflict resolution in Chinese society. *Intercultural Communication Stuides, 7*(1), 17-37.

Hwang, K. K. (2000). Chinese relationalism: Theoretical construction and methodological considerations. *Journal for the Theory of Social Behavior, 30*(2), 155-178.

Kirkbride, P. S., Tang, S. F. Y., & Westwood, R. I. (1991). Chinese conflict preferences and negotiating behavior: Cultural and psychological influences. *Organization Studies, 12*(3), 365-386.

Luepnitz, D. A. (1988). *The family interpreted: Feminist theory in clinical practice.* New York, NY: Basic Books.

Markus, H., & Kitayama, S. (1991). Culture and the self: Implications for cognition, emotions, and motivation. *Psychological Review, 98,* 224-253.

Markus, H., & Kitayama, S. (1994). A collective fear of the collective: Implication for selves and the theory of selves. *Personality and Social Psychology Bulletin, 20,* 569-579.

Marsella, A. J., De Vos, G. A., & Hsu, F. L. K. (Eds.). (1985). *Culture and self: Asian and western perspectives.* New York, NY: Tavistock Publications.

Messer, S. B., & Warren, C. S. (2001). Understanding and treating the postmodern self. In J. C. Muran (Ed.), *Self-other relations in the psychotherapy process* (pp. 193-210). Washington,

DC: American Psychological Association.

Peterson, D. R. (1983). Conflict. In H. H. Kelley, E. Berscheid, A. Christensen, J. H. Harvey, T. L. Huston, G. Levinger, E. McClintock, L. A. Peplau, & D. R. Petersen (Eds.), *Close relationship* (pp. 360-393). New York, NY: W. H. Freeman.

Sampson, E. E. (1988). The debate on individualism: Indigenous psychologies of the individual and their role in personal and societal functioning. *American Psychologist, 43*(1), 15-22.

Sanderson, C. A., & Karetsky, L. H. (2002). Intimacy goals and strategies of conflict resolution in dating relationships: A meditational analysis. *Journal of Social and Personal Relationships, 19*(30), 317-337.

Satir, W. (1988). *The new peoplemaking*. Palo Alto, CA: Science and Behavior Books.

Sue, D. W., & Sue, D. (2013). *Counseling the culturally diverse: Theory and practice* (6th ed.). New York, NY: John Wiley & Sons.

Triandis, H. (1993). Collectivism and individualism as cultural syndromes. *Cross-cultural Research, 27*(3-4), 155-180.

Triandis, H. (1995). *New directions in social psychology. Individualism & collectivism*. Boulder, CO: Westview Press.

Walden, A. L., Javdani, S., & Allen, N. E. (2014). Engaging conflict: Supporting power-sharing through constructive conflict resolution. *Journal of Community Psychology, 42*(7), 854-868.

White, M., & Epston, D. (1990). *Narrative means to therapeutic ends*. New York, NY: Norton.

Yeh, K-H., & Bedford, O. (2004). Filial belief and parent-child conflict. *International Journal of Psychology, 39*(2), 132-144.

孝道觀念在多元文化諮商中的應用

┃ 曹惟純、葉光輝

壹、多元文化諮商理念：華人本土心理學觀點

一、心理學早期的文化關注焦點

　　現代大學體制中共通的學科分類，其實是西方社會的產物，而心理學及其專業實務領域（如：諮商輔導、臨床治療等），除了在理論、重要議題、研究典範的形成上皆奠基於歐美文化，就歷史發展角度而言，也都是晚近才正式出現的現代學科，在短短約莫一百多年的發展過程中，其研究走向與西方現代化歷程息息相關。例如，心理學領域對統整的自我概念、個人自由意志與獨立自主能力的強調，皆和 18 世紀啟蒙運動將人的命運從上帝神權、貴族特權的束縛與統治中解放出來，進而建立以個人理性為基礎的社會有所呼應；事實上，對理性的重視，也分別和西方現代社會中民主政治、資本主義經濟兩大根本制度的運作特徵相互強化，並在日常生活各層面深刻影響了歐美世界對於「人性本質」的核心觀點。但對於當代全球各地的心理學研究者而言，前述這些在近一百多年來才出現並快速擴張的現代社會制度，幾乎已普遍成為某種理所當然的生活方式或價值理念，也使得西歐與美國之外的其他社會，越來越難直接覺察到這些潛藏的社會文化脈絡因素，及其如何在無形中塑造出一般大眾對人性本質、理想個人行為模式所持的普遍觀點。

　　由心理學史的角度來看，早期雖也有學者關注社會文化對心理學專業知識建構可能造成的影響，但當時所討論的「文化」，以性別、社會階級等次文化範疇居多，例

如，女性心理分析論學者 Karen Horney 就曾針對佛洛伊德理論中可能存在的男性偏見提出批判。而她從德國移居美國的雙文化經驗，也使其格外關注社會文化對個人心理運作的影響，並透過對西歐與美國兩地精神官能症患者性格結構的觀察，強調文化在心理疾病成因上可能扮演的重要角色（Horney, 1937, 1945）。相對而言，當時心理學界對於較大尺度的「文化差異」（如：東、西方文化差異；東亞儒家文化圈與東南亞文化圈之間的區域差異；或以單一民族國家為比較單位的跨國差異等）則顯得較不敏銳。直到 20 世紀中期之後，來自非西方社會的心理學家，才開始有系統地反省歐美心理學知識的跨文化適用性，並嘗試建構能與其自身所處社會文化脈絡相契合的各種「本土心理學」概念或理論。而諮商心理學及治療領域對於文化因素的關注，大致也可從上述次文化與較大空間尺度的區域文化兩層面加以理解。

「多元文化諮商」概念早在 1973 年就由美國心理學會（APA）首度提出（引自劉安真，2006）。有趣的是，此概念的興起並非來自其他社會文化對歐美諮商理論與技術體系的外部批判，而是源自美國移民社會本身涵納多元次文化的特徵，而其中最受關注的幾個次文化範疇，如：種族、性別、宗教信仰、性傾向等，其實也和美國社會本身的歷史文化發展特色密切關聯。以宗教信仰為例，宗教在美國文化中有其特殊影響力，著名的社會學家 Peter L. Berger 就曾提出「宗教美國、世俗歐洲」的觀點，來說明歷史與政策脈絡如何促成基督新教在美國公民社會和公眾生活領域扮演重要的價值基礎（Berger, Davie, & Fokas, 2008）。儘管多數美國民眾都可歸屬於廣義的基督宗教文化下，但不同教派對於聖經教義的詮釋、儀式的差異，不僅延伸影響信眾對於墮胎與同性戀等重大社會議題上的立場，也和個人的族裔、政治傾向、居住區域緊密結合，形成更穩固的社會族群差異；再加上作為主流的基督宗教對於其他異教具有較強的排他性，這些因素綜合起來，就讓美國社會格外關切信仰背後的價值觀差異可能對諮商歷程造成的各種影響。因而，多元文化諮商概念的原初內涵雖也涉及不同種族、國家的文化多樣性，但實際上仍以單一社會中的少數族群（如：少數族裔與移民、外籍移工等）為基本討論脈絡。其理念核心強調的是，在西方文化下生長、接受專業訓練的諮商者，需培養對「異文化」的理解與尊重；至於源自歐美文化的主流諮商理論及其相關知識基礎本身的跨文化適用性，則並非美國學界優先關注的重點。

二、臺灣多元文化諮商的發展路線

目前臺灣學界對多元文化諮商觀點的引介，大致包含兩種路線：其一是從全球化

角度分析當前臺灣社會的文化多樣性，較類似從次文化層面切入，除了將原住民、外籍配偶等少數族群的文化差異納入諮商情境脈絡加以考量，多少也觸及宗教信仰、性別差異等議題。不過，此取向仍以多元文化諮商基本理念的推廣為主，並延伸探討各種相關的新型態實務技術，例如，通譯員在外籍移工或新移民諮商服務中的角色與可能影響（黃進南、郭世婷，2012）。但對於臺灣社會中不同社會團體或族群在次文化內涵或價值信念上的差異，或其弱勢處境的形成與所面臨的社會適應問題屬性，則以個別族群的零星研究居多，較欠缺有系統的整合介紹。

另一路線則是針對西方諮商理論在華人社會的適用性加以反省。此類研究隨著臺灣心理學本土化運動發展，已累積了一系列成果，除了從各種實務層面（如：專業訓練過程、諮商關係的建構等）反思文化因素對臺灣諮商工作者的可能影響（如：洪莉竹、陳秉華，2003，2005；許雅惠，2009），也大量參考文化心理學與華人本土心理學的相關研究，諸如獨立我／互依我（Markus & Kitayama, 1991）、個人取向／社會取向（楊國樞，2004）等對比式概念，以及人情、面子、中庸、和諧等本土心理概念，藉以了解東、西方文化基本差異或華人心理運作特色，進而達成重建華人文化諮商倫理的終極目標。

就本土心理學的觀點，上述兩條路線可謂互為表裡，臺灣諮商工作者對自身與案主在各種文化差異上的處理，其實鑲嵌在另一個更根本的主軸脈絡中——如何對自身長期浸淫其中的華人價值觀與個人諮商專業隱含的美式價值之間的文化落差進行整合。當諮商者能持續反思西方主流諮商理論知識的跨文化適用性，也就等於隨時對個人從實際生活環境與專業場域習得的價值信念保持敏感度，這樣的心態自然有助於覺察與不同性質案主互動時，各種可能出現的文化干擾形式。

三、由文化多元性轉向文化與心理的深層連結

一般對於多元文化諮商能力的培養重點常放在「多元」二字上，並以廣泛接觸不同國家、文化的相關知識作為優先目標。然而，各種條列式的文化特色介紹或致力於凸顯文化間差異的對比式概念，雖有助於掌握不同文化的概略輪廓，卻也可能對特定文化或次文化成員的行為意涵、心理運作形成某種過度簡化的刻板解讀。以臺灣本土心理學的發展過程為借鏡，為了揭露已被普遍接受的主流心理學知識背後隱藏的西方價值觀，本土心理學的發展初期，往往會先採取將文化差異極大化的策略，藉由彰顯華人文化的獨特性及其對個體心理運作本質造成的影響，強化發展華人本土心理學知

識的必要性。不過此種強調挖掘文化獨特性的研究訴求也有其發展上的侷限，亦即，如果本土心理學只是建立一套適用於特定文化（如，華人）或社會（如，臺灣）的心理學知識，即使不同社會、國家各自提出與其文化脈絡契合的本土理論，心理學的最終發展似乎就只能停留在各種理論彼此分立的狀態。近年來，臺灣本土心理學界已開始擴充本土化理論在全球學界的可能定位，除了提供有關華人心理與行為運作的知識，每個本土概念或理論也都同時透過其所探討的華人生活經驗或現象，探索文化與心理之間的根本關聯；此種對文化與心理交互影響關係的深入思考，將可為來自不同文化的心理學知識提供溝通與整合的基礎。

　　文化其實就是一套人為的意義與價值體系，無論看起來多不合理或極其怪異的文化設計，其背後必然都有相應的心理需求為基礎，而各種具普同性的個人心理需求也多少必須藉由個人所處社會文化所形塑出的特定形式或途徑來獲得滿足（葉光輝、章英華、曹惟純，2012）。換言之，在不同的文化脈絡中，相同的深層心理需求可能會展現出完全不同的行為面貌或滿足方式，而某些看似難以相容的文化價值信念，也可能是為了滿足類似的功能或目標而被發展出來。廣受各國本土心理學者引用的名言「one mind, many mentalities」（Shweder, Goodnow, Hatano, LeVine, Markus, & Miller, 1998）正說明了：跨文化普遍存在的深層心智結構，會隨個體所處的社會文化脈絡而呈現出各式各樣不同的心態。一套完整的本土化理論或概念架構，必須深入表層的獨特心理與行為模式，從這些由特定文化形塑出的結果作為起點，探索社會文化脈絡層層交織的影響，清楚說明特定的文化設計所要達成的功能如何與個人基本心理需求緊密連結，進而反映出具有跨文化普遍性的深層心理結構與需求。雖然華人本土心理學只是隸屬於多種心態之中的一種文化表現形式，但若能徹底把握這種表現形式的形成與運作，仍可對人類普遍的深層心理結構累積更充分的資訊。如此一來，也就更容易辨識、理解其他文化中各種不同表現形式的心態及其運作意義。

　　同理，多元文化諮商理念的核心並不在於諮商者對各種異文化知識量的多寡，而是個人對其他文化觀點的感受與包容程度是否足夠多元；唯有後者才能讓諮商工作者隨時對任何異文化或次文化保持開放並持續尋找溝通與整合的可能性。因此，與其將不甚熟悉的陌生文化、次文化視為一套套獨立且相互區隔的背景知識來學習，更重要的或許是先檢視自己生活中各種習以為常、理所當然的觀念。對於文化在自身思考與行為模式上的影響產生自覺，才可能在與他人的互動中意識到各種文化差異的線索。在這層意義下，華人本土心理學研究除提供更具文化契合性的心理學知識，也有責任讓臺灣諮商工作者透過對自身文化的熟悉，鍛鍊出更敏銳的多元文化意識與包容性。

四、孝道概念對華人諮商的重要性

　　在各式各樣的華人本土心理概念或理論中，孝道與華人文化諮商的關係尤其密切。從文化特色來看，孝道不僅常被視為華人文化的首要特徵，也是庶民文化中最重要的生活德行；此外，孝道的運作也常泛化到許多不同的社會情境中，諸如：「一日為師，終生為父」、「百善孝為先」、「再造父母」、「地方父母官」等俗諺或詞彙，都隱約顯示出「親子結構」在華人社會中的特殊性。因此，指引子女角色行為原則的孝道，也就成為理解華人親子代間互動、家庭系統運作、社會關係建構的重要關鍵。再從諮商專業來看，無論在任何文化中，整體家庭系統與親子關係經常是各種心理困擾形成與解決的重要脈絡。「孝道」除了是指引個人實踐子女角色、面對各種家庭代間互動的基本原則，更是支撐華人父子軸家庭文化的核心價值，因此在諮商過程中，孝道自然成為理解華人案主之家庭氣氛、親子關係的重要參照框架。

　　針對臺灣諮商實務現象的研究結果曾發現：華人文化對孝道的重視，會讓案主期待諮商者扮演權威者的角色，進而影響諮商關係的建構、諮商者之角色定位（洪莉竹、陳秉華，2005）；此外，在華人社會中，適應良好的判斷標準、諮商目標的協商設定，往往也都與西方諮商理論的觀點有所出入，而必須從孝道的觀點重新審視案主與家庭或父母的關係（許雅惠，2009）。不過，這些研究對孝道的理解偏重於順從（父母）權威、重視社會關係這些內涵，這樣的孝道定義並不夠完整；另一方面，順從權威等心理運作特色其實僅止於文化所塑造出的表層心態，真正完備的華人本土孝道理論，還必須反映出孝道所對應的深層心理結構或需求。

　　為了讓臺灣諮商工作者與學習者對孝道內涵、運作有更細緻的掌握與運用，本章將透過介紹孝道雙元模型（dual filial piety model）這項華人本土心理學理論，來說明：（1）如何定義、概念化孝道，才足以兼顧其表層的心理、行為運作特色，以及對應的深層心理結構或普遍心理需求；（2）主流心理學中有哪些與孝道相近、相似的概念，以及雙元模型如何整合這些相近概念；（3）雙元模型如何拓展孝道在諮商領域的應用範疇，例如：可對哪些既存議題提出更深入的解釋、可用來理解哪些更多樣化或新興的諮商議題。

貳、孝道作為脈絡化性格變項的雙元面向

一、孝道的再概念化

　　對處在任何社會的當代華人而言，孝道都可稱得上是耳熟能詳且與日常生活緊密結合的概念。儘管許多研究者都預設孝道價值的重要性已隨社會現代化而逐漸式微，但從實際的社會調查結果來看，孝道在當代主要的華人社會，甚至東亞儒家文化圈的某些國家（如韓國），都仍受到相當重視，例如東亞社會調查的結果即顯示：兩岸三地的華人社會，無論是曾歷經文革反孝的中國大陸、長期受英國殖民而西化程度甚深的香港，或民主化程度最高且以華人文化正統傳承自居的臺灣，三地民眾都仍相當認同孝道的重要性（Yeh, Yi, Tsao, & Wan, 2013）。這樣的社會文化背景對於孝道的心理學研究其實有利有弊。其利基在於孝道相關議題在華人社會中易受到關切與討論，各種人文與社會科學領域（如：歷史、哲學、社會學等）也都累積了數量可觀且值得參考的相關成果；然而，正因為如此，也讓孝道概念的內涵越形龐雜、不易達成共識，多數研究經常只是依特定研究目的（如：探討對年老父母的奉養態度或行為）或研究者個人主觀想法來定義孝道，導致研究結果彼此矛盾、難以整合。在一般民眾的生活經驗或正式的學術論述中，長久以來皆同時呈現出對孝道概念的正、反兩面評價（Yeh, 2003）。因此，讓孝道跳脫出充滿歧義的界定方式，從模糊的口語概念轉變為精準的心理學式概念，不僅有利於統整各種紛雜的實徵研究結果，更是完整了解孝道、進而在研究與實務中妥善運用孝道概念的基本前提。

　　凸顯華人文化特殊性以和西方主流心理學概念做出區隔，一直是臺灣本土心理學界在提出各種原創概念時的主要策略之一。因此，多數研究總是習慣直接以「華人社會、文化規範」、「華人傳統家庭價值觀」、「儒家倫理價值」等「強調文化特殊性的價值信念」作為孝道的「心理學」論述基礎。不過這樣的研究策略仍有以下兩點侷限：

　　第一，從文化的時間向度來看，孝道雖被視為傳統的文化價值規範，其內涵卻總是隨著歷史脈絡不斷變化。例如：先秦時期的孝道觀偏向相對主義，亦即在親子關係互動原則下，「子孝」是相對於「父慈」而存在的，不該只單向要求子代盡孝；漢朝之後，孝道逐漸受到政治影響，由於忠孝混同的意識形態強調固定的綱紀倫常，孝道

觀開始朝絕對主義發展；隋唐時期更將孝道正式列入科舉考試內容，並由律法加以規範；宋明之際有關孝道的規範與對應刑罰更為嚴苛，與其說當時的民眾重視孝道，其真正心態或許更接近「恐孝」（葉光輝，2009a）。儘管孝道在華人歷史上源遠流長且內涵豐富，由於多數學者深受歐美社會的現代化理論影響，仍習慣單從「傳統／現代」的二分角度來思考孝道的演進，因此，孝道概念內涵在界定上最常見的爭論之一即是——該以傳統經典中的行為規範內容或當代民眾的看法為優先；不過，無論選擇以何者為基礎，同樣都需要面對孝道觀念隨時間不斷流變的問題，例如，雖有學者早在 1980 年代中期就已提出適用於現代社會的新孝道（楊國樞，1985），但近期又有學者針對適用於 21 世紀的孝道內涵進行研究（Lum et al., 2015）。究竟傳統與現代的切點該設於何時？又該多久更新一次孝道規範內容才合理？從時間向度來看，作為文化價值規範的孝道，似乎永遠難以形成完備而穩定的概念內涵。

　　第二，從文化的空間向度來看，兩岸三地的華人社會固然有某些共享的歷史文化根源，但過去一百多年來，臺灣、香港與中國大陸無論在政經制度、社會氛圍與歷史發展上，都已有相當程度的差異。兩岸三地在文化上是否還具有高度同質性、對孝道內涵的看法與態度是否相同？同屬東亞儒家文化圈的日、韓、新加坡等國，是否也與兩岸三地的華人社會共享類似的孝道價值規範？這些問題都值得仔細商榷。甚至東亞之外其他高度重視家族制度的文化或社會（如：土耳其、義大利、西班牙等），儘管在其語言系統中未必能找到「孝道」的直接對應詞，卻也存在與華人儒家文化類似的家庭價值觀念或社會規範。當孝道被視為特定群體所共享的文化價值時，究竟該如何決定「文化」的基本分析單位才最合適呢？是以單一的華人社會為主，抑或以受儒家文化影響的區域為主？就空間向度而言，作為華人文化價值規範的孝道似乎也難以劃立確切的空間尺度。

　　這些界定孝道內涵時難以避免的侷限，皆源自於以文化價值、信念作為孝道概念的基本定位。在心理學相關領域中，研究文化的運作或影響原就存在某種理論上的弔詭，諸如孝道這類適合用以反映文化差異或文化特色的概念，必須以集體、群體作為基本比較單位，才較能看出其意義。而將孝道內涵視為華人獨有的價值信念，還隱含了另一層值得特別關注的意義：相對於其他社會、文化的成員而言，所有華人整體上會一致展現出重視孝道的價值觀或行為傾向。儘管對文化獨特性的強調，易讓人錯覺特定文化下個別成員的心理與行為具有高度同質性，但在心理學領域中，無論是測量孝道價值觀、行為模式或探討孝道所產生的影響效果，卻又無可避免地皆以個體作為基本分析單位。因為各種集體規範或文化價值並非以內容明確的教條形式強制人們做

出固定的行動，反之，人們之所以常對自身所處文化習而不察，正是因為這些規範或價值觀已隨著日常生活內化為個人的基本行為動機，但仍須透過個體主動認同、樂於實踐才能持續傳承，自然也就容許了個別差異的存在。換言之，儘管孝道確實是一種人為的文化設計，藉價值規範的形式來達成某些重要的社會功能（如：維持家族凝聚力以確保農耕生活所需的大量人力、使家庭主動承擔養老責任等），但任何文化設計必定同時具有滿足個人深層基本心理需求的功能，才可能長久存續。若孝道純粹只是不合理地要求子女無條件服從、犧牲，並透過外在的嚴刑峻罰、集體約束力或意識形態論述來合理化其正當性，則它不太可能與時俱進、傳承迄今。而一般常直接被視為孝道內涵之各種具文化共識基礎的價值信念、行為規範，其實仍需要與人類普遍存在的深層心理結構或需求相結合，才能在個體層次上推動每位文化成員透過行為實踐，展現這套價值規範的運作效果。

因此，當只關注反映文化共識的表層行為規範或價值觀內容，不再向下挖掘其所連結的深層基本心理需求，除了導致對孝道概念的定義不夠完整，也讓孝道的運作方式流於教條式的應然規範，無法有效說明生長於相同社會文化脈絡下的成員，對於孝道的重視與實踐為何仍具有高度個別差異。要跳脫這些限制，更完整地理解孝道的內涵與運作方式，就不能只從文化獨特性的角度單向切入，認為個人心理運作（或至少某部分的心理運作）僅是被動地接受文化的影響，還必須關注具普同性的深層心理結構或需求如何與文化價值相結合，進而成為研究者可直接觀察、測量到的心理構念。

從文化與心理的相互關聯來看，孝道研究已在「文化共識」層面進行相當多的探究，但卻很少有理論從心理學角度重新對孝道在個體運作層次上的意義進行再概念化。所謂「從心理學角度進行概念化」這一訴求看似抽象，但具體而言，其實只是回歸心理學這門學科的本質與特色——從個體層次切入，並透過可反映出個別差異的內在心理運作機制來說明或解釋相關行為、現象的成因。除了將孝道視為個人所重視的「文化規範或文化價值觀」，孝道在心理學中還有其他更合適的運作形式或定位嗎？

從個體的角度而言，孝道其實就像是「子女為了因應與父母互動這一情境所形成的心理基模」。在正常狀態下，個體出生後第一個經驗到的角色就是「子女」，經由長時間與父母密集互動的過程，不僅使親子關係運作成為人際與社會關係發展的根源，更由於子女初生時在整體生活需求上全然依賴父母，無論身處在哪個社會或文化，個體自然會衍生出一套用以處理與父母互動關係的心理模式，其作用方式與效果甚至在個體尚無自覺前就已展開，因此其運作才會如同具生理基礎的性格特質般根深蒂固。當從「性格」概念的角度來理解孝道，或許更能掌握其在心理運作層面的意

涵。一般最典型的性格概念莫過於各種描繪個人「特質」的形容詞，如：外向、友善、神經質等等，但近期的性格心理學研究已不再侷限於傳統的特質概念，凡是能適切描繪、預測個別差異的內在心理運作模式之心理構念，都可被視為有意義的性格概念（Benet-Martinez et al., 2015）。

　　若以更精準的心理學術語來說明，孝道的心理運作特徵與意涵，就和各種為了因應某些特別重要且頻繁出現的生活情境所形成的「脈絡化性格變項」（contextualized personality variable）（Pervin & Cervone, 2010）有所呼應。所謂「脈絡化性格變項」指稱的是，針對特定（而非跨越各式）情境或社會文化脈絡下所發展出來的習慣性行為模式，相對於概括性的特質概念（如個體的神經質傾向），脈絡化性格變項（如個體在親密關係脈絡下的拒絕敏感度）更能深入描繪個人對特定或具體日常情境、事件的解讀方式與反應傾向（如，拒絕敏感度的運作更為內斂、隱微，常以試探來考驗對方）。孝道作為指引子女如何與父母互動的核心原則或基本行為動機，雖也反映出華人社會中極具本土特色的文化價值與規範，但透過社會教化歷程，只能保證華人理解孝道的規範內容，至於個體本身對孝道信念的認同或實踐程度，則與其成長過程中家庭或親子實質的互動經驗、感受密切關聯。因此，孝道雖是在親子互動情境、華人文化雙重脈絡化之下所形成的個體性格傾向，卻是以親子互動情境為直接發展脈絡；至於源自華人文化脈絡的影響，仍需要與親子互動情境相結合才能發揮作用。

　　以「脈絡化性格變項」作為孝道的心理學定位，主要是為了減少各種文化刻板印象對於理解孝道概念內涵可能造成的干擾。唯有以「親子關係互動基模」的角度對孝道進行再概念化，才能真正將個人孝道信念形成過程中所涉及的基本心理需求，以及個體為了滿足此心理需求所發展出的內在運作機制，共同整合到社會文化脈絡對個人心理運作的形塑歷程中，進而從個體層次理解各種可能存在的華人親子互動模式及其運作意義。以下所要介紹的孝道雙元模型（Yeh, 2003; Yeh & Bedford, 2003），除了大量參考來自歷史、哲學等人文領域的孝道研究內容，也選擇從心理學角度對華人傳統經典中的孝道概念提出不同的定義方式，以強化孝道作為「脈絡化性格變項」的理論定位。這套源自臺灣社會的華人本土心理學理論，目前已被應用於不同社會的華人或華裔樣本，甚至其他不同文化的樣本上，相信這套理論架構有助於擴展對孝道概念的理解，並重新發現孝道豐富的心理運作意涵，以及它對諮商輔導的應用與價值。

二、孝道雙元模型：對應親子關係本質的兩種基本面向

孝道作為引導華人子女與父母互動的基本信念與行為原則，其最根本的形成脈絡就是「親子關係」。有鑑於此，孝道雙元模型就是從親子關係的結構本質來思考：子女針對與父母互動而形成的心理基模，可能對應哪些心理需求或運作特色。無論在任何文化中，親子關係的本質原就兼具「平行」與「垂直」兩種不同性質的人際關係模式。平行關係是指親子雙方將彼此視為獨特個體進行對等的互動，並從實際的相處中，累積對彼此的了解、讓雙方變得更親近；另一方面，親子關係無可避免地起始於建立在雙方資源、權力不對稱的原初條件上，而形成具有上下位階差異的垂直關係，此種垂直關係的運作，較強調親子雙方依循既定的「父母」、「子女」的角色義務進行互動。孝道雙元模型即藉由區分「相互性」與「權威性」兩種面向，將對應於親子間「平行」、「垂直」兩類關係結構的可能互動特徵，反映在界定孝道概念的基本向度上。

「相互性孝道」（reciprocal filial piety）的運作核心是「兩個體由長期互動中建構出的親密情感」。由於親子關係發展於日常生活中跨時間、情境的密集互動，一般情況下，個人往往在成長過程與父母逐漸累積出厚實情感、信任與了解，並形成最根本的人際親和狀態。此種針對主要照顧者自然發展出的親密情感，不僅可滿足個人對親和與情緒安全感的基本心理需求，也讓子女普遍能主動表現出善待、關懷父母的舉動。值得留意的是，以「相互性」來命名是為了強調親子兩代在此種互動關係中具有對等地位（兩獨特個體的互動），且子女表現出的相應孝行（如生活上的支持）均是個體與個體之間自發的情感流露與付出。因此，相互性孝道的內涵與儒家倫理中「報」的規範原則雖有某些相似處，但相互性孝道更強調子女基於與父母長期互動累積的相互信任、親密，對父母表現出的各種情感與支持行為，而非以先驗的道德原則（如，對父母生養恩情的虧欠這一先決條件）或「投資─回報」的理性計算角度，來理解子女對親子關係的解讀及其行孝動機。換言之，儒家倫理多少融入了某種文化意識形態，將基於彼此濃厚情感關係而自然表現出的「回報」塑造成合理的道德義務，以強化華人對特定孝道行為（如奉養父母）的認同與實踐。然而，即使沒有這套文化倫理價值的規約，只要與父母的感情親近、互動良好，子女同樣能自發地體現這些行為。此外，相互性孝道並非只涉及子女成年後對年老父母的奉養、照顧，而是強調在長期持續發展的親子親情中，各種年齡層的子女都會希望讓父母快樂、讓彼此的關係更緊

密,因而自然對父母表達出與其年紀相符的各種正向情感與行為。至於具體行為或情感表達方式並無絕對的固定標準,而是基於子女對父母性格與喜好的理解、子女本身的性格特質與能力,在具體行為表現上呈現出個別差異。

另一方面,「權威性孝道」的運作核心則是個體「由子女這一社會角色,習得對群體規範與家庭人際階序的認同」。由於父母與家庭向來是個人社會化的主要來源,在個體社會化過程中,父母必然會在某階段扮演絕對權威或行為楷模的角色,此時父母不僅是權力地位較高的教導者,與子女互動時也代表「概化他人」的角色,來傳遞各種社會共識對個人的規約與期待。子女則在此社會化歷程中逐漸習得如何調整自己的行為、需求,以獲得父母的接受、讚許,繼而擴展至尋求家庭、社會及文化規範的認可。此種從社會化歷程中習得的角色規範,不僅反映個人尋求隸屬感或社會認同之基本心理需求的滿足,亦使個人在家庭互動中能扮演好「子女」這一社會角色,依循社會期待表現出合宜的行為。然而,父母的權威往往隨著子女邁入青少年階段而逐漸削弱,因此華人文化中發展出一套「家國同構」的社會體系,以強化奠基於「輩分─年齡─性別」倫理階序上的「君父」權威。以「權威性」來命名孝道這一面向特性,不僅點出「親子對偶關係是華人社會關係中權威結構的基礎」,同時也用以凸顯子代遵循角色規範以追求集體認同、社會隸屬感的心理運作機制。事實上,對父母權威(特別是父權)或集體福祉的強調並非華人文化特有,中古歐洲的封建家長制,在親子互動關係上就展現出與權威性孝道相似的運作內涵(Hamilton, 1990);即使在當代西方個體主義國家中,父權體制也持續在家庭乃至社會結構中轉化出同構異型的表現形式。此外,某些東亞儒家文化圈之外的國家,如具集體主義社會特徵的土耳其,也同樣強調親子在權力位階上的差異,並透過父母權威的運作來維繫家庭整體福祉(Ayçiçegi-Dinn & Caldwell-Harris, 2013)。不過,與其他國家、文化相較,華人社會對權威性孝道的倡導與強化相對更為明顯,也有較多特定的行為規範(如:不孝有三無後為大、光耀門楣、婚後與夫家同住等)逐漸被要求內化成為子女的責任義務。這些特定規範不僅以父母為對象,往往也同時隱含家庭集體福祉優先於個人利益的意識形態。因此,個體基於權威性孝道所展現的行為,較常和達到某些絕對標準(如至少生一個兒子)、壓抑個人的欲求有關。

由於相互性或權威性孝道的實踐都各有其對應滿足的基本心理需求,這兩類親子互動基模背後的心理運作成分,在某種程度上是跨文化普遍存在的,個體與父母之間長期的關係運作與維續,也總是涉及自身對滿足親密情感、角色責任與社會期待等不同需求的平衡。只是在不同文化的形塑之下,這些基本心理需求的滿足方式及其與親

子關係的結合程度也會有所不同，例如，美國文化下的親子關係同樣具有雙方權力不對等的垂直關係結構面向，父母角色也並非毫無權威，然而其文化偏重將父母與子女視為獨特、平等的個體，因而讓父母權威的影響被縮減到最低限度，只在某些必要時期或情境下運作，且運作重點並非要求子女順從或以集體福祉為優先，而是以導正未成年子女的偏差行為與觀念為主。此外，美國文化對公、私領域的區隔相當明確，家庭中的親子關係純粹屬於私領域範疇，至於子女個人在集體認同、社會歸屬感方面的需求，則較少跟親子關係運作或子女角色責任相結合，而是另行從公領域的社會參與加以滿足。換言之，在美國文化下雖也可看到親子互動中親密情感與角色權威的運作，但這些運作成分卻被切割為彼此獨立的不同概念，且每個概念僅局部討論親子關係運作的某一層面；而在華人以家族制度、父子軸家庭作為社會關係基礎的文化特色下，各種與親子互動有關的心理運作內容，都透過儒家的倫理價值體系統整在孝道概念下，彼此緊密連結、相互強化，且衍生出許多固定的行為實踐方式，讓子女可依循這些既定形式來表達對父母的情感或對父母權威的維護，因而使得孝道成為看似華人獨有的特殊文化信念。

　　至於雙元模型從心理學角度提出的孝道定義方式，不僅和儒家文化中的孝道概念並無衝突，甚至還有不少相通之處：儒家文化中的「親親」原則，其實就是以符合儒家價值體系中的語彙，針對個體在與父母關係中尋求情感滿足的基本心理需求加以解釋與強化，它和相互性孝道「透過頻繁日常互動，自然形成兩獨特個體間親密情感」的運作基礎彼此相呼應；同理，儒家文化中的「尊尊」原則，也同樣是基於三綱五倫的倫理價值體系，將父母在子女社會化階段必須暫時扮演絕對權威的過渡功能，以及子女個人對尋求社會歸屬與集體認同的需求，有系統地相互結合，以強化父母角色權威的重要性與長期影響力，這也和權威性孝道「依循家庭關係階序，實踐符合社會期待的子女角色責任」的運作基礎相契合。

　　再者，雙元模型的概念化方式也有助於理解社會文化脈絡對孝道的影響效果：（1）從社會變遷的角度來看，既然相互性、權威性孝道兩種涉及基本心理需求的親子互動基模普遍存在所有個體內，這表示兩種面向並非受特定歷史或社會演進過程影響才出現，不同歷史時期或社會變遷趨勢僅是形塑兩種孝道面向的相對優勢力量而已。從華人歷史來看，孝道的內涵並非只和重視父母權威有關，先秦時期，相對主義孝道倫理觀強調以父慈子孝所形成的完整代間互動關係基礎來界定孝道，就較接近相互性孝道的內涵；而西漢後期至清朝，孝道逐漸和統治權威相互扣連，權威性孝道在運作上逐漸形成穩定優勢。至於現代化轉型歷程所強調的民主、平權價值，則逐漸強

化當代社會中相互性孝道的運作優勢，使權威性孝道的重要性相對削弱；而當代西方現代社會強調雙方平等且僅以彼此情感需求為基礎的「純粹關係」（pure relationship）（Giddens, 1992），也和相互性孝道的運作內涵有不少相似之處。不過，由於兩類孝道面向皆反映著與親子關係（平行與上下）基本結構對應的心理（親和與隸屬）運作機制，即使其中某一面向在特定時期受社會趨勢影響導致重要性降低，也不至於從社會中或個體心理運作層面徹底消失，而是轉變成為當時孝道優勢面向運作功能未周全時，提供輔助的效果。（2）從跨文化比較的角度來看，由於在長期親密關係中，自發的情感是責任、義務之所以成立與受重視的先決條件（Dixon, 1995），與親密情感對應的相互性孝道面向在不同文化下的展現形式與作用強度，相對上較具普遍性。而集體與個體主義文化最重要的區隔特徵，即是兩種文化對人際距離與人際階層關係的重視程度不同，當考量焦點是由子女對父母角色權威的服從來解讀親子間的互動時，則不同文化間對父母角色權威的重視程度會有較明顯的文化差異。此外，孝道的權威性面向雖也具有普遍存在的心理運作基模，但由於此種以尋求隸屬感、集體認同為動力的心理基模，必須透過追求社會認可的行為來達成個人內在需求的滿足，故此類需求的滿足方式更容易受社會文化條件的不同而出現變動，因此，與相互性孝道相較，不同文化對於權威性孝道的接受度較容易呈現出明顯的文化差異。

前述對孝道雙元面向內涵的介紹以兩面向在理論層次的運作性質區隔為主，表 7-1 則將相互性孝道與權威性孝道所反映的親子互動基模內涵，用較具體、可與實務連結的方式進行補充，以利從心理學的角度審視這兩種心理基模在親子關係脈絡中所對應的行為動機與行為表現重點。目前，孝道雙元模型除了在臺灣已有不少相關研究與應用，雙元向度的理論架構也已在其他華人社會、華裔樣本，甚至不同國家、文化的實徵研究中得到初步支持（引自葉光輝，2017），顯見相互性與權威性兩向度不僅是孝道的基本運作面向，也是進行跨文化比較的合適參考基礎。近期亦曾有歷史學者對近代的各種闡釋孝經之文本進行分析，其發現晚明文人虞淳熙對《孝經》的論述是以「愛」與「敬」兩者共同說明孝道的運作；其中「愛」指的是子女對父母的自然親愛之情，「敬」則是子女對父母有上下秩序和距離的尊嚴之情，是禮制規範的基礎（呂妙芬，2011）。前述來自近代中國《孝經》詮釋文本的孝道界定方式，不僅和相互性、權威性面向的區分有所呼應，更說明了強調自然親愛之情的相互性孝道絕非現代社會產物，凸顯出華人孝道文化設計背後必然有相應的心理運作基礎。因此，心理學式的概念化方式，不僅無損於孝道在華人文化歷史中長遠豐厚的人文意涵，更有助於完整描繪孝道在個體層次的實際運作與影響範疇。

表 7-1 孝道雙元面向所代表的兩種親子互動基模內涵

	相互性孝道	權威性孝道
對應的心理需求及其運作機制在個體不同發展階段的主要展現形式	個體對個體的需求 愛與被愛的需求 ● 幼兒：為了滿足情緒安全感，主動尋求與主要照顧者之間親密的情感連結，以表達情感及親和為主 ● 青少年至成人：繼續強化與重要他人之間的情感基礎與一體關係，以嘗試理解、支持、陪伴父母，及對父母生活各層面的關懷照顧為主	個體對群體、社會、概化他人的需求 社會認同或隸屬感的需求 ● 幼兒：為避免懲罰與獲得獎賞（如父母關愛），以學習服從主要照顧者的管教要求為主 ● 青少年至成人：為了尋求社會認可或集體隸屬感，與父母互動時主要透過達成大眾認同的固定行為標準來實踐子女的角色責任
心理運作特徵	● 在親子互動中，相互滿足彼此對關係連結與情緒安全感的需求 ● 滿足自己親密情感需求的方式，也同時能滿足重要他人的需求，例如，在日常相處中與父母溝通達成深度理解時，雙方的情感需求與相互信任感會同時得到滿足	● 滿足父母（或重要他人、概化他人）的要求，比滿足自己的需求重要 ● 經常透過自我壓抑與犧牲、調整自己的行為來滿足、兼顧社會期待的要求，對人際親密與情緒安全感需求的滿足相對較不足
親子關係結構特徵	● 雙方互動地位對等 ● 以個人特質、反應傾向為基礎尋求滿足	● 雙方互動地位不對等 ● 以固定的角色行為規範尋求滿足
華人儒家文化的形塑	● 親親原則 ● 強調自然情感與個人化、多元化的實踐方式，較易被各文化普遍接受	● 尊尊原則 ● 衍生較多華人文化特定的規範內容，不同文化的接受程度差異較大

三、孝道雙元面向的運作特性與基本應用原則

　　當從文化規範的角度切入，孝道的運作功能主要顯現於促進父母福祉或家庭整體福祉上，這也讓孝道對子女的影響容易被簡化為順從父母的權威。雙元模型強調由個體層次對孝道概念重新進行概念化，從另一個角度來說，也就是企圖將孝道對子女本身的影響效果共同納入討論。區分相互性與權威性孝道的目的，主要是在個體層次區隔出兩種不同性質的心理運作模式來說明它們作用功能的差異，但兩者在家庭與社會層次的作用功能其實並無太大不同；換言之，「相互性」與「權威性」孝道就像是經

由兩種不同的心理運作途徑來達成相似的家庭功能訴求——善待父母與維持家庭和諧。

　　至於要完整理解兩種孝道面向的運作特性,則必須同時從下列角度加以考慮:

　　第一,就孝道在親子或家庭關係上的功能面而言:相互性孝道的影響範疇較廣泛,影響效果也較高;權威性孝道的影響範疇較有限,影響效果也相對較低。以成年子女對父母實際的代間支持行為為例,子女的相互性孝道對於提供父母金錢、家務與情感三種類型的代間支持都有促進效果,但子女的權威性孝道只對其提供給父母的家務支持具有正面影響效果(葉光輝,2009a);究其原因,此種影響範疇與強度的差異,仍和雙元孝道在個體層次所表徵的不同心理運作途徑或模式有關。以自發情感為動力的相互性孝道,其對應的行為實踐內容並不受任何具體規範或標準的侷限,主要核心在於關切父母本身實際的需求與感受是否被滿足、能否再進一步改善,至於子女展現的行為內容是否符合既有規範的要求或社會期待的標準,則非考慮重點;此外,即使是某些具高度文化特定性的子女角色責任,也可以透過情感運作加以內化,讓個人樂於主動實踐這些看似桎梏的角色義務。由此可知,相互性孝道對父母福祉或家庭功能的影響層面較廣泛、影響強度也較高;而以社會公認的角色義務為動力的權威性孝道,除了有某些具體的行為標準可依循(如:是否至少生了一個兒子、是否有與父母同住),行為表現的重點也以是否正確依循規範、能否廣受社會大眾認可為重點,因此只需要做到符合最低限度的基本要求,不致引發批評責難即可,所以無論在影響範疇或作用強度上,相對較為侷限。

　　第二,從對子女個人身心適應與發展的影響來看:相互性孝道對子女個人身心適應的影響效果偏向正面,權威性孝道則較偏向負面的影響效果。理論上,相互性孝道所涉及的心理運作機制,類似以各種可增進父母福祉的行為,同時滿足親子雙方的情感親和需求,例如,提供父母生活費作為表達情感與關懷的形式之一,既可滿足父母的經濟需求,也讓子女在透過情感付出的同時,持續感受到代間關係的連結。因此,這些孝道相關行為表面上看似只對父母有益,可能對子女造成負擔或不公平,實際上卻也同時有益於子女的需求滿足與身心適應。另一方面,權威性孝道涉及的心理機制是依據家庭角色層級階序做出符合標準的行為,由於對應的行為表現並非出自子女個人的主動思考與自發意願,僅是遵照既定的規範行事,其行為動機是以尋求集體認同與社會認可為優先,若沒有相互性孝道的情感運作共同配合,當這些規範與子女自身的想法或能力有所出入時,或父母自身有其他個人化但難以達成的需求或想法,較容易造成子女以自我壓抑或犧牲方式來達成要求,或固著於達到某些具體標準。對於慣用權威性孝道這類互動基模的子女,一旦面對無既定規則可循的狀況或父母個人化的

要求，容易傾向將之視為難以解決的額外壓力或負擔，自然容易對子女身心適應造成負面影響。

在以往系列實徵研究中，兩類孝道與個人性格特質或心理能力的關聯也反映出上述差異，其中相互性孝道越高者，在性格上會展現出較高的外向性、開放性、友善性、嚴謹性，以及較低的神經質；而權威性孝道高者，其性格特質會展現出較高的嚴謹性與神經質，以及較低的外向性、開放性與友善性。此外，相互性孝道背後的親密情感運作，也使其與觀點取替等有益於人際、社會適應的心理能力呈正向關聯，至於以固定角色階序作為人際互動基礎的權威性孝道，則和男性優越、順從權威、保守主義的心態有正向關聯（葉光輝，2009b）。

由上述對雙元孝道運作特性的說明還可發現，相互性與權威性面向雖然是兩種在運作方式與效果上可明確區隔的心理運作成分，但在多數生活情境中，這兩種共存於個體內的孝道或親子互動基模在運作過程中常常彼此相互影響，導致在解讀任何人的親子關係模式或特定的親子互動事件時，並不容易清楚地切割出這兩種孝道各自的作用效果。例如，香港曾有研究訪談長期親自照顧高齡患病父母的華人子女，這些一般常被視為慣用權威性孝道互動基模而極度自我犧牲的孝子／女樣本，雖然認為孝道是其處理與父母關係時的某種指引原則，但在詮釋自己的照顧行為或動機時，並不會將自身行為歸因於只是遵循固定的孝道規範，而是一致地以個人對父母的情感為核心，並參雜成長過程中個人化的親子互動經驗，來說明選擇親自照顧年老父母的成因與意義（Wong & Chau, 2006）。由於這項研究採用口語中籠統的孝道概念進行探討，因此在孝道面向欠缺清楚區隔定義下，容易將一般人視為外在強制約束力的孝道規範（對應於權威性孝道），和在成長過程中長久累積的個人自發情感（對應相互性孝道）混為一談。不過這兩種感受恰好對應於雙元孝道的內涵，都是一般人與父母互動或處理親子關係問題時可清楚意識到的心理基模或動機，只是在欠缺合適的概念工具進行深入探究或應用前，不僅研究者容易誤將以情感為基礎的極端孝行解讀為對傳統規範的重視，就連當事人本身也難以理清規範與情感兩者如何相互影響、強化而形成最終表現出的長期孝行。

正因為這兩種孝道基本面向在日常生活中緊密結合，但兩者的心理運作機制與對個人的作用效果卻又存在明顯差異，因此研究者或實務工作者才更需要合適的概念或理論工具，將相互性與權威性兩種不同性質的孝道從個體心理運作層次加以區隔，如此才能釐清其間複雜的交互影響，而非只是從最終展現的行為結果過度簡化孝道所涉及的心理運作，誤將孝道與順從權威畫上等號。基於雙元孝道的運作性質，當應用此

理論模型來理解、詮釋實際現象或解決實務問題時，還有以下幾項特別需要留意的重點：

1. 雙元孝道面向非互斥對立且有多元化的共同運作模式

由於相互性與權威性兩種孝道面向的運作機制、對個體身心適應的影響效果並不相同，若未從理論層次完整思考，很容易只憑表面印象將之誤解為兩種對立而不相容的心理成分。所謂的二元對立是指同一屬性向度上互斥的兩極端，但相互性與權威性孝道的關係卻非如此，它們是兩種可同時並存於任何個體之內的親子互動基本運作模式；高度重視相互性孝道的人，既可能同樣高度重視權威性孝道，也可能完全不重視權威性孝道。從統計的角度來說，互斥的兩成分之間應該呈現高度負相關，亦即其中一者展現程度越強，另一者的展現程度就越弱，然而，過往所有實徵研究皆一致發現兩種孝道面向具有中等程度的正相關（葉光輝，2009b）。這除了反映兩者在社會功能層次的共通性，也顯示出相互性與權威性面向對個人的影響效果雖有某種程度的正、負之別，但兩者並非彼此互斥對立，而是可共存於個體之內且可共同運作的兩種基本心理機制。而雙元孝道其實有相當多元化的共同運作方式，例如，根據相互性、權威性兩面向的孝道得分高低，可區分出四種不同孝道信念模式類型：兩種孝道面向得分皆偏低的「非孝型」、權威性面向得分偏高但相互性面向得分偏低的「權威型」、相互性面向得分偏高但權威性面向得分偏低的「相互型」、兩種孝道面向得分皆偏高的「絕對型」。這樣的組合方式，顯示出任一類孝道互動基模都是從個人成長過程中與父母互動的實際經驗逐漸發展而成，因此個人對任一孝道互動基模都可能呈現或高或低的認同與慣用程度，而結合雙元面向形成的整體運作類型也有助於掌握更多個人親子互動模式所表現出的差異細節。以往研究就發現，分屬不同孝道組合類型的臺灣青少年在與父母發生衝突的原因、慣用的親子衝突解決策略上，皆顯現出有意義的差異（Yeh & Bedford, 2004）。此外，兩種孝道還可以透過統計上交互作用效果或調節效果的形式，展現出它們對特定現象或行為的共同影響，例如有研究發現，臺灣青少年的權威性孝道信念對其攻擊行為傾向的助長效果，會同時受其相互性孝道信念高低的調節作用所影響。更具體地說，相互性孝道信念較高的青少年，其權威性孝道信念的高、低差異對個體攻擊行為傾向的影響效果不大；但相互性孝道信念較低的青少年，其權威性孝道信念越高者，則其攻擊行為傾向也隨之越高（Yeh, 2006）。這些反映雙元孝道共同運作效果的實徵研究證據，間接說明了雙元孝道之間並非二元對立的關係，在實務工作中亦可多思考如何並用雙元向度對各種行為的作用效果，進行更完

整的分析。

2. 雙元孝道面向各有其正、負向影響效果

在孝道雙元模型系列研究結果中，相互性面向對個人發展適應的正面效果較顯著，權威性面向則對個人發展適應的負面效果較顯著，儘管此種運作效果特色有助於強化兩種孝道在理論層次的區隔，但雙元模型完整的理論觀點仍強調：權威性與相互性孝道面向在個體運作層次皆同時包含正、負向的效果。首先，從家庭或社會層次來看，即可看出權威性孝道仍具有某些與相互性孝道類似的正面功能——維繫家庭和諧為訴求（雖然兩者達成此社會功能的心理運作機制不同）。其次，雙元孝道和其他的性格概念一樣，主要用於反映有意義的個別差異，但未必有絕對的好壞之分，即使從子女個人身心適應層次來看，要判斷任一類孝道互動基模究竟對子女個人造成正面或負面影響，往往需要將具體情境、孝道運作的極端程度等細節納入考量才較周延。要理解相互性孝道對子女個人可能造成的負面影響，不妨從「親職化現象」加以思考，例如曾有研究指出：臺灣獲得孝行楷模表揚的未成年學生，往往是以自願犧牲、體貼又善於照顧家人的「親職化行為」獲得表揚，然而其所承受的超齡壓力及家庭系統中不合理的親子界限、親子角色位置倒轉等問題卻被嚴重忽略（葉致芬，2005）。從親職化子女的表現不難看出，各種貼心的行為、情緒支持，皆與強調親子間親密情感的相互性面向較契合；當子女的相互性孝道信念越高，越可能在家庭遭遇問題時，希望透過為父母分憂解勞來表達自己的情感、拉近與父母的關係，這種無條件的自我犧牲，很容易讓親職化子女不自覺淡化了各種乖巧或孝順表現下無形的壓力、負荷，造成身心上某些潛在的適應問題。由此可知，在理解與評估相互性孝道的運作效果時，若未將整體家庭背景脈絡共同納入考量，忽略了相互性孝道運作的最適狀態是以親子間正向情感的相互循環為核心，只由子女單向的情感付出程度來評估其透過「孝行實踐」所形成的強烈關係連結，反而可能間接鼓勵了未成年子女過度犧牲或超齡的極端孝行表現。至於一般常被認為強調壓抑順從、有礙個人自主思考的權威性孝道，實際上卻有助於促進青少年子女發展出兼顧人際連結與實踐自主決策的「關係自主性」能力（Yeh, 2014）。就心理發展的角度來看，個人出生後第一個經驗到的社會角色即是「子女」，此一角色自然也成為個人學習、內化整套社會規範體系的基礎，所以權威性孝道高代表：子女在成長過程中有較高意願接受父母的教導、較有機會學習到何謂合宜的社會化行為，因而可在涉及人我關係平衡及複雜應對技巧的關係自主性能力上，累積較充足的準備。以往的研究經常選擇性地只關注孝道的正向或負向效果，雙

元模型除了統整孝道的不同運作內涵，更強調權威性、相互性兩種孝道面向之間並無絕對的優劣之分；兩種孝道除了在社會與個人層次各有其功能，同樣也可能在運作不良的狀況下對個人造成負面影響。因此，在任何研究或實務應用中，最好能先拋開對雙元面向個別的價值判斷，才有機會進一步發現情境脈絡、特定孝道面向是否過度極端運作等因素的影響，逐步看出問題的全貌。

3. 將孝道視為理論與概念工具，避免鼓吹或貶抑特定孝道面向

　　雙元模型之所以對孝道進行再概念化，是以本土心理學研究之需要為出發點，嘗試提出合適的理論架構來探討文化是什麼、心理是什麼，以及兩者間的相互關聯，以對在缺乏多元文化意識下所發展出的西方主流心理學進行批判與反思。因此，有關雙元孝道的本土化研究成果，既不是為「復興傳統價值」累積文宣素材，也不宜被曲解為意圖藉由心理學形式重新建構一套「華人的現代倫理」。不可諱言，與現代民主、平權價值較為契合的相互性孝道，確實在不少研究與實務中被當成現代社會或教育制度下推廣孝道的「建議選項」。但正如前文透過各種理論論述與範例反覆強調的，孝道的雙元面向各有其對應的深層基本心理需求，在華人心理運作歷程中，雙元面向更呈現複雜的連動性，任一孝道面向都不可能透過人為手段徹底消失，而大力鼓吹特定孝道面向也可能造成反效果。一旦為相互性孝道設定任何固定表達方式或理想行為標準（例如，臺灣社會近期很流行的洗腳報親恩活動），反而可能干擾人際互動中自然累積的情感，以及基於個人情感所展現出的彈性多元、充滿個別差異的情感互動模式。透過將孝道定位為「由日常親子互動情境所自然形成的脈絡化性格變項」，雙元模型更希望能轉換孝道在當代華人社會中扮演的角色，使其不再淪為道德批判或倫理改造的政治文化工具，而是能幫助每個人透過相互性、權威性面向所對應的心理需求和運作重點，對他人或自己在親子關係中展現的行為模式或心理狀態，有更完整的理解。

參、雙元模型、多元應用：雙元孝道在多元文化諮商中的應用重點

曾有學者指出，文化因素對諮商專業的影響涵蓋以下三種層面：影響在特定社會中（1）真正適用的性格理論內涵；（2）對疾病或適應良好狀態的判斷標準；（3）諮商關係的建構（洪莉竹、陳秉華，2005）。臺灣學界已有一些研究由順從權威、重視人情更甚於強烈自我主張等角度，探討孝道如何影響華人的社會適應判斷標準、諮商關係建構（洪莉竹、陳秉華，2003，2005；許雅惠，2009）。由此不難看出，深入理解孝道的運作意涵，對於在華人社會中實踐多元文化諮商理念與培養的相關知能，有其特殊重要性。前一節最末，主要是根據孝道雙元模型本身的理論架構特性，提醒在一般研究與實務場合中運用此理論模型時可把握的重點。不過，雙元模型可能是目前唯一從心理學角度對界定孝道概念內涵，並針對孝道在個體層次所反映的深層心理機制、運作特徵，以及其在不同層面的影響效果等提出較完整論述的華人本土理論；加上此理論模型對於文化與心理之間的相互關聯著墨較深，或許可為多元文化諮商領域帶來更多不同層面的啟發。

接下來將特別針對孝道雙元模型在多元文化諮商議題上的可能應用進行介紹。雙元模型所處理的孝道概念只涉及單一文化，因而易被誤解為難以擴充個人的多元文化視角，頂多有助於對華人行為模式特色有更全面的了解。不過，個人對於各種異文化的理解、接納與包容，往往奠基於對自身所處文化的深度反思，在以往有關臺灣諮商者文化反省經驗的研究中，雖常提及會尊重案主重視孝道的親子互動模式，但最終卻還是以提供其他可能的替代選項（如，西方諮商理論所建議的思考模式）作為最終的治療手段。這種跳脫文化侷限的認知擴充策略固然有其治療意義，但或許受限於對華人孝道內涵的理解過於刻板，華人諮商者對於文化視角的擴充似乎總是固著於單向式的西風東漸，卻很少有效運用各種孝道論述對個案親子關係運作本質做深入反思，逆向地為西方學界提供值得參考或有助於解決華人親子關係問題的替代模式，以達成對多元文化諮商的徹底通透。在這一節介紹中，將特別加強說明，孝道雙元模型的理論內容對於了解不同文化塑造下的親子關係運作議題或概念有何助益。

一、孝道雙元模型跨文化適用性：如何統整其他文化親子關係運作相關概念

　　雙元孝道概念雖帶有華人文化特色，但其基於親子關係普遍的心理運作結構本質來界定孝道的內容與運作動機，亦同時適用於探討其他文化下的親子關係，並透過雙元面向的區隔反映出有意義的文化差異。值得留意的是，比較不同文化樣本的雙元孝道差異，其目的並不在於根據測量得分的高低判定華人是否更重視「孝道」，否則就落入傳統跨文化比較取向的窠臼。對華人社會或東亞儒家社會之外的其他文化而言，雖然他們同樣能透過實際生活經驗理解、感受親子關係涉及的親密情感、角色義務等運作內涵，但在這些社會中，各種親子關係運作內涵或成分，並不像在華人社會中長期受到特定歷史發展或思想體系的強化，進而相互交織、統整於孝道概念之中，而是被切割為不同的概念，且各個概念僅局部討論親子關係的某一層面。然而華人文化下的孝道概念並非只是這些西方相近概念之個別內涵、影響效果的加總，而是具有大於各部分總和的更高整體效果。因此，雙元模型不僅能呈現孝道在華人文化中完整而繁複的運作樣貌，也有助於了解、整合其他文化所發展出的親子互動相關理論與概念。

　　雙元模型界定的兩種孝道運作面向或親子互動基模，其實在西方歐美社會中都各有類似的對應概念。其中，曾有西方學者提出「孝道的友誼模型」（the friendship model of filial obligation）（Dixon, 1995; English, 1979），其認為孝道的本質應是親子間自發而持續的對等情感，並反對集體主義文化中將父母在養育上的付出、犧牲視為需要償還的恩情，或以義務及道德約束等形式來定義孝道。以平等自發的友誼本質來定義孝道並解釋其運作機制，恰與雙元模型中相互性面向強調的孝道內涵相吻合，這顯示出在其他不受儒家文化影響的社會中，只要子女出生後能在父母提供的穩定照顧關係中順利成長，其同樣可以透過日常生活中頻繁而親近的互動，發展出用以表徵自己與父母間親密情感運作的心理基模，並維持相當穩定的運作效果。友誼模型的理論訴求也強調，在各種普遍情境甚或特例中，自發的、以愛為基礎的代間關係，才是支撐子女孝行實踐的堅實基礎，其效果更甚於道德、義務的強制效果。在一般的文化比較架構下，往往認為西方文化並不認同以父母權威為核心的親子互動關係，不過這並不代表基於親子間的權力不對等現象並不存在，而是文化價值系統與各種制度結構（如：法律、教育等）有意識地約束父母對其角色權威的使用，例如，Baumrind（1991）提出的四類教養模式類型中，民主權威（authoritative）與威權專制（authoritarian）兩類都

涉及父母角色權威的運作，其中仍以兼顧管教權威與回應子女需求的「民主權威」教養模式最有助於青少年子女的正向適應發展。教養類型概念雖是從父母的行為模式切入，看似與孝道（子女方所形成的親子互動基模）完全不同，但從完整的親子互動關係脈絡來看，教養類型其實仍需透過子女對父母權威的知覺或內化程度，進而影響子女的身心發展與適應。此外，西方青少年研究中的「父母權威」（parental authority）概念，也常探討子女對父母權威的知覺與認同程度對青少年子女生活適應的影響（如 Darling, Cumsille, & Martínez, 2008; Smetana, 2000）。上述有關父母權威的心理運作歷程就與權威性孝道的內涵有所重疊或可互通，但這些個別概念對親子關係與青少年子女發展適應的影響都較為片面，不及權威性孝道是在同時統攝「輩分—年齡—性別」三種家庭角色階層結構之下，對於親子關係與子女生活各層面適應發展所產生的長期影響。例如，管教類型與父母權威概念皆聚焦於探討青少年階段的親子關係，且以青少年的偏差行為（如：藥物濫用、偏差行為等）或社會發展為主要議題。這些概念隱含的親子互動機制與對應滿足的心理需求其實和權威性孝道十分相似——透過社會歷程中父母的權威運作，協助子女以符合常規的形式滿足對集體規範的認同與社會隸屬感需求的滿足。因此文化的差異主要顯現在：西方父母權威的運作目標僅止於讓子女成為遵守生活常規的「好孩子」，而較未延伸到對家庭角色階序結構的認同。也因為選擇從較成熟的父母方去約束權力的使用，這些源自西方的概念多是從父母行為模式的角度切入，針對「在權力、資源不對等關係中居於高階位置的父母方如何適當運作自身角色權威」進行概念化；它不同於華人習慣從垂直關係中位居低階的子女方的角度切入，透過各種行為規範的設定強化子女該如何認同或順從父母的權威。

　　整體而言，與雙元面向架構下完整的孝道運作相較，上述介紹的西方相關理論或概念，其實都只涉及親子關係水平或垂直雙元結構的某個特定層面。此外，孝道對華人具有跨生命全程、涵蓋整體社會生活的影響，尤其在雙元面向的交互並用下，迄今各種親子互動現象或新興家庭議題都仍可由不同孝道面向在運作上的相互配合、衝突或失衡來加以解釋。相較之下，前述西方理論或概念都只針對特定發展階段的親子關係運作進行分析，如友誼模型即是探討成年子女對老年父母奉養照顧責任背後的正當性基礎，而涉及父母權威運作的相關概念，則以子女未成年之前的成長階段為主。也因為如此，西方學界在探討或解決社會變遷所衍生的新議題或需求時，常需要另行提出與親子互動基模有關的新概念，但也因僅單獨考慮基於某個特定目的下的親子互動或代間關係運作，導致這些概念經常存在理論或應用上的限制。例如，在高齡化趨勢持續增長、全球經濟不景氣的影響下，西方福利國家也開始尋求家庭共同分擔養老責

任，以減輕大量的高齡照護需求對社會保險制度帶來的沉重負擔。因此近期在歐美社會，除了孝道相關研究逐漸受到重視（如 Lowenstein & Daatland, 2006）外，也有學者提出道德資本（moral capital）的概念，以期在親子間情感並不特別親近、對父母的支持行為不符合對等交換原則的情況時，仍能在子女成長過程中經由代間傳遞的途徑，將各種相關的社會規範加以內化，以確保子女願意實踐年老父母的奉養照顧義務（Silverstein, Conroy, & Gans, 2012）。

　　道德資本概念雖不涉及父母權威或家庭權力階序的運作，卻仍和權威性孝道的運作特徵有所呼應，亦即兩者同樣顯現出透過個人對子女角色特定義務的內化與實踐，來滿足集體認同或歸屬感之需求。然而在孝道雙元模型中，子女的奉養照顧意願與行為，主要受到以自發情感為運作基礎的相互性孝道影響，而權威性孝道的運作僅是作為輔助，例如：強化子女在特定面向上提供基本協助或支持，或是在代間關係疏離情況下，讓子女基於社會規範提供最低限度的支持照顧。相對而言，道德資本概念架構既欠缺家庭權力階序結構來凸顯父母福祉的優先性，又不強調以親子間的情感作為子女實踐奉養照顧義務的基礎，因此在難以對子女奉養義務提供合理基礎下，此概念最後僅能轉而強調以父母的「身教」作為奉養義務規範的代間傳遞途徑。然而，有效的身教並不容易在親子雙方欠缺情感基礎下順利傳遞，最終或許還是需要透過雙元孝道之間相輔相成的運作效果，才能清楚闡釋道德資本的運作內涵。由此可知，這些西方親子互動相關概念的運作內涵，除了可透過雙元孝道中某一面向的運作加以說明，若能跳脫單從父母端或子女端切入所造成的概念化差異，以雙元孝道的共同運作或交互作用重新審視各種相關理論或概念的訴求，或許可為子女個人在各種親子互動現象或議題中的行為模式、自我感受、可行的諮商輔導策略等，提供更完整的資訊。

　　在現代化、全球化趨勢下，已少有真正奠基於純粹單一文化的社會，透過雙元模型對孝道深入且完整的理解，有助於整合不同文化下的親子關係運作特徵或揭露其中隱含的特定價值觀。這樣的分析並非要強調孝道概念或雙元模型的優越性，而是希望讓諮商工作者在面對不同文化或價值取向的個案時，避免僅是機械化或形式性地由順從權威與否來掌握文化差異的影響。當對孝道運作內涵有更完整的認識後不難發現：只要孝道雙元面向皆以最適狀態運作，個人並非無條件地順從權威，其實就和西方理論中成熟健康的個體並無兩樣。當透過自發的情感將家庭角色責任內化後，個人既有角色責任觀念，亦具備足夠的代間親密、信任與相互理解，能隨時與父母溝通，並在理解家庭角色階序運作的核心目的下，透過個人化的彈性形式來達成同樣的責任義務。如此一來，在討論個人的親子互動模式或人我關係運作，或是引介某些西方諮商

理論中的觀念時，也將有更多可供運用的概念語彙與實例能相互類比、引導溝通，以緩和案主對諮商理論背後西方價值觀的質疑與抗拒。

二、孝道雙元模型對性別、年齡與社經地位等次文化群體運作特徵之統整

美國心理學界所提出的多元文化諮商理念，原本是以單一社會中各種人口群體的文化多樣性為焦點，從這一角度來看，雙元模型過往基於臺灣學生與成人樣本而得到的一系列研究結果，也可為臺灣社會中不同性別、年齡／世代、社經地位等社會群體的孝道運作特徵提供相當豐富的資訊。

就雙元模型的理論內涵而言，基於性別、社經地位等人口分類架構所形成的不同社會群體（如男／女性族群）在孝道運作特徵上的差異，可由兩種方式加以比較：其一是針對雙元孝道面向的相對重要性進行比較，也就是不同社會群體在兩種孝道面向中較重視何者；其二則是就不同群體對特定一種孝道面向的重視程度有無差異加以比較。不過，與現代價值觀較相近的相互性孝道，其實是目前普遍較受重視的孝道核心面向，臺灣民眾近期以來也穩定地呈現出對相互性孝道重視程度更甚於權威性孝道的基本趨勢（葉光輝，2009b）。因此，各種社會群體在孝道觀念上的差異，目前主要是從對權威性孝道重視程度的不同加以檢視。

（一）性別差異部分

男性比女性族群更重視權威性孝道是兩性在孝道觀念上最主要的差異來源。由於華人的家庭角色權力階序同時統攝了輩分、年齡與性別三重結構，輩分高、年紀長及男性的家庭成員享有較高權力位階，因此權威性孝道原本就帶有男性優勢意涵，並在認同度上反映出明顯的性別差異。由於有不少特定規範是以父系家庭的傳承與運作為核心（如：至少生一個兒子、婚後與男方家人同住等），或強調對社會成就的追求（如：光耀門楣），因此，在維持自身家庭地位優勢與社會期待的影響下，男性對權威性孝道的認同度相對較高；反之，女性作為家庭權力階序中的相對弱勢，對權威性孝道的認同程度明顯較低。至於在相互性孝道面向上，儘管女性較重視且擅長情感表達與營造親密感，因而較有可能慣用相互性孝道這類親子互動基模，但由於相互性孝道已是現代社會中孝道運作的核心面向，一般民眾普遍都對相互性孝道具高度的認同，因此，雖有些零星研究結果顯示女性比男性重視相互性孝道，但差異程度相對較

小、也較不穩定。整體而言，兩性對相互性孝道信念的態度並無明顯差異。

（二）年齡／世代差異部分

由於多數調查研究皆為一次性的橫斷研究，故無法從資料中清楚區分出年齡／世代兩者個別的差異，因為「年紀較大」的樣本似乎理所當然等於出生時代於較早的「傳統世代」。但從時間對個體的影響效果來看，年齡與世代其實是截然不同的概念。隨個人生命發展所造成改變的「年齡效果」，是透過不同年齡層反映個人所處的成長發展進程或已累積的人生經驗差異，而導致不同年齡層族群之間在某些心理與行為運作特徵上存在差異，因此年齡可從個體層次直接分析其作用效果；然而世代則出自人為的劃分，透過將出生於相近歷史時間點上的人們劃分為同一世代群體，以反映出這一世代群體因共同歷經某些特定的歷史事件、社會環境條件而具有某些共同的行為或信念特徵，並可與其他世代群體做出明顯區隔。因此任一個體都會隨時間歷經不同年齡層的變化，但卻只會依其出生年代固定歸屬於某特定世代。

在未分離年齡與世代的個別效果下，以往多數研究都一致發現年長者比年輕人更重視權威性孝道，並將這樣的結果歸因於年長族群的觀念與心態通常較為保守傳統，以及其在家庭與社會中的角色位置和權威性孝道所反映的輩分、年齡結構優勢相符合所致；至於年長與年輕族群對相互性孝道認同則無明顯差異，這是因為雖然相互性孝道的運作基礎偏向民主、平權等現代價值，但其運作功能仍以善待父母與家中長輩為目的，因此年長族群對相互性孝道的認同和年輕族群並無太大分別。此外，當使用可區隔世代、年齡各自效果的統計方法，針對影響臺灣成人樣本孝道信念差異的來源進行比較分析時，則有不同發現：首先，在控制年齡的影響，單純只看世代效果的影響時，由臺灣社會歷史文化發展脈絡可劃分出的四個世代依序是：出生於 1949 年之前價值觀保守的「傳統世代」、出生於 1950 至 1964 年間普遍生長於大家庭環境的「嬰兒潮世代」、出生於 1965 至 1979 年間在臺灣社會轉型期間歷經價值體系混亂而成長的「X 世代」，以及出生於 1980 至 1992 年間生長於高度自由化與個人主義氛圍下的「Y 世代」；然而，上述四個世代之間無論在對相互性或權威性孝道的重視程度上，皆無明顯差異。其次，在控制世代效果之下，年齡的影響效果主要只反映在個人對權威性孝道重視程度的差異上，具體而言，無論出生於哪一世代，個人的權威性孝道信念會隨其年齡發展呈現 U 型曲線變化，其最低點約介於成年初期（35 歲）。這一結果顯示出，年齡對權威性孝道的影響並非單純的線性關係。由於個體在 35 歲前的主要發展任務即是形成清楚自我認同、逐步在經濟與生活運作上不再依賴父母，在個人自

主能力逐漸成熟的過程中，對父母權威的絕對性認同也將隨之下降，所以在成年初期（35 歲）之前會呈現出年紀越大反而越不認同權威性孝道的趨勢；但是到了 35 歲之際，恰是多數成年民眾進入婚姻與職場一段時間後的角色轉換期，在家庭場域為人父母後的教養者角色、在公領域升任小主管或面對職場後進的互動經驗，皆使得在此年齡層以後的民眾有機會成為不同社會階序關係中的上位者角色，因而比處於青年前期者更重視權威性孝道（曹惟純、葉光輝，2014）。

（三）其他社會屬性差異部分

鑑於教育程度、職業聲望、收入水準、居住地區都市化程度等社會屬性之間，經常存在高度連動性，因而此處將這四者放在一起共同討論。教育程度、職業聲望與收入水準皆是判斷個人社經地位的重要成分，三者之間呈現高度的正相關，整體而言，低社經地位者比高社經地位者更重視權威性孝道，而在這三種社經地位屬性中，又以教育程度高低所展現的差異效果最為顯著。這是因為教育程度高或低所伴隨的思考模式差異，與個人對權威性孝道的接受度有直接而強烈的連結，其中教育程度低者，偏好簡單明確的觀點，以及有固定對錯之分的絕對標準，因此較易認同於權威性孝道反映的角色權力固定階序；而思想較開放、認知複雜度較高的高知識份子，較反對教條式或封建保守的觀念，自然較不容易接受權威性孝道。其餘兩種屬性與權威性孝道的運作較欠缺直接對應，只是透過與教育程度的連動性而呈現類似效果，因此職業聲望、收入水準不同者，在權威性孝道認同度上展現的群體差異相對較小，尤其低收入族群雖也比高收入族群更重視權威性孝道，但兩者間的差異並不明顯也較不穩定。至於城鄉居民在孝道信念上的差異，則反映在鄉村居民較城市居民重視權威性孝道，此結果除了可能源於目前臺灣鄉村人口老化程度極高，也和鄉村主要產業特性與家族關係運作的緊密連結有關，亦即這些原因共同強化了鄉村居民對權威性孝道的重視。

除了上述社會屬性所形成的群體差異之外，近年來臺灣社會中有越來越多陸籍配偶，以及許多因就學或就業而長期在臺灣生活的香港人，儘管一般認為這兩種族群和臺灣民眾在文化上有高度同質性，然而過去百年來，兩岸三地在政治、社會制度，乃至歷史、文化發展上，都存在相當程度的差異，三地民眾對孝道信念的態度也因社會文化脈絡差異而展現出不同特色。透過東亞社會調查的跨國資料分析結果發現：兩岸三地民眾雖都對相互性與權威性孝道仍有一定程度的重視，但其信念模式各有不同特徵。整體而言，臺灣社會政治與教育制度長期致力於將孝道價值融入現代生活（如，1960 年代中後期，由政府推行的中華文化復興運動、學校例行的教孝月活動等），因

此臺灣民眾對相互性孝道的認同居三地之冠；香港民眾受英國殖民統治、西化程度較
徹底，使其對於權威性孝道的認同度居三地之末；而中國社會歷來推行許多直接涉及
孝道規範內涵的政策或制度，導致中國民眾對孝道的信念主要與國家的政策訴求密切
關聯，如「至少生一個兒子」這項權威性面向的孝道內涵，由於和一胎化政策有直接
牴觸，因而成為中國民眾最不認同的孝道內涵（Yeh et al., 2013）。

　　值得留意的是，上述整理均以群體層次的比較為主，然而，每個人都身兼許多不
同社會屬性，進行個別諮商輔導時，不宜只從個體的單一屬性（如性別差異）去理解
個人的孝道心理運作特徵；甚至除了考慮個人文化背景或所屬社會群體造成的差異，
還必須同時結合其他背景脈絡，才可能對個人的孝道心理運作模式達成充分理解。例
如，個人的家庭型態就對其孝道信念有顯著的影響，其中來自大家庭（同住的家人超
過 10 人）的臺灣民眾，相對較重視權威性孝道（Yeh et al., 2013）。再者，以性別為
例，女性族群在孝道心理運作上的特徵，其實和女兒、媳婦等家庭角色緊密嵌合，雖
然女性較不認同權威性孝道，但女性族群在不同家庭角色之間也會轉換不同類型的親
子互動基模，以因應情境脈絡需求。因此，當以媳婦身分面對公婆時，由於雙方原就
欠缺自幼共同生活、相處的機會，就心理學上而言（非就儒家倫理或道德層面而言），
經由婚姻關係指定乍然成形的「父母／公婆」角色，與自身在成長過程中受父母長期
照顧、支持培養出的深厚親子情感，確實具有不同的關係本質；且媳婦在家庭中的行
為規範，多半附加於丈夫作為兒子的孝道義務上，互動時難免以強調角色規範的權威
性孝道為主要依循，對克盡本分的注重更甚於自然情感的表露。

三、孝道雙元模型在各種諮商議題上的應用概況

　　當孝道的內涵不再只偏限於順從權威，除了可對各種親子互動議題提出更完整、
具本土契合性的分析與解釋外，也可將孝道運用於更多不同性質的議題上。以下將介
紹國、內外研究引用孝道雙元模型得到的各種結果，其中包含原本就以諮商實務為主
題的應用研究，以及其他有助於諮商者拓展孝道應用層面的相關研究。希望透過這些
實際研究範例，可再次傳達雙元模型的核心訴求——唯有跳脫行為表層的價值態度或
具體的社會規範內容，由親子互動心理基模的角度去定義孝道，正視孝道本身蘊涵的
心理運作功能，才能真正發揮孝道在當代華人日常生活中的應用價值，並對文化與心
理的關聯有更敏銳的覺察。

（一）雙元孝道在諮商關係建構相關議題上的應用

以往孝道在諮商關係建構上的應用，集中於討論孝道對華人案主性格與人際互動模式的影響，卻很少以同受華人文化影響的諮商者作為焦點。李雅文（2006）的研究則聚焦於諮商者本身的感受與治療效能，探討諮商者的相互性孝道對其與家暴個案在關係建構與治療歷程中，可能產生的影響。此研究基於相互性孝道所反映的情感運作意涵，以及其在華人家庭運作中的正面功能，將之定位為「家暴創傷修通程度」指標；換言之，在早年經歷過家暴後，若成年後仍能展現出對相互性孝道的重視，表示其面對父母時以真實的情感互動為基礎，並重新累積親子間的相互理解與信任，此種人際與情緒功能的恢復運作即反映出對自身創傷的真正修通。然而，諮商者的相互性孝道越高，未必有助於與家暴個案的治療關係建構，還必須同時考慮諮商者個人早年的家暴經驗程度而定：（1）當諮商者早年家庭暴力經驗程度低，在面對家暴個案時，其相互性孝道信念越高，越容易陷在對親子間自發情感的高度重視與個案創傷經驗帶來的強烈衝擊之間，並慣以替代性創傷（移情）的方式來消化這些心理矛盾，因而容易在治療關係中出現職業倦怠感受。（2）當治療者早年家庭暴力經驗程度較高，在面對與自身經驗相似的家暴個案時，其相互性孝道信念越高，表示其既具有與個案的相似經驗作為理解、溝通的基礎，又受益於個人的創傷修通，對個案的創傷具備一定程度的免疫力，不易受個案影響而陷入自身尚未解決的親子關係困擾，因此其自評的同理心效能也較高。由此可知，若未區隔「個人情感／角色權力階序」兩類孝道運作重點，孝道概念對評估個人「家暴創傷修通程度」將缺乏著力點。因為只有相互性孝道可反映出源於情感上的原諒與矛盾化解後的關係重建，其意涵迥異於迫於社會期待的孝道壓力維持基本的子女角色義務。

此外，在以孝道理解華人個案的一般關係互動模式時，除了強調華人較期待權威指導式的治療關係，對華人性格有廣泛影響的孝道，也可能展現於諮商關係中各種行為細節中，例如，曾有研究發現華人個案在諮商過程中的抗拒行為表現非常隱微，和其在生活中與父母意見不一致時的因應方式很相似，如：沉默、迴避、表面順從、迂迴回應等（張慈容，2005）。若進一步由雙元模型的理論觀點分別描繪慣用特定孝道互動基模者的關係運作特徵時，同樣面對專業地位較高的對象，慣用相互性孝道者的人際運作除了較類似以對等關係為基礎，也更重視彼此經驗的相互交流；而慣用權威性孝道者，除了較期望角色階序明確的指導式關係外，指導內容最好先從有絕對正確標準可依循的做法開始著手，才較符合其對「專業意見」的想像，也更容易被個案接

受。再者，慣用權威性孝道者通常很少思考或分享個人感受，而認為處理人際關係的重點在於釐清自身角色定位與要求；在以往的研究訪談經驗中，當研究者鼓勵其主動表達某些情緒感受時，其可能無法理解此類要求的重點而出現「無回應」或轉移話題的狀態，但此種表現仍和「抗拒」存有微妙的差異。若在諮商情境中能考量相互性與權威性兩類互動基模的區隔，或許可更完整地了解個案面對一般社會關係時習慣的行為模式，也有更多參考資訊可分辨個案行為細節所隱含的深層意義。

（二）雙元孝道在各類諮商相關主題上的應用

在孝道的影響下，華人社會對個人、家庭事務的劃分標準與西方社會存在明顯差距，許多在西方被視為純粹個人議題的事務（如：個人職業生涯選擇、擇偶），在華人社會則普遍被視為重要的家庭事務。以下介紹幾類對諮商領域較有直接參考價值的孝道應用研究。

第一類研究是藉由孝道雙元模型理論架構，來解讀在西方社會中較少從親子互動角度切入的新興社會議題。例如近年來，在少子化與全球經濟蕭條、就業機會難覓的現實條件下，經濟上無法自主獨立、依附父母維生，且伴隨各種社會退縮症狀的青年人數增多，此現象在全球社會都曾掀起討論熱潮（如：英國社會率先提出的「NEET族」、日本社會的「繭居族」等）。此議題在西方較常從社會結構層次的世代不平等或世代特性加以解讀，在華人社會則習慣以「不孝」或「孝道式微」來批判此類啃老現象。臺灣則有研究基於孝道運作，從親子互動角度說明華人家庭中，青年滯家行為背後的慢性形成機制，並透過相互性與權威性孝道運作無法相互配合所導致的家庭互動失衡情況，來說明滯家青年兼具強烈情感連結與疏離抗拒的僵化親子互動模式（黃兆慧，2005）。此研究顯示出，相對從文化規範或道德角度將此類滯家現象視為不孝的表現，唯有從孝道的心理運作形式（雙元面向）切入，才有助於詮釋滯家青年個案對父母的情感依賴，以及其自覺無法以文化期許之形式回報父母的矛盾感受，繼而有助於諮商輔導的介入。

第二類研究則是透過孝道運作，探討一般常被歸入學校諮商範疇的議題。在西方社會中，學業成就表現與生涯決策歷程往往從學生個人興趣、能力特質的差異加以探討，且強調與學業相關行為都應出自個人內在動機，而非只是為了滿足他人（父母）要求或期待；但在華人儒家文化「萬般皆下品，唯有讀書高」觀念下，個人的學業表現與生涯選擇常被置於某種絕對標準下加以評價，學業表現也成為未成年子女首要的角色義務。因此，學業成就與生涯選擇不僅是華人代間互動的核心主題，也深受子女

孝道基模運作影響。曾有研究（Chen & Wong, 2014）探討大學生的雙元孝道信念與學習動機的關聯，其認為經由相互性與權威性孝道所反映的社會化機制，會使慣用特定孝道基模的學生形成不同性質的自我效能觀點，進而對其學習動機、學業成就產生不同影響；其中，奠基於實質互動經驗的相互性孝道，有助於學生相信可透過學習改善自身能力，而強調遵從既定規範的權威性孝道，則易讓學生認為自身內在能力是固定的，減低其面臨學習瓶頸或困難時的努力程度。此外，華人青年的孝道態度對其生涯決策歷程亦有重要影響，Jin、Yuen 與 Watkins（2007）曾以研究所畢業生為樣本，探討雙元孝道所反映的代間互動基礎差異如何影響子女對父母期望產生不同知覺，其中，相互性孝道高者，其親子互動模式強調對雙方個體獨特性的表達與理解，此種互動模式除了能促進華人青年投注更多時間、心力對自身生涯選擇的可能性進行實質探索，並會在決策歷程中向家人或其他可提供資訊的對象徵詢意見，有助於深度認同自身的決策結果；然而權威性孝道高者，表示子女認為父母的期望和一般社會標準相同（如：光耀門楣、繼承家業），此種信念易導致華人青年基於固定判斷標準，在未進行深入自我探索下，預先傾向某些最保險的生涯選擇。

第三類研究則透過雙元孝道對華人的身心適應或行為模式的影響，提出更細緻的分析。例如，黃瓊慧（2010）曾探討雙元孝道運作對成人完美主義與身心適應的影響。由於孝道是華人首要生活德行，深刻影響一般民眾的日常適應，成人生活中的許多問題或衝突（如：職業、配偶、居住安排的考慮標準，以及不同家庭角色間的衝突等）往往涉及孝道內涵但卻沒有完美的標準答案，企圖尋求完美解決常是造成個人壓力或身心適應不良的來源。而個人性格中完美主義的運作機制，也與其孝道基模所反映的人際運作與思考模式密切關聯；其中慣用相互性孝道基模者，雖然會為自己設定高度完美的自我標準，但在自我期待與實際表現之間的落差則偏低，對於完美主義心態調適狀況較佳；而相互性與權威性孝道並重者，不僅會設定高度的自我標準，還要求自己的行為表現必須井井有條、完全符合規則，此種較欠彈性的完美主義運作方式，也導致這類人容易感覺自我期待與實際表現間存在許多落差，也就是認為自己仍不夠完美，因此會造成較大心理壓力。

其次，由於孝道概念是以子女對父母的互動準則為核心，相關研究往往只聚焦於孝道對子女的影響，事實上，在華人社會中，孝道的運作及由其衍生的家庭系統問題也經常顯現在父母對子女的孝道期待上。劉碧素（2006）曾引用雙元孝道模型探討祖孫三代間在孝道行為與知覺上的相對差異，其研究發現：不同世代對下一代孝順程度的感受，分別與不同類型的孝道行為表現對應，其中祖代對其子代孝順程度的感受是

以子代表現的「相互性孝道行為」為主；而子代對孫代孝順程度的感受則與孫代的「權威性孝道行為」表現有關。由理論層面來解釋，這是因為年邁的第一代已不再以充滿權威的家長自居，反而渴求第二代的成年子女主動的情感關懷；而已屆中年、常被戲稱為「夾心餅乾」的第二代父母，面對第三代尚未成年的子女時，則認為子女「符合社會期待」、「聽話」的行為更接近孝道的典型表現。上述研究一方面彰顯了孝道在華人性格的廣泛影響，另一方面也對兩種孝道在個體不同生活層面上的表現方式與行為細節，以及子代孝道實踐與親代孝道期待之間的落差提供了豐富的資訊。

（三）雙元孝道在高齡諮商領域中的前瞻應用

　　曾有研究指出，「重老的社會才可能重孝」（楊國樞、葉光輝，1991）。雖然雙元孝道在社會層次的功能皆以增進老年父母福祉、強化家庭負擔養老責任為主，不過孝道的運作內涵遠超過對父母奉養照顧責任。從當代老人心理學的理論觀點來看，孝道不僅是有助於滿足高齡者社會心理需求的重要機制，且可用來反思西方社會中某些高齡福祉政策訴求隱含的文化偏誤。

　　首先，高齡者的社會心理發展以統整個人的一生經歷、找到生命的意義為核心（Erikson, 1982）。而無論是對老化的適應、理解晚年階段在生命中的價值，其實都需透過與家人、後代的情感互動歷程才能逐漸達成目標。根據社會情緒選擇論（socioe-motional selectivity theory）的觀點，年輕人傾向不斷拓展新的人際關係，為未來生活累積重要的社會資源，年長者則會選擇將時間心力投注在少數長久累積且具情感重要性的既有關係上，如子女、孫子女、親人或老友等（Carstensen, Isaacowitz, & Charles, 1999）。雖然一般常認為孝道是單向要求子女承擔責任與犧牲，事實上，孝道對家庭養老責任的強調並非以經濟要求為優先，而是重視以家庭場域的情感滿足為核心，並透過涵蓋生活各層面的照顧行為來促進高齡父母在此生命階段的心理發展適應。因此，各種孝道行為其實都可視為對家中長輩的情感表達與對其人生價值的理解與肯定。

　　再者，致力於探討個人如何因應死亡焦慮的恐懼管理理論（terror management theory, TMT）（Rosenblatt, Greenberg, Solomon, Pyszczynski, & Lyon, 1989）認為，當個人感受到死亡迫切性時，為了緩解死亡帶來的恐懼與焦慮，會促使其更認同自身所處文化的價值觀，以將個人有限的生命與永恆不斷的文化傳承相結合；臺灣的研究也發現，高齡者個人的孝道觀念及所感受到的子女孝行，確實具有緩解死亡焦慮的防衛作用（邱怡貞，2007）。這說明了年長者對權威性孝道的重視，其實含有透過具文化特色的價值觀來因應死亡焦慮的防衛心態，因此其對於自身孝道觀念的堅持更為固著、

難以改變。由此不難看出，孝道概念其實和西方不少與高齡福祉有關的心理學理論相互呼應。無論是反映自發情感的相互性孝道、反映家庭與社會角色階序的權威性孝道，都可能為華人高齡族群不同的社會心理需求提供不同的滿足管道，若能將雙元孝道面向和這些老人心理相關理論加以整合，將有助於華人高齡諮商領域研究的發展與應用。

另一方面，在當前全球高齡化趨勢下，許多重要的國際組織皆陸續提出各種有助於提升高齡者福祉的政策方針，其中最廣為流傳者莫過於世界衛生組織提出的活躍老化概念（active ageing）（World Health Organization, 2002），不過，源自西方社會的活躍老化概念是以強化高齡者的獨立能力、社會參與為核心，和華人高齡族群以家庭情感滿足為核心的晚年生活期待有所差距。國際上亦有學者批判過度強調獨立生活能力、反依賴的高齡政策訴求，認為此種做法可能流於以青年本位主義的心態來界定老人福祉，容易造成另一種隱形的社會排擠，因此轉而強調照顧關係中雙方的互依性（Plath, 2008），而此種互依性的運作和以自發情感為基礎的相互性孝道有所呼應（親密情感的表達可同時滿足雙方的關係需求）。在此觀點下，相互性孝道不僅讓年長父母能更自在尋求需要的協助，甚至也有助於家人或不同性質的居家照顧者樂於融入照顧關係中。

若從更具體的運作範例來看，土耳其曾有研究（Mottram & Hortacsu, 2005）從相互性孝道的運作機制，探討成年女兒與年老母親的代間關係發展，特別是高齡母親在母女關係中的角色反轉適應歷程；此研究特別強調反映個人情感與親密關係的相互性孝道，它不同於以家庭整體和諧、父母期望為基礎的集體主義價值規範，可凸顯在成長過程中親密的母女互動經驗基礎下，女性生命週期的某些角色轉換關鍵（如：結婚、為人母）將可強化成年女兒的同理心，使其對年老母親的支持行為顯現出與相互性孝道相應的個人情感特徵。相互性孝道除了讓女兒較不會將照顧母親視為負擔，也有助於高齡母親在喪偶或健康狀況衰退後，較能接受自己對女兒的依賴，並將此種「照顧者－被照顧者」的角色反轉視為女兒對自己的情感回報，而非自己失去生活自主權。此外，香港研究也發現，相互性孝道對高齡臨終者或失能者的心理適應、照顧關係建立均有所助益，其主要運作機制仍是透過子女在互動時展現出的相互溝通與情感表達，使這些臥病老人仍覺得自己能透過相互陪伴、談心，為子女提供情感支持，因而提升其自我價值感，並促進照顧關係的良好運作（Chan et al., 2012）。

最後，在人口結構高齡化發展趨勢下，專業或受聘之照顧者的工作關係建立及其照顧品質，也可從孝道運作找到合適的切入角度加以探討。由於高齡照顧工作者不外

是按時提供居家服務，或提供全天候長時間的看護與日常活動協助，因此其不僅與受照顧的高齡者有密集互動、替代其子女實踐孝道責任，也常需要與周邊家人溝通或交換資訊。此種「類家人」的工作角色，也讓孝道成為可能有助於其形成工作認同與融入工作場域的重要價值信念（Wang, 2002）。目前臺灣社會仍仰賴大量東南亞的外籍看護彌補高齡照護人力的缺口，除了常見的語言與基本照顧技巧訓練之外，有助於照顧關係運作、理解周邊家庭角色階序運作原則的雙元孝道概念，對於這些外籍移工的職場適應或許能提供不同角度的協助。

肆、結語：從深層心理結構廣納多元文化

在多元文化諮商理論中曾透過「文化膠囊」（cultural encapsulation）（Wrenn, 1962）概念，來說明僅持單一文化觀點的諮商者，在面對不同文化個案時僵固的理解方式，容易導致以刻板印象取代真實世界，形成以堅持普遍真理、強調技術取向的諮商理論。然而，若只是將各種文化視為一套套可清楚區隔的固定行為模式，面對不同文化的個案時分別採用某些固定的行為解讀技巧，即使將文化差異納入考慮，仍可能落入「文化膠囊」的思維模式。誠如前文曾提及的，不斷地吸收各種異文化相關知識未必能真正深入掌握這些不同文化的運作重點，唯有諮商者對自身文化的態度達成深切理解，在面對任何熟悉或陌生的文化時，才能掌握適用於自身的反省與比對基準。本章介紹的孝道雙元模型，將以往被視為「華人獨有的特定文化信念」的孝道，以心理學角度重新進行再概念化，其實也就是打破以順從權威來理解所有華人行為模式的膠囊化思維，改從個體的深層心理結構去理解親子互動基模在華人文化下的展現方式及個別差異的形成基礎。舉例來說，當孝道被視為專屬於某群人的「文化共識」，要釐清此種文化共識的內涵，自然需要先確認這群人所處的具體時空脈絡，這些具體的脈絡界限其實就像個文化膠囊，讓我們只看得到其中所有個體的同質性，難以回歸到個體層次同時考慮個人行為中來自文化、社會屬性及個別差異的可能影響。

誠如最重視個人主觀經驗的現象學派心理學家羅傑斯所言：「深入挖掘最個人化的經驗，往往能呈現出最普遍的人性。」（Rogers, 1961）。當我們對自身心理經驗進行誠實而深入的反思與探索，其實也就從受特定文化所塑造的表層心態，逐漸通向深層的普遍心理結構或需求。雖然在多元文化或文化多樣性的訴求下，個人一旦認同某種特定的文化價值或觀點，似乎就難免陷入不夠客觀的困境，但是不受任何文化影響、超然獨立於任何文化心態之外的「個體」並不存在。將對個人所處的文化進行反

思與探源作為理解文化多樣性的起點，並非是自限於自身的文化內涵中，而是先從自己最熟悉、容易進入的在地文化開始，試著思考所謂文化究竟對自己的基本價值觀與行為模式帶來哪些影響、影響程度又有多大；在此階段，與陌異文化的對話交流主要是為了反映自身文化有何欠缺或偏重之處，就如余德慧（2010）引介法國人文學者于連提出的「在地遷迴」策略時指出：于連特意至中國研究漢朝經典，是為了了解西方的源頭；正因為研讀中國經典可發現其中哪部分是西方社會從未發展過的，並從西方所欠缺的空隙做深入檢討，而使其對西方文化源頭有更完整的掌握。唯有先對自身文化源頭有更完整的掌握，個人才可能憑藉此基礎，逐漸發展出以自身文化心態模式作為比較基準的文化敏感度，不再將其他文化的內涵視為某些固定的教條知識，而是透過個人化的方式，將對文化差異的評估納入自己的思考方式中。

本章所介紹的孝道雙元模型，一方面是從華人本土心理學角度重新說明孝道信念的運作內涵，另一方面也透過孝道所反映親子互動基模與西方親子互動的運作核心相比對，以說明文化與心理的關聯。希望這樣的介紹有助於華人諮商者重新思考華人親子互動與社會關係的複雜性，進而對自身文化源頭有更充分的理解，逐漸培養出契合自身狀態的文化敏銳性。而多元文化理念的實踐，不該只是讓人感受到「原來不同文化有這麼大的差異」，而是要讓個人體認到：原來在彼此迥異、衝突的行為模式之下，總有某些共通之處，可作為彼此理解、溝通與相互欣賞的基礎。

討論問題

1. 本章從心理學角度將「孝道」定位為華人日常親子互動脈絡下自然形成的「脈絡化性格變項」，接著根據親子關係兼具水平與垂直關係的結構本質介紹孝道雙元模型，分別提出兩種孝道對應個體與父母互動時的兩類基本心理基模。請參照脈絡化性格變項的定義，重新思考西方文化脈絡所發展的「依戀」理論：依戀理論反映出什麼樣的親子關係本質？在其理論架構中，子女與父母互動時又依循哪些行為原則？依戀風格對子女後續發展或成人生活的影響如何？接著，請試比對「孝道雙元模型」與「依戀理論」兩者的異同，以及「文化脈絡」如何影響這兩個理論對親子互動基模的概念化方式？

2. 透過本章介紹可知，孝道並非只侷限於規範子女對老年父母的奉養照顧責任，而會廣泛影響華人生活各層面的心理運作。目前雙元孝道概念已被應用在學習動機、生涯探索、成人完美主義、滯家青年的慢性形成機制、高齡者的老化適應等多樣化的研究議題上，請結合自己的經驗或專長，試著思考「孝道」在華人諮商中還可以有哪些不同的應用？例如，還有哪些議題、對象或新興的家庭與社會現象可從孝道的角度切入來解釋？

學習活動

1. 雖然孝道常被視為華人文化的首要特色，但即使同樣身為華人，仍可能受其他類型的「（次）文化」差異所影響，而有不同的孝道觀念或態度。請在生活周遭分別找一位不同性別、一位不同年齡或世代的朋友、親戚或鄰居，先分享彼此的成長背景與重要的家庭互動經驗，接著再共同討論你們各自對「孝道」的定義，以及你們認為哪些行為、做法最能代表孝的內涵。接著請從這段互動討論過程思考：若只將孝道定位為「華人共有的文化信念」，是否有所不足或侷限？你覺得與一般人討論彼此都很熟悉的孝道，是很容易達成理解與共識，或是存在微妙而不易清楚溝通的差異？你會如何看待各種（次）文化因素與孝道的關聯？對你而言，這次的互動經驗與反思是否在你的專業知能訓練上帶來新的收穫？

2. 你覺得在現實生活中，親子之間真的可能存在「個體對個體」的水平式關係運作嗎？在這樣的關係互動模式下，還有孝道運作的空間嗎？請先觀賞日本宮崎

駿導演的動畫電影《崖上的波妞》，並觀察劇中男主角「宗介」與母親「理莎」的互動模式，再重新思考所謂「個體對個體」的關係其關鍵的核心特色是什麼？如何才能跳脫表面形式化的平等，而達成親子間對等的理解？劇中的男主角與母親之間是否仍存在「垂直式的家庭角色關係」，或此種關係結構在他們的互動中已逐漸退化？你覺得男主角與父母的互動中，有任何與孝道有關的行為表現嗎？請運用這些觀察結果來統整、擴展你對孝道運作內涵的理解。

 參考文獻

中文部分

呂妙芬（2011）。孝治天下：《孝經》與近世中國的政治與文化。臺北市：聯經。

余德慧（2010）。後現代本土心理學的片語——于連是對的。東華大學諮商與臨床心理學系、中央研究院民族學研究所主辦「華人本土心理學跨向 21 世紀學術論壇：再反思、多元實踐及新發展研討會」宣讀之論文，花蓮縣。

李雅文（2006）。早年家庭暴力經驗與創傷修通對心理治療者效能影響之研究（未出版之碩士論文）。國立臺灣師範大學教育心理與輔導研究所，臺北市。

邱怡貞（2007）。孝道與死亡焦慮緩解之探討（未出版之碩士論文）。國立屏東教育大學心理與輔導研究所，屏東市。

洪莉竹、陳秉華（2003）。諮商員專業發展歷程之文化反省經驗。教育心理學報，**35**（1），1-18

洪莉竹、陳秉華（2005）。臺灣諮商人員對西方諮商與華人文化信念衝突的轉化經驗。教育心理學報，**37**（1），79-98。

許雅惠（2009）。臺灣諮商人員諮商關係建構經驗之分析研究。中華諮商與輔導學報，**26**，85-119。

張慈容（2005）。多元文化諮商中抗拒的文化理解（未出版之碩士論文）。國立政治大學教育研究所，臺北市。

曹惟純、葉光輝（2014）。高齡化下的代間關係：臺灣民眾孝道信念變遷趨勢分析（1994-2011 年）。社會學研究〔中國〕，**170**，116-144。

黃兆慧（2005）。「滯家青年」：家庭危機的守護天使？——以脈絡化觀點詮釋青年社會退縮者的滯家現象（未出版之碩士論文）。國立臺灣師範大學教育心理與輔

導研究所，臺北市。

黃瓊慧（2010）。**成人完美主義、孝道信念與心理健康之相關研究**（未出版之碩士論文）。國立臺灣師範大學教育心理與輔導研究所，臺北市。

黃進南、郭世婷（2012）。諮商師和通譯員在心理諮商中的合作。**臺灣心理諮商季刊，4**（2），12-21。

楊國樞（1985）。現代社會的新孝道。**中華文化復興月刊，19**（1），51-67。

楊國樞（2004）。華人自我的理論分析與實徵研究：社會取向與個人取向的觀點。**本土心理學研究，22**，11-80。

楊國樞、葉光輝（1991）。孝道的心理學研究：理論、方法及發現。載於高尚仁、楊中芳（主編），**中國人·中國心——傳統篇**（頁 193-260）。臺北市：遠流。

葉光輝（2009a）。臺灣民眾的代間交換行為：孝道觀點的探討。**本土心理學研究，31**，97-141。

葉光輝（2009b）。華人孝道雙元模型研究的回顧與前瞻。**本土心理學研究，32**，101-148。

葉光輝（2017）。**從親子互動脈絡看華人性格的養成**。臺北市：五南。

葉光輝、章英華、曹惟純（2012）。臺灣民眾家庭價值觀之變遷與可能心理機制。載於伊慶春、章英華（編），**臺灣的社會變遷 1985-2005：家庭與婚姻，臺灣社會變遷基本調查系列三之一**（頁 29-73）。臺北市：中央研究院社會學研究所。

葉致芬（2005）。**孝悌楷模的家庭系統運作**（未出版之碩士論文）。國立彰化師範大學輔導與諮商研究所，彰化市。

劉安真（2006）。諮商師訓練的新挑戰——論多元文化諮商能力與訓練。**弘光人文社會學報，4**，167-185。

劉碧素（2006）。**探討影響世代孝道行為之相關因素**（未出版之碩士論文）。國立臺北護理學院護理研究所，臺北市。

英文部分

Ayçiçegi-Dinn, A., & Caldwell-Harris, C. L. (2013). Vertical collectivism, family-consciousness and urbanization in Turkey. *Elektronik Sosyal Bilimler Dergisi, 12*(47), 232-251.

Baumrind, D. (1991). The influence of parenting style on adolescent competence and substance use. *Journal of Early Adolescence, 11*(1), 56-95.

Benet-Martinez, V., Donnellan, M. B., Fleeson, W., Fraley, R. C., Gosling, S. D., King, L. A.,

Robins, R. W., & Funder, D. C. (2015). Six visions for the future of personality psychology. In M. Mikulincer, P. R. Shaver, M. L. Cooper, & R. J. Larsen (Eds.), *APA handbook of personality and social psychology, Volume 4: Personality processes and individual differences. APA handbooks in psychology* (pp. 665-689). Washington, DC: American Psychological Association.

Berger, P., Davie, G., & Fokas, E. (2008). *Religious America, secular Europe? A theme and variations*. Aldershot, UK: Ashgate.

Carstensen, L. L., Isaacowitz, D., & Charles, S. T. (1999). Taking time seriously: A theory of socioemotional selectivity. *American Psychologist, 54*, 165-181.

Chan, C. L.-W., Ho, A. H.-Y., Leung, P. P.-Y., Chochinov, H. M., Neimeyer, R. A., Pang, S. M.-C., & Tse, D. M.-W. (2012). The blessings and the curses of filial piety on dignity at the end of life: Lived experience of Hong Kong Chinese adult children caregivers. *Journal of Ethnic and Cultural Diversity in Social Work, 21*(4), 277-296.

Chen, W-W., &Wong, Y-L. (2014). What my parents make me believe in learning: The role of filial piety in Hong Kong students' motivation and academic achievement. *International Journal of Psychology, 49*(4), 249-256.

Darling, N., Cumsille, P., & Martínez, L. (2008). Individual differences in adolescents' beliefs about the legitimacy of parental authority and their own obligation to obey: A longitudinal investigation. *Child Development, 79*(4), 1103-1118.

Dixon, N. (1995). The friendship model of filial obligations. *Journal of Applied Philosophy, 12*(1), 77-87.

English, J. (1979). What do grown children owe their parents? In O. O'Neill & W. Ruddick (Eds.), *Having children: Philosophical and legal reflections on parenthood* (pp. 351-356). New York, NY: Oxford University Press.

Erikson, E. (1982). *The life cycle completed*. New York, NY: Newton.

Giddens, A. (1992). *The transformation of intimacy: Sexuality, love, and eroticism in modern societies*. Cambridge, UK: Polity.

Hamilton, G. G. (1990). Patriarchy, patrimonialism, and filial piety: A comparison of China and Western Europe. *British Journal of Sociology, 41*(1), 77-104.

Horney, K. (1937). *The neurotic personality of our time*. New York, NY: Norton.

Horney, K. (1945). *Our inner conflicts*. New York, NY: Norton.

Jin, L., Yuen, M., & Watkins, D. (2007). The role of filial piety in the career decision processes of postgraduate students in China. In J. A. Elsworth (Ed.), *Psychology of decision making in education, behavior and high risk situations* (pp. 243-255). New York, NY: Nova Science Publishers.

Lowenstein, A., & Daatland, S. O. (2006). Filial norms and family support in a comparative cross-national context: Evidence from the OASIS study. *Ageing & Society, 26*, 203-223.

Lum, T. Y. S., Yan, E. C. W., Ho, A. H. Y., Shum, M. H. Y., Wong, G. H. Y., Lau, M. M. Y., & Wang, J. (2015). Measuring filial piety in the 21st century: Development, factor structure, and reliability of the 10-item contemporary filial piety scale. *Journal of Applied Gerontology*,doi:10.1177/0733464815570664.

Markus, H. R., & Kitayama, S. (1991). Culture and the self: Implications for cognition, emotion, and motivation. *Psychological review, 98*(2), 224-253.

Mottram, S. A., & Hortacsu, N. (2005). Adult daughter aging mother relationship over the life cycle: The Turkish case. *Journal of Aging Studies, 19*(4), 471-488.

Pervin, L. A., & Cervone, D. (2010). *Personality: Theory and research* (11th ed.). Hoboken, NJ: John Wiley and Sons.

Plath, D. (2008). Independence in old age: The route to social exclusion? *British Journal of Social Work, 38*, 1353-1369.

Rogers, C. R. (1961). *On becoming a person*. Boston, MA: Houghton Mifflin.

Rosenblatt, A., Greenberg, J., Solomon, S., Pyszczynski, T., & Lyon, D. (1989). Evidence for terror management theory I: The effects of mortality salience on reactions to those who violate or uphold cultural values. *Journal of Personality and Social Psychology, 57*(4), 681-690.

Shweder, R. A., Goodnow, J., Hatano, G., LeVine, R. A., Markus, H., & Miller, P. (1998). The cultural psychology of development: One mind, many mentalities. In W. Damon & R. M. Lerner (Eds.), *Handbook of child psychology: Vol. 1 Theoretical models of human development* (pp. 716-792). Hoboken, NJ: John Wiley & Sons.

Smetana, J. G. (2000). Middle-class African American adolescents' and parents' conceptions of parental authority and parenting practices: A longitudinal investigation. *Child Development, 71*(6), 1672-1686.

Silverstein, M., Conroy, S., & Gans, D. (2012). Beyond solidarity, reciprocity and altruism:

Moral capital as a unifying concept in intergenerational support for the elderly. *Ageing and Society, 32*(7), 1246-1262.

Wang, F. T. Y. (2002). Contesting identity of Taiwanese home-care workers: Worker, daughter, and do-gooder? *Journal of Aging Studies, 16*(1), 37-55.

Wong, O., & Chau, B. (2006). The evolving role of filial piety in eldercare in Hong Kong. *Asian Journal of Social Science, 34*(4), 600-617.

World Health Organization. (2002). *Active ageing: A policy framework.* Madrid, Spain: Ageing and Life Course Program, Second United Nations World Assembly on Ageing Press.

Wrenn, C. G. (1962). The culturally encapsulated counselor. *Harvard Educational Review, 32* (4), 444-449.

Yeh, K. H. (2003). The Beneficial and harmful effects of filial piety: An intergrative analysis. In K. S. Yang, K. K. Hwang, P. B. Pederson, & I. Daibo (Eds.), *Asian social psychology: Conceptual and empirical contributions* (pp. 67-82). Westport, CT: Greenwood.

Yeh, K. H. (2006). The impact of filial piety on the problem behaviours of culturally Chinese adolescents. *Journal of Psychology in Chinese Societies, 7*(2), 237-257.

Yeh, K. H. (2014). Filial piety and autonomous development of adolescents in the Taiwanese Family. In D. L. Poston, Jr., W. S. Yang, & D. N. Farris (Eds.), *The family and social change in Chinese societies* (Chap. 2, pp. 29-38). New York, NY: Springer.

Yeh, K. H., & Bedford, O. (2003). A test of the Dual Filial Piety model. *Asian Journal of Social Psychology, 6*(3), 215-228.

Yeh, K. H., & Bedford, O. (2004). Filial belief and parent-child conflict. *International Journal of Psychology, 39*(2), 132-144.

Yeh, K. H., Yi, C. C., Tsao, W. C., & Wan, P. S. (2013). Filial piety in contemporary Chinese societies: A comparative study of Taiwan, Hong Kong, and China. *International Sociology, 28*(3), 277-296.

Chapter 8 民俗／宗教療癒做為文化諮商的另類形式：人文臨床學觀點

▎余安邦

<blockquote>
我就像一位旅人，
到得了港口卻無人等候。
我是怕羞的旅人，
穿行在陌生的人流中。
看人擁抱和微笑，
可惜全都不是為了我。
我是寂寞的旅人，
獨自豎起大片的衣領，
立在冰冷的碼頭。

——〈旅人〉，杜斯·羅伊納斯[1]
</blockquote>

　　坐在書桌旁，正式提筆書寫本文之前不久，我正在閱讀露絲·貝哈的《動情的觀察者：傷心人類學》（引自韓成艷、向星譯，2012）這本書。閱讀過程中，我屢屢被作者全然地敞開心扉、動情的書寫及坦誠的抒情話語感動不已。譬如露絲在該書致謝詞中說：「那些允許我進入他們生活知道我要書寫他們的人，我永遠都無以回報，我沒有辦法讓自己變得足夠動情。」（頁6）。

　　於該書目錄之前一頁，露絲引用了古巴詩人杜斯·羅伊納斯（Dulce Maria Loynaz, 1902-1997）〈旅人〉這首詩（如前）。頓時，我彷彿覺得自己就是這位旅人，孤獨而

---

[1] 杜斯·羅伊納斯（Dulce Maria Loynaz, 1902-1997），古巴詩人，1992 年獲得塞萬提斯文學獎。著有《詩韻》、《不知名的詩篇》等。援引並修改自《動情的觀察者：傷心人類學》（露絲·貝哈著，韓成艷、向星譯，2012），頁 1。

寂寞地行走在冰冷的、冬日的港灣。一個人,沒有朋友。

對我來說,當我在思考、探索及回顧「文化諮商」(我認為「人文諮商」這個詞也許更恰當些)的臺灣經驗時,我不也就是一位「旅人」了嗎?當我「手裡握著筆,放棄了幻想其他世界存在的可能性,屈服於棘手的現實」,我覺得自己彷彿踏上了「一條不能回頭的隧道之旅,我望不到出口,但我知道它一定就在那裡。我不能回頭,只能繼續往前走,一步一步,直到終點。」(露絲·貝哈,引自韓成艷、向星譯,2012,頁6)。

壹、文化(人文)諮商的宗教實踐

> 曾經有過起伏的黑夜般的頭髮,
>
> 它們早已不知被埋葬在哪裡。
>
> 曾經有過溪流般清澈的眼睛,
>
> 在悲傷尚未成為我的客人之前,
>
> 曾經有過又紅又白貝殼色的雙手,
>
> 但勞作耗盡了它們的潔白。
>
> 有一天最後那位將會到來,
>
> 他將把空洞的目光
>
> 垂向我肉體的短暫
>
> 他將拋掉我身上的一切死亡。
>
> 死亡將深深吸入我的靈魂
>
> 並且喝下永恆。
>
> ——〈存在〉
>
> (埃爾澤·拉斯克-許勒,引自謝芳譯,2012,頁36)

當前華人社會,無論是助人工作或醫療專業,都普遍地走向目標取向、工具理性,以及力求實證、索取速解的專業發展。故而所謂的「專業」,似乎已經變成一門「窄化的行業」;相較於傳統社會文化交互關聯、含涉的人際網絡(甚至人與超自然界之間),「助人專業」彷彿變成是頭痛醫頭、腳痛醫腳的「鋸箭療法」,嚴重缺乏信仰根基及人文思想深度。某種程度來說,臺灣人文及社會科學也因為不再做為面對人類生活苦痛的立足點,而出現了嚴重的孤立與空虛化的危險。

首先，本文提出「人文臨床與倫理療癒」之理念的必要性。在此，不同於一般的看法，「臨床」的意義是指「貼近苦難之處」，而「人文臨床」係指將諸種人文社會科學廣泛地成為受苦之處的中介；亦即，無論是藝術、哲學、文學、史學、人類學、心理學或宗教學等等，看似與正規臨床無關的領域，都有其對受苦生命產生悟性的啟發。應用人文思想於受苦者的現場，緩解各種受苦的折磨，以增進「療癒」（healing）（或療遇，encounter healing）的可能性。此處有兩個關鍵詞：（1）受苦（suffering）的範圍：從人文學領域來界定「受苦」，不僅在於生理疼痛，各種精神的、心靈的困厄亦屬之，乃至於社會性的受苦（social suffering），如被歧視、文化弱勢、遭遇坎坷、橫遭劫難等，皆是。（2）療癒或療遇：我們認為，人們相遇就有可能觸發關懷，進而療傷止痛的過程就有可能發生，故曰：「遇而療之」（余德慧、余安邦、李維倫，2010）。

　　接著，在討論「倫理療癒」之前，有必要先說明的是「照顧倫理」這個概念。「照顧倫理」在臺灣各種在地性心理救助與心理療癒形式中，實扮演重要的角色。「照顧倫理」並非指根據規範性的行為準則（如君君、臣臣、父父、子子等），來採取照顧的行動，反倒是當這些社會文化形式之規範無法施行，甚或成為個人受苦結構的一部分時，受苦者乃處於「倫理的難處」，從而需要一種心理救助來為其解除這些規範桎梏，並將之送往一條重構人與人之間、社會關係新秩序的再倫理化道路。也就是說，「倫理的難處」一方面顯現為臺灣社會受苦者主要的受苦結構，另一方面回應了在地的救助系統，如同患難之朋友間的結拜，或求巫問神的宗教療癒，從而出現以「倫理性照顧」為本質的心理療癒或復原歷程（余德慧，2005）。

　　因此，「倫理療癒」也就是某種建立在社會秩序與人情事理的基礎上，所發生的人之生活世界的轉變，以及自我的變化生成。準此，人做為存有的主體，必然以倫理為生活的基礎地；主體也就離不開充滿倫理性的文化氛圍而彼此緊緊相嵌相繫。故而所謂「倫理主體」乃以草擬性的自我與可見的外在場域互動，其中又涉及精神的康泰與安樂（或反康泰、反安樂）之生產，這精神康泰的內在機制又涉及人們所處之歷史文化脈絡，進而「我當如何可以獲得康泰？」的問題，也僅能在具體的生活處境獲得理解（余安邦、余德慧，2008）。

　　然而，最根本的「倫理療癒」問題實涉及生活秩序的邊緣處境，亦即任何「生活世界」的苦難本身，都可能是倫理之破裂或倫理秩序無力承擔的處境。受苦的「苦味」可能正好是倫理秩序的「不堪聞問」之處，亦即在倫理秩序出軌的地方，在生活中倫理秩序無法照見的裂口。所有在生活中所發現的痛苦，只要一進入倫理的世界，

人就得默默承受倫理所給出的秩序與價值；原本倫理所給出的秩序或價值是多端多緒的，但外部的倫理秩序往往會宰制主觀的、流動的倫理。在「倫理的黑洞」裡，所有受苦經驗的語言表達都被取消，因為這些隙縫本身的經驗從未被登錄在語言領域，殊少能夠從語言中獲得其完全的顯在性。所謂「倫理的黑洞」指的正是「正面倫理秩序所編織之殘餘」，亦即倫理無法顧及的暗處（余德慧等人，2004，頁277）。

做為一位文化諮商或人文諮商者（假使如此稱呼還算恰當的話），面對災難現場，直視受傷者或求助者的眼神時，就好比人類學家進入田野現場面對他的報導人一般。但他不只是面對報導人，他必然地進到田野現場的各種質地，同時他也無可避免地捲入現場處境當中。問題是，無論是人類學家或文化諮商者，他要如何瞭解自己與現場之間錯綜複雜的關係，以及明白該如何自處。

露絲・貝哈（韓成艷、向星譯，2012）在《動情的觀察者：傷心人類學》第一章引述德弗羅（Devereux, 1967）的主張提醒著我們：「**社會科學中的觀察者並沒有學會如何最大限度地把自己的情感融入他們蒐集的材料中。**」（頁7），他們並以「方法」或「方法論」做為保護自己的堅強措施，來減低自己的焦慮並提升調查的有效性。所謂「參與觀察」，長期以來做為人類學研究工作的尚方寶劍，是人類學家使用該方法來避開某些情境可能帶來的焦慮之典型形式。「參與觀察」做為一種方法論就是矛盾的修辭；根本上它是分裂的：（人類學家，或者文化諮商者）既要做一個觀察者，又要具備豐富的背景知識、廣闊的視野，才堪稱為一位夠格的參與者。在那些田野情境或臨床現場中，「**我們會感覺自己被權力結構給同化，或是無力幫助他人將其從痛苦中解脫出來，或是因對到底該採取行動還是進行觀察舉棋不定而陷入迷茫。**」（頁7）。尤有甚者，德弗羅堅持認為：「**想要理解你真正觀察到了什麼，你就應該知道觀察者內部發生了什麼。**」（頁7）。

因此，我認為，文化諮商者的首要基本訓練，在於：「**學習觀察現場，並對現場的現象進行詳盡的描述**」。在這個命題語句之中，最關鍵的兩個概念就是何謂諮商「現場」，以及如何「描述」。我認為，諮商「現場」即是文化諮商者對陌異者（求助者、受苦者或個案）的經驗生成場域，文化諮商是「自我」（及其所屬的文化和語言）面對陌異者的生命經驗，也就是「自我」與「他者」的一場（或一連串）相遇過程。此處，核心的問題是「自我」如何與「他者」相遇，且如何在這種相遇中避免「自我」的暴力而保持「他者」之「他異性」的哲學思考；這即是涉及「自我」如何經驗「他者」，以及如何「通達」做為「他者的他者」之思考（朱剛，2016，頁403-404）。至於在思考如何「描述」對陌異者的經驗時，朱剛（2016）借用列維納斯之

觀點的評述，值得我們審慎反省與多加借鏡。他說：

> ……從存在論—認識論的角度看，我們為了認識他者、理解他者，必然要從我們自己的視域出發，藉助於我們或先天的概念、範疇，或後天的經驗知識，去把握（comprendre）他者、同化他者，才能談得上認識他者、理解他者。換言之，我們必須把他者同一化、內在化，把他者還原為自我，把他者據為己有，才能認識他者、理解他者。這是一種與他者的存在論—認識論的關係。這種關係，一如列維納斯所說，「並不是與他者本身的關係，而是把他者還原為同一」；因此，它也「並不是與他者的和平相處，而是對他者的消滅或占有。」無疑，這樣一種對他者的經驗已經是對他者的變易乃至暴力了。（頁404）

以上，朱剛的觀點提醒著我們：當思考文化諮商現場中「自我」（諮商者）與「他者」（被諮商者）的本質性意義（是其之所是）時，或者在討論諮商者與「被諮商者」之間本真的關係時，它理應是一種必須保持「他者」之「他異性」的關係，或者說它應當是一種「非關係的關係」（頁405）。換言之，這是一種倫理的要求，一種要求「自我」（諮商者）必須歡迎「他者」（被諮商者），並在迎接「他者」到來的同時，保持「他者」的「他異性」（頁417）。從列維納斯的哲學來看，「自我」（諮商者）對「他者」（被諮商者）的呼喚或召喚負有無法逃避的回應、應答或責任；從這個角度來說，它所體現的是「他者」高於「自我」的關係，也暗示著一種「以下（自我）承上（他者）的關係」（頁412）。甚且，「自我」（諮商者）對於「他者」（被諮商者）的責任在存在論上是「沒有根據的、沒有開端的」，而要到「前存在論」的層次上、到「自我的前史」──在那裡，自我早已被他人糾纏、被他人扣為人質──中尋找其來源（頁421）。從以上的論述來說，文化諮商的過程（恰如其分地）猶如是「在一種驚濤拍岸式的無限堅持中展開：總是同一排浪向同一道岸的折回與復歸，然後每一次都是一次無限的概括、更新與豐富。」（頁415）。

貳、民俗／宗教療癒的社會實踐

你此處的所見非如是。

有人隱藏了一篇。

而殘章

卻正是意義所在。那是

改變隱秘宇宙秩序的

話語。也是寰宇轉動

所圍繞的秘密中心。你陳說的

記憶

非如是。缺乏

承接混沌的

空間。

……

—〈此處所見非如是〉

（卡柔・布拉喬，引自程戈洋譯，2015，頁 81）

　　民俗／宗教做為歷史社會文化的主要產物之一，必也涉及民俗／宗教的社會實踐與創新發展問題。臺灣社會有關民俗／宗教療癒的社會實踐繁多，舉例而言，就「佛教做為一種本土化宗教，其與臺灣社會之本土契合性與本土實用性」來討論，其實用性不僅涉及個人生活與社會生活，同時也兼顧了華人思想傳統與現代思想的會遇與交揉。從而在個人層次，如何「將佛教與佛學（或禪宗）的理念方法，與現代諮商學的理念方法相整合，以發展更有效之提升個人的生活品質的理論、觀念及方法」；進而在家庭層次，如何「將家庭禪修的理念方法，與家庭諮商及家庭（家族）治療的理念方法相整合，以發展更有效之提升家庭的生活品質的理論、觀念及方法」；甚而在社會（含社區）層次，如何「將個人禪修、家庭禪修及團體禪修的理念方法，與社區教育（如社區大學）及社區心理衛生教育相結合，先在社區進行心靈環保，創造社區淨土，進而實現人間淨土與和樂社會。」（楊國樞，2006）。又如，晚近旗幟鮮明地標舉「以佛療心」，正式成立生命實驗室的「開心門佛療學院」，其理念宗旨即是「了悟心性、醫於未病、信願行證、佛法療心」。主其事之法師自來修習般若心法，修持

觀音法門，建構華嚴禪修持體系，領受了「果海為因地的法教，更是痛苦中煩惱眾生得以根本解的妙方」（林美容，2015）。佛療學院之法師們從「個案」日常生活中的微微細行，起心動念下的前因後果，並融入現代科學心理學的基本原理原則與諮商輔導技巧，設計了「5Q 禪課程」與「寂靜茶道」，進而發展成具有禪法、禪味、禪意的「茶禪」（釋智德，2015）。[2]

再者，採取醫療人類學「文化相對性」與「醫療相對性」（包括醫療體系中的觀念與行為）的觀點，以及文化建構論的主張，張珣（2011）認為「疾病」與人所處之社會文化有密切關係，其中包括對疾病與健康的分野與界定、對疾病之認知、對疾病之命名與分類，以及對疾病之病因解釋與對疾病之診斷、治療與預防。而早在西方醫學（約於 19 世紀中葉）及中國醫學（約自明末清初時期）傳入臺灣以來，民俗／宗教醫療已成為漢人普遍的醫療方式之一（臺灣原住民族也有所謂的超自然與自然兩種療法，例如：巫師／祭師治病）。即便到了 1970 年代之後，民俗／宗教醫療與西方醫學及中國醫學鼎足而立，其受到一般民眾青睞與認同的程度依舊不減。民俗／宗教醫療以師徒制方式傳授弟子、培養人才，並靠著民眾口耳相傳之口碑建立信譽；對於一般疑難雜症或中醫、西醫無法解決或根治的病痛，民眾都會採取多元複合之醫療方式，同時尋求民俗／宗教醫療的協助。晚近，傳統醫療或另類醫療與現代醫療相互借鏡、補足的「整合醫療」，也逐步蔚為風氣。

尤有進者，民俗／宗教醫療做為文化諮商或宗教療癒的一種實踐形式，其所涉及的宗教經驗現象，必然與當事人或求助者原有的文化觀念、宇宙觀或象徵體系有極其密切的關係；同時，這也與其身體觀或疾病觀有著複雜的歷史辯證過程，更是影響其醫療心理與行為的關鍵所在。例如，人類學家黃應貴關於東埔社布農人的長期研究指出，在上個世紀 80 年代的布農人便產生依其原有人觀的 hanitu 信仰而來的「夢占」，來理解與解決種植經濟作物所產生的不確定性問題，及其是否可能與基督教義之間的矛盾有關，而其背後涉及的是布農人傳統的人觀與基督教義的人觀之間的衝突與矛盾。「而這類問題的凸顯、對話、與解決，更是透過當時興起的集體禁食禱告治病的儀式來論述，也與當時資本主義市場經濟在當地發展的歷史條件有關。」（黃應貴，2005）。這些例子告訴我們，宗教療癒或民俗醫療所要處理的不僅僅是個人與個人之

---

[2] 參考釋智德（2015），頁 12-17。其中，所謂 5Q 禪課程，包括心智能力（heart quotient）、情緒智商（emotional quotient）、執行力（implementation quotient）、釋放身體擾動的能量（body quotient）及寂靜修（spiritual quotient）。其他重要而相關的法門，計有心位鎖定、核心能量、定格法、自他交換、正值感激關愛、覺察觀照及重建認知等。參考該書頁 366-367。

間的衝突、矛盾與問題而已，它涉及當事人或求助者自身所處社會的文化觀念、宇宙觀或象徵體系，更與該社會的政治運作、經濟模式或時代精神緊密連結；這種連結也凸顯了文化諮商或文化療癒乃奠基於相當複雜的社會／歷史條件與過程，且與該社會族群之宗教實踐及民俗信仰有關。

一、「訓身靈動」、「調靈訓體」與「叩問儀式」

……

我是你的道路邊緣。

那與你擦身而過的女人，

將會墜毀。

你是否感覺到我的生命

無所不在

就像遙遠的邊界？

——〈聽著〉

（埃爾澤・拉斯克－許勒，引自謝芳譯，2012，頁 207-208）

（一）「母娘」與「訓身靈動」的啟蒙

慈惠堂是臺灣近 70 多年來發展迅速的新興宗教團體之一，它是 1945 年臺灣光復以後才萌生的本土新生教派，始於民國 38 年 6 月（另一說法是始於民國 37 年），以祀奉「瑤池金母」為主神。其在教義思想方面深受民間教團，如儒宗神教、天道、羅教系統等之影響，大致揉合了各教團的教義，並在民間信仰求福報的心理基礎上，發展出一套有關「瑤池金母」的神話理論。這套「瑤池金母」的神話理論與「會靈山」之母神靈脈系統可說是同源異枝，但各自有其發展的歷史因緣與路向（丁仁傑，2005，2009）。

慈惠堂成立於花蓮縣吉安鄉七腳川溪邊，總堂即坐落於此。慈惠堂的信仰特色之一是信徒透過對主神「瑤池金母」的崇拜，以母娘契子女的身分，在全國各地開設分堂，以此形成一個龐大的信仰網絡。慈惠堂的宗教活動基本上屬於靈乩持修模式，強調母娘救劫的靈驗法力，建立在母娘與契子女間的精神感通；並以降乩的方式直接展

現母娘濟世救人的宗教情懷，以聖顯的神蹟來渡化眾生，並以消災解難的靈驗神蹟來代天行道與引迷渡眾。修行過程中對其門生契子女們著重在靈力開發的「訓身」、「訓乩」或「訓身練體」之上，要求弟子們能成為感應母娘神聖能力的靈乩。

靈乩不同於乩童之處，在於強調神明救劫的濟世責任，且有較為系統性的宗教認知。靈乩並著重於將病因的解釋緊扣在靈界的和諧與沖犯，認為疾病與災厄的產生，都不是孤立或自發的現象，主要是由於自己的靈性與靈界的衝突所致，大多是靈界的失調與混亂，干擾了人主體存在的實踐場域，或者是人的靈性缺乏了與靈界交流及感應的自覺能力，雙方在對應關係不良的情況下，造成了傷、亡、病、災、禍等凶事。慈惠堂草創初期，各地分堂主要以醫療靈驗獲得盛名，各地分堂更是普遍林立，擴展迅速，再加上經典儀式簡要易懂，誦經、訓（練）身、扶鸞、積功德，以及遵守忠悌敬孝等儒家倫理等等，一般信眾易於修行，於是入信者眾，形成一股新興宗教欣欣向榮景象。

余安邦（2008）曾經以新北市（舊稱臺北縣）某慈惠堂女性靈媒所進行的宗教儀式，及其所構築的社會網絡系統為探究主題，關注此一民間信仰呈顯了靈媒及其同在一個靈知系統下的同修堂生們所形成的社會關係網絡。這個關係網絡既是一個援助網絡（helping network），也是一個「文化諮商」系統；此網絡看似鬆散，實際上卻有著高度的凝聚力與行動力，這正是臺灣民間宗教信仰頗具特色的組織型態。慈惠堂諸堂生與信眾們這種特殊的宗教經驗，及其所形成的關係網絡可被視為一種文化系統（cultural system）；堂生與信眾的宗教經驗常發生在個人生命中的危機時刻或受苦處境。我們可將此種由靈象徵所帶動的社會關係，視為文化對於個人生活的陷落與心理的失序（disorder）所給出的援助網絡；此一網絡有別於一般常見的社會人際關係（余安邦，2008）。

根據余安邦對慈惠堂宗教儀式活動的觀察，「訓身」或「靈動」至少有兩層意涵，其一是僅指身體的伸展活動，猶如中國功夫的暖身運動，或如舞蹈律動般舒展筋骨，但此並未涉及自我意識的觸發或變化。其二是藉著訓身的深化，自我意識產生裂解或分化狀態；然而，並非每位虔信者都會進入如此狀態，但很明顯地，在意識分化或裂解的狀態，當事人很清楚這兩種異質的意識狀態共存於個體之內。亦即，這兩種異質意識中，其中一種是個體原本「正常」的自然意識，另一種則是「非常」的意識，後者又可稱為個體的「原靈」（或稱「元靈」）。每個人都有自己的「原靈」，它會因個人累世的作為與業障而有所轉化，故有其異質性。因此，訓身的目的一方面是鍛鍊體魄，另一方面是因著人的「原靈」透過各種不同的修養工夫，例如：訓身、

母娘的加持等等，以逐步朝向本真、純粹的「原靈」狀態之改變。所以「原靈」的純化與淨化就是修煉工夫（例如：懺悔改過、減除慾望、做善事積功德，或者打坐誦經等等）的主要目標，而其終極關懷乃在於個人「精神性」的至善，從而能與母娘（神靈）直接互動溝通。不過，身體與靈魂的修養和鍛鍊同等重要，但彼此卻有等級高下之分，身體的鍛鍊層級較低，靈魂的精進提升層級較高，而「啟靈」與「靈動」是除了誦經打坐之外，直接的精神性修為，至為要緊。再就慈惠堂母娘信仰而言，訓身及靈動不僅是心靈（或靈性）工夫的特殊方式，更是辨識一個人是否成為真正虔信者的最為顯著之身體身分等級標記（胡潔芳，2000，頁102）。

以「心靈修煉」與「關注自我」這兩種修養模式為論述背景，余安邦（2008）試圖探討臺灣新興宗教慈惠堂虔信者的修養工夫，及其倫理主體的形塑過程；進而爬梳從身體到心靈的進展與提升，釐清從關注自我到倫理主體的形塑、裂解與消融的辯證關係，當中的提問與論述皆涉及不同行動介面的結構化過程。此研究從社會及文化心理的層面，探討個人在生命歷程中發生危機時，如何得以透過深刻的宗教經驗，以及正面且積極的關係網絡而重新獲得生活的意義。研究中指出，「倫理主體」在「自我」與「原靈」、「原靈」與「母娘」，以及「前世」、「現世」與「來世」不斷位移穿梭與差異轉化。宗教虔信者的「自我關注」與「心靈修煉」，相當程度都指向某種「來世」烏托邦美麗遠景到來的可能性；倫理主體於是取得了一種歷史性（historicity），如同藝術作品般的建構生成與自我創造（余安邦，2008；余德慧、劉美好，2004）。[3]

爾後，余安邦（2013）繼續以慈惠堂靈知系統為田野觀察對象，探討臺灣民間社會的文化援助網絡，以及因之而起的本土宗教療癒現象。承繼前述，靈媒及通靈經驗一直是臺灣社會深富密契主義（mysticism）的民間信仰文化現象之一；母娘信仰乃以密契的意識狀態（mystical states of consciousness）為個人宗教經驗的根基與中心，且以圍繞這個宗教經驗所形構之臺灣民間漢人社會特有的宗教文化現象，視為一種宗教的援助網絡系統與文化療癒機制。根據余安邦的觀察與理解，慈惠堂靈知系統乃以「瑤池金母」為祭祀主神，且講究身體感應與符咒靈驗，加上靈媒（靈知、乩童）的話語行動與論述能力，從而營造出多層次之「神聖空間」與「倫理想像」。於其中，透過技術性的「訓身」調教，「靈動」成為悠遊於「神聖空間」的身體運作模式，以

---

[3] 引自余安邦（2008），頁303-304。再者，余德慧與劉美好（2004）則另闢蹊徑，從一間慈惠堂堂主的虔信與轉化過程，將其宗教啟蒙視為「俗智的啟蒙」；這種啟蒙既參與倫理的療癒，且牽動存有層面的起信。亦即堂主與信徒們透過宗教實踐、母娘的臨現與靜思話語的實踐中介，獲得俗智的突破。

及接應於「倫理想像」的動能裝置。從而，「身體靈動」成為理解漢人宗教經驗與文化療癒的關鍵觀念之一，同時，這也正是個人內在性超越的逐步造基工程。這項造基工程不僅蘊含一定的宗教實踐意義，也形構了臺灣漢人集體文化的心理表徵之一。無論是個人性的人際苦痛，或者是集體性的社會創傷，慈惠堂母娘信仰創生了種種文化療癒空間，膚慰眾生苦難，並助其遠離悲傷與苦痛。從療癒做為一種倫理行動出發，並基於此宗教療癒機制，以及以之為核心的文化援助網絡，余安邦嘗試從批判民族誌的觀點，企圖提出本土宗教文化療癒的嶄新視野，並冀望臺灣本土臨床心理與文化諮商的實踐意義，能在這個意義底下取得應有而重要的關鍵地位（余安邦，2013，頁333-334；黃奕偉，2016）。[4]

（二）「調靈訓體」做為倫理自我的形塑

藉著「訓身」的調教，「靈動」成為虔信者「倫理想像」的動能裝置，也是「倫理行動」的啟始條件與開展平臺。沿著這個議題的討論與發展，並藉著傅科（Michel Foucault）「自我的技藝」（technology of the self）向度的啟發，蔡怡佳（2010）從靈乩之「調靈訓體」或「靈」「體」共修的倫理視域，展開「自我倫理學」的理論建構與修行者倫理自我之形塑的實踐意涵。以「中華民國靈乩協會」為對象，蔡怡佳有著非常細膩的觀察與深刻的理解。首先，她指出：「調靈訓體」中的「調靈」是指「靈與靈之間」的調整與調適；「訓體」則是關於靈乩身體的修煉。做為一種宗教靈修活動，「調靈訓體」一方面在於提升靈乩的道德品格與「靈質」純淨狀態（所謂「元靈」最純淨狀態的追求），經由靈乩與靈（神靈、祖先靈或其他靈）的共同修煉以達「天人合一」的境界，促進靈乩與他靈之間的協調合作，並扮演好「仙佛聖神代言人」的專業神職人員之角色身分，服務信徒，為蒼生解厄造福，幫助那些需要被照顧的、漂泊的靈，凸顯宗教的教化功能。而「民間宗教『調靈訓體』可視為一（個）帶有宗教療癒性質的活動，也展現了臺灣民間宗教心理照顧的獨特視野，這樣的視野也為『乩』的形式與內涵帶來一種新的實踐方式。」（蔡怡佳，2010，頁335）。

其次，靈乩教育的目的之一，在於幫助靈乩與靈從累世業力的糾葛纏繞中化解開來，讓彼此成為一種創造性的關係，成就彼此以完成累世承諾之宗教使命。由於靈乩在成乩及辦事的過程中，經常需要去面對與解決各種業力糾葛，因此在其教育課程中

---

[4] 參考及引自余安邦（2013），頁 333-334。以慈惠堂母娘信仰為例，多年前黃奕偉（2016）也指出：「靈動」所產生之內在性異質空間之覺察所促成的內在轉化，是為憂鬱症患者之宗教療癒過程中（入信中期階段）的關鍵療效因子。

的首要任務便是「認識自己」或「自我認識」（對靈乩來說，就是一個「去神化」的過程，不要陷入人神不分的誘惑之中），亦即認識自己的靈脈根源，並了解及努力去完成自身獨特的宗教使命為何。再者，「調靈訓體」的目標包括「治療、管理（自主）以及合作。從治療來看，一個人由靈的干擾所導致的『靈光病』可在調靈訓體的過程中得到治療。另一方面，有些靈本身的疾病也可以藉著靈乩的身體得到療癒。療癒的獲得也就是自主狀態以及自我管理的恢復。在這裡調靈也意味著靈乩對靈之慾望的控制。就合作來說，指的是（靈乩）與神明或善靈之間的創造性關係。藉著訓靈的過程，靈乩學習調整自己的頻率，使之與合作靈的頻率相合。當靈乩與靈進入更好的合作狀態時，他們才能行使其宗教使命。」（蔡怡佳，2010，頁 341）。

根據研究田野主要報導人的說法，蔡怡佳指出：「靈動」是一種靈的表達，也是靈自身的顯現與展演，它同時也是靈乩的轉化與療癒發生的關鍵時刻。靈乩通常以「轉」這個字來表示「靈動」的過程，它一方面指涉靈乩在靈動過程中的動作，另一方面表示藉著靈動過程而得到轉化、迴轉或移轉（具有不斷向上提升的意涵）。靈乩的身體是神靈的中介工具，為了傳達神靈的訊息，靈乩必須保有強健的身體，以良好的體力與活力為人辦事，替神佛完成上天交付的使命。再以傅科（Michel Foucault）「倫理自我」的轉化來看，蔡怡佳認為靈乩與神靈之間互為主體的創造性關係，就是一個共同實踐的倫理計畫（ethical project），彼此之間因為相互合作共修的結果，在獲得其自主性的同時，一方面成就了彼此的宗教使命，從而也獲得了解放。於該篇論文中，蔡怡佳最具獨創性的理論貢獻，在於她提出「含納」與「區分」（或分化）這兩個概念，以及彼此之間的移動，來闡述「靈」與「體」的辯證關係。蔡怡佳認為：「靈與體是一種成雙（double）的關係，彼此成為彼此的另一個。從含納來說，一面靈的悲苦具現為靈乩的心理與生理方面的痛苦，另一方面靈乩個人的不幸也藉著附身靈得到引渡，得到一個表達的基礎，不管這個基礎從外人的眼光來看多麼怪異。換言之，附身靈與靈乩以彼此作為中介，表達自身的苦痛。他們成為彼此的另一位，藉著別人（對方）訴說自己的故事。他們的連結也是建立在共同經驗到的，難以言說的苦楚。」（蔡怡佳，2010，頁 351）。

「從區分來說，靈格的區分以及靈類的分辨構成重要的課題。靈乩從被憑附時所感受到的溫度、靈的表達以及對靈乩的影響來判斷靈類，一般而言層次較高的靈感覺較溫暖，低層次的靈則帶來陰寒的感覺。」「含納與分化（區分）不只是靈乩與較低層次之靈之間的功課，也是靈乩與較高層次之靈之間的功課。靈乩與神明之間的含納功課在於學習與仿效神明種種特質，例如剛正、慈悲、寬容等。對靈乩來說，對神明

的崇拜不只是祈求保佑，更重要的是效法神明的精神。……對神明的含納可以幫助靈乩提高靈質，但忽略區分的功課也有其危險，例如自我膨脹，尤其發生在靈乩與修行中的神靈之間，一旦靈乩的慾念為這些靈所看穿，就容易成為被控制的對象；虛榮似乎是這些神靈最大的試探。」（蔡怡佳，2010，頁 352）。

再從宗教療癒的角度來審視「調靈訓體」活動對於「靈乩」之認同與歸屬的新的理解與實踐方式，蔡怡佳發現：靈乩對於神靈世界的理解不只是從地域化（territorial）朝向跨地域化（trans-territorial）轉變的傾向，也就是當靈乩以「靈」來指稱靈界中不可見的存有，原來以空間做為區隔（或階層化）不同靈格屬性（例如，從神－鬼－祖先的階級結構關係，轉為祖先靈、朝代靈、因果靈、元靈、植物靈或動物靈等等）的系統就不再是那麼重要。另外，從靈之變化生成的過程來看，靈乩的理解更關注那些尚未被範疇化、仍在變化過程中的靈，並以修行的狀態來標示變化的過程。誠如蔡怡佳敏銳而獨到的見解所示：「靈乩的生涯由與不同的靈之相遇與合作所構成，這種聚合可理解為義務與責任的連結，而宗教使命的完成就在這種把糾纏的業緣轉化為合作的功德累積。」（蔡怡佳，2010，頁 355-356）。從這個意義上來看，我們或許可以將「靈乩」與「靈」之間既是偶然也是必然的機緣遭逢，視為從「宗教療癒」（faith healing）到宗教「療遇」（encounter healing）的一種翻轉。將「調靈訓體」置於修行的脈絡來看，靈乩在此宗教實踐上的自我倫理照顧（從「認識自己」到「照顧他靈／他人」），也就益發彰顯其豐富的生命意涵與時代意義。

（三）「叩問儀式」的靈療意涵

在慈惠堂的宗教活動中，除了「訓身」、「靈動」與「訓身練體」之外，母娘或其他神佛降駕，藉由靈媒為信眾化解各種人生困境或身心病痛的「叩問儀式」（又稱「辦事」），是為主要的宗教靈療儀式之一。「叩問儀式」的宗教靈療過程、方法、人與神直接互動方式，以及此種儀式之存在的信仰基礎，乃為臺灣漢人宗教信仰研究的主軸之一。而且，在我看來，此種人與神直接互動方式的宗教靈療活動，即是文化諮商的一種實踐策略形式。

張家麟（2009a）曾以臺中某慈惠堂的「叩問儀式」為例，從民間信仰的內在思想理路，探討信徒叩問的病因、師尊（靈媒或神佛附身者）對信徒病因的診斷，以及診斷後的問題解決方法等等。他發現：「叩問儀式」做為一種宗教靈療，與傳統漢人民間信仰中（且混雜了儒、釋、道等宗教思想）的「神明附體觀」、「因果報應觀」、「本命元辰觀」及「陰陽五行觀」等觀念元素密不可分，且賦予其在宗教靈療診斷上

對於信徒之各種人生問題或身心病痛的宗教解釋。對於診斷後的問題解決方法主要則有兩大類：（1）宗教靈療方法：包括祭拜嬰靈、狗靈、地基主，點燈，服食靈符，收驚，用香灰、艾草幫信徒洗淨，積德行善，及神明暗中相助等；（2）世俗應對法：包括師尊提供信徒各種解決問題策略，要求信徒敞開心胸、心存感恩、放鬆心情等，要求信徒在家庭婚姻、工作職場或人際關係中盡忠職守、謙恭有禮。再者，這兩類方法是彼此連結、互為使用的，且以前者為主，後者為輔。其中，師尊最常強調的是：化解信徒之困境與病痛的最佳良方就是努力行善積德，從而神明也會暗中幫助信徒度過重重難關，也就是先自助而後才有神助之意（林美容、鄭鳳嘉、釋念慧，2011；張家麟，2009a）。[5]

二、乩童治病、道士祭解與「煮油淨宅」做為另類醫療形式

啊！生命的群樹喲，啊！何時是寒冬落葉之時？

我們不是一體。不是像候鳥一般的

熟諳。追逐著，但已遲了

所以我們突然逼迫自己逐風而行

卻投落入冷漠無情的水池裡。

……

而你，父親喲，自從你亡逝後，常常，

在我的希望，我的內心，焦急著

且把恬靜，有如擁著死亡的，

恬靜的王國拋棄，只是為了我瑣碎的命運。

……

可是這：死亡，

全般的死亡，即使在生命之前

---

5 參考張家麟（2009a），頁 27-56。又，國內有關慈惠堂之相關研究不勝枚舉，以「叩問儀式」或「母娘辦事」有關的研究也屢見不鮮，詳情可參考林美容、鄭鳳嘉、釋念慧（2011），頁 37-83。於該文中，林美容等人的重點在於探討法華山慈惠堂溫滿妹堂主如何透過「訓身練體」等宗教修行過程，提升自身的靈力與能力，從而成為「母娘」與信徒之間的良好媒介。法華山做為歷史悠久的慈惠堂分堂之一，在第一代掌門人及第二代溫堂主的帶領之下，以「道德勸化」與「宗教修行」為雙主軸，特別是信徒對母娘的崇敬與信任，以及母性的療癒力量，藉著宗教儀式的展演與顯現，使得堂主與信徒均獲得療癒能量，同時這也是一個自我療癒的過程。

228

還是這樣的溫柔而不忿怒，

卻難以描述。

———〈第四悲歌〉，《杜英諾悲歌》

（里爾克，引自李魁賢譯，1994a，頁 121-126）

做為社會／文化人類學的分支，自 1960 年代起，醫療人類學（medical anthropol-ogy）與宗教人類學（anthropology of religion）即逐漸蓬勃發展，且因社會的需要而促成彼此的激盪、交疊與作用，進而使得民俗／宗教醫療或宗教療癒的問題備受學術界及社會大眾重視。一般以歐美心理學理論為基礎的諮商與臨床心理學，比較重視的是個人（individual）內在認知與心理動力歷程的探討，以及其臨床介入後心理層面的療效機制，且充其量只是從個人層次擴及人際之間（或者個人與群體之間）層次而已。與此不同，從醫療人類學與宗教人類學的角度來思考民俗／宗教醫療或宗教療癒的課題，無論將宗教視為是從「功能」過渡到「意義」的追尋，或者如 Geertz（1973）將文化視為是一種意義模式，以及做為文化體系的宗教，其等的基本關懷之一是對於宗教現象的文化訴求之追問，強調的是文化層面，特別是基本文化觀念，包括人觀、身體、時間、空間、物的觀念，以及超自然因素的條件或力量等等，對於身體、疾病或社會苦痛（social suffering）等的病因解釋與解除之道（Kleinman, Das, & Lock, 1997）。在方法論方面，人類學主要採取長期性的田野參與觀察，針對當事人或患者之社會文化脈絡的整體性思考，並以當事人或患者為中心，重視的是當事人或患者的生活／人際脈絡，及其主觀感受與身體經驗，因而當事人或患者的日常生活／生活世界便成為醫療／宗教人類學家關注與考察的重點。

（一）乩童治病

根據張珣（2009）的整理與回顧，李亦園於 1970 年代針對彰化與南投縣竹山鎮乩童治病儀式的研究，可能是臺灣民俗宗教與療癒研究的先驅之一（Li, 1976）。而賦予民俗宗教與療癒研究更為醫學專業所重視的，則是在 1978 年來臺從事醫療人類學調查的 Arthur Kleinman（凱博文），其成果便是後來舉世聞名的專書 *Patients and Healers in the Context of Culture* 的出版。Kleinman 最主要的理論貢獻之一在於其指出：民俗／宗教醫療之所以能夠成功，或者說民俗／宗教醫療之療效發生的機制，關鍵點便是醫療者／巫者（healer）與病人／患者（patient）分享著共同的宇宙觀（或世界觀），或者說彼此同屬於漢人民間信仰體系；而後者試圖從前者身上獲得宗教的理解

與慰藉,從而使得自身的心理苦悶、身體病痛、生命困頓等等,得到一定的抒發與解除(Kleinman, 1980)。

依據張珣(2009,頁 3)的見解:「民俗醫療是指一個民族對付疾病的方法,尤其指其俗民大眾所使用的自然的、超自然的、經驗的、不成文的、當地孕育出來的醫療觀念與行為。目前臺灣民俗醫療的種類有:(1)自然的:產婆、地攤膏藥、偏方、秘方等;(2)超自然的:乩童、扶乩、道士、尪姨、觀落陰、算命、看相、看風水、卜卦、抽(詩)籤、藥籤、拜廟、收驚、符水、先生媽等。……在一般民間的醫療觀念中,占有重要地位的食物冷熱觀,及家庭醫療法(family health care system)等,也是包括在民俗醫療的範圍中。」(張珣,1989,頁 95)。亦即,「民俗醫療提供給事主(當事人/患者)的是一套意義解釋系統,包括事主(當事人/患者)所屬之族群(地域)所擁有的宗教象徵、神明信仰,以及最重要的,透過事主(當事人/患者)本人主動意願前來求診(求助),在事主(當事人/患者)與民俗醫療者雙方共同展演的儀式過程當中,事主(當事人/患者)身心所接收到的訊息來進行的改善。」(張珣,2009,頁 19)。

以乩童做為民俗/宗教醫療的方式為例,乩童與當事人/患者之間的關係,首先涉及當事人/患者的宗教信仰認同問題;缺乏信仰認同的基礎,整個醫療行動或者問題解決的信賴基礎是很脆弱而易於瓦解的,甚至會影響民俗/宗教醫療的療效性與可靠性。再者,當事人/患者的身體病痛並非單純的生理問題,身體的疾病或者健康與否,與其人生種種問題,例如:婚姻、事業、居家空間、遷居、祖先牌位、祖墳狀況(亦即地理與風水等問題)等等息息相關。也就是說,身體病痛與心理問題不是個人內在的心理與生理問題而已,它與自然及超自然(例如,神鬼)之間的關係密不可分,從而個人的災厄、困頓與身心疾病或心理困擾之間,乃具有某種相生相剋,以及相互轉化的關係。因而,「乩童與信徒雙方有同樣的共識,即問神目的是讓信徒恢復『平安』,而不是只做醫療,更不是頭痛醫頭,腳痛醫腳。因此,乩童與信徒雙方不一定視問神為一醫療行為,而是將之看做修補信徒與宇宙之間的不平衡,恢復信徒與宇宙之間的協調。」(張珣,2008;張珣,2009,頁 10)。[6]

綜合前述李亦園(Li, 1976)與張珣(1989,2001)的研究結果,做為一位「神職人員」,乩童(及卜卦師)對於當事人/患者的病因解釋計有:(1)因親屬關係帶

---

[6] 參考張珣(2009),頁 10。根據張珣(2009)的觀察:卜卦師做為一種醫療方式,與乩童之差異,主要在於後者有神靈附身的情形;而在治療或問事過程中,卜卦師主要不以對話,而以動作和當事人/患者互動,但乩童則以簡潔的語言交代,或者經由桌頭(或助手)與當事人/患者溝通。

來的權利義務所引起；（2）自然時間與空間的沖犯；（3）祖先風水或墳墓問題所引起；（4）個人的八字或命運不好、拆解姓名與八字系統；（5）適逢生命難關、元氣靈光黯淡；（6）沖犯煞星，被鬼怪、妖邪沖犯、或道教鬼神沖煞；（7）流年本命，方位時辰不順或不利的關係；（8）某某神明要來考驗；（9）前世因果；及（10）佛教因果等等。而「乩童提出的醫療或改善身體的方式有：化解沖犯的時空因素，祭拜沖犯的鬼煞，改善不良的祖先神位或風水；除此之外，還有畫符令、開草藥給病人服用；或者是指示信徒要來接受神明的訓練，每晚來神壇靜坐，學習如何接受神明的訊息。當然，有一項人盡皆知的預防災厄的方法，那就是做善事化百災。因此，這也是以宗教信仰來醫療的方法。」（張珣，2009，頁 10-11）。可見，乩童是以某種宗教信仰背後所涉及的宇宙觀、身體觀與疾病觀（也許不是那麼有系統的、有組織的、具有嚴謹邏輯理路的知識觀念）來處理當事人／患者的身體病痛問題，但同時也處理了個人的「性」、「命」、「運」、「財」、「氣」、「緣」、「局」、「勢」等問題，因為這些宇宙生成及人間條件的因素或力量之間是相互作用、影響與連動的。這也就是身、心、靈相互構成與作用的整體觀。

（二）道士祭解

祭解（或稱解祭、改制、制改）亦是臺灣漢人民間信仰或道教中的一種醫療儀式。對一般民眾來說，祭解可以解釋為「祭星解厄」、「祭星改運」、「壓制改運」等等，其性質是為個人舉行的消災解厄的儀式，包括「補運」與「祭外方」兩部分。「補運」是在祭解壇內以供品供奉神明，請神做主，為當事人／患者進錢補運，解開厄運糾纏；「祭外方」則是在祭解壇外，以祭品祭祀天狗、白虎、五鬼等，藉著召喚出煞星，以小三牲賄賂，繼而將其驅趕至外方，壓制其離開當事人／患者身上，勿再騷擾信眾。一般而言，祭解儀式與算命、安太歲等不同。當事人／患者沒有特別的事情或狀況時，可以算命或安太歲來進行預防措施。祭解卻是比較嚴肅、慎重的儀式，是要跟鬼神交涉、打交道的「拚搏」活動，事關重大，甚至攸關性命安危（張珣，2008，2009）。[7]

祭解儀式中，當事人／患者因故不便前來時，不需要在儀式現場，可以請家屬或照顧者代為執行，但這並不損及祭解做為一種改善疾病的民俗醫療方式之療效。甚

---

[7] 參考張珣（2008，2009）。但在丁仁傑（2012，頁 75）的研究裡，「祭解」一詞則以「祭改」來稱呼，也就是祭星加上改運的意思。詳情可參考丁仁傑（2012）。

且，一般民眾相信，「祭解是一種根本地化解疾病來源的法事，由法力高強的道士來執行，壓制驅除沖犯的煞星，醫生才可以有效地治療好疾病。因此，祭解並不與醫生的醫療產生排斥，反而是可以加倍地保障醫生的醫療效用。」（張珣，2009，頁 16-17）。

　　譬如，張珣（2007，頁 9-10）曾以臺北市保安宮的祭解儀式分析為例，清楚地指出：生病是來自於生活中的「不圓滿」或「不平安」；民俗醫療或宗教醫療就是把病人的生活細節都考慮進來，把生活中的種種人際關係、人神（超自然）關係、人的內在與外在處境都一起考慮，讓病人恢復生活中的秩序；保安宮的祭解儀式不僅還保有儀式的核心內容，又不失儀式的靈驗性；宗教療癒的意義即是在恢復宇宙的秩序與和諧，消災解厄，以保民眾的身心安康，生活幸福圓滿。

　　再以臺北市保安宮為例，張珣（2008）另一項研究則企圖從文化心理學的角度，探討道教「祭解」儀式中的懺悔與「替身」問題。首先，張珣根據 Strickmann（2002）的研究指出：「（道教）醫療首重在病人自我的懺悔，其次重在道士將症狀與病人的懺悔寫在三份疏文上分別呈現給天、地、水三官。疾病的出現表示病人在道德上犯了錯誤，懺悔與正確的生活才可以免於疾病。」（張珣，2008，頁 381）。張珣認為：傳統的漢人文化中，「個人」並非獨立存在的個體，一個人的身體也並非獨立存在的。傳統漢人認為「個人」是存在於家族中，個人與家族中的每一份子均息息相關，血脈相連，而祖先的作為則可以左右子孫的身體安危，因此，疾病並非僅是身體物質性的存在問題，也非僅是現世病因，也非僅關病人自身。此外，不僅個人不是獨立存在的個體，宗教也並非與生活中其他事物區隔開來而獨立存在的一個領域，尤其宗教與醫療之間更是交錯、協調地混合著。

　　張珣的主要論點是：民俗／宗教醫療的意義主要在於恢復自我與宇宙之間的秩序，身體疾病與精神疾病之區分是有其時間與空間條件的。該研究即嘗試探究臺灣民間道教祭解儀式中，如何同時處理生理病痛、精神不適及心理疾病的問題，例如一般民間所謂「卡到陰」（陳思樺，2007）或「被煞到」的說法（陰，即一般所說的鬼魂；煞，係指一種無形的殺氣而以孤魂、鬼神來認知）（張珣，2008，頁 397-401）。她發現：前來要求「祭解」的病人或家屬，一般而言，並非捨棄西醫治療，而是在接受西醫治療的同時或之後，前來祈求「祭解」，以加強西醫的療效，且藉以瞭解致病（非生物性方面）的原因。再者，傳統臺灣漢人信仰中，尤其是受到道教「星象學」思想的影響，一般人（特別是專業神職人員）普遍持著「神煞系統」、「星命信仰」（例如，有所謂的「吉星」、「凶星」之別）與「五曜信仰」（相信金木水火土等五

星影響、甚至主宰著人的命運），認為每個人一出生即有相對應的星宿與之連結，人出生時的星辰位置（空間）與時間，將左右一個人一生的吉凶禍福與運勢。是故，所謂生辰八字、安太歲（要躲開自己出生年的太歲，不可與之「正沖」）或「祭星」的重要意涵也就在此。張珣發現：在「祭解」儀式中，藉著疏文中懺悔文句與紙糊（草人）替身的引入（也就是讓病人的替身來受苦、受罪，並使用替身來間接迂迴地探測病人），[8] 表示病人自身（甚至家屬）需要進行認罪懺悔的行為，從而為病人（有時還包括家屬）創造出一種心理空間，促使病人或家屬帶來自我省察、觀照自身、知所愧疚或悔過的作用。可見，疾病不只是肉身受苦而已，它同時具有道德的與倫理的面向及意義。

　　綜合前述，祭解（以及補春運儀式或安太歲）做為一種為信徒消災解厄補運、驅邪除煞治病的宗教儀式（也包括為求取福、祿、壽而來），[9] 是漢人民間信仰及道教宗教實踐的、無形的文化象徵資源，也是臺灣社會傳統中，深具宗教色彩的文化諮商與文化療癒之先人遺產。祭解儀式不僅深富宗教專業人員之諮商與療癒知識及技藝，更是社會大眾面臨無法迴避之災厄或者難以治癒之病痛的希望寄託所在。張珣（2007）以臺北市大龍峒保安宮為田野研究場域，[10] 並以李亦園（1996）所提出的自然系統（天）、有機體系統（人）及人際關係（社會）之和諧均衡的「致中和」理念，來說明人在生活中所遭遇的吉凶、安危及順遂與否，認為疾病的主要來源與個人社會生活中因天、人、社會三層面系統之不均衡、不和諧所造成的不圓滿、不平安等生活困頓

8　傳統之替身乃以稻草綁紮如人形，與真人同高，讓鬼煞誤以為是病人本身，此即所謂「祭草」之意。也就是道士以威脅利誘之方式，逼迫鬼煞離開病人身體，進入紙糊或草人替身之中，從而去痊癒。在西藏治病儀式中，「替身」也有「贖病」的意思，亦即「用替身將病者的軀體與靈魂贖回」。「替身的第一個作用是『模擬』，採用了稻草人或紙人，上面貼有生肖圖案，替身彷彿是自己的外現，不是自己本身，因此不會引來病人的內疚、自責或罪惡感。道士要求病人懺悔，目的不是要（病人）內疚以致於失去行為能力，而是要知錯能改。替身的第二個作用是『浮顯』，既然由替身來代替病人受苦，病人卸下心防，不再有自我防衛，不再有道德判斷，陰本命的部分反而可以浮現上來。替身的第三個作用是『轉移』病人的自我中心，而注意到外界，承認自己無法控制的星辰神煞、出生時空八字或是孤魂鬼煞。替身的第四個作用是『甘願』，當病人觀看到替身已然替自己受苦，也接受醫療了，病人不由自主地（好似經過一趟夢遊，或是催眠）接受了病因與病苦。」參考張珣（2008），頁405、409。

9　補春運儀式屬於祭解的一部分，通常於每年農曆春節至元宵節前後舉行，是臺灣地方廟宇或私人神壇春節期間的重大盛事，也是其創造收入的主要來源與方式之一。根據許麗玲（1999）以臺北市大稻埕媽祖廟的田野研究指出：北部正一派道士所做的補運儀式，屬於小型的法事儀式，通常以家庭或個人為主，分為「道法兩門」，「道」指的是道教儀式，「法」指的是法術儀式或巫法儀式。詳盡的討論參見許麗玲（1999，2003）。

10　保生大帝做為一位醫藥神，保安宮也就同時提供多種醫療諮詢服務，包括藥籤的提供與解說。另參考張珣（2007）。

有關,民俗／宗教醫療的意義即是在恢復宇宙的秩序與和諧,做為有機體系統的「人」正是宇宙的一部分(張珣,2007)。[11]

(三)「煮油淨宅」

　　「祭解」(或改運)做為一種宗教療癒方式,乃屬於「個別性處理」,是以個人或家庭為單位的施行方式。但對於以整個社區或聚落為單位的宗教療癒方式,臺灣漢人社會的宗教文化設計中,有以全村里地域性的處理方式,例如「煮油淨宅」、「神明巡境」或「跨境刈香」等宗教儀式。丁仁傑(2012)在臺南市西港區(過去的臺南縣西港鄉)保安村的田野研究,即發現「改運」與「煮油淨宅」相繼施行的例子。丁仁傑指出:2010年間,保安村發生村民相繼死亡的不幸事件,死亡者多為年輕且突發性死亡,且死亡者與廟宇事務多有牽連。一般村民的理解與反應是:他們相信類似這種災難應是受到巨大而無形的(超)自然力量所致。這個災難事件不僅造成村民集體性的不安與恐慌,其所產生的集體性反應與社會效應更是使得村民「驚慌失措」、「無所適從」,因而必須請求神明介入處理。有意思的是,這種集體性的災難處理或治理事件,不是個人或個別家庭能夠擔當,而是需要經過村落菁英(包括地方行政首長、宮廟主委等)、村民期待及神明之超越性及靈驗性的、多時的醞釀、多次的折衝協調結果。也就是在神明背後,地方各種政治、經濟或知識力量之間的激盪折衝,彼此之間的角力協商與修正,以達到某種動態性的平衡狀態,都是必要的。顯然地,這個折衝與協商過程,正是超越個人或人際層次的文化諮商與宗教療癒的一種具體案例與顯現。

　　丁仁傑(2012)在研究中發現:不同於一般鸞堂或宗教教派團體會以村民、信徒之道德性或集體道德行為之善惡(包括修身養性)問題來歸因這類的災難事件,保安村的村民在災難防護、驅離與治理的過程裡,傾向於忽略災難之道德性的意涵與問題,而選擇以全體村民單獨個別層次的「改運」(過平安橋)與全村場域空間集體層次的「煮油淨宅」做為治理這場災難的療癒方式;也就是針對整個村落空間進行全面而徹底的「潔淨化」,藉由宗教「法術」來消除「災厄」、「煞氣」。於是,個人或集體道德性的思維與考量,也就被刻意(或者無心地)忽略了。以保安村的例子來

---

[11] 例如,張珣(2007)在田野中發現,宗教醫療專業人員會建議當事人／患者改善人際關係、確實履行做人的責任義務、遵從改善祖先風水等等,這些建議看似與疾病的治療無直接關係,但它們彼此之間事實上是環環相扣、緊密關聯的。祭解儀式有時並不直接處理疾病問題,而是間接地藉此儀式,讓當事人／患者能夠有反觀自己的生命處境與人際關係的機會,或者讓他的生活世界與社會(人際)秩序維持正常運作。

說，首先，「改運」是由「三壇」（俗稱紅頭法師）來主持，依據七個角頭的順序一股一股地來改，也就是以「過平安橋」為核心的一連串儀式來進行，一般稱之為「造橋過限」，整個儀式包括：請神淨壇、祭星、造橋、過橋、祭改及拆橋（丁仁傑，2012，頁74；施晶琳，2005）；且喪家家屬必須迴避，不得參與「過平安橋」（有時經過神明指示，允許喪家以「祭改」來除煞改運）。「過平安橋」（改運）「這個儀式的基本精神，也就是依據每個人的生辰八字，祭拜各種對個人生辰有針對性的煞星，一方面在過橋時，等於是通過了各種關限，而預先防止或解除了將會發生在個人身上（或者衣服所代表的人）的災厄，一方面，過橋後經由祭改儀式，用替身代替自己受災，而化解了災厄。」（丁仁傑，2012，頁74）。其次，「煮油淨宅」則是在空間層次以沸騰之油來潔淨村中各個角落，尤其是廟宇中的神明、家中的祖先牌位或神明等等。「煮（過）油儀式」中因油引起的熱烈火焰不僅具有除煞潔淨效果，伴隨的鞭炮聲也具有嚇阻驅邪的作用；一般民間相信，凶神惡煞若驅趕不去時，可以用法術將其押入油鍋中煮炸，使其難以超生。可見「煮（過）油儀式」是相當嚴厲而有震撼力的法術之一（丁仁傑，2012，頁84）。[12]「煮（過）油儀式」是臺灣南部常見的驅邪除穢儀式，各地在舉行建醮典禮活動時，必定會請紅頭法師來潔淨建醮現場或宗教場所；在村落神明生日節慶時，村民也會請紅頭法師到家裡來進行潔淨工作（丁仁傑，2012，頁76-78）。[13]總結來說，個人性的潔淨是以「改運」（過平安橋）的方式來完成；全村空間集體性的潔淨，則以「煮（過）油儀式」中的「淨宅」來進行更為徹底的驅邪消煞。於是，個人性與集體性的宗教療癒就在文化諮商的過程被實現了，

---

[12] 根據丁仁傑（2012）的觀察，「過油」在形式上是由神明帶領、法師領導，帶著潔淨之火油，走遍村中每一個角落，且以火、煙與強烈的麻油味，充斥在隊伍經過的每一個地方，這是一個更為徹底的潔淨化過程（頁84）。

[13] 參考丁仁傑（2012），頁 76-78。有關「煮油儀式」進一步的說明與闡述，可參考劉枝萬（1983，頁354-355）、Jordan（1972）或丁仁傑譯（2012，頁 173-179）、Lagerwey（1987）、李豐楙（2002，2005）等等。又如，林瑋嬪（2010）曾以臺灣西南部一個村莊為例，透過由乩童與當地民眾共同煮油除穢儀式，來呈現道教概念及其神祕知識（例如：氣、風水、氣脈、地脈、共脈、五營等等），如何與常民文化（特別是空間與身體的隱喻關係）、兩性分工概念（家屋的女性意象，女性是家的守護者，男性的責任主要是在聚落整體的安全），以及乩童信仰的結合。根據林瑋嬪的說法，「煮油」儀式又稱「過油」、「煮油淨厝」、「煮油淨穢」、「焚油逐穢」等等。它通常出現在新屋落成的「入厝」禮、「謝土」禮或聚落建醮儀式中，儀式目的主要在潔淨醮儀進行的場所（頁151-153），或二合為一同時潔淨聚落與各家戶（頁158）。但 Jordan 以臺南保安村為例的「煮油儀式」（或稱過油），則分以聚落空間（聚落性）與民宅（家戶性）的除穢潔淨為主。就空間與身體的隱喻關係來說，林瑋嬪指出：煮油儀式所潔淨的房子並非是抽象的空間，而是一個人體化、與人合一的建築（頁162）。可見此「煮油儀式」旨在驅除各種可能的邪惡力量（邪氣、惡靈等等），保護村民的安全，消除村民的災禍、疾病與死亡等不幸，維護地方秩序，以利地方社會的重生與再生。從儀式的文化意涵與社會功能而言，此與 Jordan 及丁仁傑的田野發現亦有異曲同工之妙。

即便這種療癒的效果無法以具體可見的數據或指標來判斷或證明。

　　就乩童治病、卜卦師解厄、祭解儀式，以及「煮油淨宅」等民俗／宗教醫療方式的療效機制究竟為何的問題，有別於余德慧與徐臨嘉（1993），以及余安邦（2008）所謂「視框」（frame）的轉換，或者「改框」（re-framing）的主張，[14] 張珣（2009）則另提出「改信」的觀點。她認為：民俗／宗教醫療的療效乃發生在事主（當事人／患者）對於自己身心的不平安（或者是各種身心症狀、疾病）之理解，由原先的世俗性（自然）解釋，改成超自然的解釋，這種改變牽涉到背後的信仰體系之改變。亦即，民俗／宗教醫療（儀式）過程本身（包括整個村落或社區整體空間大掃除的煮油淨宅儀式）就是療效之所以發生的一個重要機制。當事主（當事人／患者）與醫療者（乩童、卜卦師或道士、法師）雙方共處於一個宗教情境，彼此之間進行話語交通，甚至某種程度的身體接觸，進而產生的情緒互動、心靈交流等等，都是讓事主（當事人／患者）感覺身心是否被妥善照顧的重要判準。但對於集體性的社區村民來說，地方自然（或者人為）災難的發生必然有其超自然的原因與解釋；而聽從神明的指示採取必要的「管理」或「治理」儀式絕對是必要的；至於採用哪一種宗教儀式加以施行會比較有實質的效果，則必須依情勢狀況而定；亦即，重要的問題是：「用什麼樣的儀式來處理會更有效？」（張珣，2009，頁20；丁仁傑，2012，頁86）。張珣所要強調的是：「民俗醫療的療效不能以科學數據來證明。誠如 Skultans（2007）所指出，人類學家研究靈療，重點不在以『病理』（pathology）為標準，而是以當事人的『經驗』為標準。亦即，重點不在當事人是否有醫學診斷之症狀，也不在是否達到生物醫學所認定之痊癒標準。相反的，重點是在當事人主觀上經驗到病痛，疾病即成立；當事人不再感覺到病痛，即為有療效。」（張珣，2009，頁21）。

三、收驚儀式與「栽花」、「換斗」

> 他似在傾聽。寂靜：遙遠……
> 我們凝神屏氣直到再也聽不見。
> 他是天星，而我們看不到的
> 其他巨星環繞在他四邊。

---

[14] 余德慧與徐臨嘉（1993），以及余安邦（2008）基本上認為：視框（frame）係指個體對事物的某種價值觀與看法；人的生活是不斷地在某些視框之下，進行意義的顯化或轉換；它是當事人／患者對自己生命中意義的改變，以及尋求生命改善時的一個心理機制。例如，余安邦以「慈惠堂」契子女為例 指出：從西醫的生物醫學病因解釋（身體機能造成不孕），改變成以民俗宗教醫療的病因解釋（因果業障造成無子），此即為「改框」（re-framing）的一種現象，並以此來說明民俗宗教醫療的療效之所以發生的心理機制。

啊！他是一切。我們真的在企求，

他能看見我們？他會需要？

倘若我們在他面前跪倒，

他仍入定不動如一隻獸。

他內心靜慮逾數百萬年

吸引我們匍匐到他跟前。

他已忘情於我們經歷的事物

而他所參悟的正可指點我們迷津

——〈佛陀〉，《新詩集》

（里爾克，引自李魁賢譯，1994b，頁 60-61）

（一）收驚儀式

在眾多的民俗宗教醫療方式中，乩童或尪姨等靈媒的收驚儀式、「栽花」、「換斗」與牽亡魂儀式等等，現此時仍廣泛地流傳於臺灣民間社會，自清代以來仍歷久不衰（林富士，2021）。以往國內學者有關民俗療法中宗教儀式的研究並不少見，譬如宋錦秀（2000）、張珣（1993，1996）、林瑋嬪（2000）等人有關收驚的研究，其中多少有詳細的理論描述，他們是以道家三魂七魄的概念來解釋人的魂魄因各種因素而離開身體，因而可以「收驚」儀式來收驚。至於收驚究竟是否有效以及為何有效，則尚缺乏有系統的科學證據的支持與解釋。

靈魂之說並非傳統漢人所特有，猶太人、歐美社會、臺灣原住民族等等亦皆有此說法（黃應貴，1993），但卻一直沒有被納入西方主流醫學的論述與治療範圍。即便是在中醫的架構裡，也缺乏由此發展出來的療法；倒是各少數（或原始）民族的民俗／巫術療法，常常可觀察到「靈療」的存在。我認為除了倡導多元典範，承認這些療法的存在性外，我們必須以科學的態度來釐清這些療法的有效性之社會與文化意涵，以及它的侷限性。而諸如此類的求醫或求助行為背後，更基本的問題是這些求醫或求助者對身體與疾病的認識與觀念是什麼，他們對身體與疾病的認識與觀念又如何影響或決定其求醫的心理與行為。我認為：疾病並非僅是人生理上的病痛，它涉及人所處之文化傳統的基本觀念與態度，例如：疾病的命名與分類、疾病的認識與經驗、疾病的解釋與處置等等。甚且，疾病的認知與經驗乃具有文化的特殊性格，它是由文化／社會所建構的。

　　基於這樣的觀點，收驚做為一種文化療癒形式，余安邦（2002）在一項研究中所關注的核心問題是：（1）了解民俗療法收驚儀式中，「收驚者」對於人的身體及疾病的認識與觀念，以及其處理與治療疾病的方法，此即「收驚者」之專家知識系統的認識；（2）探討「被收驚者」及其家屬的身體觀、人觀與疾病觀，並嘗試了解其求醫的心理與行為；（3）分析收驚儀式過程及其象徵符碼系統在身心治療中之文化意涵。在方法方面，該研究乃採取參與觀察與深度面談方式來了解「收驚者」、「被收驚者」及其家屬之身體觀、人觀與疾病觀；同時，並探討收驚者對疾病的處置與療法，以及被收驚者及其家屬之求醫心理與行為。在人觀方面，包括人觀的形成、發展及變遷，人觀與社會行動及生活實踐之關係等。在疾病觀方面，包括疾病的病症、病徵、病因、療法及預防，疾病的命名與分類，疾病與人觀之關係，以及疾病與求醫行為之關係等等。此外，該研究於實際參與觀察收驚儀式過程中，就儀式本身及其所關涉之象徵符碼系統（基本道具是水和米，也包括各種器物、符籙等），加以系統性的分析，以探討其中之文化意涵，及其可能的治療意義。在樣本方面，該研究乃以不同廟宇或神壇之五位「收驚者」為訪談對象並參與觀察其收驚儀式。同時，另以 20 位「被收驚者」及其家屬為訪談對象。

　　余安邦（2002）的研究結果顯示：收驚的起因乃一般的治療方法，包括中醫、西醫及其他另類療法，無法處理或治癒人身體的不適或疼痛時，尋求收驚治療乃成為另一種必要的選擇。收驚者對病因的解釋主要為：邪靈或無形之物侵犯或干擾到人的靈魂或魂魄，因而導致人的魂魄不穩定，甚至部分魂魄離開人體，人的種種身心不適症狀於焉發生。在收驚者及被收驚者的觀念中，人的構成主要有三，即肉體、氣及靈魂；此三者各有其特性，但彼此之關係卻極為密切。收驚儀式的有效性可從人體之不適或病痛的減除得到驗證；而其背後的機制，或者來自收驚者之技術法力，或者來自神佛之靈力，從而使得各種不同的靈象徵（包括人的靈魂、邪靈、各種動物之靈等等）各自安置在其原本的位置，彼此重新得到一種動態而穩定的平衡；這種平衡可稱之為人與超自然之間的平衡。此外，人體之各種不正常現象也有來自人際之間（甚至包括人與其祖先的靈魂之間）的矛盾、衝突與壓力的可能。收驚儀式的目的之一，即在處理人際、人神、或人鬼之間的問題，從而使其達到一種社會平衡、和諧與圓融的狀態。收驚做為一種象徵儀式療法的文化性與社會性，乃經常在人們的社會生活現場被看到與被發現。

　　質言之，收驚儀式涉及的是傳統漢人民間信仰中的身體觀、魂魄觀與疾病觀。一般民眾相信，所謂正常人是由肉體與靈魂（或數條魂魄，一般俗稱三魂七魄）兩者所

Chapter 8 民俗／宗教療癒做為文化諮商的另類形式

結合構成、且彼此處在和諧狀態的，但彼此之間是「可」分離的，特別在遭受外力之下（例如：受到驚嚇或邪靈入侵）；受到驚嚇而外逸的靈魂不會（無法）自行返回身體，而需藉助外力（例如：法師或道士之法力、神佛之靈力）才能順利導引回體內，恢復成為可以正常生活的原來的「人」（張珣，1993）。相對於成人而言，嬰幼兒由於太過幼稚不成熟，肉體與靈魂（或魂魄）之間的連結鬆散，不夠完善緊密，故嬰幼兒容易受到驚嚇（俗稱「得驚」，當然成年人也會有受到驚嚇之情事，例如，突如其來的交通事故、自然災難等），例如，看到黑影、凶狗，聽到雷聲、狗吠聲、吆喝聲，路經喪家等等而受驚，或者因為撞見邪靈或惡魔而被入侵，從而使得他的部分靈魂（或魂魄）會離開身體，在外游離。因部分魂魄出離而不安穩的狀態，或者身體被邪靈或惡魔強占的情況之下，會導致嬰幼兒夜間哭鬧、無法安穩睡眠、吐奶，甚至排出綠色糞便、發燒、身體抽搐、吐白沫、翻白眼等；要是這些不良狀態持續下去，會引起更嚴重的症狀，例如，不認識人或隨意傻笑等等。因「得驚」而身體產生不良症狀或生活不安適的人，通常會請求收驚婆或道士（嚴重時）來收驚，這是臺灣民間社會常見的現象，而此一現象甚至不因現代社會的進步與發展而銷聲匿跡（張珣，2011，頁 113-116）。

　　收驚儀式有各種不同的方式與技術，且以問題之嚴重程度及可能的病因而採取不同的做法。通常，這些民間信仰之收驚者不會只處理因驚嚇引起的身體問題，同時也會經由收驚儀式來處理、解決家庭問題或人際之間的心理衝突矛盾；因為他們相信身、心、靈事實上是一體的，且彼此會互相影響與作用。收驚儀式的重點在於乩童或道士以法器、咒語等等召喚嬰幼兒（或成人）的魂魄回來，或者將邪靈或惡魔驅逐出身體之外，或者僅在「安定」沒病之人的魂魄，以保人之安康。[15] 誠如張珣（2011）所闡釋的：「這一套受驚處理過程的文化象徵意義是，首先，必須小孩（或成人）體內之靈魂外逸，成為四處遊蕩的魂魄，才需要進行（收驚）儀式治療。而這種情形的遊魂是不正常的，不像人死後之靈魂，可離開身體，來往於宇宙之間。受驚嚇而離開之遊魂，應該進行宗教收魂儀式，以使之再回到體內正常的位置。」（頁 116）。[16]

　　可見，收驚做為一種文化療癒方式來說，傳統漢人信仰中的「靈魂觀」或「魂魄觀」實居於極為關鍵的地位。進一步而言，根據張珣（1993，頁 218-222，226）與劉

---

[15] 關於民間自宅公廳所進行的收驚儀式，或者職業收驚者（所謂江湖術士，另有附和佛教信仰者）以米卦做的收驚儀式，以及較為繁複或已簡化其形式與步驟的道教收驚儀式，其詳細過程、道具、法器、咒語及其象徵意義，參見張珣（1993），頁 208-217。

[16] 關於行天宮的收驚儀式及其分析，可延伸參考張家麟（2009b）及陳政宏（2008）的專文。

枝萬（1974）以田野觀察收驚儀式的資料指出：三魂在前胸，七魄在後背，而三魂七魄乃由「人之頭頂囟門進出」。但另有一說是：人體左三魂、右七魄；左為陽、右為陰，故曰左三魂、右七魄。至於民間傳說所謂三魂，另指人死後靈魂三分至神主、墳墓、陰間等三處的說法，但此傳說則未論及七魄。再根據道教的說法，三魂七魄乃相提並論的；一般民眾的重點在於處理祖先（人死後）的祭拜問題，道教的重點則在於人在世時如何修煉魂魄的問題。總地來說，收驚信仰背後的靈魂觀，乃兼合有儒、釋、道三教的信仰精神與內涵（例如，佛教的輪迴轉世之說，強調靈魂的修煉比身體的保養來得重要）。

延續這個觀點，張珣（1996）續以基隆心境堂命相館七個案例，探討「著驚」（或「得驚」）儀式治療的過程與分析。她指出：「著驚」（受了驚嚇）是一種文化症候群，它不單純只是一種病名；做為中國文化中對身體、健康與疾病的一種認知之外，它還隱含中國人如何判斷罹患該病的方式、該病應有的症狀、治療方法及預防方法等一連串相關的觀念與行為；它涉及的是一整套的文化價值設計。進一步而言，「著驚」症候群及整個收驚儀式，乃以中國文化中道家「氣」的自然宇宙觀與「三魂七魄」的靈魂觀為基底，同時，它還涉及佛教的輪迴轉世之說。舉例而言，「著驚」與中國文化對「魂魄與身體密切結合要等出生一百日以後」、「魂魄會因過度驚嚇而離開肉體」、「走失的魂魄可由宗教人員藉神佛之力令鬼怪放行」等觀念密切關聯，因而有了「收驚」的儀式治療。[17]

（二）「栽花」、「換斗」

臺灣民間「栽花」、「換斗」的習俗，與漢人民間信仰的「陰／陽」身體觀有著極為密切的關係。張珣（2011）根據 Ahern（1975）在臺北縣（現在的新北市）三峽鎮的田野研究結果，發現當地人的身體觀念中有兩種身體，一種是看得見的、在「陽間」的身體，另一種是看不見的、在「陰間」的身體，這兩種身體不是相互獨立的，而是相互影響、聲氣相通、彼此牽動的；陰間的身體必須修補保養，陽間的身體才會健康無恙。因此，當一個人（陽間）的身體生病或不適時，除了尋求醫生的治療之外，必要時也可以請靈媒（或神媒）到陰間（俗稱觀落陰），修補狀如樹木或房子的「陰間」的身體，如此方能完全解除身體的病痛或種種心理問題。

---

[17] 有關中國古代傳統「魂」、「魄」二元概念，及其意涵與相互之間的關係，參見余英時（1987）。另杜正勝（1993）則從中國傳統道家與醫家的觀點探討中國人對「人」的認識，說明「精」、「氣」、「神」與「人」、「天」、「氣」等這些脈絡傳承之關係，尤其著重於「人之氣論」的詳細闡述。

至於「栽花」、「換斗」的宗教儀式，可以用來說明如何藉由法師的技能與法力來處理陰間的身體，從而使得陽間的（女性）身體可以受孕。以康詩瑀（2006）在臺南臨水夫人媽廟的田野研究為例，所謂「栽花」或「栽花叢」的宗教義理，係指「婦女的身體尤其是子宮屢弱，無能力孕育子女，（故）必須捨棄舊有的花叢，進行儀式重新培植一株新的花叢，才能恢復懷孕能力。與『栽花』儀式有關的是『梗花叢』儀式，意指婦女懷孕能力不佳、月事不順、排卵不正常、子宮不易受孕、容易流產等等，必須以法事儀式加以增強花叢健康以受孕。……另外，『換花叢』或『換斗』儀式，（係）指婦女已經受孕，但是欲變更胎兒性別，多數信徒是欲將女胎變成男胎。此儀式需在孕婦懷孕未滿四個月之前進行才有效，（懷胎）四個月之後，胎兒男女性別已經固定，無法變更。」（張珣，2011，頁118）。

　　可見，在陽間的身體對應著陰間的身體有如一株花叢，花叢若是受損、受害，或者土壤不良、雜草叢生，則陽間的身體必然不健康，因而也就不易受孕，假使受孕也易於流產。「栽花」、「換斗」的宗教儀式，也就是藉由超自然的力量（通常透過紅頭法師）來改善陰間的身體，從而陽間的身體也就隨之改善了。這裡涉及了蔡佩如（2005）所謂的「作為女人本命的花叢與代表子女的花朵。」（張珣，2011，頁119；蔡佩如，2005）。也就是說，臺灣民間信仰中的「本命觀」或「命底」思想，認為宇宙天體的運行與位置會影響到一個人一生的生命安危、財富多寡及身體健康與否，其中尤其以北斗七星為重要指標，這即關涉一個人出生時的生辰八字，每個人按照他的出生時辰，即可找到對應的「本命星」；人的一生有無子女、有多少財富，甚至身體之健康或疾病等等，均與其「本命」或「命底」有關。「栽花」、「換斗」儀式中的「斗」，即指北斗七星，重視的就是北斗七星的決定性力量（張珣，2011，頁119）。

　　總之，無論從收驚，或者「栽花」、「換斗」等民俗／宗教儀式，可見民俗／宗教醫療或療癒不只是一套醫療方式而已，它同時是涵蓋且照顧到了個人身、心、靈三方面的信仰體系，其中涉及了漢人信仰文化中的「宇宙觀」、「身體觀」、「健康觀」、「疾病觀」及「本命（命底）觀」。民俗／宗教療癒做為文化諮商的一種典範形式，促使我們不得不張開眼睛，直視縱深的文化底蘊，而非走馬看花似地僅見眼花撩亂的表相的「多元文化」而已，甚至誤認其只不過是「江湖術數」罷了。

四、算命與性理療法

我知道，我不久就要死去
但所有的樹木卻閃閃發亮
在渴望已久的七月的吻之後——

我的夢變得灰白——
我從未寫過更黯淡的結局
在我詩句的書籍裡。

你摘下一朵花向我表示問候——
我在花朵萌芽時就愛著它。
但我卻知道，我不久就要死去。

我的氣息飄過上帝的河流——
我輕輕地把我的腳
放在通往永遠的家的小徑上。

——〈我知道〉
（埃爾澤·拉斯克-許勒，引自謝芳譯，2012，頁 311）

本節以當代臺灣漢人社會為例，具體闡述與說明各種文化諮商與民俗／宗教療癒的社會實踐，譬如：道士祭解、收驚、「栽花」、「換斗」、及靈療等等。事實上，這些具有傳統歷史意義之文化療癒背後潛在的社會過程，與該社會之歷史文化性質有著互為因果、相涉交纏的複雜關係。各種文化諮商與倫理療癒之道，根本上涉及當事人／求助者與「天、地、人、諸神（包括祖先、祖靈）」之情感關係結構，而此情感關係結構的基礎地乃是「倫理轉向」的存有之處。文化諮商與倫理療癒的基礎探問，也就是必須在倫理化的關鍵處下工夫，深描身、心、靈的安頓居所與主體慾望的迴旋流動，紮根於文化底蘊的諮商行事，正是療癒時刻發生的必要條件（余安邦、余德慧，2008）。

然而，本文前面所描述的主要是臺灣漢人社會的例子，尤其是以臺灣民間信仰、

道教信仰及一般風俗習慣中的民俗／宗教醫療為論述的焦點。不過，民俗／宗教療癒做為文化諮商的典範形式，在傳統漢人社會，其實早就存在多元的「文化諮商」形式並做為民俗／宗教療癒的種種社會實踐。即便處於不斷變遷中的現代臺灣社會，這些文化療癒之「殘餘」仍充滿活力與勁道地潛存於臺灣民間社會各個角落。譬如，以「牽亡魂」做為「救陽渡陰」之儀式，讓亡者之靈透過慈惠堂「母娘」所認可之鸞生或靈媒與生者交涉，來化解生者的問題與亡者之請託。以往彭榮邦（2000），以及余德慧與彭榮邦（2002，2003）的研究即是從生者（失親者）之存在處境的開顯與民間宗教「靈象徵」的「臨在」氛圍來考察「牽亡」的社會情懷。然而，算命、改運則是比「牽亡魂」更加普遍流傳於臺灣民間社會的「文化諮商」形式。無論在農村鄉野，或在都會城市，舉目充斥著算命、改運的招牌，一般民眾之高度需求可見一斑。

（一）算命、改運做為一種「文化諮商」形式

　　無論在臺灣鄉村社會或都會地區，普遍可見各種各類「算命、改運」行業的存在，「算命、改運」行為背後的傳統思想與文化心理，以及「算命、改運」做為一種「文化諮商」形式，確實值得詳加探究。例如，凌坤楨（1993）的研究旨在探討算命者與來客之間「算命」過程的互動分析，其中涉及雙方的期待、態度與價值觀。他指出：「算命」不是單向地聽取算命者的解碼行為，它實是一個算命雙方交織運作的歷程。「算命行為中不單是命理術數的解碼與傳遞，而是算命雙方共同創造的場境。涉入算命互動的，應該有算命先生的論命風格以及來算者的態度，而（彼此）交織建構完成一個算命的互動歷程。」此外，羅正心（1993）也曾就「算命」在現代社會的表現形式，探討其社會功能與地位。他主張：對現代人而言，「算命」具有類似心理輔導的功能與效果，且由於「算命」可直接切入當事人的問題核心，故較心理輔導更具優勢條件。然而，算命過程已經在某種程度上醞釀了良好的心理輔導環境；算命人不一定「算命」，而是在聊天、聽講或者談論事理；「算命準不準」並不妨礙算命人的心理輔導地位；算命人多樣的性格與能力，提供給顧客自由、滿意的選擇；算命人的聲名，以及一般人對此行業的刻板印象，均會影響人們「算命」行為的判斷與選擇；算命人是否具備一定的條件而能取代（代替）心理輔導者的資格能力，其實仍有相當幅度的討論空間。

（二）「五行性」與性理療法

　　中國傳統社會有著歷史悠久的「五行理論」與「性理思想」，且依舊流行於當前

臺灣社會。以萬國道德會的「性理療法」為例，潘英海與陳永芳（1993）發現萬國道德會所發展出的「五行性」（金、木、水、火、土）個性（性格）理論與「性理療法」的心理療法理論，乃是一套具備實踐意義的民間哲學，反映出中國人的「人觀」與心理治療觀點。其中，所謂「五行性」就是根據「五行」的性質與內涵，做為人之個性或性格的象徵符號及其不同組合所產生之特質。「五行性」將人從「自然人」轉化到「道德人」，因此，它不僅僅是個人的修心（身）養性，更是社會道德的具體實踐。融合了儒家的「倫理思想」、佛家的「因果宿緣關係」、道家的「修身養性」，以及「五行理論」，這就構成了「性理療法」一整套「講道」、「講性」、「講病」的思想論述基礎。他們認為：五行術數與性理思想的結合，建立了「以體驗之，以驗體之」的實踐精神，其所建立的基礎乃起源於中國傳統思想中的性理之「道」與五行理論的相生相剋之「術」。「性理療法」就是在講道的老師與有事求教的當事人之間的會談過程，而以「問事」（問題的了解與解決）、「講性」（主要以五行理論講解當事人的個性，包括「看性」、「問性」、「化性」三個步驟）與「講病」（主要是講道老師針對「病人」講解五行性理，改變當事人對自己個性上的了解，疏通當事人心理上的人際癥結，以期改善病人由心因性所引發的身體疾病）為主要內容。[18]

延續萬國道德會「性理療法」的精神思想脈絡與社會實踐，范鈺平（2011）旨在探討王鳳儀「性理療病」法中，「如何透過『找好處、認不是』此生命自我療癒之鑰，『撥陰反陽』以啟健康之門。」首先，王鳳儀的病因觀主張：疾病的發生與人的「心念」、「性格」、「情緒」、「德行的缺失」、「倫常的虧欠」及「前世的惡業」皆息息相關、緊密扣連。其次，王鳳儀根據「五行理論」或「五行法則」，以及儒、道、佛之知識思想，獨自創發的「性理療病法」，即「五行率性法」或「問性治病法」；該法側重於「施治者直接感知病人疾病的源頭，透過言語的運用，直指病人的心結與性格中的缺失，只要病人真心相信，願意悔過，打開心結，往往能不藥而癒。」此外，王鳳儀的講病方式與內容，十分符合華人文化的喻明系統，其一為追求終極關懷的心性療法，其二為積極介入社會的倫理療法。「王鳳儀為人治病時，先以言語指出病人致病的原因，然後要求病人自己主動地反省自身性格與倫常上的虧欠或缺失。王鳳儀性理療病中那『翻良心』而讓心性撥陰反陽的過程，即是運用心智所產生正面、溫暖、光明的信息波，使得生命信息場改變，並改善身體健康。負面信息會

---

[18] 參考潘英海、陳永芳（1993）。又，從萬國道德會到王鳳儀之性理思想與「性理療病」的發展及彼此之關聯，可參考陳永芳（1991）及范鈺平（2011）的研究討論。

使人產生身心上的疾病。『治療』即是將疾病的信息波反轉,即王鳳儀所說『找好處,認不是』的『撥陰反陽』。」「『找好處』即是以賞識、感恩、學習、光明的態度,看待一切。『認不是』,即是認清自己的『病態信息』,此『病態信息』是五行性中的陰面、性格上的缺陷、各種負面心念及行為。」「『找好處、認不是』即生命自我療癒之鑰。」(范鈺平,2007,2011)。

參、餘韻交疊之境

海水彷彿懸宕

在灰色和藍灰色的卵石之上。

不知看了多少遍了,同樣的海,時時

漠然的,微微地擺盪在眾石之上,

冰冷地自在逍遙於眾石之上,

在眾石之上和世界之上。

……

它就像你我所想像的知識該有的特性:

隱晦的,鹹鹹的,澄澈的,流動的,全然的無拘無礙

從又冷又硬的嘴口汲取

世界的嘴口,源自於地岩嶙峋的胸乳

不捨晝夜,在流動中被汲取,並且既然

我們的知識屬乎歷史,便也在流動中逝水般流逝。

——〈在彼漁行〉

(伊莉莎白‧碧許,引自曾珍珍譯,2004,頁 157)

　　本文嘗試從臺灣民俗／宗教療癒的梗概闡釋與內容鋪陳中,直視多元文化諮商的基礎探問,深入思考文化諮商及文化療癒中採取所謂「文化轉向」,或者諮商者／助人工作者應具備「文化意識」,究竟意味著什麼?為了避免將文化的觀念陷入「本質化」與「特徵化」的簡單思維,我們不僅應將源自西方社會之心理學知識體系關於傳統(主流)「諮商」的本質性意涵重新界定,甚至須加以解構,進而再脈絡化諮商現場／療癒空間的文化理解。我認為,將助人者(諮商者)與求助者(個案)之複雜而動態的歷史文化脈絡,化約為簡單的「文化信念」或「文化特徵」的項目表徵時,正

是遠離多元文化諮商的臨床現場性與歷史性意義的不幸時刻。

譬如，張慈容（2005）曾以一位美國白人諮商員及一位臺灣中年男性個案於諮商過程中的抗拒現象研究，所凸顯的正是這樣的問題性與侷限性。即便如此，諮商輔導人員在學習諮商過程中，對不同文化衝擊經驗所做的思考、反省與統整，實已受到國內諮商輔導學界相當程度的重視。文化衝擊經驗不僅有助於諮商輔導人員對自我文化價值觀（包括：人性觀、人我觀、自我觀、諮商觀及文化觀等議題）的意識與了解，促進其文化意識與反省能力的提升，同時藉由不同文化觀點（例如：哲學思考的差異、文化精神內涵的差異、人格理論觀點的差異、對心理健康概念的差異等等）的整合，實有助於個人的諮商理論觀點的深化與擴充（洪莉竹，2000）；而非將世界上多元歧異之諸多文化簡化為「東方：西方」文化，或者將「華人：非華人」二分，且狹隘地分別以「集體主義」、「個人主義」做為其核心文化表徵之對立性思維，從而蒙蔽了自身的文化視野與深廣度，鈍化了自我對文化的敏銳度與洞察力。

由於對人類苦痛的認識與療癒策略的發展，是鑲嵌於人世間的受苦現場，因此「人文臨床」的立場與觀點也必然是本土化的。一直以來，我們的研究旨趣乃著力於從「在地情懷」（local ethos）到「倫理行動」（ethical act）的多元差異路線，以發展本土心理照顧的知識與技藝。這樣的研究方向，更是指向以常民生活為療癒場域，凝視人文身體空間，並探究其中的療癒形式，據以發展具普遍意義的人文價值與學術深度，以及在地社會柔適性的操作技藝。在這樣的思想基礎上，我們將進一步深化並拓展受苦與療癒的範疇，高舉「人文臨床與倫理療癒」的鮮明旗幟，朝向奠基於「生活世界」的學術道路。這樣的做法不但是將人文及社會科學還回生活現場，甚至將心理學接引到人性處境的根源處，為本土臨床與諮商心理學，特別是「多元文化諮商」的理論發展與社會實踐，重新安置在一個迥異於實證科學的基礎之上（余德慧、余安邦、李維倫，2010）。

尤有進者，奠基於「人文臨床與倫理療癒」的基本立場與關鍵概念，本文之重點旨趣乃在於探索民俗／宗教療癒做為文化諮商的另類形式，並深入思考「文化（人文）諮商」的社會實踐意義，進一步擴延「文化（人文）諮商」的範疇內涵與發展策略，進而試圖建置一套可供人文及社會科學學習者，研習從人文思想傳統的生活世界出發的「多元文化（人文）諮商」，並希望能深化且擴大其助人技藝的哲學視野與存有美學，而不再僅限於傳統（主流）心理諮商或治療的形式、框架與技巧（余安邦、余德慧，2013）。

總之，本文的宗旨乃試圖開展「文化（人文）諮商」與臨床心理本土化多元異質

進路的可能性，從而呈現與建構「多元文化（人文）諮商」理論性的概念與技藝，最終並以建構具有文化深度與特色的本土心理學知識，進以拓展與厚植本土心理與文化療癒理論及臨床實務之奠基工作。相信，這些議題將是未來臺灣，甚至全球各地華人社會之本土／文化心理學界共同關心的課題與研究旨趣。同時，也唯有臺灣本土／文化心理學逐漸生根、成長與茁壯，有朝一日才能在世界人文科學心理學園地扮演一定的、舉足輕重的角色，提供應有的獨特貢獻，並履行應盡的責任與義務。

文末，我想引述紀爾茲（Clifford Geertz）（楊德睿譯，1983，2002）的一段話做為結束。當然，這段話主要是用來回應本文副標題「人文臨床學觀點」的反思與期許。希望讀者能夠了解我的明白。紀爾茲說：

> 假如我們期望別人對於我們闖入他們的生活稍有容忍之心，並且接納我們為值得談話的對象的話，在這些方面與常人相若的能力，正如善加陶養這些能力一樣，當然是至關重要的。（頁 102-103）

行文至此，我的心情恰似加斯東・巴什拉（Gaston Bachelard）（杜小真、顧嘉琛譯，2016，頁 4）在其《火的精神分析》的前言中所描繪的一般：冬天的傍晚，屋外颳著風，只要有一堆明亮的火，痛苦的心靈就會同時追憶自己的往事並傾吐苦痛：

> 人們輕聲慰藉著
> 埋藏在冬日灰燼下的
> 這顆暗火似的心，
> 它正在燃燒、歌唱。
>
> ── 圖蘭
> （加斯東・巴什拉，杜小真、顧嘉琛譯，2016，頁 5）

在雕琢話語的旅途上，我彷如那夜間獨行者，在黯黑森林中無端地行走。一個人，沒有同類。「我曾不停地四處尋找天空……通往天空的道路只有在上帝的啟示中才不遙遠。」（埃爾澤・拉斯克─許勒，引自謝芳譯，2012，頁304）。現此時，卡柔・布拉喬（程戈洋譯，2015）的詩歌總在我腦海裡迴旋、蕩漾著，恰似花蓮七星潭太平洋的波浪，時而澎湃，時而靜謐；呼喚水神的凝望眷顧，日夜拍打著沙灘，潮起潮落，日復一日，永不歇息……

被關閉

是話語的傷痛。關閉的

是永恆

而又深遠的話語。就這樣

話語為我們所關閉。

——〈印第安話語〉

（卡柔·布拉喬，引自程戈洋譯，2015，頁73）

海，總是如此這般地，淒冷深邃又絕對地澄澈。

最後的話語

蘊含最初的言說

……

——〈那空間，那花園〉

（卡柔·布拉喬，引自程戈洋譯，2015，頁89）

我的傷口，先於我存在。

這道理，我彷彿明白了！

……

這是最最遙遠的路程，

來到最接近你的地方。

這是最最遙遠的路程，

來到以前出發的地方。

這是最最遙遠的路程，

來到最最思念的地方。

——〈最最遙遠的路〉

（詞／曲：胡德夫，2005）

帶著一顆遲暮的沉落的心，我把我裹在石榴花的思念，留給十二月的最後一天。

遠去，是為了歸來……。

討論問題 ┄┄

1. 不可諱言地，長期以來「諮商」這個詞彙已經被國內外臨床、諮商與輔導專業領域的人形成了一套十分近似的刻板印象。依我之見，「多元文化諮商」的首要核心理念，在於重新解構與再建構「諮商」的踐行（practice）方式及其義理內涵。如何突破、穿越與逃逸傳統主流意義底下「諮商」的意涵與實踐形式，成為最根本的問題所在。也就是說，相對於傳統主流科學心理學建立在近（現）代西方社會個人主義意識形態之下（當然不僅僅是如此），以某種（或某類）臨床與諮商心理學知識、技術與工具，採一對一，或者一對多的形式（無論是所謂個別諮商、團體諮商或家族諮商等等），在特定之人為空間（例如，診療室或諮商室）進行心理諮商或治療，實有必要擴展、延伸、或轉換至自然社會生活處境，歷經長期歷史歲月的沖刷洗鍊，渾然天成、人文化成之諸種社會實踐方式（例如：算命、收驚、牽亡魂等等），並將之做為（或視為）「諮商」的真實現場與分析格局，乃是必須思考的根本之道。因而值得追索與反思的問題是：你心目中所謂的「諮商」意味著什麼？若從臺灣民俗（民間信仰）及宗教療癒的社會事實與文化設計來看，你認為「文化諮商」這個關鍵詞的基本意涵是什麼？如何可能建構與回歸「含攝文化的諮商」之理念與實踐？

2. 其次，「多元文化諮商」的另一關鍵理念，乃是「文化」觀念的再認識與新理解。長期以來，在大學師資「趨同去異化」與課程結構過於強調「專業化」與「工具化」的多重宰制之下，以及邏輯實證論之意識形態滋養出的「科學心理學」，屢將「文化」觀念「本質化」（強調「文化」具有不變的表微特質）與「化約論傾向」（順理成章、理所當然地將「文化」簡化為若干基本背景變項或元素），從而導致助人工作者（甚至各個心理學領域）某種程度的文化識盲，以及文化敏銳度的鈍化與社會洞察力的消弱，凡此正是「多元文化諮商」的基本多重障礙與文化盲點之所在。因而，值得深入反思的問題是：你認為基本的「文化概念」是什麼？你對「自我文化」與「他者文化」存有怎樣的「文化經驗」與「文化態度」？所謂「多元文化」、「文化混搭」、「文化理解」及「文化詮釋」等，與「多元文化諮商」有哪些可能的關係樣貌？

3. 最後，「多元文化諮商」要回歸人的「生活世界」（life world）來看待其所面臨的諸種「社會苦痛」（social suffering），了解這些苦痛之所以生成、阻塞與會通的「置身處境」（situatedness），從而試圖挖掘、開展出可能的自由疏通管道與人文空間。換言之，「回歸人的生活世界」意味著「多元文化諮商」必

須跳脫出以往固著於（或侷限於）語言或話語的過度重視與靜態分析，回到人的實際生活現場，特別是要回歸人的社會生活（包括經濟、政治、宗教等等）的整體面向來思考。也就是說，人的「生活經驗」（lived experience）及其「日常性」，乃是「文化諮商」的踐行方式及其要義內涵的原生發源地，不可不察。問題是，這樣的「問題意識」與「實踐條件」如何起著勾連的作用，而成為「多元文化諮商」可以操演的文化場域與象徵空間？我們又如何邁出第一步？

學習活動

1. 在自然生命科學及數理科學（例如：物理、化學、生物、數學等等）基本理論知識的嚴格洗禮之外，廣博地閱讀人文及社會科學的重要思想及其哲學義理，乃是助人工作者生命厚度與人文陶養的重要途徑，更是其助人技藝的精湛養成與圓熟敦厚的不二法門。

2. 「田野工作」與「參與觀察」被認為是人類學研究工作的尚方寶劍與獨門密法，而這兩者也是文化諮商工作者必要的養成過程與技藝手勢。採取類似師徒制的學習模式，師法人類學研究工作的優點與長處，進而廣泛閱讀不同社會文化重要的、經典的（人類學）民族誌，乃是文化諮商工作者必須認真思考的方便之門與「出師」途徑。「多元文化諮商」做為「多重田野工作」，沒有輕鬆便利的捷徑可抄，腳踏實地、一步一腳印地朝向那條人跡較少的道路，相信總有柳暗花明的美麗風景等待在那「你不在的地方」，或者，「你眼睛看不見的地方」。

📖 參考文獻

中文部分

丁仁傑（2005）。會靈山現象的社會學考察：去地域化情境中民間信仰的轉化與再連結。**臺灣宗教研究，4**（2），57-111。

丁仁傑（2009）。**當代漢人民眾宗教研究：論述、認同與社會再生產**。臺北市：聯經。

丁仁傑（2012）。災難的降臨與禳除：地方性社區脈絡中的改運與煮油淨宅，保安村的例子。**臺灣宗教研究，11**（1），53-88。

丁仁傑（譯）（2012）。**神、鬼、祖先：一個臺灣鄉村的漢人民間信仰**（原作者：焦大衛 [David K. Jordan]）。臺北市：聯經。

朱　剛（2016）。自我與他者的雙重變易──從列維納斯《總體與無限》的中譯談起。載於**中國現象學與哲學評論**，十八輯，「海德格爾的希臘解釋」（頁 403-422）。上海市：上海譯文。

余安邦（2002）。台灣漢人的人觀、疾病觀與心理療法（二）：以收驚為例。**大學學術追求卓越發展計畫，九〇年度計畫執行報告書「華人本土心理學研究追求卓越計畫」**。臺北市：國立臺灣大學。

余安邦（2008）。以 M. Foucault 的觀點為核心論述倫理主體的構成與裂解、消融與轉化：慈惠堂的例子。載於余安邦（主編），**本土心理與文化療癒──倫理化的可能探問**（頁 303-374）。臺北市：中央研究院民族學研究所。

余安邦（2013）。靈動、內在性與宗教療癒的實踐意義：以慈惠堂母娘信仰為例。載於余安邦（主編），**身體、主體性與文化療癒：跨域的搓揉與交纏**（頁 333-422）。臺北市：中央研究院。

余安邦、余德慧（2008）。文化及心理療癒的本土化生成。載於余安邦（主編），**本土心理與文化療癒──倫理化的可能探問**，導論（頁 1-56）。臺北市：中央研究院民族學研究所。

余安邦、余德慧（2013）。「人文諮商」做為臨床本土化的實踐路線：遠去是為了歸來。**應用心理研究，58**，187-231。

余英時（1987）。中國古代死後世界觀的演變。載於氏著，**中國思想傳統的現代詮釋**（頁 123-143）。臺北市：聯經。

余德慧（2005）。華人心性與倫理的複合式療法──華人文化心理治療的探原。**本土心理學研究，24**，7-48。

余德慧、余安邦、李維倫（2010）。人文臨床學的探究。**哲學與文化月刊，37**（1），63-84。

余德慧、李維倫、林耀盛、余安邦、陳淑惠、許敏桃、謝碧玲、石世明（2004）。倫理療癒作為建構臨床心理學本土化的起點。**本土心理學研究，22**，253-325。

余德慧、徐臨嘉（1993）。詮釋中國人的悲怨。**本土心理學研究，1**，301-328。

余德慧、彭榮邦（2002）。從靈知象徵領域談哀傷的抒解。載於胡台麗、許木柱、葉光輝（主編），**情感、情緒與文化：台灣社會的文化心理研究**（頁 129-162）。臺北市：中央研究院民族學研究所。

余德慧、彭榮邦（2003）。從巫現象考察牽亡的社會情懷。載於余安邦（主編），**情、欲與文化**（頁 109-150）。臺北市：中央研究院民族學研究所。

余德慧、劉美好（2004）。從俗智的啟蒙到心性與倫理的建構——以一個慈惠堂虔信徒網絡療癒為例。**新世紀宗教研究，2**（4），71-117。

宋錦秀（編著）（2000）。**日治臺中婦女的生活**。臺中縣：臺中縣立文化中心。

李亦園（1996）。**文化與修養**。臺北市：幼獅文化。

李豐楙（2002）。**台南地區入厝習俗與道教謝土科儀**。「南瀛傳統藝術研討會」發表之論文，國立傳統藝術中心。

李豐楙（2005）。王醮科儀與迎王祭典——台南地區瘟神信仰與地方傳統的交流。載於黎志添（主編），**香港及華南道教研究**（頁 434-484）。香港：中華書局。

李魁賢（譯）（1994a）。**里爾克詩集（I）**（原作者：里爾克 [Rainer Maria Rilke]）。臺北市：桂冠。

李魁賢（譯）（1994b）。**里爾克詩集（II）**（原作者：里爾克 [Rainer Maria Rilke]）。臺北市：桂冠。

杜小真、顧嘉琛（譯）（2016）。**火的精神分析**（原作者：加斯東・巴什拉 [Gaston Bachelard]）。鄭州市：河南大學。

杜正勝（1993）。形體、精氣與魂魄：中國傳統對「人」認識的形成。載於黃應貴（主編），**人觀、意義與社會**（頁27-88）。臺北市：中央研究院民族學研究所。

林美容（2015）。宏開心性法門。載於釋智德（總編輯），**佛療：果海為因地的生命實驗**（頁10-11）。宜蘭縣：中華民國全國生命共好協會。

林美容、鄭鳳嘉、釋念慧（2011）。為母娘辦事：花蓮法華山慈惠堂溫滿妹堂主五十年的宗教療癒與實踐。**慈濟大學人文社會科學學刊，11**，37-83。

林富士（2021）。清代臺灣的巫覡與巫俗——以《臺灣文獻叢刊》為主要材料的初步

探討。載於江燦騰、張珣（合編），**臺灣民眾道教三百年史：現代詮釋與新型建構**（頁 263-357）。臺北市：臺灣學生書局。

林瑋嬪（2000）。人觀、空間實踐與治病儀式──以一個台灣西南農村為例。**國立臺灣大學考古人類學刊，56**，44-76。

林瑋嬪（2010）。人類學與道教研究的對話：以「煮油」除穢儀式為例。**考古人類學刊，73**，149-174。

施晶琳（2005）。臺南市興泉府祭改法事之研究。**臺灣文化研究所學報，2**，229-273。

洪莉竹（2000）。**臺灣諮商輔導人員在學習諮商過程中文化議題的衝擊與統整**（未出版之博士論文）。國立臺灣師範大學教育心理與輔導研究所，臺北市。

胡德夫（2005）。**匆匆**。野火樂集。臺北市：參拾柒度製作有限公司。

胡潔芳（2000）。**慈惠堂的發展與信仰內涵之轉變**（未出版之碩士論文）。國立花蓮師範學院鄉土文化研究所，花蓮市。

范鈺平（2007）。**王鳳儀身心治療思想研究**（未出版之碩士論文）。國立臺灣師範大學國文學系，臺北市。

范鈺平（2011）。王鳳儀性理療病──開啟生命自我療癒之鑰。**慈濟大學人文社會科學學刊，11**，2-36。

凌坤楨（1993）。**算命行為之歷程分析──以一個紫微斗數算命的觀察為例**（未出版之碩士論文）。國立臺灣師範大學教育心理與輔導研究所，臺北市。

康詩瑀（2006）。臨水夫人信仰的儀式活動：以臺南臨水夫人媽廟為例。**民俗曲藝，154**，133-200。

張　珣（1989）。**疾病與文化**。新北市：稻鄉。

張　珣（1993）。台灣漢人收驚儀式與魂魄觀。載於黃應貴（主編），**人觀、意義與社會**（頁 207-231）。臺北市：中央研究院民族學研究所。

張　珣（1996）。道教與民間醫療文化──以著驚症候群為例。載於李豐楙、朱榮貴（主編），**儀式、廟會與社區──道教、民間信仰與民間文化**（頁 427-457）。臺北市：中央研究院中國文哲研究所籌備處。

張　珣（2001）。婦女與醫療：對本土女療者的另類思考。**國家科學委員會研究彙刊：人文及社會科學，11**（2），126-134。

張　珣（2007）。民間寺廟的醫療儀式與象徵資源──以台北市保安宮為例。**新世紀宗教研究，6**（1），1-27。

張　珣（2008）。道教「祭解」儀式中的懺悔與「替身」：一個文化心理學的探討。

載於余安邦（主編），本土心理與文化療癒——倫理化的可能探問（頁375-417）。臺北市：中央研究院民族學研究所。

張　珣（2009）。改框或改信？民俗宗教醫療的療效機制。臺灣宗教研究，**8**（2），1-25。

張　珣（2011）。「醫病也醫命」：民俗宗教的醫療行為及其概念。臺灣文獻，**62**（1），97-125。

張家麟（2009a）。台灣民間信仰的宗教靈療方法及其信仰基礎——以台中慈德慈惠堂的「叩問儀式」為例。臺灣宗教研究，**8**（2），27-56。

張家麟（2009b）。收魂、驅煞與祈福——信眾到行天宮收驚的分析。真理大學人文學報，**7**，198-225。

張慈容（2005）。多元文化諮商中抗拒的文化理解（未出版之碩士論文）。國立政治大學教育學系教育心理與輔導組，臺北市。

許麗玲（1999）。台灣民間信仰中的補春運儀式——以北部正一派道士所行的法事儀式為例。中央研究院民族學研究所資料彙編，**13**，95-129。

許麗玲（2003）。疾病與厄運的移轉：台灣北部紅頭法師大補運儀式分析。載於林美容（主編），信仰、儀式與社會（頁 339-366）。臺北市：中央研究院民族學研究所。

陳永芳（1991）。萬國道德會的五行性——一個本土心理學的質性研究（未出版之碩士論文）。輔仁大學應用心理學研究所，新北市。

陳思樺（2007）。我憂鬱，因為我卡陰：憂鬱症患者接受臺灣民俗宗教醫療的療癒經驗（未出版之碩士論文）。慈濟大學宗教與文化研究所，花蓮市。

陳政宏（2008）。收驚儀式參與者的因素分析——以台北行天宮信眾為研究焦點（未出版之碩士論文）。真理大學宗教學系，新北市。

曾珍珍（譯）（2004）。寫給雨季的歌：伊莉莎白・碧許詩選。（原作者：伊莉莎白・碧許 [Elizabeth Bishop]）。新北市：木馬文化。

程戈洋（譯）（2015）。在時間的核中：卡柔・布拉喬詩選（原作者：卡柔・布拉喬 [Coral Bracho]）。香港：香港中文大學。

彭榮邦（2000）。牽亡：惦念世界的安置與撫慰（未出版之碩士論文）。國立東華大學族群關係與文化研究所，花蓮縣。

黃奕偉（2016）。宗教療癒歷程中的療效因子：以一位憂鬱症患者參與慈惠堂的經驗為例。「2016 年台灣宗教學會第九屆『宗教的超越性與內在性』學術研討會暨年

會」發表之論文，國立政治大學。

黃應貴（主編）（1993）。**人觀、意義與社會**。臺北市：中央研究院民族學研究所。

黃應貴（2005）。導論：宗教教義、實踐與文化。**臺灣宗教研究**，**4**（2），1-10。

楊國樞（2006）。聖嚴淑世思想之實踐與創進的再本土化（與談題綱）。載於**第一屆 2006 聖嚴思想與當代社會國際學術研討會手冊**（頁 14-16）。新北市：財團法人聖嚴教育基金會。

楊德睿（譯）（1983，2002）。**地方知識：詮釋人類學論文集**（原作者：克利弗德・紀爾茲 [Clifford Geertz]）。臺北市：麥田。

劉枝萬（1974）。**中國民間信仰論集**。中央研究院民族學研究所專刊，第 22 號。臺北市：中央研究院民族學研究所。

劉枝萬（1983）。**臺灣民間信仰論集**。臺北市：聯經。

潘英海、陳永芳（1993）。五行與中國人的心理療法：以萬國道德會的性理療法為例。**本土心理學研究**，**2**，36-92。

蔡佩如（2005）。花、女人、女神：臺南市臨水夫人媽廟換花儀式的性別意義。**民俗曲藝**，**149**，115-174。

蔡怡佳（2010）。倫理自我的形塑：台灣民間宗教靈乩的「調靈訓體」。載於Pamela J. Stewart、Andrew Strathern、葉春榮（主編），**宗教與儀式變遷：多重的宇宙觀與歷史**（頁 333-359）。臺北市：聯經。

謝　芳（譯）（2012）。**拉斯克−許勒詩選**（原作者：埃爾澤・拉斯克−許勒 [Else Lasker-Schuler]）。重慶市：重慶大學。

韓成艷、向　星（譯）（2012）。**動情的觀察者：傷心人類學**（原作者：露絲・貝哈 [Ruth Behar]）。北京市：北京大學。

羅正心（1993）。算命與心理輔導。**本土心理學研究**，**2**，316-337。

釋智德（2015）。蛻變的軌跡。載於釋智德（總編輯），**佛療：果海為因地的生命實驗**（頁 12-17）。宜蘭縣：中華民國全國生命共好協會。

英文部分

Ahern, E. (1975). Sacred and secular medicine in a Taiwan village: A study of cosmological disorders. In A. Kleinman (Ed.), *Medicine in Chinese cultures: Comparative studies of health care in Chinese and other societies* (pp. 91-113). Washington, DC.: National Institute of Health DHEW Publication.

Devereux, G. (1967). *From anxiety to method in the behavioral sciences*. The Hague: Mouton and Co.

Geertz, C. (1973). *The interpretation of cultures*. New York, NY: Basic Books.

Jordan, D. K. (1972). *Gods, ghosts, and ancestors: The folk religion of a Taiwanese village*. Berkeley, CA: University of California Press.

Kleinman, A. (1980). *Patients and healers in the context of culture: An exploration of the borderland between anthropology, medicine, and psychiatry*. Berkeley, CA: University of California Press.

Kleinman, A., Das, V., & Lock, M. (Eds.) (1997). *Social suffering*. Berkeley, CA: University of California Press.

Lagerwey, J. (1987). *Taoist ritual in Chinese society and history*. New York, NY: Macmillan.

Li, Yih-yuan（李亦園）(1976). Shamanism in Taiwan: An anthropological inquiry. In William P. Lebra (Ed.), *Culture-bound syndromes, ethnopsychiatry, and alternate therapies* (pp. 179-188). Honolulu, HI: University of Hawaii Press.

Skultans, V. (2007). *Empathy and healing: Essays in medical and narrative anthropology*. New York: Berghahn Books.

Strickmann, M. (2002). *Chinese magical medicine* (edited by B. Faure). Stanford, CA: Stanford University Press.

第三篇

西方諮商理論在臺灣的
應用與文化調整

華人文化哀傷輔導與諮商

▌李佩怡

　　美珍參與安寧志工的教育訓練，課程主題皆是關於末期病人的身心靈狀態與臨終照顧、家屬悲傷調適等議題，她越聽越覺得心裡難過。想起母親臨終時，因為家中長輩再三叮嚀不能碰觸母親的身體、不能哭泣，說這會影響親人往生的去處，一直壓抑自己的悲傷，不敢表露。母親過世 10 年了，她非常思念母親卻只能偷偷想念，不允許自己哭泣。在課程中進行體驗活動時，她首次流著淚對著同組的夥伴說出當時不敢跟母親說心中的話，也沒有好好跟她道別，這才發現原來胸口的悶緊感受是沉重的哀傷，是自己一直以來所壓抑對母親的歉疚和遺憾！

壹、看見文化在哀傷調適中的影響力

　　學習哀傷輔導與諮商，是我在美國念諮商碩士的階段。對我來說，當時整個諮商專業的學習都是新的，只管吸收就來不及了，遑論能以文化差異的觀點對諮商專業進行省察。回國後在大學的輔導中心擔任輔導老師，幾年後進修博士，那時我主要關注於安寧療護之臨終死亡及哀傷輔導。畢業後先後在兩所大學諮商系任教，主要教授「悲傷輔導」方面的課程。回觀這 25 年來學習哀傷輔導與諮商議題的過程，能認知到「文化」的重要性，是隨著年齡增長、實務經驗累積及研究發現等等，再加上國內本土心理學的蓬勃發展，以及諮商專業越來越強調多元文化相關議題，因而逐漸產生對於自己文化的重視，看見在我們文化裡原有的哀傷調適之道。

一、夢見逝親的哀傷療癒來自於相信「逝親入夢」的持續連結

以下回顧兩個比較重要的經驗，其一是 10 年前，我執行國科會的研究計畫「安寧緩和臨床護理人員之靈性成長 —— 以臨床經驗建構之教育訓練模式」（95-2516-S-003-016-MY3）時，第一年訪談 62 位從事安寧照護的護理師，進行關於她們的靈性經驗、靈性照顧的困境之研究，並依此研究結果發展靈性成長的教育訓練。在龐雜大量的文本資料中，最讓我好奇並持續想要探索的主題，是許多人曾提到的靈性經驗是「夢見逝親告知過得好」或「夢見正照顧的病人來道別」，而她們相信往生的親人或病人「現身」在夢中，對她們的哀傷具有撫慰做用。由於當時我關注於靈性經驗，忽略了自己正在接觸一個在華人文化中常見的哀傷調適方式。直到近年，對夢見逝親的現象做深入探討，才看見文化常是人們用以理解自己「非常態經驗」（extraordinary experiences）的基本視框。例如，在華人的文化脈絡，喪親者多抱持「逝親入夢」的視框來解讀他們「夢見逝親」的現象，這反映出中國文化背景裡「靈魂不滅」的信念，喪親者相信逝親的靈魂入夢來看自己，提供心靈的安慰，表示逝親與自己的關係是持續連結的，死亡無法斬斷彼此的關係，故而「夢見逝親」的經驗就在華人文化的理解之下獲得哀傷的療癒（李佩怡，2014）。

二、對「不能哭」的宗教民俗，從反彈到反思

其二是我面對西方哀傷輔導理論與東方佛教文化信念、做法相牴觸或矛盾的經驗。佛教信仰強調親人在臨終離世之際，家屬不能哭泣的信念（聖嚴法師，2010），融滲在臺灣社會之喪親氛圍和送終環節中，且喪葬儀式結束後，請喪親者「節哀」的民俗風情亦常見（王純娟，2006）。這與 A. Wolfelt（2006）指出哀悼的需求之一是感受失落的痛苦（章惠安譯，2012），以及 W. Worden（2009）提出的四大哀悼任務之第二項「處理悲傷的痛苦」有所不同；Worden 主張助人者要協助喪親者在喪慟期間接觸自己的哀傷，以免日後回頭體驗處理曾經逃避的喪痛會更困難（李開敏、林方晧、張玉仕、葛書倫譯，2011）。自學習哀傷輔導與諮商以來，面對「不能在臨終病人與死者身旁哭泣」的論調，或是「節哀」的民風，我是相當質疑的；我認同「每個人都有悲傷的權利」及「要求悲傷的人抑止哭泣是不符合人性的」。直到近十多年，自己在安寧療護領域學習靈性照顧，有機會向推動臺灣安寧臨床宗教師訓練的釋宗惇法師請益（李佩怡，2012a），以及在實務經驗中理解哀傷表達的多元性，才漸能不

追究「哭」或「不哭」何者較為健康，不爭論怎麼樣表達哀傷才是「對」的。因為重要的是心理助人者須深入理解某些根植於我們文化的喪葬儀俗和死後世界的信念對哀悼的影響，並且結合喪慟者所相信的文化儀俗，才可能協助他們面對喪親失落的痛楚。

三、返歸本土的哀傷現象，看見文化深厚的影響力

　　學者王純娟（2006）指出，關於臺灣哀慟的實徵文獻，在 921 地震後有明顯的累積，而大部分的研究多在資料分析時，依據國外哀傷理論或模式去探討國人的哀傷反應。但她在蒐集 921 震後哀慟家庭的資料裡，看到不少與宗教民俗有關的因素，因此提醒受西方諮商與哀傷專業養成的助人者，在協助喪親者時，應了解自己面對的是受臺灣宗教民俗影響的哀慟者。的確，在我們面對人生必經的臨終、死亡、喪葬及哀傷時，文化實在具有深遠的影響。諮商心理師重要的職責是接受西方諮商專業知能訓練後，能反身辨識和理解在我們自己文化中，喪親者相信的生死信念、認同的生死儀軌、熟悉的哀悼方式等所具備的哀傷調適功能。其實，真正重要的是了解喪親者相信什麼，並能尊重喪親當事人對於死後世界的信念，將助人的視框移至當事人成長的生活環境和風情民俗背景，往深處看進去——也就是將當事人的喪慟經驗置身於文化脈絡中來理解他們的哀傷和調適。這是以文化為背景來理解當事人，而不再單以西方哀傷輔導理論為幫助人的架構。

　　在本文中，我將以臺灣華人社會之喪親相關研究，佐以數篇質性研究的受訪者述說之文本資料，彙整說明喪子與喪偶的哀傷反應，接著歸納華人文化下常見的哀悼現象，最後嘗試提出華人哀傷諮商三軸向的見解，供助人工作者參考。

貳、由本土的研究看臺灣華人文化裡的哀傷與悼念

　　以自然有機體的狀態來理解失落與悲傷，身為人，因所愛者的死亡失落，頓失所依而產生哀傷反應，是具普同性的。如同 J. Bowlby 的依附理論所說明，當人失去依附對象時會產生退縮、冷漠、絕望，以及其他精神醫師如：C. Parks 與 G. Engel（2009）對人類哀傷反應的說明，都是借鏡於動物行為的觀察，由生物本能論著眼（李開敏等人譯，2011）。因此，人類在生物層面的哀傷反應似乎較少因時空變化而有差異。W. Worden 的《悲傷輔導與悲傷治療》（*Grief Counseling and Grief Therapy*）一書，由 1982 年第一版到 2009 年第四版，其中說明正常悲傷反應的感覺、生理感官知覺、認知、

行為等，少有更新改變。然而，這並不表示失去所愛之人的哀傷反應，不論男女、不論關係、不論地區、不論文化，都是雷同的。

當我們親身經歷或觀察他人的喪親真實經驗，我們看見人們表現哀傷的方式是多麼不同，這些差異存在於不同的性別、年齡層、家庭、地域性、種族、文化等等，還包括其他時空的差異，如：死亡事件發生的方式、生者與逝者的關係等背景因素，對當事人的哀傷都有影響。這就是為什麼西方悲傷輔導大師們都強調要重視個別差異（Worden, 2009/2011）與獨特性（Wolfelt, 2006/2012）和多元性（Neimeyer, 1998/2007）。因為人不僅是屬於生物層面的，更是家庭、社會與文化之下產生的生命體，我們活在人文歷史的脈絡中。「悲慟」是由社會文化所建構（林綺雲，2005），即哀傷如何表達、變動如何調適，個人回應喪慟的方式是無法與文化脫鉤的。臨終時的家庭儀俗、喪禮辦理的風俗民情、哀悼關懷之人際應對等等，都奠基在一個廣大的文化脈絡上。文化是個人和家庭在因應死亡發生後，哀悼如何表露「得宜」的基礎，但如何哀悼「得宜」的文化儀俗，可能是對個人的悲傷剝奪，在眾人面前「得宜」的哀傷行為舉止，可能對個人的哀傷是壓抑和限制。抑或是，個人哀傷與悼念可以在華人文化的基調氛圍下獲得支持？這正是本文欲探討的重點。

以下分別以喪子、女性喪偶、男性的哀傷與哀悼三個主軸，彙整數篇國內探討哀傷反應與調適的研究，提綱挈領研究中所出現與文化有關的哀傷現象，佐以這些研究的文本資料，凸顯喪親當事人的哀傷經驗如何受到文化影響。

一、喪子——孩子死亡的喪葬文化、哀傷與哀悼

失去孩子，對父母來說是極大的喪慟。喪子的哀傷在華人文化中能否被支持與接納？還是會受到抑制呢？哀悼是我們面對喪慟所採取的方式，當我們哀悼時，我們就在進行某種與失喪狀態融合的過程。我們會以什麼方式哀悼？這是受文化習俗影響更深遠的部分。

（一）礙於習俗禁忌，母親無法為早逝的孩子送殯和祭拜

國內護理臨床工作常接觸產婦喪子的哀傷現象，多篇研究針對此現象進行深入訪談，其結果真實地反映出喪子的母親受文化習俗影響下的哀傷反應。江巧琴、李絳桃、王昭慧與唐婉如（2007）訪談八位母親歷經新生兒死亡的經驗與感受。在孩子瀕臨死亡時，她們無法接受從處在新生的喜悅驟變到面臨新生兒的死亡威脅，心痛於脆

弱的新生命接受許多醫療措施，在新生兒病危時，內心交戰於要救孩子但又害怕面對未來可能的後遺症；追究孩子的死因並懷疑是否有醫療疏失。在新生兒去世之際，由於臺灣文化習俗認為母親不宜接觸新生兒的遺體，限制母親送殯，多數在醫院採以集體火葬，母親並無法參與及祭拜新生兒。母親們敘述的經驗是：

> 「我們去殯儀館想陪寶寶去火化，他們（工作人員）也不讓我們（個案和配偶）去呀！我一直堅持想要去看嘛！他們說：『妳比他大，妳是長輩，不能送他上山頭。』可是換成我們的心境～我會很想看嘛！我看他走得安心，我也才會安心呀！像現在我兒子的忌日也快到了，不知道要去哪裡看他？」（頁51）

> 「我問爸爸，那要用到什麼程度？像是靈骨塔什麼的？他說：『不用～他還很小！』當初覺得怪怪的，想說～真的不用嗎？這樣會不會不好？」（頁51）

　　江巧琴等人（2007）指出由於上述臺灣文化習俗，容易導致日後母親內心的不安。曾英芬、陳彰惠、許貂琳與王秀紅（2010）提到，臺灣文化習俗不鼓勵父母看死產胎兒，特別不要讓母親看到，以免增加母親的痛苦，對下次懷孕造成負面影響。又，民間習俗的做法是尚未成年之子女死亡後不能在家中辦理後事，一般都交由醫院處理。臨床上觀察到，死去嬰兒的遺體通常會請託葬儀人員處理，有的父母或長輩會加價要求多燒些金紙給死去的孩子。

（二）遵於宗教習俗，母親對孩子臨終身體照護有所疑慮

　　文化習俗對母親照護臨終孩子的方式上有既定的影響。一份探討母親參與照護臨終子女身體經驗的研究：曾鈺琇（2011）訪談15位母親回溯照護癌症末期子女臨終的經驗，其中指出有53%的母親參與了擦拭孩子的身體和穿著衣服配件，其心理是要盡力安撫子女，免除孩子的死亡恐懼；另外，沒有參與遺體護理的母親，其原因有：「認同死亡過程不能觸碰死者或不能白髮人送黑髮人」約20%，「來不及」約13%，「當時情緒太震驚」約13%。我想不論是安撫子女免於死亡恐懼，或是為了不影響子女往生後的去處，在母親的心裡都是為了孩子好，這是母親根本的心念，只是受到民俗信念或宗教信仰的拘束，採取了不同的照護方式。但值得我們進一步思索的是：在臨終時刻，採取不同的照護方式，如：在護理人員偕同下為子女進行淨身穿衣的母親，與不碰觸子女、一心繫念子女往生善處的母親，她們後續的哀傷會有什麼不同？

（三）喪子哀慟逾恆，嚴重的自我失落，認為自己是一位失敗的母親

　　江巧琴等人（2007）指出，由於產後坐月子不能出門的文化習俗，母親失去剛出生的新生兒，更增添心靈的孤獨感，其內心傷痛難以抒發，因而常會有：自責、低自尊、不相信、痛苦、絕望、害怕、渴念、哭泣、亂發脾氣這些感受；她們的生理出現許多不適的症狀，如：吃不下、睡過多或睡不著、體重改變等，但母親們將身體不適置之度外，並未求助醫生，因為身體的不適遠不及她們喪失新生兒的喪慟；在社會互動上，母親們呈現社交隔離、不想見人、害怕別人問起孩子，以及想要保持與逝去嬰兒有某種連結，例如：持續購買嬰兒的衣物收藏起來、期待當時的醫護人員有幫忙保留新生兒的照片等。該研究並發現，經歷新生兒死亡的母親，其哀傷反應與西方的研究是類似的，同樣有感受到被隔離而有孤獨感、自尊受損、內疚與生氣，缺乏社會支持，無法表現出她們的悲傷反應，容易影響產後母體的健康。

　　劉淑芳（2013）以自我敘說方式描述 12 年前喪子的悲傷經驗與調適，她的兒子因罹患新型腸病毒，在五天內從活潑健康到過世時瘦得不成人形，她哀慟逾恆，每天度日如年，生不如死。喪子對她而言是一種嚴重的自我失落，她認為自己沒有扮演好母親的角色，無能保護孩子的安全，一生的希望因此破滅（劉淑芳、蔡青芬，2013）。江巧琴等人（2007）亦指出喪子的母親多認為自己在母職或母親角色的扮演上是失敗的，這個認定會嚴重打擊到母親的自我。

（四）喪子事實被親友刻意遮掩和避而不談，卻是母親心中最渴望說出的痛苦

　　我們能由喪子母親獲得的社會支持一窺文化習俗的影響。時下醫護人員對於遭遇死產的婦女仍以醫療處置為焦點，較少關注母親個人與死去孩子接觸的意願（曾英芬等人，2010）。在醫院經歷喪失新生兒的產婦，很可能被安排與其他喜獲麟兒的母親住同一間病房，兩相對照，情何以堪！（李玉嬋，2012）。出院後，沒有孩子但仍須返家坐月子的母親，不僅得經歷著自己產後的生理現象、卻無孩子可哺餵的空虛，還得面對家人、親友、鄰居的探問，而家人如何安慰喪子的母親？這些話語可能反映了民情風俗的信念和價值。

　　「她（婆婆）跟我講沒有緣，不要再去想他了，可是這種事情不是你這樣告訴我，我就可以不想的；當做沒生過嘛！真的很多人都這樣子跟我講～當做沒生過。可是我懷孕這麼久，跟我講當做沒生過，而我還在坐月子，這怎麼可能？」

（江巧琴等人，2007，頁 51）

曾英芬、許敏桃與郭玲莉（2001）提到婦女經歷死產後，夫妻在生活形體上雖仍相伴，但在心靈深處卻常是緊閉的，母親很想找人談、抒發情感，然而先生採取的做法是不談、不聽、不看，不願意因此觸景傷情。例如，受訪者說：

> 「我有時候會拿懷孕時買的嬰兒衣服出來看看，他都叫我不要看，就連看到電視有小孩的畫面，他也會馬上轉台，我知道他是怕我傷心，所以我就盡量不在他面前哭了。」（頁 229-230）

（五）父親喪子痛苦的內涵，比母親的痛苦更為隱微

江巧琴等人（2007）指出母親失去新生兒後，與配偶的互動常出現爭執，易與配偶關係緊張。父親喪失新生兒的哀傷反應，僅能由母親的口述經驗中窺見一角，如：

> 「我跟先生說，你應該多陪我呀！他就跟我說：『就是要讓妳安靜呀！』我覺得那時候最需要先生陪，可是我先生叫孩子也不要來吵我，他會說『媽媽很累！不要吵媽媽』，丟下我一人。」
>
> 「他總是早出晚歸，也許是因為沒有辦法忍受我的壞脾氣，可是我卻一味的期望他陪我度過，造成我們夫妻間的關係變緊張的，就開始吵架，甚至會想說那乾脆離婚好了。」
>
> 「我好想要再生一個回來，可是我先生都不要，他嚇到了，他都說他不要！」
>
> （頁 51）

從上述江巧琴等人的研究看到訪談中的夫妻經歷新生兒死亡後，常出現夫妻關係緊張或失調，且男性傾向隱藏痛苦和投入工作，讓女性備感孤立隔閡。蘇鈺婷與陳馥萱（2013）對父親於孩子周產期死亡的哀傷進行文獻考察，發現國內幾乎沒有相關研究，僅能由進行哀傷母親的研究中看到一點父親哀傷的身影。

（六）喪子母親「寧願不思念」，為了「孩子在另一個世界過得好」

在王純娟（2006）的實徵研究中，她接觸 921 震災後喪子的母親，常聽到喪慟的

母親這麼說：「別人都說妳想、妳哭都對他不好，所以我儘量都不敢」；「不要念他，對他有好沒有壞，所以我儘量不要念他」；「我是聽說，最好不要哭，因為哭的話，對她不好」（頁101，102）。王純娟指出喪子父母的喪慟哲學是「孩子好，我就好」，擔心孩子在「另外一個世界」會因為自己的哀哭和思念而過得不好，所以反覆出現的自我安慰話語是「就不要再想他就好了」，且家族、朋友、鄰居都鮮少提及逝者或表達懷念，所以喪子的父母處在「向內不可思念」的自我哀傷抑制，和「對外不可表達」的節哀氛圍中。王純娟（2012）續以現象學研究探究在921震災後驟失子女的哀傷母親其思念的本質，她指出，臺灣母親的思念是在兩股力量拉扯下的兩難心境，一是母親對自己孩子自然而然的思念，另一股阻抗自然思念的力量來自宗教民俗的相信，認為：「為了孩子在另一個世界過得好，不要思念他，才讓他走得開」（頁941）。由此可見，受到文化習俗的影響，臺灣母親的哀悼方式是將自己的思念寄盼於孩子在另一個世界過得好，以此抑制自己無可紓解的哀傷。

（七）母親渴望與死去胎兒連結，有信念有作為，孩子不論你在哪，還是要你過得好

如同西方學者 D. Klass（1993）的研究，他發現喪子的父母不切斷與逝去孩子的關係，而是轉化與孩子連結的方式，讓孩子能持續在他們的生活中保有一個重要的位置，故提出「持續連結」的現象。曾英芬等人（2010）研究經歷死產的婦女與死去胎兒之間依附關係的轉換，深入一對一訪談 21 位母親；她們經歷死產的時間介於兩個月到六年之間。研究結果發現，母親會採取某些行動或信念來持續與逝去孩子的依附關係，而歸納出四個主題：「為他／她留一個位置」、「把他／她再生回來」、「他／她在一個好地方」，以及「他／她投胎到更好的人家」。

1. 主題一「為他／她留一個位置」

有的母親會在家中或自己內心為逝去的孩子保留一個有形或無形的位置，有形的位置如：「就喬一個位子，放她的東西，就一個竹籃啦，然後把孕婦手冊、照片、懷孕的心情紀錄放在裡面，幫她留一個位子，讓她知道說其實媽媽還是很想妳。」心裡的位置如：「她一直會在我心裡，對啊！就是我如果想她的時候，我就會想一下，啊如果忙其他的事情，就是我的心裡有留一個小小的地方要給她。」（頁27）

2. 主題二「把他／她再生回來」

有的母親堅信唯有把逝去的孩子再生回來，才能彌補內心對孩子的虧欠，以及填

補失去孩子的空缺。她們會很積極地休養身體，努力嘗試再次懷孕，也會尋求神佛、上帝的協助，讓自己如願以償。如：「想說趕快再懷孕，看能不能再把他生回來，這是我唯一抱著樂觀的態度了，……，這是我唯一減輕悲傷的方法，……，啊就是知道生回來以後（開朗地笑），感覺就是有把這個遺憾補回來這樣。」（頁28）

3. 主題三「他／她在一個好地方」

有的母親依著自己宗教信仰的關係，相信孩子過世後去到西方極樂世界，或是上帝的懷抱，或是在天上某個地方。曾英芬等人特別指出，「相信孩子在一個好地方」這對母親的意義重大，因為許多文化習俗上的禁忌，死產孩子的後事一般都交由醫院處理，加上媒體曾報導有些醫院隨意丟棄死嬰的遺體，讓母親耿耿於懷，她們會求助各方神明、算命、通靈師等，接受他們的建議，透過超度等儀式，期許渡化孩子到她們心中的好地方，才能安心。如：有母親說：「我已經很確切知道說她已經到上帝那裡了，……，當然還是會有不捨啦，可是就是很放心的，知道說她就是已經在上帝的懷裡了這樣子。」而另一位母親說：「就像我現在如果要再懷一個小孩，我也沒有說一定要她回來，我說要再生一個小孩是取代她，但不是她又回來。對這老二會有一種祝福的意味在，就說，妳就去好的地方。」（頁28）

4. 主題四「他／她投胎到更好的人家」

有的母親接受死產是因為孩子與自己無緣或不適合出生在這個家庭的說法。擔憂早夭的孩子無法投胎，在未知的空間流離失所；或擔憂早逝的孩子流連在家，對父母和家庭造成負面的影響，基於對孩子和父母雙方都好的心願，大多數的母親都願意接受各種民間儀式超度逝去的孩子，希望他們順利投胎轉世到更好、更適合或更富貴的家庭。如：「那你希望她是去投胎，然後只希望她過得好。……，再去找一戶好人家比較好，我媽就說我跟她沒有緣份嘛，啊那她去找個更好的這樣子啦。」又如：「這個好像跟人家所謂的那個嬰靈，我們也不希望說他這樣在這個空間上，我們希望他去投胎轉世還是什麼，因為他跟我們比較無緣ㄚ（臺語），啊我們就希望他能夠到更好的富貴人家，我們都有幫他做這樣子。」（頁29）

曾英芬等人研究訪談的 21 位喪子母親，皆採用一種以上的行動或信念來維繫與逝去孩子的關係，前兩個主題是母親以具象的方式讓孩子與自己連結，後兩個主題是母親相信去世的孩子收到自己的祝福，去到更好的地方或人家。曾英芬等人的研究支持「持續與逝去孩子的連結」對母親的哀傷復原具有重大意義，但強調臺灣母親持續

連結的本質與西方的持續連結不同，臺灣的母親強調逝去孩子的生命是繼續存在的，而西方父母是將逝去孩子納入成為家庭曾經存在的一員。

二、喪偶女性的哀傷與哀悼文化

一個家，當男主人過世後，衝擊到的不僅是家裡的每個人，還有整個家庭的結構。傳統上，妻子過世對家庭結構的影響相較小於丈夫的過世，所以面臨喪偶的考驗時，女性需要面對的壓力是較男性為大的。我在找喪偶研究文獻時，發現國內喪偶女性的研究比起喪偶男性多許多，反映出喪偶女性受到較多研究者的關注。

究其因，女性在社會的結構上是較男性弱勢的。游淑珺（2006）指出「在父權體制的文化結構下，無論在語言、婚姻、經濟、藝術、科學、宗教等領域中，女性明顯地落入次要的『第二性』位置，以附屬的、被支配的、缺乏主體意識的型態存在著」（頁 77）。其次，漢民族是以男性、父系社會為主，女性的生存意義是依存在夫家的。夫家才是女性生命真正的起點與終點，在死後能否入主夫家的公媽神主牌位，有子孫的祭祀，在於她能否為夫家生育子嗣，為宗族完成傳宗接代的使命（游淑珺，2006）。臺語俗稱女性出嫁後的娘家為「外家」，夫家才是「本家」；喪偶的諺語有「死查甫死一房，死查某死一人」，其義為若死了一個男性，就如同失去一家或一房血脈的終止，若死了一個女性，那就只是一個人生命的消逝；以及受漢民族文化影響下，傳統女性從出生到死亡，遵從的聲音由原生家庭的父親，到夫家的先生，若先生死後，則依循兒子。

女性從屬於男性的社會位置深植在華人文化裡，當女性面臨喪偶的打擊時，其個人的哀痛常混雜在維繫夫家血脈和保持門風的文化脈絡裡，因此，女性喪偶後的「自我」更是一個值得諮商者關切的議題。我們可由不同的研究看到男主人過世後，關於家庭的哀悼文化和喪偶女性的哀傷。我先以兩篇喪偶研究（陳采熏，2012；蘇完女、林秀珍、孫旻暐，2014）的受訪者文本為例，選取其中部分文本加以彙整，期能反映某些在臺灣社會文化的喪偶女性可能經歷到的哀傷現象。最後以許敏桃等人（2005）研究反映喪偶女性的家永遠有男主人的位置。

（一）失去以「男性當家」的家庭結構，感覺無可依靠

「嫁」，從字面來解讀是一個女人走入一個家庭，結婚成家就是以先生為一家之主，一個穩固的靠山，一個重要的支柱。失去先生後的女性，感覺是在這個家裡，無

人可依靠了。

> 「我先生是一家之主，……感覺他是我的靠山，我叫他幫我做什麼事情，他從來沒有拒絕，感覺我嫁給我先生，靠得很穩，所以突然失去他，我很沒辦法接受。」（蘇完女等人，2014，頁 680）

> 「少了老公可以靠，那時候……，耍賴，我都不會你去弄，他就去弄（笑），現在都沒人可以耍賴，……。唉（嘆氣）。」（陳采熏，2012，頁 65）

（二）「夫死從子」現代版：母親雖是家長，但家的軸心是孩子，倚重依賴孩子

喪偶之後，女性要負起養家的擔子，撫養教育孩子，同時夫家和自己都期許要把孩子照顧好，成長過程不學壞，甚至警惕自己要做孩子的好榜樣，不能讓孩子失望。喪夫之後的家，是一個「母子軸」的新核心家庭，有時母親還得面對與夫家爭遺產和小孩的挑戰（許敏桃等人，2005）。有的喪偶女性知覺到婆家、娘家都不再是自己的家，母親需要為自己和孩子重新建立一個家。

> 「要學做家長，先生在時，我都不用煩惱，……他什麼都幫我處理，反而讓我這麼痛苦。」（蘇完女等人，2014，頁 680）

> 「這兩個小孩對我的陪伴，更讓我走出悲傷這一塊其實幫助非常大，……，現階段來講，……，我是依賴孩子在生活。」（陳采熏，2012，頁 76）

> 「我公公就說，你要好好幫我把這兩個孩子顧好。」（陳采熏，2012，頁 79）

> 「成就就是我的小孩，……孩子很支持我，……，所以他們是我最大的支柱。」（陳采熏，2012，頁 66-67）

另一份有關老年喪偶女性的研究，林佩儀、楊其璇與陳筱瑀（2011）訪談九位在近三年內喪偶的老年女性關於孤寂感的因應，指出喪偶老年婦女延續照顧家庭使命，

包括兒孫照顧與家庭持續運作，因著為家庭付出，有了生活重心而不感孤單。由此可見受父系文化影響，喪偶女性不論其年齡層，終其一生都將自己奉獻給夫家的家庭，先生過世後母子軸的家庭隨女性年紀增長可能成為祖孫軸，仍舊以孕育孫代生命、照顧夫家的家庭，並持續認同夫家關係紐帶為其生命的重心。

（三）「寡婦」的身分位置容易受欺及閒言閒語，要自立自強，給孩子一個榜樣

「喪偶女性」的另一個稱呼是「寡婦」。關於「寡婦」這個身分，傳統文化給出了「守節」和「撫孤」的社會位置。林麗月（1998）指出儒家文化重視孝道，事實上在孝道實踐上，婦女被期許一個重要的位置；明代刑部侍郎呂坤著《閨範》一書，說明「為婦之道」，即是當時傳統女教的範典，教育的目的在使女子嫁入夫家為婦，成為賢妻順婦。明代女教的影響直至清代。林麗月根據古籍將明代婦人之孝的實踐分為八類，有：養親、侍疾、救親於難、殉親、終葬、廬墓、撫孤、守節不嫁。前三類是與疾病和危難有關，其他五類都與死亡有關，其中撫孤和守節不嫁，與丈夫死亡有關，意為先生死後，婦女應撫養子女、侍奉公婆、終身不再嫁。

> 「我現在是寡婦，因為我先生不在了，也不能太熱心，像有的人說寡婦門前是非多，所以我們要比較保守這樣。」及「我是想說盡量避免不要跟別人出去，這樣對孩子是比較好啦，……因為小孩都大了，要留些給小孩在社會上站得起，不要讓社會上的人說那些閒話。」及「我先生是我的唯一。」（蘇完女等人，2014，頁681）

> 「有些女人，……，就會說啊，你這個沒老公的又要來拐人家的老公。雖然我們都沒有那個心態，可是很多人都會有這種心態，都會這樣想，……就會被人家說閒話。」（陳采熏，2012，頁66）

> 「其實，我倒是比較在意的，……，應該是說你的過程當中有沒有辦法把自己調適得很好，還有就是說，你要給這兩個孩子什麼樣的態度跟觀念。」（陳采熏，2012，頁77）

我們再由兩份喪偶老年女性的研究來看，即使是老年喪偶，仍會提醒自己守節的

重要，楊麗絨（2005）提到「守節自在」，包含要提防他人的騷擾、堅守一夫，感念子孫爭氣平安；而林佩儀等人（2011）提到自我保護，在生活中要注意自身安全，不單獨與男性出門。可見傳統文化所看重的「婦道」直到今日還是影響著喪偶的女性。不過，現代兩性較為平權，有些喪偶女性很清楚自己不願再婚，但在顧及目前這個家的前提下，覺得自己需要有一個伴，相互照應，讓自己有力量（林佩儀等人，2011；陳采熏，2012）。

再者，在不同喪偶女性的研究結果中，「容易受欺」和「自我保護」是常見到的。周碧娥（2003）的研究中，她訪談的 11 位喪偶女性大都不會主動對人提起喪偶的事實，主要原因之一就是保護自己。她指出臺灣社會文化對喪偶婦女有著歧視、標籤化和不友善的看法，且在制度面與人際互動上，不論男女，對於喪偶女性缺乏支持，更有的是認為好欺負或是要加以防備，所以她們為了自己的安全和保護子女的自尊，選擇「不說」。由此可見，「寡婦」的身分位置是一個多麼明顯的弱勢。

（四）喪偶女性從自信低落、遠離人群，朝向人生重整，自我重新定義

我們若由漢民族父系社會的文化結構看女性養成模式，是以「嫁入夫家，乃至終老」為女性一生的依歸時，就不難理解為何喪偶女性的自我會受到極大的衝擊。游淑珺（2006）指出女性在以男性為主體的宗法體制下，是沒有主體性的，她附屬於男性，只有遵從而沒有說不的權利。女性不覺知「自我」，只知道要遵循著父命的道路前進，無聲地以「他者」的方式存在著，女性的聲音被埋葬在體制下，被消音了。

死亡對於任何人的自我都造成衝擊，喪慟者不再擁有相同於過去的自我概念或自我認同（李佩怡，2012b），但喪偶女性可能更強烈地感受到喪失自我認同，因為大部分女性的主體性被社會文化建構為附屬於男性，出嫁後就是「以先生為主」的自我認同，那麼，先生死後，「我」是誰，這個困惑就會很強烈。

　　「有點覺得自己怎這麼可憐，覺得自己越來越懦弱，有一陣子就把自己躲起來，不敢面對人群民眾，⋯⋯，會覺得自己就是很弱啊，被人家看不起。」（陳采熏，2012，頁 65）

　　「反正我們自己做得正，不怕人家講，我們就自己做得正。⋯⋯，譬如說我要做我們家小孩的媽媽，做好來，婆婆的好媳婦，做好來，我們就不怕人家說什麼。那後來慢慢的，我們就把自己的位置站穩來，這些聲音就都不見了，就不會

了。」（陳采熏，2012，頁 66）

「我覺得就是，重新整理，那種感覺很像磁碟重整的感覺，就是，我再重新整理……我要面對的一個人生。」（陳采熏，2012，頁 84）

周碧娥（2003）指出喪偶女性需在安頓哀傷的心情和處理家庭變動事務之後，才會重新尋找自我或重新定位身分。受訪者對於自己婚姻狀態的認定，通常是已婚單身，認同喪偶是個事實，但不認同自己是寡婦的身分；與其他女人的不同是獨立撐起一個社會期望女人對家庭和子女的角色。當她們對丈夫的感情和婚姻關係做了安頓後，就是走向另一階段自我的開始。許敏桃等人（2005）指出，寡婦大多會將丈夫的死亡意義化約成個人自身生命的失敗及不完整，成為自我結構的重要部分，深感自己不如人，也盡力擺脫那不如人的狀態。

（五）家裡永遠有「他」在的位置，與「他」的精神再連結

許敏桃、余德慧與李維倫（2005）發表的研究探討臺灣華人喪父的家庭之哀悼傷逝文化，以 52 位寡婦和 30 位喪父的青少年進行訪談及田野觀察，提出華人文化不公開表露傷痛；臺灣華人喪親的家庭雖是各個成員獨自哀傷，並分別與死者建立不同的關係，但家人間默默知道，並共同讓家庭運作如常。臺灣華人喪親後主要的文化哀傷反應是「與死者關係的再連結」。此「與死者關係再連結」的哀傷適應模式，反映在三個主題上，一是維繫家庭常規，即是在家庭內即使男主人不在，也要如常地生活，如同「他」在，呈現在寡居的床位仍是如同之前一樣留給先生；二是死者位格的重置，在象徵世界重新安置死者與生者的位置，例如以現存的時態稱謂，保留著與死者互動的關係，以「我先生」、「我爸爸」來說，而非「先夫」、「先父」；三是尋求與死者的關係，寡婦以尋求靈媒之「觀落陰」或「附身於靈媒」的靈療系統提供的與死者具象溝通方式，以及其他如祖先崇拜，對照片、骨灰罈、祖先牌位說話、膜拜討論、擲筊祭祀等來認可死者在家庭中存在的關係和位置，維繫與死者的關係；喪父的青少年則會以成為「像父親一樣」的人為目標，或是對父親說話的方式，使父親重現在他的生活中。

三、男性的哀傷與哀悼——喪偶、喪子與喪親

　　在蒐集國內悲傷調適議題的研究時，我發現以女性為對象的研究，要比以男性為對象的多很多。Neimeyer（1998）在述及悲傷的性別差異時，亦提到寡婦的研究比鰥夫的研究多很多。悲傷理論學家傾向以女性為研究對象，是因為他們認為悲傷工作的重點在情緒層面，而女性受訪者能有大量生動的情緒描述；而男性則多在處理功能性的喪葬事務，傾向以理智或哲學層面來因應失落。Neimeyer提醒，男女兩性的悲傷歷程是相似大於相異的，差異比較大的是兩性悲傷時尋求支持的「方法」不同，而不是尋求支持本身的「需求」（章薇卿譯，2007）。

　　我常講述關於悲傷調適的主題，每每談及男性與女性哀傷之異同時，邀請現場男性表達對男性悲傷的想法，常有以下的說法：「男性愛面子，擔心顯露悲傷會丟臉」；「男性會壓抑自己悲傷是受到傳統教養方式」；也有的認同「男兒有淚不輕彈」，更要有「打落牙齒和血吞」的堅強，因為被期待要有肩膀讓家人可依靠；也有的說「男性比較是以理路來面對悲傷」。在課程中我通常會以小組分享的方式，邀請三到五人為一小組，分享一件可以安全講述的悲傷經驗。我印象很深的畫面是，一位中年男性在準備分享時，尚未能以言語表達，就全身都在顫抖，低著頭不可遏止地哭了出來，站在他身後的我，感覺到他那壓抑已久、沒有說出來的悲傷是那麼地強烈。我們必須理解，雖然在父系社會的文化下，男性相較女性是處在文化的強勢端，但男性也是受到文化制約或束縛，他們較不被允許表達哀傷與脆弱。男性不是不會悲傷，而是他們受制於社會文化，被期許要以男性的角色表達他們的悲傷。

　　男性在家中扮演的角色，是丈夫、父親、兒子。我們由華人文化對父親角色的社會期許來解讀男性形象。華人文化的男性較不露情（李美枝，1998），以「嚴父慈母」強調家庭管教分工，反映華人父親偏好權威式的管教方式（周玉慧、黃宗堅、謝雨生，2004）。父親的角色被塑造為嚴格，缺乏溫暖、親密感的人，是工具性的角色，與孩子建立關係多以角色責任來互動，情境多為成就、生涯、處事、賺錢養家，較少參與育兒工作（趙梅如，2009）。趙梅如（2009）的研究指出臺灣地區大學生，不論男女，都知覺父親的親情是高管教，父親與子女保持以管教互動、似親不親的關係。但男大學生傾向期待父親給予的親子情感互動是屬於「低溫情高管教」，即父親能溫暖地管教他；女生則是「高溫情」的親子互動，父親能充滿溫情關心支持她。趙梅如指出，在華人家庭，兒子比女兒較不需要父母的建議與幫忙，這呼應了華人文化

鼓勵男性重視自主與分離，寧可流血而不流淚，不同於女性重視連結與關係，可以表達情感。可見，受華人文化影響，男性表達情感的方式都是偏內傾、收斂的。

　　以下，我由不同研究擷取某些男性受訪者喪偶（陳采熏，2012）、喪子（黃菊珍、吳庶深，2008）、喪親（彭英慈，2005）的經驗所描述的文本，由於資料有限，我將喪偶、喪親、喪子的文本都歸納一起，儘管失去的對象不同，透過再理解，期能反映在華人文化下男性哀傷的面貌。

（一）男性面對逝去對象，易以角色擔負的責任看待死亡，而有自責和愧疚感

　　在陳采熏（2012）的研究，其中一位男性受訪者因太太工作忙碌，疏於檢查身體，乃至於在病發時錯過醫治的時間，在很短的時間就去世。他認為自己身為丈夫，沒能力賺更多錢，才讓太太因工作太累導致生病過世，這是他疏於照顧太太的責任，因而感到愧疚。

　　　「你有能力賺錢，把太太供在家裡，做一個少奶奶什麼的，……我們做先生的責任，……我自己心裡也想說我蠻愧疚的……如果我有這個條件，不要讓她去上班，她也不需要做那麼累呀。」（頁 42）

　　在彭英慈（2005）的研究，其中一位喪母的受訪者懷疑自己最初為母親生病所做的醫療抉擇錯誤，導致錯失黃金醫療時期而害死母親。事後經常反覆地回想，非常自責懊悔。

　　　「後來我在回想是說從某個角度來想，她是不是被我害死的？」（頁 82）

　　在黃菊珍與吳庶深（2008）的研究，其中一位父親面臨胎兒因染色體異常，得讓孩子引產，這位父親認為孩子的死亡出自於自己的抉擇，必須為這個悲傷負起責任。此外，更因為這個痛苦的決定，而產生強烈的內疚和罪惡感。

　　　「如果不是有問題的話，心裡面就會覺得遺憾，自己那個……劊子手……殺了自己小孩的感覺，心裡面其實是一種煎熬。」（頁 257）；又說「這個小孩子長得很可愛，像我啊！心裡面很高興，可是……高興完了之後，馬上就墜入萬丈深淵，就很難過。」（頁 258）；以及「你需要去轉換情境，你轉換說你要去扛

下這個責任,責任壓在我們的身上。」(頁218)

　　葉何賢文(2003)研究喪子女的父母,指出男性會因為對家人的責任,而要求自己堅強;彭英慈(2005)研究三位喪親的成年男性,指出難過、不捨、懊悔、自責等情緒最常出現。不論是喪偶、喪親或喪子,男性會以自己在家中的角色期許自己應該負的責任來因應失落,在哀傷的反應裡也常出現自責、懊悔、愧疚等感受。

(二)男性獨自哀傷,認為他人無法理解,感受放在內心深處,以具象方式實際連結

　　誠如前述,男性不是不會哀傷,只是表達的方式和尋求支持的方式不同於女性。彭英慈(2005)指出喪親男性視哀傷的情緒為自己的責任,要獨自面對,認為他人無法體會、理解他的心情,如:「但是我覺得那種就是自己的感覺啊,我覺得我現在最難過啦,都沒有人能夠了解我。」(頁58);以及「難過的時候就會哭啊、不愛講話,會想要獨處,那種是很矛盾的心理,獨處是因為別人沒辦法了解我的感受,會希望別人對我有些幫助,又害怕別人不知道怎麼跟你講。」(頁84)。彭英慈指出男性哀傷的情感潛藏在他們敘事的情節、肢體語言和對話脈絡中,較少直接以情緒字眼表達喪親的痛。男性對自己的情緒較為陌生,會排斥壓抑自己難過或哀傷等情緒,認為示弱有違男性堅強的形象,較常以認知方式調適哀傷。同前一位喪子父親面對失去兒子的悲傷時說:「我覺得這種事情,畢竟還是要自己去承擔,朋友不能給你太多意見,也不知道說什麼才好,因為這完全是抉擇。」;面對自己難過的情緒,用理性的方式轉換成生命的道理,讓自己不會沉浸在難過中,「我心裡面也有難過的時候,難過的時候我會先處理,難過完了之後,我會控制我的情緒。所以說……我的難過不會很久,我就把它轉換成正向,透過一些事物的道理去把它轉換,感性的部分儘量把它降低,用理性的方法去處理它。」(黃菊珍、吳庶深,2008,頁216-217)。

　　陳采熏(2012)的研究中,兩位喪妻的男性不約而同描述他們將對亡妻的思念放在內心深處的一塊地方,不會特別去表達這份思念,某一位會以寫日記或是睹物思人方式與亡妻連結,另一位則覺得喪偶的痛苦不是他人可以感同身受的。

1. **將思念放在內心深處**:「我在內心深處一定還有一塊地方,放我亡妻這個記憶,……我常常會想到,但是就是想到而已,不會去把她講出來。」(頁60);及另一位說「把她放在內心的最裡面,她永遠的位子在心裡。」(頁43)。

2. **寫回憶錄**:「從我太太過世開始我開始寫。每種想她的,或者是碰到的事情,或者是夢到的,都會很詳實地記錄下來。」(頁46)。

3. **睹物思人自然憑弔**:「我是擺在每天都看得到的地方,譬如說她幾件衣服跟我掛在同一個衣櫥裡面,我只要每天換衣服,要外出穿什麼,衣櫃一打開,就看得到,……,就在我生活裡每天都可以接觸到,好像她有一部分就存在在那邊,所謂精神永在,精神常在我身邊這樣的意思,……不用說刻意去憑弔,……啊憑弔就是很自然的,每天看得到的這樣子,譬如說她的遺照把她掛在明顯的地方,隨時都可以看得到。」(頁47)。

4. **自己的哀傷,他人無法感同身受**:「……你沒有辦法感同身受,除非你自己遇到了,真的是這樣子。」及「如果沒有碰到喪偶至親的人,……,你可能沒辦法完全體會到那種感覺,你可能知道他很難過,但無法體會到內心的深處,我們可以感覺到,那真是痛。」(頁55)。

透過文本的再理解,我對於男性哀傷更進一步地貼近其樣貌。男性面對喪慟,那是十分深刻的內在痛苦,彷彿是身體直接體驗到的感覺,但他們在言語上似乎無法貼切地去傳達自己的感覺,同時也擔心自己說出來後,別人會如何回應自己。再者,認為要為自己情緒負責,所有的情緒感受都應該自己承擔,不採取向他人求助訴說的方式去表達,面對喪痛的情緒就靠自己來轉化。男性多以行動具體連結逝者來憑弔或緬懷,讓內在的情感得以抒發;或是要求自己要快速度過,以理性認知來轉移自己的情緒。許多對男性期待與刻板印象的聲音,如:「男性不可以是弱者」、「男性不能求助」、「男性不可以哭」、「男性要堅強」、「男性要獨立自主」、「男性要有能力解決問題」等,使得男性在碰觸他們的情感、認識自己的情緒感受,以及向人表露情感的部分,都受到社會文化極大的制約和束縛。男性的哀傷與自幼成長受到家庭教養、教育環境、社會文化等對男性的角色和行為期待都有深刻的關聯,在男性哀傷的現象上,處處都是受到父系文化影響的影子。

(三)面對喪慟後生活,男性傾向以不觸及傷痛的方式照顧家人,採取行動因應變化

黃菊珍與吳庶深(2008)研究中同一位喪子父親認為,失去孩子之後,太太受的痛苦比自己更大、太太比自己更需要被照顧,安撫太太的方式是避免在太太面前提及胎兒早逝的事情,擔心觸發太太的傷心哭泣,那是他無法控制的,也不知道如何處理

悲傷。如：「實際上對爸爸來講還好，我覺得對媽媽而言是一種更大的沉重與痛苦。」（頁205）；又說「我太太她生產以後，我安撫她的情緒，我可以很理性地去處理掉我的情感部分。」；及「我就儘量不再提，帶著她比較歡笑、快樂的一面。」（頁217）。彭英慈（2005）研究的三位成年男性面對喪親後其他家人的情緒，是透過行動表達關愛之情，但顯得無奈和不知所措，會以一個「保護者」、「照顧者」的角色守護、支撐著對方，或是表現得堅強不要家人擔心。如：「有時候會看到她在哭，想說為什麼？我想去關心她，也不知道怎麼說，因為我是男生……」（頁83）；「那個時候好像也不太敢去談太多我媽媽的事情，因為講了，他（指父親）可能會更難過……」（頁85）；「我不希望家人擔心我，所以我會不希望讓他們看到我有這麼脆弱，雖然我真的很脆弱……」（頁86）。

陳采熏（2012）研究中，其中一位男性在孩子的管教照顧上感到極大壓力，少了「賢內助」，他與孩子溝通困難，只能以行動陪伴孩子，無法與孩子談及傷痛。另一位因應喪慟的方式則是投入工作和搬家。

1. **獨力承擔生活與教養孩子的困難**：「所以你就會覺得滿頭痛的。……夫妻都是一個扮黑臉一個扮白臉嘛，……我現在要父兼母職，我就很難啊，我又要當白臉又要當黑臉，就，這種扮演就很困擾。」（頁52）。

2. **不談傷痛，以行動陪伴孩子**：「沒有特別去談，就盡量陪他，只要下班有空，或假日有空，就盡量陪他，並沒有說特別去，針對這個議題去討論……因為我覺得，傷心的事情越講，就是對小朋友，可能怕他會更傷心……，我只是盡量抽時間陪他而已，就這樣。」（頁53）。

3. **投入工作、搬家，來者可追的生活**：「在忙中會忘記很多事情，工作是最好的療傷辦法。把整個心思體力放到工作上面。」（頁43）；「我自己想想，想跳脫原來那個家喔……走出那個傷痛，……因為住原房子，原屋子的話，會觸景傷情。」及「亡者已矣，來者可追，……我還有我的生活要過，……。我現在試著，跳脫出來，走出陰霾這樣子。」（頁47）。

前述的研究中反映出男性面對喪慟後的生活，是採取行動因應生活上的變化，如：忙碌於工作、搬家，為了不想陷溺在哀傷情緒中。同樣的，謝玉娟（2012）的研究指出，三位因配偶罹癌過世的男性，面對喪偶的失落是獨自承受傷痛和帶著配偶的記憶前行，藉由工作、活動轉移注意力，努力尋求生活的寄託。

男性不碰觸傷痛的方式也反映在他們照顧或保護家人的行為上。由於他們不習於

以言語陪伴或安慰傷心的家人，男性傾向以保護者立場、用行動陪伴，來表達對家人的關愛。此外，受到「男主外、女主內」的文化影響，喪偶的男性對孩子的教養與陪伴似乎比喪偶的女性反映出較大的困難。謝玉娟（2012）指出男性喪偶後，在家庭生活上與原生家庭的家人關係更緊密，家人提供許多家務事之工具性協助；但對年長男性喪偶者而言，則面臨獨居、家事重新學習，喪偶後的家庭生活適應是較困難的。

（四）男性對家的維繫與圓滿：給出逝者位置與重新建構「家」

黃菊珍與吳庶深（2008）的研究指出，喪子的父親會定位逝去的新生兒在家中的位置，不會抹去孩子曾經存在的事實，給予他在這家庭裡原本的出生序位。彭英慈（2005）研究也表示，成年男性感知到沒有母親或父親的家，讓「家」變得不同，喪親之後好似少了回家的理由，如：「高興的時候回去，不高興的時候就不要回去……因為那邊沒有我真的會牽掛的東西，從我媽過世以後，沒有很牽掛的東西。」（頁90）。又父親或母親可能有新伴侶，回家的感受不同，「我也會覺得這個地方有點奇怪，我現在住的地方到底是不是叫做家。」（頁90）。此外，也會因為還有一位在世的父親或母親，會主動增加照顧和互動機會，拉近關係，以確認和維持家的存在，如：「我回家的時候就儘量大家在一起啊，大家去逛夜市，……會讓我覺得我在用我能夠想到……那時候能夠想到的方式去維繫大家的感情。」（頁90）。

不同於女性喪偶者的守住原來的家，男性喪偶者則傾向再婚，建立新的家。陳采熏（2012）研究中的兩位喪偶男性所做的是將亡妻的位置化為家和孩子的守護神，同時再婚建構一個新家，讓家裡有女主人可以主內，或是有一位伴侶有情感的支持。

1. **亡妻轉化為家的守護神**：「也會感覺到說，她隨時都還在我身邊，……希望她現在是天使，這個天使隨時在天上看著我，保佑著我。」（頁45）；「我是覺得，好像冥冥之中，好像，她還是有在，在保佑我們……。」以及「她還是隨時的在，有在 watch 我們。」及「或者有時候會請她保佑兩個小孩子，平平安安健健康康，這樣子。」（頁61）。

2. **再婚或有伴，是為圓滿一個完整的家，也是讓情感轉移出來**：「為什麼我會想要再婚就是說，一個家裡找一個女主人，比較像一個完整的家，……再找一個女主人進來幫忙我。」（頁55）；及「你感覺上這樣比較像一個家，……而且這也是一種把你的情感的做適度的轉移這樣子，不然你會一直沉，沉在那個亡妻的……情境的裡面比較難走出，所以你可能要把情感轉移出來，才有辦法讓你的生活可以比較正常一點。」（頁56）；以及「現在最需要的就是一個溫暖，心靈上

的慰藉，那她付出了很多。」及「我有跟我現在女朋友講，我說我們相處的目的，所謂的就是老來伴……。」及「我們也有將來能夠一起走完餘年、晚年啊……。」（頁43）。

　　喪偶之後，男性對於家的維繫與追求圓滿的做法，和女性不同。女性維繫家的方式是讓亡夫的位置持續在家庭裡發揮「如他在」的力量，透過祭祀和擲筊問事的方式，讓先生的影響力仍然存在於家庭事務的運作決定上；但男性在喪偶之後，在生活面向上是缺少「女主內」的感受，「家」不再圓滿，而圓滿的方式是讓另一位女性來填補空位，讓實際的家圓滿，同時，在精神世界上則轉化亡妻為家的守護神之象徵，持續某種精神的牽繫。在謝玉娟（2012）的研究中，未提及喪偶男性需要圓滿的家之意象，但有提到在社交互動方面，年長男性喪偶者會視「喪偶」為與人互動的禁忌，認為要避免給他人帶來霉運和等待對年以後是主要原因，而年輕的喪偶者會主動尋求外援，透過訴說抒發哀傷情緒；在信仰方面，喪偶的苦難經驗拉近他們與神佛的距離，透過宗教儀式和靈修來撫慰傷痛及得到心靈寄託。

參、臺灣華人文化裡常見的哀悼現象

　　統整前述資料，大概能了解在華人文化裡常見的哀悼現象，我將之梳理為四點，並詳述如下：（1）「尋求圓滿」是華人在喪慟後的生活動力，是哀傷調適的方式之一；（2）華人的哀悼是個人要在關係架構下依角色進行，重在利他，少利己；（3）華人文化重道德與禮教，有諸多禁忌，易造成當事人的哀傷剝奪；（4）華人文化生死信念與宗教儀式促進持續連結，有助於哀傷調適。

一、「尋求圓滿」是華人在喪慟後的生活動力，是哀傷調適的方式之一

　　「圓滿」的概念是華人家庭及生活的終極目標（許敏桃等人，2005），家中有人死亡，不論是喪親、喪夫、喪妻、喪子都是挑戰了家庭圓滿的概念；死亡讓家庭有了缺口，如同讓一個完整無缺的圓有了斷裂，讓圓不再圓滿。透過前文關於喪子、喪偶研究方面的探討，「尋求圓滿」可說是臺灣華人在喪慟後面對生活的動力，也就是如何讓這個因為死亡造成的家庭缺口可以被彌補回來。例如：有的喪子夫妻懷抱著「把

孩子生回來」、「再生一個孩子」的想法來圓滿喪子的缺口（江巧琴等人，2007；曾英芬等人，2010；劉淑芳，2013）。喪偶的男性雖然思念亡妻，但在生活上會覺得有所缺憾，家不再像個家，所以再婚讓家庭可以再度完整（陳采熏，2012）。喪偶的女性則是在生活上藉由「與逝去的先生關係的再連結」及「以孩子為家的軸心」兩者，平復死亡所帶來的不完整感或失敗感，以達到文化意念上的完整家庭圖像（林佩儀等人，2011；陳采勳，2012；許敏桃等人，2005）。

若在長輩過世的家庭，「尋求圓滿」的哀傷調適方式是否仍舊有其影響力？蔡佩真（2009）研究臺灣喪親家庭關係變化，以老年癌症病逝者的家庭為研究對象，訪談14位喪親家屬。該研究指出，長輩去世後對家庭造成的影響，有可能是家人關係更緊密，或修通僵局，或更疏離，或衝突對立，雖然喪親會引發家庭認同的危機，但仍有維繫家庭認同的元素，如：「年老長者是家庭維繫的核心」、「特殊節日的家庭追思活動」、「做專輯紀念冊保留家族集體的記憶」、「寫族譜追根溯源」、「慎終追遠祭祀歷代祖先」、「生兒育女，傳承家族血脈」，以及「歸巢，老家是心中永遠的歸屬」。透過華人文化裡慎終追遠的祭祀、特殊節日的家庭追思、認同老家與維繫家族記憶等情感連結的活動，雖然家庭必然受死亡衝擊，仍能將家人齊聚一起，不至於讓「家」分崩離析。

可見臺灣華人文化中「尋求圓滿」的意念，是個深層的文化結構，它形塑了喪親者在喪慟後，生活中「應該做」與「可以做」的追悼活動。華人文化是集體主義和關係主義（李秉倫、黃光國、夏允中，2015；許敏桃等人，2005），諸多民俗節日與祭儀規範為喪親者鋪置構築了家庭的連結，讓喪親者不滯留在喪慟缺憾中。他們必須負起生活中各自的角色責任，執行某些「應該要做」的儀式行為，如：頭七、百日、對年、忌日、清明、除夕等節日的祭祀活動，還有每日早晚向祖先牌位上香祭拜。華人家庭因應喪慟的方式，總是在生活的樣態上朝向「圓滿」的終極目標，做為哀傷調適之努力方向。

二、華人的哀悼是個人要在關係架構下依角色進行，重在利他，少利己

不同於西方個人主義強調個體的自由選擇、追求自我實現，東方社會的集體主義重視家庭及組織的共有目標勝於個人自身興趣，個人是被嵌在關係中，以盡到社會角色及職責義務為自我的表達（許敏桃等人，2005）。現代華人家庭文化特徵，仍重視

家庭成員自我抑制忍耐，或謙虛禮讓、順從長上，或彼此互相合作，來達成家庭團結和諧的價值觀念（葉光輝、黃宗堅、邱雅沂，2006）。由此來看，臺灣華人的自我達成是以個人在家庭角色任務中能否完滿為前提，並不是西方個人主義的自我興趣成就之實現。

面對喪慟，臺灣華人重視喪親後個人在家庭角色任務的達成，進一步是去完成有利於逝者的作為及照顧家庭裡其他人的需要，以此為自己喪親後主要的任務，認為有利於逝者的，就是有利於自己。所以說，臺灣華人的哀悼是在關係架構下進行，例如：喪子母親為了讓孩子在另一個世界過得好，要自己不思念，相信對孩子好就是對自己好（王純娟，2006）；喪子母親會盡自己所能做，讓逝去的孩子過得好（曾英芬等人，2010）；喪偶女性為了維繫夫家血脈和祖先祭祀，建立以孩子為軸心的家庭，很少思考自己再婚的可能性，甚至將自己的照顧責任延及孫輩（林佩儀等人，2011；許敏桃等人，2005；楊麗絨，2005）；喪偶男性會因自己擔任先生角色，卻沒有盡到照顧好亡妻的責任而自責愧疚（陳采熏，2012）；喪子後，先生壓抑悲傷，以照顧妻子的傷痛為主（黃菊珍、吳庶深，2008）；喪親後，兒子會以保護者和照顧者的角色守護、支持家人（彭英慈，2005）。媳婦在喪葬禮俗的角色是意見提供者、執行監控者，以及輔助與支持先生，媳婦在喪禮中壓抑內在情緒，將注意力放在喪葬儀式中媳婦該做的事情上，在儀式結束後，並沒有放鬆的心情，仍有害怕、恐懼、無法擺脫的自責和傷心難過的感受（許瑛玿、許鶯珠，2005）。

此外，在臨終和喪葬儀式的文化裡也重「利他」作為，即在世者要對即將往生的親人和已逝親人做任何有利於他們的事。「為死者做些事」之哀悼策略存在於臺灣華人文化中（許敏桃等人，2005），因此，常見的哀悼方式是在親人臨終時的助念，以及在親人去世後為親人做誦經等法事。這些宗教儀式也是儒家「盡己」與「推己及人」的核心倫理價值之彰顯，透過助念、誦經、法會等儀式，幫助過世的親人往生淨土或是成神，是盡到一己在關係中角色義務應有的表現，也是在互動關係裡推己及人的實踐（李秉倫等人，2015）。又，黃光國（2013）強調透過儀式幫助往生者成神，往生者成神後，得以庇佑在世家人，這是儒家五倫「父慈子孝」精神的延伸。李秉倫等人（2015）指出，這些喪葬儀式包含著「往生者好，生者就好」的意涵，是儒家核心思想與倫理體系的展現。這樣看來，臺灣華人哀悼的特色，是在關係架構下「盡己」和「推己及人」，以倫理角色義務做到利益於往生者與其他家人，幾乎很少考慮到自己哀悼的需要。

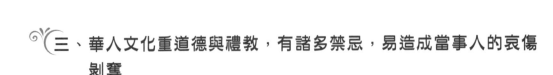

三、華人文化重道德與禮教，有諸多禁忌，易造成當事人的哀傷剝奪

「被剝奪的悲傷」（disenfranchised grief）是由 K. Doka 分別於 1989 年及 2002 年所提出（Attig, 2004）。簡言之是「遭受喪慟的人無法表達他／她切身的悲傷，因為某種緣故，他／她不被允許悲傷，他／她悲傷的權利被奪走了」。是什麼緣故使得個人的悲傷權利被剝奪呢？又是被「誰」剝奪了呢？為何有些人的哀傷不能經由適當的哀悼來表達，並且獲得周圍他人的支持與慰藉呢？由於死亡無法脫離社會制度和法律的範疇，雖然悲傷和哀悼不在律法的範疇，但涉及層面有個人、家庭、社會及文化，因而對悲傷和哀悼給了「合宜性」和「正當性」的約束力。Doka 提出喪慟被剝奪可能有下列五種情況：與死者關係不被認可、失落本身不被認可、悲傷者被排斥在外、死亡形式不被認可、個人悲傷方式不被允許（李玉嬋，2012；Attig, 2004）。社會文化規範「哪些人」為「某關係人」的「何種原因的死亡」，可以「在哪裡」以「何種方式」進行「合宜的哀悼」，使得有些在「規範體制外」的人無法獲得公開哀悼的機會，且無法獲得適當的社會支持，只能暗地裡悲傷。

林明君（2009）指出，儒家生死學的核心是於己於人都以「道德」為依歸，以「禮」來調節人面對死亡的情感，使人紓解死亡產生的悲傷情緒而不會有過與不及的失當（引自李秉倫等人，2015）。再加上，華人文化習俗和傳統民間信仰對死亡與哀悼有諸多禁忌，如：臨終與彌留時不可觸摸往生者身體，包含眼淚不可滴在遺體上；不可在往生親人旁哭泣以免死者留戀不去，或阻礙其往生善處；為避免逝者對塵世眷戀，生者要避免想念逝者；長輩不可以參與晚輩的喪禮、不可拜晚輩，以免不利逝者轉世；12 歲以下孩童過世被認為「討債子」，不給予安葬、不立神主牌，以利投胎轉世；父母不能看胎兒遺體；產後要好好坐月子，不能讓產婦流淚傷心，如此會傷眼傷身（黃菊珍、吳庶深，2008）。在華人社會以道德倫常和禮教來約束哀悼的合理性、合情性與合宜性，在此文化規範下造成個人哀傷被剝奪的現象可能超出我們想像，也亟需被我們理解。

本文先前提到母親在醫院通常無法見到自己死去的胎兒或新生兒，更無法為他們送殯（江巧琴等人，2007；曾英芬等人，2010；黃菊珍、吳庶深，2008）；母親受制於宗教習俗的「死亡過程不能觸碰死者」或是「白髮人不能送黑髮人」等禁忌，對自己孩子臨終身體照護有所疑慮（曾鈺琇，2011）；文化對於喪偶婦女的歧視、標籤和

不友善，認為「寡婦門前是非多」，使得喪偶女性不主動告知他人自己喪夫的狀態，造成自信低落與人際疏離（周碧娥，2003；蘇完女等人，2014）；文化對男性堅強形象的形塑，使得男性壓抑深藏自己喪痛情緒，不能表現脆弱（彭英慈，2005；葉何賢文，2003）；兒童早年喪父，家人往往有意或無意將孩童與死亡隔離，可能是基於保護的心理（許敏桃等人，2005）。另外，蔡佩真（2012）探討華人家庭關係脈絡的悲傷表達，提出喪親家屬會依著人前－人後、白天－黑夜、平日－特殊節日，做出喪親情緒的轉換。她指出華人家庭最可能發生的悲傷剝奪是：「悲傷的時間不夠久」、「悲傷的表達機會不夠多」及「悲傷表達的強度受到壓抑」。此外，臨床上常見長輩罹患重症，家屬不願把病情告知長輩，要求醫護團隊幫忙隱瞞；家中有死亡事實發生，不敢向家中長者說明。將老人、兒童隔離在死亡事實之外，可能因孝道觀念、談論死亡的禁忌、對老幼的保護使然。上述這些受到華人社會文化及喪葬習俗的約束，造成當事人悲傷剝奪的經驗，非常需要透過心理諮商的介入，協助當事人訴說他們的喪慟經驗——那些在死亡發生後，被壓抑的、被忽略的、不被他人支持的、不被理解的悲傷經驗。

四、華人文化生死信念與宗教儀式促進持續連結，有助於哀傷調適

臺灣華人的信仰心理與宗教行為是以寬容的心態，讓各種宗教形式可以同時並行，兼容並蓄。一般民眾以「善男信女」的信仰態度游走在不同宗教間，可以是傳統民間信仰，又融合佛教、道教，是以世俗生活的方式來混合宗教，不甚重視與宗教組織的聯繫，而是經由宗教儀式的操作來各取所需（鄭志明，2002）。臺灣華人的宗教形式是混搭的，在生死信仰上受華人文化影響。鄭志明（2008）指出，人類的生死信仰與殯葬文化是歷經數千年至上萬年的歷史傳承，它是人類集體生活下共有的文化教養，也是人類為求生存而累世傳下來的社會和精神活動。人們面對生死的信仰觀念有如文化基因般根深蒂固，用來指引人們順利度過因死亡帶來的生存衝擊。華人文化裡的生死信仰自原始社會以降，歷經儒家、道家、佛教等觀念的交織，再加上近代基督宗教的融入，各種信念的交織匯流和累積融合，現代民眾各依其生存環境與文化教養來重組編織其生死信仰。

經由長期文化累積，華人文化裡的生死信仰有四大主題——「生死相續」、「死而不絕」、「以生制死」、「以死教生」（鄭志明，2008）。這其中尤以生死相續及死而不絕的信念最能安頓喪親者死別的哀傷。本文幾篇喪親哀傷調適的研究都指出，

臺灣華人的哀傷調適裡有上述的生死信念，再輔以宗教儀式或民俗靈媒的協助獲得助益，例如：失去胎兒的母親相信自己逝去孩子的生命永恆，只是以不同形式存在（曾英芬等人，2010）；老年婦女在喪偶後能生死相安，在於藉由儀式完成亡夫所託，以及魂縈夢繫、形影相隨（楊麗絨，2005）；喪偶婦女以靈媒和祖先崇拜的方式與死去的丈夫連結（許敏桃等人，2005）。而夢見逝者是另一個在華人文化中持續連結的現象，它反映出三個文化信念：（1）相信靈魂不滅，死亡的只是身體，靈魂存在於另一個世界；（2）相信夢跨越生死隔閡，是人世與幽冥兩界交會的中介空間；（3）相信生者與逝親的關係彼此牽繫，延續轉化為祖先崇拜（李佩怡，2014）。

宗教信仰裡有周延的生死信念，有些國內喪親研究也明確指出宗教信仰對喪親家屬哀傷調適的助益。許玉霜、蘇完女與許鶯珠（2012）指出，有宗教信仰的受訪者有較好的調適能力，且助念儀式是連結生者與逝者的橋梁；謝雯嬋（2008）指出，佛教助念引導與念佛過程，給予一個情感傳達的通道，將對親人死亡的悲傷轉換成親人即將往生到一個很美好的地方，在喪慟中有了希望和支持；蔡佩真（2007）研究宗教信仰對喪親者哀悼過程的幫助與意義，14 位喪親家屬各自的宗教背景是一貫道、道教、佛教、基督教、拜祖先等，研究歸納出以下四點：（1）宗教緩解死亡衝擊，提供心理支持；（2）宗教社群成為家庭外在支持系統；（3）重新安置逝者於信仰中，為逝者虛擬的存在找到支撐點；（4）宗教為家屬與逝者提供連結的希望。除了宗教社群提供喪親家庭的支持是屬於應變喪慟後生活外，其餘三點都跟宗教信仰建構的精神世界有關，如生死苦難的意義、死後世界的構築，與施行宗教儀式利益逝者。此外，也有喪親者藉由宗教信仰獲得救度的靈性經驗。劉淑芳（2013）自敘，喪子後她關閉心房，對人生感到絕望困惑，幾次求問觀世音菩薩，竟得到觀世音菩薩的開示，立即讓她明白兒子生死之前世今生的因果，並應允她再得一子，隔年如願，使得她喪子的巨大悲痛獲得轉化，也因此投入非營利組織為他人服務（劉淑芳、蔡青芬，2013）。上述研究都是在喪親後透過宗教信仰讓哀傷獲得紓解，不過值得關注的是，沒有宗教信仰的喪慟者，他們的哀傷調適經驗為何？這是對喪親現象後續研究值得努力的方向。

肆、華人哀傷諮商三軸向

文化是個人存在可被意識到的最底層結構。試想自有人類之始，死亡帶來的喪慟不曾遠離，千古以來人類面對死亡所累積的智慧，構築了在社會文化裡的生死信念和家族治喪之法，一代代傳承下來，似乎是普羅大眾可以接受的信念和做法，卻未必對

每個人的哀傷都能提供撫慰。文化給予的哀傷療癒是在集體層面，個人的哀傷被社會文化包容接納，並與其他喪慟者在經驗上共感交融。但個人的哀傷總有不被文化包含的範疇或層面，有時文化對於個人的喪慟和哀傷給予的是限制和束縛，甚至是汙名、歧視和誤解。

　　走至本文最後的一部分，我想根據前述華人喪親的哀傷與哀悼現象，提出在華人文化裡哀傷諮商工作的三大軸向。死亡喪慟對個人的影響面向包含自我、關係、價值和生活（李佩怡，2012b），在華人社會文化的結構下，華人的哀傷諮商亦需顧及這四層面，但我將價值和生活層面綜融在同一個軸向來說明，分別是自我軸、關係軸及生活世界軸。

一、「自我療癒」軸向：協助當事人的哀悼，由角色自我的盡己到接納真實自我

　　死亡使得當事人的自我受到極大的衝擊，不論是自我功能或自我認同，幾近碎裂，找不回原來的自己。在華人社會文化的結構下，當事人的自我認同是紮根在角色之中，所以經歷喪慟的當事人仍可依循自身其他角色，牽引出他／她目前與其他家人的關係位置，盡可能做到在角色關係網絡中應盡的責任義務。透過前文說明，可見到喪偶的母親和父親都為了孩子而努力活著；喪子的母親為了其他孩子活著；喪子的父親為了妻子的哀傷而撐住。喪慟當事人盡己所能把角色自我扮演好，僅能讓他／她在生活上找到某種為其他家人活下來的動力，然而其內在真實的自我仍因為失去所愛的對象而哀傷不已。

　　如前述，華人文化的哀悼是在關係結構下進行的，個人被期待要做出符合其角色位置的哀悼行為及照顧他人的行為，而個人的悲傷常是被忽略、受壓抑、無法依著自己身、心、靈、社的需要來照顧自己。在喪慟當事人的內心深處，他們的自我狀態是痛苦、哀傷、低落、身心失調等等，與西方悲傷輔導理論所說的哀傷反應雷同。喪慟當事人之自我因死亡失落而破敗，如：喪子的母親認為自己是失敗的、喪子的父親認為自己是劊子手、喪親的兒子認為是自己的疏忽而害死母親、喪妻的先生認為自己能力不足無法養家，所以忙碌的妻子才生病去世等等。在本文參考的文獻中，不論失喪的對象是誰，喪慟者普遍反映出自責、愧疚的情緒，這可能是因為華人重視角色關係的倫理位置，重視在角色位置上盡己守分，連帶產生因為親人的死亡而覺得自己未盡責之想法，感到自責和罪疚。洪雅鳳與羅皓誠（2012）研究一對遭逢意外喪母的姐弟

接受心理諮商的結果，姐弟分別在接受 18 次和 13 次個別諮商，以及 2 次手足諮商後，逐漸能自我接納與重建。該研究指出，華人孝順文化對於喪慟子女在哀傷歷程中的自責情緒之影響是值得研究探討的。

華人的哀傷諮商首要著重的目標應是協助當事人經歷喪慟，由角色自我的扮演走向真實自我的展露與接納。首先，諮商者要先肯定當事人在家庭角色的扮演上，已盡到角色自我應盡的本分，也符合華人文化裡盡己守分的精神脈絡。死亡對家庭的衝擊何其大，而個人能做到家庭角色功能維繫和支持家庭運作，這個部分是相當不容易的個人成就。

再者，鼓勵當事人敘說他／她在承擔角色責任義務下所經歷的苦。死亡發生後，當事人歷經了因應生活變化的辛苦、因應家人關係變化的困難，以及因為角色或關係位置不能表訴的心酸苦楚，這些都需要被當事人看見、認可和接納。所以，諮商者可協助喪慟當事人看見因其角色位置和倫理關係，無法對家人表達和被自己理解接納的哀傷之苦。

最後，這是最寶貴的階段，鼓勵當事人接納內在真實的自我。諮商者需要慢慢地貼近當事人內在心靈，協助當事人願意碰觸他們角色自我底下的真實感受，因為失去所愛而衝擊到自我的破敗感、毀滅感、無能感、自責感、脆弱感，以及鬆綁不允許自己脆弱、意圖掌控的內在限制。鼓勵當事人允許自己一點一滴地接近自我保護的硬殼下，那十分受傷的自己，逐漸鬆開封閉感受和罪疚壓抑的自我硬殼，漸漸地接納和尊重自己真實又脆弱的狀態。這過程需要透過諮商者無條件的愛、尊重和支持，當事人內心深藏的悲傷才會安心地透露，允許真實自我慢慢走出保護硬殼。

這是一條悲傷幽谷伴行的路，它不是向外擴展社交關係以填補空洞的路，它是一條經由喪慟悲傷而喚醒內在真實自我的道路，在這條路上，當事人越來越能在他／她的角色中自在，越來越能接納真實感受的自我。

二、「關係療癒」軸向：在真實交流的諮商關係中，協助當事人與逝者以獨特方式連結並促進家人的哀悼

在華人哀傷諮商的第二軸，是協助喪慟當事人獲得關係的療癒，第一個工作的重點是「生者與逝者的關係」。在華人生死信念和宗教儀式的文化底蘊下，華人的哀傷在持續連結的行為上，比美國人更容易獲得社會支持和文化認同（李佩怡，2014；Lalande & Bonanno, 2006）。原本華人文化就注重家人關係倫理，死亡發生後，家人關

係的維繫和支持家庭運作會是家庭哀傷調適的主要方向。華人文化中有許多傳統節日，如：清明、端午、中元、除夕等，按習俗，這些節日都是家人回老家聚集，為祭祀祖先、緬懷親人而有的家庭活動。又多數家庭設有祖先牌位，每日早晚為祖先（包含新喪的家人）上香、祭拜，乃至於擲筊問事等，再加上民間大小廟宇、道場常在重要傳統節日設有超度法事、誦經迴向等宗教儀式，喪慟者可以透過這些宗教儀式將哀傷或思念轉化為「為死者做些事」來傳達。因此，哀傷諮商的目標在與逝親的持續連結上，可邀請當事人說說他們整個家庭是如何渡過特殊節日；如何進行祭祀祖先、掃墓等儀式；在這些節日來臨前後，心境的變化如何；在逝親的忌日時，會準備什麼東西祭拜，整個儀式對他們的幫助如何；全家人在一起過這些節日時，家庭氣氛如何，家人間的哀傷如何被其他成員回應；全家人的宗教信仰如何幫助彼此面對喪慟；家人各會以何種宗教儀式來幫逝者做些事，完成後的個人經驗感受為何等等。

其次，我們必須留意到個人哀傷的獨特性與被剝奪的哀傷。邁入 21 世紀的後現代社會，「失序」成為日常生活的一部分（林耀盛，2005）。受到全球化和社會變遷之衝擊，個人的哀傷可以受益於華人生死信念與宗教祭祀儀俗的變數會越來越大。同一文化之不同世代對死亡、後事處理、哀傷情緒表達方式有不同需求、期望和做法，年輕一代受到大眾傳媒、同儕文化、全球化的影響，比老一代的人對傳統的文化較質疑（林綺雲，2005）。且個人因年齡、成長背景、教育程度、居住城鄉地域等差異，很可能沒有特定的生死信念、不了解喪葬和祭祀的儀俗，或不認同傳統儀俗的意義，抑或沒有宗教信仰，所以須審慎了解當事人對於傳統習俗及宗教儀式的看法，以及過往接觸的經驗。哀傷諮商的工作在尊重當事人哀悼的獨特性，諮商者要注意在華人文化中，個人容易因傳統觀念或文化習俗而剝奪哀傷的權利。由於每個人的信念不同，在與逝者關係連結的部分，諮商者可與當事人討論他們的生死信仰、靈魂觀、宗教信仰，了解他們如何看待逝親的死亡，以及他們與逝親目前的關係是以什麼方式維繫，並特別關切有哪些因為喪葬文化儀俗的規範要求，造成他們個人的哀傷剝奪，讓他們在逝親的臨終階段、死亡、喪葬過程中，無法表露哀傷。

第三，關係療癒的另一個工作方向是，協助喪慟的當事人在他／她的家庭關係網絡促進適當哀悼。喪親後的家庭關係有可能更緊密，或是修通僵局，或是疏遠，或是衝突對立（蔡佩真，2009），或家人關係是以角色責任義務來互動，感受不到真正的親近與情感關聯，如，喪偶女性因為先生過世，與夫家的關係由實質的關係變成較形式或儀式性的互動，主要透過子女與夫家有所關聯（周碧娥，2003）。諮商者在此要協助當事人在家庭關係網絡促進適當的哀悼，強調利他——照顧其他家人的哀傷，和

利己——照顧自己的哀傷，鼓勵家人尊重哀傷表達的獨特性與差異性，例如：男性和女性表達哀傷方式不同；喪慟兒童和青少年的需求要受到家人的關注；家人關係可能因為大家都在自己的哀傷裡，不懂如何安慰彼此而疏遠；同一家庭的成員經歷喪慟的經驗可能截然不同；以及如何善用儀式促進家人間哀傷情緒的分享。

最後，諮商者須了解真誠的關係對喪慟者是重要的社會支持。由於喪慟會影響個人在社交關係互動上較為退縮，陳永銓（2009）研究兩性喪偶的悲傷調適，指出喪偶影響親戚朋友間的往來，正面的是朋友聚會較為頻繁，負面的是擔心閒言閒語的是非；女性比男性更不願意向外尋求情感支持；喪偶者的社會支持主要來自喪偶團體和宗教團體，以精神層面的協助為主。許敏桃與田月玄（2009）指出，個人在哀傷療癒歷程中渴求意義和重構意義，而這部分的滿足通常源自於與他人的互動中。喪慟者需要在有品質的關係對話中，真實的交會，獲得被理解與支持，這對與死亡交手過的人是很重要的（葉安華，2016）。

因此，哀傷諮商第二軸關係療癒之最重要基石，就是真實交流的諮商關係。上述各項哀傷諮商的目標若無真實交流的諮商關係，則毫無進展的可能。面對受苦者，心理治療須積極回應受苦者此時此刻的不幸，受苦是一種呼喚，治療者重要的是真誠地回應，而非以技術導向的策略來面對受苦者（林耀盛，2005）。諮商者面對喪慟的當事人，態度永遠比技術重要，所謂態度是指諮商者「以真誠回應案主的傷痛、以勇氣進入案主痛苦的深淵中、以仁慈感受案主的心碎、以相信鼓舞案主的力量」，同時「以真誠的初心陪伴喪慟者同行，是一股非常神奇的力量，當案主在他的痛苦處境裡，感受到助人者臨在（present）於此，雖然他仍舊受苦，卻不再孤單無依，有一個人願意陪著他忍受痛苦、見證他的苦，那麼，案主站起來為自己找尋出路的力量，就會由此而生。」（李佩怡，2012b，頁 44-45）。

三、「生活世界再建構」軸向：協助喪慟當事人建構生活架構，將死亡意義織入自己的世界

死亡發生後打亂生活原本的步調，摧毀日常生活的架構，破壞個人對生命既有的看法，對世界運作的道理和價值產生否定。華人哀傷諮商的第三軸，要將關切的焦點放在喪慟當事人對生活、生命與世界的重新整理，以及用他們獨特的方式，將失喪親人的苦痛，重新織入他們的世界架構之中。

首先，諮商者要了解喪慟者因應生活變動的方式。臺灣華人喪偶者不論男女，採

取的哀悼策略是保持忙碌、轉移注意力、尋求生活寄託等；在調適困難上，男性是操持日常生活的家務，女性是經濟安全（陳永銓，2009；許敏桃等人，2005；謝玉娟，2012）。前述提到華人文化的哀悼方式是「追尋圓滿」，這股動力似可幫助當事人找回生活的動力，不過這種期待把生活裡的缺憾以填補或取代的方式來圓滿，並不真的能轉化內心失去所愛的傷痛。諮商者要留意當事人因應處理生活變動時，可能一味地避掉面對自己內心的哀傷。鼓勵並支持當事人照顧自己哀傷的方式，是留給自己哀悼的時間與空間，一如雙軌歷程擺盪理論（dual process model of coping with bereavement）所提，喪慟者的日常生活經驗是在復原導向與失落導向兩端擺盪（Stroebe & Schut, 2001），諮商者要協助當事人理解自己的哀傷不是單方向（one way）的前進，所以人前一人後、白天—黑夜、工作—居家的自己，自然是處在不同的哀傷導向中。

其次，諮商者協助當事人對死亡失落事件進行理解，了解當事人如何解讀親人的死亡在他們生命的彼時彼刻以某種形式發生，即「為何」所愛的人會死。這裡的「為何發生」是指意義的追問，以及對死亡給出自己的解釋。例如：老年喪偶的女性會以宿命觀點解釋先生比自己先走的事實，認為是相欠債、償還債務、認命接受、無常（林佩儀等人，2011；楊麗絨，2005），青壯年喪偶者將死亡無常納入世界運行的一部分，生死是個人無法控制的變數，是老天爺給自己下半輩子的考驗（陳采熏，2012）。受華人文化的影響，以無常和命運安排來解讀喪偶的失落，接受帶來順應，反而能釋懷（林佩儀等人，2011；陳采熏，2012）。利翠珊（2006）指出，臺灣華人相信「凡事皆有定數」雖是一種宿命消極的價值觀，但其實具有心理防衛的功能，不與命運對抗，願意面對逆境時退一步，以接納和順應上天安排，故能安於困頓，珍惜現下的幸福。華人文化受儒家、道家、釋家的影響，對於幸福的觀感也與西方不同。陸洛（2003）提出華人文化的社會取向幸福觀由兩大元素組成：角色責任和辯證均衡。角色責任是個人在人際關係中恪盡職守、達成角色義務，幫助家庭或所屬團體茁壯發展，才是至善；辯證均衡是福禍相倚的想法，幸與不幸是一體兩面，彼此相依，互相轉化，循環不止（引自高旭繁，2013）。高旭繁（2013）研究華人性格與華人文化對華人幸福的影響，指出華人文化之中庸思維及感恩傾向，對預測華人幸福有增益價值。

喪慟當事人渴望對「親人的死亡」這個痛苦，在自己的生命裡賦予獨特的意義。又此一獨特的意義在他／她面對喪慟時有什麼益處？這是西方當代悲傷輔導理論所強調，在喪慟調適中意義建構之兩個構念：「對失落賦予意義」（making sense of the loss）和「在喪慟經驗裡發現益處」（finding benefit in the experience）（Holland, Currier,

& Neimeyer, 2006）。這麼看來，華人文化之辯證均衡的中庸思維幫助喪慟者在面對生命的破局時，倚靠古人的智慧，如：「無常」、「緣分」、「命運安排」、「生死有命」等，對苦境賦予意義，因為相信個人無法掌控生命的定數，所以隨順因緣、順天意、轉念來幫助自己面對死亡的人生處境，並在其中找到安頓苦痛的力量。這即是喪慟者對自己生活世界的再建構，將死亡帶來的痛苦賦予獨特的意義，將意義織入自己的世界裡，得以安頓自己的苦痛。

伍、結語

喪慟的療癒來自真誠相遇，那一刻是諮商者與當事人一同掉落在喪慟處境裡一起共苦同哭。

以上我粗淺地提出華人哀傷諮商工作的三個軸向，分別是：自我療癒、關係療癒、生活世界再建構，和Calhoun與Tedechi（2001）所提出「創傷後成長」歸納的三層面有異曲同工之妙。他們指出的三層面分別是：（1）自我觀的改變——增加自信心、獨立感、自我效能感、自我依賴感、自我優勢和復原力；（2）關係改變——增加與他人的連結、增加同理心、與家人關係更親密、表達情緒和自我揭露的能力增加；（3）生命哲學改變——增加生命的意義和目的、增加靈性或宗教生活（引自蘇完女、林秀珍，2010）。

文末，哀傷諮商工作者需要努力的方向，是盡心地貼近喪慟者的心靈世界。我用現象學與詮釋學來貼近喪慟，到底喪慟當事人的生活世界是什麼現象呢？如果諮商者不能在自己心靈世界深刻體認，不能創造彷彿自己進入了當事人的生活世界裡，那麼深度的同理不可能發生，喪慟者在他／她的世界依舊是孤單受苦的，所謂幽谷伴行也只是概念，實際做不到。

喪慟當事人在其生活的空間與生命時間裡，因為死亡的發生，破壞了他／她原有的時空感，以現實事件來說，他／她失去了重要的對象，但以當事人的現象場來理解，所愛者去世是斷然地在他／她整個時空場境抽離，失喪空虛感是他／她整體的經驗，他／她的痛苦無處不在，喪慟的經驗絕不是平面的。死亡發生後，喪慟者需要不斷地學習如何住在「逝者不在」的這個時空中，他／她亟需要理解看起來如同往昔的外在世界，「為什麼」感受不再相同。在死亡發生後，他／她現存的時空場境不時地碰撞他／她內在世界——那是由過去角色位置、互動關係，所形構的感受與認同，所

以喪慟者每一時刻都可能經驗到現下的狀態與過往經驗不再相同，而生成了斷裂感、差異感、對比感、落差感、失序感。就在此刻，當事人整個人經驗到因「喪」而「慟」，他／她以自己整個人持續對自己這個喪慟經驗「是什麼」進行理解，以他／她的身體、情緒、認知、行為、每一個細胞、每一個回憶經驗著、理解著。這就是當事人的「喪慟詮釋」。

　　這個狀態就是 Attig（2001）所說「relearning the world」的意思。喪慟者的整個世界被所愛者的死亡撞擊碎裂了，他們需要學習重新組織他們的世界，並消化死亡帶來的變化，面對許多內、外在的變化，如何解釋死亡的發生，如何接受所愛者死亡成為自己生活與生命的一部分。在這個過程裡，反映他們經過死亡淬鍊後的生活智慧、生命哲理，而這正是每一位喪慟當事人在死亡失落之後，會對他／她自己的生命與傷痛對話，形成對自我、關係、世界的意義建構，也是這個過程讓他們將危機化為轉機，在逆境中長出力量。而諮商者是他／她的知情見證者，不僅聆聽、跟隨、陪伴，還一起掉落在苦痛裡，深度同理著、一起哀哭著，然後在走一段同行的心靈道路後，看到他／她的人生有了不同的風景，同樣的，諮商者經過幽谷伴行後的心靈世界，風景也不再相同了！

學習活動與討論問題

1. 全班分為三或四人小組，分享自己參與或觀察喪禮的經驗，有哪些是相似或不同的？這些喪葬禮俗反映了哪些華人文化的生死信仰？

2. 請以一個可以與他人分享的失落經驗，在三或四人小組裡敘說，並聆聽同組夥伴的哀傷經驗。小組中有哪些共同或獨特的哀傷經驗，是受到社會文化信念影響而無法表露的？請對這些影響進行反思。

3. 你對本文所說喪子、喪偶的哀傷經驗，有什麼想法？對於男性的哀傷，你的觀察或親身經驗是什麼？

4. 你是否曾在個別或團體諮商的過程，處理你個人的哀傷經驗？從中你整理了什麼？對你的幫助是什麼？有哪些真實的助益是與本文所提到的華人哀傷諮商的觀點接近？又有哪些是不吻合的？你的想法是什麼？

 **參考文獻**

中文部分

王純娟（2006）。哀傷或不哀傷？當西方的哀傷治療遇上臺灣的宗教信仰與民俗。**生死學研究，3**，93-131。

王純娟（2012）。臺灣母親對驟逝子女的思念——一個現象學取向之研究。**教育心理學報，43**（4），921-942。

江巧琴、李絳桃、王昭慧、唐婉如（2007）。母親經歷新生兒死亡的經驗與感受——質性回溯性研究。**護理雜誌，54**（5），48-55。doi:10.6224/JN.54.5.48

利翠珊（2006）。華人婚姻韌性的形成與變化：概念釐清與理論建構。**本土心理學研究，25**，101-137。

李玉嬋（2012）。特殊形式與被剝奪的悲傷反應與諮商實務工作。載於李玉嬋（主編），**導引悲傷能量——悲傷諮商助人者工作手冊**（頁 241-257）。臺北市：張老師。

李佩怡（2012a）。宗教與靈性的哀悼儀式之運用。載於李玉嬋（主編），**導引悲傷能量——悲傷諮商助人者工作手冊**（頁 260-284）。臺北市：張老師。

李佩怡（2012b）。死亡失落、悲傷喪慟與哀悼的基本概念。載於李玉嬋（主編），**導引悲傷能量——悲傷諮商助人者工作手冊**（頁 24-50）。臺北市：張老師。

李佩怡（2014）。探討「夢見逝親」現象對喪慟的心理療癒。**安寧療護雜誌，19**（1），47-66。doi:10.6537/TJHPC.2014.19(1).4

李秉倫、黃光國、夏允中（2015）。建構本土哀傷療癒理論：儒家關係主義和諧哀傷療癒理論。**諮商心理與復健諮商學報，28**，7-33。doi:10.6308/JCPRC.28.01

李美枝（1998）。中國人親子關係的內涵與功能：以大學生為例。**本土心理學研究，9**，3-51。

李開敏、林方皓、張玉仕、葛書倫譯（2011）。**悲傷輔導與悲傷治療——心理衛生實務工作者手冊**（第三版）（原作者：J. W. Worden）。新北市：心理。

周玉慧、黃宗堅、謝雨生（2004）。家人關係中社會支持獲取策略之運用及其影響。**中華心理學刊，46**（4），329-348。

周碧娥（2003）。**為喪偶者身分命名：喪偶經驗和女性自我身分（再）認同的過程**。行政院國家科學委員會專題研究計畫成果報告（NSC90-2412-H-007-008）。

林佩儀、楊其璇、陳筱瑀（2011）。探討喪偶老年婦女之孤寂感因應歷程。**澄清醫護**

管理雜誌，**7**（3），22-29。

林綺雲（2005）。社會文化與悲傷反應。**生死學研究，2**，107-127。

林麗月（1998）。孝道與婦道：明代孝婦的文化史考察。近代中國婦女史研究，**6**，1-29。

林耀盛（2005）。說是一物即不中：從倫理性轉向療癒觀點反思震災存活者的悲悼歷程。**本土心理學研究，23**，259-317。

洪雅鳳、羅皓誠（2012）。一對遭逢意外喪母的姐弟敘說諮商帶來的改變。**生死學研究，14**，93-153。

高旭繁（2013）。通往華人幸福之路：性格特質與文化價值的雙重作用。本土心理學研究，**39**，165-214。

章惠安譯（2012）。**見證幽谷之路：悲傷輔導助人者的心靈手冊**（原作者：A. D. Wolfelt）。新北市：心理。

章薇卿譯（2007）。**走在失落的幽谷——悲傷因應指引手冊**（原作者：R. A. Neimeyer）。新北市：心理。

陳永銓（2009）。**兩性喪偶者悲傷與調適之探討**（未出版之碩士論文）。國立臺北護理健康大學生死教育與輔導研究所，臺北市。

陳采熏（2012）。**逝者真的已矣？青壯年喪偶者與逝者持續性連結經驗之研究**（未出版之碩士論文）。國立交通大學教育研究所，新竹市。

許玉霜、蘇完女、許鶯珠（2012）。喪手足女性成人的悲傷反應及調適歷程之探究。**生死學研究，13**，121-173。

許敏桃、田月玄（2009）。解開文化的封印：臺灣喪偶婦女團體的倫理療癒。**本土心理學研究，31**，55-94。

許敏桃、余德慧、李維倫（2005）。哀悼傷逝的文化模式：由連結到療癒。**本土心理學研究，24**，49-84。

許瑛珆、許鶯珠（2005）。媳婦在喪葬禮俗中的角色與心路歷程——從臺灣本土的儀式出發。**生死學研究，5**，99-161。

曾英芬、許敏桃、郭玲莉（2001）。關懷照護的現象學研究——從經歷死產之臺灣婦女的經驗談起。**護理研究，9**（3），223-232。

曾英芬、陳彰惠、許貂琳、王秀紅（2010）。經歷死產婦女與胎兒依附關係的轉換。**護理與健康照護研究，6**（1），24-32。doi:10.6225/JNHR.6.1.24

曾鈺琇（2011）。**父母與臨終子女身體接觸的經驗**（未出版之碩士論文）。國立臺灣

大學護理學研究所,臺北市。

彭英慈(2005)。成年男性喪失父(母)親之哀傷經驗敘說研究(未出版之碩士論文)。國立臺灣師範大學教育心理與輔導系,臺北市。

游淑珺(2006)。何處是"歸"家?:臺灣俗語中「女有所歸」的女性養成模式與文化反映初探。**臺灣圖書館管理季刊,2**(3),76-93。

黃光國(2013)。儒家文化中的倫理療癒。中華輔導與諮商學報,37,1-54。

黃菊珍、吳庶深(2008)。**剝奪的悲傷:新生兒死亡父母親的悲傷與輔導。**新北市:心理。

葉安華(2016)。**我的負傷之旅──一個負傷療癒者的自傳式民族誌**(未出版之博士論文)。國立臺灣師範大學教育心理與輔導系,臺北市。

葉光輝、黃宗堅、邱雅沂(2006)。現代華人的家庭文化特徵:以臺灣北部地區若干家庭的探討為例。本土心理學研究,**25**,141-195。

葉何賢文(2003)。**悲傷調適歷程及生命意義展現之研究──以喪子(女)父母為例**(未出版之碩士論文)。南華大學生死學研究所,嘉義縣。

楊麗絨(2005)。**老年婦女喪偶經驗探討**(未出版之碩士論文)。國立臺北護理健康大學護理研究所,臺北市。

聖嚴法師(2010)。佛教是否相信靈魂、輪迴的存在。**慧炬雜誌,555**,4-8。

趙梅如(2009)。臺灣地區大學生知覺父親親情與孺慕父親親情欲求之探討。**教育心理學報,40**(4),577-596。

劉淑芳(2013)。**一個 NPO 工作者的自我敘說~看喪子母親的悲傷調適歷程與轉化**(未出版之碩士論文)。長榮大學社會工作學系,臺南市。

劉淑芳、蔡青芬(2013)。**喪子悲慟歷程與轉化──福田銀行的夢想與實踐。**「亞太地區電話諮商國際研討會(第十屆)」發表之論文,臺中市。

蔡佩真(2007)。宗教信仰與喪親者的悲傷療癒。**安寧療護雜誌,12**(4),385-394。doi:10.6537/TJHPC.2007.12(4).2

蔡佩真(2009)。臺灣喪親家庭關係之變化與探究。生死學研究,**10**,159-198。

蔡佩真(2012)。華人家庭關係脈絡中悲傷表達模式之探討:以臺灣經驗為例。**臺灣心理諮商季刊,4**(1),16-38。

謝玉娟(2012)。**配偶罹癌死亡的男性喪偶者其生活經驗初探**(未出版之碩士論文)。高雄醫學大學醫學社會學與社會工作學研究所,高雄市。

謝雯嬋(2008)。**佛教助念於喪親者走過悲傷之探討。**「佛法與臨終關懷研討會(第

7屆）」發表之論文，臺北市。

鄭志明（2002）。華人的信仰心理與宗教行為。**鵝湖月刊，27**（12），12-24。

鄭志明（2008）。傳統社會生命教育的生死信仰。載於中國真佛宗密教總會舉辦之「**第四屆臺灣密宗國際學術研討會：道顯密之生命教育」研討會論文集**（頁1-29），臺北市。

蘇完女、林秀珍、孫旻暐（2014）。一位喪偶女性的哀傷轉化歷程及其影響因子之探討。**心理學進展，4**，674-683。

蘇完女、林秀珍（2010）。從意義建構觀點談喪親者的哀傷調適歷程。**諮商與輔導，294**，46-51。

蘇鈺婷、陳馥萱（2013）。父親於周產期死亡事件之哀傷與照護。**護理雜誌，60**（6），90-95。

英文部分

Attig, T. (2001). Relearning the world: Making and finding meanings. In R. A. Neimeyer (Ed.), *Meaning reconstruction and the experience of loss* (pp.33-53). Washington, DC: American Psychological Association.

Attig, T. (2004). Disenfranchised grief revisited: Discounting hope and love. *Omega, 49*(3), 197-215.

Holland, J. M., Currier, J. M., & Neimeyer, R. A. (2006). Meaning reconstruction in the first two years of bereavement: The role of sense-making and benefit-finding. *Omega, 53*(3), 175-191.

Klass, D. (1993). Solace and immortality: Bereaved parents' continuing bond with their children. *Death Study, 17*(4), 343-368.

Lalande, K. M., & Bonanno, G. A. (2006). Culture and continuing bonds: A prospective comparison of bereavement in the United States and the People's Republic of China. *Death Studies, 30*(4), 303-324.

Stroebe, M. S., & Schut, H. (2001). Meaning making in the Dual Process Model of Coping with Bereavement. In R. A. Neimeyer (Ed.), *Meaning reconstruction and the experience of loss* (pp.55-73). Washington, DC: American Psychological Association.

Chapter
10
運用在地文化進行家庭治療：
文獻回顧與實務反思

▎趙文滔

壹、緒論

　　和其他取向心理治療類似，家庭治療在臺灣的發展主要從引進國外理論與講師開始，四十多年來雖累積不少本地實務經驗與研究，但真正從本地文化發展出來，或正式將文化納入治療思考的理論與做法，至今仍有限（Chao, 2011）。

　　美國精神衛生界開始關注文化敏感度的議題，一開始主要是為了解決少數族裔，特別是亞裔對精神衛生資源使用率低、滿意度差的問題（Sue & McKinney, 1975）。在家庭治療領域，Monica McGoldrick 是最早開始關注文化議題的學者，她與同事共同編著的 *Ethnicity and Family Therapy* 如今已成為家庭治療重要教科書，目前更新至第三版（1982/1996/2005），其中每一版都包含〈Chinese families〉這個章節。由 Evelyn Lee 與 Matthew. R. Mock（1982/1996/2005）撰寫的〈Chinese families〉，摘述中華文化特色，並提供符合華人家庭的介入策略建議。但此書的主要關注其實是「族裔」（ethnicity），在〈Chinese families〉一章中，主要探討移民美國的華裔常呈現的臨床議題，包含移民適應、代間語言能力逆差（孩子英文比父母好）、文化認同、傳統與現代價值衝突等等議題。另有曾文星（Tseng, 2001）等跨文化精神醫學學者，也對跨文化脈絡下的心理治療進行不少探討。

　　然而，在臺灣進行家庭治療，為何需要談「文化」？

　　如果文化會定義、描述、規範可被社會環境接受的「正常」、「適當」管道，讓個體發展、表現與滿足其需要（Bruner, 1986），甚至賦予期望、責任與使命，讓個體奮鬥一生戮力追求，那麼家庭治療師必然會發現，案主追求福祉的管道，往往受到文

化的引導與侷限，而案主因應困境的方式，亦多受到文化的深深影響。如果不能協助案主看見這些看似無形的文化信念與規範如何限制了他們的想法與行為，就很難協助他們跳脫重複性的互動僵局。如果家庭治療師根據系統觀點，習慣進入脈絡了解問題，與本地家庭工作的治療師自然很快就會發現，家人關係與文化息息相關。

也許真正應該問的問題是：為何到目前為止，家庭治療甚少探討「文化」？

目前本地的專業養成教育，相當缺乏這方面的訓練，因為：從國外翻譯的教科書無法提供這項知識；西方的多元文化諮商，內容主要探討族裔、階級、性別、宗教多元性，而不是華人生活文化；來訪的國外講師，也不可能提供這項訓練。長期缺乏訓練之下，自然對文化視框缺乏意識。

而文化往往悄悄運作，生活其中的人往往視其為理所當然、習而不察，彷彿水之於魚、空氣之於人。一旦家庭治療師對本地文化不夠敏感，很容易受教科書裡的理論視框侷限，只看得見「親子分化出問題」，卻忘記還有「孝順」這一個重要家庭動力。因此本文打算探討如何運用文化進行家庭治療工作，特別是與華人家庭工作時可以有哪些文化方面的考量，以及如何化解其中可能遭遇的一些挑戰。

貳、文獻回顧

我們對自己身處的文化多半有些體會，但卻未必能說得清楚。本文首先回顧既有文獻如何描述華人文化，以做為具體討論的基礎。以下相關文獻的摘要整理分為兩個部分：對華人家庭特性的描述，以及與文化相符的介入策略建議。

一、傳統華人家庭特性

（一）人際和諧與角色行為

承襲自儒家，人際和諧可能是最被強調的一項價值（Lee, 1996），透過行為符合**角色規範**，達成像是「父慈、子孝、兄友、弟恭」等。

角色行為須符合年齡、階級、性別相關的權力與責任（Hsu, 1995; Lee, 1996），例如：家務分工（男主外，女主內）、教養分工（嚴父慈母）、長子的特權與責任（繼承權、家族決定）、長女的責任（長女如母，照顧弟妹生活）等。

其中**孝順**可能是華人親子關係中角色規範的核心，父母運用**尊敬**（孝，階級）與

羞恥感（順，服從）來影響、控制子女（Lee, 1996），成為一種子女虧欠父母、永遠還不清的債，甚至延伸至對師長、對社會權威的服從（Hsu, 1995）

為避免衝突、維持人際和諧，華人習於**委婉、間接溝通**（Hsu, 1995）。基於不願打擾家人，彼此心裡常有沒說出的秘密（Hsu, 1995）。**情感與愛意多半透過行動與履行倫理責任傳達**（照顧生活、煮大餐、蓋被子）（Hsu, 1995; Shon & Ja, 1982）。

（二）家庭凝聚

強調家庭連結、孝順及忠誠，常被華人家庭視為理所當然（徐靜，1996；Hsu, 1995; Lee, 1996）。這種家庭連結在家族中代代延續，使得家人間互相支持、依賴、干涉、影響（Lee, 1996）。即使當今臺灣社會多屬主幹家庭（stem family），父母也常與其中一個成年子女住在一起或很近（樓上、隔壁巷）（Hsu, 1995）。

學者認為，這種跨代影響力主要透過兩種途徑進行：

1. **父子權力軸**：長子繼承父權，成為華人家族的權力核心軸（Hsu, 1971; Lee, 1996），使得夫妻軸的重要性明顯次於父子軸（母以子為貴）。

2. **母子生活／情感軸**：然而在日常生活與情感交流的層面上，母親對家人的實質影響顯然大過長期缺席的父親（Hsu, 1995）。徐靜曾分析《二十四孝》、《京劇》等傳統文本，發現母子間強烈情感連結乃文本中最顯著主軸之一（Hsu & Tseng, 1974; Tseng & Hsu, 1972），而崇尚孝道的文化又將妨礙健康發展的過度緊密母子關係，視為孝道美德而加以讚揚（Hsu, 1995）。母親也會因父子權力軸結構，而與兒子緊密聯盟以確保自己在家族中的地位，甚至不惜排擠媳婦（Berg & Jaya, 1993）。

上述這些華人家庭特性，在當今臺灣家庭中，是否已在社會現代化過程逐漸消失，還是仍然能在家人互動上被觀察到，是一個有相當討論空間的議題。每個家庭之間的差異必然存在，但也可能和觀察者的文化敏感度有關。某些臺灣人可能認為在自己的家庭日常生活互動中，並沒有根據這些傳統信念運作，另一些人卻可能對這些文化有很切身的感受。關於文化的演化變遷及群體內差異，本文稍後還會再做討論。

二、與文化相符的介入策略建議

文獻中還提供了不少與華人家庭工作時的建議，茲整理如下。

（一）展現專家權威及指導性

許多學者建議與華人家庭工作時，治療師應像「老師」或「教練」（Ho, 1987; Shon & Ja, 1982），展現「自信」與「果斷」，適時透露學歷與工作經驗（Hsu, 1995; Ho, 1987; Lee, 1996）。主動詢問案主家人的身體健康狀態、主動提供具體建議和指導，比較容易被接受（徐靜，1996；Hsu, 1995）。務實的建議和立即可行的解決策略，比分析詮釋、了解問題原因更受華人家庭歡迎（徐靜，1996；Berg & Jaya, 1993; Hsu, 1995; Sue & Sue, 1999）。

Evelyn Lee 勸告與華人家庭工作的治療師應避免採取「民主風格」，因為文化中固有的人際階層結構，使得華人案主把治療師視為類似父母權威時比較自在（Lee, 1996），比較沒有丟臉的問題（Berg & Jaya, 1993; Hsu, 1995）。避免採取消極傾聽、被動觀察的立場，這樣容易被華人案主視為缺乏自信，或對家人沒興趣（Hsu, 1995; Lee, 1996; Shon & Ja, 1982）。

（二）尊重既有權威階層

避免在兒女面前挑戰父母，可適時分別會談父母與子女（徐靜，1996；Berg & Jaya, 1993; Hsu, 1995）。Lee（1996）建議治療師要能認出家庭裡誰是「決策者」，努力增進這些關鍵人物投入治療的程度，來提高治療成功率。

（三）順應「間接溝通」模式

徐靜（1996）認為，鼓勵華人對家人表達情感或不滿並非上策，因為結果往往導致父母教訓、怒斥子女，而子女，特別是青少年子女，必然當場反駁，讓父母很難堪（亦見 Hsu, 1995）。尤其維持和諧如此重要，一旦在會談室吵起來，下次很容易缺席、中輟治療。M. K. Ho（1987）、Insoo K. Berg（Berg & Jaya, 1993），以及 Shon 與 Ja（1982）等學者也都主張，避免逼家人公開表達衝突情感。

因為華人家庭習慣將問題淡化、間接表達，與華人家庭工作的治療師特別需要注意「弦外之音」，耐心觀察家人間的間接互動，尤其是家人間不同意見，或是透露負面情感的細微訊息，例如聲音、表情的細微變化，才不會錯失良機（Shon & Ja, 1982）。

（四）治療關係上允許較多彈性

許多學者建議治療師採取更彈性的方式，與案家建立社交性關係，再慢慢過渡到

治療性關係，像是接受禮物（Hsu, 1995）、回答私人生活上的問題，好讓家人更認識治療師（Ho, 1987; Lee, 1996），並允許較彈性的治療起始或結束方式（Lee, 1996）。有學者建議可以在初期階段與案家維持「健康的依賴關係」（"healthy dependency"），等案主準備好，再慢慢鼓勵其獨立（Lee, 1996; also see Ho, 1987）。

（五）運用文化價值做為促進治療的策略

強調家庭責任、增進家人關係和睦、讓家人彼此幫助，這些是容易被華人案家接受的目標（Berg & Jaya, 1993）。例如，以對子女的愛與責任來鼓舞父母採取改變行動（徐靜，1996），或以責任感、教育、工作倫理、忠誠等華人文化強調的價值觀，來促進治療成效。

著名的韓裔家庭治療師 Insoo K. Berg（Berg & Jaya, 1993）認為，因為亞洲案主多半對社會人際行為所引發的後果極為敏感，若治療師透過關係問句，很快能將討論聚焦在關係層面，例如，治療師可以問太太：「當妳對婆婆好，妳想妳先生可能會注意到什麼不同？」（p. 35）。Berg 與 Jaya 還主張，亞洲文化有透過「和事佬」、「公親」居中協調解決衝突的傳統，建議以「調解」（mediation）取代「挑戰」（confrontation）的工作取向。

還有學者建議運用家族成員做為治療師幫手，例如，找叔叔來調解婆媳衝突（Ho, 1987; Sue & Zane, 1987）。

（六）具體務實的治療目標

對比較傳統的華人案主來說，聚焦在身體疼痛、工作（失業）等等具體議題比較容易著力，一旦見到初步具體成效，對治療會比較有信心（Ho, 1987）。

參、如何善用文化

針對上述既有文獻對於華人家庭特性的描寫，以及治療策略上的各種建議，本文對如何在家庭治療中善加運用文化，試圖提出幾點批判性的討論與提醒。

一、「文化專家」：刻板化的風險

以上對於華人家庭特性的描述，好處是能協助治療師增進對特定文化族群的知

識，鬆動主流群體對少數族群的偏見。但片段化、靜態性的特性描述，很容易導致刻板化、概化的風險，簡化成「華人就是……」。這種刻板化知識反而會阻礙治療師理解每一個案家的獨特經驗脈絡，做出武斷的詮釋，成為所謂的「文化專家」，反而不利於治療。

主編 *Ethnicity and Family Therapy* 的 Monica McGoldrick（2005）主張，治療師要能協助案主檢視、重新調整文化對其行為的影響，也就是鬆動文化的主宰性，強調「**文化相對性**」（cultural relativity），**目標在建立對多元性、差異性的敏感、尊重與包容**。而「文化專家」取向則可能正好導致相反效果。值得思考的是，華人文化一向崇尚權威、習慣階級，「文化專家」取向很可能正再次複製這個文化階級結構。誠如 Evelyn Lee 與 Matthew R. Mock（2005）在 *Ethnicity and Family Therapy* 第三版的緒論（Asian Families: An Overview）指出，華裔美人來自亞洲不同國家，其內部多元複雜性不亞於和其他族裔間的差異，所以在應用文化特色描述時須特別謹慎避免刻板化的問題。

但另一方面，治療師如欲培養對本地文化的敏感度，能在會談中辨識出文化動力對家人關係的實際影響模式，仍需熟悉這些文化動力，故本文特費時整理摘述既有文獻。重點應在於如何善用這些文化知識，避免刻板化，以真正增進治療效能。例如，常見的母子緊密連結，的確常導致「孩子習慣依賴—母親過度保護」的情況；然而也有學者主張，在如此緊密糾結的母子關係下，華人家庭中仍然存在自主性（individuation）（Shon & Ja, 1982），治療師必須小心探討，避免太快落入病理化的觀點。

二、符合文化的治療策略建議：需要文化素養與創意

既有文獻中提出不少針對華人文化介入策略的建議與提醒，希望協助治療師提升與華人案家的工作效能，若能加以考慮，對於增進文化敏感度應該會有幫助。不過這些直接提出的策略性原則，自然未能考慮案主獨特脈絡，而呈現一種定論式的主張，恐怕容易讓治療更失去彈性。例如，有些學者主張治療師要展現權威、採取主動，然而也有學者提出恰好相反的建議，譬如：與案家釐清對治療師的期待，幫助案家建立一個較合理的期待（Hsu, 1995）。究竟何時要主動權威，何時要協調期待，勢必要回到治療脈絡去加以判斷。

若巧妙運用華人文化強調的價值，來發展與文化價值一致的治療策略，應可收到不錯效果。然而要做到如此，需要治療師對本地文化具備足夠的理解，以及反思與辨識能力，才能在治療過程中發揮創意，將文化納入治療性評估與策略。

三、治療策略：適應還是挑戰文化？

上述文獻中對治療的建議，多採順應配合華人文化的策略（"match" or "fit"）（Sue & Zane, 1987），讓治療介入和華人文化盡量一致，以提高治療效能。然而當治療師對文化採取靜態、特質的觀點，努力符合文化，同時也會限縮去探討每個家庭、每位案主對文化的獨特詮釋與回應，使得治療反而遠離當事人的經驗。華人家庭千百種，顯然有些人會極力避免直接表現衝突情緒，但一定也有些人並不在意直來直往講話，有些華人家庭也許一開始不習慣直接表達衝突，但是在治療師循循善誘下，也可以經驗到建設性的表達經驗，因此拓展了他們溝通的侷限。這個「文化特質—個人經驗」的弔詭兩難，使得學者提出疑問：「文化配合真的如此重要嗎？」（Sue & Zane, 1987: 39）。

再者，文化乃一活物，隨時代不斷變動演進。在現代化衝擊下，臺灣家庭文化也不斷演變，例如：大家庭變成核心家庭、功能性家人關係取代角色結構、父權轉成雙性領導（biarchal）、「重男輕女」減少、自由戀愛取代媒妁安排婚姻、成年子女離家、家庭重擔由成年子女共擔，不再落在父親一人肩上等（Lee, 1996）。如果文化與時俱進，持續變動，究竟治療應該協助案主適應文化，還是協助案主挑戰、超越文化限制與束縛？

每一個個體和文化維持的關係可能都不同，有些人是文化規範的**順服者**，接受、傳遞，甚至捍衛文化傳統；有些人是**對抗者**，對傳統文化不以為然，採取批判與反抗的態度；有些人是**忽略者**，對文化及其作用渾然不察；有些是**善用者**，能辨識出文化中有用的成分加以運用，放棄過時無用的教條；也有些是**革新者**，看出傳統已不敷所需，而勇於提出新理念、新作法，或對傳統提出新詮釋，讓文化再度被活化起來。如果個體與文化的關係如此多元，運用文化的策略自然也不應只限於適應、配合一種。

本文主張：文化需要理解、可被善用，但有時也需要革新，甚至挑戰，例如，女性主義奮力挑戰傳統父權文化，以爭取性別平權空間。治療師有時也需要挑戰不合時宜、造成個體適應不良的傳統文化信念，以創造空間增進家人的健康與福祉。重要的是檢視案主是否受到文化的限制與負面影響，協助案主調整其與文化的關係。

肆、本地文化與治療理論的衝突

治療師特別感到挑戰的一種情況會是：當本地文化習俗信念與治療理論有所衝突，甚至影響治療進展，治療師該如何因應？本小節歸納出五類、十項華人文化信念習俗可能與治療理論牴觸的情況，並加以討論。值得注意的是，這些信念似乎會彼此交互作用，加成或抵消其所造成的影響。

一、親子間衝突：背後的文化信念

親子衝突舉世皆存在，然而我們發現臺灣親子衝突的背後，常易受到傳統文化信念影響，而且與治療理論有所衝突，使得治療陷入困境，例如：

（一）家庭凝聚 vs.個體自主

華人極度強調家庭連結，父母往往理直氣壯地擔憂成年子女食衣住行所有面向，導致親子界限模糊，阻礙子女分化及親子雙方自主性的發展（徐靜，1996；Hsu, 1995; Lee, 1996）。

（二）行為規範 vs.發展需要

家長期待子女聽話、用功念書、顧家，而逐漸長大的子女想要交友、談戀愛、念自己喜歡的冷門科系、離家探險，導致兩代之間衝突。子女往往心懷愧疚，父母則常常憤怒傷心。

（三）孝順 vs.權威控制

世界上許多文化，包含西方基督教文明與華人文化，都強調父母的權威性和無條件的愛，「父母總是為子女好」，使得兒童早期易遭受各種虐待、凌辱、忽略，導致孩子天生需求未獲滿足，日後發展出各式症狀與防衛機制，包含：權控人格、藥癮、強迫行為等。但因治療師同樣身處維護父母的文化，導致案主在尚未能充分理解所遭受的痛苦之前，就被迫學習寬恕、壓抑，來討好治療師而成為「好案主」，以贏得治療師的接納與讚賞（Miller, 1984）。

若僅從相關治療理論的角度來看，這些傳統文化很容易被視為親子衝突背後的肇因，應加以克服。當治療理論與傳統文化形成對立，或治療師忽略親子衝突背後的文化因素，一味試圖教育、說服父母調整，很容易引起父母的反彈，使得治療陷入僵局。

　　過去四十幾年來，本地家庭治療師及研究學者針對西方引進的理論和本地文化的扞格，已經累積不少討論，其中一個主要的討論主題，正是「**孝順**」與「**分化**」之間的**兩難衝突**。例如，臺灣學者劉惠琴試圖兼容「個別性」與「連結性」兩個面向，發展出一個「多元個體化歷程」模型，包含四類個體化歷程：「分離個體化」、「相依個體化」、「相黏個體化」、「相反個體化」（劉惠琴，2005），將華人親子分化的內涵定義得更細膩、更貼近本地案主經驗。這個模型使得親子連結與分化不再必須對立，提供本地案主較易接受且可努力的新方向。

　　而臺灣學者葉光輝（2009）提出「孝道雙元模型」，將華人的孝道概念區分為建立在情感基礎的「相互性孝道」，以及以角色義務為主的「權威性孝道」兩種不同內涵，並完成一系列實徵研究檢證，發現孝順對一個人的身心健康確實有影響（可能保護，也可能破壞），而無論相互性孝道或權威性孝道都能夠抑制親子衝突，惟父母本身行為一旦超出其角色應有範疇時，子女將不再服從父母的權威（Yeh & Bedford，2004）。

　　值得注意的是，陳清甄（2009）的研究結果顯示，子女的孝順程度能促進「相依個體化」，抑制「相反個體化」。換言之，「孝順」與「分化」並不必然對立，可以相輔相成，故家庭治療師並不需要鼓勵華人子女和他們的父母分離，而是協助親子發展出情感彼此相依、彼此體諒、意見交互參照、認同對方角色與自己責任的「相依個體化」，並避免形成「相黏」、「相抗」或「分離」的關係狀態。

　　在治療實務上，將上述本地研究納入考慮，不但能以更貼近本地案主經驗的理論來進行概念化，同時也符合循證實務工作（evidence-informed practice）的精神。關於這部分較完整的文獻回顧及討論，請參考趙文滔等人（2016）。

二、角色責任與壓力：覺察與理解

（一）角色責任與期待 vs.壓力

　　當父親無法保護家庭或需要求助外人時，會覺得羞恥與失敗無能，引發防衛與疏離反應；另一方面，照顧子女與子女課業表現通常被認為是母親的責任，讓母親喘不

過氣來；比起其他子女，長子常背負更多家族期待，要繼承家業、光宗耀祖、照顧父母等（Shon & Ja, 1982: 223-225），長女則被期待要協助家務、照顧家人（「長女如母」）。這些期待可能導致個體背負極大壓力，長期下來則易產生身心症狀。

（二）性別不平等

父子權力軸下，子承父權，因重男輕女（如：家產、責任分工……）導致各種不平等待遇、怨恨與心結。

根據輩分、性別與角色期待彼此的行為，是華人社會與家庭中不言而喻的潛規則，在經年累月的家人關係中，這些理所當然的期待往往容易衍生壓力與對彼此的不滿。這種人際階層結構下的角色行為規範，自然與西方治療理論背後的平等哲學價值互相牴觸。同樣身為華人，年長的本地治療師可能會不知不覺地想協助父母要求子女達成期待，而年輕的治療師可能對權威反感，不知不覺中鼓勵子女反抗父母，說服父母放下期待。

多年來，女性主義已協助治療師對性別不平等議題培養出較多敏感度，然而對於傳統文化中的輩分與角色期待，似乎尚未能充分覺察與公開討論。如果能協助案家釐清對彼此未說出口的期待，必然有助於協調彼此的誤會、化解壓力。

三、溝通形式：順應或調整

（一）角色階級 vs.開放對話

角色階級結構使得華人親子間不容易平等對話。傳統父母親多半習於陷入說教、講道理，較難對子女表達稱讚、感激，或承認脆弱、認錯。

（二）委婉溝通 vs.直接表達

華人家庭因追求和諧、避免衝突而習於私下揣摩對方需要，間接委婉表達不滿，使雙方不易正確接收對方的情意，導致人際知覺上容易出現扭曲解讀。治療師在評估家人溝通時，若未能考慮華人家庭間接溝通的習慣，容易視其為失能，而當作介入調整改變的焦點（Hsu, 1995: 304）。

多數治療學派的溝通理論皆強調直接、明確表達愛意或不滿，讓家人有機會進行一致性溝通。當遇到家人間接模糊時，治療師可能會想要指導家人調整溝通形式（我

訊息、情緒表達、溝通姿態……），這種教育、教練性質的介入有時能幫助家人開啟真實的交流，有時卻會遇到家人為難、不習慣，甚至反彈。特別是當遇到角色階級差異，例如，在較傳統的家庭中，調整表達形式或許會牽涉角色階級解構與重組，可能讓家人不自在，即使在治療室可以嘗試，回到家仍難以自行發生，以至於往往無以為繼，不了了之。

　　前述文獻有不少學者建議，避免讓華人家庭在諮商室直接表達不滿與衝突。若以文化的視框思考，治療師將會看見、或可和家人一起探究：是什麼阻礙了彼此，讓家人之間表達有困難（第二序改變 [second order change]）？或是儘管並未言明，家人之間是否接受得到彼此的心意或不滿（功能性檢核）？如果家人之間能夠收到彼此心意，直接表達與否，是否真的絕對必要？還是這其實是治療師的偏好與需要？

四、關係結構模式

（一）親子關係優先夫妻關係

　　華人家庭極強調親子連結，卻未鼓勵夫妻經營橫向親密關係，使得母子關係容易特別緊密。

（二）母子關係緊密

　　形成「母親過度保護—孩子習慣依賴」的親子關係模式，導致各種子女發展障礙與身心適應議題。

　　以上這兩項關係結構模式顯然相互影響，形成彼此強化的循環：在婚姻中無法獲得親密滿足感的太太，容易把全部感情投注在子女，特別是兒子身上；感受到母親的不快樂，子女更加孝順、體貼母親，怪罪父親；感受到妻子與子女的不滿與對立，父親很可能越來越投入工作，以避開家裡的沉重氣氛；面對越來越疏離的先生，母親益發孤單和不滿，與兒子關係更緊密；當兒子成年結婚，寧可冷落妻子，也不願「背叛」一生相依為命的母親，使得妻子很快發現自己其實是「文化寡婦」（趙文滔、許皓宜，2012），只能將情感投注在自己子女身上，形成代代相傳的母子緊密關係。

　　在上述過程中，文化可能默默強化這個循環：傳統的華人文化要求先生賺錢養家，卻未要求先生要愛太太、培養夫妻感情；母親照顧子女天經地義，即使子女已成年仍繼續照顧、管理子女一言一行，全然不覺得有任何不妥；子女習慣依賴父母的照

顧，順從父母的要求會被視為孝順，受到高度讚揚強化，反之若子女試圖分化自立，往往會被父母親友指責「不孝」，自己也充滿愧疚。

「母子過度緊密」及「親子優先夫妻」兩種關係型態，與家庭治療理論的偏好主張明顯不同，根據理論的治療師容易認定母子緊密或夫妻疏離是問題的根源，會很快聚焦介入改變這些次系統。當治療師意圖調整家人關係的結構模式，自然容易遭遇阻抗，這時治療師會不會意識到，這些關係結構模式的背後有傳統文化默默撐腰？有些案家會認為母親照顧、擔心孩子乃天經地義，夫妻貌合神離乃社會常態，是治療師太年輕搞不清狀況。有些案家會直接告訴治療師：「我們夫妻之間已經沒什麼好談了，現在我們只想幫孩子脫離難關……」，對於這兩個次系統的密切關係，全無認識。

當家庭治療師對先生說：「如果你想幫助你兒子脫離拒學症，你需要先讓你太太覺得被支持」，這對許多臺灣家庭來說，治療師是在介紹一個新的、和傳統文化並不相符的觀念。當然，好的治療師總有辦法讓家人接受新觀念，但這個觀念之所以具挑戰性，在於其異於文化傳統習俗（common practices）。

至於如何定義「過度」、母子關係緊密是否一定是問題、問題究竟出在哪裡、如何協助母親學會鬆手並協助孩子能放心做自己，都值得治療師在每一個案家經驗脈絡中深思。

五、治療關係

• 要求具體建議 vs. 探究與理解

華人求助者喜歡要求專家（或醫師）盡速提供具體行動建議（或開藥），對於理解問題、探究意義的過程比較陌生，往往不知道為何要講這些，或認定沒有用。如能兼顧深度探討問題與及時提出具體建議，適時向案主說明治療歷程，比較容易贏得華人案主的信任（Sue & Zane, 1987）。

鑑於傳統華人社會並不存在「心理治療師」等專業助人者的角色，求助案主可能不知如何運用心理治療、如何和治療師建立關係，以致會出現文獻上所提到「送禮物」、「詢問私人生活問題」等社交行為，或是沿用與醫師間的醫病關係，將治療師視為提供診斷及建議解決方法的權威。

對此，文獻上建議治療師可以適時依循案主期待扮演專家權威、接受禮物、允許過渡性私人關係等彈性做法，此不失為順應案主文化的策略。不過當治療師展現平等

姿態、說明自己意圖、承認自己侷限、釐清治療的合理期待，相信許多臺灣案主也會欣然接受，覺得治療師和藹可親。所以在這些面向上，治療師的做法似乎有相當的空間，不至於產生困擾。

不過直至今日，心理助人專業尚未在臺灣被普遍認可，所以本地治療師需要主動努力以建構出具建設性的專業合作關係，作為成功治療的土壤。針對這一點，Sue 與 Zane（1987）建議，治療師應具備能贏得案主敬重的「社會地位」（ascribed social status），包含學位、證照等專業資格，並能在治療歷程中建立治療師的「信譽」（achieved credibility），也就是在對問題的見解、處理方式與治療目標上，與案主達成共識，讓案主接受，同時讓案主從第一次會談就感受到有用、有幫助（"gift giving"）。

伍、反思：如何在家庭治療中善用文化

一、建立對臺灣家庭治療師有用的「文化」視框

本書旨在探討多元文化在諮商工作上的應用，本文則聚焦於如何在家庭治療中應用文化。然而「文化」包羅萬象，食衣住行皆在其中，而且對不同國籍、不同社會脈絡的人來說，「文化」一詞指涉的意象往往不盡相同。對日本人來說，文化讓人聯想到節慶（「祭」）：一群人穿著色彩艷麗傳統服飾、結隊參加祭典，或是在神社前低頭拍手參拜、在樹幹上綁上祈願木牌；對馬來西亞及新加坡人來說，文化意指多元性與差異性，特別是因種族及宗教而衍生的各種生活飲食差異，而且高度政治敏感；對英國人來說，文化常與歷史遺產息息相關，如：城堡、家族族徽（coat of arms）、蜂蜜色的石砌小屋（cottage）。

那麼如何具體定義對家庭治療師有用的「文化」面向？在臺灣執業的家庭治療師可以如何應用文化來提高治療效能？

本文主張至少有三個面向值得關注。一是**傳統**，過去一貫的做事方法。當大家都依照慣例做事，不但省力，遇到爭議時也可理直氣壯：「過去一向如此！」代代相傳下來，演變成一套不假思索、理所當然的做法。傳統的問題，在於缺乏反思，以致錯失新的可能性，難以應變。

二是**規範**，一套可以被社會接受的「正常」與「適當」的準則，讓個體發展、表現與滿足其需要的合法管道（Bruner, 1986）。規範容易成為教條，導致對錯之爭，造

成對立與衝突。規範背後往往有信念支撐，透露一個文化所重視的集體價值。

三是**期望**，彼此根據社會角色，期待彼此的表現與責任。家族如果期待子女光耀門楣，子女會奮鬥一生戮力追求，以求光宗耀祖。然而未被釐清的期待會造成失望與生氣，難以承擔的期望也會帶給個體壓力，使得個體適應出現困難。

經這些年來的思考，筆者把文化比喻成電腦的「**作業系統**」：介於硬體與使用者之間，使電腦能順利發揮作用的關鍵軟體。而文化這個作業系統具有自我學習的人工智慧，根據使用者經驗而不斷重塑、更新自己，並且還會（自行連網）蒐集當代、當地其他使用者的經驗（語言、信念與規俗），發展出一套獨具特色的集體性作業系統。

作業系統是電腦的核心軟體，但對多數使用者而言卻是隱形的；除非電腦出狀況，否則我們不會關心作業系統如何運作，也說不清楚它出了什麼問題，但是它卻直接影響我們能做哪些事，以及如何完成這些事。以這個隱喻來說，許多臺灣家庭彷彿手上拿著剛上市的新款手機，裡面的作業系統卻是過時、未更新的老古董，以致於頻頻出狀況。做為一個家庭治療師，我們好像家庭作業系統的工程師，定期幫忙家庭調校、更新版本，讓家人關係運作能維持順暢。如此，我們必須比一般人更深入地理解文化如何運作。

二、華人家庭文化傳統與當今臺灣家庭的關係

相關文獻裡描寫的華人家庭文化傳統，有時不免讓人覺得迂腐過時，而當我們的文化敏感度訓練不足時，對文化往往視而不見，更容易輕忽、低估這些文化對我們的影響力。究竟當今臺灣家人關係與華人傳統文化之間，關聯性如何？

根據前述討論，當今臺灣家人關係型態及習慣，背後的信念系統與行為原則，其中有許多似乎的確來自歷史脈絡的影響，也就是傳統。根據《漢典》，[1]「傳統」一詞，乃指「事物的世代相繼連續關係」與「準則」。據此，則「家族傳統」即家族內代代相續的規俗，其中家庭治療師最感興趣的部分，自然是家人間人際運作的原則與習慣。前面回顧過的文獻，主要也是聚焦在這些華人家庭傳統規俗上。在今日臺灣家庭中，似乎仍能觀察到不少華人家庭傳統規俗。

但當今臺灣家庭生活，除了受華人家庭文化傳統默默影響，必然也有異於傳統的、與時俱進的家人關係模式。趙文滔等臺灣家庭治療師，曾試圖從治療案例中提煉

---

1 漢典，http://www.zdic.net/z/21/js/7EDF.htm

當代臺灣家庭文化，不過得出的結論，似乎仍不脫華人家庭文化傳統（家庭角色階級影響個體自我開展、體貼他人犧牲自己與「為了他人而努力」、委婉間接溝通、父母的教養責任與壓力。見趙文滔等人，2016）。

也許我們的視框總是不知不覺受到我們既存知識的侷限，要觀察新的模式並不容易。這個部分，尚待本地的治療師與學者繼續努力。例如，今日的臺灣父親多數已經不像他們自己的父親那麼權威，但也仍保留不少社會化的傳統男性性別角色，究竟這些新時代臺灣父親與子女的關係如何？和妻子的關係如何？三C產品成為數位保母之後，臺灣父母的親子關係與親職效能是否、如何受到影響？當父母教育子女的功能逐漸被學校、安親班長期取代，在相處時間極度有限的現代親子關係中，是否會／已出現新的關係模式與挑戰？在單親與重組家庭（再婚）中，傳統華人家庭文化如何運作，例如：母子是否更形緊密？長期缺席的父親是否仍陰魂不散，持續影響母子關係發展（例如：曾受家暴的母親對兒子的偏差行為極度擔心，擔心兒子也出現暴力……）？

三、當今臺灣社會，容易阻礙身心健康的本地文化為何？

心理治療理論，往往是針對當代社會文化所面臨的集體問題的一種回應，並試圖提出對治之道。例如，精神分析試圖治療 20 世紀初普遍存在的性壓抑；行為主義的實證立場欲對治社會迷信與非理性；存在與人本主義欲療癒現代社會人際疏離與虛無感；家庭治療則出現在工業化社會使得傳統家庭功能逐漸解體之後。

從這個角度思考，當今臺灣社會文化中，有哪些容易阻礙個體身心發展與健康的普遍信念與規俗（例如，升學主義競爭）？這些本地文化如何影響家人互動，形成所謂「文化家庭動力」（趙文滔等人，2016）？換言之，重點不在於與西方比較，找出具異國風情的華人家庭特殊之處，而是這些傳統文化如何組織家人關係運作，導致特定的習慣、規俗與期待，阻礙個體的身心發展與健康。惟這個部分在既有的相關文獻中仍非常有限，亟待本地的治療師與學者未來加以努力。

例如，本地學者藍挹丰（Lan, 2013）的研究指出，許多臺灣精神疾病患者及其家屬視精神疾病為「瘋」、「狂」，將其歸因為人格違常、道德缺陷，甚至源於前世「業報」，因而覺得羞愧，而這些信念皆成為他們接受治療時的隱性阻礙。臺大醫院精神部在 1975 及 1986 年的調查也顯示，超過七成的病人主訴包含身體症狀，其中更有約四成病人以身體症狀做為他們的唯一主訴（鄭泰安，1996），顯示華人習慣透過

身體化抱怨身心不適的傾向（鄭泰安，1996；Lee & Rin, 1986; Tseng, 1975）。如果從主流精神醫學的角度，以上這些問題歸因很可能被視為迷信、缺乏醫學常識，被治療人員嗤之以鼻而忽略；然而如果從文化脈絡去理解，可能可以獲得不少有用的資訊，進入患者與病人家屬的經驗世界，看見他們如何因應這個疾病對病人及家屬的衝擊。

四、增進家庭治療師的文化敏感度

本文主張，在治療中運用文化並非為了成為「文化專家」，熟稔各種華人傳統文化規範與習俗，而是為培養「文化素養」（cultural competencies），一種對文化的敏感度及運用能力，使得治療師可以將文化納入治療考慮，運用文化促進、推動改變。本文建議文化素養至少可以包含下列這些內涵：

1. **辨識文化動力**：能看見影響家人關係與互動背後的文化傳統、規範與信念、期待與落差，讓文化可以浮上檯面，加以討論釐清。

2. **開放**：即使同屬華人文化，仍存有各種地方性文化變異；每個家庭也會發展出屬於自己的獨特傳統、特別重視的價值；文化還會與時俱進，不斷演化變形，故治療師必須保持開放、未知的態度，才容易貼近案主經驗，發掘出屬於案家的獨特文化。對特定文化的理解尊重，與對文化多元性的開放態度，有時可能會衝突，例如：治療師知道父親在華人家庭中希望維持權威，可是又希望促進平權與交流。

3. **尊重與理解**：信念往往反映案主重視的核心價值，卻未必能自己說得清楚。當案家透露與治療師不同的文化價值、信念、習俗、情感表達風格、行為規範時，治療師能否展現尊重、試圖理解，並協助家人彼此表達與理解？

4. **反思文化與適應的關係**：當文化傳統與規範失去彈性，無法有效因應當前挑戰，治療師是否能帶領案主一起反思文化規範與傳統的意義、其背後的信念與價值，並檢視其是否仍符合當前的需要？

5. **反思自身受文化的影響**：每個個體與文化的關係不同，也常會引用對自己有利的部分來支持自己的需要，要求對方符合期待。治療師能協助案主檢視自己與文化的關係模式，重新調整與文化的關係。治療師自身亦來自特定文化（族群、階級、專業社群），深受特定價值與習俗影響與限制。治療師是否敏察自己的文化背景對自己信念與治療理論選擇的影響？是否願意在諮商中揭露，與案主討論此議題？

在臺灣執業的家庭治療師，如果希望培養自己的文化敏感度與辨識力，將看見的文化及其影響納入治療考慮，可以從有限的理論、文獻著手，開啟文化的視框，並在生活中逐漸培養觀察力，因為處處皆文化。除了觀察自己身處的文化，當我們看外國影片、出國旅行時，因為有機會透過反差進行反思，也能對自己的文化有較深的體會。文化敏感度也許就像性別敏感度，一旦開始看見，就很難再視而不見了。

陸、案例：被孝壓得喘不過氣的女兒

以下透過一個編輯過的真實案例，說明如何在會談中運用文化。案主阿芬（化名）已婚，育有兩名青少年子女。她自己有四個兄弟姊妹（一兄、一妹、兩弟），父親已過世。阿芬告訴治療師她的困擾是她媽媽：

> 阿　芬：我媽媽很扭曲，她會在我們所有的兄弟姊妹……在我面前就說大哥不好、大嫂不好、弟弟不好，每一個人都不好，可是她到我大哥那邊就說我啊、大弟不好，所以我們兄弟都很注意。
>
> 治療師：那她對你們這樣講東講西，妳的反應是什麼？
>
> 阿　芬：我的反應是我媽媽她就是這樣子很扭曲的人，我也沒辦法……

家庭治療師會探索關於衝突的人際脈絡，亦即阿芬家人的情況，以及每個家人和阿芬的困擾如何關聯。阿芬描述她自己知道如何不落入母親圈套，可是其他兄弟姊妹完全拿母親沒轍：

> 阿　芬：但是我回去的時候我就看到她這樣子……我們一起吃飯，她只要聽到大弟的聲音從玄關那裡過來，她馬上那個飯碗就拿不住了，她本來就還自己可以吃，馬上那個碗就拿不住了……她就是我弟弟妹妹回來的時候，不管是哪一個回來，她馬上就是，前面都還可以吃飯說話，她馬上就「啊，我拿不動啦！」
>
> 治療師：你是說她很會演？
>
> 阿　芬：對，好會演！
>
> 治療師：她演給妳弟弟妹妹看，她不會演給妳看？
>
> 阿　芬：因為我都不理她……我都告訴她說如果不想吃，我就收了。

治療師：妳哥哥比較看不出來。

阿　芬：不行，我哥哥都愚孝！

治療師：什麼叫「愚孝」？

阿　芬：他那個愚孝就是，我媽媽要怎樣他都覺得說孝為先啦，不能夠說……

治療師：所以妳媽媽在妳哥哥面前就很沒能力，還是妳哥哥也覺得媽媽都沒辦法？

阿　芬：我哥哥反正就是，喔媽妳要不要怎麼樣、要不要怎麼樣？

治療師：不用妳媽幹嘛，妳哥哥已經照顧得很好了。

阿　芬：對，可是我哥哥有時候他就會逃掉，讓我照顧……現在更是，以前我大哥是漸漸地送到我這裡來，現在是無預警的，碰一下，媽媽就送到我家，這跟以前的狀況是不一樣，這兩次是這樣。然後一個禮拜又一個禮拜，說來一天，然後拖到一個月，我覺得我快要瘋掉！我雖然心裡很知道，我不需要和她玩她的遊戲，我都知道，我的頭腦都知道，可是我的身體做不到！

治療師：可是當妳面對妳媽媽的時候，都去玩她的遊戲。她說她好可憐，你們就去照顧他，那她一定覺得自己更可憐。

阿　芬：所以我也就不理她。

治療師：有效嗎？

阿　芬：有效啊。我說我要去外面、我要去買菜，她說要一起去，我就告訴她說妳走不動，她說她一定要去，我就說要去的話必須要走路喔，她說好啊，所以她就跟我一起出去，買菜啊，我們買菜回來她還會……可是她就會跟我先生「哀」，說她好可憐。

治療師：妳先生相信她的話？

阿　芬：對啊，我先生說這一次他休假之後，他真正……

治療師：好像妳並不是不知道怎樣處理妳媽媽，妳的痛苦在於旁邊的人，包括妳弟弟、妹妹、先生、鄰居、朋友不了解妳媽媽的狀況，還以為你們不孝，過來指責妳。

　　　　治療師發現，面對媽媽不合理的要求，阿芬並非沒有辦法應付，但她的兄弟姊妹則是毫無招架餘地，而媽媽也懂得在阿芬的兄弟、先生面前扮可憐狀，引發兄弟及先生的同情。然而兄弟們很快就招架不住，就又把媽媽推給阿芬。不過，當治療師指出，張力不僅存在於阿芬與母親之間，也存在於她與兄弟、先生處理媽媽的方式之

間，阿芬卻又開始透露自己其實也常拿母親沒轍、很痛苦，於是治療師進一步探索阿芬面對母親的反應：

阿　芬：……現在我媽媽來了這樣子，一個禮拜我都不能睡覺，現在更變本加厲，來一個月！

治療師：不能睡覺嗎？為什麼不能睡？

阿　芬：不能睡啊！她半夜就這樣摸過來，「阿芬妳睡了沒？我都睡不著呢！」（臺語）

治療師：她會這樣？

阿　芬：會啊，不斷的。那我告訴她說，要睡就快睡，然後她等下又過來了。

治療師：她是不是老人家比較睡不好？

阿　芬：她白天有時候就「度姑」（打瞌睡）啊！

治療師：然後晚上就睡不著，睡不著就來找妳。她來找妳的時候妳都怎麼辦？

阿　芬：我就跟她講說，媽妳不要這樣子我會嚇到，……我會找一些事情讓她做。

治療師：有用嗎？

阿　芬：也還好，就是那個時間就很煩惱。反正她只要是睡不著就會過來，有時候常常會被她嚇到。

治療師：妳晚上跟先生一起睡嗎？

阿　芬：對啊，可是她也會就這樣子過來。

治療師：她也不在乎妳跟妳先生，她就衝進來你們房間？你們房間沒有門嗎？

阿　芬：有啊，她就門敲一敲。那我也很擔心我先生會受影響，後來我就乾脆和她睡，免得吵到我先生。

治療師：所以變成是妳跟妳媽媽睡？

阿　芬：對，如果媽媽有來的話。

治療師：然後妳先生自己睡？

阿　芬：對。

治療師：然後妳跟妳媽媽睡就更睡不好。

阿　芬：總比我跟我先生都睡不好好吧。

治療師：所以妳是犧牲小我完成大我。

阿　芬：對啊。（沉思）所以我在想一個辦法……

治療師：這樣妳的策略快要撐不下去了。

阿　芬：對對對，我快要崩潰了。

治療師：那這樣長久下來不是辦法。

阿　芬：對啊，我就在想說，老人家老了怎麼會這樣子一天到晚哀怨，人到底是
　　　　怎麼回事？

治療師：我不知道人到底是怎麼回事，可是我知道妳現在處理她的方法讓你很痛
　　　　苦。因為老人家會怎樣我們無法掌握，可是妳處理她的方式……考慮比
　　　　較多，不忍心去拒絕她。

　　會談繼續下去，阿芬透露自己行為背後的信念與「孝道」有關：

治療師：為什麼妳的頭腦和心分開？妳的頭腦好像知道不要跟她玩遊戲，可是妳
　　　　的心好像做不到？

阿　芬：還是會有那個什麼**孝為先啦**，要對媽媽……她那麼老了，這樣受害……

治療師：妳真的覺得她受害嗎？

阿　芬：當然我知道她是一個很……所有的辦法都無法滿足……

治療師：妳一方面知道她對妳做的一些事情是很扭曲的，可是一方面又覺得她很
　　　　可憐。

阿　芬：……沒辦法啊，人就是很矛盾……

……

治療師：你們本來是有一個自己很好的小家庭，可是妳媽媽一來就把你們小家庭
　　　　生活都破壞掉了，妳也沒辦法做好妻子，也沒有辦法做好父母，因為妳
　　　　光處理妳這個難纏的媽媽已經筋疲力盡了。我覺得這樣下去不是辦法！

阿　芬：對啊！我也覺得不是辦法，可是我的孩子還有教會的人都說**要孝順父**
　　　　母。我也問過我的孩子，他們都說她是我們的阿嬤，妳是我們的媽媽
　　　　啊，我們該怎麼辦！

　　根據阿芬的說法，「孝道」對阿芬及她身邊的人來說，似乎是「無論父母如何不
合理，還是應該順著父母，才算是孝！」這樣的信念使得阿芬充滿無力感，無法採取
任何行動。而且阿芬現在不但被她自己對「孝」的信念捆住手腳，也被她周遭的人對
孝的信念綁住，使得她在與母親的互動上動彈不得，痛苦不堪。接下來，治療師順著
阿芬對孝的強調，也從孝道的角度試圖幫她從目前的情況中脫困：

治療師：妳現在被孝壓得喘不過氣來！孝這件事本來出發點是好的，可是在你們
　　　　身上卻讓你們全家一團糟，妳看妳弟弟也離婚，哥哥也沒辦法招架，然
　　　　後大嫂和大哥也起衝突。你們被這個「孝」害慘了！

阿　芬：對我真的是……為了這件事我真的好煩，擔心再這樣下去怎麼辦，而且
　　　　我跟我哥哥提議說找人來照顧媽媽，我哥哥說他的鄰居會怎麼看他，尤
　　　　其他在地方上算有名望，他的媽媽這樣……

治療師：妳看，妳哥哥到現在都還在擔心他的鄰居怎麼看他，我比較擔心你們還
　　　　活得下去嗎，我看再這樣下去一定會生病。

阿　芬：對啊，我已經生病了。

治療師：妳已經生病了嗎？妳怎樣生病？

阿　芬：晚上睡不著啊、胃痛啊，反正身體毛病很多，我也懶得去看醫生。

治療師：這樣對身體的傷害是非常大的，長期的失眠對身體……

阿　芬：對啊，我現在就是沒辦法。

治療師：妳要趕快想一想，怎樣可以阻止被「孝」這個字把妳全家弄得很慘，把
　　　　妳身體也搞壞，妳有想過這個問題嗎？

阿　芬：我有想啊，就是百思……除了忍耐這個老太太以外，我現在也沒有其他
　　　　的辦法。

治療師：妳這樣子講的話，就是允許「孝」把妳搞得家破人亡，就是允許這個
　　　　「孝」對妳做這件事！

阿　芬：我是不覺得要這樣。

治療師：可是妳現在做的就是這樣子啊！我知道妳不覺得，沒有人喜歡搞成這
　　　　樣，可是妳現在做很多事情都是在允許，因為這個「孝」而允許它在妳
　　　　身上做很多很多可怕的事情。

阿　芬：所以我就是，現在我做的，別人都說不孝，包括我先生都說不孝，所以
　　　　都已經做了不孝了。

治療師：所以反正已經不孝了。可是妳還是很在意孝。

阿　芬：我更注重……

治療師：還是別人越覺得妳不孝，妳越要證明妳……

阿　芬：我想對啦，你這樣子說我知道，所以……

治療師：妳不願別人認為妳不孝，妳就越要證明給人家看，妳就越不能拒絕妳媽
　　　　媽。而妳越不能拒絕妳媽媽，妳媽媽就越得寸進尺。她越得寸進尺，妳

　　　　　的身體就越糟，妳全家就越慘！

阿　芬：對。是這樣。

治療師：那妳怎麼辦？妳要繼續往這個方向走嗎？

阿　芬：我也不知道。我是跟我哥哥講過，但是我哥哥就是因為媽媽都這樣在中間挑撥，所以雖然我看得懂，我哥哥卻罵我不孝：「怎麼會有這樣的子女！」

治療師：所以他跟妳一模一樣，被這個「孝」字壓得喘不過氣來！

阿　芬：我是不會被這個孝……你看我現在做的，連我的朋友都說我不孝的時候，都來指責我的時候，我都……因為我媽媽都……我所有的朋友都很難接受。

治療師：那他們說妳不孝的時候，妳都怎麼反應？

阿　芬：我是覺得說你們不是我，所以你們不了解，我是可以不在乎它。

治療師：那就太好了！妳要先了解到這一點，才有辦法幫忙妳自己，妳要能夠幫忙妳自己，才能夠真正幫忙妳媽媽。妳媽媽現在對妳做的事情，已經超過了一個母親應該對她孩子做的事，儘管她超過了妳還是不阻止，還是一直允許她這樣做，妳知道在中國倫理裡面這是不孝，當父母打孩子的時候孩子要跑，如果站在那裡給父母親打是不孝。妳知道為什麼嗎？因為鄰里會說這個爸爸怎麼對孩子這麼兇，所以妳要跑才是孝。這個孝是有權宜的方式，不是在那裡挨打才是孝，我看妳在那裡被妳媽媽不合理地虐待，然後還覺得自己是在盡孝。我看起來這一點都不孝。

阿　芬：我也看到這一點，那，我現在就是為了我哥哥我弟弟，媽媽跑到大弟那邊，大弟受不了就往我家送。我現在就是……

治療師：如果妳了解到這一點的話，那妳怎麼樣可以做一個真正孝順的女兒，不要讓妳媽媽得寸進尺，破壞她自己兒女的家庭。妳要怎樣才可以幫助妳媽媽做這件事？

阿　芬：我也是在想，那我知道我可以不要跟著她起舞。（語調轉無奈）可是我總不能拒絕我哥哥、拒絕我大弟，他們都要上班，然後都要喘口氣……

治療師：所以妳的考慮不完全是妳媽媽……

阿　芬：有時候我覺得也還好，如果只是一個禮拜的話，我還可以撐一下。

治療師：妳覺得還可以撐下去啊？我很擔心妳撐不下去。我看妳再這樣子不好好睡覺的話，遲早要出問題，因為妳都全盤接受妳媽媽所有不合理的要求。

阿　芬：我是可以。我現在就是，她說什麼她要什麼，就這樣。今天聽老師這樣
　　　　說，我也知道我潛在裡是被她控制。

治療師：妳不是被她控制，妳是被「孝」這個字控制，華人這個孝是很屬害的，
　　　　它本來出發點當然並不是不好，可是現在的情況是妳媽媽已經做了超過
　　　　一個母親該做的分際，而妳沒有停止她。妳沒有停止她，妳就是不孝！

阿　芬：那老師妳說我可以怎麼停止她？

　　　治療師看到阿芬苦苦面對母親不合理的對待，卻被「孝道」信念綁死，只能逆來
順受，完全沒有招架的力量。治療師試圖幫阿芬從「愚孝」中鬆綁出來，提醒她身體
會支撐不住，她自己的小家庭、其他家人也都已出現危機，希望增加阿芬的危機意
識，激發她開始採取改變的行動。最後阿芬終於表示她想採取行動來改變現況：

治療師：所以妳有沒有什麼辦法可以讓她晚上讓妳睡個好覺？……妳先生可以幫
　　　　忙妳嗎？……妳媽媽會不會聽妳先生的話？

阿　芬：會啊，她會招呼我先生，說他很了解她。可是我先生就是一天到晚在外
　　　　……

治療師：如果妳的先生對妳媽媽要求說，這是我太太，我要跟她睡覺，妳晚上不
　　　　要來騷擾我們，免得看到尷尬的事情，妳媽媽會聽嗎？

阿　芬：我先生講不出來的。我先生他才說我不孝！

治療師：所以如果妳要抵抗妳媽媽的打擾，妳第一步是要先取得妳先生的合作。
　　　　妳說妳先生這禮拜和妳媽媽相處了以後，有慢慢了解妳媽媽的情況，看
　　　　起來是有希望的。妳可以怎樣增強他更多的了解？

阿　芬：對啊，我已經努力了好幾年，我現在好像慢慢、慢慢地讓他站得比較近。

治療師：他了解妳現在沒得睡，處在一種精神耗弱的情況嗎？他了不了解？

阿　芬：他也捨不得我每天睡不著……

治療師：真的嗎？那他會幫妳這個忙嗎？他如果有點捨不得妳……

阿　芬：我相信如果他知道狀況，我表達得出來的話，他是可以幫我做的。

治療師：那就太好了，他可以……

阿　芬：我相信我先生可能會對媽媽說，阿芬她比較不容易睡覺，那我可能會在
　　　　旁邊幫她催眠，讓她睡得比較好一點，那媽媽妳不用來照顧她……

治療師：不要來打擾妳。

阿　芬：對。

　　治療師引導阿芬了解，先生可以成為有用的幫手，不但能幫她拒絕母親不合理的要求，也可藉此增進先生對她的支持，少一個人指責她不孝。果能如此，阿芬不但晚上能睡個好覺，也許還能有機會透過這個經驗，逐漸培養出一個適度分化、比較不困擾的母女關係。

　　根據阿芬的案例，可以從幾個角度來思考文化，引導治療：

1. **何處發生文化規範與個人經驗的衝突？**

   阿芬自己內心與周遭親友「不孝」的指責，使得她在面對母親時很難妥善處理。

2. **在此衝突點，或在案主的描述背後，透露出個人抱持哪些文化信念？**

   「孝為先」、「鄰居會怎麼看」，「孝」就是要忍耐父母不合理的要求。

3. **面臨此衝突，個人的反應為何？（他／她怎麼想？怎麼感覺？怎麼行動？）**

   「老人家很扭曲、很會演」，無奈、疲憊，忍耐、不知所措。

4. **針對個人的反應，周遭人的反應為何？**

   指責阿芬「不孝」，不理解，把媽媽推給阿芬照顧、逃走。

5. **結果為何？是逐漸好轉還是惡化？**

   狀況越演越烈，阿芬的身心壓力極大。

6. **怎樣可以鬆動、扭轉個人的文化信念以引發新行為？有哪些系統資源可以支持這樣的改變？**

   協助阿芬看清、理解「孝道」信念對自己的束縛，爭取身邊的人（阿芬的先生）的理解與協助。

　　阿芬的案例顯然還有許多不同角度可以進行工作。同樣面對孝道，身為女兒、家庭主婦的阿芬卻無法（或不忍心）抗拒哥哥、弟弟們把媽媽推過來的壓力。為何在五個兄弟姊妹中，唯獨阿芬特別受媽媽影響，獨自承擔照顧母親的重擔？阿芬的母親曾遭遇哪些生命經歷，因而發展出目前這種以操控性的方式來表達自己的情感需求，與她的兒女連結？抱怨自己身體不舒服，是不是母親唯一知道能取得兒女注意的一種方式？多年來，她的子女們如何回應媽媽的孤單？問候、照顧媽媽的身體和飲食，是不是阿芬兄弟妹們所知道接近媽媽的唯一方式？如果這個媽媽身體無恙，子女們知道任何其他方法去安慰這個年邁母親，讓她覺得不孤單嗎？這些角度都值得在治療中探討，不過本文僅針對「不孝」對阿芬的影響，以及如何運用孝道做為推動治療的一種

思路，來加以討論，希望達到拋磚引玉之效，邀請更多先進與同好加入討論。

柒、總結

　　家庭治療已在臺灣發展近 50 年，惟文化顯然尚未成為本地家庭治療師的必備理論視框之一。本文試圖梳理既有成果，提出初步建議，希望能鼓勵更多專業人員在他們的治療工作中，開始思考運用文化，進而善用文化，以增進治療效能。

討論問題

1. 你認為在臺灣進行家庭治療，是否需要關注「文化」？ 試陳述為何需要或為何不需要。
2. 「熟悉華人文化，培養本地文化素養」和「避免成為文化專家，刻板化」兩者之間，似乎存在張力。你如何看待這個辯證？
3. 相關文獻提到不少與華人家庭工作時，與文化相符的介入策略建議。你如何看待這些建議？你會如何運用這些建議？
4. 你認為，在臺灣執業的家庭治療師何時應該順應文化？何時需要挑戰文化？
5. 本章提到一些本地文化與治療理論可能產生衝突的地方。在你的經驗中，你曾遭遇過哪些衝突？你如何面對這些衝突（當時／現在）？
6. 你認為華人家庭文化傳統與當今臺灣家庭經驗，是否有關聯？如何關聯？如何區隔其中的差異？

學習活動

探尋「臺灣家庭的文化動力」

　　所謂「家庭中的文化動力」，是指會影響家人之間的互動與關係維持，使得家人之間陷入困境的一些本地文化習俗或信念。根據你接觸過的個案故事，或是自身或周遭親友的家庭經驗，你能不能想到一些這樣的臺灣／華人家庭文化動力？和你的同事或朋友討論一下，透過討論與彼此提問，讓你的想法變得更清晰。

 參考文獻

中文部分

徐靜（1996）。中國人的家庭與家族治療策略。載於曾文星（主編），華人的心理與治療（頁 489-521）。臺北市：桂冠。

陳清甄（2009）。華人孝道文化、父母控制與大學生分離——個體化（未出版之碩士論文）。國立花蓮教育大學諮商心理學研究所，花蓮縣。

葉光輝（2009）。華人孝道雙元模型研究的回顧與前瞻。本土心理學研究，32，101-146。

趙文滔、徐君楓、張綺瑄、徐蕾、謝宜芳、李如玉、呂伯杰（2016）。在關係中，讓愛流動：華人家庭關係的評估與修復。臺北市：張老師文化。

趙文滔、許皓宜（2012）。關係的評估與修復：培養家庭治療師必備的核心能力。臺北市：張老師文化。

劉惠琴（2005）。親子關係中「多元個體化」歷程的內涵與測量。中華心理衛生學刊，18（4），55-92。

鄭泰安（1996）。華人常見的心理症與社會心理問題。載於曾文星（主編），華人的心理與治療（頁 271-293）。臺北市：桂冠。

英文部分

Berg, I. K., & Jaya, A. (1993). Different and same: Family therapy with Asian-American families. *Journal of Marital and Family Therapy, 19*(1), 31-38.

Bruner, J. (1986). *Actual minds, possible worlds*. Cambridge, UK: Harvard University Press.

Chao, W. T. (2011). Review and reflections on 40 years of family therapy development in Taiwan. *Journal of Family Therapy, 33*(4), 415-428.

Ho, M. K. (1987). *Family therapy with ethnic minorities*. Thousand Oaks, CA: Sage.

Hsu, F. L. K. (許烺光) (1971). Psychological homeostasis and *jen*: Conceptual tools for advancing psychological anthropology. *American Anthropologist, 73*, 23-44.

Hsu, J. (1995). Family therapy for the Chinese: Problems and strategies. In T. Y. Lin, S. W. Tseng, & E. K. Yeh (Eds.), *Chinese societies and mental health* (pp. 295-307). Hong Kong, China: Oxford University Press.

Hsu, J., & Tseng, W. S. (1974). Family relations in classic Chinese opera. *International Journal of Social Psychiatry, 20,* 159-172.

Lan, Y. F. (2013). *Angry characters and frightened souls: Patients and family explanatory models of bipolar disorder in Taiwan.* Doctoral Dissertation, CSPP, HK, Alliant International University.

Lee, E., & Mock, M. R. (1982). Chinese families. In M. McGoldrick, J. K. Pearce, & J. Giordano (Eds.), *Ethnicity and family therapy* (1st ed.), chapter 22. New York, NY: Guilford Press.

Lee, E. (1996). Chinese families. In M. McGoldrick, J. Giordano, & J. K. Pearce (Eds.), *Ethnicity and family therapy* (2nd ed.), chapter 22. New York, NY: Guilford Press.

Lee, E., & Mock, M. R. (2005). Chinese families. In M. McGoldrick, J. Giordano, & Nydia Garcia-Preto (Eds.), *Ethnicity and family therapy* (3rd ed.), chapter 22. New York, NY: Guilford Press.

Lee, M. B., & Rin, H. (1986). *Crosscultural comparisons of the nature and formation of psychosomatic symptoms: Taipei and Rochester.* Paper presented at the World Psychiatric Association, Regional symposium, Copenhagen.

McGoldrick, M., Giordano, J., & Garcia-Preto, N. (Eds.). (1982/1996/2005). *Ethnicity and family therapy* (1st/2nd/3rd ed.). New York, NY: Guilford Press.

Miller, A. (1984). *Thou shalt not be aware: Society's betrayal of the child.* New York, NY: Meridian Printing.

Shon, S. P., & Ja, D. Y. (1982). Asian families. In M. McGoldrick, J. K. Pearce, & J. Giordano (Eds.), *Ethnicity and family therapy* (1st ed.). New York, NY: Guilford Press.

Sue, D. W., & Sue, D. (1999). Counseling Asian Americans. In D. W. Sue & D. Sue (Eds.), *Counseling the culturally different: Theory and practice* (3rd ed.). Hoboken, NJ: John Wiley & Sons.

Sue, S., & McKinney, H. (1975). Asian Americans in the community mental health care system. *American Journal of Orthopsychiatry, 45*(1), 111-118.

Sue, S., & Zane, N. (1987). The role of culture and cultural techniques in psychotherapy: A critique and reformulation. *American Psychologist, 42*(1), 37-45.

Tseng, W. S. (1975). The nature of somatic complaints among psychiatric patients: The Chinese case. *Comprehensive Ppsychiatry, 16,* 237-245.

Tseng, W. S. (2001). *Handbook of cultural psychistry.* New York, NY: Academic Press.

 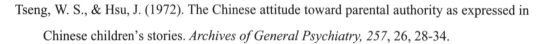

Tseng, W. S., & Hsu, J. (1972). The Chinese attitude toward parental authority as expressed in Chinese children's stories. *Archives of General Psychiatry, 257*, 26, 28-34.

Yeh, K. H., & Bedford, O. (2004). Filial belief and parent-child conflict. *International Journal of Psychology, 39*(2), 132-144.

Chapter
11
焦點解決短期治療
於臺灣應用的文化適用性

▌許維素

壹、前言

　　焦點解決短期治療（solution-focused brief therapy, SFBT），是由 Steve de Shazer、Insoo Kim Berg，以及多位來自不同背景夥伴組成的工作團隊率先提倡的。由於無法滿足於當時心理治療主流取向及其操作方式，此工作團隊期待了解的是「使當事人滿意的有效介入」，以及晤談效果與諮商介入之間的關係。而此團隊持續在單面鏡後，細心地觀察整個心理治療過程，以正式與非正式的聚會細步探討諮商錄影帶的歷程，並不斷地修正與發展 SFBT 的哲學觀與代表技術。終於在 1978 年於美國威斯康辛州密爾瓦基建立短期家族治療中心（Brief Family Therapy Center, BFTC），正式成立 SFBT。de Shazer 和 Berg 除不斷與團隊繼續修正與發展 SFBT 外，也持續致力於 SFBT 的個人、夫妻以及家庭治療工作，著有許多專書，周遊世界各國講學，於各地培訓出多位 SFBT 專業實務工作者（Bavelas et al., 2013）。1994 年，de Shazer 和 Berg 和歐洲一群喜愛 SFBT 的夥伴，成立了歐洲短期治療協會（European Brief Therapy Association）；接著，2002 年於美加地區成立焦點解決短期治療協會（Solution-Focused Brief Therapy Association）；這兩個十分具有代表性的專業協會，大力支持著世界各地 SFBT 的推廣，對 SFBT 的發展茁壯深具貢獻。

　　自 de Shazer 於 1982 年開始著書發表 SFBT 的相關論點開始，SFBT 的發展已超過 25 年的歷史。由於 de Shazer 的閱讀廣泛，SFBT 受到諸多思潮的影響，如：Gregory Bateson 早期的溝通學作品及系統觀點、Milton Erickson 的催眠心理治療取向、Palo Alto 之 MRI 策略學派、東方佛教與道教思想等，以及社會建構論（De Shazer, Dolan, Korman,

& Trepper, 2007），因而與傳統諮商派別有著迥異的工作理念與方法。SFBT 不以探討問題歷史為重點（not problem-focused），遠離顛覆當事人思維言行的主導方向，轉為以「建構解決之道」（solution-building）為晤談焦點，讓解決之道得以從諮商晤談的互動中浮現、釐清、概念化（conceptualizing），並逐步建構之。透過諮商師與當事人之間合作的、建構式的語言歷程，尊重當事人對世界的主觀知覺（perception），並在當事人主觀詮釋個人經驗的參照架構（reference frame）中，積極發展「解決式談話」（solution-talk），以意圖發現、確認、擴大或轉移（shift）當事人包含想法、感受與行為的知覺。諮商師會根據當事人當下所欲願景（preferred future）來發展每次的諮商目標，積極辨認與善用當事人新近例外（exception）與過去成功經驗，看重具體行動來推動進展與穩定改變，並朝健康適應方向發展（許維素，2014；Froerer & Connie, 2016）。

　　強調優勢、資源導向的 SFBT，相信解決之道的相關資源存於當事人身上，相當看重現在及未來的時間點，認為未來願景會影響現在的選擇；而且，SFBT 重視時間效率，是一個具有時間敏感度的短期取向。透過許多實證研究及實務的回饋，SFBT 的有效性與實用性已然獲得高度肯定（Bavelas et al., 2013; Corey, 2013）。例如，SFBT 能在較少的會談次數下，對特定議題與類型的當事人，達成較高的諮商效益與滿意度；能使當事人的改變加速與持續；以及能發生較少的諮商師專業耗竭。因此，SFBT 相當符合臨床實務、政府部門、保險制度等現代社會需求與經濟效益（Bond, Woods, Humphrey, Symes, & Green, 2013; Gingerich & Peterson, 2013; Kim, 2006）。目前，SFBT 已經被美國「藥物濫用和心理健康服務局之全國實證基礎方案與實務資料庫」（Substance Abuse and Mental Health Services Administration's National Registry of Evidence-Based Programs and Practices）以及「虞犯少年預防模式方案輔導局」（Office of Juvenile Justice and Delinquency Prevention Model Programs Guide）認可為一個具有實證支持的心理治療取向（Bavelas et al., 2013）。

　　關於SFBT的相關著書、研究及其應用，近年來不斷增長，其中含括的領域包括：社區心理衛生中心、州立與私立醫院、心理和社會工作機構、學校與牧師協談工作機構、兒童保護服務、收容福利機構與監獄司法系統、企業機構組織等場域；中小學生、青少年、成人、夫妻、家庭、偏差行為學生、中輟生、非自願個案、高關懷族群、特殊教育學生與家長等對象；藥酒癮、網路沉迷、過動或其他行為問題、精神疾病、家暴與虐待、親子關係、生涯、低自尊、情緒與創傷、人際關係等等主題，以及危機處理、個別諮商、團體諮商、家庭諮商及督導、網路諮商、管理與教練等處遇方

式，其範疇之廣，令人驚豔（許維素，2014；Cheung, 2009; De Jong & Berg, 2012; Franklin, Trepper, McCollum, & Gingerich, 2012; Froerer & Connie, 2016）。

近年來，由於各地移民現象及多元文化價值的被看重，相繼於世界各國開花結果的 SFBT，其中有關文化議題的討論亦日漸增多（Hsu & Kuo, 2013; Kim, 2014; Thomas, 2016），也支持 SFBT 於多元文化中的應用。Kim（2014）及 Franklin 等人（2012）認為，SFBT 之所以可在多元文化社會中具有高度應用性，主要為諮商師「去專家化」（non-expert）立場、尊重當事人的目標，以及不預設的未知（not knowing）姿態等要素，因其相當有助於諮商關係建立及當事人的參與投入，特別適用於社會中的少數弱勢族群。然而，SFBT 本身並不特別強調文化藩籬或文化勝任度等相關議題，因為 SFBT 乃十分強調諮商師需要專心傾聽當事人的訴說，在當事人的主觀推論架構中工作，並以尊重當事人決定的、充滿希望的、開放好奇的態度，來進行諮商目標的建構與達成歷程（De Jong & Berg, 2012）。因而，如 Kim（2014）所言，精熟 SFBT 的諮商師會關注當事人生活的多元社會現實，能夠穿越文化的藩籬，而對當事人的生活脈絡有著高度敏感度，以致能快速辨認當事人獨特的文化價值系統，並在促使當事人提供自己獨特經驗的同時，能提出合宜的回應且同步於當事人的前進。當然，這並不表示 SFBT 不重視文化議題（De Jong & Berg, 2012）；SFBT 代表人物之一 Miller（2014）曾說：「無法想像 SFBT 是不考量文化的，因為我們目前居住在多元現實中的社會，是無法不將文化觀點納入考量的。」（p. 38）（引自 Thomas, 2016）。對 SFBT 來說，文化背景本就為人們多元變異的因素之一，自然直接涵容於尊重當事人的個別獨特性之中。亦即，所謂諮商師的文化敏感度與勝任度的提升，即是將 SFBT 未知之姿及「身後一步引導」（leading behind one step）的精神，極致發揮之。

近二十多年來，SFBT 於亞洲地區廣為流傳，包括臺灣、韓國、日本、香港、新加坡、馬來西亞、大陸等國家。SFBT 與臺灣的結緣始於 1980 年代臺灣師範大學陳秉華教授的引入，以及創始人之一 Berg 多次來臺推廣。由於臺灣與香港的地利之便，也大力支援了 SFBT 於大陸的發展（Kim et al., 2015）。SFBT 在臺灣的諮商專業領域深獲好評，其相關研究及實務的成長亦十分驚人，截至 2017 年 2 月為止，以「焦點解決」為關鍵字，在國立臺灣圖書館的碩博士論文為 104 篇，臺灣期刊論文索引系統有 126 篇文章。林家興（2014）亦指出臺灣職業諮商師經常使用的諮商取向，SFBT 乃位於前列；而 SFBT 對青少年、輔導教師、家長、弱勢族群、醫療單位之適用性，更是被大為肯定；甚至有數位愛好者，在 2011 年集結成立「臺灣焦點解決中心」（許維素，2014；許維素、陳宣融，2015）。在在都顯示著，SFBT 對於臺灣社會有著不

容忽視的文化適用性。

由於亞洲文化之歷史、社會、宗教的特色具有相當引人注目的文化特殊性，SFBT 於亞洲及華人文化之適用性，亦十分為世人所關注。關於 SFBT 於華人文化社會的適用性與相合度，一如宮火良與許維素（2015）、 Franklin 等人（2012）、 Kim 等人（2015），以及 Gong 與 Hsu（2016）於臺灣及大陸所進行的後設分析及系統回顧等相關研究，已經初步證實之；但是，Kim 等人（2015）卻也提醒，對於 SFBT 何以適用華人文化的運作機制，仍需要增加更多詳盡的探討。因此，若能避免文化刻板印象的強化，秉持關心文化議題以提升文化敏感度與勝任度的意圖，保持開放好奇的態度，嘗試理解 SFBT 於臺灣華人文化的適用性，將能成為應用 SFBT 於華人族群的一個橋梁（Bayard, Rambo, & Richartz, 2015; Kim, 2014; Murphy, 2008）。

故此，本文嘗試以筆者理解與應用 SFBT 於臺灣華人社會的經驗為本，企圖以幾個主題連結 SFBT 的精華重點與華人文化要義，並以一個案例諮商歷程為輔，以期闡述 SFBT 於華人文化適用性。

貳、SFBT 於臺灣華人文化的適用性

一、去病理化的重新建構，開展諮商工作的契機

（一）視前來諮商的當事人是面對問題的勇者，化解面子議題

發展導向的 SFBT 認為，當事人之所以會來晤談，並非整個人有問題，只是暫時卡在某個特定議題而想要改變，或認為，當事人前來晤談不一定是有問題，而只是有目標地希望生活更好。亦即，SFBT 視當事人是能夠建構自己的解決之道來因應生活種種挑戰的，在當事人決定前來晤談的那一刻，即是突破與改變的可貴開始，甚至是復原的美好開端（許維素，2014）。所以，在晤談開場階段，SFBT 諮商師常將當事人遭逢的困境，一般化（normalize）及重新建構（reframing）為人生必經階段或階段性的重要關卡，如：「是啊，進入青春期的孩子常令父母很頭痛，但媽媽妳能敏感於孩子的變化，並且希望和孩子仍然有一個良好溝通的關係，真的是很不容易。」或者會好奇地詢問當事人：「顯然你已經承受這件事情很久了，也一直在想如何改變。但是你注意到，事情再不改變，將會造成很大的影響。所以，你這次怎麼能下定這樣的決心，認為全家來晤談是一個正確的選擇？」「那麼，你希望諮商能對你有怎樣的幫

助？」SFBT 將前來諮商的舉動，重新建構為主動使用資源、突破現況或積極解決困境的態度，對於華人當事人是具有正面影響力的。因為華人常覺得「有問題」的人才需要接受諮商，加上「面子」議題影響了個人自尊感，在一開始進入諮商時，不少當事人會處於羞愧狀態。即使臺灣社會對諮商專業的理解與接納度日漸提高，但是相較於參與提升自我的活動（如禪修），對於接受諮商仍存有負向標籤。 SFBT 諮商師於晤談一開始即持續展現「去病理化」（depathologize）的態度，可使當事人有機會將前來諮商，改視為自己已然擁有「臨危不撓的智仁勇」，而催化華人當事人對諮商的開放投入。

（二）聚焦於可能性，創造安全尊嚴環境，建立共同理解基礎

不少華人深受「家醜不可外揚」信念的影響，不僅不容易選擇諮商協助，於諮商中要開始說明個人來談議題或歷史脈絡時，也常會出現煎熬、難堪或有難言之隱的樣貌，而使諮商晤談之路坎坷，難以前進。對此，SFBT 看重開發「可能性的徵兆」（hints of possibility）的諮商主軸，將能有所對應化解。所謂「可能性的徵兆」即是當事人想要有所不同、或已有過的成功經驗、或曾經試著改善問題情境的作為等，其將能大為使用於解決之道的建構（De Jong & Berg, 2012）。舉例而言，SFBT 諮商師在傾聽當事人問題的同時，秉持「問題不會無時無刻都在發生」的信念，會提出例外的詢問：「何時情況是比較好的呢？」這使當事人會回想曾經較佳的狀態或以前解決同一處境的方法，而能恢復部分的自尊感。或者，諮商師會邀請當事人自己界定何謂問題，尊重當事人此刻願意表達的內容，不積極深究負向故事與過去歷史，或期待全面揭露重要議題的詳細情節，因而容易營造華人當事人的安全感或創造更深層的保密環境。當然 SFBT 諮商師雖不積極探究歷史負向經驗，但仍全然接納當事人願意傾吐的訴說，並持續以一般化、重新建構等去病理化的態度回應之，如：「在這樣的處境下，很多人都會有類似的不悅反應」、「適應環境常需要一段時間，從你的掙扎中，也看到你能很快發現環境中的挑戰」。這類的回應方式，讓華人當事人不會再次經驗到平日經常遭遇的社會評價與外來建議，反而容易產生被接納與釋懷的反應，自然而然願意訴說更多。

確實仍然有一些當事人需要大量傾訴（Lightfoot Jr., 2014），特別是容易因外界評價而難過或擔憂的華人，能在諮商室內安全地盡情吐露，是一個重要的需求；而且，華人常以身邊親友為傾訴對象，當決定來諮商時，有些當事人常已是挫折於親友的協助，或累積了諸多情緒而更有傾訴的慾望。對於這樣的當事人，諮商師的積極傾聽十

分重要，也會嘗試從一連串的敘說中，了解當事人對事件的主觀知覺或對世界的推論架構，並以一般化及重新建構的回應，讓當事人能從自己的抱怨中，引導自己釐清真正希望於突破困境後所想要的不同生活，如：「這樣的情況，真的讓人很生氣痛苦。那麼，你希望情況可以轉變成什麼樣子呢？」如此，常能轉化當事人從訴苦的知覺，移至想要與在乎的追求方向，並將抱怨轉換成執行的動力。諮商師亦會注意當事人目前與諮商師的關係型態及其對於改變的預備度，尊重而敏銳地同步當事人現今狀況前進；同時，也會在當事人的價值系統中拓展其知覺，對其所屬文化社會（包括華人）的共同性或個人獨特性，持續保持著開放好奇、不歸類的分析姿態。凡此，都是SFBT逐步建構晤談共同理解基礎（grounding）或諮商關係的關鍵之一。

（三）不視情緒為肇因，減低羞愧自責

諮商的開展，對於一些華人當事人而言，常因需要在描述困境的同時，涉及情緒的再次經驗，而增加其投入的困難。對於情緒，由於華人多強調應處於「不以物喜，不為己悲」、「不遷怒」、「哀而不傷」的平穩、中庸、祥和的狀態，對所屬團體宜「和諧」應對，展現「多愁善感」、「傷春悲秋」的人常會被視為弱者，而位高權重者或具有父親角色者，則應具備「喜怒不形於色」的能耐或「男兒有淚不輕彈」的堅強；凡此種種，使得不少華人對於表現個人強烈情緒的自己與他人，容易直接加以否定或予以間接批判，也造成多數華人不習於情緒表露或討論情緒（Kim, 2014）。然而，不視情緒是問題肇因的 SFBT，諮商師對於當事人的情緒，一如對待當事人於諮商開場時故事敘說的態度，仍然堅持尊重當事人願意自然流露的程度，並常以「當然、是的、難怪……」等自然同理（natural empathy）的表達支持，配合著一般化及重新建構技巧的應用，從當事人負向情緒中，彙整及反映出當事人的在乎、動機或善意，以及其可能存在的情境脈絡之意義與價值。例如：「妳剛才說妳覺得先生已經過世幾個月了，妳還是這麼的悲傷，是很不應該的事情，但是，從妳說的悲傷中，我也聽到妳和妳先生很深、很深的情感。要在幾個月內放掉這麼深的情感，立刻恢復穩定，並不是一件很容易的事情。」或「妳的成長經驗讓妳知道，夫妻關係是很需要經營的，不是理所當然就會平順的，所以妳才會堅持希望和先生突破現在的溝通模式。」如此，常提供當事人「事出有因，師出有名」之自我接納與理解的空間，而能促使其開始思索如何運用諮商的協助，來追求情緒中反映出的自己想要的種種在意。

（四）去汙名化效益，提升非志願者的合作

雖然近年來臺灣民眾主動尋求諮商的意識逐年增加，但是強制諮商或被轉介諮商的比例仍高（如：兒少法的保障介入、避免學生惡化的學校輔導，或期待推動家人改變的家庭等）；這樣被所屬系統要求前來的當事人容易處於非自願的狀態，特別是會在意外界評價的華人當事人，常會因此覺得被標籤化或汙名化，因而拒絕與諮商師合作。然而，SFBT 相信，治療的成功，是奠基於當事人此方所做的決定；而治療的無效，正是諮商師可再次思考如何與當事人合作的契機；因此，在 SFBT 此一取向中，並不存在所謂「抗拒」（resistance）的觀點，反而會善意解讀為當事人保護自己的一種方法，或者提醒諮商師這是沒有成功傾聽與貼近當事人目標的徵兆。懷抱著不預設、未知之姿的諮商師，常會聽到「如何盡快結束諮商」是非自願前來的當事人之目標，而會充分與當事人討論，如：於轉介者或強制單位的諸多期待當中，當事人認同的向度、不同意的理由、願意改變的底線或可能改變後的好處等，以尊重、關懷當事人目前的狀態，嘗試消融其暫時的拒絕，並提增當事人願意合作與改變的動力，如：「對於被老師叫來這裡談話，你的看法是什麼？」「對於你太太認為來諮商是一個好主意，你同意嗎？怎麼說呢？」「你認為你的老師如果至少看到你有什麼改變，就可能不會一直要你來晤談了？」「因為你這麼在意你的家人，如果你真的決定停止喝酒，你想，你和太太、孩子的互動會有什麼不一樣？」亦即，SFBT「當事人不等同於問題」的信念，以及諮商師致力於辨識當事人願意合作之訊號的努力，對於被強制前來的當事人，常有助於提高其合作意願的可能性。

（五）一定有一個「重要的理由」，化解「犯錯」的標籤

無論是什麼理由前來諮商，「因為做錯事或沒做好，才會淪落至今日需要諮商的境遇」這種華人社會輿論，也常影響諮商工作的進行。然而，SFBT 認為，當事人即使做了他人眼中所謂的錯誤言行，一定有個人的重要理由，或存在一些不為人知的意義性。是以，SFBT 諮商師持續展現開放、不評價姿態，以「原來如此」、「當然」的自然同理態度來表示支持與理解，或提出一些合宜的讚美鼓勵之，再伺機詢問當事人選擇該言行的背後動機，而傳遞了信任與「去標籤化」的影響力。例如：「你會跟同事這樣衝突，一定有你的立場及考量，你願意多說一點嗎？」「我很好奇，你選擇割腕的方式，可以幫上什麼忙？」在將其需求、動機、目標凸顯出來後，於當事人能夠接受的速度下，與之討論如何改以「建設性」的方式，來真正有效達成目標、完成

所求。例如:尋找一些不會有機會被恥笑的、有效安全安慰自己的方法,來取代割腕,以漸進穩定的模式完成自己想要忘掉失戀痛苦的目標。尤其,SFBT 並不認為要改變一個人,需要先挑戰其錯誤為何,反而認為積極確認當事人期待未來發生的願景,先行探討何謂對的、有效的方法,如此能讓當事人在行動成功後自動反思過去無效的作法,會是更有效用的選擇。這樣的方式,對於位階高者、青少年、原本自責或拒絕改變等華人,在相當顧及其社會「面子」、尊嚴與角色地位的需求下,十分自然地創造當事人願意開放與改變的機會。

(六)陰陽太極思維的影響

後現代取向的 SFBT 堅信,當事人不等於他的問題,問題與人是分開的,甚至認為當事人前來諮商並不一定表示有問題,而是有一個想要讓自己更好的目標而已,所以,諮商師是與當事人這個「人」一起工作,而非積極於對問題或病理進行診斷分析。SFBT 對前來諮商的當事人「去病理化」的尊重姿態,常能轉化華人對接受諮商的猶豫,以及自責身陷困境的羞愧,而提高其投入合作的意願。SFBT 對於情緒的不負面評價與不積極探討,並視為其來有自、深蘊目標價值的看待,也常讓當事人轉而能專注探討與努力於真心想要改變的方向,這對不習於探討與表露情緒的華人而言,於諮商初期,是一種相當不具威脅且符合前來諮商期望的作法。而 SFBT 諮商師對當事人訴說失敗痛苦的重新建構姿態,正與華人文化中太極之「陽中有陰,陰中有陽」及「黑中有白,白中有黑」的概念相合,是華人容易接納的「正反兩面為同時存在」觀點之一,以致能「四兩撥千金」地催化諮商的開展。

二、優勢導向的挪移力量

(一)例外的浮現,產生「顏面增光」的信心

SFBT 相信:每一個人都是獨特的,雖然每一個人不見得都能完成自己想做的事情,但是每一個人都具有資源、潛能、力量、智慧、經驗、意願等優勢,去解決問題、產生改變,尤其當他們被允許時(許維素,2014)。不過,所謂的優勢,SFBT 仍然希望是由當事人自身來發現與定義,而不是由諮商師強勢灌輸,如此才能讓當事人真正「擁有」(own)之。

深受社會建構論影響的 SFBT 秉持一個毫不動搖的信念:「當事人是帶著解答與資源前來諮商的,只是他們不知道自己已經知道答案或擁有資源。」常見 SFBT 諮商

師在理解當事人來談問題的現況及其與問題互動的同時，會多加支持地探討「何時問題沒有發生，或比較沒那麼嚴重」等「例外」經驗，此舉常讓原本專注於問題的當事人，在錯愕中能暫停問題導向思維。例如：「在分手的一段時間內，心情總容易起起伏伏。你希望自己快點走出分手的難過，所以，你有注意到，你何時比較能承受這份難過？當時在做些什麼呢？」「你說你與孩子的衝突，因為孩子的長大而嚴重了些；因為你這麼在意和孩子的關係，難怪會讓你難過擔心，你也很希望改善。所以，你有注意到，什麼時候你們相處時，衝突較少或比較沒那麼嚴重？」「你覺得，怎麼能有這樣的差異發生？特別是你做了什麼不同的處理？」

　　以評量問句發掘例外經驗的存在，是很明快的做法。評量問句即是邀請當事人於一量尺上（如0至10分，10是高分），對特定向度（如，相信能夠解決問題的信心、願意選擇活下去的可能性等）進行評量，只要當事人能打出分數，例外的資源即已浮現，如：「怎麼會有3分呢？」「你如何沒讓自己掉至2分呢？」。評量問句的多向度思考，將大大拓展當事人的知覺，鬆動堅持的唯一標準，並看到既存的、不同面向的可貴資源，例如，面對自責自己不夠完美的母親，詢問其已經盡力或仍會繼續努力的程度，或者改問孩子對母親的評量分數，都讓當事人有可能更為諒解或欣賞自己。此外，探討「如何應對而沒有更糟」的因應問句（coping question），也是一種例外思維的引發，十分有助於協助處於情緒低落或危機當中的當事人，其如：「在這些想法常跑出來影響你心情的情況下，你是怎麼能夠讓這些想法再次離開你，或再次穩定住你的心情？」協助當事人更為覺知目前的因應方式，且有意識地多加使用，常是低能量的當事人現階段最能夠或最願意去採取的行動，也是最能立即減降風險的方法。讓當事人看到已經擁有的優勢力量或資源，或認可在困難中自己已經做到之處，常使陷於質疑「自己不夠優秀或努力不足，才會發生困境」的華人當事人，有了停止自責與羞愧的機會，甚至開始產生離開痛苦、穩定自我的前進力量。

　　明顯可知，例外問句的引導，在配合當事人的語言運用與脈絡情境下，將有助於當事人漸進轉移與變化知覺的焦點，常可幫助當事人看到他已經做到的有效方法或小小的成功經驗，除了帶來鼓舞肯定效應，也會由此產生建構解決之道的可能線索（陳秉華，2006）。同樣地，於各生態系統中善用例外架構的精神，亦常有意外的成效。例如，當學校邀請父母來校處理孩子問題時，若能事先得知父母曾經對孩子做過的有效協助，並鼓勵父母可以考量優先多做，將可使本來覺得顏面無光的華人父母，因確認自己擁有自發的有效策略而提升自尊感，也可使一直陷於擔憂的父母，擁有可優先採用的具體行動方向，而減低眾人焦慮擴散、增加現況平穩的機會。而此，亦如SFBT

創始人Berg（2003）所言，優勢導向的意圖將減低質疑當事人的色彩，乃是一種「顧及顏面」（saving face）的立場，於面對敏感議題時，大大提供了當事人一個適度的轉圜空間來決定如何應對。

（二）特定文化的優勢善用

除了當事人自身之外，SFBT 還認為每個社會文化都有特定的優勢與追求動力，可將其做為建構解決之道常用的資源（Kim, 2014）。Kim（2014）舉出亞洲人重視課業表現或各方成就，對其學習的意志、堅持與努力的多加提醒與深入探討，即是一大晤談資源。例如：「你怎麼能這麼有意志力地半工半讀念完學位？」「這樣的意志力對於你面對現在的磨難，可能會有什麼幫助？」Kim還提及精神靈性層次對亞洲人十分重要，像是宗教團體的支持與相關信念的協助，也是可以伺機利用的資源，例如對於苦難與死亡，提及當事人所認同的價值觀：「你剛提到輪迴，那麼輪迴對於年紀輕輕就離開人世的人，是怎麼看待的呢？」「這樣所謂有福報的想法，你會同意嗎？」在華人當事人身陷困境時，啟動與連結其身邊的社會支援系統，自然要比西方社會容易許多。例如，提醒當事人的平安、快樂或改變，對其重要他人的影響：「如果有機會問問你在遠方無法照顧你的爸爸媽媽，他們會希望你過什麼樣的日子？」或邀請當事人從重要他人來回想自己的夢想與力量：「對於你目前的改變，誰一定都不會驚訝，早就知道你一定做得到？」「如果有機會問你的好朋友，他會說你還有什麼夢想希望能實現？這些夢想對於你繼續活下去，有些什麼樣的意義？」SFBT 認為，人們在足夠的社會建構支持下，將會走出所要的不同人生道路（Hsu & Wang, 2011; Lin, 2004）。因而 SFBT 會積極尋求與建構當事人身邊的支持系統，來支持與見證當事人的改變，對於群體主義及社會關係緊密的華人，是一借力使力的實際資源，如：「你提到你很喜歡這位老師，他曾經幫過你的忙，你想，如果可能，你希望這次他能怎麼幫助你？」對於相當具有系統支持性的華人社會中，讓親密人際互動成為當事人持續前進的重要力量，常是當事人承受人生無常之重要資源，如：「你想照顧你的爸媽，那麼，你需要變成什麼、擁有什麼，才能同時負擔得了你自己與爸媽雙方的需求？」。

（三）社會性讚美深入自我認同

為了發揮優勢導向的精神，諮商師於整個晤談過程中持續的讚美（compliment）是 SFBT 的一個重大特徵。而諮商師對當事人的讚美，對秉持「謙受益，滿招損」價值的華人深具影響力；因為華人重視社會的聲譽與肯定，會以「嚴以律己，寬以待

人」來要求自己，並避免「貽笑大方」、「家教何在」的外在負面評價，但是，多數華人並不習慣讚美自己或身邊親近的人，而常以直接給予建議替代關心愛意的表達，或希望能「教子有方」地提醒著「不宜得意忘形」。所以，當 SFBT 諮商師表示讚美時，華人當事人常有喜出望外、喜不自勝或暗自竊喜等反應。尤其，諮商歷程也是一個社會互動，諮商師算是一個「外人」，甚至被視為是一個「專家」，因而諮商師的讚美，也正符合華人所期待被社會認可的需求或被權威肯定的可貴。不過，SFBT 於邀請當事人回答如何做到特定表現時，多採用「自我讚美」的問句型態來讚美當事人，將能有助於當事人日後有意識地繼續多做。而諮商師提出自我讚美問句：「你怎麼做到的？」，其就教態度本身，對於華人當事人就是一種肯定；當事人在回答問句時，則會接受諮商師在提問問句中早已鑲嵌認可當事人之預設立場，如此一來，就不會如華人平日社交常以「哪裡、過獎」的謙讓方式回應讚美，而削弱讚美的力量。最重要的是，在這樣的諮商互動關係中，透過持續思索與回答自我讚美問句，讓當事人容易學習到採用新的正向角度，來重新看待自己、欣賞自己（陳秉華，2006）。

（四）精準舉證的社會角色讚美，效果尤高

　　然而，由於華人自然看重「學無止境」的不懈努力，或習於「人無遠慮，必有近憂」的深思，加上社會對「鞠躬盡瘁」行徑的肯定，要華人大方接受他人的讚美，也有其難度。所以，諮商師在讚美的用詞選擇上，要選擇不渲染但又不低估的用字，或不用過於強烈的正面用字以避免當事人產生「華而不實」、「辭溢乎情」的疑慮，例如，美國社會上經常出現的「以你為榮」（be proud of you）、「優異卓越」（excellent）等「棒極了！」（awesome）的稱讚言詞，並不是每一個華人都能接受；多數華人要能認同諮商師類似「實屬不易」、「難能可貴」等程度的用語，就已經不是容易之事。當然，除了配合當事人能接受的範疇，諮商師或可改為採用包含重要他人（如：父母、老師、老闆、愛人、好友等）觀點的關係問句（relationship question）來間接讚美當事人，探問他人對其目前成就會如何欣賞、對其付出會如何感謝，或對其努力會如何欣慰等，這對於重視社會關係、以社會角色來定義自己價值的華人，常易激發出意想不到的支持與鼓勵的力量。

　　為了使優勢導向的思維更能為華人所接受，需要給予當事人對於諮商師之讚美或重新建構內容的同意或修正空間，尤其對不習於被讚美的華人當事人是一份很重要的尊重；有時，這份尊重與不強迫，反而會更讓當事人願意嘗試從諮商師的立足角度來加以考量。再者，諮商師可配合 SFBT 讚美與重新建構的原則，從當事人的表述中，

清楚舉出具體的支持事證，即使這事證非常不起眼或十分微小。例如，從當事人對人際關係的各種擔心中，反映出其對人具有敏銳察言觀色的能力及思考面向的周全，或如：「從妳與孩子的爭執中可以看出，妳最希望他能夠培養認真負責的態度。妳真的是一個很用心良苦的母親。」「是什麼讓妳認為一個人具備認真負責的態度是這麼重要的？如果妳的孩子能更清楚妳在意的是這一環節，而不是誤會妳批評他，他會有什麼不同？」這些引導，常使當事人轉而能接納自己及其生活脈絡，並以不同的眼光發現本身既存的一些力量與可能性。即使當事人不同意諮商師使用的語詞，但對於事證本身的存在，就可能會多加以思索如何定義其意義。當然，由於華人社會為集體主義，諮商師列舉的事證若偏重於社會與職業角色（如：父母子女、教師學生等角色），更是容易為其所看重與接受（Thomas, 2016）。不過，也由於華人重視集體和諧的價值，如：「家和萬事興」，諮商師在表示認可當事人時，對於類似「任勞任怨」、「忍辱負重」的向度，則需要考量是否會促使當事人更為犧牲自我或過度付出；若有此疑慮時，則可以改為詢問當事人做此選擇的重要理由，進而建構合宜的建設性方法，以平衡人我需求或增加自我照顧的意識。

（五）優勢探討可發揮乾坤挪移力量

SFBT 相信，一個人會被過去所影響，但不會被過去決定一切；人類行為與大腦、基因、環境有關聯，但不會被其所控制，反而是具有無限變化的可能性。當事人會從個人經驗當中有所學習，也擁有能改變自己的自然復原力，並不斷累積著克服困難的能力與資源。SFBT 重視與深掘當事人的成功經驗、有用之處、力量與資源，對於持有「三省吾身」的價值觀及重視社會互動的華人，常能大大舒緩其無法符合自身與各方社會角色期待所引起的自我責怪或貶抑，反而會產生自我賦能（self-empowerment）與希望感（sense of hope）的心理療效因素（De Jong & Berg, 2012）。最為可貴的是，SFBT 諮商師對當事人的肯定，是展現另一種世界觀的可能性，並非強迫當事人全然接受或成為「解決強迫取向」（solution-forced）者。SFBT 諮商師會特別尊重當事人所使用的文字與描述方式，捕捉與確認當事人同意與在意的向度（包含社會文化價值），來提出讚美。若當事人能更加覺察到生活中既存的各種資源、珍惜生命中的各種力量時，常能更自信於認可自己已經做到之處，以及想要去追求的方向，當再回頭審視困境時，因已位於能看到優勢資源與困境共同存在的立場，其目標與行動常因知覺的變化而再次修正，包括：更願意接納困境、思考如何承受困境，或運用例外經驗來解決問題等，使得困境不再是當事人思考與生活的主軸。若再以陰陽太極的概念來

敘述，SFBT 認為當事人的生活常為有效模式與無效模式共存，例外優勢的探討與讚美的強化，是讓當事人多去推行有效模式而取代無效模式的發生，「在多做對而沒空做錯」下，產生了「牽一髮而動全身」、「乾坤挪移」般的滾雪球效應。

三、實用主義中的希望種子

（一）諮商工作模式的特色，加速諮商效益產生，符合華人求助期待

　　SFBT 此一「短期」治療的色彩，並非意指一定得在特定次數的短期內工作，而是強調著「不做沒有必要的晤談」（Ratner, George, & Iveson, 2012）。對於認為諮商非光彩之事並期待立即見效的華人而言（Hsu & Wang, 2011），不管是不做沒有必要次數的概念或短期有效的特色，SFBT 都是一個深具吸引力的諮商取向。

　　SFBT 之所以能在較少的晤談次數內獲得一定成效，與前述 SFBT 去病理化及優勢導向的特色，有著緊密的關聯。例如，SFBT 認為當事人前來諮商即是一種積極面對問題的態度，有困擾也僅代表著目前暫時被特定問題卡住而已，此一正向的態度，容易讓華人當事人減少前來諮商的負向反應，而增加諮商晤談的成效。又例如，SFBT 諮商師會積極推動當事人多去運行那些已經存在的較好模式，引導當事人回憶過去有效方法（如：傳簡訊來讚美先生的溝通方式）或編輯成功要素（如：溝通時需冷靜、不說出傷害的話及旁邊無他人在場等），以能有意識地將各種資源最大化地加以善用。有時，當事人參考過去經驗立刻採取的方法，便能舒緩現況的窘境，讓當事人對諮商與自己產生信心，也不會覺得改變過於艱難而有所退縮。畢竟，運用過去成功例外的經驗，比學習新策略要來得「快速」許多，這樣「借力使力」的方式，自然容易帶動起改變的連鎖循環。當諮商能幫助處於困境中的當事人再次連結他所擁有的既存資源，並再次順利朝向他們想要的生活邁進時，諮商的結束便可預期。

　　SFBT 對當事人高度尊重，包括諮商目標的形塑及諮商歷程的發展，這是增加晤談成效的另一關鍵因素。由於 SFBT 相信，一個人的未來是可以被創造與協商的，對於未來的願景，往往會影響現在的行動，且當諮商目標是當事人想要的、符合其思考脈絡的，當事人將最有積極努力的動機。SFBT亦信任當事人能夠懂得分辨何為目標、何為進展、何者有用、何者無用，且堅持解決之道並沒有絕對正確的方法，應該由擁有資源、力量與智慧的當事人本人，來主導建構編輯諮商的目標、晤談間隔與結束。不預設未知立場的諮商師，在當事人訴說自己的困境或表示不願意再發生特定問題時，不會臆測當事人所需要的目標，反而是引導當事人以語言表達出希望出現或看到

的景象。例如，一名大學生說因為被室友忽略而覺得自己很沒價值時，諮商師並不推
測當事人自我價值低，或直接對應其訴說而認為當事人被人關注就會有價值感，反而
詳細詢問當事人認為困境不再時，「取而代之」（instead）會是什麼樣子，有時可能
就會聽到當事人描述：希望室友能更相信與認同自己所訴說的感受，就不會懷疑自己
何以會這樣想，而更能信任自己的判斷。由於華人當事人願意遵從權威與專業，當
SFBT 諮商師如此細膩地尊重與信任當事人時，當事人會有受寵若驚之感，也多會珍
惜這些被尊重的經驗，然後從中學習如何尊重與聆聽自己。亦即，諮商師真誠貫徹的
尊重，不同於一般人際互動，往往讓華人當事人對諮商的積極參與度更高，也不易出
現所謂抗拒的行為，因而晤談次數也會相對減少（許維素，2014）。

（二）奇蹟願景需建構於華人務實思維之中

　　SFBT 諮商師之所以積極探討目標，是因為晤談的雙方都需要釐清當事人期待的
改變究竟是朝向何處。為了發展當事人所欲的諮商目標，假設在夜間睡覺時突然有奇
蹟發生而化解當事人困擾的奇蹟問句（miracle question），是一個很重要的媒介。透
過詳細描繪奇蹟突發後的願景，當事人更加釐清自己真正所欲的未來，而有勾勒藍圖
的定錨效應；在此過程，當事人也會進入一個美好境界，開始湧現希望感等正向情
緒，或被激發追求願景的改變動力。不過，對華人而言，「奇蹟」兩字較為西方童話
用語，也較不實際，常不容易被務實導向的華人立刻接受。結合宗教的神蹟或文化寓
言裡的神奇力量（如：神明降臨贈送禮物，以及因緣際會的概念），或配合當事人自
行提出的譬喻，是較為可行的方式，例如：「聽你說家中有擺放祖先牌位希望能庇佑
家庭，那麼，如果家中的列祖列宗想要拯救子孫而顯靈告知的話⋯⋯」。相較之下，
假設問句之「如果可能」並配合文化價值替換相關用語，是華人當事人容易理解與接
受的方式：「如果可能」你認為最理想的情況、最棒的結果、最期待發生的情況，較
為符合華人實際導向的思維，並同時開啟可能性的思維。當然，於當事人在意的最佳
未來當中，其所包含華人文化價值中福祿壽喜或圓滿幸福的定義與具體圖像，諮商師
需要尊重與細心辨認其獨特偏好，而不強加個人價值於內涵的建構。

　　配合評量問句（scaling question）的方式來詢問當事人的願景，也是華人當事人特
別能理解的方式，因為「分數」的概念於成長學習的過程中，經常被用在各種表現，
例如：「十全十美」是一個隱含的文化美好圖像。以 10 分或 100 分的量尺來邀請當
事人詳細描述「滿分」時的樣貌，於獲得具體圖像後，再討論與現在分數位置之間的
差異，較容易引導當事人覺察已經做到的程度與既有的資源和方法，以及朝向所欲的

大目標小步推進。評量問句乃反映了 SFBT 的重要架構，串連當事人的願景與既存的資源，激發當事人開始構想如何善用所長，朝向所欲未來的當前具體行動，因而有「奇蹟評量」的稱號（許維素，2014；De Shazer et al., 2007）。

　　雖然有各種不同的方式可替代奇蹟問句探問當事人的願景，但是，奇蹟問句是 SFBT 非常重要的代表問句，具有獨特的晤談療效。於合適時機，諮商師需要邀請並持續引導當事人詳盡描述願景中各人事物之動態，讓當事人能停留更久於「美好奇蹟發生後的情況」。如此，常能協助華人當事人突破現實導向的慣性思考，跳開問題，進入可能性的思維，激發後續行動的靈感，並帶來愉快情緒的放鬆及釐清深度個人渴望的。亦即，奇蹟問句將能激發華人當事人不同於文化慣有的情緒狀態變化，而產生不同思維軸線的可能性拓展；對於認同「深謀遠慮」、「居安思危」的華人，雖然不容易執行，但卻是一個非常值得努力嘗試的體驗方向。

（三）回饋階段滿足華人就教專家期望

　　具有實用主義色彩的 SFBT，強調自我決定、有效行動、實際改變（De Jong & Berg, 2012; Thomas, 2013）；對於偏好務實及自我負責的華人，正是非常相合的諮商價值（Lin, 2004）。對於改變與行動，SFBT 相信來談的當事人有能力改變並會盡全力做出改變，也會為自己做出最好的選擇，擁有選擇權，將帶來實踐與力量。為提高改變的可能性，除了所欲願景的勾勒之外，「回饋」是 SFBT 另一具代表性的重要晤談要素（Bavelas et al., 2013）。於每次晤談結束時，諮商師會彙整該次晤談所得，再次統整地讚美當事人，以提醒其生活中已有的成就、勝任處及正向層面，同時，還會連結所在意的目標，並依據當事人的目標與解決之道，提議當事人可於現實生活中進行「實驗性」的小小行動任務，或請當事人自行設計之。這一提議的實驗行動，常是鼓勵當事人多去做晤談中提及的過去有效方法，或是朝向願景邁出略有難度但容易成功啟動的第一小步；倘若晤談中沒有任何目標與例外訊息，邀請當事人觀察與預測平日會有的小小美好時刻，也能促使當事人知覺有所轉移。此一回饋的設計，相當能滿足華人「就教」諮商師的來談需求，並獲得如何應對現況的嘗試策略與心理滿足（Bavelas et al., 2013; Kim et al., 2015）。

（四）一小步的設計滿足華人行動導向需求

　　SFBT 的諮商目標形塑，需由負面轉正面、由抽象轉具體、由大到小，並需在當事人的意願與控制之內，且是可以經常練習的行為。關於尋找下一小步或設計晤談後

的實驗行動，評量問句亦是常被使用的技巧。例如，詢問當事人：「希望自己情緒非常平穩時，會是什麼樣子？」、「已經做了什麼，才能有目前的情緒平穩度？」，以及「需要再多做什麼，才可以提高情緒平穩度1分？」。倘若當事人無法進行分數評量，則可配合其理解程度，改為臉部表情或星號的差異比較。透過評量問句確認當事人可嘗試行動的一小步時，一些療效乃會同時發生。在看似討論一小步行動之下，諮商師不僅展現對當事人主觀情緒知覺的接納，同時也催化了當事人提高對自己情緒的覺察力，並開始練習情緒調適或自我照顧的方法；而此，相當適合華人不直接深入討論情緒議題的習慣，以及對具體行動的高度期待。由此，也可窺見SFBT希望當事人可以成為各方自我評估與接納的主動者，並能於晤談室外繼續幫助自己；而此一信念，對於希望盡早離開諮商服務的華人當事人來說，會很期待與珍惜這份自助能力的培養。

（五）進展的確認滿足諮商期待，化解精益求精的壓力

於後續的每次晤談中，諮商師都會積極辨認當事人改變的事證，大大肯定這些小小進展，並深究進展的秘訣；這相當能提高當事人的自我效能感。實務導向的華人常希望付出是有收穫的，因此晤談間進展的確認，會對期待諮商立竿見影的當事人，提供一些安慰與鼓勵。SFBT相信，當情況變得更好時，是可被當事人與周圍的人所辨認的。若當事人的付出與成功可被自己與他人看見、肯定，甚或直接造成所屬環境的變化，這些實際改變的證據，對十分看重謙虛美德的華人，將是難以否認的讚揚。為能發現進展，邀請當事人再次使用評量問句於特定相同量尺進行評估，是SFBT常見的方式。然而，由於華人「精益求精」及「反求諸己」的思維，常不容易滿足於小小的進展；除了大量使用自我讚美與間接讚美之外，必要時，諮商師可以低於0分的負分方式，來評估當事人的改變。例如，強調當事人從剛來晤談時的−9位置，變成目前的＋2，即使目前的＋2不足以讓當事人或重要他人滿意，但進步之多是不爭的事實。這樣的讚美常使那些認為改變不夠快、不夠令人滿意的華人當事人，會在驚愕下對必須承認的進展表現欣慰。甚至，在SFBT諮商歷程中經常被提醒小小進展的難得，當事人也可能會因而開始學習欣賞自己的努力或更加珍惜目前生活的可貴（許維素，2014）；而此珍惜、欣賞心態的出現，對於多數認同「人要懂得感恩」或「知足常樂」思維的華人，容易再度提高對自己改變的欣喜程度。當然，這樣的思維對許多當事人，包括華人，都是需要不斷練習的方向。

SFBT諮商師在每次後續晤談開場中，都會主動引導當事人針對兩次晤談間有何

改變進行探討，並且持續與當事人確認進展如何發生並細化如何維持的步驟。這樣的反思，一如行動研究（action research），將能更進一步地協助當事人認識自己與環境的優勢或條件，逐步建構現實化、情境脈絡化的晤談目標與解決方案。尤其，當事人也將從中學習如何監控改變、修正行動，以及維持進展。當一個新進展能夠維持，並再累進另一個新進展時，當事人的改變將能有所持久與內化，同時，也能鼓舞當事人願意繼續努力，並激發當事人對改變的合理期待與持久耐心。能於實際環境裡採取行動並發揮影響力，將提升當事人擁有的合理控制感與自我賦能感，特別能成為華人（包含青少年）穩定其繼續努力並願意類化應用所得的關鍵力量。從何以有進展及如何維持進展中，當事人將更能掌握到適合自己的改變原則與方法，而加速後續議題的突破、縮短了晤談時間。

（六）實驗精神符合「失敗為成功之母」的轉化

對於晤談後的行動，認為「有效就繼續做，無效就改變」的 SFBT，是以「實驗」的概念來推進的。舉例而言，於再次晤談時，若當事人沒有執行提議，諮商師不會緊追沒執行的原因，反而視其可能不再適合當事人現今的生活。又例如，在回饋階段時，諮商師常用「試試看並觀察有何變化」來給予提議，如此一來，提議的行動並不被保證一定是成功的，這樣將使當事人萬一再次面對失敗，也不至於過度失望。最為可貴的是，一如人生的智慧累積一般，實驗行動後的結果，即使是失敗，也都具有學習價值。SFBT 諮商師常溫和而堅定地引導當事人在失敗行動後，進行諸多反思而有領悟，其如：目前能做到的究竟為何、所處的環境實際為何、後續調整方向可為何等：「看來你原本認為會成功的處理方法，在嘗試後發現對你的同事並不適用。從你同事的這些反應中，你對他這個人有了什麼新的認識？」從失敗中學習的這個立場，常容易減低華人因失敗而帶來的挫敗、自責或羞愧感，也與華人「失敗為成功之母」的價值相合。

（七）復發處理減降「不二過」的要求

關於所謂的「做錯事」，在儒家「不二過」的信念下，對於「再犯」，不少華人有其嚴格的要求。然而，類似前述，SFBT 諮商師會與當事人探討各種正反經驗中的學習，或從所謂錯誤、再犯或復發中，探究其帶來的生命啟示與行動修正；抑或，會引導回憶先前進展如何發生與維持的經驗，而再次提醒當事人如何於復發中，再次掌握維持穩定的方法。此外，關注再次復發時的微小進步，也能減少當事人放棄努力的

可能，如：「你對於自己的狀況，好像更快、更敏銳地發現又不對勁了。這次，你怎麼能夠願意選擇一個不一樣的方式來處理呢？」凡此，皆容易促發華人當事人對所謂錯誤、失敗、再犯等經驗，改為更包容的態度，而在更懂得善用此一經驗後，將能間接帶動 SFBT 強調「與問題共處」的預備與智慧；這對於期待問題立即消失、永不復現的當事人，包括華人，是相當實際的提醒與思維的訓練（許維素，2014）。

（八）自發因應的可貴，呼應「盡人事」的思維

當然，並非當事人遭逢的所有議題都能立即解決，不少議題常是已經發生多年，甚至還會繼續發生多年。SFBT 與當事人探討如何能夠長期承受或繼續因應，在增加近日的平穩中，仍不放棄繼續追求長期的願景，乃大大凸顯當事人既存的自發力量，甚至會是啟動其復原力的一個重要介入。SFBT 因應問句的引導：「在妳這麼痛苦於先生外遇的同時，妳如何還能注意到孩子的需求變化？」「這麼多年來，在承受如此大的負擔下，你是怎麼能持續這樣照顧你婆婆的病痛？」當能回答因應問句時，將讓當事人遠離一些困境的糾纏，而能開始覺察自己已然做到的付出與「打落牙齒和血吞」的堅韌，以及如何於現實惡劣環境中繼續「匍匐前進」的策略。SFBT 將當事人歷經的種種挑戰視為「成長性的疼痛」（growing pain），通過這些歷練後，將會帶來生命的韌性與智慧，這乃與「天將降大任於斯人也」的苦難定義有其類似之處，因而對華人當事人有一些提增耐力的可能。此外，華人當事人雖會有「人定勝天」的期許，但也同時接受「盡人事，聽天命」觀點，此與 SFBT 所持「接受限制但不放棄希望」的哲學觀一致，如：「是的，這件事對你影響很大，常讓你需要為它帶來的影響而痛哭。但是，在你每次都需為這件已經發生的憾事痛哭之後，如果可能，有一個小小的奇蹟降臨，你會盼望自己有何不同？」（淚水後的奇蹟問句）

即使在非常困難的處境下，SFBT 相信，每個人是已然盡了全力，並且仍然擁有能夠改善生活品質的優勢力量與努力之心。對於 SFBT 的因應引導，期待諮商能有立竿見影效果的華人當事人常有錯愕的、一時無法接受的反應，但華人常提及的「轉念」觀點，多能幫助他們漸進接受 SFBT 的因應思維。相較於西方社會，對於看重犧牲自己、配合大我的華人，因應問句的應用相當重要，也深具意義。因應思維有如逆向思考一般，常幫助當事人發生「轉換知覺」的效應，而產生以下的轉折：得知可先沉著穩住的施力方向，更能正視現實的困難，更有意願以建設性的方式承接挑戰，以及更能自我照顧以做好長期抗戰的預備。當然，對於 SFBT 所持「生活會一直有挑戰，但能因應便已足矣」的「夠好」（good enough）哲學，對某些華人當事人仍屬一

種轉念，不過，對於自己日後接近「海納百川」的包容，以及能有如如不動的圓融，將會產生高度的評價。

四、社會關係互動中自我決定的滋長

對照西方偏愛的個人主義，如個別性、自主性與個人自由，亞洲社會則為集體主義，重視人際相互依賴性，強調團體的利益與和諧大於個人的興趣。在儒家文化的家族主義之下，個人福祉乃與所屬團體之間的連結很深，與社會的需要密切相關；個人的定位常不是以個人喜好為主，而是以與別人的社會關係來予以界定，或與個人於團體的貢獻和被分配的角色有關。同樣地，家庭是一個社會單位，個人為家庭的代表，每位家庭成員在不同的角色分工中讓家庭得以運作與維繫，各家庭成員並非是十分獨立自主的個體，反而是相互影響、彼此幫助的集體。在家庭中是有位階概念的，對於長者需要尊重與遵從。家庭成員不能單為個人的利益與需要打算，需要把家庭的利益放在個人之前；家庭的面子與羞恥議題，甚至比個人行為更重要（如，個人言行反映家教水準）（陳秉華，2006；Hsu & Wang, 2011; Kim, 2014; Lin, 2004）。當然，隨著臺灣環境的西化，上述這些文化價值也漸進多元化。

（一）顧及重要他人，建構個人獨特目標

由於華人對社會關係的重視，加上對親近之人表達關懷的方式多是直接給予建議與提醒，這常使得一些當事人淹沒、混淆在外來的意見中，不易釐清自己真正的想法或目標，甚至會受苦自責於各方意見中的期許與評價；這與西方非常重視個人獨特性的社會空間，或敢於表達自己想法與需求的習性，相當有差別。所以，協助華人當事人從各種人際期望與評論中，找到自己的想望與聲音，是相當重要的諮商方向；而SFBT 一以貫之的目標導向，以及其對當事人個別差異性與情境脈絡化的同時尊重，對此相當有幫助（Hsu & Wang, 2011）。舉例而言，透過回答奇蹟與假設問句，當事人容易建構出個人未來願景中的社會關係，如：「如果可能，例如有一個奇蹟出現，你與爸爸不再衝突了，那麼，你會看到你和爸爸的相處和現在有什麼不同？」諮商師也常接續鼓勵當事人鮮明描繪出所期待的人際循環互動細節，如：「如果你爸爸真有這些改變，你對他的反應會有什麼不同？你的反應又會如何接著影響他的表現？」亦即，SFBT 諮商師會不預設地以邀請開放的態度，持續引導當事人詳細描繪願景中的圖像，包含各種人際情境中的互動與影響，讓當事人在敘述所欲遠景的細節時，逐步

地從諸多外界聲音中澄清自己想要的方向，認可自己目前的需要，甚至興起願意嘗試的行動。SFBT 對當事人目標及願景的尊重與建構歷程，常使華人當事人產生解放與被支持的感受，而增強自我決定的承擔力。同時，在建構諮商目標時，諮商師除了需要特別探究當事人希望在個人目標與他人期許之間的理想互動狀態，還需要位於一個「由當事人告知」的學習姿態才行。因為對多數的華人當事人來說，諮商師屬於一個專家的位置，若諮商師以西方諮商心理學中強調當事人發展個人自主性的角度鼓勵之，或以西方社會親子夫妻等人際關係型態期許之，往往會造成當事人的位階遵從，而使其再次違背自己真正的心意或屈就於另一個社會期許的境地。

（二）凸顯關係中善意目的，提增溝通的勇氣

　　要讓當事人離開陷於人際中的自責痛苦並釐清自己的想要，並非易事，對華人尤為如此。為協助當事人能抽絲剝繭地釐清自己的目標，SFBT 諮商師會一般化當事人所遭遇的人際難處是常見的衝突議題，如剛結婚第一年是必要的磨合期、不同世代教養孩子的差異是家庭常需協商的歷程等。或者，諮商師也會重新建構其人際衝突，或自責中存有對重要他人深度的重視或感人的關愛；如，與父母有生涯抉擇衝突的大學生，除了肯定他已有生涯發展規劃的能力，以及他相當在意父母的理解與祝福，並可進一步表示其猶豫痛苦，或許代表一種多方考量的寬容但仍有自己的堅持所致。亦即，對於常使用「間接溝通」的華人，SFBT 諮商師會一般化及重新建構出存在其中的人際深層情感，如此常會融化或冷卻當事人強烈的情緒，而轉化自責成為目標動力（Hsu & Wang, 2011）。進而，諮商師可使用關係問句結合假設問句繼續探問：「如果你的父母知道你這麼把他們的想法放在心上，或發現你這麼希望獲得他們對你的信任與認可，你猜，他們可能會有什麼反應？」「如果你的父母知道你是懂事長大、想要獨立且希望他們不用再為你操心，而不是拒絕他們的付出、沒考慮他們的擔憂，你想他們會有什麼不同？」凸顯華人社會關係中常有的深層善意於解決人際衝突，常引發當事人對自己所需產生肯定同理，也激發當事人開始構思如何真正地表達出自己的目標及對他人善意的理解，而提高願意突破平日溝通模式的勇氣與決心。

（三）同時考量關係雙方的知覺

　　由於華人在決定目標與行動時常會考慮社會的觀點，特別是對家庭需求的看重，因此諮商師需要尊重當事人所重視的社會重要他人之影響力與情感連結。在處理人際衝突的議題中，可於理解支持當事人的同時，大量使用關係問句來幫助當事人擴大視

野，同時再次邀請當事人思索重要他人的立場與價值，並從中認識到對方與自己在目標或行動的差異，如：「由於妳和妳先生都很在意公公對妳的看法，所以我想問一下，以妳公公的角度，他究竟認為要有什麼表現才是好媳婦？」「以你導師的角度來看，他需要看到什麼才會讚許你是一個對班上有貢獻的學生？」「若有機會訪問你的導師，他會說這些期待對他來說何以這麼重要？」促發當事人再次檢視彼此的在乎與相對位置，將開始有協商目標的可能，或能應用於溝通時的預備。在探討當事人及主要他人各自目標的過程中，由於華人看重對所屬團體的貢獻，對於所謂的「犧牲奉獻」是特別肯定的，所以諮商師需要小心地不要再次以重要他人的期待直接壓迫到當事人，而需要與當事人確認其所認同的部分何在，並以提高自我價值的方式，讓當事人找到雙方「共識」之處以採取後續行動。例如，如何「知己知彼」常是一個有用的引導：「對於妳先生希望妳也能好好照顧小姑、小叔的這個期望，妳同意的是什麼？不能同意的是什麼？」「就妳對妳婆婆價值觀的了解，妳要怎麼『幫助』妳婆婆，讓她理解妳的想法與用心？」亦即，「人際『雙贏』」或同時考量自我與他人需求的設想，常讓華人當事人更安心地穩住自己，也較容易獲得周圍支持的行動。

（四）社會角色的責任，激發改變的決心

不少華人以社會角色定位自己的生活價值與生命意義，也常會為了照顧重要他人福祉而產生強烈的改變動機。例如，當面對希望孩子有所成就但尚未意識到需要自己調整教養方式的父母親，諮商師或可從父母對孩子失望、憤怒或擔憂家教不嚴格的自責中，先行重新建構其為孩子考量未來種種的用心，並深深肯定其期許成為好父母的責任感，然後再用假設問句或奇蹟問句釐清父母對孩子「望子成龍」的具體目標，之後，再倒回來引導父母思考，究竟需要採取什麼樣的建設性教養方式，才能有效促進孩子「成龍成鳳」的可能性。如此，常讓當事人自然而然地願意修改原有可能過於保護孩子或傷害孩子的言行。此又好比「為母則強」的原理一般，一些華人當事人不見得會為自己的利益而努力，但會為了看重的人能有所獲益而願意更加調整自己、強壯自己，例如：「對於家庭，你很有責任感，也很重視你的家人。所以，當你能停止喝酒時，你家人的生活會有什麼改變？你太太的心情會有何不同？這又會如何影響你太太照顧孩子？」「妳是一個這麼看重孩子的母親。當妳能夠睡眠穩定時，妳的情緒就會穩定，便能照顧好孩子。為了能好好照顧孩子，妳需要什麼才能幫助自己睡眠穩定或情緒穩定？」類似於此，對於被重要他人轉介來的非自願當事人，亦先肯定他願意為這些人前來，並從其理由中，反映轉介者與來談者之間的相互情感與照應（如：不

讓對方擔心而願意前來），而開啟對話的可能性；尤其，談到當事人若有意願改變後，對他自己、對重要他人及彼此的互動會有何正面影響、意義或益處（如：讓對方安心、家庭氣氛平和），有時將會影響當事人原有的拒絕改變立場，而願意開始思考突破的可能。

（五）美好互動記憶提供正向情感與有效策略

SFBT 諮商師經常結合關係問句與評量問句，不評價地邀請當事人在看到自己與對方知覺上的共識或落差之際，也同時回顧過去有效的互動策略，以確立可以開始嘗試的預備方向。例如：「以 1 到 10 分，妳對目前婚姻的滿意度是幾分，若 10 分是很高，1 分是很低的話？」「妳何以會打這個分數？妳做了什麼？妳先生做了什麼？」「那麼，妳的先生在同一個量尺上會打幾分？」「妳猜妳先生何以會打這個分數？」「妳與先生各自看重的是什麼？共同在意的又是什麼？」「若朝向你們期待的方向前進一步，參考之前你們所做的，以及妳與先生的立場，妳覺得如果發生什麼，妳的評分可能會提高 1 分？」「當妳先生看到什麼時，他的評分也會增加 1 分？」深入探討過去例外成功經驗及過往類似情境的解決方案是很重要、也很實際的作法，因為這些美好的經驗曾經發生過，表示在當事人的人際脈絡中常是有條件可以再次發生的，但是諮商師要能從當事人充滿負向情緒與抱怨的言語中，辨認出這些例外的存在性，如：「你剛說，你很感慨你們『曾經』也能好好相處，我可以先多問一下，『曾經』是指什麼時候？那時怎麼能夠好好相處？」亦即，SFBT 諮商師不會以西方社會表達愛的方式來左右華人當事人，反而會探討他們目前「能夠做到」、「願意去做」的方式，以及同時為對方能夠接受的奏效策略。當然，若當事人有意願練習新的方式時，也都需要考量自己與對方目前所能接受的程度，再逐步練習前進；例如，不是立即要求自己能以口語表達愛意，而是先如以前拍拍對方肩膀，然後再新增簡單生活問候，一步步地邁向口語示愛。一如 SFBT「小改變會滾動成大改變」的信念，在華人人際互動關係如此緊密之下，任何一點點正面小改變的發生，即容易為對方所覺察，也容易帶來系統循環的擴大與強化。

（六）關注人際迴圈的作用，借力使人

由於人際關係是相互循環影響的，若當事人與重要他人的期待相違背並決定堅持自己的目標時，考量系統互動的 SFBT 諮商師，常會與華人當事人討論「如何增加別人認同的方法」，因為獲得他人的支持，常是華人的人際需求之一。例如，在引導成

人孩子向父母爭取更高的自主性時，也能同時考慮到父母的擔憂，期望與標準，而能在朝向自己決定的方向上，增加讓父母安心的選項或賞識的機會，即使需要等待一段時間，如：「如果你的爸媽看到你做些什麼或展現什麼時，就會比較安心於當作家這個選擇真的是你要的或適合你的？」倘若當事人無法改變重要他人的想法，「如何承受與面對」別人可能的評論（如自私）或反應（如失望），像是「如何願意」與「如何能夠」做到的具體自我調適方法或回應他人的策略，常是一個需要詳細討論的因應方向；如此，當事人才能經得住他人反對的激盪，也才能使當事人在人際紛爭中，繼續穩定地朝向所欲目標邁進，而不會因為再次遭受打擊而退縮。當然，由於社會關係的複雜度，華人當事人需要不斷嘗試與確認「自己目前能夠與願意承擔」的決定；亦即，在當事人進行嘗試後，常會根據實際體驗而隨時調整自己原有目標。例如，當事人於努力後發現，父母因為關愛而願意讓步，這份超出預期的正向突破，有時會讓當事人也願意做某向度的退讓；或者，於溝通後，仍然感受到孩子強烈失望與先生無暇顧及家庭條件下，決定暫時放棄個人升遷的機會等。如此，討論如何消化與調適自己的「放下」，是一個後續的可能方向。

　　明顯可知，為家族治療一支的 SFBT，能理解與善用人際迴圈的循環影響力，而其關係問句的大量應用，常會引發重視社會關係的華人進行有效的思考，而能在尊重所處的各項人際階層與現有生活脈絡中，踏實安全的突破。SFBT 諮商師持續中立尊重與同步陪伴的對話，在華人當事人修建人際網絡時，是一相當重要的支持力量；當然，諮商師需要在考量當事人在意的社會關係之認可與平衡下，發展個人自治性與合適的人我界線，但又不陷入西方人際的追求價值（Hsu & Kuo, 2016）。亦即，由於當事人與不同關係型態或不同親密度者的互動方式都會有差異，對於華人當事人如何採取有效的人際行動來達成所謂良好的目標，諮商師仍需保持著一貫未知的態度，而非以西方人際互動（如：平起平坐、人我界線等）準則來予以引導、建議或質疑。尤其，臺灣社會深受西方世界價值的洗禮，然東方思維仍舊深厚，而不同世代者亦有其不同的價值觀，因而也有各種價值的混淆與衝突，是諮商師特別需要小心釐清與同步跟進之處。一如 SFBT 創始人 Berg（1994）所倡議，諮商師不應企圖推翻、瓦解當事人的信念系統，而是應尊重當事人個人、家庭及文化的價值與界線（引自 Hsu & Wang, 2011）。

參、SFBT 諮商歷程案例說明

　　大三的永定，被系上老師轉介到學校諮商中心。第一次晤談時，他垂頭喪氣地走進諮商室，對於諮商師任何的招呼，都有氣沒力地回應著。

諮商師：「今日來到這裡，會特別希望能有什麼收穫與幫忙嗎？」（以成果問句期待了解他的來談目標，並展現尊重其諮商方向的目標導向色彩。）

永　定：「我又沒有礙到別人，我只是想睡覺啊。我怎麼知道我們系上的老師要我來幹什麼？」無奈地回應著。

諮商師：「你好像有些困惑為何要來。雖然如此，但你還是來了。」（輕輕肯定，嘗試建立關係。）

永　定：「能不來嗎？我爸媽囉囉嗦嗦的。」嘆了口氣說。

諮商師：「他們都說了些什麼？」關懷地問。

永　定：「還不是畢業很重要、別讓我們擔心啊，之類的。唉！我知道我再不來，他們就會更擔心。」

諮商師：「看起來你並不想讓父母擔心，而這情況也有一段時間了。」（認可地反映他的在乎與表達中的重點。）

永定側身，點了個頭。

諮商師：「那你也想要畢業嗎？」（企圖尋找他的目標。）

永　定：「嗯啊。」

諮商師：「那我不是很懂，系上老師要你來，跟你一直睡覺，和父母擔心，以及畢業之間的關係，你可以多說明一下嗎？」（不預設地探問。）

沉默一陣子後，永定開始說。

永　定：「就是……我們同寢的學長……他……假日爬山的時候，突然……就是……在山上心肌梗塞……就過世了。所以啊，我們寢室的每個人啊，都被叫來這裡輔導。我就一直不願意來啊。那，我就是……他過世，我也很難過啊，……就是這一兩個月裡，我只想睡覺啊，沒去上課啊，系上老師就通知爸媽啊……」表情凝重地訴說著。

諮商師：「謝謝你讓我知道這些。相信發生這樣大的事情，對周遭的人或親近的人，都會有相當程度的影響的。」（嘗試一般化地接納。）

永　定：「是啊。我知道我被影響很大啦。」他摸摸鼻子地同意。

諮商師：「影響很大。那對你的影響是什麼呢？」（順著他的同意多加詢問。）

永　定：「我也不是很確定。」不想再多說地蹺起腳來。

諮商師：「那我再跟你確認一下，雖然是系上老師和爸媽希望你來談，他們在意你一直睡覺，以及擔心影響到畢業，你也不希望他們擔心你，所以你還是來了。那麼，如果可能，如果我們談了什麼，會讓你本人覺得來到這裡是值得的？」（再次展現非病理化與尊重地想要確認他的目標。）

永　定：「我也不知道。」思索很久地：「反正我就是很討厭聽到什麼節哀順變啦，人死不能復生啊。」他開始回應了。

諮商師：「討厭？怎麼說？」

永　定：「就是討厭！」語氣加重。

諮商師：「節哀順變、人死不能復生，好像都是在講不需要再悲傷之類的意思。」（嘗試反映。）

永　定：「對。怎麼可能一下子就不悲傷，人心又不是機器，想規定怎樣就能怎樣的。」

諮商師：「是的，尤其是面對突然的死亡，特別是親近在意的人，是很難一下子不悲傷的，也不是規定不悲傷就可以立刻不悲傷的。」（一般化地同意他的觀點。）

永　定：「那為什麼他們要那樣一直對我說。」突然紅著眼眶，低頭委屈地、緩緩地繼續說：「我跟學長很要好的，同寢了三年，他很照顧我。……是啦，我也知道不應該再傷心了，但我沒辦法。我也覺得很丟臉啊。我那學長以前也常喊著，男兒有淚不輕彈啊，老愛提醒我平日要堅強點。可是……這事情我實在沒辦法。」他的眼眶更加脹紅。

諮商師：「原來，你跟學長這麼要好，又很看重他說的話……。對自己這麼重要的人，突然離世，希望在一兩個月裡就平復下來，即使對一位男性，都是很不容易的事情。」（持續接納地展現去病理化的態度。）

永　定：「是嗎？……對啊，……應該是這樣想才對啊。」靜默一會兒：「你知道我學長多優秀、對我多重要嗎？他是我的偶像啊！」

　　於是，永定開始訴說他眼中的學長與他們相處的記憶，以及他在難過中的種種想念，淚水也很自然地流下，諮商師好奇地傾聽著、跟隨著。

諮商師：「那麼，在你想起他的時候，你都怎麼消化這份想念或難過的呢？」
　　　　（嘗試詢問如何因應。）

永　定：「能怎麼辦，大家又怕我太傷心了，一直跟我說那些什麼……如果我太
　　　　難過，一直想念學長，他會更難平靜離開什麼的，那我能怎麼辦，我一
　　　　想，頭就昏，只好去睡覺啊。」

諮商師：「你是想念學長的，會難過他的突然離開人世。你不同意別人說的節哀
　　　　順變之類的，但是，讓你在乎的是學長能否平靜離開的這種說法，所以
　　　　會頭昏想睡覺？」（嘗試彙整他的解釋與看重。）

永　定：「嗯。我還是希望他在天有靈啦，他很堅強的啦，他『平安離開』我們
　　　　是沒問題的啦，他那麼堅強。我是怕他又笑我，我又讓他失望，讓他在
　　　　天之靈看到我這麼不堅強。」他說出了心中的理由。

諮商師：「那麼，如果學長在天有靈，你希望他看到現在的你是什麼樣子？」
　　　　（嘗試從諸多外在聲音及個人的擔憂中拉出，再從最在意的關係裡，釐
　　　　清他的想要。）

永　定：「我不知道。」緊咬嘴唇不願意再說。看著時鐘：「老師，那個，時間
　　　　到了，我可以走了嗎？」

　　結束前，諮商師回饋。

諮商師：「今天很高興你願意給我一個機會認識你。從今天跟你的談話，我知道
　　　　來到這裡，是因為你不希望讓爸媽及系上老師擔心你，你也希望順利畢
　　　　業。今天我聽到你與學長感情這麼好，你很重視他，他很優秀，也幫你
　　　　很多忙，所以他的突然離世，實在對你是一個很大的影響。因為他對你
　　　　這麼特別，這份影響當然會是很大的，會需要一段時間來平復下來，這
　　　　也是很自然的事。我還聽到你說，你會選擇睡覺的原因，是和別人希望
　　　　你不要再傷心，以及你在學長眼中是否不堅強有關係。但是，你的睡覺
　　　　與傷心也正反映著一份想念學長很深的、很可貴的心意，對你來說，也
　　　　是非常重要、非常有意義的一份哀悼。」永定聆聽著，眼神平和許多地
　　　　點了點頭。

諮商師：「我還是很希望你能繼續來，聽起來，你能繼續來諮商，也會讓爸媽及
　　　　老師更安心些。」永定再次同意。

諮商師：「那麼，我也希望下次你來時，你能讓我知道，你希望在諮商中我們可以做些什麼，或者說，我可以如何幫上你的忙？」（仍將諮商目標的決定權交給他。）

　　第二次晤談時，永定準時到來。從他平和的態度，感覺到合作關係已然建立。

諮商師：「永定，這一週你有什麼不同嗎？有哪些些微的變化？甚至是有哪些好轉？」（嘗試凸顯進展與改變。）

永　定：「差不多吧。」他晃了晃頭。

諮商師：「差不多是指？」

永　定：「日子一樣過啊。上課，吃飯，睡覺。就這樣，很平常。」

諮商師：「聽起來日子過得很平常。但是，如果我沒記錯的話，你的意思是，你這週有開始去上課了？」

永　定：「對啊，上了一點。」他挑了一下眉毛，顯示了一份驚訝。

諮商師：「喔，哪些課啊？」（好奇隱微地肯定。）

永　定：「必修課啊，還有會點名的老師的課，我還是要畢業啊。」

諮商師：「是的，我記得你想要畢業，畢業對你很重要。」（複述他的在乎。）

永　定：「是啊，我家裡環境不好，我很努力才考上這所大學的，我當然要畢業。」

諮商師：「很努力考上的喔。」（讚許地。）

永　定：「是啊，別人都補習，我都不能，只能跟他們借筆記。我需要快點畢業去工作，來分攤爸媽的負擔。」他眼神堅定地表示。

諮商師：「如果你爸媽知道，你仍然想要畢業，也一直把分攤家計放在心上，你猜他們會有什麼反應？」（企圖以重要他人的角度來肯定鼓勵，並跟隨其目標。）

永　定：「那……他們大概會放心一點吧。這陣子他們很擔心，……我也很不好意思。」低頭說著。

諮商師：「他們的放心，對你很重要。你對家裡很有責任感。」（認可他的在意與優點。）

永定點點頭。

諮商師：「那麼，除了珍惜自己一直以來的努力，以及想要順利畢業好分攤家計

的動力之外，這一週你是怎麼讓自己能夠開始上一些課了呢？」（企圖讓進展的歷程更被意識化。）

永　定：「嗯……我想想喔……我同寢室的會來叫我起床，我就跟著他們上課。」

諮商師：「他們會叫你起床？」（注意外在資源。）

永　定：「對，我們都還算關心彼此，老師也有要他們照顧我之類的。」

諮商師：「所以你也願意接受他們的關心與照顧。」（將主控權交還給他。）

永　定：「對啊。」

諮商師：「那他們知道你願意接受他們的關心與照顧嗎？」（啟動人際循環影響。）

永　定：「知道吧，就是很自然的。」

諮商師：「你想，他們對於你願意接受他們叫你起床，然後一起去上課，他們的感受是什麼？」（嘗試連結更多社會支持系統。）

永　定：「放心一點吧。總不好讓大家一直擔心、麻煩。」

諮商師：「你很不想讓大家擔心、麻煩，包括室友、爸媽、老師。」（彙整他的重視。）

永　定：「對啊，已經一兩個月了，總是不好。」他點頭地說。

諮商師：「如果可能，你覺得你變成什麼樣子，他們會更不擔心、麻煩呢？」（以社會關係來鼓勵他，也嘗試了解他願意努力的方向。）

永　定：「回到以前一樣吧，但是我還沒辦法做到。上課，我都已經很難了。」

諮商師：「但至少你有開始上課，在努力幫忙著自己、減少讓別人擔心。」（肯定他已經開始做到的。）

永　定：「但是，我就坐在教室裡面啊、發呆啊，不見得有聽課，就亂亂想啊。」

諮商師：「這跟以前一樣嗎？還是有些不同？」（繼續探索差異有無發生。）

永　定：「看跟什麼時候比啦，跟以前認真上課當然不一樣啊。但是比之前學長剛過世的時候，沒法上課，坐在教室就頭痛啊、想睡覺啊來得好。所以那時，我乾脆回寢室睡算了。」

諮商師：「那麼，你自己會怎麼解釋這個變化？」（繼續引發對進展的覺察。）

永　定：「什麼意思？」

諮商師：「或者，我換個方式問好了，你覺得現在能坐在教室亂亂想的你，跟之前會頭痛、想睡覺的你，在心態上、想法上、情緒上，有什麼不一樣？」

永　定：「喔……就是，嗯……我想起學長的事，是一直想的、亂亂想的，倒是

沒有頭痛。」

諮商師：「這代表著你有什麼樣的轉變？」

永　定：「喔，我知道你的意思了。是啊，我在想學長的時候，就是……沒有不
　　　　准自己想他。不像之前，一想他就罵自己。」

諮商師：「你想，你怎麼能讓自己有這份允許呢？」

永　定：「我不知道。」但仍思考著。

諮商師：「那，想起他的時候，在感覺或內容上有不一樣嗎？」（再次嘗試邀約
　　　　發現進展。）

永　定：「我不知道。我現在會想的是，我可不可以想他，可不可以難過。」

諮商師：「我記得上次你也提到，你討厭別人說節哀順變這類的話，但你更在意
　　　　的是，學長平日說希望你堅強。不過，你這次在說這件事，我看到一個
　　　　不同，你是困惑的，但是會讓自己想他的，即使是亂亂想，但是不會絕
　　　　對不允許自己想他的。」（重新建構並凸顯他的改變。）

永　定：「對，這樣說也可以。因為，上次你說，會想他是很自然的事情，我有
　　　　覺得好一點，覺得自己沒那麼糟。說到這個，老師，這就是我想跟你討
　　　　論的問題。」他小幅同意他的改變。

諮商師：「是指什麼？」（進入下一個諮商目標。）

永　定：「就是，像我剛剛說的啊，我不知道我可不可以想他，可不可以難過。
　　　　但是我一想他，我就難過，不是就很遜了，而且，想到學長會失望，我
　　　　就……覺得，他人都死了，我還這麼對不起他。」

諮商師：「看起來你更能接受自己會想他、會難過，但是你並不希望讓常提醒你
　　　　要堅強的學長失望，即使他已經離開人世了。」

永　定：「對！對！」激動地同意這個方向。

諮商師：「所以，如果可能，對於學長離開、一想起他就會難過的情況，你希望
　　　　自己可以變成什麼樣子來面對？」（想確認希望能取而代之的改變方
　　　　向。）

永　定：「這個……我不知道啊。」猶豫地，再次陷入沉默。

諮商師：「或者說，在這個部分上，你希望諮商可以幫上你什麼忙，即使一開始
　　　　是別人希望你來，而你是不想讓大家擔心才來？」（等待後，配合當事
　　　　人的狀況再次引導當事人確認來談目標，而非由諮商師決定之。）

永　定：「嗯……嗯……我應該，還是希望自己變得堅強吧……」

諮商師：「你希望的那種堅強是什麼樣子？可以多說一點嗎？」（追隨正向目標
　　　　而具體化。）

永　定：「我也不知道，很模糊。」他搖頭。

諮商師：「那麼，我來問你一個很有想像力的問題。如果，今晚你回家，按照平
　　　　日的時間睡覺，然後，在你睡著的期間，有一個奇蹟就這麼發生了，但
　　　　是，因為你在睡覺，你並不知道奇蹟發生了。醒來的時候，你會看到什
　　　　麼訊號，你就知道奇蹟已經發生了。」（以奇蹟問句展開願景圖像。）

永　定：「啊，奇蹟，很難吧。」但他仍思索著：「奇蹟發生後，難道學長人死
　　　　復生喔，這也不可能啊，要夢到他都很難了。」他搖搖頭：「這太難
　　　　了。」

諮商師：「當然，這是一個很不容易的問題。你剛提到夢到他，嗯……，你相信
　　　　『人死後會托夢』的這種說法嗎？」（配合民間習俗，以別的方式改
　　　　問。）

永　定：「我不知道真假，但我還滿希望學長能來看看我們大家，也跟我說說
　　　　話。」

諮商師：「那麼，如果我改這樣問呢？如果，這兩日，其中有一天的晚上，在你
　　　　熟睡的時候，你在夢中看到學長來找你，他跟你說說話，聊一聊，你想
　　　　他會跟你說些什麼？」（以他接受的方式，繼續變成願景勾勒。）

永　定：「我……不知道……我想……他說他過得還好，可能說他這麼年輕就死
　　　　了，很遺憾，但他還能接受。我想學長這麼善良，一定會叫我不要難
　　　　過，要我堅強起來。但是我……」哽咽地。

諮商師：「是啊，你也希望自己堅強。」（肯定他的努力。）

永定點點頭，又沉默了。

諮商師：「如果可能，因為學長非常關心你，向神明要了一個法寶，送給你，是
　　　　可以對你有正面影響的，所以他在夢中搖了一下那個法寶後，你就醒來
　　　　了。醒來後，你也相信這夢境真的有發生，那麼，你可能會有什麼改
　　　　變？」（帶領他繼續回到奇蹟問句。）

永　定：「哈哈，老師你太有想像力了吧。不過，真的有這種事的話，那我可能
　　　　會平靜很多啊。」他笑了起來。

諮商師：「當你平靜很多時，你會怎麼知道？」

永　定：「我就自動起床啊，不用室友叫我，很平常的。」

諮商師：「還有呢？」

永　定：「我起來後，不會頭暈暈的、心亂亂的，是平靜的。」

諮商師：「那麼，室友會看到平靜的你有著什麼表現或做些什麼事情，是最近沒
　　　　有做的呢？」（邀請當事人持續停留於奇蹟願景。）

永　定：「嗯……，會跟他們一起出門買早餐。」

　　諮商師繼續邀請永定描述奇蹟發生後的景象，永定也說了買早餐及趕去上課的細
節。

諮商師：「那麼，當你變得平靜，很像平常一樣，當室友或別人又聊起學長，你
　　　　的反應會有什麼不一樣？」

永　定：「我會……我會很平和，很平和地回答大家想知道的他。」

諮商師：「那你平和的聲音、語氣、態度是什麼樣子呢？別人看到的是什麼樣
　　　　子？說的是什麼呢？」（鼓勵詳細勾勒改變後的圖像。）

永　定：「應該還是有懷念，但不會有哭音，哈。就是我會用很懷念、崇拜的方
　　　　式，但不是傷心的……」他突然眼睛發亮：「對，就是這樣。我應該要
　　　　這樣來跟別人介紹他，對，因為我最了解他。」

諮商師：「如果有一個 10 分的量尺，10 分的位置，是你可以用很平和的、懷念
　　　　的、崇拜的聲音態度，來讓別人更認識他的好，1 分是距離這個方向很
　　　　遠，你覺得現在的你在幾分的位置？」（為在意的人繼續付出，是一提
　　　　升動力的力量。複述他的目標並發掘資源。）

永　定：「3、4 分吧。」

諮商師：「喔，你是怎麼打出這分數的？」（覺察例外的存在。）

永　定：「就是，我很想他、很崇拜他、懷念他。但是我一講起他，還是想哭，
　　　　沒辦法那麼平和。」

諮商師：「那麼，在他剛過世的時候，你的情況也跟現在一樣嗎？還是……」

永　定：「當然現在要好多了，他剛過世那一週簡直是負分，−10 分。」他幽默
　　　　地說。

諮商師：「所以，你怎麼能從 −10 分的情況，到今日 3、4 分的位置呢？」（以
　　　　負分的方式反映他的改變，企圖找到自發因應方法。）

永　定：「嗯……我也不知道，自然而然的。」

諮商師：「那如果有機會問你的室友，他們會說你是怎麼改變這麼大的？」（以他人觀點尋找有效策略。）

永　定：「他們……會說我一直睡覺吧，哈哈。」

諮商師：「所以，你的睡覺，也有某種層面的功能。」（重新建構地。）

永　定：「哈哈，對啊。」

諮商師：「那麼，如果有一天你更穩定在 4 分的位置，不是 3 分或 4 分，你會怎麼知道呢？」（獲取想像微小改變後的細節圖像。）

永　定：「更穩定在 4 分喔，就是，講起他的時候，胸口沒那麼痛。」

諮商師：「還有呢？」

永　定：「還有，白天睡覺睡得少一點。」

諮商師：「那麼，別人還會看到你有什麼不同？即使很小很小的變化。」

永　定：「就是……別人講起他的時候，他們會看到，我不會像現在立刻走開，我會停留久一點吧。」

諮商師：「當你在 4 分的位置，想起學長時，可以胸口不那麼痛，睡覺少一點，別人會看到你不會立刻離開討論學長的場合，那時候的你，可能會是怎麼想學長離開、不希望讓他失望，以及希望自己堅強這些事呢？會跟現在有什麼不一樣？」（彙整他所有的在意與期許，嘗試拓展可能性。）

永　定：「不知道怎麼講。那個，老師，時間好像又到了啊。」

　　結束前，諮商師大大讚美永定的諸多改變，並提醒他在意希望能做到平和地多加介紹學長的好，以及期望自己堅強而不讓學長失望。之後，諮商師邀請永定觀察這一週何時自己是在 4 分的位置，注意那時是怎麼做到的或發生了什麼事情，同時也觀察自己是否還有其他他喜歡的變化，便結束了這次的晤談。

　　於第三次晤談開始，照慣例地，

諮商師：「這一週有發現自己有什麼不同嗎？」

永　定：「有呢，老師，這週大家又在討論學長的事情時，我沒有立刻走開，我就看看自己有什麼反應。」他微笑地說著。

諮商師：「真的？那你是怎麼幫助自己做到的，我知道對你來說並不容易。」（以驚訝的態度強化著。）

永　定：「可能我就試試看，但結果你知道嗎，就是我發現大家都難過啊，所

以，好像不需要跟所謂的堅強非得絕對連在一起。」主動地分享著。

諮商師：「這是指什麼呢？你可以多說一點嗎？」（好奇鼓勵地邀請他解說重要
　　　　的改變。）

永　定：「我發現，想起學長會難過，但不等於不堅強。」

諮商師：「所以你對堅強有了新的想法，好像難過與堅強是可以並存的？還是？」
　　　　（確認他的收穫並釐清之。）

永　定：「對。」

諮商師：「可以再多說一下，那是什麼樣的堅強與難過，以及兩者的並存嗎？」

永　定：「就是我想到，我們這麼難過，是因為我們大家都想著他，是因為他曾
　　　　經幫助這麼多人，我們那麼喜歡他，所以他的影響、他的生命是延續
　　　　的。而我，應該可以為他做些什麼才是。」

諮商師：「這是一個很不容易的體會呢！」

永　定：「是啊，很哲學，但我有開心些，我就是想為他做一些事才有意義。」

諮商師：「如果可能，你會希望為學長做些什麼？」（繼續追問他主動提出的改
　　　　變與目標。）

永　定：「……這……幫他過好他沒過的年輕歲月。」

諮商師：「幫他過好他沒過的年輕歲月，這和堅強的關係是？」（連回他原來的
　　　　目標。）

永　定：「我要堅強地走下去，而我想念他時，會難過，但想完難過後，要更勇
　　　　敢地走下去。有一些同學也有類似的想法呢，應該說，是他們提醒了
　　　　我。」感動地說著。

諮商師：「你猜，如果學長在天有靈，他聽到你說這段話，他的反應會是什麼？」
　　　　欣喜地問。

永　定：「我不太確定，我想應該是高興吧。至少，我這樣想，我很心安。」眼
　　　　眶泛紅地說。

　　於是，他開始訴說他與學長曾經計畫畢業後要如何創業的夢想，以及種種已經談
論的細節；眼神發亮地，雖然，含著淚水。

諮商師：「如果以 1 到 10 分，10 分是很有信心你能在想念他時接受自己難過，
　　　　難過後，仍堅強勇敢地往你們的夢想前進，替他過他沒有走過的青春歲

月，1 分是沒有信心，你現在是在幾分的位置？」（彙整他的目標，引導小步邁進。）

永　定：「3 分。」

諮商師：「你如何打出 3 分這個分數的？」

永　定：「我很希望自己做到，但我現在還是難過的。」

諮商師：「當然，失去他才過一兩個月，仍是很短的日子。所以，現在的你覺得自己需要什麼，才是對你有幫助、有意義的，才能先穩住於 3 分而有機會往上提高 1 分？」（尊重他目前能夠做到的程度，探問可能的下一個可行目標。）

永　定：「我想，……想處理我的難過，我想要這難過能盡快減少。」（再次修正他的目標。）

諮商師：「那麼，這段日子，你有沒有注意到，何時你的難過少一點，或做什麼時，是可以有效處理自己的難過的？」（例外經驗的引發，以找到立刻可用的參考方法。）

永　定：「除了睡覺是嗎？哈哈……嗯……，跟和我一樣在意學長的人在一起時，好像有一種舒服一點的感覺，就是有點『相互取暖』。」

諮商師：「怎麼說呢？」

　　永定開始說明著「相互取暖」的意義，並且根據這個因應的經驗，晤談開始具體討論：如何向這些友人表達自己的需求，刻意增加彼此相處的時間。而此，在晤談前的回饋中，於讚美永定的改變與希望努力的方向後，使之成為這週可嘗試執行的任務。

　　再次碰面時，

永　定：「老師，你是不是又要問我有什麼不一樣。哈，我跟你說，我好一些了。」他俏皮地說，並展現其吸收了焦點解決思維。

諮商師：「對啊，你怎麼知道，這是一定要問的。你說你好一些了，這是怎麼說呢？」（堅持於進展的探問與挺進。）

永　定：「原來，大家都一樣難過。我跟那幾個朋友這一個星期都在一起，因為要考期中考了，我們就是窩在一起，做該做的事情，念書什麼的，沒怎麼講話，但每一個人都是安心的。」

諮商師：「你真的去跟他們說你想跟他們多在一起了。你怎麼做到的？」

永　定：「就是照我們上次討論的方法啊，直接講，把我們的討論念一遍。雖然
　　　　一開始講會有些尷尬，結果大家講開了，都有鬆一口氣的感覺，因為大
　　　　家早就想聚聚了。」

諮商師：「你剛說每一個人都是『安心』的，那是指什麼？」（回到另一個進
　　　　展。）

永　定：「就是彼此很支持，心情平靜啊。然後，我們還發起一個儀式，誰想到
　　　　學長，他就唱歌，然後我們就把那首歌唱完。」自顧自地說他想說的話。

諮商師：「唱歌？」（好奇欣賞地引導進展的細節。）

永　定：「對，有一次學長跟我們一起帶活動時，我們的隊歌。」

　　永定又開始詳細地分享這份回憶，解說著歌曲的由來，也回答了諮商師詢問大家
唱歌時內心的感動所在，更使這份療效凸顯於心。

諮商師：「還有呢？你還有什麼不一樣嗎？」（引發差異帶動更多差異。）

永　定：「你是說睡覺嗎？哈哈，有啦，我少睡很多了，睡覺也跟那些朋友窩在
　　　　一起，因為，有一個人在外面有租房子啦。那個朋友說，我可以隨時去
　　　　他那裡。」

諮商師：「真的，他為什麼願意對你這樣大方？」（企圖將資源連結到他的優
　　　　勢。）

永　定：「因為，怎麼說，他說我很善良啊，對學長很在意。他也很在意學長，
　　　　他說，他也想幫學長照顧學長在意的人。」感動地說。

諮商師：「你們都很願意幫學長做些事情，尤其互相替他照顧在意的人。」

永　定：「對，所以我們就是計畫如何去做本來學長曾說過要做的事情。」他開
　　　　始詳列他們的計畫，充滿能量地。

諮商師：「那，爸媽和老師知道這些事情了嗎？」（連結回轉介系統。）

永　定：「我有跟我爸媽講，他們安心多了。系上老師是別的同學去跟老師講
　　　　的，他們應該也知道了，大家都說我看起來有精神多了。你看，我也願
　　　　意刮一下鬍子了。」

諮商師：「對，你看來更有精神，刮了鬍子，也很帥呢。你真的有了很大的變化
　　　　呢。」（大大地肯定之。）

於是，諮商師彙整著永定的自助方式：找這群朋友陪伴，使用他們發明的各種懷念學長的儀式，接受著自己難過後，再開始做該做的事情，尤其是上課，以及能為學長做一些事情，包括照顧相關的人、朝未來夢想前進。循環著這樣的模式，永定也表示可以更安心地度過每一天。

聆聽諮商師再次回顧這一週他的具體改變歷程後，永定主動地想拉長兩次晤談的間隔，表示想檢查這樣的自我協助歷程是否足夠，或者還需要如何調整，希望過一陣子之後再回來與諮商師分享。於是，這次諮商在重複確認永定的目標、討論如何維持永定的改變，以及約定下次碰面的時間後，於充滿希望的氣氛下暫時告一段落。

肆、結語：與華人文化相容中的前進

每一個文化環境對於不同的諮商學派會有不同的接受反應，也與之有著不同的互動。關於各諮商學派在臺灣華人文化的適用性，以及如何依據文化需求來調整介入方式以提高適用性，一直是一項被關注的重要議題。

SFBT 是「希望與尊重的實用主義」（pragmatics of hope and respect）（Berg & Dolan, 2001），透過積極邀請當事人勾勒更為滿意的未來願景，釐清現今的期望、動機與信心程度，以滋長當事人對生活的希望感與行動意願；透過建構解決之道的歷程，常會讓當事人察覺與善用更多既存的個人優勢與現實生活中的資源，學習負責任地執行自身責任，懂得採用使生活更為成功的最佳選擇與行動，而逐漸成熟地發展「我是誰」與「自我決定」（許維素，2014）。因而 Cheung（2009）、Holyoakea 與 Goldingb（2012）認為強調個人幸福（wellbeing）與自治性的 SFBT，看似應仍是以西方個人主義世界觀為基礎的。然而，Corey（2013）則強調 SFBT 諸多的特徵，相當適用於多元文化諮商；如 Holyoake 與 Golding（2012）所言，SFBT 諮商師在諮商對話中較少強調個人主義，而是維持一個中立平等的未知態度，讓當事人在「去專家化」的關係中及多元文化框架下進行敘說，並以當事人所偏愛的社會表現來深究之，因之文化意義將被大大地凸顯出來，而可與多種文化價值有所相容，包括與華人的集體主義文化。

一、「專家」地位的穩坐

SFBT 諮商師「去專家化」的未知開啟，對華人當事人而言，一如「去病理化」的除標籤作用，是相當重要的尊重力量，但是，也如 Cheung（2009）、 Corey（2013），以及 Lightfoot Jr.（2014）所提及，不少當事人（包括華人）仍然期待諮商

師的專家角色與提供建議，若這些當事人對此太過失望，反而會造成對諮商的不信任。對於 SFBT「去專家化」的強調，可以 SFBT 對諮商師與當事人之間的互動關係的論點來加以說明，可能會更為合適於臺灣文化的應用性。亦即，SFBT 諮商師是一個「改變對話專家」（the experts on the conversation of change），能創造改變環境脈絡更朝目標導向與資源化，但卻不主導改變內容；在諮商師這位邀請當事人探索優勢、願景與行動的專家面前，當事人是他自身生命與生活的專家、是諮商過程的「決定者」，以及真正創造成功的主體所在（許維素，2014；Thomas, 2013）。期許能讓當事人感受到諮商師所展現出的態度是：「諮商師與當事人都是『專家』，但為『不同』的專家」，如此，將能保有 SFBT 諮商師「身後一步引導」、「去專家化」的未知姿態，也能使看重專家地位的華人不致質疑諮商師的位置，並對諮商師存有足夠的信心而能投入諮商。甚至，透過被視為生命與生活的專家來對待，以及在諮商中平等對話的練習，讓當事人更敢肯定自己、表現自己、成為自己，並提升接納現實與自我決定之自治性。當然，在此過程，諮商師如何展現尊重平等合作之姿，同時又不被華人當事人質疑其專家專業性的穩定態勢，亦為華人文化人際互動中的一門學問。

二、諮商中善用富有文化意涵的語言

Bavelas 等人（2013）認為 SFBT 的獨特性即在於晤談的治療對話及其可觀察的溝通與社會互動，此正如後現代派別相當關注當事人的語言表述及諮商師的語言運用，以及故事敘說常在隨時發生的社會互動中，產生暫時性的共構內容。語言與文化的意涵大有關聯，諮商室內的社會互動，則至少包含了諮商對話及當事人的人際系統。SFBT 諮商師並不對當事人所言進行臆測，重視當事人口語表達出來的內容，以及其真實經驗與重要記憶，尊重其主觀知覺，如於文化裡對各種角色、詞彙、行動等的定位或期待，而此經驗、記憶與定位，皆與文化系統中的社會觀點與成長價值有著密切的關聯與相容。系統導向的 SFBT 還相當關注當事人與周圍系統的互動及交互影響力，認為當事人個人經驗的語言描述（如，對問題、目標、進展的界定），是需要考量其在文化與社會系統下，「有何出現且可被辨認」的改變，而且，透過社會互動對話、行動的新結果，當事人的目標與進展也會隨時有所調整變化（Holyoake & Golding, 2012）。所以，SFBT 的人性觀點與諮商專業價值，特別能化解華人對諮商容易持有的負向觀點，且較能獲得華人當事人的文化獨特合作方式並激發其高度改變動力，而能於快速增加改變成效下，產生短期諮商的效益（Ratner et al., 2012）。一如 SFBT 與其他文化團體工作一般，「文化」的變項是自然涵容於諮商歷程中的。

在 SFBT 晤談中，諮商師透過持續傾聽（listen）、選擇（select）、建構（build）而與當事人身處於一個共同建構的歷程，讓當事人可以用新的、不同的方式來談論自己與他們的情境，讓所欲未來及優勢資源都成為一種現實，以能創建新的意義與解決之道的可能性（De Jong & Berg, 2012）。關於諮商師語言的運用，諮商技術是主軸展現。於 SFBT 晤談中，基本諮商技術仍會發揮作用，如摘要、複述，以及引導的鋪陳；然而，SFBT 諮商師會更側重採用當事人原有的用字，以尊重個人語言中的文化意涵、多次重複當事人的在乎與優勢，以期貼近當事人的推論架構，並鼓勵當事人對達成目標產生更多的承諾。

而 SFBT 代表技術的使用，在臺灣多年的實施經驗中，根據前述種種，也因文化系統而可以有特別側重與調整的介入方法。舉例而言，重新建構結合一般化的使用，乃就當事人認同的價值中凸顯其難得的美好，同時反映著諮商師對於生命各歷程與生活各情境的多方理解與寬容接納；相較於美加地區 SFBT 文獻，重新建構與一般化於晤談中運用甚多，且特別為華人當事人所接受。這可能是因為一般化與重新建構的技巧，與台灣人既存且給予高度評價的「轉念」為類似的觀點，也可能是因為諮商師提出當事人未特別關注的思考向度，而滿足諮商師被期待「能提出專業觀點」專家角色。再者，關於當事人願景的勾勒與釐清，是 SFBT 重要的晤談方向，探討所謂「最為理想」的情境，亦為華人當事人所看重；而常用來引發願景想像的奇蹟問句的語言、時機與變化應用，是相當需要諮商師敏感於當事人能夠接受的速度與認可的語言，才能奏效，面對華人時亦然；當然，諮商師也可以使用華人容易接受的假設問句與評量問句來發揮類似的諮商效益，但是，應用奇蹟問句中「突然產生奇蹟般的變化」之想像，因與華人慣有的思維不同，往往會帶來驚奇的效果，所以仍是一個值得嘗試且不應輕易被放棄的技術。

其次，參考當事人的例外經驗及所欲目標，往往能協助當事人即刻採取對目前生活實際有效的行動，對於華人當事人是非常重要的希望感與掌握感來源，也是滿足華人認為前來諮商即是要能立即有所突破前進的期待；至於，例外問句及因應問句的優勢導向，為華人當事人（特別是青少年）所愛，其深深補足華人文化中不習於讚美及高度期待被社會認可的需求，而帶來提高自尊感的療效；然而，於讚賞中如何精準緊扣當事人在意的面向與接受的程度，是諮商師需特別斟酌之處，而「與問題共處」、「不使情況更糟」等哲學，也是值得在諮商歷程中多加提醒之處。最後，社會關係的支持則是華人當事人可大大善用的力量資源，而於行動中需顧及社會所屬群體的輿論及重要他人的思維（如期待與肯定之處），常是華人當事人能否突破困境相當重要的

關鍵，也會特別影響著當事人改變與進展的維持性，因此，在考量當事人的個人目標之下，顧及他人觀點並探討人際循環效益的關係問句，是晤談歷程中相當重要的穿針引線工具，也是與西方社會相較下會更多使用的介入方向。

三、發揮「活在當下」之東方禪學，創造生命的可能性

顯見 SFBT 的諮商對話歷程，有其獨特的語言運作效益；擴大與轉換個人主觀知覺，是 SFBT 主要的工作軸線。語言與知覺深含文化價值運作，SFBT 與臺灣社會的華人文化系統，有其相容的價值。舉例而言，SFBT問句中蘊含高度同理的深度欣賞，以及細微具體有效策略實證的鼓勵，常幫助當事人朝向「倖存者」與「主動因應者」的位置挪移，而更遠離「受害者」的立場，也能滿足華人「反求諸己」的自我負責期許。尤其，SFBT自晤談一開始，即邀請當事人提出目前最大期望（best hope），所討論的行動是即刻可以嘗試的步驟，進展與變化也會再次改變當事人的後續諮商目標與個人現今知覺；而在問題消失之前，當事人仍需先「與問題共處」，並提升在此期間的自我照顧能力。因此 SFBT 諮商師會著重與當事人探討目前所能掌握的資源、如何朝向此刻的目標、採取目前能夠承擔的行動繼續前進，至少能懂得如何穩住現在的自己而不致更糟，或能知道在此階段如何從低谷中再次走出。凡此，在在彰顯著「活在當下」的東方哲學，以及重視「此時此刻」的人生價值（許維素，2014）。是以，SFBT 堅持改變是隨時在發生，生命的可能性及更佳改變是很有可能出現的，而此，也再次呼應華人文化中「人生無常」之理念，並和「福禍相生、正負辯證」、「相生又相剋、否極則泰來」的思維不謀而合（黃宗堅，2007；劉淑慧、盧怡任、彭心怡、洪瑞斌，2013）。

如 SFBT 創始人之一 De Shazer 所言，心理諮商是一種「語言遊戲」（language game），諮商師的晤談技術乃有療效的設計意圖，不同的諮商取向創造了當事人不同的故事敘說及迥異真實經驗（Cade, 2001）。當事人在回答各種SFBT代表性問句的同時，自然接受了各問句中鑲嵌的預設立場，如：自己是擁有資源與自發力量的、改變是有可能的、目標是由自己決定的、生命是充滿希望等。順著各問句引導方向，藉由自身語言的表述，當事人將能從關注問題的同時，覺察到自身的願景、目標與資源，認識了自己的推論架構，以及在現實環境的相對位置，因而常能產生新的決定與行動，正向情緒自然而至（Kim & Franklin, 2015）。然而，語言並非中立的，是充滿意義建構、有高度影響力的，也常決定了個人所謂真實的內涵。SFBT 看重的是個人以語言為表達媒介的主觀詮釋，非常強調諮商師在運用各種技術時，亦需要同步於當事

人的語言習慣（包括：口語簡易化、成語的意涵、與地方用語的正面性、其關鍵詞彙的選用等），而此同步也包含著尊重與理解當事人對求助、苦難、情緒、禁忌、對錯、幸福、美滿等共有的文化價值與個人觀點，並需要在當事人認同的改變方向或人際互動上，催化其所欲目標的發生。亦即，SFBT 諮商師需要時刻覺察並放下內心的專家理論，以能精準地理解與跟隨當事人改變的內涵與速度，在企圖接納當事人負向知覺並釐清隱而未覺的既存力量時，需要對文化生活中的共同現象及難能可貴有所反思，也能貼近當事人目前的主觀生命與情緒脈絡，持續展現高層次的同理，不預設地跟進其所欲願景與行動，以真正增加、擴大生命可能性的機會。是以，SFBT 強調諮商師需要在「困難的情境中，保持簡單的想法」，避免病理化與解釋內在機轉，而擁有著一顆「單純簡單」的心──簡單並非簡化，簡單卻不容易。SFBT 真真是一個實務導向又深藏奧妙「禪風」的極簡哲學（許維素，2014）！

四、小結

正如 Zamarripa（2009）所言，SFBT 可適用於各種文化群體，只要諮商師是「真的跟隨當事人的引導」！Lightfoot Jr.（2014）亦提及，SFBT 以當事人所屬文化背景的故事為焦點，諮商師不對其故事及文化背景有所預設或以專家世界觀為主軸，乃扮演一個主動的位置，將當事人從被壓迫的社會文化價值中解放出來，而能找到真正所欲的目標，並以社會文化所能接受的小步驟向前邁進。所以，SFBT 的諮商專業價值看似與華人文化有著文化的對立性（如，賦能讚美對照反求諸己），但實際上卻有高度的文化互補性與相容度（陳秉華，2006）。透過 SFBT 的對話歷程，期許能有助於讓華人當事人從遭逢文化定義的「苦」，朝往文化價值認可的「好」，並逐步轉移地前進著……

討論問題

1. 以 1 分到 10 分，對於 SFBT 此一學派，我的理解是幾分？認同是幾分？應用程度又是幾分？何以各打這些分數？若發生什麼，將會有機會各自上升 1 分？
2. 對 SFBT 於臺灣華人文化的適用性，我認同的是什麼？不認同的是什麼？理由各是什麼？
3. 我注意到，為因應文化所需，運用 SFBT 時若有哪些調整，將能更適用於華人社會中的諮商工作？

學習活動 ● ● ●

1. 請就本文中所論及 SFBT 適用於華人文化的理由及調整方式，進行彙整，並討論個人觀點。

2. 請就文章中的案例，分析 SFBT 原則與技術所發揮的效益，以及其如何穿透文化議題而推進改變。

參考文獻

中文部分

林家興（2014）。臺灣諮商心理師執業現況與執業意見之調查研究。**教育心理學報，45**（3），279-302。

宮火良、許維素（2015）。焦點解決短期療法應用效果的分析。**心理與行為研究，13**（6），799-803。（簡體版）

黃宗堅（2007）。**從文化心理學再思華人家庭關係：一些田野經驗的觀察**。論文發表於國立彰化師範大學舉辦之「2007 家族治療學術研討會主題論壇」，彰化市。

陳秉華（2006）。焦點解決理念的文化分析與對話。載於李玉嬋、林世莉、洪莉竹、張佳雯、張德聰、許維素、陳秉華、葉貞屏、樊雪春（合著），陳秉華、許維素（校閱），**焦點解決諮商的多元應用**（頁 443-468）。臺北市：張老師。

許維素（2014）。**焦點解決短期治療：理論與實務**。新北市：心理。

許維素、陳宣融（2015）。焦點解決短期治療於臺灣學校輔導的應用成效。**心理研究 8**（4），16-22。

劉淑慧、盧怡任、彭心怡、洪瑞斌（2013）。**易經變易哲學對生涯諮商的啟發**。論文發表於台灣輔導與諮商學會舉辦之「2013 年暨學術研討會——走入吾土與吾民：輔導與諮商的本土化與在地化」，臺北市。

英文部分

Bavelas, J., De Jong, P., Franklin, C., Froerer, A., Gingerich, W., Kim, J., Korman, H., Langer, S., Lee, M. Y., McCollum, E. E., Jordan, S. S., & Trepper, T. S. (2013). *Solution-focused*

therapy treatment manual for working with individuals (2nd ed.). Retrieved September 15, 2015, from http://www.sfbta.org/research.html

Bayard, G. L., Rambo, A., & Richartz, J. (2015). Culturally competent solution-focused conversations with Caribbean American youth: A case example. *International Journal of Soution Focused Practice, 3*(1), 1-7.

Berg, I. K. (2003). *Supervision and mentoring in child welfare services: Guidelines and serategies*. Retrieved from http://www.sfbtu.org

Berg, I. K., & Dolan, Y. (2001). *Tales of solution: A Collection of hope-inspiring stories*. New York, NY: W. W. Norton & Company.

Bond, C., Woods, K., Humphrey, N., Symes, W., & Green, L. (2013). The effectiveness of solution focused brief therapy with children and families: A systematic and critical evaluation of the literature from 1990-2010. *Journal of Child Psychology and Psychiatry, 54*, 707-723.

Cade, B. (2001). Building alternative futures: The solution-focused approach. In S. Cullari (Ed.), *Counselling and psychotherapy*. Needham Heights, MA: Allyn and Bacon.

Cheung, S. (2009). Solution-focused brief therapy. In J. Bray & M. Stanton (Eds.), *The Wiley-Blackwell Handbook of Family Psychology* (pp. 212-225). West Sussex, UK: Wiley-Blackwell Publishers.

Corey, G. (2013). *The theory and practice of counseling and psychotherapy* (10th ed). Pacific Grove, CA: Brooks/Cole.

De Jong, P. D., & Berg, I. K. (2012). *Interview for solutions* (4th ed.). Pacific Grove, CA: Brooks/Cole.

De Shazer, S., Dolan, Y. M., Korman, H., & Trepper. T. (2007). *More than miracles: The state of the art of solution-focused brief therapy*. Philadelphia, PA: Haworth Press.

Franklin, C., Trepper, T., McCollum, E., & Gingerich, W. (2012). *Solution-Focused brief therapy: A handbook of evidence-based practice*. New York, NY: Oxford Univesity Press.

Froerer, A. S., & Connie, E. E. (2016). Solution-building, the foundation of solution-focused brief therapy: A qualitative Dephi study. *Journal of Family Psychotherapy, 27*(1), 20-34.

Gingerich, W. J., & Peterson, L. T. (2013). Effectiveness of solution-focused brief therapy: A systematic qualitative review of controlled outcome studies. *Research on Social Work Practice, 23*(3), 266-283.

Gong, H., & Hsu, W. S. (2016). The effectiveness of solution-focused group therapy in Ethnic-Chinese School Settings: A meta-analysis. *International Journal of International Group therapy* (in press).

Holyoake, D., & Golding, E. (2012). Multiculturalism and solution-focused psychotherapy: An exploration of the non-expert role. *Asia Pacific Journal of Counselling and Psycho-therapy, 3*(1), 72-81.

Hsu, W. S., & Kuo, B. C. (2013). Solution-focused supervision with school counselors in Taiwan. In F. N. Thomas (Ed.), *Solution-focused supervision: A resource-oriented approach to developing clinical expertise* (pp. 197-204). New York, NY: Springer Science+Business Media.

Hsu, W. S., & Kuo, B. C. (2016). Applying SFBT in dealing with Taiwanese parental-daughter relational dilemmas. In D. H. Hogan., J. Tumola., & A. Yeo (Eds.), *Solution-focused practice in Asia.* Singapore: Taylor & Francis.

Hsu, W. S., & Wang, C. C. (2011). Integrating Asian clients' filial piety beliefs into solution-focused brief therapy. *International Journal for the Advancement of Counseling, 33*(4), 322-334.

Kim, H. (2006). *Client growth and alliance development in solution-focused brief family therapy.* Unpublished doctoral dissertation, State University of New York, Buffalo, New York: NY.

Kim, J. S. (2014). *Solution-focused brief therapy: A multicultural approach.* London, England: Sage.

Kim, J. S., Franklin, C., Zhang, Y., Liu, X., Qu, Y., & Chen, H. (2015). Solution-focused brief therapy in China: A meta-analysis. *Journal of Ethnic & Cultural Diversity in Social Work, 24*(3), 187-201.

Kim, J. S., & Franklin, C. (2015). Understanding emotional change in solution-focused brief therapy: Facilicating Positive emotions. *Best Practice in Mental Health, 11*(1), 25-41.

Lightfoot Jr., J. M. (2014). Solution-focused therapy. *International Journal of Scientific & Engineering Research, 5*(12), 23-240.

Lin, Y. N. (2004). The application of converged counseling themes with Taiwanese clients. *Counseling Psychology Quarterly, 17*(2), 209-222.

Liu, X., Zhang, Y. P., Franklin, C., Qu, Y., Chen, H., & Kim, J. S. (2015). The practice of Sol-

ution-Focused Brief Therapy in Mainland China. *Health Social Work, 40*(2), 84-90.

Murphy, J. J. (2008). *Solution-focused counseling in schools* (2nd ed.). Alexandria, VA: American Counseling Association.

Ratner, H., George, E., & Iveson, C. (2012). *Solution focused brief therapy: 100 key points & techniques*. New York, NY: Routledge.

Thomas, F. N. (2013). *Solution-focused supervision: A resource-oriented approach to developing clinical expertise.* New York, NY: Springer Science+Business Media.

Thomas, F. N. (2016). *Complimenting in solution-focused brief therapy.* (unpublished paper)

Zamarripa, M. (2009). Solution-focused therapy in the south Texas borderlands. *Journal of Systemic Therapies, 28*(4), 1-11.

Chapter

12 後現代敘事治療

▌吳熙琄

壹、透明化這個章節的書寫脈絡

自 2005 年夏季和先生決定從美國波士頓搬回臺灣後，我一直在海峽兩岸忙於教學，答應秉華老師寫這篇文章後誠惶誠恐，擔心自己的緊湊行程無法完成一份令人滿意的書寫，但感動於秉華老師對臺灣多元文化諮商的關心與投入，希望在臺灣可以有一本有關多元文化諮商發展的完整教科書，應該要支持秉華老師這個願景，於是就義不容辭了。

在起稿這篇文章時，我一直思考著要如何寫才會對讀者有較大的助益。由於自己在後現代對話領域浸泡多年，與這方面的實作和研究學者及督導訓練老師們常有接觸和討論，後現代思維主導的寫作風格會是其中一個重要的主題。傳統上，大家都了解學術的寫作重視理性與邏輯，感性是絕對不被允許的，但隨著後現代思潮的發展，對多元因素中弱勢聲音的被遺漏，反而引出過去主流聲音過度主導專制的反思：該如何邀請更多元的聲音納入寫作，甚至引入過去不被允許的感性因子進入論文，已逐漸在後現代的研究與書寫領域開始發展起來。

近年來，有些專注推動後現代諮商心理治療的研究者，帶著其傳統學術上的理性訓練背景，也開始逐步將異於傳統學術的想法納入到出版期刊和專業書籍中。例如，論文中加入個人的故事情感（無法實證與檢驗的過程）、創造性的思維和表達方式（尚未經過反覆驗證的過程）等等。這些演化的意圖是希望增加專業文章的可讀性和人味，帶給讀者更多和作者所想表達的思想更強的連結感。例如，我曾和社會建構學說的發起人和倡導者 Kenneth Gergen 在私底下討論寫作的形式，Gergen 提到他在學術界已有幾十年的寫作經驗，帶領無數的博士生，他希望學術論文的寫作方式可以更活潑生動，整合大家的創造力（Gergen, private conversation, October 3-5, 2014）。我也曾

和另一位後現代學說的引領者Sheila McNamee討論過這個主題，她說早期學術界的研究寫作都必須非常理性，但其實不吸引讀者。為了讓更多的人可以參與閱讀，她希望大家可以更人性化、有趣地寫出學術的文章，保有學術基礎的同時，也增加其可讀性（McNamee, private conversation, March 7-9, 2014）。另外一位後現代敘事治療的資深老師Kaethe Weingarten也強調她的學術寫作必須有個人化（personal）的東西，才能協助她理論的提升（Weingarten, 1994）。這些後現代對話的引領者對學術寫作的想法，也許還是一個很新的思維，但值得大家思考。

因此，我也希望嘗試以如此順應後現代思潮的寫作反思態度來書寫這篇文章。更希望邀請讀者在讀這篇文章時，能感受到我多年來在後現代敘事工作中浸泡的經驗，了解我是如何詮釋這個專業裡仍然在不斷進化中的風貌。這些論述並不代表唯一的詮釋，但是希望這種植根在華人世界的後現代敘事治療發展之回顧與體會，可以帶給大家更多的助益，進而能夠邀請大家同時發出自己的聲音和想法，在這領域產生更多元的發展與更多的連結，甚至從中發現更多尚未開發的自己，如此就達到我企圖拋磚引玉的目的了。

以下我將逐一介紹後現代思潮對諮商心理學帶來的轉化、反思和影響；敘事治療的產生及產生的脈絡，共介紹 17 個後現代敘事治療的核心脈絡；後現代敘事治療在臺灣發展的簡略回顧；以及總結。

貳、後現代思潮對諮商心理學帶來的轉化、反思和影響

我於 1985 年赴美學習諮商心理與家族治療的 10 年間，正好經歷了諮商和家族治療思潮最蓬勃發展的階段，對當時幾乎是一張白紙的我，產生了極深刻的衝擊。早期美國研究所的教科書在 1980 到 1990 年代，連「後現代」的字眼都尚未出現，只有在美國國家相關組織年會或專業訓練工作坊才有零星的推動和介紹，加上一些少量的論文出版，一直到 1990 年代末期，才有機會接觸到較完整的後現代思潮於諮商治療對話的實踐研究。

自 1950 年代以來，後現代主義（postmodernism）在許多領域對傳統堅信科學實證主義的真理認定，進行了一種時代性的反思，包括藝術與哲學等，甚至產生了許多革命性的影響，而本章僅探索後現代理念在諮商心理和家族治療的發展。在諮商心理和家族治療的領域，早期後現代觀點的不同和對現代觀點的激進批判，曾引發許多人對後現代理念的質疑。但經過多重的多元討論激盪之後，投入後現代思潮的思想者與

實踐者也開始調整態度，改以較緩和的態度去表達。

　　什麼是後現代的核心思想呢？後現代願意去檢視真理（truth）是在何種脈絡（context）發展出來的。在科學的時代，透過實證研究產生的真理往往被視為唯一的真理，其他的表述或現象狀況皆不合乎唯一真理的標準，因此有很多的表述現象和狀況是被排除否定的。後現代的思潮意識到世界正走向多元文化的階段，當我們帶著唯一標準的思維去看世界時，有很多的文化不被看見，甚至被排斥、產生不和諧、引發衝突。唯一真理的追求並未被否定，但後現代視其為眾多真理中的一個，每個真理都有其發展的脈絡和來由。當然，真理的非唯一並不是要鼓勵非正義的行為，而是希望大家看到所有事件發生背後的意圖，透過對話來達到理解及尊重、去二元化、去競爭與比較的僵化思維。

　　在諮商心理和家族治療領域的後現代思潮，特別受到社會建構學說（social construction）的影響。Kenneth Gergen 投入到社會建構學說的研究與發展已經有好幾十年，書本出版超過 10 本，期刊量也大。此處舉出他幾本對後現代心理學帶來突破性思維的重要書籍，包括 *Toward Transformation in Social Knowledge*（Gergen, 1982）、*The Saturated Self: Dilemmas of Identity in Contemporary Life*（Gergen, 1991）、*Therapy as Social Construction*（McNamee & Gergen, 1992）、*Realities and Relationships: Soundings in Social Construction*（Gergen, 1994）、*Relational Responsibilities: Resources for Sustainable Dialogue*（McNamee & Gergen, 1999）、*An Invitation to Social Construction*（Gergen, 1999）和 *Relational Being: Beyond Self and Community*（Gergen, 2009）。2014 年 10 月，Gergen 與夫人 Mary Gergen 頭一次在茵特森創意對話中心的邀請下來到臺灣，親自講授社會建構學說的理念，也第一次在臺灣出版了中文版《醞釀中的變革：社會建構的邀請與實踐》（*An Invitation to Social Construction*）（許婧譯，2014）。他特別重視多元的事實（multiple realities），重視多元文化的多元真理如何在不同的情境脈絡下發展，而這一切都須建立在願意把彼此的關係視為是第一優先的基礎上。在這種思潮下，許多的知識都可以從關係中建構出來。知識可以創造，也不會固著不變。許多後現代的治療學派都與社會建構學說有很強的連結，例如：前一章許維素老師介紹的焦點解決治療（solution-focused therapy）、本章的敘事治療（narrative therapy）、合作取向實踐（collaborative practice）和反思團隊（reflecting team）。這些學派在世界各地都帶來很大的衝擊和貢獻。

　　在討論後現代敘事治療之前，我想透過幾個案例來點出敘事治療理念如何有效地運用於多元文化個案工作。

案例一

一個從南部到北部念高中的孩子,因為想家而影響到她的課業。由於家裡的經濟條件限制,她無法常常回家,主要透過打電話和家人聯繫,周圍的老師和同學都覺得她適應不良,開學都三個多月了,卻還如此想家。訪談展開了這個女孩的故事時,才知道這個女孩是原住民,從來沒離開過家,為了上更好的學校,勇敢地來到了北部。她也是她們家庭裡第一個出遠門讀書的孩子,她的父母和親戚們都以她為榮。原本到諮商室的她覺得自己是個適應不良的學生,但當諮商師放下自己熟悉的(平地)主流文化,開始好奇這位學生求學的文化脈絡,她開始分享自己未來的夢想,以及這個夢想對其原住民原生家庭的意義之後,這個學生對自己有了不同的定位,對自我認同也有了改變。當諮商師問及夢想可以如何支持她的想家,她笑著說,她會從此勇敢地堅持她的努力。

分析

如果我們用一般的量尺去看這個學生,我們會覺得她有適應的問題。當我們進入到她的文化脈絡看她地方性的故事,也許覺得和平地民族的故事很不相同,但屬於她在原住民文化中求學的被尊重很明顯地就被看見了,她較期待的自我認同也豐厚了。有些人可能會認為原住民文化是否被平地的求學主流文化同化了,這會是另一個層次的議題,本章暫時不討論。

 案例二

一位女孩一直不敢告訴他人自己有個精神分裂的哥哥,深怕別人會瞧不起她,甚至擔心自己也可能遺傳到精神分裂的疾病,這個秘密一直被她緊守多年。頭一次從參加的敘事治療工作坊中看到敘事對人的尊重,她主動在課堂報名,接受我的訪談。我從她的故事中學習到做為妹妹的她和爸爸、媽媽、弟弟,全家人是如何地一起努力、想盡各種方法來面對哥哥的情緒和症狀。有次她一個人和哥哥單獨在家,哥哥在另外一個房間發怒丟花瓶,害怕的她仍鼓起勇氣走向哥哥的房間,關心地問了一聲:「哥哥,你還好嗎?」,哥哥因此而停了下來。我問她從這次事件看到了自己什麼,她說家人都不在,她一定要做些什麼幫助哥哥,她看到自己在害怕中的勇敢,對自己也有了一種尊重之心。她還告訴我,她和家人在討論哥哥的事情時,大家都得克制自己的

情緒，不能爭執，以免刺激到哥哥。我問她家人願意去克制自己的情緒，代表這是一個怎麼樣的家庭、她又是一個什麼樣的妹妹，她從此被點出的亮點與力量所感動。雖然還是擔心被病理化，但在這些對話裡，她和家人的努力不斷被看見，她的內心對於面對哥哥的病情有了更堅定的力量。

分析

雖然這個妹妹需面對極具挑戰性的精神分裂的哥哥，但她和家人面對疾病的經驗與知識，特別感人與難得。在主流論述中，精神分裂是個很沉重的議題；但在地方性論述中，家人面對疾病的知識和堅持，卻是一股家庭的韌力，也是在敘事多元文化中所描述的「如何尊重面對疾病的家人」，而非病理化受害的家人。健康在主流論述中是被強調的，一旦人有問題，會快速地被分類為不健康、或有問題的人；但在地方性論述中，原來不被看見的資源卻會被看見。對疾病的多元文化故事之開啟，也是需要去反思的。

案例三

在一個團體督導中，我被邀請現場訪問一位大學生與他的母親，去看看我和團體可以如何共同支持這位母親和孩子的關係。我很驚訝的是，就在我才開口說出兩句話向母子問好時，母親便開始落淚。我請教母親，她情感的觸動是什麼？這位母親告訴我，在她的生活中很少有機會被溫柔地對待，她做清潔打掃的工作，通常聽到的都是大聲對她呼叫的聲音，已經很久沒有聽到這種溫柔的聲音了。我問她這個聲音有沒有讓她想到誰？她說讓她想到住在另外一個城市的大嫂，大嫂每次和她說話都很溫和，讓她特別喜歡和大嫂在一起。我問她上一次和大嫂在一起是什麼時候？她說是一年前的過年。我鼓勵她如果有適當的機會，也許可以多打電話給大嫂。我們後來針對豐厚溫柔的聲音對母親的影響與意義，以及兒子在身旁聽到的感想也做了對話，加上團體後來對母親和兒子做見證，這對母子最後在充滿感謝與被理解的感動中離開。

分析

這個訪談讓我想到「階級」這個議題。這位勞工階級的母親，在她的描述中，好好被尊重對待是少見的。這令我們反思和不同階級的人對話時，是否會根據階級而有不同的發聲方式？做為諮商師的我們，特別應該去探索階級對我們的影響是什麼。

透過上面三個案例，想邀請大家去體會當我們和不同的族群工作時，我們如何見證不同文化的脈絡和價值，放下我們熟悉的主流族群之價值標準，這是一種去主流權力的工作方式，希望見證到不同族群的在地性文化。當我們面對在主流裡，處於比較劣勢的、家有精神分裂的親人之案主時，我們如何不被原來的問題故事捆綁，而能去看到家人在面對疾病中的不容易和知識，也就是去豐厚、見證家人的支線／較期待故事，看到疾病背後多元文化和聲音的價值和意義。在與不同階層的人工作時，我們如何反思自己開啟尊重的空間，讓來自不同階層的人能經驗到在諮商中的「多元尊重」（respecting diversity）。在接下來的後現代敘事核心理念的闡述中，透過敘事進行多元文化許多面向的反思，希望對讀者的多元文化諮商能帶來助益。

參、敘事治療的產生及核心脈絡

敘事治療的理論與發展沿革，在文獻上已有仔細的介紹（易之新譯，2000；White, 2007; White & Epston, 1990），此處不多做重複。我在美國接受後現代敘事治療的訓練多年，但經過在臺灣、大陸及其他亞洲地區常年的實務與理論經驗互動之下，透過在本土的演化與浸泡，在接下來的書寫中，已和原本純西方的理論學習有了更多元的差異。因此讀者接下來將閱讀到的後現代敘事治療回顧，是經過我在本土實踐並融會貫通後的詮釋整理，異於傳統學術的書寫習慣。對我而言，敘事治療概念的流動，如何在中文環境實踐，再用中文來表達，也是反映了後現代敘事治療如何在不同的文化呈現和書寫。最後，我會針對後現代敘事治療在臺灣的實踐，發表一些心得與感想。

一、哲學觀

麥克老師[1]一直都很關心社會正義的議題，他的專業是社會工作，這可能和他成長在一個勞工家庭、經歷越戰、參與示威，以及澳洲當地原住民不被平等對待等議題有著密切的關係。早期的他在精神科醫院工作，看到病人如何被病理化地對待，而年輕的他，在個案工作的理念上無法全然認同，最後選擇離開醫院，開始在社區工作，逐步發展敘事治療。

---

[1] 我在本文稱呼 Michael White（麥克‧懷特）為麥克老師，因為我在美國師從麥克老師多年，並最早於 2001 年親自陪同及翻譯，將老師的敘事治療引介入臺灣，在此章的書寫中，用麥克老師來稱呼，是希望能表達我對他的感謝和情感。

敘事治療最核心的哲學觀，也是我在教學訪談和督導中印象最深刻的幾點是：

1. 人是被環境塑造出來的。
2. 環境中的知識往往變成帝國主義般的控制、監督，甚至壓制人（Foucault, 1980）。
3. 人在分類（classification）中被物化（objectification）（Foucault, 1988）。
4. 自我認同（identity）的建構是社會的產物（social product）。
5. 二等公民般的在地性知識（local knowledge）可否重新被看見？
6. 難道諮商師願意重視個案的失敗（reproducing failure）嗎？（失敗是主流文化中的定義）
7. 人可以被允許成為思考自己問題的主人和專家嗎？

　　麥克老師受到法國哲學家米歇爾・傅科（Michel Foucault）（Foucault, 1979, 1980, 1984, 1988）極深的影響，看到知識往往變成是一種像警察般的權力在監督著人們，而人們也不自覺地把這些知識內化到自己生活的細節中，透過這些知識塑造、監督自己的行為與人際關係。麥克老師看到許多人的自我認同危機是這麼產出的，因此發展出一連串豐富的後現代敘事對話，來協助人們拿回自己的主權，建構人們真正渴望的自我認同。

　　另外，麥克老師的哲學觀立場清晰而堅定，從文字的表面上就會看到一股願意為人們爭取權力的強大社會正義力量，這些哲學立場對諮商界有很大的衝擊。從字面上來看，好像敘事在做一種強烈的撞擊，雖然如此，但麥克老師在和人工作時卻是絕對溫和而尊重的，他在堅定的意圖中帶著溫和與尊重的態度緩緩與人工作，就像滴水透石。受到麥克老師的影響，二十多年來，我也秉持著溫和但卻帶著後現代敘事哲學觀的理解和堅定，去與人工作及對話。

案例四

　　在一個教學空間裡，我請每個參與者簡單自我介紹，輪到一位男學員時，他說：「老師，我的故事很多是在閩南語的環境產生的，用國語介紹自己覺得有距離。」我說：「那要不要用閩南語介紹自己，再翻譯成國語，以免班上有人聽不懂閩南語。」他聽到我的回應有些吃驚，想了一下後說可以的，他來試試看。他開始用閩南語介紹自己的故事，全班都非常專心地聽他講，因為有些同學聽不太懂，他再翻成國語。我後來問他，用自己的家鄉話介紹自己的感覺是什麼？看似三十幾歲的他說，他從來沒用閩南語介紹過自己，既陌生又親切，但更能傳達他想介紹的故事。

分析

　　做為老師的我常常在思考，如何尊重地邀請學生分享他們寶貴的在地文化和在地語言。國語是我們的標準語言，讓我們可以彼此分享和溝通，但若因此而限制了不同的語言，語言的多元文化就出不來了，國語不小心會變成一種語言的強權。這和敘事談到知識如何變權力有密切的關係。同時也讓我想到，我過去在美國工作，有時會和西班牙裔的個案工作，他們的母語是西班牙文，有些情況他們用西班牙文表述會更自在，因此我會請他們用西班牙文說話，再請他們翻譯成英文給我聽，他們之後的英文表述似乎也會比較流動。2015 年我在美國開年會，結束時大家主動致詞感謝主辦大會，我決定在英文的世界裡先用中文致謝，在場會員除了幾位臺灣人和大陸人之外，沒有人聽得懂中文，但大家都無比專心地聽，我最後再用英文翻譯。許多人後來過來謝謝我用中文分享。我當時的希望是透過中文的表達讓現場立即感受到多元文化的空間，而不是只有英文的空間。

二、主流論述和地方性論述的比照：多元論述的開啟

　　前述對後現代敘事哲學觀做了一個基本的介紹後，接下來將針對主流論述（dominant discourse）和地方性論述（local discourse）的比照，做更多的闡述和探索（White & Epston, 1990）。主流論述在敘事治療中指的是在文化中普遍存在的知識和論述，可能流傳已久，也可能是新產生的論述。這種論述也許大家耳熟能詳，也或許是隱約在生活中流動，但一般人不太說出口的論述，也就是大家常說的心照不宣。主流論述是怎麼來的呢？最可能的來源就是傳統教育中具備科學研究支持論述的心理學知識，或是規範大家以帶來社區穩定的條文，甚或其他文化、宗教、種族等的傳遞。總之，主流論述有其發展的脈絡、意義和價值。

　　後現代敘事治療對於帶給來訪者壓制和負面自我認同的主流論述，會予以重新的全面檢視和探索，也就是後面段落會提到的「解構」。在生活裡，這種主流論述普遍而無聲地影響著我們，我們往往順應著主流價值論述來看待自己而不自覺。例如，在亞洲的文化環境裡，學業成就標籤深深地影響著自己和他人如何看待自己，這種現象影響著許多的年輕人及其家人，也就是學業成就霸占（totalizing）了一個年輕人所有的自我認同，其他生活中的自我認同則不被看重，無論這些自我認同有什麼真正的價

值（Strong & Pare, 2004）。

地方性論述則是一種從在地性脈絡（local context）中發展出屬於主角獨特性（unique）的知識，可能不在主流論述之內，但緊貼著主角的文化脈絡去探討時，卻有其可以被理解的線索。地方性論述的被接納，必須不再執著於主流論述標舉的知識量尺。其實，地方性論述的發展是因為它能打開較多元的文化空間，讓更多持有不同觀點者不再成為不被尊重的弱勢。在這個逐步走向多元文化發展的時代，不只能看見主流論述的存在，還能同時認識並尊重多元的地方性論述時，我們才能真正走向多元文化的諮商實踐，也就是多元論述（multiple discourse）的存在。

 案例五 --

在我曾經督導過的案例中，曾有一位嫁到臺灣的緬甸華僑媽媽因為孩子在學校的學習有狀況而進入諮商系統。在諮商的過程中，諮商師覺得這位母親不夠盡責，希望母親能有所改變。在我的一次顧問訪談中，母親被問及她家鄉對學生學習的看法是什麼。這位母親說，小時候他們的村落很窮困，吃飯都成問題，孩子能活下來就很不簡單了，學習不是生存的要件。她覺得她的孩子現在有飯吃，不用擔心會活不下去，上不上學沒那麼重要。嫁到臺灣，她卻被視為是失敗的母親，這點讓她很難受。

分析

可能大部分的人會說這位母親應該入境隨俗，重視孩子的教育。但從後現代敘事治療的角度來看，主流論述當然不必忽略，但我們漏做了一件事，那就是這位緬甸華僑媽媽的地方性論述沒有被理解與看見。我們都知道透過諮商尋求改變時，能否改變，和個案有無覺得被好好地理解有密切的關係。這位母親的故事提醒我們多元論述的重要性。

三、故事的理解

早期的我剛接觸到敘事治療時，對故事的理解（appreciating story）比較簡單，只知道每個人都有很多的故事，我們要透過敘事讓人們的故事有機會改寫和重新被看見。其實做為治療師的我們是有分別心的，會比較關注有機會改寫的故事，對於較沉重困苦的故事，我們甚至會不知不覺間予以不太重視的聆聽，也就是對故事無法做到

同等的看待和接納。特別是容易發現自己也會被聽到的故事影響，好像在聽到不易改寫的故事時，我的內心會比較疲累；當有「光點」的故事被發現和看見時，內心也會隨之激盪起來，似乎對故事是有期待的。現在回想起來，當我對來訪者的故事有所期待時，無意間也限制了來訪者說故事的空間，使他們不能自由地去讓故事流動。反省到過去自己對來訪者訴說故事時這種條件式的期待，內心還有種過意不去的感覺，要做好諮商工作，實在需要有一輩子的反思。

經歷了多年的磨練與反思，現在我在聽來訪者的故事時，內心有了不同的準備。由於自己不再期待故事應該怎麼呈現，反而更能放鬆地跟著來訪者的故事往前走。內心也不再害怕會聽到怎樣的故事。我發現這種放下期待的聆聽，似乎更能用寬廣的心與各樣的故事同在。就算是非常痛苦的故事，在這種聆聽之下，痛苦的故事可以較無負擔地去表達，而能再一次被好好地看見、理解和覺察。受訪者可以很難得地與已發生的故事或即將發生的故事同在，透過故事的表達，也能夠達到與自己和平相處。這種能不畏懼地與來訪者複雜、挑戰的故事同在，對我而言，有著極深刻的意義。似乎在內心放鬆的狀態下，才更能在平凡的故事中，陪伴來訪者發現更多的驚喜。

我發現尊敬故事原來是有層次的，這些層次包括：（1）否定某些類型的故事，只接納某種類型的故事；（2）可以不否定某些類型的故事，但內心基本上不會看到這些故事可能帶來的價值；（3）就算故事表面看不出其價值，但仍願意去相信故事本身只要存在，就是有意義、有價值的；（4）不只相信故事本身的存在就是有意義、有價值的，而且願意去探索故事背後潛在的資源和啟發性；（5）每個故事都是大家的老師。這是我多年來和許多人對話之後，從各式各樣的故事中，和人們共同激盪出來對故事的心得與感想。

另外，我體會到故事是人們對事件的詮釋，同樣的事件在不同人、不同環境、不同文化、不同國家，都會詮釋出不同的故事，因為如何詮釋往往受到人們的脈絡、情境、信念系統等影響，因此這種「多元的詮釋」（multiple hermeneutics）是一種生存的多樣性，特別需要去尊重、接納和理解。隨著自己不斷地從故事中學習和反思，我越發覺得人類的故事是人們賴以為生的命脈，不斷地經歷生活中的各種事件，也不斷地在事件中賦予和自己脈絡貼近的意義。當意義和人們所重視的價值相吻合時，人們就會覺得安在而穩定；當意義和人們所重視的內在價值有隔閡時，則往往會帶給人們慌忽和不安定的感覺，而需要再去尋找和自己內在價值吻合的意義，回歸到一種新的安定狀態。

四、雙重故事

這個概念是很多年前我聽麥克老師講述的，當時的我非常感動，這麼多年了，每當「雙重故事」（double story）這幾個字在我腦海出現時，我依舊能感受到當時的震撼和觸動。我為什麼會如此感動呢？因為雙重故事真正打開了我看故事的視野。

雙重故事（White, 2004）指的是當人們經歷不同的生命事件時，人們不只被事件影響，不僅是一個事件的接收者（receipient），其實也同時在影響著事件的發展，可以對事件採取主權（personal agency）的行動（action）（White & Epston, 1990）。所以一方面人們有著被影響和干擾的故事，另一方面，在事件中採取行動的故事也是重要有價值的。在諮商中，我們比較容易看見被事件影響的症狀之故事，比較沒有機會去好奇那些存在卻隱而不顯（absent but implicit）、已經去面對事件的行動故事（White, 2000b）。諮商師如果沒有去好奇探問，很可能這些隱而不顯的行動故事就不會被聽見和看見，那麼雙層的故事就只有其中的單層故事（single story）被看見了。單層故事被看見，和雙層故事被看見，對於人們自我認同的再塑造會有很大的分野。單層故事的被看見，自我認同會傾向於解讀成「我是個被問題干擾而有狀況的人」，看見的多是問題；但若能超越第一層的故事，看見第二層面對行動的故事，自我認同就會轉換成，雖然問題帶來干擾，但主角仍去試著面對和採取即使是小小的行動（small acts of living）（Wade, 1997），這種面對存在的看見，會邀請主角看見自己的資源／能力／信心，也讓自我認同的建構更穩固。

因此雙重故事是一種看故事的視野，看見事件詮釋出的故事，不會只有單一視野，會像望遠鏡（binocular）般地至少有兩條視線而將影像立體化起來，才能看見更全面的故事。帶著這種視野去聆聽人們的故事時，諮商師和個案工作的內心狀態會有很大的不同。因為諮商師不只能聆聽問題故事，更能看見隱隱的但具有希望的面對行動的故事，也就是諮商師透過雙重故事的視野，更能看見主角的資源（resource）和潛力（potential），諮商師比較不會和主角同時陷入無力的（helpless）狀態。

案例六

過去在美國的家族與婚姻治療研究所教學，每堂課結束前 10 分鐘都會請學生寫上課的反思日記，讓我帶回去改並給大家回饋，下個星期再還給他們。如果一個學期有 14 個星期，那麼他們就寫 14 次日記。有一年，一位臺灣的學生前來讀研究所，修

了我的課，她告訴我，她用英文寫日記會辭不達意，我說用中文寫日記也可以，但她說用中文寫就不能練習英文了，於是我說要不要中英文一起寫，若需要用中文表達就寫中文，若用英文表達也可以就用英文。她對這個方式比較滿意，從此她交上來的日記有著中文和英文的書寫，特別的美，她也很開心能用這種多元的方式表達她自己。

分析

　　雖然這位同學對英語不熟悉，寫不順，但當她跟我討論她要如何面對不熟練的英語時，卻同時使用她熟悉的母語，並找到中英並寫的方法，也就是她不只是被英語影響的華人，她也在想方法如何面對不熟悉的英文的書寫。我們進而共同探索對她有意義的雙重故事，尊重到她在地文化的書寫，打開教學多種語言共同書寫的空間。如何在多元文化中珍惜人們從小到大使用的語言，而不強勢地規定非得要用主流的語言，也是筆者一直很重視的價值。不只是敘事對多元文化的敬重，更是筆者旅居美國 20 年、每天在必須講非母語的英文環境下，對國語的懷念吧！我是客家人，還包括對客家話的懷念！

五、人們在困難中累積的知識與技巧

　　在我接觸敘事治療之前，我從來沒思考過，人們其實會在困難中累積出許多的知識、經驗與技巧。困難固然會帶給人們苦惱與挑戰，但其實困難的背後有著許多人們在經歷困難中所累積的心得、體會、感悟甚至收穫，也重新打開我們看待困難的視野。

　　我們從小到大如果遇到困難，都被教導必須要把困難處理好，如果困難處理好，就代表我們能力不錯、能解決困難，但如果我們沒辦法處理困難，就可能會懊悔，甚至憤怒、自責。所以對困難的處理似乎有個標竿，這個標竿可能普遍存在於家庭社會中，我們大家都以此標竿做為解決困難的量尺，平時也不會質疑它。但在敘事的空間裡，發現面對困難的經驗累積不必停留在用二元論去評斷困難是否解決，這點提供了大家對困難的世界有了全新的發現。

　　我最常舉的例子是麥克老師多年前上課提到過的例子（White, 1992b）。他提到，澳洲有個醫院請他做有關精神分裂病患的團體；醫院對於這樣的團體很頭疼，不知如何處理，似乎病人在過去的團體治療中並沒有明顯的進步和變化，很想看看麥克老師能否透過敘事治療來幫助這些精神分裂的病患。麥克老師在和這些團體成員工作時，

用了一種很特殊的方法：他用非常好奇的方式去請教這些成員，他們在生活中會遇到什麼困難？當他們遇到困難時，他們的想法是什麼？而他們又是如何面對這些困難？

麥克老師表明很想跟他們學習，因此問大家他可不可以做筆記，還徵詢可不可以把他從大家身上學習到的，拿去分享、告訴其他的人。這些成員從來沒有如此被對待過，開始在團體的空間裡述說著他們艱辛的故事，大家都分享著腦袋中總會聽到各式各樣聲音（hearing voices）的故事（即醫學診斷為病理化的幻聽），許多在腦袋中的聲音都會希望成員傷害自己或傷害家人，這帶給成員內心無比的恐慌和壓力，不知如何是好。麥克老師總是細心地去請教成員他們如何去面對這些聲音；許多成員都會分享他們是如何不要去遵從這些強大聲音的技倆，雖然非常困難，但麥克老師會不斷地好奇每個成員的掙扎與方法。

在這種對話空間裡，大家越來越能看到自己和其他成員在面對幻聽的技術和方法。麥克老師不斷做筆記，這些成員也不斷在團體中交換心得，協助彼此去面對各式各樣的聲音，這個團體後來甚至成為幫助被診斷有精神分裂的新患者的顧問團（consultation team）。這是我第一次聽到有人可以如此工作，去發現困難背後總蘊含著許多人們的知識、經驗、技術和方法，讓我畢生難忘。這些在困難中累積出來的知識與技術（acknowledge one's knowledge and skill），其實和前一個段落提到的雙重故事互相輝映，也讓雙重故事有了更豐富的詮釋和闡述。

六、故事與自我認同的建構（identity construction）

後現代敘事治療不只是講故事，講故事只是一個途徑，透過故事的述說與重寫，終極目標是希望在更多的故事被看見時，人們的自我認同可以有所轉化而成為人們的資源。人們在經歷各樣的事件中，會用故事的型態詮釋事件帶給當事者的意義，這種詮釋對自我認同往往有很深的影響（前面已提及事件的詮釋往往受主流論述的影響，這裡就不再重述）。自我認同也就是一種自我價值感的認定，我們都知道人的自我價值對生存的意義非常重要，當人的自我價值感降低時，存在感也會降低，變得否定自己、沒有自信，看世界的眼光也會變得消極灰暗，甚而不想繼續活下去。

過去，對後現代敘事治療透過故事去對人們的自我認同工作，我覺得是一個重要的方向，但並沒有機會做很多的反思。隨著自己在後現代敘事治療的教學與實踐，越發體會到自我價值感在後現代敘事治療中所扮演的角色和意義是極其重要的。似乎所有麥克老師倡導的哲學觀及其在諮商中的對話，都是在為「在地性的自我價值」做出

一磚一瓦的努力提升。

在我多年來和人們對話的過程經驗裡，親身經歷了許多人們自我價值提升後對自我認識的轉變，看到更多自己內在和外在的資源，看待問題的視野之轉換，對生活有了更多的勇氣和往前走的力量，對生活的滿意度也在提高。所以後現代敘事治療不只是對問題工作，它關心的是人的自我價值建構，怎麼樣的自我價值才能帶給人們生活的動力、信心、滿意感。當人們能和較期許的自我價值同在，面對各式各樣的問題時才會有多樣性的解決之道。因此透過故事直指自我價值的再建構，才是後現代敘事治療工作的核心。

七、主線／問題故事與支線／較期待的故事

在一般的諮商情境裡，主角通常會帶著問題的故事來和諮商師談，希望問題故事可以得到解決。這些問題故事是主角來做諮詢時最想談的，所以在敘事裡又稱之為主線故事。比較起來，過去的我也傾向在平常的諮商空間中對被重視的故事工作，在這個被重視的主線故事中，我會去做評估、診斷和治療，希望主線故事中的問題故事可以獲得解決和處理。

但人們的故事難道只有主線／問題故事（dominant/problematic story）嗎？在敘事的哲學觀和實務的操作中，其實主線／問題故事只是故事的一部分而已，故事還有別的不同分子元素在裡頭，我們稱它們為支線／較期待的（alternative/preferred story）故事。這些支線／較期待的故事往往都隱隱地存在主角的生活中，只是尚未被好好地發現。當後現代敘事治療的諮商師帶著敘事的精神，陪著來訪者從主線／問題故事的砂石中，去過濾、處理埋藏在砂石中有價值的礦物質時，主角才有機會重新認識自己的資源和價值，支線／較期待的故事也比較可以浮上檯面；逐漸地，主線／問題故事會變得比較薄弱，而支線／較期待的故事會漸漸地透過被發現而明顯起來。

因此主線／問題故事和支線／較期待的故事在主角生命故事的分量，是可以透過敘事做基礎底蘊的對話工作做出彈性的調整。這裡並不是要藐視主線／問題故事的價值，而是當支線／較期待的故事可以進入到主角的理解層面時，就可以幫助削弱主線／問題故事對主角的影響力，支線／較期待的故事甚至可以完全取代原有的主線／問題故事。

曾經有一群社工師在聆聽主線故事和支線故事的差別後，告訴我說他們多年的社工實務工作主要都偏重在主線故事，評估、診斷、處理、解決問題故事，少有機會把他們工作的核心放在支線／較期待的故事的相信和建構上。這一群社工透過主線故事、支線故事的差異比較及背後哲學觀所帶出的實踐差別後，他們都在反省與反思自己在社工專業中做的是什麼、什麼是長期被疏忽的、什麼又是他們想添加的實務。因此，檢視與反思我們實務工作的信念和不同信念所帶出的不同實踐方向，實在非常重要。

分析

　　我們在專業的旅程上都不斷地在成長，遇到有用的理論時都希望可以整合到實務工作中，而不同的理論對不同的人可能會帶來不同的衝擊。在後現代敘事裡，若願意不斷去發現人們的支線替代故事，就會是新故事建構的開始，也會開啟工作的新視野。

八、看問題的視野：問題帶來的資源

　　前面提到，在敘事的空間裡，人們不只被問題影響，並且也在想辦法如何去影響面對問題的雙重故事之視野。這裡希望單獨對看問題的視野（problem stance）做一些探索和反思。在我們的生活和文化裡，問題基本上還是被看成是麻煩、負擔、煩人的事情，主角可能因為問題而被病理化、標籤化。基本上，問題被視為不是個好東西，更不可能是主角的資源。在這種視野下，問題基本上是被否定的，主角希望問題能快快不見，諮商師也希望透過其專業能力把主角的問題處理好；在某個程度上，不只主角對問題焦慮，諮商師如果沒處理好問題也會有壓力，這些現象在原有的問題視野觀下出現是很常見的。

　　我在多年的訪談工作中，不斷將後現代敘事的理念運用到對話的過程裡，越發體會到問題的背後其實隱藏著許多的資源，這是早期的我在學習後現代敘事理念中沒有體會到的。這些資源包括：問題的出現其實是開始邀請主角反思如何面對問題；透過對問題的掙扎和探索，主角必須突破自己原有的思路而看到自己更多的潛力（主角在問題中遇到更強大的自己）；主角在問題中成長；主角對陌生的問題逐漸熟悉，進而

發展出如何與問題相處的方法等。因著這些在實務中所累積的對問題的觀感，我在和主角談問題時，會越發好奇到底這些問題可能蘊藏了哪些不可知的寶藏，更希望陪伴主角去探索問題帶來的各式可能性。

近年來，諮商領域非常強調韌力觀（resilience-based, strength-based）（江麗美、李淑珺、陳厚愷譯，2008），亦即如何從主角的生活中去看見主角正面的特質和力量，希望透過正向的力量，邀請主角更有自信地去面對生活和各式各樣的議題。而後現代敘事實踐對問題的視野，也在諮商領域中，增加了諮商師可以看見另一種資源的視角，可取名為問題資源觀（problem as resource）或問題韌力觀（problem as resilience）。

九、外化與內化的對比

心理學這一百多年的發展，增加了大家對人類心理複雜性和豐富性的了解，也協助大家對心理在生活的應用有了更多的掌握和拿捏。在 1980 年代，麥克老師首次對已發展多年的心理學的一個概念提出質疑，他發現在心理學界，大家普遍認同一個人若有問題，這個人就是問題。例如，一個孩子學習不好，就代表這個孩子基本上是個有問題的孩子；一個人有憂鬱症，就代表這個人是有毛病的人。麥克老師把這種現象稱為內化，內化（internalization）指的是將人的問題放入到這個人身上，這個人基本上就等於是這個問題。麥克老師剛出道時在精神科工作，發現這種內化的諮詢方式，會讓主角陷入病理的狀態而無力，主角自己和周圍的人都會帶著標籤去弱化主角。麥克老師對這種現象非常擔心，不斷地探索有什麼其他的方式可以更好地去看待帶著問題在生活的人。

麥克老師透過法國哲學家傅科（Foucault, 1980, 1988）的核心理念：知識的真理表象往往變成一種強勢的權力去壓制人們。因而發展出外化的理念和對話技術，外化（externalization）指的是人們遇到問題時，人們永遠不等於是那個問題（馬上去標籤化），人們其實是面對問題的反思專家和主人。其實外化更深的意圖是如何將專家知識對個案的壓制移開，恢復主角用自己的思路去發現自己面對問題的方法。麥克老師曾說過，當主角發現自己和問題有距離，自己並不是那個問題時，人們會更有創造力去思考可以如何面對、處理問題。總之，外化的對話空間能邀請主角發揮更大的創造力，相較之下，內化的對話空間則會扼殺主角的創造力。

在外化的對話空間裡，麥克老師設計了許多有創意的外化式對話，讓人們開始用

不同的方式去看問題，也開始打開自己的創造力，甚至用有趣的方式去看如何能與困難相處。最常見的是，如何用外化的方式與孩子遇到的困難對話，例如，孩子上課不專心，在過去我們傾向於指責孩子不專心，要求孩子應該要專心，但外化的對話可能會這麼問孩子：

　　「不專心」怎麼會想到要來找你玩？

　　當「不專心」與你在一起時，和「專心」與你在一起時，會有什麼不同？

　　「不專心」都告訴你什麼？

　　「不專心」想讓你的學習變成什麼樣子？

　　「不專心」會如何影響你和父母、老師、同學的關係？

　　有沒有什麼時候「不專心」來找你，但你想了辦法讓它離開？你是怎麼做到的？

　　你希望如何管理「不專心」？還是希望「不專心」來管理你？

　　你希望和「不專心」有怎麼樣的關係會是你比較喜歡的？

　　……

　　以上的問話是一些外化例子，這些問題是建立在幾個假設上：

1. 孩子不被指責為不專心。

2. 相信孩子對不專心有很多的想法。

3. 孩子是被好奇的，而非被告訴的。

4. 願意陪伴孩子對不專心做反思，仍然相信孩子可以在不專心中學習和成長。

5. 相信孩子在外化的對話中，也在發現自己、建構自己。

　　這些問話和內化式問話及假設是極其不同的，而問話帶給主角的反思空間也是非常不一樣的。我在不同的工作坊中，曾請現場學員分小組做外化對話的練習，因為大家剛接觸後現代敘事，所以難免會把熟悉的內化思維帶入外化對話的練習中，因而遇到一些阻礙，有好多次當我理解到練習的困難時，我會試著去設計適合小組練習脈絡的外化問話，再去詢問小組練習中的受訪者主角對此外化問話的感想。他們會說外化式問話是「開放的、被貼近的、被好奇的、沒有被要求要改變、溫暖、讓人想回答問題……」。在這些回應中，也讓我思考問話的影響力，我們希望我們的問話帶給主角的是什麼，我們希望問話需要避免什麼，問話的影響力又是另外一篇可以好好整理的文章。

十、在解構中找回人們生活的主權

在敘事的空間裡，總會令人反思人們對自己和他人的看法，有哪些想法是被主流論述塑造的？這些主流論述的想法對人的影響是什麼？是限制人的發展，還是開啟人們更多的可能性？主流論述可能有其存在的價值，例如，讓人有規範可循，但在敘事的空間裡，對於人們的想法是否在主流論述的平臺中被抑制或弱化則有很多地方需要反思。

麥克老師透過傅科（Foucault, 1980）和Jacque Derrida（Derrida, 1978）的理念去看解構中的權力議題。當知識變成一種強勢的權力時，這種知識就成為所謂真理的量尺，所有不符合此真理量尺的知識都被視為是病態的、有問題的，甚至是二等的知識，人們也在被視為是二等公民的空間裡，去定義、衡量自己，長久下來，屬於人們在地性的知識會不斷被弱化和否定，而且覺得自己永遠達不到主流論述的標準，進而對自我認同產生負面的價值判斷。

我們都知道自我認同感對一個人的發展有極深的影響，負面的影響會讓人不相信自己，限制自己和關係的可能性，悲觀地看待世界，看不見自己的資源；而正面的影響會讓人在困難中仍願意相信自己，不斷開發自己和關係的可能性，樂觀積極地看待世界，不斷探索開發自己可能的資源。因此，邀請人們檢視主流論述對自我和關係的影響，在檢視中做出反思和選擇，逐步地探索自己在原生文化脈絡所演化出來的非主流論述（non-dominant discourse）或在地性論述（local discourse），是貼近自己和社群情境（context）的生活方式，也是人們面向渴望的生活主權（personal agency）（White, 2004）。生活主權並不是用來攻擊他人或剝削他人，生活主權是回到屬於人們在其生活脈絡中的盼望／夢想／心願／目標。這些生活的主權是人活著的方向和希望，往往會帶給人朝氣和力量，因此生活主權的強調其實是一種活力（vitality）的強調，當主權消失時，人的活力也會逐漸消失。

案例八

梅特是我在波士頓新英格蘭少年流浪之家工作時，那裡的家庭連結中心的臨床社工，我當時是該中心的主任。梅特在一次臨床督導中想討論他的憤怒（anger），但他擔心做為督導的我會不會覺得不適宜，他應該自己消化。我告訴他，凡是和個案工作相關的議題，我都願意和他談，也讓他放心。

我們共同開啟了對憤怒好奇的對話空間。他的憤怒來自於他服務的家庭如何被外面系統不尊敬地對待。我去理解憤怒背後根基的價值，才知道他是個重視社會正義的社工，他們家族的許多人都選擇做律師，而他選擇做社工，都是根基於願意為社會正義做努力。我們看到憤怒是他發聲的方式，也看到了憤怒的價值。

之後，我去好奇他對做社工的願景、他希望如何實現他的願景。最後討論他如何和此家庭工作，包括逐步邀請家庭和系統工作的渴望，以及如何實踐這些渴望的工作方式。梅特其實剛加入我們的團隊，還在摸索如何和我們合作，這個督導讓他對於和我們工作有了更多的信心。梅特後來告訴我，他其實掙扎了很久到底可不可以談憤怒，尤其他是男性，我會產生什麼觀感。原來督導的主題表述也會受到性別這個多元文化的元素影響。

分析

性別的建構是多元文化中一個重要的元素，不同性別對生活形塑的影響極其細膩而豐富，因此諮商師對個案性別的好奇、敏感、覺察，都是需要去磨練反思的。在家族治療裡，彼此對性別的詮釋，往往對伴侶的家庭互動產生很多影響。在督導中，如何邀請受督者不受性別角色原有定義的影響，能更打開開放的督導對話，也是敘事解構角色重要的運用。梅特從解構好奇憤怒中和澄清他重視的價值，找回了他做社工的主權。

十一、閃光點（或稱特殊意義事件）

在後現代敘事實踐裡非常重視人們在故事的敘說中，有哪些特殊的亮點是主角還沒注意到的，諮商師一旦發現這些亮點，就可以試著去豐厚（thicken）這些原本較沒有被留意敘說的單薄（thin）故事。

「豐厚的描述」（thick description）是 20 世紀哲學家 Gilbert Ryle（2009）提出的概念，強調情境（context）中行為和組織的描述。後來人類學家 Clifford Geertz（1973）在其出版的《文化的詮釋》（*The Interpretation of Cultures*）中，借用 Ryle 的概念去描述他做人類學日誌的研究方法，從此這個詞被廣泛地使用。麥克老師在後現代敘事的實踐中，也常常會使用「豐厚的描述」來表達對話工作故事的描述上可以努力的方向，同時用「單薄的描述」（thin description）這個詞來提醒大家要多努力陪伴主角，

以產生讓「單薄的描述」變成「豐厚的描述」的機會，這是我從麥克老師那裡所學習到的印象非常深刻的兩個詞。

什麼是閃光點（unique outcome）呢？它通常是新故事的入口，和原本的故事不同，本身就是一種新故事。閃光點不一定固定在現在的時空，它也可以來自過去或未來，對於發生過的事情或吃過的苦，用現在的時空去看，往往可以看到一些讓現在的自己感動和感謝的地方，這些感動和感謝會帶出過去的閃光點，也會影響現在對自己的觀感。未來雖然尚未發生，但人們對未來的自己可能有夢想和期許，這種夢想和期許往往代表著一種希望，希望也是生活中重要的閃光點。或是未來的自己會想告訴現在的自己什麼，以陪伴現在的自己度過難關，這種透過未來的自己協助現在的自己來克服困難之方式，未來的想法也成為一種重要的閃光點。閃光點可以在人們的生活脈絡中建構而來。

和原來故事相矛盾的故事是另外一種閃光點，這種閃光點特別能看見人們生活中的原動力和擋也擋不住的生命力量。我在無數次的訪談中去請教人們矛盾的故事是怎麼發生的，我發現如果能夠將矛盾故事說得準確，主角往往會帶著信心、有源源不絕的故事可以分享。

閃光點不用很大，它可以是不顯著的行為，可以是小小的夢想，也可以是小小的行動。麥克老師非常重視人們隱隱的、小小的想法和行動，強調絕對不要小看這些東西，他引用 Gaston Bachelard（1958）在《詩意的空間》（*The Poetics of Space*）一書中所提及做白日夢（daydreaming）的重要性。做白日夢已被人類忽略，甚至被看成是無用的東西，但其實做白日夢是人們通往創造另一個世界的基礎，Bachelard 鼓勵世人看重做白日夢的這個寶藏。我在多年的後現代敘事理念的實踐中，一直很重視細節（details）的對話，這個細節深受麥克老師和麥克老師提及的 Bachelard 之影響。

案例九

多年前我曾問過一個主角，雖然她在工作上有很多的無力，但卻能堅持幾十年來持續關心她的父母，這個關心父母的故事就是主角故事脈絡中的矛盾故事。主角在這個問話的好奇中，說出好多她的信念和價值，例如，她童年看到父母生活是非常辛苦勞累的，但父母絲毫沒有減少對她的關心和付出，還讓她好好上學，給予她希望，雖然長大的她遇到一些工作中的無奈和挑戰，但她覺得不論她的生活發生什麼事，關心父母是她的價值觀，她絕對不會妥協。似乎在這種對話中，她看到了自己的閃光點，

對於她如何看待工作也有了不同的啟發和提示。

分析

　　人在問題故事中總是顯得無力，但若在黑夜裡可以看到一些光芒，總會帶給人希望、信心和走下去的力量，因此後現代敘事工作者總會不斷努力去看見閃光點。就算個案無力，無力中也會有不同的故事，當人們可以如此看見自己時，一種較有信心的自我認同便會流淌起來。很多年前我在臺灣參加一個工作坊，和小組成員做練習，一位母親談到她和女兒關係的困難，小組成員陪伴這位母親對困難做更多的探討，我則安靜地在一旁參與，在中間時我說了一句話，我說，雖然關係有困難，但我感覺媽媽和女兒是很愛彼此的。這位母親看著我說，是啊！其實我們是愛彼此的，然後她開始說她和女兒關係中溫暖的故事。這裡不是否認困難故事，而是我們別被困難故事困住，有機會也要跳出來看看會帶給生活不同可能性的閃光點。

十二、潛在發展區域的搭鷹架

　　蘇俄心理學家李夫・維高斯基（Lev Vygotsky）的兒童心理學理論中，對如何替孩童的學習搭鷹架（scaffolding）；在和大人互動學習下，孩童如何逐步擴展他們的認知；以及孩童如何獨立學習等有著很獨特的論述。維高斯基強調每個孩童都在自己已知的認知層次上，前往正要通往未來期待能發展的認知層次途中，雖然現在還達不到，但從已知到尚未達到的空間裡，都是孩童潛在的發展區（zone of proximal development）。雖然孩童也可以獨立學習，但有大人在身旁互動學習，能帶給孩童更大的發展，而且是建立在關係上（Vygotsky, 1986）。

　　麥克老師受到維高斯基的兒童發展心理學之影響，開始思考如何把搭鷹架的理念運用到敘事的訪談對話架構上，主角可以在搭鷹架的問話中逐步搭起一層層的問話，而達到主角對自己和生活的期待有著更多故事的描述。麥克老師常說，在搭鷹架的過程當中，地基一定要搭牢、搭穩，房子才不會倒塌；也就是在搭鷹架的過程中一定要貼近來訪者的脈絡，距離來訪者不要太遠，也就是諮商師的問話為了要搭好鷹架，一定要很貼近來訪者的脈絡，但又要有一些些不同的思路，來訪者才能順著自己的思路、但又有些許新的想法加入，一步步在搭鷹架的問與答中，將來訪者想要的房子蓋起來。

　　這種問話另外一個很重要的精神是，不因主角現在的狀態不好或距離主角、周圍人希望主角達到的改變似乎遙不可及，導致諮商師受到干擾，於是帶著不可能的思維，連搭鷹架的可能性都放棄；反之，不論主角現在的狀況如何不好，諮商師絕對不放棄陪伴主角去為自己的生活搭鷹架。每當我在陪伴專業人員面對極高難度的個案工作時，總會在黑板上畫出個案的鷹架構圖，而最常畫的是所謂失功能的母親；如果不相信她們仍有做母親的潛在發展區域，那麼我們只能停留在失功能母親的描述中，也會不願意去搭鷹架，因為根本不能相信還有母親潛在發展區域可以工作的可能，這是一個極其危險的現象。在後現代敘事實踐的倫理觀中，每個來到我們面前的主角，我們都有責任去進行搭鷹架式的問話，就算很難也要去試。例如，針對上述失功能母親的搭鷹架問話可以嘗試這麼問：

> 做母親有多長時間了？
>
> 妳對自己身為母親的感想是什麼？
>
> 什麼地方覺得自己做得還可以？是什麼讓妳可以做好的？
>
> 什麼地方感覺自己做得比較吃力？是什麼讓妳吃力？
>
> 妳理想中的母親是什麼樣子？為什麼會這樣認為？
>
> 妳的孩子會如何形容妳？
>
> 妳做母親最不容易的地方是什麼？
>
> 妳需要什麼資源來協助妳做母親？
>
> 妳有沒有機會照顧自己一下？
>
> 妳希望未來孩子長大後會記得妳什麼故事？
>
> 做母親是一件艱辛的事情，無論自己做得如何，妳會如何感謝做母親的自己？

　　我在中西方和許多的母親工作過，尤其針對社會局轉介的母親案例有更多的挑戰，包括基本生存都可能是問題的挑戰。也許上面每一個問題本身都還需要有更多縝密的鷹架才能問到核心問題，或是還有其他的議題需要顧及，以致上述這些問題尚無法問出。也就是搭鷹架要視情況而設計，或是需要別的方式來和主角工作。就像麥克老師說過，不同的敘事技術必須因應不同的情況使用，不是每個敘事理念技術都適用在所有情況，這種因地制宜的應變是重要的。

十三、見證的視野

麥克老師的工作非常重視見證（witnessing）的對話空間，他強調見證不只是技術而已，而是一種哲學觀。早期他受到 Babara Myerhoff 提出的定義式儀式（definitional ceremony）（Myerhoff, 1982, 1986）和家族治療反思團隊（reflecting team）的影響，進而將見證整合到敘事的對話中。

Babara Myerhoff 是一位人類學家，特別重視故事和儀式如何在人們的痛苦中帶出生活的意義。她最重要的一個研究是在美國南加州的一個猶太人社區中心，她發現這些猶太老人雖然經歷了集中營對他們和親人的迫害，但透過故事的述說，Myerhoff 發現這些老人如何堅毅地生活著，度過了許多的難關，和當時人們對老人的刻板印象極其不同。她也特別能在人們每天的經驗裡，發現小小細節中的神聖處。Myerhoff 強調周圍的人在聆聽故事時，成為局外見證人（outsider witness）的價值和意義，將見證的過程命名為定義式的儀式，而這種定義式的儀式也豐厚了自我認同。

麥克老師對 Myerhoff 的理念特別地欣賞和有共鳴，特別將其定義式的儀式和局外見證人的概念整合到敘事治療中。什麼是定義式的儀式呢？指的是透過敘說（telling）—再敘說（re-telling）—再再敘說（re-retelling）的過程，主角的故事可以產生一個重新定義的過程，而這個過程本身就是一個儀式。敘說指的是主角的故事敘說，再敘說指的是局外見證人聽到主角的故事敘說後的感想敘說，再再敘說指的是主角聽完局外見證人的再敘說後的感想（White, 2000a）。

反思團隊是家族治療中常使用的一種觀察員參與到主角與家族治療師所進行對話的反思分享。反思團隊早期由挪威的精神科醫生 Tom Andersen 和他的團隊所發展出來（Andersen, 1991），對主角的回饋是一種截然不同的對話方式，受到世界各地許多家族治療師的喜愛而普遍流傳。麥克老師整合反思團隊的理念，將定義式的儀式之見證過程設計了四大方向的問話：（1）被主角觸動的表達（expression）；（2）在觸動中的圖像（image）及圖像帶來的聯想和意義；（3）主角的故事帶給局外見證人的共鳴（resonance）；（4）主角的故事會帶領局外見證人有哪些新的遷移（transport），包括想法／夢想／希望／計畫／行動。這四個方向是人們在實踐敘事之局外見證人團隊（outsider witness team）依循的方向（White, 2007），帶給主角嶄新的對話空間，原來被忽略甚或被弱化的單薄故事（thin story）重新變成被見證的豐厚故事（thick story）。

麥克老師在引用 Myerhoff 的理論時，也特別提到觀眾的重要性和價值。在定義式

的儀式中及見證的理念裡，我們處處都可看見觀眾在這些理念中的重要影響。我因為近年來對「觀眾」這個概念有深刻的體會，所以希望單獨在下一個段落來表述我在多年的後現代敘事對話實踐中，對觀眾的反思和探討。

案例十 --

一位 60 歲左右的祖母應其諮商師的邀約，帶著一男一女的青少年孫子來到了我們的教學空間，我被邀約做顧問，來和這個家庭對話。這個家庭主要的困難是 14 歲的孫子上學有困難，於是我試著去理解祖母的想法、付出和挑戰，也試著去理解孫子、孫女的看法，大家共同探索上學的議題和未來可行的方向。祖母在結束會談時回應，很少有受到這樣的尊敬，而我謝謝她的回應。之後請現場學員對這個家庭做局外見證團隊，學員們很有默契地對祖母、孫子、孫女都做了見證。最後祖母說她平日聽到的回饋都是她還有什麼地方需要加強、需要改進、她孫子在學校又出什麼事了，此刻聽到她的辛苦、她做得好的地方、她孫子孫女好的地方等回饋，讓她很被鼓舞，希望以後周圍的老師在講到她哪裡沒做好、她孫子哪裡沒做好時，也能同時看到她和她孫子做得好的地方，她謝謝大家的回饋。

分析

很多人對隔代教養都有很多的擔心和考量，這是可以理解的。但當這些問題故事成為主要故事時，老人家會覺得被否定，也就是老人家如何在其脈絡下教養孫子的故事是被忽略或被壓制的，如何透過見證去看到老人和孫子的支線故事，進而帶給老人及孫子信心，是諮商師可以努力的地方。屬於老人的地方性教育故事也需要先被理解和貼近，老人的在地想法如何被尊重、聽見，也是近期多元文化諮商思考的議題，李開敏老師在第十四章對老人諮商議題會做更多的探索。

十四、觀眾理論

在後現代敘事實踐的空間裡，另外一個需要反思的精神和元素是「我們想成為怎麼樣的觀眾？」。受訪者在臺上敘說著各式各樣的故事，臺下的諮商師做為聆聽和對話的觀眾，這個觀眾是一個願意欣賞或讚美主角的觀眾，還是一個想要吹噓或打擊臺上主角的觀眾？很多年前聽到麥克老師提到，諮商師對受訪者而言是一個觀眾，當時

只聽到一個概念，並沒有太深的體會。

　　事隔多年，現在我對「觀眾」這兩個字特別有感覺，體會到它是一種譬喻，增加我們對於如何實踐諮商的想像力；另外也拓展我們對諮商師專業認同的角色。我們不只是諮商師，我們更是觀眾，觀眾的角色可以連結到我們觀賞劇院舞臺的角色，個案在舞臺上述說著他的故事，而諮商師像觀眾般在臺下看著、聽著在臺上的主角所表達的故事。

　　一般我們在探討諮商對話時，這種對話基本上是一種嚴謹的專業對話，裡面蘊含著許多的理論和技術，當人們透過長時間的工作和演練時，這種專業性的對話也可能轉化為自然不雕琢的美的對話，也就是看不見技術卻極其優美流動的諮商對話。本段落指的觀賞劇院舞臺則略有不同，不是諮商對話變成了藝術對話，而是諮商師帶著觀眾的視野和位置去珍惜尊重主角的故事，就像珍惜尊重藝術品般。

　　觀眾理論（audience theory）不是諮商的技術，它比較像是一個諮商師反思自己角色的工具，提醒後現代敘事諮商師要帶著怎麼樣的視角和位置去和來訪者對話。觀眾也是我們從小到大都很熟悉的一個譬喻和概念，我們從小就做過觀眾，在學校裡做同學的觀眾，看同學的表演、說故事，跟父母去看戲、看電影，或長大後參加各式各樣的典禮，所以基本上大家做觀眾的經驗是豐富而家常的。帶著這些平常日子就可以接觸得到、而不是高不可攀的經驗去反思諮商師可以是怎麼樣的觀眾，會是一件很有趣的事情。

　　如果是五年前的我來寫這篇文章，我可能不會單獨針對觀眾這個概念來書寫，因為當時的我只是把觀眾這個詞放在見證裡頭一起看。但這幾年在做諮商訪談時，我總是在想，我可以成為一個怎麼樣的觀眾，在我對面的來訪者又希望我可以成為怎麼樣的觀眾呢？雖然我會有一些想法，但我不會有絕對的想法，我必須在訪談的過程中，根據主角的表達／回饋／表情，來探索我這個觀眾該如何與主角在一起，才是對主角有意義和有價值的。我也一直在思索有哪些譬喻對於理解後現代敘事的理念和實踐可以有助益，希望未來有更多的譬喻能協助我們理解和詮釋後現代敘事的種種面向。

　　下面是我針對諮商師做為一般觀眾或做為個案的觀眾的一些反思，希望邀請讀者也能用自己的脈絡來思考這些方向，或者讀者可以邀請你的同儕諮商師共同討論這些方向，這樣的討論可能會開啟更多的思考空間。

　　你想成為一個怎麼樣的觀眾？
　　你不想成為一個怎麼樣的觀眾？

什麼會協助你成為你想成為的觀眾？

什麼會限制你成為你想成為的觀眾？

不同型態的觀眾對受訪者會有哪些不同的影響？

你希望對受訪者有怎麼樣的影響？

如果你是尋求諮商的主角，你會希望你的故事如何被看待？

十五、遷移

許多人誤解後現代敘事治療不重視問題的解決，而對其貶抑。其實根據後現代敘事治療的理論基礎，當主角帶著問題故事來見諮商師時，基本上主角的自我認同受到問題故事的干擾，對自己的自我認同也比較無力甚至負面否定，在這種自我認同的狀態下去思考如何解決問題，自然是比較不容易的。

因此，當主角帶著問題故事來做諮商時，後現代敘事治療諮商師在聆聽、理解主角的故事之後，會把諮商對話的過程側重在尚未被看見的閃光點／支線故事上，邀請主角去發現他既有的資源和細節故事中難能可貴的地方。當主角逐漸看見支線故事時，支線故事會不斷地被豐厚，而問題故事也會相對之下變得較弱。這種故事的轉換也會間接地對自我認同帶來影響，較期待的自我認同在支線故事的豐厚下，也會開始注入信心和帶來力量的想法，而無力與負面的問題自我認同在問題故事減弱後，也會逐漸變小。當替代的較期待自我認同慢慢提升時，主角對自我的信心增加後，諮商師再去引導主角帶著對自己新的理解，重新看待原來的問題，主角在此時已和自己許多的支線故事連結，更能想出不同的方法去解決問題，這階段是原來只有問題故事表述時無從達到的。因此後現代敘事治療是用遷移（transporting）的方式來處理問題，先在支線故事上做豐厚見證，再透過支線故事的扎根來面對問題。在我的經驗中，當主角開始由問題故事移向支線故事時，主角就能發揮更多的創意去看待問題故事，而不再陷於問題故事的泥沼中。

因此，在後現代敘事的對話中，問話扮演著一個極其重要的角色。在敘事的問話中，主角把自己的故事一個個找回來，尤其是被遺忘和在主流文化中被弱化的故事，當主角能和自己更多的故事相遇時，就像遇到老朋友般，主角就逐漸地把自己找回來了。麥克老師及不同的敘事學者專家常強調，當人們的故事是瑣碎（fragmented）時，人們會特別地不定無根，但當人們的故事開始串連（connecting）在一起，發展出其中的連結性時，安在和穩定感就會產生。

十六、解構的獎狀和文件（deconstructive certificate & document）

　　在日常的生活裡，只有當人們表現優秀時才會得到獎狀，也就是獎狀的獲得有著主流的標準和價值。麥克老師在後現代敘事治療非常強調「解構」這個核心理念。解構主義是法國哲學家Derrida（1967）在《文法論》（*Of Grammatology*）一書中所提出的一種解構閱讀西方哲學的方法。他強調文字／成語／句子的意義必須建立在文字／成語／句子所在的環境之下，包括之間的不同和所在環境的不同。麥克老師認為此理念可以運用到諮商的情境中，主角的經驗一定是透過對比的經驗來協助他的經驗（White, 2007）。例如，一個在沮喪中的人，一定是透過希望的對比去看到沮喪，而沮喪很可能就是對沒有希望的抗議和示威，因此在希望對比之下的沮喪背後，藏著主角更多對生活中的盼望和價值（White, 2007）。

　　在諸多對解構閱讀的討論中，其中一個突破性的思維是，文本不能被解讀成只是單一的訊息，而是需要去看文本同時可能存在的各種觀點，這些不同的觀點可能根據不同的文化或世界觀而有不同的體現。在傳統閱讀中，這些觀點可能是被忽略和壓抑的（White, 1992a）。麥克老師根據 Derrida 對閱讀西方哲學進行解構式的重要質疑之理念，進一步延伸到治療性對話的反思，提出了故事的解構（deconstruction of narrative）、權力的解構（deconstruction of power）、實踐權力的解構（deconstruction of practices of power），以及實踐知識的解構（deconstruction of knowledge practice）（White, 1992a）。

　　在故事的解構中，麥克老師提出外化會話，打破內化會話用病理觀的思維來看故事，進而能看到多元的故事，看到主角與問題的不對等、在其文化脈絡中的閃光點、支線故事，以及隱微故事的被發現和重寫等（White, 1992a）。麥克老師充分將解構的精神運用到對多元故事的開展與實踐，讓單一的故事有機會在解構的視野中能不斷地被看見，成為更多在不同哲學觀下的多元故事。可以這麼說，解構讓單一故事背後長期被壓制和忽略的多元故事有機會現身。

　　在權力的解構中，麥克老師主要受到法國哲學家米歇爾‧傅科的影響。傅科分析現代人的形成，主要是透過權力的施展而產生的。他強調從 17 世紀以來，人們做人的方式和建立關係的方式都受到社會控制技術（techniques of social control）的影響，這種控制的權力甚至進入到很深的層次，包括姿勢、慾望、身體、思想、行動、習慣等（Foucault, 1980）。這些權力的科學技術決定了人們的行為並且讓人們順服在被控

制下，充分物化（objectivizing）了人們，這些具有權力的科技像警察般在監督我們的生活，成為我們文化中最主流的知識（Foucault, 1979, 1980, 1984, 1988; White, 1992a）。在傳科對權力如何掌控人們的生活，以及權力如何成為人們對生活的評估衡量尺之激盪下，麥克老師開始把這些思維運用到實務的對話中，探討實踐權力的解構；此處的實踐指的是諮商的對話。

敘事的解構指的是邀請主角對原本視為理所當然的描述進行一連串外化式的對話，包括主角對這些描述想採取的位置、這些描述對主角和其關係的影響、主角同不同意這些影響、主角希望如何影響這些描述、主角希望用怎麼樣的視角去看待這些描述。透過後現代敘事的解構實踐對話，主角能把對生活描述的主權拿回來，而非任由主流論述中的權力技術來決定主角應該如何判斷自己（White, 1992a）。

實踐知識的解構指的是不再視諮商師為諮商中唯一擁有知識的專家，而是和主角共同合作改寫主角的問題故事（problem story），成為較期待的故事（preferred story），主角才是其生活脈絡的實踐者和知識的專家。麥克老師另外還提到在解構中的透明化（transparency）（White, 1992a），諮商師如何運用諮商的過程和問話表達其發展的思路，讓主角對諮商的歷程有更清晰化的理解，這種去專家化的實踐，在後現代敘事治療中經常會出現。

透過前文對解構在不同敘事層面的理解後，解構在獎狀製作的反思上，也非常具有突破性。傳統的獎狀針對優秀的表現來頒發，解構的獎狀，一反傳統的獎狀，比較是針對解構後所帶出的多元故事來頒發獎狀。在《故事‧知識‧權力》（廖世德譯，2001）這本書裡有許多獎狀的案例，這些獎狀也在見證生活中往往被忽略和壓制的故事。

解構的文件是對傳統的記錄方式及相關文件的製作做反思，傳統的諮商記錄方式有其歷史脈絡和價值，紀錄也反映著其背後奠基的理論是什麼。在後現代敘事紀錄裡，重視將解構外化的精神和描述放到個案的評估、處置計畫和治療中，但由於個案紀錄的形式和各國健康保險是否給付有密切的關係，因此帶有解構精神的敘事紀錄在世界各地還是不易推廣的，後現代敘事治療諮商師必須根據工作環境對個案紀錄的要求，來衡量如何適度地進行敘事的紀錄。

敘事的相關文件主要指的是諮商師寫信給主角及主角故事的循環（circulation）。在後現代敘事的諮商中，諮商師為了能夠豐厚在諮商進行中所發現的閃光點、矛盾取向特殊意義事件、支線故事，因此透過寫信來豐厚主角的這些故事，邀請主角對這些亮點有更多的思考。主角故事的循環表面上看起來似乎和諮商的保密專業倫理有衝

突，實際上，保密倫理觀建立在保護個案問題的隱私上是非常的重要。敘事對專業的倫理觀也是重視的，因此故事的循環會先徵求主角的允許，絕對不能勉強主角。

但循環的是什麼故事呢？在敘事的工作裡，許多的主角找到生活的主權，發現自己重視的價值、信念、實踐背後的意圖，建立屬於自己的生活專家知識，往往被自己和關係所感動。替代的自我認同不斷地在提升，許多來訪者都很願意透過諮商師分享他們的故事給其他有類似議題的來訪者。因此故事的循環是一種替代故事的循環，不是問題故事的循環，透過這種設計過的循環，對主角是另外一種肯定和見證。總之，需要用另一種視角去理解故事的循環，才能避免專業界的質疑。

案例十一

在一次的督導中，諮商師告訴我，他的工作卡住了，他不知道如何繼續和他的個案工作。他覺得這個大學生不夠努力，所以學業和人際關係都出了問題。我問他這個不努力的想法指的是什麼？當他看到個案不夠努力時，對於他做諮商師的影響是什麼？在這個對話的過程中，這位諮商師突然想到他自己的偏見，他說他比較不喜歡和來自窮困環境的個案工作，因為效果總是比較差。他喜歡和來自中產階級以上的個案工作。我問他以前有沒有這個覺察，他說以前隱隱有感覺，但從來沒有這麼清晰地表達過。我問他，他看到了什麼，他說他不小心也帶著主流論述中對窮困學生資源忽略的論述，去和學生工作，他也無意中在複製個案的失敗，他在清楚的述說中被自己嚇一跳。我問他有了這個覺察，他回去會如何和這個學生工作，他說他要試著去看這個學生在文化脈絡中的不簡單，重新去見證這個學生。這位諮商師也有了新的方向和力量。

分析

這位諮商師願意在督導中去面對自己的卡住，進而覺察他的偏見原來是受到主流論述的影響，因而看清他想法的來源，更能去選擇他做為諮商師所期待的想法和位置，這個對話本身就是一個解構的過程，去除偏見知識的權力，使諮商師能再回到學生的脈絡裡去貼近他、和他工作。這是諮商師對不同社經地位階層工作一個非常深刻的個人反思，也是多元文化督導中的一個重點。

十七、貼近

　　麥克老師生前沒有特別強調貼近這個概念，但我無數次在現場看麥克老師的訪談或看他的錄影帶，都充分體會到麥克老師和人工作的貼近和同在。在他訪談的空間裡，他的尊重是進入到主角在地性故事（Geertz, 1973）的空間裡，靠近著主角的文化脈絡／思路／情感，透過敘事解構的問話，和主角共同探索主角原生地的資源和創意。因此他貼近的層次是深刻而多元的，放下專家知識的權力，用一種幾近人類學的視野（Spradley, 1979）來做為一個學生，向主角老師請教，帶著解構框架的意圖去好奇主角被忽視的故事，邀請主角重新用新故事來經驗和發現自己，這種對話空間的貼近是一種立體三度空間的貼近，不只在語言的空間裡，在非語言的空間裡也同時流動著、被體會著。在後現代的對話中，「貼近」（withness）這個概念越來越被看重，和對受訪者帶著「關於」（aboutness）的視野去訪談是截然不同的（周和君譯，2008；Andersen, 1991; Hoffman, 2002）。

案例十二

　　很多年前，在波士頓劍橋醫院的伴侶與家庭臨床中心，我督導我們中心的家庭與婚姻治療師艾思莉。艾思莉和一對夫妻工作，正在為到底要不要生小孩而煩惱。但丈夫私底下告訴艾思莉他是同志，尚未告訴妻子，且打算逐步離開這個婚姻關係，而妻子卻非常想要生孩子。艾思莉陷在矛盾中，不知該怎麼辦，因而尋求督導。在家庭與婚姻治療中，除非有自殺、自我傷害、傷害別人等情況下，必須做出立即的危機干預外，其他的情況下諮商師是不能替個案做決定的。因此我去理解艾思莉覺得丈夫應該快些告訴妻子自己是同志而且想離婚的矛盾後，我告訴艾思莉，也許可以陪伴丈夫走過這個告知妻子的困難過程，這同時也是一個搭鷹架的過程，例如：

　　丈夫難以向妻子開口的地方是什麼？

　　丈夫在這種矛盾的情況下，如何和妻子一起生活？

　　丈夫和艾思莉分享自己內心的想法，對於丈夫去和妻子表達會帶來什麼助益？

　　丈夫希望做好怎麼樣的準備才能好好地和妻子談？

　　丈夫希望艾思莉如何協助他去和妻子表達？

　　丈夫如何面對妻子想懷孕的情況？

　　也可以在夫妻治療的對話中，試著去陪伴不可說的矛盾，去看有沒有機會去準備

和說出不可說的主題。艾思莉自己也是個女同志，很希望可以幫到這個丈夫。在督導的對話裡，她發現她有些著急，她還是要回到諮商師好奇的角色，陪伴丈夫探索他的旅程，而非告訴丈夫他應該怎麼做。

分析

　　面對一位是同性取向、另一位是異性取向的伴侶，總是一個很謙卑的學習過程。不帶著一般異性戀的思維來期待這種多元伴侶的關係，而能逐步去探索屬於這些伴侶特有的掙扎和文化，是需要用很多貼近他們文化脈絡的好奇問話來達成的。

　　透過前述介紹後現代敘事治療的核心理念，以及敘事理念運用在多元文化案例的反思，希望對讀者在敘事多元文化的運用與實踐有所助益。

肆、對後現代敘事治療在臺灣發展的簡略心得

一、臺灣後現代敘事治療師的發展與演化

　　後現代敘事治療進入臺灣也快 20 年了，許多不同的老師基於對後現代敘事治療的熱愛，經常在各地開課介紹，而出版社方面，例如心靈工坊與張老師文化基金會也投入書本的翻譯，讓更多的學習者有機會可以理解和運用。雖然後現代敘事治療原本在世界各地主要運用的場域是諮商和社會工作空間，但很有趣的現象是，在臺灣，後現代敘事治療也成為自我成長／療癒團體的一個重要資源。我的理解是，後現代敘事治療的思路讓我們更可以看見在地性文化的複雜與融合不易，許多人在後現代敘事治療中看見了更多更大的自己，對自己和關係有了新的珍惜和尊重，也就是後現代敘事治療的理念似乎帶給很多人和關係溫暖及力量。

　　因為它帶給人們力量與視野，許多諮商師、社工師紛紛把這些實踐理念帶入到他們相關的工作空間，例如：小學、國中、高中、大學、研究所、社福單位、育幼院、少年／成人法院、家庭教育單位、醫院、義工團體、學諮中心、社區諮商中心等。不只是諮商和社工的工作，還包括把後現代敘事運用到教學、班級經營、團隊管理等不同的項目。這些都是我在不同場域教學時，來自不同領域的學員們和我的分享，聽了特別令人欣喜。

於 2010 年前後，臺灣不同的諮商研究所開始陸續開設和後現代敘事治療相關的選修課，例如：文化大學、實踐大學，讓更多的研究生開始有機會在學生時期，就可以接觸到完整一個學期的學習，而不只是一個章節的片面學習。後現代敘事治療可以開始正式成為臺灣相關科系的教材，也是歷史性的一刻。這讓我想到美國不同心理相關研究所逐步開設後現代敘事課程的演化過程，甚至有些研究所以後現代敘事治療、乃至整體的後現代治療為系所的核心課程。大陸北京近年來也有大學開始推動敘事治療的課程，例如，中國青年政治學院，預計未來各地大學也會陸續開辦。坊間推動的後現代敘事治療工作坊一直受到大家的喜歡，後現代敘事治療本土化的過程正在一步步地醞釀著。

因著坊間不同老師的參與教學、大學研究所的開課，以及不同大學教授專攻敘事研究，許多臺灣相關科系研究所的學生在做碩士或博士論文時，選擇了各式主題的「自我敘說研究」。這種研究一般傾向於質的研究，而非統計與量的研究，為諮商領域的研究打開了一個新的空間和視角，學生不只能學到新的質化研究方法，更能透過自我敘說的研究對自我有了更多的理解和成長。

2001 年 3 月，麥克老師在張老師文化基金會的邀請下，第一次來到臺灣，當時約有 150 人參加了三天的工作坊，那是一場讓大家印象深刻的工作坊。心靈工坊也在當時出版了麥克老師在美國出的第一本書《故事‧知識‧權力》（廖世德譯，2001）。雖然麥克老師於 2008 年因心肌梗塞過世，但是多年來，各地的人們仍不斷在敘事的花園裡開墾，綻放出繽紛璀璨的花朵。

二、後現代敘事治療在臺灣在地化運用的心得與反思

不同的後現代敘事治療老師在回應臺灣在地化運用的心得和反思時，可能都會帶著各自的脈絡和經驗來回應，我想將會是很豐富多元的聲音，此處我的回應只是多元聲音中的一個，是我從經驗中累積的感想，提供給大家參考。

我在臺灣各地做不同的工作坊、督導、顧問時，都會要求學員給我回饋，並與大家分享對課程各面向的感想。這裡我想針對和我進行敘事訪談的學員，對於整個訪談做完之後的個別感覺和感想做個整理，也算是人類學田野調查的初步整理，其中包括質疑和擔心，而回饋包含了：神奇；放鬆；不知發生了什麼事情；有信心往前走，雖然還不一定知道怎麼做；有更多的想像空間；完全被尊重；好好被貼近；全然地專注；不覺得自己是有問題的人；被相信；自己有了力量；原本以為自己什麼都沒做，

後來在會談中發現原來自己做了那麼多；原來自己那麼不容易；原來家人也那麼不容易等。

　　其實我在美國學敘事治療時，我的個案都是白人、黑人、西班牙裔人，只有極少數的亞洲人。因此，當我於 1998 年第一次在張老師文化基金會講授從麥克老師那學習的敘事治療時，那時的我在美國家族與婚姻治療研究所擔任助理教授，我的美國學生喜歡這些思維，但我實在不清楚這個學派是否能被臺灣的諮商學界接受？這個學派適合在臺灣發展嗎？但透過一系列的訪談，我聽到受訪者的回饋，似乎在告訴我，後現代敘事治療在臺灣這塊土地上是可以試著去發展的，臺灣的人和文化故事在後現代敘事的空間裡，是可以被好好尊重和抒解的。

　　我也特別珍惜一些學員對後現代敘事訪談及理念的質疑，在這裡我想列舉一些常見的問題，也試著去回答：

（一）為什麼沒分析、解剖問題，問題竟能得到解決呢？

　　問題需要被充分剖析、診斷、處理，才能充分解決問題，這是諮商中非常重要的一個核心理念，也是我過往在美國研究所訓練中，重要的核心理念之一。但後現代敘事治療對故事是怎麼來的有著不同的檢視，看到問題故事中的問題自我認同對於問題的處理通常比較困難，但當支線替代故事有所豐厚時，人們較期待的自我認同也會較有力量，對自己更有把握和信心，看待問題的視野會跟著轉變，主角對如何面對處理問題也就有了更多的想法和處理之道。因此後現代敘事治療的工作重點不是剖析問題，而是豐厚支線故事和替代自我認同，當主角經歷到不同的自己時，就更能面對問題了。

（二）怎麼可以那麼相信主角呢？

　　這是很多學員看我做訪談後，常常給我的回饋，其實在後現代敘事治療的理論中，我們所看見的問題故事是在主流論述中所建構出來的，尚有許多被忽略的支線在地性故事可以透過後現代敘事治療的好奇問話被找到，也就是主角故事的背後總還會有更多的故事，不會限制在主角現在的故事而已。因此對故事許多可能性的理解會影響諮商師對主角的相信，在敘事的對話中存在著相信，許多珍貴的故事都會逐漸地被看見。另外，人們對其故事都存有隱隱渴望的主權，會更加協助我們對主角相信的堅定。

（三）諮商師怎麼只用一些回應和以問話為主進行訪談呢？難道不能用專家的身分教導個案嗎？

麥克老師在發展和實踐後現代敘事治療的過程裡，一直都希望他每一次和主角的對話都可以用問話做收尾，因為問話是一個搭鷹架的過程，在此過程裡，人們有機會在自己的文化脈絡中，逐步去靠近自己過去沒有機會接觸到的故事。主角在述說中親身去體驗自己的想法／情感／屬於自己的專家知識，而非去接收諮商師專家告訴他的知識。所以問話的意圖是很清晰的，主要透過問話去累積屬於主角本身的知識。如果是用專家告訴主角知識的方式，諮商師不自覺地會剝削主角地方性的知識之權力，除非諮商師能調整自己專家的位置，和主角分享知識，但最後的決定權仍交還主角，由其決定知識適用與否。

（四）如果個案的故事一直很無力，諮商師怎麼辦？

諮商師先不要著急，不要想消除無力。如果主角無力，無力也是主角重要的故事，試著去外化無力，去解構無力，去看到無力另外一面的渴望的故事，但仍能尊重無力，貼著無力的狀態前行。後現代敘事諮商師會去看無力的雙重故事，無力如何影響主角，主角又如何面對無力。因此後現代敘事諮商師會不斷在無力中工作，對無力好奇，也會試著去看主角無力中的閃光點，甚至會用玩偶代表無力，請無力玩偶透過主角發聲，甚至見證無力。當無力的支線故事越來越豐厚，相對之下，無力的問題故事也會越來越減弱，此時主角和無力的關係會開始轉換，甚至無力背後的力量也會開始被看見。

（五）如果只有諮商師相信個案的潛力，但其生態系統（老師、父母、不同專業人員）沒有看到個案的可能性，諮商師要怎麼辦？

這種現象是很常見的，當我們對後現代敘事治療越熟悉時，我們越能用不同的問話和主角共同探索主角的資源和力量，但主角生存之生態系統裡的人可能沒有機會接觸敘事，不知如何用敘事來發現主角的資源，因此生態系統以主角的問題故事來理解主角是可預期的。此時邀請生態系統先看到自己對主角的付出或關係的支線故事，可能是首要的，在生態系統的支線故事被豐厚後，再去連結生態系統，去看見主角的資源有更多的可能性。如何讓系統中所有的資源都能被看見，其實才能更好地協助到主角。

（六）把我們的文化都解構了，那我們怎麼辦？

　　似乎有許多人認為解構是革命，把過去消除，因此不贊成解構這個思維。我長年在後現代的氛圍中工作，自己也不斷反思解構到底是什麼，也許解構這個概念早期由 Derrida 提出時，是有批判的特質，尤其在文學的批判上。不同的敘事諮商師對解構可能有不同的詮釋和實踐，我在經歷了 25 年的接觸和實踐中，更傾向於透過解構去理解對主角有困擾的思路來源，陪伴主角做更多細緻的理解和反思，邀請主角去對這些想法做檢視探討。當主角有了更多的思考後，主角和原來想法的關係更豐富，不一定是完全改變想法，諮商師也不是去改變主角，而是打開一個不同的對話空間，共同和主角探索原本視為理所當然的信念和想法。因此對我而言，解構的意圖不是要消除文化，而是針對主角有困擾的問題進行解構式的反思和好奇。解構在文學領域可能傾向於批判，但我在後現代敘事治療裡的運用，更著重於思維的方式和好奇，陪伴主角在解構的好奇問話中進行屬於主角自己的反思，而不是諮商師本身對解構的判斷和結論。

三、臺灣的獨特性

　　後現代敘事治療是由澳洲的 Michael White（麥克老師）和紐西蘭的 David Epston 發展出來的，在 1980 年代中末期被介紹到美國後，便陸續流傳到世界各地。臺灣有著許多在地性的文化，當後現代敘事治療成為本地實踐的資源時，許多在地性的故事更能被尊敬地看見。一個比較普遍性的現象是我們的文化重視權威，在權威的體制下，許多的聲音和想法是不被重視、甚至是被否定的，而後現代敘事治療卻能不斷在解構的思潮中，去陪伴臺灣的人們看見過去被忽視的自我和關係價值，讓許多人有文化釋放的經驗。這並不是否定我們的文化，而是從我們熟悉的文化中，再次看見我們的價值和意義。例如，孝順是我們文化中非常重要的一環，許多人都在看如何在現代快速多變的社會中實踐孝順，但因我們傳統中對孝順的要求和期待，讓許多現代子女困擾而自責，在後現代敘事的解構好奇問話中，往往可以陪伴人們反思孝順，進而建構對子女、對父母都更適宜的現代孝順實踐。

伍、總結

看到後現代敘事治療在臺灣的發展和對人們的助益，其實是讓人欣喜的。此學派重視在地性文化的尊重，鼓勵後現代敘事治療多元化的發展，因此它也在這塊土地上和我們的文化磨合，希望生長出屬於我們自己的東西。

許多人反映著，當後現代敘事治療實踐到一個程度後，會希望開始做敘事型態的個案紀錄，但往往要求效率與統計的傳統機構不一定能夠接受，這是個普遍的現象，變化可能都需要一個過程。另外一個常見的情況是諮商機構敘事督導的資源較為缺乏，但我想，隨著時間的演化，透過更多的人參與和經驗累積，督導的資源也會逐步增長的。

很重要的是學習了後現代敘事治療之後，並不需要放棄過去的學習，許多臺灣諮商師將後現代敘事治療和藝術治療、心理劇、薩提爾家族治療、催眠、精神動力等整合，發展出帶有後現代敘事理念的各學派創造和實踐，特別的豐富和精彩，希望未來有相關整合的研究可以進行。

我在美國的家族與婚姻治療研究所教授多元文化的課（Culture & Diversity）有近10年的時間，不斷和研究生共同去探討在美國的環境中，家庭會遇到哪些多元文化的議題和挑戰，家族和婚姻治療師需要如何敏銳地覺察和進行具有多元文化敏感度的治療對話，以及家族和婚姻治療師本身來自的多元文化背景又會如何影響其本身的臨床工作，這些都是複雜而具有挑戰性的。這是一門必修課，我會設計許多的練習和布置作業，邀請我的學生去體驗不同多元文化變數帶來的經驗，試著讓理論生活化。在我教授多元文化課程時，解構的理念是我設計許多練習和作業的理念核心，希望學生們能看見和經驗到更多貼近不同多元文化變數脈絡的故事。而後現代敘事治療本身就是一個願意為被邊緣化（marginalized）的族群努力爭取他們在地化聲音的學派，讓這些被忽略和被壓制的族群不只能發出他們的聲音，而且被尊重。也希望解構的思潮對臺灣、甚至大陸探討多元文化的諮商，在未來可以有更多的探討。

我最後要再次謝謝秉華老師邀請我寫這個章節，讓我有機會整理我的想法，更重要的是我從這個整理中有了更多的反思、學習和理解，而且透過此過程，我又靠近了更多的自己。原來書寫不只是分享，還能豐厚作者的思維和生命故事，感謝。

討論問題

1. 你如何在很想告訴個案你的看法時，仍能去聆聽個案的想法？

2. 你如何在對個案失去希望時，仍能協助自己保持希望？

3. 你在聽到一些故事時，有什麼可能是你聽不見的？這些聽是怎麼來的？

4. 你覺得諮商師支持個案最大的力量是來自哪裡？

5. 你對後現代敘事治療運用在多元文化諮商的質疑是什麼？

6. 後現代敘事治療對多元文化的諮商工作而言，吸引你的地方可能是什麼？

學習活動

　　對於以下的練習，你可以一個人靜下來好好寫下你對每個練習的回應，再看看你對書寫文字的感想是什麼。或是你可以找一群同儕，共同討論你們對每個練習的感想和看法。

1. 讀完這個章節，讓你印象最深刻的地方是什麼？

2. 在你的生命故事中，有哪些故事平時較少有機會去關注它們？你想去看看它們嗎？當你有機會去關注時，你猜對於你如何看待自己會有什麼不同？（支線故事的豐厚）

3. 如果可以，請你拿一個物件代表你現在正在經歷的一個困擾，然後試著去看看這個物件／困擾。你覺得這個困擾出現在你的生活裡，它最想告訴你的是什麼？它最想讓你學習的又是什麼？（外化擬人化的問話）

4. 如果你去鏡子前面，好好凝視鏡中的自己，你會想如何感謝鏡中一路長大走到現在的自己？不要不好意思，好好對鏡中的自己說話和感謝。做完這個練習，深呼吸三下，再看看鏡中的自己有何不同的感覺？（見證鏡中的自己）

 **參考文獻**

中文部分

江麗美、李淑珺、陳厚愷（譯）（2008）。家庭再生：逆境中的家庭韌力與療癒（原作者：F. Walsh）。臺北市：心靈工坊。（原著出版年：2006）

易之新（譯）（2000）。敘事治療：解構並重寫生命的故事。（原作者：J. Freedman & G. Combs）。臺北市：張老師文化。（原著出版年：1996）

周和君（譯）（2008）。合作取向治療：對話、語言、可能性。（原作者：H. Andersen）。臺北市：張老師文化。（原著出版年：1997）

許婧（譯）（2014）。醞釀中的變革：社會建構的邀請與實踐。（原作者：K. Gergen）。臺北市：心靈工坊。（原著出版年：2009）

黃孟嬌（譯）（2008）。敘事治療的工作地圖。（原作者：M. White）。臺北市：張老師文化。（原著出版年：2007）

廖世德（譯）（2001）。故事・知識・權力：敘事治療的力量。（原作者：M. White & D. Epston）。臺北市：心靈工坊。（原著出版年：1990）

英文部分

Andersen, T. (1991). *The reflecting team: Dialogues and dialogues about the dialogues*. New York, NY: W. W. Norton & Company.

Bachelard, G. (1958). *La Poétique de l'Espace.* Translated by Maria Jolas (1994). *The poetics of space*. Boston, MA: Beacon Press.

Derrida, J. (1967). *De la Grammatologie*. France: Les Editions de Minuit. Translated by Gayatri, C. S. (1976). *Of grammatology*. Baltimore, MD: The John Hopkins University Press.

Derrida, J. (1978). *Writing and difference*. Chicago, IL: University of Chicago Press.

Foucault, M. (1979). *Discipline and punish: The birth of the prison*. London, England: Peregrine.

Foucault, M. (1980). *Power/Knowledge: Selected interviews and other writings*. New York, NY: Pantheon Books.

Foucault, M. (1984). *The history of sexuality*. Great Britain, UK: Peregrine Books.

Foucault, M. (1988). Technologies of the self. In L. Martin, H. Gutman, & P. Hutton (Eds.), *Technologies of the self*. Amherst, MA: University of Massachusetts Press.

Geertz, C. (1973). *The interpretation of cultures*. New York, NY: Basic Books.

Gergen, K. (1982). *Toward transformation in social knowledge*. New York, NY: Springer New York.

Gergen, K. (1991). *The saturated self: Dilemmas of identity in contemporary life*. New York, NY: Basic Books.

Gergen, K. (1994). *Realities and relationships: Soundings in social construction*. Cambridge, MA: Harvard University Press.

Gergen, K. (1999). *An invitation to social construction*. London, England: Sage.

Gergen, K. (2009). *Relational being: Beyond self and community*. Oxford, England: Oxford University Press.

Gergen, K. (2014). Private conversation (October 3-5, 2014). Social construction workshop in Taipei, Taiwan.

Hoffman, L. (2002). *Family therapy: An intimate history*. New York, NY: W. W. Norton & Company.

McNamee, S. (2014). Private conversation (March 7-9, 2014). Postmodern practice workshop in Taipei, Taiwan.

McNamee, S., & Gergen, K. (1992). *Therapy as social construction*. London, England: Sage.

McNamee, S., & Gergen, K. (1999). *Relational responsibilities: Resources for sustainable dialogue*. London, England: Sage.

Myerhoff, B. (1982). Life history among the elderly: Performance, visibility and re-membering. In J. Ruby (Ed.), *A crack in the mirror: Reflexive perspectives in anthropology*. Philadelphia, PA: University of Pennsylvania Press.

Myerhoff, B. (1986). Life not death in Venice: Its second life. In V. Turner & E. Bruner (Eds.), *The anthropology of experience*. Chicago, IL: University of Illinois Press.

Ryle, G. (2009). *The concept of mind: 60th anniversary edition*. New York, NY: Routledge.

Spradley, J. (1979). *The ethnographic interview*. Belmont, CA: Wadsworth.

Strong, T., & Pare, D. (2004). *Furthering talk: Advances in the discursive therapies*. New York, NY: Springer Science.

Vygotsky, L. (1986). *Thought and language*. Cambridge, MA: MIT press.

Wade, A. (1997). Small acts of living: Everyday resistance to violence and other forms of oppression. *Contemporary Family Therapy, 19*(1), 23-39.

Weingarten, K. (1994). *The mother's voice: Strengthening intimacy in families*. New York, NY: The Guilford Press.

White, M. (1992a). Deconstruction and therapy. In D. Epston & M. White (Eds.), *Experience, contradiction, narrative, & imagination: Selected papers of David Epston & Michael White 1989-1991* (pp. 109-152). Adelaide, Australia: Dulwich Centre.

White, M. (1992b). *Reauthorizing lives & relationships*. Workshop presented at University of Iowa, Iowa City, Iowa.

White, M. (2000a). Reflecting team work as definition ceremony revisited. In M. White (Ed.), *Reflections on narrative practice: Essays & interviews* (pp. 59-88). Adelaide, Australia: Dulwich Centre.

White, M. (2000b). Re-engaging with history: The absent but implicit. In M. White (Ed.), *Reflections on narrative practice: Essays & interviewss* (pp. 35-58). Adelaide, Australia: Dulwich Centre.

White, M. (2004). Working with people who are suffering the consequences of multiple trauma: A narrative perspective. *The International Journal of Narrative Therapy and Community Work, 1*, 45-76.

White, M. (2007). *Maps of narrative practice*. New York, NY: W. W. Norton & Company.

White, M., & Epston, D. (1990). *Narrative means to therapeutic ends*. New York, NY: W. W. Norton & Company.

第四篇

特殊族群的
多元文化諮商

Chapter
13　**多元性別諮商**

▎劉安真

　　華華是位 18 歲的女同志,她在精神科就診並服用憂鬱症藥物已兩年,但醫師認為她應接受心理諮商而不是繼續服藥,因此介紹她來找心理師。華華開始出現憂鬱傾向的時間點,剛好和覺察自己是同志的時間差不多。華華認為她可以接受自己的性傾向,但父母的態度是負向的,這可從他們看到電視的同志相關報導時,會給予非常負向的評論得知。華華認為自己的憂鬱與同志身分無關,因為她可以接受自己的性傾向,但她從未向任何人出櫃,也沒有打算談戀愛。她說:「單身一輩子也不錯,就不用跟父母出櫃。」華華對其他同志的看法非常負向,因為她會上網路的拉子聊天室,她覺得那些人都不太健康,所以對同志族群的態度非常負向。當心理師問華華,妳的憂鬱和同志身分有關嗎?華華斬釘截鐵地說:「沒有關係!因為我不會討厭自己是同志。」如果你是心理師,該如何幫助華華呢?

分析

1. 華華的同志認同歷程並不符合舊有的理論模式,她在覺察之後就接受了,但她又在同個時間點開始出現憂鬱傾向。可以探索的是,華華可以接受自己是同志,但她卻沒有考慮跟任何人出櫃,也不打算談戀愛,這是否與社會對同性戀的負向態度有關?華華是否也內化了這些負向態度?社會對同性戀的汙名化如何影響了華華的心理狀態、與憂鬱症的關係又為何?若從內化恐同來理解華華,是否恰當?

2. 如果要改變華華對同性戀族群的負向態度,介紹她認識同志社群是好的策略嗎?

前言

多元性別（lesbian, gay, bisexual, transgender, & intersex, LGBTI）身為社會中的性少數（sexual minority），會面臨獨特的議題，而這些獨特的議題多半與他們的社會處境有關，其核心議題又與歧視和壓迫有關。本章將從介紹多元性別的基本概念開始，之後則會聚焦於同性戀、雙性戀與跨性別的諮商議題。

壹、何謂多元性別？

在定義何謂多元性別（LGBTI）之前，應先澄清幾個重要概念：生理性別（sex）、社會性別（gender）、性別認同（gender identity）、性別表達（gender expression）與性傾向（sexual orientation）。由於這些名詞在不同學門或領域中的界定不盡相同，以下引用美國心理學會（American Psychological Association, APA）於 2012 年發表的 Guidelines for Psychological Practice With Lesbian, Gay, and Bisexual Clients 一文加以說明。（1）生理性別：指個人在出生時的生理特徵是男性、女性或雙性（intersex）；（2）社會性別：指社會文化賦予男性與女性的規範，而這些社會性別角色影響了人們的言行舉止、與別人相處的方式，也影響了人們對自己的感覺；（3）性別認同：指個人認同自己是男性、女性或其他，當性別認同與生理性別一致時，稱為順性別（cisgender），不一致時，稱為跨性別（transgender）；（4）性別表達：指個人透過行為、衣著、髮型、聲音或身體特徵等，來向他人傳達自己認同的性別；（5）性傾向：指個人在情感或情慾上受到何種性別的吸引；一般而言，性傾向有同性戀、異性戀和雙性戀，但性傾向也可能是連續的向度，不僅是這三個類別。除此之外，也可能有無性戀（asexual）及未確定（questioning）（APA, 2012）。

多元性別是廣泛的名詞，涵蓋 LGBTI 等不同認同與身分，L（lesbian）為女同志，G（gay）為男同志，B（bisexual）為雙性戀，T（transgender）為跨性別（指性別認同與生理性別不相符的人），I（intersex）為雙性人或陰陽人（指生理性別無法明確歸類於男性或女性的人，可能擁有雙性特徵或者缺乏被定義為某一性別所必須有的生理特徵）。在多元性別的大傘之下，LGB 是性傾向上的差異，T 是性別認同的差異，I 是生理性別上的多樣性。由於多元性別包含多種不同的身分認同，各有不同的生命經

驗與社會處境，就算身分認同相同，彼此間也有很大的異質性，讀者閱讀本章時，應先了解多元性別的複雜性，切勿將之視為同一族群、有相似經驗。無論在 LGBTI 社群或是心理學、心理諮商的相關文獻中，同性戀仍居主流的位置，以至於雙性戀、跨性別與雙性人（陰陽人）的處境仍持續被邊緣化，這是讀者在閱讀本文時須留意的。另外，本文在不同文字脈絡下，多元性別與性少數會交互使用，指的都是廣義的LGBTI。

貳、華人文化下的臺灣多元性別現況

　　臺灣屬於廣義的華人文化，此文化對同性戀與多元性別抱持何種態度，目前仍少有學者提出系統性的評論。翟本瑞（2004）認為，中國傳統社會在性態度上未若當前想像般保守，諸如：精神／肉體、保守／開放、常態／變態的分類方式是近代西方的區分，用來理解傳統中國社會與性相關的事務將會格格不入。傳統中國社會的性觀念主要是由儒家倫理與道家房中術所主導，而儒家將性行為限定在「夫妻倫」的範疇，在「不孝有三，無後為大」的香火觀念下，性行為是合法的倫常行為，但並未特別提及同性戀。西方對性的觀念與態度卻是建立在「壓抑」的邏輯上，建立一套「常態」的標準後，社會依此邏輯，將人們的行為歸類，進而約束人們的思想與行動。根據翟本瑞的觀察，西方近代為了建立「常態」性慾而區辨出的「變態」性慾傳統，在中國傳統社會中並不存在。周華山（1997）也認為，在中國社會中，只要不違背人倫宗教秩序，同性情愛一直為社會文化所寬容，既沒有基督教眼中的罪，也非心理分析所言的病，中國傳統根本不把同性與異性情愛視作對立體。中國傳統社會重視傳宗接代，只要男性能娶妻生子，完成傳香火的家族使命即可，對同性戀情抱持寬容態度；這可從文學與史書中常出現同性戀情，且元明清三朝男妓頗為盛行，並非不可見人之事得到印證。

　　翟本瑞（1995）指出，中國社會對情色的分類並不是以西方的開放／保守與常態／變態來區分，而是公開與私下之別，公開場合道貌岸然，但對個人私下行為並沒有太多限制。大致而言，西方對於同性戀的負向態度受到基督宗教的影響，認為同性戀是一種罪，然中國自古以來並未將同性戀視為罪，也無過大之社會壓力。中國開始認為同性戀是一種罪，與基督宗教傳到中國有關；周華山認為中國是從「五四運動」全盤西化之後，同性戀恐懼才跟著移入中國。雖然華人文化並不把同性戀視為變態或罪惡，但周華山也強調，華人文化中關係的核心是「家」而非個人，因此身為同性戀者，出櫃的最大障礙不是宗教、工作、朋友，而是家庭（周華山，1997）。朱偉誠清

楚點出華人文化中家人關係對同志的牽制或牽絆:「對於身處於臺灣與其他東亞／華人社會中的同志而言,同樣的(語言)動作卻明顯有著更百結千纏的顧忌與束縛;尤其是來自(原生)家庭關係的多重壓力,從難以面對家人(主要是父母)無從預知的反應和他們隨之而來所承擔的親族壓力,到無法離家獨立生活而形成的實際經濟依賴,在在都使得『家』這個在我們文化中被賦予無限重要性的個人歸屬單位成為(至少是現階段)本土同志出櫃的最大障礙。然而這個對於本土同志來說再真切不過的行動困境,卻往往難以為『外(於漢文化的)人』所體認,不能不說是進一步透露了本土與異社會(尤其是西方)在文化設計和物質條件上的重要差異。」(朱偉誠,1998,頁44)。

在上述華人文化脈絡下,當前臺灣現況又是如何?根據中央研究院「臺灣社會變遷基本調查計畫 2012 第六期第三次調查計畫」資料顯示,在受訪的 2,072 份有效樣本中,自認為異性戀者高達 94%,認為自己是同性戀者只有 5 人(0.2%),認為自己是雙性戀者為 1.7%,拒答、不確定和不知道共 4%。非常同意和同意(接下來的敘述以贊同來表示非常同意與同意)同性戀者向父母坦白自己是同性戀會造成父母痛苦的比例為 69.1%;贊同同性戀者私生活都很亂者為 32.2%,非常不同意與不同意(接下來以反對來表示非常不同意與不同意)的比例為 42.7%;贊同男同性戀者都很娘娘腔的比例為 5.1%,反對的比例為 37.2;贊同女同性戀都是男人婆的比例是 30.4%,反對的比例為 43.6%;贊同我可以接受一對同性戀者在街上接吻的比例是 28.3%,反對的比例為 53.7%,但是贊同我可以接受一對男女在街上接吻的比例是 51.6%,反對的比例為 32.5%;贊同同性戀者也應該享有結婚權利的比例為 52.5%,反對的比例為 38.1%。有高達 54.9%的人表示對於同性戀的印象,最主要來自媒體,只有 5.2%是來自學校(章英華、杜素豪、廖培珊,2014)。

由於中研院的社會變遷調查是面訪,在 2,072 位受訪者中僅有 5 位自我認同為同性戀者,顯示臺灣民眾要對陌生訪員承認自己是同性戀並不是件容易的事,以至於同性戀人口比例偏低。高比例的人贊同子女是同性戀會造成父母的痛苦,這呼應上一段所提的華人重視家族關係的特有文化。支持同性戀可以結婚的比例高於反對者、超過半數,表示認同婚姻是基本人權,不能因性傾向而有差別待遇的臺灣人居多數。但也有超過半數的人無法接受同性戀者在街上接吻,顯示同性戀者在公共場域展現情感與慾望仍可能受到他人異樣的眼光。

上一段提到對同性戀的印象,只有 5.2%是來自學校。臺灣是否已積極透過教育來改變民眾對多元性別的刻板印象?臺灣於 2013 年修訂《性別平等教育法》,2012 年

修訂施行細則，《性別平等教育法》（2013）第 17 條指出「國民中小學除應將性別平等教育融入課程外，每學期應實施性別平等教育相關課程或活動至少四小時」。而《性別平等教育法施行細則》第 13 條則明確指出「本法第十七條第二項所定性別平等教育相關課程，應涵蓋情感教育、性教育、同志教育等課程，以提昇學生之性別平等意識」。教育部原訂於 100 學年度開始，於國小高年級與國高中實施上述的性別平等教育，但卻遭遇民間團體「真愛聯盟」的抗議與阻撓，顯示有些民眾對於國小與國高中實施同志教育有所疑慮，可見臺灣對於多元性別的態度仍有爭議，並非全然友善。

　　在同性婚姻法制化方面，過去 20 年來，同性婚姻法制化成為世界性的議題，從荷蘭開始，越來越多國家認可同性婚姻。臺灣在 2013 年由「臺灣伴侶權益推動聯盟」（簡稱伴侶盟）將多元成家三個草案（婚姻平權、伴侶制度、家屬制度）送進立法院，僅婚姻平權獲得足夠立委人數連署成案，並於當年 10 月 24 日一讀通過，但婚姻平權草案在該屆立法委員任期結束前，始終沒有通過二讀。2016 年婚姻平權草案在立法院進入朝野協商，2017 年大法官釋字第 748 號指出，民法目前無法使相同性別二人成立永久結合之關係有違憲法第 22 條婚姻自由以及第 7 條平等權，限行政機關 2 年內改善（司法院，2017），因此，臺灣至晚 2019 年同性婚姻將得以法制化。

　　在跨性別的權益方面，目前有些學校與公部門的行政單位設置性別友善廁所（unisex restroom），此舉改善部分跨性別者上廁所時會遇到的困境，但目前仍屬單點設置，並未落實在建築法規中。許多跨性別者關心的身分證性別變更事宜，臺灣目前的規定如下：「一、申請女變男之變性者，須持經二位精神科專科醫師評估鑑定之診斷書及合格醫療機構開具已摘除女性性器官，包括乳房、子宮、卵巢之手術完成診斷書。二、申請男變女之變性者，須持經二位精神科專科醫師評估鑑定之診斷書及合格醫療機構開具已摘除男性性器官，包括陰莖及睪丸之手術完成診斷書。」（內授中戶字第0970066240 號）。由於世界跨性別運動的訴求是免手術、免精神鑑定，只要法定成年人自行填表申請即可生效，目前臺灣性別變更的規定讓跨性別社群不滿，也影響跨性別者的自主性並造成生活上的困境（畢恆達、潘柏翰、洪文龍，2014）。

參、同性戀恐懼、性傾向歧視與異性戀常規化

　　多元性別所遇到的問題不是來自於性傾向、性別認同或性別表達，而是來自性別二元的社會常規；他們被僵化的性別二元社會常規排除在外，才需要面對因此而來的種種問題。接下來，本段先介紹幾個重要名詞：同性戀恐懼（homophobia）、性傾向

歧視（heterosexism）與異性戀常規化（heteronormativity）。

　　同性戀恐懼一詞，最早由心理學家 Weinberg 於 1972 年，在其著作 *Society and the Healthy Homosexual* 所提出，意指對同性戀者非理性的恐懼與敵意，後來被引申為對同性戀與其生活方式的反感和基於此反感而來的行為（Herek, 2004）。自從同性戀恐懼（或簡稱恐同）這個名詞出現後，被廣泛運用於專業研究與日常生活中，用來形容排斥同性戀的言行舉止與心態。此外，也有學者認為，同性戀恐懼的說法把社會對同性戀的敵意縮小為個人層次，忽略恐同的態度其實是社會文化層次上的壓迫，他們認為「性傾向歧視」一詞更能貼近同性戀受壓迫的本質（Adam, 1998）。

　　性傾向歧視與種族歧視（racism）、性別歧視（sexism）等名詞常出現在多元文化諮商的文獻中，「壓迫」（oppression）則是多元文化諮商的重要內涵，因為社會中的弱勢族群，無論是種族、性別或是性傾向，都在生命中經驗到社會體制的壓迫，而這些壓迫正是威脅他們心理健康的最大因素（Sue & Sue, 2016）。因此，具多元文化諮商能力的心理師，應致力於理解社會中的權力、特權與壓迫如何影響擁有特權者與被邊緣化者的生命經驗（Ratts, Singh, Nassar-McMillan, Butler, & McCullough, 2016）。Adam（1998）認為討論性傾向歧視時，指向的是制度、社會結構與意識形態的層面。Herek 則是如此定義性傾向歧視：「一套推崇異性戀的世界觀與價值系統，認為異性戀是愛情與性唯一被認可的表現方式，貶低同性戀以及所有非異性戀。」（Herek, 1986, p. 925）。Herek（2004）指出，性傾向歧視是一套讓「討厭同性戀」的模式可以在社會運作的系統，此系統包含了性別與道德的信念，在此系統下，同性戀是異常、有罪的，並對社會造成威脅，因此加諸於同性戀者的歧視、敵意與暴力都可以被合理化。

　　除了性傾向歧視之外，另一個常用來描述並理解多元性別處境的名詞是異性戀常規化。異性戀常規化指的是，在社會居主流與多數的異性戀者認為異性戀是唯一正常生活方式，並把異性戀跟道德標準綁在一起，進而讓異性戀常規化成為一種意識形態與道德體系。異性戀常規化規範性別只有男與女，男生要像男生，女生要像女生，長大之後，必須喜歡異性，且推崇一夫一妻的傳統家庭價值，並把傳統家庭價值和社會秩序連結在一起（Ingraham, 1996; Oswald, Blume, & Marks, 2005）。在此意識形態下，不符合異性戀常規的人都經驗到被排除與被貶抑，例如：生來具有雙性特徵的雙性人、性別氣質不符合性別角色的人、性別認同與生理性別不一致的跨性別者、會喜歡同性的同性戀者與雙性戀者，甚至單身或離婚者都可能因為不符合傳統家庭價值而被貶抑。異性戀是多數族群，並不是唯一，但當異性戀的生活方式成為社會的價值體系

與道德標準時，凡不符合異性戀常規的人就成為被體制壓迫的對象。若從此角度來理解多元性別在社會的被邊緣化與被壓迫，會更貼近他們的生命經驗。

肆、性少數的心理健康問題

根據美國的醫學研究數據顯示，性少數與異性戀和順性別者在健康上有顯著差異，顯示性少數在健康權上的不平等現象（Fredriksen-Goldsen et al., 2014）。Hyde（2012）從精神醫學觀點來解讀此現象，指出身為同性戀、雙性戀與跨性別者，意味著需要經歷特殊的社會挑戰，例如：被霸凌、被家庭拒絕、因為社會的負向訊息而懷疑自己的價值、求職或升遷遇到阻礙、因為想做自己而被騷擾，甚至被攻擊，因為這些獨特的挑戰，性少數在自殺率、藥物使用、憂鬱、焦慮、思覺失調及躁鬱症的比例都高於一般族群，這構成了健康權上的不平等。臺灣目前並沒有醫療上的數據可以支持此現象，但根據柯慧貞等人在 2006 年針對臺灣大學生所做的一項大規模的心理健康調查結果顯示，性傾向少數（同性戀、雙性戀或不確定者）過去一個月的自殺意念及過去一年的自殺企圖，顯著高於異性戀者（鄭聖樺，2007）。由此可見，性少數在心理健康上面臨較大的威脅。原因為何？目前最被認可的理論是少數族群的壓力模式（minority stress model），因為針對性少數的汙名、偏見與歧視形塑了有敵意與壓力的社會環境，進而影響性少數的心理健康（Meyer, 1995; Meyer, 2003）。Meyer（1995）認為，身為性少數，每天都需面臨少數族群的壓力，在成長過程中，理解自己是被社會價值所貶抑的，會經歷有形和無形的偏見與歧視，這些負向的經驗將會內化，讓他對未來產生悲觀預期，這些獨有的壓力處境傷害了健康，尤其是心理健康。Kalra、Ventriglio 與 Bhugra（2015）更進一步指出，敵意環境除了讓性少數經歷被霸凌、被家人拒絕等壓力之外，也增加疏離感與社交上的孤立，這些都更加深壓力。 Hatzenbuehler、Phelan 與 Link（2013），以及 Hatzenbuehler 等人（2014）進一步從汙名來解釋性少數與異性戀和順性別者在健康上的不平等現象。他們認為汙名是最關鍵的因素，汙名會在三個層次影響健康：（1）個人內在（例如：對自己的負向態度）；（2）人際間（例如：被霸凌或被排擠）；（3）社會結構（例如：社會常規與組織或國家政策）。在此三層次的交互運作下，性少數的健康受到比異性戀者和順性別者更大的威脅。

從上述的整理可以發現，性少數的健康議題應被放在社會文化的脈絡下來理解，特別是汙名的屬性與社會的性傾向歧視。因此，心理師在面對性少數的當事人時，應

從更廣大的視角來理解性少數的心理健康議題，如果對社會的性傾向歧視與同性戀的汙名處境沒有深刻認識，則無法理解多元性別當事人的處境與其心理困擾的關係。

伍、肯定式心理諮商

Alessi、Dillon 與 Kim（2015）認為要對多元性別當事人提供具多元文化能力的心理治療時，心理師必須持肯定的立場。在 1970 年之前，同性戀仍是需要被治療的心理異常，直到 1973 年才從《精神疾病診斷及統計手冊》（DSM）中移除。美國心理學會也在 1975 年發表聲明，支持此項決議，並呼籲心理健康從業人員能倡議破除同性戀的心理疾病汙名。雖然同性戀不再是心理疾病，但仍有少數心理諮商或心理治療人員在面對同性戀當事人時把同性戀視為問題，試圖想要治療或矯正同性戀，即所謂的修復或是矯正治療（reparative and conversion type therapies）。幾乎所有相關的專業學會，如：世界精神醫學會（World Psychiatric Association）、美國精神醫學會（American Psychiatric Association）、美國心理學會（American Psychological Association）、美國諮商學會（American Counseling Association）都發表聲明反對此類的治療，但同志當事人還是可能在諮商室遇到對多元性別不友善的心理師。

相反於把同性戀視為問題的是肯定式心理諮商（affirmative counseling）。Johnson（2012）認為，肯定式心理諮商的重要理論依據是少數族群的壓力模式，此理論架構提供臨床工作者從性少數的汙名來理解這些壓力對當事人的心理健康與福祉所造成的影響，並進而將處遇的焦點放在理解被歧視、被拒絕、隱藏身分與內化恐同對性少數所產生的效應。

如上所述，肯定式心理諮商的焦點是理解性少數的汙名處境，並能從此角度理解當事人的經驗。因為多元性別被異性戀常規化的社會排除在外，因此他們需要創造屬於自己的認同、關係與社群（Brown, 1989），而心理師的任務就是與他們一起面對異性戀常規化的壓迫。Morrow（2000）指出，對性少數抱持肯定立場的心理師要將同志族群與他們面對的議題視為中心並強調自我界定（self-defining），以此對抗被邊緣化與被界定的處境。Millar、Wang 與 Pachankis（2016）認為，由於多元性別所遇到的心理健康問題多數與社會結構、人際關係與家庭的歧視及壓迫有關，肯定式心理諮商要能夠催化當事人針對社會壓迫發展因應策略。整體來說，持肯定立場的心理師支持性少數的自我認同，且能理解性少數獨特的挑戰，並能與當事人一起對抗社會的性傾向歧視。

前文提過，要提供多元性別族群具多元文化能力的諮商，必須持肯定的立場與支持的態度，且態度是多元文化諮商能力重要的一環。若諮商科系的學生或心理師因為個人價值觀或宗教信仰，而無法接納多元性別也無法持肯定立場時，該怎麼辦？在臺灣較常聽到的解決辦法是心理師自我覺察，意識到自己的限制之後，未來避免接觸多元性別當事人，或是在接到之後進行適當轉介。從多元性別當事人的角度來看，當走進諮商室時，他無法確定心理師是否對多元性別持肯定立場。常在同志社群聽到有同志朋友說，擔心心理師不支持，不敢向心理師出櫃，只好和心理師談其他議題，而不敢觸及身分認同的議題。從當事人的福祉與諮商專業立場來思考此問題，會發現「轉介就好」的解決辦法，某種程度上來說會傷害多元性別當事人的福祉，也影響多元性別族群對諮商專業的信任。試想，如果當事人在諮商進行到一半後（例如：談了五次），因為信任心理師而出櫃，結果心理師無法接受他的身分而必須轉介時，對當事人的影響是什麼？是否讓當事人感受到被遺棄？如果當事人不希望被轉介，是否會因為心理師無法接納，而不再觸及性少數的議題？在陳宜燕（2008）針對同志當事人的諮商經驗研究中，有當事人在諮商過程中向她所信任的心理師出櫃，幾次之後，心理師表示因為自己的宗教背景，而無法接納同性戀。由於當事人與心理師關係良好，願意體諒心理師，選擇只跟心理師討論生涯議題，而不再談論性傾向。繼續進行諮商，但從此不觸及性傾向，是否傷害當事人福祉？

　　「基於心理師個人的信念而轉介當事人，是否符合專業倫理？」這類議題目前仍無定論，但有許多部分值得討論，如：（1）心理師是否可以因為個人價值觀而拒絕服務多元性別？美國諮商學會根據這部分給予明確的答案：不行。因為諮商專業倫理保障各種性傾向不被歧視，而且多元文化是諮商專業的核心價值（Kaplan, 2014）；（2）因為個人宗教信仰無法接納多元性別而轉介是否恰當？美國諮商學會的立場是：轉介應基於缺乏專業知能，而非不願意服務特定族群，因為缺乏知能而轉介，是考量當事人福祉，因為自己的宗教價值觀而轉介，並不是以當事人福祉為優先。且轉介應被當成諮商中最後的解決之道，因為轉介難免會引發被拋棄的議題（Kaplan, 2014）。

　　除了美國諮商學會發表的官方聲明之外，許多學者針對此議題提出一些思考方向：（1）當心理師或諮商科系的學生因為宗教價值觀無法接納多元性別時，基於多元文化能力的養成，督導或教師應協助受督者與學生提升多元文化能力，降低自己的偏見與歧視，而不是鼓勵轉介。為何心理師不能設法學習尊重當事人，放下自己的價值觀，提供當事人專業服務，而是想轉介？而且在此情況下，心理師並不是轉介單一個案，而是拒絕服務整個多元性別族群；（2）當事人的福祉與心理師個人信念，何

者較為重要？對諮商專業來說，多元文化、宗教自由、當事人福祉，何者是核心價值？如果多元文化勝過宗教自由，當個人的宗教信念與多元文化諮商的價值相抵觸時，心理師該慎重考慮自己是否適合這個行業；（3）心理師在提供服務時，是要以專業知能為基礎，還是要以自己的宗教價值為基礎？諮商科系或督導是否有把關的職責，讓受督者與學生至少具備基本的多元文化諮商能力？諮商是一門專業，若由諮商者或學生依照自己信念來選擇要不要提供服務，如此是否對心理師太寬容，而不夠重視當事人福祉？諮商專業的立場應該是利他，而非自利，強調自我節制，且要以專業知識為基礎，而非宗教理念，同時要避免傷害並守護當事人的福祉（Behnke, 2012; Hancock, 2014; Kocet & Herlihy, 2014）。以臺灣的諮商倫理來說，諮商心理師公會全國聯合會「諮商心理師專業倫理守則」第七條：「諮商心理師實施諮商服務時，應尊重當事人的文化背景與個別差異，不得因年齡、性別、種族、國籍、出生地、宗教信仰、政治立場、性傾向、身心障礙、語言、社經地位等因素而予以歧視。」台灣輔導與諮商學會及臺灣諮商心理學會也有類似的專業倫理守則，因此心理師因為宗教信仰與價值觀，拒絕提供多元性別諮商服務，是否涉及歧視是嚴肅的倫理議題，值得重視與深思。

陸、針對性少數的多元文化諮商能力

上一段闡述了何謂肯定式心理諮商，落實在多元性別的諮商時，心理師應具備什麼能力？Hope 與 Chappell（2015）指出，過去多元文化諮商訓練中所強調的族群議題，較忽略 LGB 族群。兩位作者認為，針對多元性別的諮商能力，除了 Sue（1991）所提出的覺察、知識與技術三個向度之外，應再加上第四個向度——倡議與行動（advocacy and action），以下分別敘述：

一、覺察

所有諮商心理師應有機會反思自己對多元性別的態度，包括自我認同為 LGBTI 的心理師，因為所有人都成長於異性戀常規化的社會，必然內化許多異性戀中心的偏見。辨識與改變這些偏見相當重要，可讓自己接觸當地的同志社群與文化，或是聆聽多元性別族群的生命故事分享，因為真實接觸有助於態度的覺察與反思。若是異性戀者，透過課程與討論，省思社會中的異性戀特權，將更能理解多元性別者的社會處

境。McGeorge 與 Carlson（2011）曾設計兩份協助異性戀心理師覺察異性戀特權的討論題目，很值得心理師與諮商科系學生運用，題目卷請見文末「學習活動」單元的活動一與活動二（McGeorge & Carlson, 2011, p. 17）。除此之外，美國心理學會在 2012 年所擬定的「同性戀與雙性戀的心理治療準則」中，也針對心理師覺察自我對同性戀與雙性戀的態度提出建議（American Psychological Association, 2012）。

二、知識

　　諮商多元性別族群需要具備哪些知識？Hope 與 Chappell（2015）認為應包含多元性別族群的歷史、社會文化處境，以及相關的心理學研究。除此之外，也要理解多元性別族群的差異性，例如：男同志、女同志、雙性戀、跨性別的差異與獨特之處，因為不同身分的生命經驗與社會處境大不相同，壓力來源也不同。Perez、DeBord 與 Bieschke（2000）則認為心理師要有效能地服務多元性別，必須對多元性別族群與相關議題有專業性的理解，尤其是對於多元性別之社會、文化與歷史的認識，以及多元性別諮商在理論、研究與實務等方面之過去、現在與未來趨勢。由於多元性別有其獨特的經驗與議題，心理師應致力於充實相關知能，才能提供適切的諮商服務，且隨著社會的演進，多元性別諮商會遇到的議題將越來越多元。例如：當同志伴侶可以組成家庭與生養小孩之後，隨之而來的伴侶諮商、家族諮商與親職教育諮詢等需求都會出現，這些都需要心理師持續增加自己的相關知識。

三、技術

　　意指有能力提供多元性別族群具文化敏感度的諮商、心理評量、諮詢與督導。在實務上，包括能與多元性別的當事人建立信任的關係、針對多元性別議題概念化的能力，以及諮商處遇的技巧。

四、倡議與行動

　　多元文化諮商與發展協會（Association for Multicultural Counseling and Development）於 2014 年修訂了由 Sue、Arredondo 與 McDavis 在 1992 年修訂的多元文化諮商能力，制訂了「多元文化與社會正義諮商能力」（Ratts, Singh, Nassar-McMillan, Butler, & McCullough, 2016），在覺察、知識與技術之外，基於社會正義的立場，增加第四

個能力：行動。之前 Hope 與 Chappell（2015），以及 Jones、Sander 與 Booker（2013）也主張針對 LGB 當事人的諮商，應具備倡議與行動的能力。倡議與行動對多元性別的當事人非常重要。由於社會對於多元性別族群並不友善，因此，心理師在某些時刻應該站出來為多元性別族群的福祉倡議並採取能改變社會的具體行動。這些行動不僅是政治上的行動，更包括發聲來對抗社會上的性傾向歧視。在組織的層次，可以建議你所屬的工作機構改變性傾向歧視的政策，或改變缺乏多元性別概念的接案表格（例如：性別只有男與女，家長只能是父親或母親），或引進社區多元性別社群的資源，都屬倡議和行動的一部分；在個人的層次，於個案研討時，提供多元性別友善的觀點也是倡議與行動的表現之一（Hope & Chappell, 2015）。

多元性別在諮商中常見的議題

多元性別有不同的身分認同，各有其特殊的諮商議題。Fassinger 與 Arseneau（2007）指出性少數雖然有共同的處境，如社會的壓迫與歧視，但不同身分各有其特殊處境與挑戰，因此以下區分女男同志、雙性戀與跨性別來分別討論。由於文獻上同性戀的資料比較多，因此在篇幅上會大幅偏重同性戀者的諮商，而從文獻上的差異也看出雙性戀和跨性別在諮商領域的邊緣處境。

壹、女同志與男同志的諮商議題

一、自我認同

同性戀者成長於對同性戀抱持汙名的異性戀社會中，Cass（1979）指出，同志認同是在對抗汙名的脈絡下生成的。在異性戀體制的社會中，建立同志認同會經歷何種發展歷程？早期臺灣的諮商領域將同性戀視為異常，因此對同性戀認同採取防堵的策略，以情境式同性戀、同性密友期與成長的過渡階段等，來說服正在經歷身分認同困惑的同志青少年他們並不是同性戀。基於這些如同緊箍咒式的同性戀界定所造成的戕害，1998 年 12 月，臺灣同志諮詢熱線協會舉辦了「誰殺了同性戀座談會」，仔細剖析這些同性戀輔導的論述對同志族群心理健康的傷害。但直到今日，還是偶爾會在諮

商與輔導的相關期刊上看到上述相關論述。

　　在異性戀的社會中覺察自己的同性情感或情慾，通常會經歷以下的歷程：我和其他人不太一樣、感受到同性的吸引、向他人揭露、第一次和同性談戀愛、自我接納等（Savin-Williams & Cohen, 2015）。過去有關同志認同的研究，基於取樣不易，因此從少數樣本（多數是白人男性）的研究結果建立同志認同的階段理論，例如：Cass（1979）、Troiden（1988）。但後來的研究結果發現，同志認同的發展其實有高度的差異性，而且種族、性別、階級、宗教、文化、地域等因素都可能影響同志認同的發展歷程。因此，並不是每一位同志青少年都會經歷上述的發展歷程，也許有人一開始覺察自己受到同性吸引，就欣然接受並進入第一段同性戀情，也認為同性戀和異性戀是同樣健康的；也許有人一直都被同性吸引，也跟同性談戀愛，卻從未懷疑自己的異性戀身分；也許有人一開始被同性吸引，並未覺得自己有何不同，直到被家人反對與被朋友排擠，才意識到自己與他們不同。由此可見，心理師面對同志青少年時，應理解同志認同與發展歷程具有高度的差異性，不應以過時的理論架構去理解他們的認同與發展歷程，而應對此抱持開放與願意深入理解的態度（Savin-Williams, 2005; Savin-Williams & Cohen, 2015）。

　　同志自我認同歷程可能是一生極關鍵的時刻，研究顯示此歷程可能提高藥物與酒精使用、不安全的性行為、自我傷害、自殺企圖與自殺身亡的風險（Kalra et al., 2015）。這一切都與不友善的社會環境和同性戀汙名有關，心理師要如何協助處於認同階段的同志當事人呢？除了陪伴他自我探索，讓他在完全被接納與支持的環境下理解自己的獨特經驗，更重要的是提供同志社群的資源。研究顯示，許多成年同志回顧他們的認同歷程時，認為最重要的關鍵事件是認識和他相同身分的人，尤其是同志身分的正向楷模（Schneider, 1991）。同志社群提供了安全而健康的場所讓同志青少年學習「社會化」，而不僅是在與性有關的場域來認識同志（Hetrick & Martin, 1987），如同美國在城市設立同志中心，也在大學校園中設置同志中心（LGBT Center）。過去數年來，臺灣各個縣市成立同志中心已成為政府推動的政策，其目的是提供同志安全而健康的場所，讓他們可以認識「圈內」朋友，彼此支持與學習。這些同志中心對同志青少年的認同極其重要，心理師應花時間蒐集在地同志中心的資料，並主動提供給當事人，與當事人討論如何接觸或使用同志社群的資源。

二、內化恐同

Meyer 與 Dean（1998）將內化恐同（internalized homophobia）定義為：同志將社會對同性戀的負向態度朝向自己。Newcomb 與 Mustanski（2010）指出，內化恐同包含許多層次：對同性戀全面的負向態度、對向他人揭露性傾向感到不舒服、不接觸其他同性戀者、對同性性行為感到厭惡，並因為這些負向態度而造成個人內在衝突、低自尊與自我貶抑等。

心理師要如何協助當事人處理內化恐同？女性主義治療會從性傾向歧視的社會脈絡來理解當事人的內化恐同，因此處遇方式不侷限於個人內在，可以鼓勵當事人投身社會改變（Puckett & Levitt, 2015）。Russell 與 Bohan（2006）從女性主義的觀點指出，內化的性傾向歧視和性傾向歧視是同一件事，不應該分開討論，否則似乎意味著有人可以活在性傾向歧視的社會，卻不會有內化的性傾向歧視。Russell 與 Bohan（2006）主張用「將同性戀負向化的歷程」（homonegating processes）來取代內化恐同。他們認為社會一直存在異性戀霸權，身處其中，無論性傾向為何，都會被影響。基於上述立場，兩位作者也提出幾點諮商建議：（1）協助當事人從更大的社會文化脈絡討論他的感受，了解內化恐同來自壓迫與把同性戀邊緣化的社會體制；（2）如果當事人帶著某些心理健康的問題前來，例如：憂鬱或焦慮，可以從內化恐同來理解他的經驗，但也要小心不要過度歸因於內化恐同，因為心理健康的問題可能是其他因素造成的；（3）有許多研究支持藥物使用（substance abuse）及不安全性行為與內化恐同有關，因此，如果當事人的議題是藥物使用與不安全性行為，心理師可試著從內化恐同的角度來理解或歸因；（4）如果當事人對社會的性傾向歧視與性別歧視毫無覺察，心理師可以協助當事人看到這些體制的壓迫如何影響他的生命經驗，並協助當事人適當外化問題；（5）心理師不斷透過自我省察、持續進修與督導來省思自己的內化恐同，也需要對同性戀在社會與心理學界被邊緣化的歷史有所了解，因為心理師的內化恐同有礙他們提供多元文化的照顧。

三、出櫃

對同志來說，出櫃（coming out）是個複雜的決定，也是每天都要面對的議題。出櫃之所以成為議題，主要是因為同性戀在社會中仍是汙名。提出汙名概念的社會學者 Erving Goffman 如此描述汙名如何影響人際互動：擔心汙名身分被發現，要不要告

訴對方？要不要說謊？要對誰說？何時說？如何說？在哪個地方說？都成為必須面對的議題（Goffman, 1963）。從覺察自己是同性戀開始，就必須面對是否告訴家人、朋友、同學、同事，甚至是陌生人，有時這段歷程長達數十年，而且每遇到一位不知道你身分的人，就要再面臨一次出櫃的議題（Fassinger, 1991）。

Savin-Williams（2005）認為，多數年輕同志對自己出櫃（覺察自己是同性戀）後，數年之內會向他人出櫃。無論男女同志，第一個出櫃的對象通常是女性好友，接下來才會向以下的人出櫃：其他同性戀朋友、最親近的手足、男性友人，但幾乎很少跟父母出櫃，而且在華人文化中，父母是最難出櫃的對象。由於向朋友出櫃和向父母出櫃是非常不同的情況，因此以下分別加以敘述。且向父母出櫃是臺灣同志諮商中最常遇到的議題之一，因此會花較多篇幅討論。

（一）向父母出櫃

美國的研究顯示，父母的拒絕將嚴重傷害同志青少年與成年前期的心理健康，大幅提高憂鬱與自殺的風險（Diamond, Shilo, Jurgensen, D'Augelli, Samarova, & White, 2011; Ryan, Huebner, Diaz, & Sanchez, 2009）。因為父母的支持對同志而言極為重要，與父母的關係是許多同志青少年關注的焦點。向父母出櫃的動機因人而異，許多同志青少年渴望與他們的家人更親近，並能因向父母出櫃而活得更自在與更真實（Savin-Williams, 2001）。多數研究顯示，同志會先向朋友出櫃而不是家人，尤其以父親為第一位出櫃對象的人極少。父母不是第一個出櫃對象的原因主要在於他們的重要性以及擔心遭到情感上的傷害並斷絕經濟支持（Savin-Williams, 2005）。臺灣本土的研究顯示，男同志向父母出櫃（現身）通常有兩個考量：以父母為導向（怕父母傷心、失望），和以自利為考量（怕父母不能接受，進而影響自己的權益）（畢恆達，2003）。同志的父母絕大部分是異性戀者，生長於性傾向歧視的社會並內化社會中的同性戀恐懼，許多同志不忍心讓父母承受同性戀的汙名，選擇不向父母出櫃；但不向父母出櫃，勢必得守著極大的秘密，接近適婚年齡之時，還會有逼婚甚至傳宗接代的壓力。有些同志不忍心讓父母失望，隱藏性傾向並進入異性戀婚姻，如此將造成更多困境與傷害；未向父母出櫃的同志，有些選擇與家人保持距離，以免謊言被拆穿；有些則以單身為掩護。無論何種策略，選擇不向父母出櫃，會讓親子關係不再親近，也無法感受到家人的情感支持。

選擇向父母出櫃，是渴望與家人更親近並能得到支持，但過程可能充滿拉扯、傷害與痛苦。如畢恆達（2003）的研究，當男同志向父母出櫃（現身）之後，父母可能

採取否認的態度，陷入自責或質疑被朋友帶壞，同性戀成為親子間無法揭開的傷口。在筆者的實務經驗中，自責、憤怒、哀傷都是父母在孩子出櫃後常見的心理反應。孩子在面對父母強烈的負向情緒時，可能受傷，也可能心疼，有些甚至對父母感到憤怒與失望。除了上述的反應之外，臺灣本土研究中常見的反應是「心照不宣」。心照不宣的情況有很多差異性，例如：向父母出櫃，之後父母假裝沒這件事，絕口不提，孩子也不敢再問；孩子常把同性伴侶帶回家，父母卻從來不問；孩子被發現是同志的相關證據，但父母絕口不提此事。心照不宣讓孩子覺得這是不能說破的禁忌，可能不忍父母傷心或擔心被父母責罵，而不去戳破。Brown（1989）提出同志原生家庭對孩子是同志的反應時，也曾提到 the "I know you know" 模式，與臺灣常見的心照不宣有異曲同工之處。另外，Brown 提到「不要告訴你的父親」也很常見，通常是母親或是手足先知道，但告誡同志不要讓父親知道。在臺灣的實務工作中，也常聽到母親來敘說她的雙重壓力：一方面要表現對孩子的支持，一方面又得瞞著丈夫，承受的壓力外人實難想像。

在華人文化脈絡下，諮商實務中常見臺灣的同志被父母或手足指為不孝或自私，這是同志兒女難以承受之重。許多同志當事人在諮商中哭著說：「我為何要為了做自己而讓父母傷心、丟臉？這不是很不孝嗎？」特別是華人社會中，「傳宗接代」的觀念更讓身為獨子的男同志感受到巨大的壓力。此部分，心理師可以從華人文化的孝道與傳宗接代的脈絡來理解當事人的壓力與痛苦，再從認知或自我分化的部分來強化當事人做自己的勇氣與面對父母指責時的韌力。

心理師要如何協助同志當事人處理出櫃的議題？重要的是，心理師不要預設出櫃是唯一選項。由於父母的拒絕將嚴重傷害同志當事人的心理健康，對青少年同志可能演變成危機事件，因此心理師須請當事人仔細評估與家人的關係及所擁有的資源，若不適合出櫃，也可以思考如何活在櫃子裡。若決定出櫃，可以與當事人討論出櫃的策略與做法，以及如何協助父母調適，特別提醒當事人應幫助父母準備資源，例如：相關書籍與社群活動。出櫃後，若父母反應激烈，心理師可邀請父母一起會談，促進親子雙方的理解，或是轉介父母其他諮商資源（方剛、楊志紅，2015；台灣同志諮詢熱線協會，2007）。

除了協助同志青少年之外，父母也可能是諮商的對象。由於社會的異性戀常規化與性傾向歧視，讓身為異性戀的父母對同性戀所知甚少，在孩子出櫃前多半假設孩子是異性戀。因此，得知孩子是同志的反應可能是極強烈的，因為孩子是同志，父母也被迫貼近「同性戀」的汙名，被「正常的」異性戀體制驅離。許多學者以 Kübler-Ross

的哀傷歷程來理解父母得知孩子是同志時的反應（Savin-Williams, 2001），認為父母的反應會經歷以下幾個階段：否認、憤怒、討價還價、憂鬱，最後走向接納。此過程對父母與家人來說，都是不容易的歷程，可能會經歷痛苦、衝突、波濤洶湧的情緒。除了需要經歷哀傷歷程之外，父母也必須處理自己的「出櫃」議題，正所謂「孩子出櫃，父母入櫃」，父母開始面臨要如何面對他人。

為何父母親的反應接近哀傷歷程？父母親失落了什麼？Savin-Williams（2001）認為，父母親失落了一位異性戀的孩子，以及因為異性戀身分而來的各種想像與期待，例如：參加孩子的婚禮、當祖父母、被視為是成功的父母等等。臺灣受到華人傳香火的觀念影響，有母親提到當知道兒子是男同志時，第一個念頭是「我死後沒有人拜了」。除了失落，還有更多的羞恥、罪惡感與困惑。在諮商實務工作上，困惑是父母最容易表達的情緒，他們會不斷向心理師詢問「同性戀的成因」；較難表達的則是羞恥與罪惡感，他們懷疑是自己的管教方式或婚姻關係「害」小孩成為同志。有些父母親彼此怪罪，認為對方應該為孩子成為同志負責，最常見的是父親責怪母親沒把孩子教好。有些父母親一直拒絕承認孩子是同志，在孩子出櫃後，試圖安排孩子認識異性朋友，甚至安排相親，或是從此絕口不提此事，把孩子再度推進櫃子裡。有些父母在失落之後，表現強烈的憤怒，甚至把孩子趕出家門或是斷絕經濟支援，逼迫孩子改變性傾向。在臺灣，許多父母親憤怒的對象是孩子的伴侶，認為對方把孩子「帶壞」，如果孩子還在學，有些家長會要求學校處理此事，強逼對方轉學或轉班，以保護自己的孩子不受汙染。在討價還價的階段，臺灣許多父母會要求孩子看精神科或心理師「接受治療」，或向神明、上帝祈禱孩子改變。有些孩子為了照顧父母親的情緒，妥協讓父母帶他看精神科或心理師，但也有些孩子對父母的提議感到受傷與憤怒。當父母意識到孩子的性傾向無法改變後，可能陷入憂鬱，有些父母整日以淚洗面，甚至有父母充滿憤怒，責怪孩子不孝，讓自己陷入如此大的痛苦。但根據研究，多數（約70%）父母經歷過哀傷歷程之後，會逐漸走向接納（Savin-Williams, 2001）。

什麼因素影響父母在孩子出櫃後的態度？Savin-Williams（2001）整理出以下的因素：孩子的年齡（孩子越小，父母越容易否認）、父母的年齡（父母越年輕越能接受）、親子關係、父母的管教態度、信念與歸因等。Reeves等人（2010）發現，高凝聚力（cohesion）與高調適力（adaptability）的家庭互動型態最能接受孩子是同志。Goodrich 與 Gilbride（2010）的研究發現，認知的彈性及家庭凝聚力可以預測父母的接受程度。臺灣的研究發現，有七個因素可以讓父母有較好的調適：（1）個人生命韌力的反彈力量；（2）目睹適應良好的成功案例；（3）配偶、同儕相互扶持與前輩

的帶領；（4）對同志世界的明白與貼近；（5）對事件的詮釋與轉化；（6）保有親情的終極想望；（7）宗教的心靈依託與安頓（曾麗娟，2007）。雖然許多父母最後走向接納，但有些父母一直都無法接納孩子是同志。Shpigel、Belsky與Diamond（2015）指出，有三種父母較難接納孩子是同志：（1）相信性傾向是後天環境造成的；（2）認為性傾向是可以改變的；（3）對孩子的控制較高。面對第一種家長，澄清性傾向並非後天造成，可增加父母對孩子的同理心；面對第二種家長，幫助父母了解性傾向無法改變，能降低父母對孩子的憤怒與失望。有關這兩部分，心理師可以預先準備資料來向父母說明，最新的資料可參考Bailey等人（2016）以及Savin-Williams（2016）的文章。至於第三種對孩子高度控制的父母，也許家庭諮商會有所幫助。

如何協助父母走向接納？舊金山州立大學的 The Family Acceptance Project 針對助人者提出以下幾個建議：（1）與家人接觸，並且把家人當成同盟者（ally）；（2）用正向的語言與家人討論性傾向與性別認同；（3）讓父母說他們的經驗與故事；（4）讓父母與家人知道，他們的反應對孩子心理健康的影響；（5）教育父母支持與接納對孩子的幫助；（6）就算父母仍認為同性戀是錯的，還是能學習如何支持孩子。上述的方式是比較教育性的，Shpigel等人（2015）提醒心理師，要小心勿讓父母認為你是孩子的同盟，否則父母會認為心理師無法同理他們的痛苦與憤怒。如果心理師比較強勢地希望父母接受孩子，父母可能會用「我還沒準備好」來拒絕心理師。與父母親工作需要技巧與敏感度，否則會增加父母的抗拒。在協助父母的過程中，可適時地介紹同志父母的資源，讓同志父母有機會接觸其他的同志父母，這對父母的調適十分重要，同志父母的資源請參考文末附錄（第445頁）。

（二）向朋友出櫃

身為同志，在覺察自己身分認同之後，是否向朋友出櫃就成為重要的人際議題。出櫃是一種自我揭露，揭露的內容與汙名有關，而且此汙名是不可辨識的，因此個人會產生內在衝突。不出櫃是安全的，但也犧牲了人際支持與親密。Herek（2000）指出，自我揭露有四個特點：（1）自我揭露是社交互動的一環，就算閒聊，也會涉及自我揭露。例如：公司的新進人員被問：「你結婚了嗎？」如果答：「沒有。」接下來可能被問：「你有男／女朋友嗎？」這情境對同志來說，就是出櫃或說謊的兩難情境。研究顯示，與朋友（包含同學、鄰居、同事）的社交互動對人際的連結十分重要，如果在社交互動上拒絕自我揭露，例如回答：「我不想說」，可能導致人際孤立與孤獨感；（2）自我揭露的程度與親密感有關，彼此自我揭露程度越高，關係也會

越親密；（3）自我揭露是互相的，如果雙方自我揭露程度不一致，其中一方自我揭露較少，可能會影響或限制友誼的進展；（4）對隱藏汙名身分的人來說，自我揭露是非常複雜的歷程；揭露自己的汙名屬性，可能招來對方的負向反應，需要承擔風險。

由此可知，出櫃與否是兩難議題，隱藏身分最安全，但需要花費大量心思管理自己的汙名身分；有些人選擇保持神秘，很少分享私人訊息，有些人選擇偽裝，例如：故意透露自己是異性戀的訊息，如此可能會有帶面具過生活與無法做自己的感受。許多同志不想一直活在暗櫃裡，可能會因以下的動機想向朋友揭露自己的同性戀身分：（1）增進人際關係：如上所述，出櫃與人際親密有關，不出櫃將影響人際互動與親密，為了讓自己與朋友更親密，也降低一直隱藏身分的壓力，許多同志會向朋友出櫃；（2）促進自己的心理健康：由於隱藏身分將造成公開我與私下我的分裂與衝突，覺得自己不真實也不誠實，出櫃可以降低這些內在衝突。

Hancock（1995）建議心理師協助當事人處理出櫃議題時，應評估當事人的自我強度（ego strength），也要考慮性別、文化、階級、種族等影響因素。以臺灣來說，還需要考慮到居住地區，例如有些同志所在之處，整個村彼此熟識，對他們來說，向一位朋友出櫃，幾乎等於昭告天下，內心的壓力可想而知。除此之外，也要考慮其過去的出櫃經驗，過去有負向出櫃經驗者，可能對於出櫃有較大的擔心與害怕。許多同志認同的理論都強調出櫃的重要性（Cass, 1979; Troiden, 1988），出櫃代表對同志認同的肯定，同時出櫃也更鞏固同志認同。但許多關心華人同志的學者並不認同上述觀點（朱偉誠，1998；周華山，1997）。心理師面對此議題時，應先考量當事人的背景，不以出櫃為唯一選項，若要出櫃，可協助當事人選擇性地向友善的朋友出櫃，並提供一些同志資源，讓當事人有機會向其他同志朋友諮詢出櫃的經驗與考量因素（Ritter & Terndrup, 2002）。另外，有些心理師低估當事人對出櫃的害怕，也對社會的性傾向歧視認識不足，貿然鼓勵當事人出櫃，也可能帶來負向的經驗，對同志認同產生傷害，對未來的出櫃更加害怕，這些都是心理師應該留意的。

四、伴侶關係

同志伴侶和異性戀伴侶關係有何異同？根據 Kurdek（2004） 與 Gottman 等人（2003）的系列研究可以發現，同志伴侶和異性戀伴侶在關係的許多層面上是相似的，顯示親密關係有一定程度的共通性。在 Kurdek 和 Gottman 等人的研究中還發現，不僅有相似的親密關係，同志伴侶關係還有其優勢，例如：分工較平權、較能以建設

性的方式解決衝突等。但同志伴侶關係也有其獨特之處，這些獨特之處主要來自於性傾向與性別角色，以下分別敘述。

（一）性傾向的影響

Moradi、Mohr、Worthington 與 Fassinger（2009）指出：心理師應了解同志伴侶關係的運作模式，以及同志伴侶如何對抗社會的性傾向歧視。無論男女同志，他們的伴侶關係都會面臨性傾向歧視，而有以下的特殊處境（Green & Mitchell, 2015）：少數族群的壓力（minority stress）、關係的不確定（relation ambiguity）、缺乏性別角色指引（absence of gender-linked roles）、缺乏法律認可與保障（legalization of same-sex couple relationships）、社會支持不足，尤以原生家庭最為顯著。以下分別說明之：

1. 少數族群的壓力

所有同志伴侶在某種程度上，都承受了社會的偏見、歧視與邊緣化，不僅在個人層次，也在體制的層次，小至在路上行走不敢手牽手，大至老年同志可能因為和伴侶是法律上的陌生人，而無法為另一半辦理後事。同志伴侶需要一起面對社會的同性戀恐懼與制度的排除，在內在壓力（內化的恐同與對同性伴侶關係充滿疑慮）與外在壓力（敵意的環境、資源缺乏、沒有法律的保護與保障）交織下，同志伴侶需要面對比異性戀伴侶更多的壓力。Connolly（2012）認為，社會的性傾向歧視所造成的負面影響足以摧毀一段非常好的伴侶關係。以內化恐同為例，許多同志的另一半不敢出櫃，總是以「我朋友」、「我室友」來介紹對方，可能讓伴侶覺得委屈。有些同志甚至進入異性戀婚姻，而讓他的同志伴侶成為長期的「外遇」。伴侶關係的正向因素之一：「伴侶以我為榮」，是同志伴侶關係在社會壓力下常無法獲得的，而且許多伴侶會將這些不愉快歸罪於對方，而不是社會的性傾向歧視造成雙方關係的惡化，例如：認為對方不夠勇敢、對方不夠愛自己等。外在壓力最大的來源則是原生家庭，許多同志伴侶無法得到家庭的認可，甚至被不斷要求分手。就算得到原生家庭的接納，通常不會被視為是大家庭的一份子，父母可能為了壓力，而要求同志子女在家族聚會的場合不要攜伴，有些甚至要求同志子女偽裝單身。在此情況下，原生家庭不僅不是支持的力量，反而成為壓力的來源。除了內化恐同外，許多同志伴侶看不到中老年同志伴侶的楷模，常對伴侶關係抱持悲觀的預期，走一步算一步，無形中也增加伴侶關係的壓力。

除了內在壓力之外，因為社會性傾向歧視而造成的外在壓力，滲透到同志伴侶生活的所有層面：家庭、工作、學校、醫療、保險、司法系統、居住、宗教團體與政府

等等（Green & Mitchell, 2015）。當同志伴侶出櫃時，可能會面臨鄰居、工作職場的不友善，某些情境下，可能遭受暴力攻擊。某些宗教團體可能對同志不友善，同志常要面對信仰與同志身分二選一的難題。就算同志伴侶沒有遭受到外在的歧視與攻擊，他們仍可能從媒體或是其他人的恐同言論中得到負向訊息，進而對他們的伴侶關係產生負向預期。在此情況下，心理師應協助當事人或伴侶辨識社會中的性傾向歧視，將伴侶關係的問題外化，使其意識到這是社會的問題，而不是伴侶關係的問題，也協助當事人不要太快因為內化恐同與社會壓力而放棄伴侶關係（Green, 2004）。此外，女性主義治療的「文化韌性」（cultural resistance）可用來協助承受少數族群壓力的同志伴侶。文化韌性指的是：協助當事人檢視所有的壓迫，以及對他們生活產生何種影響，協助當事人重新檢視他們對同性戀的概念從何而來——這些對同志的負向訊息可能來自：家庭、學校、教會、媒體等，並能挑戰與重新建構對同性戀的負向認知與信念。心理師應肯認同志伴侶關係，見證他們的關係並感到開心（celebrant），表達對平權（equality）的支持。另外，心理師也要鼓勵同志伴侶參與社區的同志社群，鼓勵他們投入同志人權的倡議活動，這些都是面對社會性傾向歧視的有效因應方式（Green & Mitchell, 2015）。

2. 關係的不確定與缺乏性別角色指引

異性戀似乎有一套共通的交往模式與進度，例如：帶給朋友認識、帶回家、訂婚、結婚、生小孩等，兩人的互動也受到性別角色的影響，而有一套分工制度，例如：家務分工、誰主導性行為、如何安排社交生活、如何協商孩子的照顧等。而同志伴侶常不知道其他同志伴侶如何生活與交往，特別是在臺灣，幾乎看不到 50 歲以上的同志伴侶，以致於年輕同志伴侶對於他們的老年缺乏想像。有些人認為這是同志伴侶的優勢，因為他們不受性別角色刻板化的影響，也不受愛情腳本與家庭規則的影響，在關係裡能更自由也更有彈性，但關係的不確定也可能讓許多同志伴侶無所依循而產生衝突，因為不知道彼此的責任與義務為何？例如：要陪伴侶回原生家庭嗎？要和伴侶的家人保持什麼樣的關係？這對已婚夫妻來說，好像是很理所當然的，甚至都有妯娌與連襟的名詞來界定彼此的關係，但同志伴侶和對方家人是什麼樣的關係呢？伴侶的家人生病要不要去探望？伴侶的家人需要金錢周轉，要不要幫他？如何稱呼伴侶的父親母親？如果伴侶的家人要來同住，該拒絕嗎？要不要參加伴侶同事或朋友的聚會？要不要共同置產？關於上述種種問題，如果伴侶雙方意見有很大的差異時，該怎麼辦？許多同志伴侶不想要複製異性戀關係，他們想要創造屬於同志伴侶的相處模

式,但那是什麼?沒有規則可循對許多人來說是一種壓力,也成為關係衝突的來源,以共同置產來說,異性戀夫妻要處理的是「用誰的名字」,但同志伴侶需擔心更多事情,因為雙方是法律上的陌生人,用其中一方的名字買房,如果雙方共同付貸款,另一方將完全沒有保障。除了置產,生育的規則也非常不確定。若同志伴侶希望透過人工生殖來孕育下一代,要用誰的卵、誰的精子?孩子如何稱呼雙親?要不要向孩子出櫃?這一切都沒有規則可循,要仰賴伴侶之間的協商。

異性戀除了有許多現行的規範可依循外,也有許多親朋好友的經驗可參考,但同志伴侶卻常只有兩人世界,不知道其他同志伴侶如何處理上述的問題。Green(2004)建議,心理師可以協助伴侶雙方探索與討論自己對關係的想像,包含:角色、界線、期待與責任義務等,並協助伴侶進行長期關係的規劃。另外,適當地轉介相關資源也很重要,例如:同志支持團體、同志相關議題的社群,因為這些社群或團體,可以讓同志有機會和「圈內人」討論關係中的議題,知道其他人的處理方式為何。除此之外,Green 與 Mitchell(2015)也建議,心理師可以問同志伴侶以下幾個問題:(1)你如何定義「伴侶」?(2)你的伴侶關係史;(3)當你有了伴侶之後,這件事如何影響你和家人、朋友、同志社群以及異性戀社會的關係?(4)你們之間對於一對一與開放式關係的規則為何?安全性行為的原則為何?(5)你是否贊成對方使用金錢的方式?你們現在和未來要如何處理財務?財物是獨立還是混在一起?財產的所有權是如何分配?以及其他財務方面的問題;(6)家務如何分工?是如何決定的?你是否滿意目前的分工?(7)你認為目前的關係是終身承諾的關係嗎?如果是,你們如何準備未來的死亡與健康照護的問題?有準備一些法律的文件嗎?以上這些問題,可以協助同志伴侶彼此討論關係的模式,降低關係不確定帶來的壓力與困擾。

3. 缺乏法律認可與保障

異性戀夫妻可能難以理解缺乏法律保障對他們的關係會產生何種實質的影響,但這卻是每對同志伴侶的日常。被排除於法律所認可的婚姻制度之外,對同志伴侶產生許多有形與無形的影響。國家把生老病死等生活相關事項跟婚姻綁在一起,如:醫療的探視權與同意權、財產繼承、保險,以及孩子的監護權等,有人估計,與婚姻有關的相關權益可能超過 1,000 項,這些是有形的影響,無形的影響是同志伴侶被排除於法律之外,而產生不被國家認可、邊緣、次等、被排除等種種負面感受。以有形的影響來說,許多同志伴侶沒有出櫃,一旦其中一方發生意外,警政系統並不會通知他的伴侶,為了避免伴侶「人間蒸發」,許多同志伴侶會在皮夾的身分證旁留張小紙條,

上面寫著：「如果我發生意外，請通知某某人。」這是同志伴侶的日常，也是他們因應被法律排除的方式；如果伴侶生病住院，異性戀夫妻可以請家庭照顧假，但同志不行；如果同志伴侶希望擁有下一代組成家庭，因為同性婚姻尚未法制化，在名義上同志家庭等於單親家庭，甚至是去郵局幫小孩辦存摺都會遇到種種困難。因為這些有形與無形的影響，越來越多的心理健康研究顯示，同性婚姻法制化可以提高同志族群的心理健康，因為能夠解決同志伴侶在生活中實質遭遇的困難，也可以降低他們對老年生活的擔心，並增加對社會的歸屬感。Gonzales（2014）指出，同性婚姻法制化不僅是權益的議題，也是健康的議題，因為根據心理健康的相關研究顯示，同性婚姻法制化可以增進同志族群的心理健康。歧視的公共政策在制度面形塑了對同志不友善的體制，加深對同志族群的汙名，讓他們感受到被拒絕、羞恥與低自尊，這些都影響同志的心理健康，而同性婚姻法制化的象徵意涵以及實質上的權利保障，都可以提高同志的心理健康。由於同志伴侶缺乏法律的保障，對他們的關係與生活帶來實質上的傷害，因此，Tunnell（2012）認為，成功的心理治療必須包含治療師肯認這段關係的法律地位。心理師除了表達對同性婚姻法制化的支持之外，也可以為此議題倡議。

4. 社會支持不足，特別是原生家庭

　　根據 Kurdek（2004）比較同志伴侶與異性戀夫妻，發現同志伴侶來自原生家庭的支持較少。同志與其他少數族群最大的差異是，他們和父母有截然不同的身分。Solomon 在《背離親緣》一書中，提出了「垂直身分」與「水平身分」的概念，他指出許多少數族群的小孩，例如：美國的非裔美人，他們和父母共享垂直身分，遇到歧視時，父母會站出來保護他們，並且分享相似的經驗。但同志不同，他們和父母身分不同，屬於水平身分，父母不僅難以理解他們的處境，甚至無法接受他們的身分（引自謝忍翾譯，2015）。Greenan 與 Tunnell 指出：「在小時候，同志因為他的身分不被家人接納，長大後，同志因為他的伴侶而被排除於原生家庭之外。」（引自丁凡譯，2005）。除了原生家庭不支持外，許多同志伴侶因為隱藏性傾向，很少與異性戀朋友互動，生活成了兩人世界，這樣的現象以女同志最為明顯，Slater 與 Mencher（1991）稱此現象為「兩個人對抗全世界」。

　　就算同志伴侶出櫃，他們得到的社會支持也和異性戀者不同，主要原因可能來自於經驗的差異，或是異性戀對同志生活的陌生。如果同志伴侶一直處於兩人世界，他們關係遇到問題或生活中需要協助時，可能面臨求助無門的窘境。Green 與 Mitchell（2015）認為，心理師應讓同志伴侶知道「選擇的家庭」（families of choice）的重要

性。選擇的家庭是 Weston（1991）所提出，因為許多同志被家人拒絕，他們在同志社群建立緊密的連結，彼此支持。選擇的家庭可以協助同志伴侶突破社會支持薄弱的困境，因此心理師除了協助同志伴侶理解選擇的家庭之重要性，並鼓勵他們參與同志社群之外，也要協助當事人建立社會支持網絡。心理師可以評估同志伴侶的家人關係與非家人關係，哪些人是可能的社會支持來源，並協助當事人建立家人、同志朋友與異性戀朋友的社會支持網絡。

（二）性別角色社會化的影響

許多研究同志伴侶關係的學者相當強調性別角色社會化的重要性，他們認為同志伴侶關係是兩個男人與兩個女人的關係，因此伴侶關係可以用「性別角色社會化的平方」（socialization squared）來理解，但此部分並非來自實徵研究，主要是來自臨床的觀察（Ossana, 2000）。從性別角色社會化的影響來看男同志與女同志之伴侶關係，將發現此二者的關係雖然同為同性伴侶，但卻呈現相當程度的差異性，且有其獨特的伴侶關係議題。

以男同志而言，與性別角色社會化有關的議題有：競爭、逃避親密、追求陽剛與開放式關係等議題。由於男性在成長過程中被期待能展現成功，因此在男同志伴侶關係中，事業、收入與其他方面的競爭是伴侶關係中較容易出現的議題。至於逃避親密的部分，由於男性在成長過程中被教導要獨立自主，不要有情感上的依賴，因此與別人分享深層的情感是不太自在的。過度強調情感上的獨立與不依賴，可能會影響男同志的伴侶關係（Tunnell, 2012）。追求陽剛的部分，因為男性從小被期待展現陽剛的特質，這又是如何影響男同志的伴侶關係？在臺灣的男同志交友文化中，可觀察到「恐 C」、「懼 C」或「拒 C」的現象，意指陰柔（CC）的男性在擇偶的市場上不受歡迎，這也可以解釋男同志的健身文化。在開放式關係的部分，Greenan 與 Tunnell 指出：「有經驗的心理師在接觸男同志伴侶時，不應該先假設他們是一對一的關係。」（引自丁凡譯，2005）。由於男性在成長過程中被鼓勵展現他們的性慾，社會對男性的性也抱持較寬容的態度，研究顯示，男同志「非一對一」（non-monogamy）關係的比例較異性戀者與女同志高，且知情同意的非一對一關係（consensual non-monogamy）在心理福祉（psychological well-being）與關係品質上，和一對一關係並沒有差異（Rubel & Bogaert, 2015）。因此，心理師面對雙方皆有意願進行非一對一關係的伴侶，可以協助他們展開協商，而不是勸阻他們。

女同志的部分，與性別角色社會化有關的部分是界線與性的議題。心理治療似乎

認為女同志關係太黏膩（fusion）或過度融合（merge 或 enmeshment），但也有許多學者提出反思：多親近是「太」親近？親密是女性的優勢還是問題（Connolly, 2012; Ossana, 2000）？女性較男性容易坦露心事與情感、關係較為密切，相較於男性的獨立，女性比較習慣一起行動，展現在女同志伴侶關係中，許多人常覺得女同志伴侶總是一起行動，幾乎分享所有的事情，似乎「沒有界線」。但研究顯示，許多關係「黏膩」的女同志伴侶有高度的關係滿意度（Slater & Mencher, 1991）。黏膩會造成關係的問題通常是在極高與極低的程度時；雙方非常黏對方可能造成關係的停滯，也可能有礙雙方個人的成長與關係的進展，而黏膩程度極低，例如：其中一方對親近感到抗拒，則可能造成分手。對心理師來說，重要的是分辨什麼是健康的親密與什麼是可能造成問題的互動模式（Ossana, 2000）。

　　女同志關係中與女性的性別角色有關的另一個問題是性行為頻率低，有學者提出女同志「死床」（bed death）一說（Hall, 1987），但亦有學者對此提出解釋，表示性行為頻率的調查是男性中心的，指插入式性交。而許多女性對性行為的界定比較寬廣，她們可能更享受過程而不是有無發生「性行為」（Peplau & Garnets, 2000）。除此之外，整個父權社會為女性設下許多身體與性的框架（呂欣潔，2015），可能造成女性對性較難啟齒，也難於表達自己的性慾，造成女性性慾較低、女同志伴侶性行為比例偏低的現象。心理師在面對此議題時，可以協助伴侶進行性溝通，並學習表達自己的需要。

五、微攻擊

　　對弱勢族群來說，當歧視成為政治不正確之後，歧視的樣貌變得隱微，於是有了隱微攻擊或微歧視（microaggression），意指針對受壓迫族群隱微、自動化、潛意識的貶抑態度與訊息，且這些隱微攻擊對受壓迫族群的心理健康同樣帶來負面的影響（Sue et al., 2007）。針對同志族群的隱微攻擊為何呢？對此族群的影響又是如何？Sue 等人認為微攻擊分為三種次類型：（1）微騷擾（microassault），意指透過語言或非語言明確表達的貶抑行為，包括言語辱罵、行動上的刻意迴避，或針對特定族群的歧視行為，例如：用死 gay 來稱呼同性戀，或說同性戀會導致人類的滅亡等；（2）微侮辱（microinsult），通常是指無意識的語言與非語言訊息，但其內容對特定族群是粗魯無理或是沒有敏感到此言行對對方身分或認同的貶損，例如：對路過的男同志或女同志伴侶表現出噁心或反感的表情；（3）微排除（microinvalidation），指無意識

地排除特定族群，或是不認為社會有對特定族群壓迫，例如：問男（女）同事：「你有女（男）朋友嗎？」或是對一位抱怨性傾向歧視的朋友說：「你太敏感了。」或講出讓同志不舒服的語言，卻不承認自己歧視同志。已經有許多研究支持，對同志族群的微攻擊會對同志造成干擾（Nadal, Issa et al., 2011; Nadal, Wong et al., 2011; Wrigt & Wegner, 2012）。

Sue（2010）整理了學者們的研究，把針對同志族群的微攻擊分為以下幾項：

1. **過度強調性**（oversexualization）：想到男同志、女同志或同性戀，馬上想到性行為，忽略同志是完整的人，他有家庭、友誼、工作，性只是生活中的一部分。如網路上常有人拿「菊花」（暗示肛門）來開男同志的玩笑，就是很典型的例子。

2. **恐同**（homophobia）：對於同性戀有不合理的害怕與恐懼，例如：不希望小學課程出現同性戀的題材，不然他的小孩會性別認同錯亂；不希望學校舉辦「認識同志」的講座，擔心孩子會被引導成同性戀等。

3. **異性戀中心的語言**（heterosexist language）：明顯的用語如：死 gay、娘炮，不明顯的用語如：兩性交往之類等排除同性戀的語言，或是跟朋友說：「這是同性戀的電影？我們可以看正常的嗎？」

4. **用罪來界定同性戀**（sinfulness）：有些宗教認為同性戀的行為是一種罪，有些教徒會公開譴責同性戀，讓聽到的同志覺得受到攻擊。

5. **認為同性戀不正常**：雖然同性戀早已被精神醫學去病化，但仍有人把同性戀視為異常。例如：認為同性戀違反自然，把青少年同志視為「同性密友期」，或認為同性戀只是過渡階段，還沒遇到真正喜歡的異性等等。

6. **否認自己的性傾向歧視**（denial of individual heterosexism）：許多異性戀者否認自己歧視同性戀，這可能僅是意識層面，因為他們沒有覺察到自己對同性戀的歧視。所有人都成長於異性戀社會，這些對同性戀的偏見可能已內化而不自覺。最常見的是，被質疑言行歧視同性戀時，回以：「我不歧視同性戀，我有同性戀的朋友。」

7. **為異性戀常規化背書**（endorsement of heteronormative culture and behaviors）：異性戀常規化包含了許多與性別有關的價值觀，如：性別氣質、性別角色、傳統家庭價值等等，並期待每個人都應表現出符合這套價值觀的行為。這套價值體系造成「看不見同性戀」的社會處境，所以總是問男性：「你有女朋友嗎？」或問女性：「你有男朋友嗎？」把婚姻界定在一男一女，或是假設家庭每位成員都是異性戀等，這也造成同志常覺得「住在櫃子裡」或是「不被看見」。

除上述所提，同志族群在心理諮商中也會經歷微攻擊。Shelton 與 Delgado-Romero（2011）的研究發現，同志接受心理諮商時，常會遇到以下的微攻擊：（1）性傾向是他目前所有問題的根源：當事人所有問題都與同性戀有關，這顯示心理師本身認為同性戀是一個問題；（2）迴避或是把性傾向議題極小化：心理師似乎不太自在於討論同性戀的議題，因此一直迴避；（3）過度強調自己對同志當事人的認同：一直在諮商中強調自己多麼同志友善，認識誰誰誰是同性戀等；（4）傳遞對同性戀者的刻板印象：例如，認為同志伴侶一定有一個陽剛、一個陰柔；（5）表達他們的異性戀常規化偏見：也許心理師沒有表現出來，但當事人從心理師的書架上看不到任何同志相關的書籍，在諮商場所也看不到任何同志友善的訊息；（6）認為同性戀需要被治療：心理師無意間流露「所有同志都有點心理上的問題」之訊息，並認為同志都需要心理治療；（7）告訴當事人認同自己是同性戀者是危險的：例如，心理師問當事人：「你確定要選擇這樣的生活方式？」

當同志在日常生活中遇到這些微攻擊時，該如何回應？Nadal（2013）提供幾點建議：（1）先評估此微攻擊真的發生嗎？此人是針對我的性傾向嗎？（2）我需要回應嗎？如果我回應的話，會傷害我們的關係嗎？我會不會遭受到身體或心理上的傷害？如果不回應，我的感受會如何？會不會影響我的未來？（3）我要如何回應？肯定而直接的回應會如何？被動式的回應會如何？用幽默的方式回應會如何？若是當事人在諮商中，與心理師提及遭受到微攻擊，心理師也可從此三方面來與當事人討論因應之道。

貳、雙性戀的特殊議題

雙性戀最常遇到的議題是被汙名化與不被看見。一說到雙性戀，許多人第一個想到的是腳踏兩條船，類似的汙名總是與雙性戀連在一起：「腳踏兩條船」、「搞不清楚喜歡什麼」。我不只一次在多元性別諮商研習的場合被問：「要如何輔導雙性戀者，讓他們可以同時兼顧兩個伴侶關係？」也有人會問我：「雙性戀者有什麼問題？為何他們搞不清楚自己喜歡誰？」在同性戀的社群裡，雙性戀可能被視為牆頭草，隨時會背叛同性戀回歸異性戀主流社會。另一個困境是不被看見，當他與同性交往時，被視為同性戀，當他與異性交往時，被認為是異性戀。所以雙性戀是不存在的嗎？在此處境下，雙性戀者在諮商時，會有何特殊議題？Firestein（2007）整理了雙性戀者常見的諮商議題：對自己的性傾向感到困惑、覺察自己是雙性戀但無法接受、內化的

恐雙、感受到被拒絕與疏離感等，以下分成三大項來加以討論。

一、認同的問題

　　雙性戀遇到的最大困境就是社會對性傾向非同即異的二元觀點。在此脈絡下，建立雙性戀的認同是困難的，且認同發展歷程也不同於同性戀，甚至可能經歷雙重壓迫——來自異性戀體制與同性戀社群的壓迫（Dworkin, 2001; Fox, 2006）。很多人認為「雙性戀」是不存在的、無效的或錯誤的認同。早期的同性戀認同發展模式假定認同的終點是建立正向的同志認同，在此認同模式中，雙性戀不是認同早閉（foreclosure）就是還在探索，根本不被認為是一種獨立的認同狀態。許多雙性戀者在如此的社會脈絡下，也會想要把自己的經驗放入「同性戀」或「異性戀」這兩個類別中。例如：一位曾有過與兩種性別交往的人，後來覺得跟同性在一起的關係更令他滿意，他可能會認同自己是同性戀；另一位可能覺得自己更受到異性的吸引，而認同自己是異性戀；但也可能有人對於同性戀或異性戀的認同都不滿意，因為他不認為有任何的生命經驗應該被漠視或否定。雙性戀的身分認同是複雜的，對於兩種性別的感受可能非常不一樣，這是因為性慾特質（sexuality）本來就涵蓋許多不同的面向，例如：情感偏好、性行為、性幻想、社交偏好、生活方式等等，在這些向度上的不一致，卻硬要去選擇「同性戀」或「異性戀」的認同，對許多人來說可能是複雜而困難的。另一個對雙性戀常見的迷思是：他們對於男性與女性有一樣的感受，所以如果一個人感受到自己更受其中一種性別的吸引，他就應該選擇那一邊，而不是雙性戀（Rust, 2003）。但認同是多元而複雜的，任何生命經驗都不應該被否定，所以心理師的首要任務是肯認當事人的雙性戀經驗，並協助他探索與建立認同，而不是鼓勵他從「同性戀」或「異性戀」兩種身分二選一。心理師本身也應對「什麼是雙性戀」、「雙性戀的認同內涵」有更多的理解與認識，且要對人類的性慾特質與認同抱持寬廣與彈性的態度，願意認識與接受性認同的多樣性。

二、內化恐雙

　　與內化恐同相似的部分是，當事人內化了社會對雙性戀的負向態度與刻板印象，而不同的是刻板印象的內容。許多雙性戀者內化了社會或是同志社群對雙性戀的刻板印象：雙性戀者無法守住情感承諾、雙性戀是否定自己的同志認同、雙性戀者對兩種性別有一模一樣的感受，所以是一半同性戀、一半異性戀（Dworkin, 2001）。曾有雙

性戀當事人告訴我，她在建立女同志認同多年之後，發現自己居然被男性吸引，簡直恨透了自己，覺得自己很糟。類似的內化恐雙（internalized biphobia）並不罕見，Potoczniak（2007）認為，心理師要協助內化恐雙的當事人時，第一步要理解內化恐雙的原因、內在機制，以及對當事人產生的效應。雙性戀者無論在異性戀社會或是同志社群都可能感受到疏離感，且常隨著伴侶的性別而改變互動的社群，例如：和異性交往時，身旁異性戀朋友居多，這時他／她會被視為異性戀；和同性交往時，又會認識許多同志朋友，也會被視為是同性戀。這樣的處境會使他們感受到內在的不一致，可能產生疏離感，也可能對雙性戀身分產生羞恥感。心理師應與當事人一起探索這些感受，並釐清雙性戀的迷思，以協助當事人克服內化恐雙，以及羞恥感或其他與雙性戀有關的負向感受，也可以介紹雙性戀的相關資源給當事人。

三、伴侶關係的議題

因為社會對性傾向的二元觀點，讓雙性戀會面臨向伴侶出櫃的議題，再加上社會對雙性戀的負向態度與刻板印象，另一半不一定能接受伴侶的雙性戀認同，所以並不是每位雙性戀者都會向伴侶出櫃。若是不向伴侶出櫃，可能會有上一段所說的內在不一致及疏離感，並且在伴侶關係中保持秘密也會造成壓力，這些處境都需要心理師與當事人一起處理。臺灣常見的狀況是：許多女同志無法接受雙性戀女性，認為她們總有一天會背叛同志身分進入異性戀婚姻，或者有些雙性戀女性的身分認同無法被男朋友接受，認為她之前只是被迷惑了。雙性戀男性若是對女朋友出櫃，女朋友可能會認為他是拿自己當成同性戀身分的掩護，而造成伴侶關係的危機。跟伴侶出櫃之後，如何處理雙方的關係也可能成為後續議題，心理師在面對雙性戀當事人時，可以與他／她討論是否向伴侶出櫃的議題，並評估可能的發展以及因應方式。

參、跨性別與性別不順常規者的諮商議題

當性別認同與生理性別或法定性別一致時，為順性別者（cisgender），而跨性別則是性別認同與生理性別或法定性別不一致的人（American Psychological Association, 2015）。需注意，跨性別是一個光譜的概念，每位跨性別者對自己的身分認同都不太一樣（Sangganjanavanich, 2014）。在 DSM-IV，跨性別仍被視為異常（性別認同障礙），DSM-5 已不再使用障礙一詞，而改稱為性別不安（gender dysphoria），此舉被

視為是跨性別去病化的第一步,呈現的是對於本然多樣的性/性別特質之認識與理解(國立臺灣大學醫學院附設醫院精神醫學部,2016)。然許多跨性別者與組織對跨性別仍被視為精神疾病感到遺憾,並期待不要再以醫療的模式來看待跨性別(Sangganjan-avanich, 2014)。跨性別雖然常與同性戀和雙性戀放在一起談,如:LGBT,但跨性別的生命經驗及處境與同性戀和雙性戀者有極大的差異,許多多元性別的組織一直強調跨性別與同性戀和雙性戀的差異性。以出櫃為例,同性戀和雙性戀者的出櫃歷程和跨性別者有極大的差異,家人的反應也大不相同,伴侶關係的處境也大相逕庭。因為跨性別有其特殊的諮商需求,美國心理學會也於 2015 年擬定「跨性別與性別表現不一致的心理治療準則」(American Psychological Association, 2015),有需要的讀者可以自行參考。

要提供跨性別與性別不順常規者(gender nonconformity)諮商時,應先了解幾個重要的名詞(American Psychological Association, 2015; Sangganjanavanich, 2014):

- **變裝或易服**(cross-dresser):穿著文化傳統上或刻板印象中認為該由異性穿著的衣服。
- **跨男**(female to male):生理性別是女性,但性別認同為男性。
- **跨女**(male to female):生理性別是男性,但性別認同為女性。
- **性別轉換**(gender transition):決定以另一種性別的身分來生活,這是個複雜而漫長的歷程,通常是一步步慢慢地改變,例如:在安全的時刻穿著異性服飾、更改名字、使用賀爾蒙、變更身分證件,到透過外科手術進行性別重置手術,每位跨性別者的期待與歷程都不盡相同。
- **性別重置手術**(sex reassignment surgery):透過手術改變性徵以符合個人的性別認同。

跨性別的特殊挑戰

跨性別者常遇到的特殊挑戰有(American Psychological Association, 2015; Sangganjanavanich, 2014):

1. 性別不順常規的生活

因為性別認同的關係,跨性別者會因此常遇到偏見、歧視與壓迫,包括在伴侶關係、家人關係、在學、生涯與就業,以及醫療照顧上,都面臨許多的歧視與壓迫。

2. 對身體的不自在

　　有些跨性別者對自己的身體感到不自在，甚至不喜歡自己的身體，會使用賀爾蒙或性別重置手術以改善此狀況。

3. 性別認同與性傾向

　　對跨性別最常見的誤解就是把性別認同和性傾向搞混，甚至誤以為他們的性別認同是受到性傾向的影響，例如：生理男性想當女人，是因為想跟男人談戀愛。心理師必須清楚理解性別認同與性傾向在概念上與臨床實務上都是不同的，不應假設跨性別都是異性戀，例如：跨男的愛戀對象可能是男性，也可能是女性。

4. 體制與系統的壓迫

　　社會僵化的性別二分法造成跨性別的困難處境，進而傷害他們的心理健康。從出生的名字、衣著、許多表格上的性別欄等，讓跨性別者每天都必須面臨體制的排除與壓迫，耗損心力。

5. 身分證明

　　駕照、護照、身分證是生活必需的文件，卻也是跨性別困擾的來源。這些身分證明與跨性別的性別認同不一致所帶來的心理痛苦與生活困擾，是跨性別的特殊挑戰。有些國家允許人民能依照性別認同變更身分證明，但臺灣目前仍需經精神科醫師診斷並進行性別重置手術之後，才能變更身分證，這也造成臺灣跨性別的困擾。

6. 偽裝的能力

　　每位跨性別者的偽裝能力（passing ability）不同，有些跨性別較容易從外表被辨識出來，稱為「可見的性別不符常規」（visual nonconformer），例如：有些跨女外表十分女性化，幾乎不會被辨識出跨性別的身分，出入女廁不會遇到困擾，但外表陽剛的跨女就容易被辨識出來，遭歧視與暴力的風險會大幅提高。

7. 歧視與暴力

　　工作權的問題、人身安全的問題、隨處可能發生的言語暴力，都是跨性別會面臨的威脅。

　　如何提供跨性別多元文化的諮商？Sangganjanavanich（2014）提出以下幾個建議：
- **創造安全、支持與肯定的環境**：不僅是諮商室內，包括組織與工作人員都需要

被教育,心理師可以協助他們認識跨性別的文化,示範如何尊重跨性別的性別認同,在資料填寫與稱謂上(例如:先生或小姐),都應顯示對性別認同的尊重。

- **增加對跨性別歧視的認識**:心理師應檢視自己對跨性別的態度、信念與假設,也應認真理解跨性別的文化及所受到的壓迫,將有助於從脈絡來理解跨性別,也能讓跨性別當事人知道心理師可以理解他們的生活經驗。
- **增加相關知識**:一位專業的心理師在面對跨性別當事人時,應透過各種管道增加相關知識。例如:面對想要進行性別轉換的跨性別當事人,心理師需要知道如,心理歷程與醫療資源,並知道性別轉換如何影響生涯、家人關係或伴侶關係。
- **熟悉跨性別資源**:專業的心理師應熟悉跨性別的社群與資源,因為許多跨性別當事人是孤立無援的,不知道有何資源與管道可以得到相關資訊與社會支持。心理師要花心思認識跨性別的資源,並能適時提供給當事人。
- **尋求諮詢與督導**:當心理師遇到瓶頸時,要能尋求專業上的協助。
- **為跨性別倡議**:在社會層面上,為跨性別倡議有助當事人的福祉,因為跨性別面臨許多體制的壓迫。這部分包括了參與政策改變。專業的心理師應該投身於法律與政策改變,有時即使僅是在網路上連署,都能表達對跨性別的支持。

總結

本章討論許多多元性別的社會處境及諮商中常見的議題,並針對特殊諮商議題提出建議。心理師在面對性少數的當事人時,應具備「文化同理心」,能由其所處的社會文化脈絡來理解當事人,並覺察自己對多元性別的態度,持續增加自己對多元性別的相關知識,且能在諮商實務中採取適合性少數當事人的諮商策略。最後,由於多元性別的處境來自於社會的不公平對待,諮商專業與心理從業人員應秉持社會正義的立場,對多元性別議題進行倡議。

討論問題

1. 本章案例中的華華若不認為自己的憂鬱和同志身分有關，心理師該如何看待華華的憂鬱？是否弱勢族群的憂鬱都一定與社會處境有關？

2. 持社會正義立場的諮商取向強調心理師應為弱勢族群的福祉進行倡議，以多元性別為例，心理師應表態支持同性婚姻法制化。你對於此立場的態度與看法為何？

3. 當心理師因為個人價值觀或宗教信仰而無法接納多元性別時，若遇到當事人出櫃，此時轉介是否恰當？請分享你的想法。

4. 你若接到多元性別的當事人，你認為自己會遇到的限制為何？要如何突破此限制？

5. 你對於同性婚姻法制化、跨性別者可以依照個人認同換取身分證等議題的看法與態度為何？

學習活動

活動一：請同學三人一組，根據以下問卷進行討論與分享

省思異性戀常規化的假設（McGeorge & Carlson, 2011, p. 17）：

1. 我的原生家庭如何跟我談論性傾向、同性戀、同志伴侶關係？他們傳達了怎樣的價值觀與信念？如果他們從未談過，這現象說明了什麼？

2. 我的家庭是否有同志？大家如何談論他／她？他／她被如何對待？

3. 如果我有宗教信仰，我所屬的信仰團體如何談論同性戀？我所讀的宗教經典如何談論同性戀？

4. 在我的想法裡，一個人如何「成為」同性戀或是雙性戀？

5. 我如何理解，為何我沒有「成為」同性戀或雙性戀？

6. 對於同性戀者共同扶養小孩，我的第一個想法或念頭是什麼？

7. 如果我聽到我孩子的老師是同性戀，我的第一個念頭或想法是什麼？

8. 我是否曾聽過「死 gay」這個字眼？我的感覺是？

9. 當我剛認識一個人時，如果沒有特別的線索，我是不是就會假設此人為異性戀？

10. 如果有同性伴侶在我面前用肢體表達他們的情感，我的感覺會是？同樣的動作，如果是異性戀伴侶呢？

11. 如果我的孩子向我出櫃,我的感覺和反應可能會是?

活動二:請同學三人一組,根據以下問卷進行討論與分享

提醒:由於本問卷是針對異性戀心理師設計,老師帶領討論前可提醒學生:若非異性戀,可以依照自己的意願考慮出櫃議題;若不願出櫃,可以用異性戀的角色來進行討論。

　　省思異性戀的特權(McGeorge & Carlson, 2011, p. 19):

1. 身為異性戀,我是否曾公開我的伴侶關係,並得到家人、朋友與整體社會的支持?

2. 小時候是否曾玩過以異性戀為腳本的扮家家酒?

3. 在成長過程中,我是否曾質疑過自己為何是異性戀?有無親友曾質疑我為何要當異性戀?

4. 我是否曾為了讓其他人接納我的異性戀身分,而需要為自己辯護?

5. 我是否曾擔心會因為異性戀身分而丟掉工作?

6. 我是否曾疑惑到底異性戀的成因是什麼?

7. 是否曾有任何人要求我改變異性戀傾向?

8. 我是否曾因為異性戀身分,而被任何團體排除在外?(如:教會、公民團體、社會團體……)

9. 我是否曾擔心因身為異性戀而有心理師不願意跟我諮商?

10. 我是否曾遇過醫師或治療師企圖改變我的異性戀性傾向?

11. 我是否曾猶豫要不要跟別人說自己是異性戀(出櫃)?

12. 我是否曾經懷疑或擔心,我的工作表現會因為是異性戀而被低估或貶抑?

13. 我是否曾害怕因身為異性戀而被攻擊或毆打?

14. 是否有人因為我是異性戀,就擔心我會騷擾小孩?

活動三:請同學以同志向家人出櫃為主題,編寫劇本並演出

提醒:演出過程中,扮演者要細心進入角色,體會每位家人的心情,如:父母、手足、同志、親戚等。演出之後,再請同學進行討論與分享。

附錄：同志相關資源

一、同志團體

1. 台灣同志諮詢熱線：提供電話諮詢服務。

   - 諮詢專線：

     服務時間：每週一四五六日，晚間七點至十點

     北部 02-23921970、南部 07-2811823

   - 同志父母諮詢專線：

     一由同志父母接聽，每週四下午兩點至五點

     北部 02-23921970、南部 07-2811823

     一由專業社工接聽：週一～週五，下午兩點至十點

     北部 02-23921844、南部 07-2811265

   - 網址：https://hotline.org.tw/

2. 社團法人台灣基地協會：提供實體空間，定期舉辦男同志與女同志的聚會與講座。

   - 地址：臺中市北區錦新街 28 號 8 樓

   - 電話：04-22266910

   - 網址：http://www.gdi.org.tw/

3. 同志父母愛心協會：由同志父母組成的團體，可以提供出櫃諮詢與同志父母的諮詢。

   - 網址：https://sites.google.com/site/parentsoflgbt

4. 台灣同志家庭權益促進會：由一群同志家長（和同性伴侶及小孩），以及未來想要有家庭的同志朋友所組成的團體。

   - 網址：http://www.lgbtfamily.org.tw

5. 各地同志中心與大學同志社團：詳見台灣同志諮詢熱線協會。

   - 網址：http://hotline.org.tw/services/89

二、雙性戀團體

Bi the Way・拜坊：臺灣首個公開的雙性戀團體～尊重自我認同，看見多元存在！

   - 網址：http://bitheway.pixnet.net/blog

三、跨性別團體

1. 台灣 TG 蝶園：由跨性別朋友組成之團體。

- 跨性別諮詢專線：02-22640478
- 服務時間：每週三晚上七點到十點
- 網址：http://transgender-taiwan.org
2. 台灣性別不明關懷協會：是臺灣第一個同時關懷變性、跨性與陰陽人的團體。
   - 網址：http://www.istscare.org

參考文獻

中文部分

丁凡（譯）（2005）。**同志伴侶諮商**（原作者：D. E. Greenan & G. Tunnell）。臺北市：心靈工坊。

方剛、楊志紅（2015）。**肯定性諮詢法**。北京市：中國社會科學院。

台灣同志諮詢熱線協會（2007）。**出櫃停看聽：同志子女必讀寶典**。臺北市：女書文化。

朱偉誠（1998）。臺灣同志運動的後殖民思考：兼論「現身」問題。**臺灣社會研究季刊**，**30**，35-62。

司法院（2017.5.24）釋字第 748 號。

呂欣潔（2015）。**好好時光：給女同志身體、性愛與親密關係的指導**。臺北市：好人出版。

周華山（1997）。**後殖民同志**。香港：香港同志研究社。

性別平等教育法（2013 年 12 月 11 日）。

陳宜燕（2008）。**同志當事人諮商經驗探究**（未出版之碩士論文）。國立彰化師範大學輔導與諮商學系所，彰化市。

章英華、杜素豪、廖培珊（2014）。**臺灣社會變遷基本調查計畫 2012 第六期第三次：性別組**。臺北市：中央研究院社會學研究所。

曾麗娟（2007）。**父母面對同志子女出櫃後因應歷程之研究**（未出版之碩士論文）。玄奘大學應用心理學系碩士班，新竹市。

國立臺灣大學醫學院附設醫院精神醫學部（2016）。**性別不安**。臺北市：衛生福利部。

畢恆達（2003）。男同性戀與父母：現身的考量、策略、時機與後果。**女學學誌：婦女與性別研究**，**15**，1-36。

畢恆達、潘柏翰、洪文龍（2014）。LGBT。載於陳瑤華（主編），**臺灣婦女處境白皮書**（頁 381-414）。臺北市：女書文化。

翟本瑞（1995）。中國人「性」觀初探。**思與言，33**（3），27-75。

翟本瑞（2004）。影像文本的分析方法：以中國古代春宮畫及網路自拍為例。載於林本炫、何明修（編），**質性研究方法及其超越**（頁 157-200）。嘉義市：南華大學社會學研究所。

鄭聖樺（2007）。**性別對於臺灣大學生性傾向與自殺關連性之調節分析**（碩士論文）。取自臺灣博碩士論文系統。（系統編號 etd-0820107-184203）

謝忍翾（譯）（2015）。**背離親緣**（原作者：A. Solomon）。新北市：大家出版。

英文部分

Adam, B. D. (1998). Theorizing homophobia. *Sexualities*, *1*, 387-404.

Alessi, E. J., Dillon, F. R., & Kim, H. M. (2015). Determinants of lesbian and gay affirmative practice among heterosexual therapists. *Psychotherapy, 52*, 298-307.

American Psychological Association. (2012). Guidelines for psychological practice with lesbian, gay, and bisexual clients. *American Psychologist, 67*, 10-42.

American Psychological Association. (2015). Guidelines for psychological practice with transgender and gender nonconforming people. *American Psychologist, 70*, 832-864.

Bailey, J. M., Vasey, P. L., Diamond, L. D., Breedlove, S. M., Vilain, E., & Epprecht, M. (2016). Sexual orientation, controversy, and science. *Psychological Science in the Public Interest, 17*(2), 45-101.

Behnke, S. (2012). Constitutional claims in the context of mental health training: Religion, sexual orientation, and tensions between the First Amendment and professional ethics. *Training and Education in Professional Psychology, 6*, 189-195. doi:10.1037/a0030809

Brown, L. (1989). New voices, new visions: Toward a lesbian/gay paradigm for psychology. *Psychol. Women, 13*, 445-458.

Cass, V. (1979). Homosexuality identity formation: A theoretical model. *Journal of Homosexuality, 4*, 219-235.

Connolly, C. (2012). Lesbian couple therapy. In J. J. Bigner & J. L. Wetchler (Eds.). *Handbook of LGBT-affirmatvie couple and family* (pp. 65-78). New York, NY: Routledge.

Diamond, G. M., Shilo, G., Jurgensen, E., D'Augelli, A., Samarova, V., & White, K. (2011).

How depressed and suicidal sexual minority adolescents understand the causes of their distress. *J Gay Lesbian Ment Health, 15*, 130-151.

Dworkin, S. H. (2001). Treating the bisexual client. *Journal of Clinical Psychology, 57*, 671-680.

Fassinger, R. E. (1991). The hidden minority: Issues and challenges in working with lesbian women and gay men. *The Counseling Psychologist, 19*, 157-176.

Fassinger, R. E., & Arseneau, J. R. (2007). "I'd rather get wet than be under that umbrella": Differentiating the experiences and identities of lesbian, gay, bisexual, and transgender people. In K. J. Bieschke, R. M. Perez, & K. A. DeBord (Eds.), *Handbook of counseling and psychotherapy with lesbian, gay, bisexual, and transgender clients* (2nd ed., pp. 19-49). Washington, DC: American Psychological Association.

Firestein, B. A. (2007). Cultural and relational contexts of bisexual women: Implications for therapy. In K. J. Bieschke, R. M. Perez, & K. A. Debord (Eds.), *Handbook of counseling and psychotherapy with lesbian, gay, bisexual and transgender clients* (pp. 91-117). Washington, DC: American Psychological Association.

Fox, R. C. (2006). Affirmative psychotherapy with bisexual women and bisexual men: An introduction. *Journal of Bisexuality, 6*, 1-11. doi:10.1300/J159v06n0101

Fredriksen-Goldsen, K. I., Simoni, J. M., Kim, H.-J., Lehavot, K., Walters, K. L., Yang, J. P., ... Muraco, A. (2014). The health equity promotion model: Reconceptualization of lesbian, gay, bisexual and transgender (LGBT) health disparities. *American Journal of Orthopsychiatry, 84*, 653-663.

Goffman, E. (1963). *Sitgma: Notes on the managements of spoiled identity*. New York, NY: Simon & Schuster.

Gonzales, G. (2014). Same-sex marriage—a prescription for better health. *The New England Journal of Medicine, 370*, 1373-1376.

Goodrich, K. M., & Gilbride, D. D. (2010). The refinement and validation of a model of family functioning after child's disclosure as lesbian, gay, or bisexual. *Journal of LGBT Issues in Counseling, 4*, 92-121. doi:10.1080/15538605.2010.483575

Gottman, J., Levenson, R., Swanson, C., Swanson, K. R., Tyson, R., & Yoshimoto, D. (2003). Observing gay, lesbian and heterosexual couples' relationships: Mathematical modeling of conflict interaction. *Journal of Homosexuality, 45*(1), 65-91.

Green, R. (2004). Foreword. In J. J. Binger & J. L. Wetchler (Eds.), *Relationship therapy with same-sex couples*. New York, NY: Routledge.

Green, R. J., & Mitchell, V. (2015). Gay, lesbian, and bisexual issues in couple therapy. In A. S. Gurman, J. L. Lebow, & D. K. Snyder (Eds.), *Clinical handbook of couple therapy* (5th ed.). New York, NY: Guilford Press.

Hall, M. (1987). Sex therapy with lesbian couples: A four stage approach. *Journal of Homosexuality, 14*, 137-156.

Hancock, K. A. (1995). Psychotherapy with lesbians and gay men. In A. R. D'Augelli & C. J. Patterson (Eds.), *Lesbian, gay, and bisexual identities over the lifespan: Psychological perspectives* (pp. 398-432). New York, NY: Oxford University Press.

Hancock, K. A. (2014). Student beliefs, multiculturalism, and client welfare. *Psychology of Sexual Orientation and Gender Diversity, 1*, 4-9. doi:10.1037/sgd0000021

Hatzenbuehler, M. L., Phelan, J. C., & Link, B. G. (2013). Stigma as a fundamental cause of population health inequalities. *American Journal of Public Health,103*, 813-821.

Hatzenbuehler, M. L., Bellatorre, A., Lee, Y., Finch, B. K., Muennig, P., & Fiscella, K. (2014). Structural stigma and all-cause mortality in sexual minority populations. *Social Science & Medicine, 103*, 33-41.

Herek, G. M. (1986). The social psychology of homophobia: Toward a practical theory. *NYU Review of Law & Social Change, 14*, 923-934.

Herek, G. M. (2000). Why tell if you're not asked? Self-disclosure, intergroup contact, and heterosexuals' attitude toward lesbian and gay men. In R. M. Perez, K. A. DeBord, & K. J. Bieschke (Eds.), *Handbook of counseling and psychotherapy with lesbian, gay, and bisexual client* (pp. 57-79). Washington, DC: American Psychological Association.

Herek, G. M. (2004). Beyond 'homophobia': Thinking about sexual stigma and prejudice in the twenty-first century. *Sexuality Research & Social Policy, 1*, 6-24.

Hetrick, E. S., & Martin, A. D. (1987). Developmental issues and their resolution for gay and lesbian adolescents. *Journal of Homosexuality, 14*, 25-43.

Hope, D. A., & Chappell, C. L. (2015). Extending training in multicultural competencies to include individuals identifying as lesbian, gay, and bisexual: Key choice points for clinical psychology training programs. *Clinical Psychology: Science and Practice, 22*, 105-118. doi:10.1111/cpsp.12099

Hyde, P. S. (2012). Foreword. In P. Levounis, J. Drescher, M. E. Barber (Eds.), *The LGBT Casebook* (pp.xv-xvi). Wastionton, DC: American Psychological Association.

Ingraham, C. (1996). The heterosexual imaginary: Feminist sociology and theories of gender. *Sociological Theory, 12*, 203-219.

Jones, J. M., Sander, J. B., & Booker, K. W. (2013). Multicultural competency building: Practical solutions for training and evaluating student progress. *Training and Education in Professional Psychology, 7*, 12-22. doi:10.1037/a0030880

Johnson, S. D. (2012). Gay affirmative psychotherapy with lesbian, gay, and bisexual individuals: Implications for contemporary psychotherapy research. *American Journal of Orthopsychiatry, 82*, 516-522. doi:10.1111/j.1939-0025.2012.01180.x

Kalra, G., Ventriglio, A., & Bhugra, D. (2015). Sexuality and mental health: Issues and what next? *International Review of Psychiatry, 27*, 463-469.

Kaplan, D. M. (2014). Ethical implications of a critical legal case for the counseling profession: Ward v. Wilbanks. *Journal of Counseling & Development, 92,* 142-146. doi:10.1002/j.1556-6676.2014.00140.x

Kocet, M. M., & Herlihy, B. J. (2014). Addressing value-based conflicts within the counseling relationship: A decision-making model. *Journal of Counseling & Development, 92*, 180-186. doi:10.1002/j.1556-6676.2014.00146.x

Kurdek, L. A. (2004). Are gay and lesbian cohabiting couples really different from heterosexual married couples? *Journal of Marriage and Family, 66*, 880-900.

McGeorge, C., & Carlson, T. S. (2011). Deconstructing heterosexism: Becoming an LGB affirmative heterosexual couple and family therapist. *Journal of Marital and Family Therapy, 37*, 14-26.

Meyer, I. H. (1995). Minority stress and mental health in gay men. *Journal of Health and Social Behavior, 36*, 38-56.

Meyer, I. H. (2003). Prejudice, social stress, and mental health in lesbian, gay, and bisexual populations: Conceptual issues and research evidence. *Psychological Bulletin, 129*, 674-697.

Meyer, I. H., & Dean, L. (1998). Internalized homophobia, intimacy and sexual behaviour among gay and bisexual men. In G. Herek (Ed.), *Stigma and sexual orientation* (pp. 160-186). Thousand Oaks, CA: Sage.

Millar, B. M., Wang, K., & Pachankis, J. E. (2016). The moderating role of internalized homo-negativity on the efficacy of LGB-affirmative psychotherapy: Results from a randomized controlled trial with young adult gay and bisexual men. *Journal of Consulting and Clinical Psychology , 84*, 565-570.

Moradi, B., Mohr, J. J., Worthington, R. L., & Fassinger, R. E. (2009). Counseling psychology research on sexual (orientation) minority issues: Conceptual and methodological challenges and opportunities. *Journal of Counseling Psychology, 56*, 5-22.

Morrow, S. L. (2000). First do no harm: Therapist issues in psychotherapy with lesbian, gay, and bisexual clients. In R. M. Perez, K. A. DeBord, & K. J. Bieschke (Eds.), *Handbook of counseling and psychotherapy with lesbian, gay, and bisexual clients* (pp. 137-156). Washington, DC: American Psychological Association.

Nadal, K. L. (2013). *That's so gay! Microaggressions and the lesbian, gay, bisexual, and transgender community*. Washington, DC: American Psychological Association.

Nadal, K. L., Issa, M., Leon, J., Meterko, V., Wideman, M., & Wong, Y. (2011). Sexual orientation microaggressions: "Death by a thousand cuts" for lesbian, gay, and bisexual youth. *Journal of LGBT Youth, 8*, 1-26.

Nadal, K. L., Wong, Y., Issa, M. A., Meterko, V., Leon, J., & Wideman, M. (2011). Sexual orientation microaggressions: Processes and coping mechanisms for lesbian, gay, and bisexual individuals. *Journal of LGBT Issues in Counseling, 5*, 1-26.

Newcomb, M. E., & Mustanski, B. (2010). Internalized homophobia and internalizing mental health problems: A meta-analytic review. *Clinical Psychology Review, 30*, 1019-1029.

Ossana, S. M. (2000). Relationship and couples coupseling. In R. M. Perez, K. A. DeBord, & K. J. Bieschke (Eds.), *Handbook of counseling and psychotherapy with lesbian, gay, and bisexual clients* (pp. 275-302). Washington, DC: American Psychological Association.

Oswald, R., Blume, L. B., & Marks, S. (2005). Decentering heteronormativity: A model for family studies. In V. L. Bengtson, A. C. Acock, K. R. Allen, P. Dilworth-Anderson, & D. M. Klein (Eds.), *Sourcebook of family theory & research* (pp. 143-165). Thousand Oaks, CA: Sage.

Peplau, L. A., & Garnets, L. D. (2000). A new paradigm for understanding women's sexuality and sexual orientation. *Journal of Social Issues, 56*, 29-350.

Perez, R. M., DeBord, K. A., & Bieschke, K. J. (2000). Introduction: The challenge of

awareness, knowledge, and action. In R. M. Perez, K. A. DeBord, & K. J. Bieschke (Eds.), *Handbook of counseling and psychotherapy with lesbian, gay, and bisexual clients* (pp. 3-8). Washington, DC: American Psychological Association.

Potoczniak, D. J. (2007). Development of bisexual men's identities and relationships. In K. J. Bieschke, R. M. Perez, & K. A. Debord (Eds.), *Handbook of counseling and psychotherapy with lesbian, gay, bisexual, and transgender clients* (pp. 119-145).Washington, DC: American Psychological Association.

Puckett, J. A., & Levitt, H. L. (2015). Internalized stigma within sexual and gender minorities: Change strategies and clinical implications. *Journal of LGBT Issues in Counseling, 9*, 329-349. doi:10.1080/15538605.2015.1112336

Ratts, M. J., Singh, A. A., Nassar-McMillan, S., Butler, S. K., & McCullough, J. R. (2016). Multicultural and social justice counseling competencies: Guidelines for the counseling profession. *Journal of Multicultural Counseling and Development, 44*, 28-48.

Reeves, T., Horne, S. G., Rostosky, S., Riggle, E. B., Baggett, L. R., & Aycock, R. A. (2010). Family members' support for GLBT issues: The role of family adaptability and cohesion. *Journal of GLBT Family Studies, 6*, 80-97. doi:10.1080/15504280903472857

Ritter, K. Y., & Terndrup, A. I. (2002). *Handbook of affirmative psychotherapy with lesbians and gay men*. New York, NY: Guilford Press.

Rubel, A. N., & Bogaert, A. F. (2015). Consensual nonmonogamy: Psychological well-being and relationship quality correlates. *Journal of Sex Research, 52*, 961-982.

Russell, G. M., & Bohan, J. S. (2006). The case of internalized homophobia: Theory and/as practice. *Theory & Psychology, 16*, 343-366.

Rust, P. C. (2003). Finding a sexual identity and community: Therapeutic implications and cultural assumptions in scientific models of coming out. In L. D. Garnets & D. C. Kimmel (Eds.), *Psychological perspectives on lesbian, gay, and bisexual experiences* (2nd ed., pp. 227-269). New York, DC: Columbia University Press.

Ryan, C., Huebner, D., Diaz, R., & Sanchez J. (2009). Family rejection as a predictor of negative health outcomes in White and Latino LGB young adults. *Pediatrics, 123*, 346-352.

Sangganjanavanich, V. F. (2014). Counseling transgender clients. In M. Ratts & P. Pederson (Eds.), *Counseling for multiculturalism and social justice: Integration, theory, and application* (pp. 229-244). Alexandria, VA: American Counseling Association.

Savin-Williams, R. C. (2001). *Mom, dad, I'm gay: How families negotiate coming out.* Washington, DC: American Psychological Association. doi:10.1037/10437-000

Savin-Williams, R. C. (2005). *The new gay teenager.* Cambirdge, MA: Havard University Press.

Savin-Williams, R. C. (2016). Sexual orientation: Categories or continuum? Commentary on Bailey et al. (2016). *Psychological Science in the Public Interest, 17*(2), 37-44.

Savin-Williams, R. C., & Cohen, K. M. (2015). Developmental trajectories and milestones of lesbian, gay, and bisexual young people. *International Review of Psychiatry, 27,* 357-366. doi:10.3109/09540261.2015.1093465

Schneider, M. (1991). Developing services for lesbian and gay adolescents. *Canadian Journal of Community Mental Health, 101,* 133-151.

Shelton, K., & Delgado-Romero, E. A. (2011). Sexual orientation microaggressions: The experience of lesbian, gay, bisexual, and queer clients in psychotherapy. *Journal of Counseling Psychology, 58,* 210-221. doi:10.1037/a0022251

Shpigel, M. S., Belsky, Y., & Diamond, G. M. (2015). Clinical work with non−accepting parents of sexual minority children: Addressing causal and controllability attributions. *Professional Psychology: Research and Practice, 46,* 46-54.

Slater, S., & Mencher, J. (1991). The lesbian family life cycle. *Journal of American Orthopsychiatry, 61,* 372-382. doi:10.1037/h0079262

Sue, D. W. (1991). A model for cultural diversity training. *Journal of Counseling and Development, 70,* 99-105. doi:10.1002/j.1556-6676.1991.tb01568.x

Sue, D. W. (2010). *Microaggressions in everyday life: Race, gender, and sexual orientation.* New York, NY: John Wiley & Sons.

Sue, D. W., & Sue, D. (2016). *Counseling the culturally diverse: Theory and practice* (7th ed.). New York, NY: John Wiley & Sons.

Sue, D. W., Capodilupo, C. M., Torino, G. C., Bucceri, J. M., Holder, A. M., Nadal, K. L., & Esquilin, M. (2007). Racial microaggressions in everyday life: Implications for clinical practice. *American Psychologist, 62,* 271-286. doi:10.1037/0003-066X.62.4.271

Troiden, R. R. (1988). *Gay and lesbian identity: A sociological analysis.* New York, NY: General Hall.

Tunnell, G. (2012). Gay male couple therapy: An attachment-based model. In J. J. Bigner & J.

L. Wetchler (Eds.), *Handbook of LGBT-affirmatvie couple and family therapy* (pp. 46-64). New York, NY: Routledge.

Weston, K. (1991). *Families we choose: Lesbians, gays, kinship*. New York, NY: Columbia University Press.

Wright, A. J., & Wegner, R. T. (2012). Homonegative microaggressions and their impact on LGB individuals: A measure validity study. *Journal of LGBT Issues in Counseling, 6*(1), 34-54.

Chapter
14　　多元文化老人諮商

┃李開敏

前言

談多元文化老人諮商,因筆者的專業養成背景含早期社會工作到 50 歲以後的諮商心理,故本章嘗試將過往 40 多年老人工作重點進行整理,試圖把不同族群的時空背景、歷史脈絡、性別／社會階層經驗稍做描述,以較細膩敏感和寬廣的角度,提供讀者認識不同老人的面貌。期盼藉實務現場第一手素材的呈現,與讀者一起思考多元文化老人諮商的過去、現在和未來。

筆者將本章分為五節,第一節以時間和空間為軸,對過去近 40 年與不同社經文化背景的老人族群工作之經驗進行回顧。第二節介紹老人族群的危機,以及筆者所接觸自費老人諮商的特性。第三節介紹老人諮商的理論依據與介入方法,並以二級處遇之老人諮商團體為實例介紹。第四節提倡以賦權為基礎的老人諮商取向,並以筆者所帶領的臺籍慰安婦老人身心支持團體為三級處遇之實例介紹。第五節為總結,提出老人諮商工作者的預備,以及未來多元文化老人諮商之發展。

第一節　老人諮商的跨文化學習之旅

壹、從自身經驗談老人諮商跨文化學習之旅

一、背景：25 歲前的我——出身臺灣外省第二代，沒有老人的兩代家庭

「身為外省第二代、長於臺灣的我，記憶中，對阿公阿嬤完全空白。」（李玉嬋等人，2012）

「回顧一生，我對憂鬱情緒的認識是從父親開始，他是眾多隨政府遷臺，背負著終生愧對家人的時代悲劇者之一。」（李開敏、李自強譯，2003）

「……媽媽對人生的態度是『不吃後悔藥』。為了躲避日軍侵略，母親 12 歲就從東北離家，成了流亡學生。」（黃亞琪，2008）

（一）時空背景：生涯第一站——臺北榮民總醫院的首批社工

1. 社工新兵遇見風霜榮民

大學畢業適逢臺北榮民總醫院（以下簡稱北榮）首度招考社會工作員，開始醫院社工拓荒的兩年。

2. 榮民的歷史脈絡

中華民國政府由大陸遷臺後，於民國 41 年建立退輔會（簡稱），當時由國防部主管與督導。民國 55 年改稱「行政院退除役官兵輔導委員會」，輔導項目包括就業、就養、就醫、就學及服務照顧等（楊培珊、鄭讚源、黃松林，2009）。

（二）榮民／榮眷病房的回憶點滴

1. 老人面貌——反攻的迷思／無依的孤老

早期榮民曾跟隨政府東征、北伐、對日抗戰、剿匪戡亂，來臺初期因政府要確保反攻大陸的基本國策，明文規定軍人不得在臺娶妻。退除役後，「孑然一身、無家可

歸」（楊培珊、鄭讚源等人，2009）。

　　當時北榮有一千五百個床位，有些榮民病房像大通鋪，住院生活多半由輔導員負責，偶爾因住院適應、情緒問題轉介社工。

2. 老人面貌——返家無路／風雨飄搖的老年

　　當時榮民因各種劣勢條件，如：無產、無業、年高，娶的多是身心障礙的婦女；晚年求後心切，常見已進入老年的榮民，卻開始生養幼子，更因夫妻身心狀況不佳，很多孩子先天多病，家中集老、貧、病、殘多重問題，生活極為辛苦。

　　Barnes（2005）所提出的「社會排除」（social exclusion）可反映老榮民所受到的排除：「指個人從社會中經濟、社會和文化系統，經由一個動態過程轉變成部分或全部被拒絕的狀態。」（楊培珊、鄭讚源等人，2009）。階級較低的士兵，受到社會排除的情況相當明顯，而近年來的政治生態，對老榮民排除之現象更為顯著。

二、背景：25-31歲的我——民國66年臺灣尚未成立社工研究所，決定出國

　　在北榮工作兩年後，決定赴美，在美國拿到碩士後，過了三個月才找到工作。

（一）時空背景：生涯第二站——留美社工的跨文化學習，接觸美國大熔爐

　　在美國第一份工作是在紐澤西家庭服務協會（Family Service Association）的社區多元服務老人中心（Multi-Service Program on Aging），是關懷老人心理衛生的外展服務，工作上開始有了很深的認同和家的歸屬。督導後來還邀我同去紐約亨特社工學院，一起完成碩士後老人學學位。

美東移民的歷史脈絡

　　New Brunswick是紐澤西州一個大約有五萬人的大學城，離我工作地點很近。在世紀之交，該鎮曾是來自東歐移民的中心，是美國「最匈牙利的城市」（Baker, 2004）。

（二）老人面貌：多樣的歐洲移民風貌

社區老人外展服務考驗我的跨文化諮商能力，也讓我認識大熔爐中的老人多樣面貌。

1. 第二外國語溝通，跨越語言的障礙

當時服務區域有很多移民，主要來自匈牙利及愛爾蘭，常常需要家訪。好幾個匈牙利老太太、老先生對我很好，印象很深的是他們的英語，口音重且破碎難懂。最難忘的是一位 Bodnar 奶奶每次送我離開時說的「Slow Go」，我想：這不就是中文的「慢走」嗎？難怪有歷史學家認為匈牙利源自中國北方匈奴西遷，關係源遠流長啊！

2. 東方溫暖社工遇見寂寞老人，彼此善意關愛／文化震驚

第一份工作中，最大挑戰在於文化鴻溝，讓我難以應付某些老年男性個案。曾接了一個坐輪椅的老先生個案，他太太被安置在養老院，老先生向我表示如果我愛他，他的問題就解決了，當時這樣的表白讓我非常訝異、不安、惶恐。另一位長期個案是位義大利裔的孤獨老人，常因沒錢被房東趕出來。有一次他又要搬家，我緊急陪他去買傢俱，急著邀他試坐一張床，希望速戰速決，一時間他喘不過氣來，拉開領子，痛苦地奔向門外。當下我不知情，直到進修老人學學位時，上了一堂老人精神科醫師的課，談到這個案，老師才意有所指地說：「妳叫他跟妳一起坐在床上，當然他的恐慌要發作囉！」當年我二十多歲，對於這種反應，只能歸為文化上的盲點及震驚。在我的家教及成長背景中，對兩性關係非常保守、保留及壓抑，於工作中跨文化、性別、年齡的複雜微妙互動，拓展了我的多元文化視窗。

3. 東方年輕社工遇見獨居失智老人，彼此相伴相惜

工作中有兩個失智老奶奶和我建立了很深的情誼。一位是紐約退休的高階秘書主管，氣質非常好，我把她視為我的阿嬤，特別喜歡她。後來她身心逐步惡化，中風入院，我去醫院看她，她一看到我就露出笑容，還做了一個嘴形說：「我愛妳！」我當場淚崩。沒多久她病逝機構，在她的喪禮上，我去致意，感謝她給我的愛。

另一位失智老奶奶個性非常溫和，都在家拼拼圖、等候送餐服務。記得她跟鄰居說過：「開敏是我的朋友，她身上沒有一根壞骨頭！」我當時好高興！覺得這是我這輩子聽過最好的介紹。

三、背景：31-42 歲的我 —— 回臺重返北榮，青澀卻衝勁十足的社工主管生涯

31 歲，一個計畫外的機緣，應鄒濟勳院長之邀，舉家自美搬回臺。

（一）時空背景：北榮更新計畫後醫學中心的風貌

重回臺北榮總，初生之犢，是一個青澀的主管，醫院特殊的組織文化，在在需要調適。民國 77 年醫院組織修改，輔導、社工合併為社會工作室，下轄輔導訓練組、榮民服務組、社會工作組。

歷史脈絡

21 世紀，退輔會逐漸揭開神秘面紗，開始與主流社會接軌，經營與管理方向和策略開始轉變。受到評鑑制度影響，隨之軍隊文化轉型為專業服務的文化，社工專業服務系統也漸被重視（楊培珊、鄭讚源，2009）。

醫院更新計畫完成，早年的主建築拆除，被美侖美奐的中正樓取代，也不再有榮民榮眷病房。民國 74 年，院方通過社工擴編，一次進用七位社工（含三位碩班畢業生），首開臺灣醫院進用碩士社工之例。

（二）老人面貌：醫療／管理層面的不同接觸

1. 善用老人人力資源，加入志工服務／透過團隊合作，為慢性病老人賦權

社工組開始推動病友團體、志工服務。病友團體多和老年疾病相關，如：開心（心臟手術）、無喉俱樂部（喉癌）、大腸造口（大腸癌）等。很感念積極的醫療團隊合作無間，讓病友透過充足衛教和人際互動，逐漸脫離罹病的無助，學習健康管理，從自助到互助助人。團隊力量引領此賦權過程，催化病友社會心理的支持和成長。

同時，社工組籌組的志工也有七、八十歲榮民伯伯加入病人推送、門診指引、小兒病房等服務，其中不乏老榮總人，或退休的教育界、軍職、社區人士，在此不贅述。

2. 靠近權力中心，接觸兩極化榮民，權利不均的體認

身處以中老年男性為管理中心的職場生涯 11 年，難免有不適應之處，包括聚餐的飲酒文化，或現實中，具有特殊身份（如，將官級老人相較於低階兵）在醫院受到

的不同待遇。

四、背景：42-49 歲的我──辭去北榮，開始悲傷／創傷輔導翻譯／諮商／教育訓練

（一）時空背景： 家庭暴力防治法、心理師法、社會工作師法通過
（民國 87、90、97 年）

榮總生涯甘苦參半，深覺管理行政非我所長，希望回到直接服務，民國 84 年離開公職，在民間基金會、大學諮商輔導中心兼職，趨向教育訓練為主。

（二）老人面貌： 和勇敢阿嬤的相遇、相知、相愛是我的榮幸和療癒

民國 85 年，婦援會碧琴邀我帶領慰安阿嬤團體。民國 86 年曾和王清峰律師、念慈等人赴日報告慰安阿嬤團體，見證一個跨國、跨世代的女性連線。七年的團體一言難盡：「當我陪伴見證阿嬤晚年勇敢統整創傷的同時，我也悄悄地找到了未曾謀面的奶奶在我生命中的位置」（李玉嬋等人，2012）。

五、背景：49-63 歲的我──面對自己的老化／工作轉型／靈性議題的探討

（一）時空背景： 臺灣諮商專業發展多元，曾加入 1991 年旭立基金會引進之
Satir 家族治療專訓，2007 年華人心理研究發展基金會催生的
臺灣榮格發展小組

（二）老人面貌： 為國際大師口譯，認識不同風格的老年菁英前輩，拓展老人
多面向之認識

50 歲拿到諮商心理師證照，正式在坊間基金會接案。近 20 年，因緣際會接下相關領域口譯工作，講師最高齡為 96 歲。也因參與安寧照顧協會悲傷輔導培訓，認識國外探討臨終靈性關懷的大師，和澳洲 Dr. Bridge 口譯合作七年。因緣巧合之下，七年前於修行路上起步，幡然省悟，先後在家族治療、腫瘤心理、安寧照顧的國際會議上，發表與靈性相關的論文報告。

小結

　　每個人、每個家庭有屬於自己的四季及悲歡離合，交錯在特定的歷史時空脈絡中。父母離鄉背井來臺，從小的我，記憶中身邊沒有老人，沒有墓可掃。兩岸開放後，爸爸80歲那年踏上返鄉之旅，回國時疲憊卻激動，整夜拿出照片講述：成都鄉下，父親在婆的墳前種下柏樹，又在「文殊廟」為婆做法事，高齡老父長跪廟中的照片，見證了近代無數中國家庭難以泯滅的悲傷、憾恨。一年後，父親腸癌開刀，病榻旁放了一張輾轉帶回的婆的照片，翻拍得十分模糊，這是唯一讓李家後代認祖的依循。

　　及長，學了社工，往返臺北美國，接觸到無數跨國老人，許多老人彷彿成了我的至親，似乎我們生命註定交集，見證彼此的故事，建立了愛和了解，足以跨越種族、年齡、文化、社經的鴻溝。

　　童年時長輩缺席的失落，因工作中持續的「老人緣」，補償了那份缺憾。

　　曾幾何時，我也步入了老年，歎時光飛逝、人生苦短時，體悟「老境」帶來的沉重，透過開悟、修心、利他而得解脫。感恩我的　師父，我鍥而不捨於專業的精進，終於找到了根。

第二節　老年族群的認識

　　近來西方對老年觀念起了根本的變化。中古時期，年老被視為世界永恆秩序的一部分，後來被科學和功利主義的年老觀取代，老人被排擠為社會邊緣人，主要身份只剩下病人和退休人。美國社會學家 Green 視老人為依賴人口，這樣的語彙主宰了社會認知：老人被標籤為貧病失能。直到社會學者 Myles 提出美、加及北歐統計：顯示人口老化的國家，實際上經濟依賴的比例反降低，挑戰原本人口學單一論說造成的迷思（胡幼慧，1995）。

　　因為長壽普遍，過去老人被認定為被動、定型、沒有前景發展，到現在各種老人消費引發的商機，及近年媒體以老人為主題，老人教育、安養推陳出新，關懷老年生活的理論和文學作品興盛，正如美國歷史學者 Laslett（1996）的書：*A Fresh Map of Life* 指出，高齡化社會正在繪出一幅耳目一新的人生地圖！Thomas Cole 所著《人生旅

程：美國老年文化史》（*The Journey of Life: A Cultural History of Aging in America*）獲 1992 年普立茲獎提名，他與 Mary Winkler 合編的巨著《老年之書：思我生命之旅》（*The Oxford Book of Aging: Reflections on the Journey of Life*）中文版於 2011 年 8 月出版，八個月內九刷（梁永安譯，2011）！可見老年已成為一個吸睛的階段，想學習如何入老，探索老年各種可能性的人口正在激增中，世界各地興起灰髮浪潮，耳目一新的老年熱潮！

以下筆者將先介紹老年期的延長，對世界各地經濟、家庭、社會各層面的影響，接著依據文獻陳述老年族群的危機，最後以筆者所觀察到近年臺北地區接受自費諮商的老人之特性做出描述。

壹、老年期的延長及影響

本小節以日本、臺灣、美國各地為例，說明老年期的延長在經濟、家庭、社會各層面展現出的影響：

一、經濟層面：日本之例

經濟學家 Ezrati 預言：「轉型超高齡社會未來關鍵 30 年，老年人口健康改善，有生產力工作的時間延長，享受社會安全福利年齡延後，如退休年齡延到 70 歲，可緩解人口老化帶來的衝擊」（吳書榆譯，2014）。2015 年，日本 65 歲以上長者占總人口近 27%，成為全球銀髮族比例最高的國家之一，凸顯勞動力不足的壓力。日本企業回聘銀髮族，如化妝品製造商 POLA 無退休年齡限制，顧用人瑞級女銷售員，70-90 歲以上員工 8250 人，佔總銷售員人數 16.5%（陳韋廷編譯，2016 年 8 月 30 日）。

二、家庭層面：臺灣之例

臺灣高齡化速度來得既急又快，緣自預期壽命增加及破紀錄的低生育率。1993 年，65 歲以上人口首次達總人口 7%，邁入高齡化國家，2014 年 11 月底，升至 11.95%，估計 2025 年將占 25%。更怵目驚心的是，老老人（85 歲以上人口）是老年人口增長最快的一群。從 1993 至 2010 年，65 歲以上人口數增加 67%，85 歲以上增加 290%，100 歲以上「超老」增加率 456%（Yang, 2012）。

2010 年，臺灣人瑞達 1399 人（約 10 萬中有 6 人）（Yang, 2012）。楊培珊教授

（Yang, 2012）呼籲：臺灣人瑞主要照顧需求並非醫療，而是社會性及生活照顧；研究中，百位人瑞自評健康，認為差和很差的只有 14%，20% 過去一年沒有就醫紀錄，不可思議的是，12% 都沒有慢性病；13% 回覆他們是自己的主要照顧者，可見健康到老是可能的！儘管如此，39% 有僱用照顧者。總之，長壽要有品質，充足的社會支持不可或缺，老年規劃要從年輕開始。老人諮商工作，須關懷老人家庭，如兩代老人、照顧者負荷等議題。

胡幼慧教授（1995）發現：教育程度較高的老人較不希望三代同堂。一項全國調查顯示，65 歲以上的老人，不識字的老人有八成認為與子女同住是理想的，但大學以上背景，比例下降到四成，社會經濟能力較佳的老人，願意選擇自主的生活空間、生活方式，不一定要和子女同住。

三、社會層面：美國之例

Thornson 指出美國老人教育程度逐年提高，1975 年左右，65 歲以上人口中，只有 28% 完成高中學業，20 年後是 55%，11.6% 大學畢業。在所有人口群中，老人的貧窮率最低。他認為未來兩項趨勢會繼續：老人的經濟狀況越來越好，在政治上越來越具影響力，這一代成年人變老後，將成為非常有主見的老人（引自潘英美譯，1999）。

貳、老年族群的危機

筆者整理相關文獻資料後，提出老人族群有以下的危機：

一、晚年高自殺成功率的危險

文獻指出，晚年自殺成功率超過其他年齡層。美國 65 歲以上十萬人中 14.7 人相對一般比例 11 人，最高危險群是 85 歲以上白人男性，自殺成功率較全國男性高出 2.5 倍（Segal, Qualls, & Smyer, 2011）。國內外調查發現，老人多採取較激烈方式，如跳樓或喝農藥等，因此稱老年期自殺是「死心的自殺」，即死意堅定，多經較詳細的計畫，而非一時衝動（劉焜輝，2011）。

臺灣地區近十幾年來，老年人口自然死因、外因性死因的死亡率皆下降，唯有自殺死亡率上升。研究顯示，其中 80% 合併有憂鬱症（陳肇男、林惠玲，2015）。據統計，美國和臺灣 65 歲以上老人自殺死亡率占自殺總人數 20% 以上，顯著高於其他年

齡層（單思寧，2013；Segal et al., 2011）。歷年來，臺灣地區自殺身亡的老人 90% 以上是殘障、久病或老衰。超過 30% 自殺老人的配偶已去世，且比例逐年升高。男性老人自殺死亡率高於女性，未婚男性自殺死亡率較高（劉慧俐，2009）。一篇研究（單思寧，2013）指出：1985 年到 1992 年之間，臺灣所有縣市老人自殺死亡率有下降趨勢，但 1993 年到 2006 年，老人自殺死亡率上升，研究者認為對臺灣傷害極大的 921 大地震，可能是使南投縣老人自殺率上升的原因。

二、老人憂鬱傾向的危險

近年，憂鬱傾向在老年人口中普及率相當高，國外研究報告指出，大約有 12% 到 35% 的老年人有憂鬱傾向。國內調查資料顯示，在我國社區老人憂鬱症盛行率為 16% 到 25%；住院或安養機構的老人，重度憂鬱症比例達 12%。年紀大並非危險因子，但當老年孤單或合併其他慢性病，有較大機率成為老年憂鬱傾向。值得注意的是，自覺健康狀況不好之受訪者的憂鬱傾向比例為 40%，自覺經濟狀況不好者為 57%（陳肇男、林惠玲，2015）。這和美國的發現一致：慢性身體疾病與失落感是重要的危險因子，也是老人自殺的促發原因，醫生要有高度的警覺性（郭峰志譯，2001）。

三、老年多重失落的艱辛

劉焜輝教授（2011）指出老人生活的三惡：貧困、疾病與孤獨。日本學者提出老年期四個喪失，即身心健康、經濟獨立、家庭或社會關係、生存目的的喪失（引自華意蓉譯，1987）。我國老年人口喪偶占 30.7%，若未再婚，男女可能面臨 11 到 17 年的鰥寡居生活。面對人生終極失落、意義感、孤獨和寂寞等主題逐漸浮現出來（李青松、林歐貴英、陳若琳、潘榮吉，2010）。

研究也發現：安置或住院中的重鬱老人、在初級健康照護體系中的老人等，都有較高的重鬱症，而社區居住老人被診斷為重鬱症者則顯著較少，因此醫療疾病合併憂鬱症問題在老年族群是需要被重視的。臺灣失智症人口超過 26 萬人，伴隨老年各種失能慢性病，如：癌症、中風、關節炎、聽視等障礙，常造成活動受限。自殺高危險因素中，包括罹病、憂鬱無助、物質濫用、早先自殺意圖、社會孤立、家庭問題和其他壓力生活事件等，因此，如何預防老年憂鬱症，是研究及臨床工作者的首要任務（Segal et al., 2011）。

參、臺灣老人接受自費諮商的特性

筆者過去多年在臺灣一基金會，對一些老人（60 歲以上）提供自費諮商的服務，筆者將這些經驗做出整理如下，以此一窺臺灣老人接受自費諮商的樣貌：

一、老年人口尋求諮商有漸增趨勢

從 2005 年到 2009 年間，我的個案中沒有老年人，年齡最長 57 歲。從 2010 年到 2016 年 6 月，60 歲以上的老年個案，占我總個案數 21%。從最近兩年半來看，老年人佔我總個案數 42%。

二、自行求助個案數偏低，多高社經背景，以女性、短期諮詢為主

老年諮商很難長期穩定進行，或有照顧壓力無法脫身，或自身病痛影響諮商意願。因自費諮商所費不貲，六年來，個案總數 15 位，男性僅 1 位。個案平均會談 5.7 次，6 位只做 1 次諮詢，10 次以上有 4 位，會談次數最長的 21 次。轉介來源：4 位是精神科醫師，7 位親友及外機構，2 位自行上網查詢，2 位機構安排。三分之二是大學畢業的專業人士，另外 5 位是家管。

三、健康及家庭關係的失落主題明顯

就個案問題呈現，因喪偶求助的 6 位，全為女性（合併憂鬱症），家庭問題的 8 位（7 位女性，包含照顧家中老人的 2 位，婚姻問題的 3 位，和子女間親子關係的 3 位），合併自身健康問題的 9 位，自我了解成長的 1 位，家庭諮商的 4 位。值得一提的是，有少數幾次在近期喪親的家庭中，幾乎全家族重要成員都出席，或 3、4 位，多達 5、6 位，包括兒女、媳婦陪同母親，雖然只一次諮詢，但家庭呈現的凝聚力，家人能在一起表達悲傷、互相關懷支持、澄清疑慮，就是最佳療效，諮商師的功能比較是提供悲傷教育。

四、求助的家庭照顧者壓力大，以及老人非志願者居多

有將近一半老人個案是被子女親友強力遊說或陪同前來，且僅約四分之一持續。

老人和家人認知落差大，長輩希望堅持以自主方式面對生活中困境，不認為和外人談有助益；少數強烈情緒困擾或生活適應不佳，但仍堅持排拒外來資源。真正為了解自己、主動求助的只有一位，屬青老的專業人士。

筆者回顧過去與老人諮商的工作經驗，發現女性比例遠高於男性，這呼應過去一些學者認為老人男性對心理諮商猶豫或排斥，是因傳統心理治療不適用於男性，當老年男性遇到各種情緒問題，他們不相信透過談論或諮商有助於解決內在混亂。Fitzgerald（1992）也提出心理諮商強調自我覺察、承認問題、承認自己的脆弱、要開放探索，然而男性通常被社會化及教導要隱藏感覺、要堅強、要保持競爭優勢。因此周鉦翔等人提醒對老人提供心理諮商的工作者，需要加強性別的文化差異敏感度，助人服務也要發展出對不同老年男性的工作取向，例如，對陽剛老年男性較合適提供支持性、增強性、教育性的心理服務（周鉦翔、李昆樺、陳佑昇、叢均如與邱思華譯，2011）。

小結

人類歷史的新階段已來臨。在已開發和開發中國家，前所未有的老人比例及老人數，將持續衝擊未來的醫療、社會福利、家庭、經濟等環境。界定老年族群時，我們很容易陷入過度簡化或抽象化這個名詞。因老年期過長，老人被分為青老、中老、老老和超老。老人的異質性遠超過同質性，其差異與人格特質、早期經驗等有關，故老人無論在其生理、社會、心理狀況上，均有個別的獨特性，諮商者必須重視個別差異，以便提出個別化的輔導計畫（李開敏、王增勇、王玠、萬育維譯，2008）。

美國精神醫學以目前社會發展趨勢，提出對於未來老人世代的看法：高離婚率、居住地的流動、核心家庭的瓦解都持續進行，未來老人會活得更孤立，更缺乏家庭支持。禁藥及酒精的使用一直是嚴重的社會問題，過去30多年，年輕及中年人的盛行率也逐漸升高，這些世代的行為將帶到老年期，要得到關注（引自郭峰志譯，2001）。

老年期是生命最後的成長階段，諮商者應檢視自己對年老以及和老人工作的心態，避免落於傳統的專業窠臼；也要檢視與老者工作對諮商者自身的影響，覺察後視需要主動求助。

第三節　老人諮商主要概念與實務介紹

　　本節主要涵蓋以下幾個部分：第一部分為老人諮商的主要概念，包含老年期的挑戰、老化的定義、老化的迷思與社會對老人的歧視；第二部分為文化觀點與反思，探討何謂成功的老化，以及東方儒家揭示的理想老化；第三部分為老人諮商實務，包含生命回顧在老人諮商的運用、老人諮商團體介紹，並以一筆者所帶領的老人團體實例說明之。

壹、老人諮商的主要概念

一、老年期的挑戰

　　Erikson 提出的社會心理發展理論為學術界所稱道，他認為人終其一生要經過八個發展階段的危機，每個階段都會出現兩種看似對立的傾向，一是和諧，一是不和諧，每一階段的發展，個人都必須活躍的參與、主動的投入，並挑戰環境，每一次的平衡都能產生一股完整人生、健康生活的力量。在他老年研究報告中，發現所有受訪者在生活中，都努力地在不和諧的個性傾向與社會心理力量間取得平衡，不論是否能成功，老人都在努力嘗試著，這種努力就是人生所有階段成長的基礎。保持人生的完整是老年期最主要的和諧性格傾向，要與同樣瀰漫在此時期的絕望感取得平衡（周怜利譯，2000）。

二、老化的定義：正常與病態老化

　　正常老化指生理或心理上無疾病的狀況，也就是自然老化，沒有明顯的生理疾病。病理性老化是指個人遭受疾病病原和徵兆侵害的老化過程，最典型的例子是阿茲海默症（Segal et al., 2011）。

　　Segal 等人也用統計上的定義區辨正常老化：如美國 65 歲以上的老人 80% 至少有一種慢性疾病，50% 有兩種；就關節炎而論，65 歲以上老人有一半被診斷為關節炎。國內 65 歲以上老人近九成至少有一種慢性病，五成有三種慢性病。老人醫學專家劉建

良醫師用較簡單的說法：疾病或老化有時只是一線之隔，衰退比較輕、速度比較慢稱作老化，衰退明顯、快速影響器官功能稱作疾病（劉建良，2016）。

三、老化的迷思：檢視社會文化環境中的老人歧視（ageism）[1]

（一）年齡歧視定義

年齡歧視如種族主義和性別歧視，是一種把人歸檔，不容許他們成為獨特過自己生活的人（Butler & Lewis, 1982）。國外研究發現，不論哪個年齡層，一般人對老人都存有諸多負面刻板印象，且一致有「怕老」的心態，反而老人自身對老化的評價還正面些。隨著老人研究的知識累積，老人對社會的積極投入及社會教育的成功，歐美社會對老人的態度已漸擺脫負面刻板印象，轉趨正面（王文秀，2000）。

（二）專業對老人的歧視

在心理衛生領域，年齡歧視已被專業化，經常是不知不覺。Monk 稱恐老、懼老心態，隨之而來的嫌惡拒絕，終了更以「老的失能與病態是必然」來合理化一切，甚至是放棄的態度（李開敏等人譯，2008）。Gibson 於 1970 年指出，精神科醫生對老年人可治療的看法持悲觀態度。審查 138 例 65 歲以上老人、在三年內收住一家私人醫院的紀錄，發現 80% 病人被認為預後差，但 60% 於 90 天內出院返家時，病情有所改善（Butler & Lewis, 1982）。雖然 Freud 展現超凡的心理敏捷度，一直到 80 多歲，他都在修改和發展他的理論，但在 48 歲時，他做了一個負面的宣言：超過 50 歲後，精神分析所依賴之心理過程的靈活性，就無可避免的缺乏了。2003 年，一項有關臨床心理實習生和高齡者工作的觀感調查，發現許多實習生與 Freud 同樣悲觀，他們被高齡者自認老到無法改變所影響，也受到文化假設的影響，比如「老狗學不會新把戲」（秦秀蘭、李靈譯，2014）。

---

[1] 另一相關名詞「懼老症」（gerontophobia），是指不合理的恐懼和／或對老年人的不斷仇恨。

貳、文化觀點與反思：何謂成功的老化？

一、現代西方對成功老化的看法：強調多面向心理／行為活躍及高參與

1. **活動理論的闡釋**：目前沒有一個單一定義足以解釋何謂成功老化。活動理論闡釋成功老化是「重視維持並保留態度和行動力，以維持身體與精神健康」；Havighurst表示，成功老化的個體能夠規劃生活，並從中獲得滿足（施振典、莊淑瓊、秦秀蘭譯，2012）。

2. **多面向介入和評量**：不同模式對成功老化的定義不同。生物醫學模式注重身體的衰老、精神病發病率，以及參與日常社會活動的困難度；社會功能模式著眼於社交功能活動是否多元、是否從他人得到支持；心理資源模式則結合自我效能感與樂觀和自尊的評量。有一項調查將上述評量統合，加上年收入、對環境品質和對人身安全的感受，做為檢驗幸福程度的世俗指標，發現這是最有效的預測指標，多面向介入和評量更有助於達成成功老化（施振典等人譯，2012）。

3. **老化百科全書的詮釋**：Palmore 提到老化包括生存（長壽）、健康（沒有疾病）和滿意的生活（幸福感）。儘管有中度的疾病和失能狀態，老人能對生活抱持熱情、投入人際關係、關心他人福祉、維持正向樂觀，並相信自己的晚年可為他人帶來力量，就是成功的老化（周鉦翔等人譯，2011）。

4. **WHO 活躍老化（active aging）的觀念**：此觀念已成為國際性組織對老年健康政策擬定之主要參考。為使老化成為正向經驗，活躍老化的定義是使健康參與和安全的機會能極大化的一個過程，以促進人們在變老的過程中，生活品質提升。關於活躍的定義是指持續參與社會經濟、文化、靈性與市民事務（劉蔚，2012）。

二、東方儒家揭示的理想老化：是一種內省節制、自我整合、順天命的成熟社會心理狀態

東方對成功老化的認定，在中國成語中反映的是強調老年的壯志、貢獻經驗，如：（1）老驥伏櫪：比喻有志向的人雖然年老，仍有雄心壯志；（2）老當益壯：年紀雖老而志氣更旺盛，幹勁更足；（3）老馬識途：比喻有經驗的人對事情更熟悉。

東方儒家內省節制的修為，也反映在理想入老的心境。孔子提出的君子三戒中，中老年之戒：「及其壯也，血氣方剛，戒之在鬥；及其老也，血氣既衰，戒之在得。」（《論語·季氏篇》）對中老年的看法是要收回外求的眼光、修正生活重心，把壯年鬥爭、鬥勝或貪得無饜的驅力，從成就外在名相的自我，回到反躬自省，提升德性，才能平衡中老年的挑戰。孔子用極簡的文字描述通達的人生下半場：「四十而不惑，五十而知天命，六十而耳順，七十而從心所欲，不逾矩。」（《論語·為政篇》）意指 40 歲明瞭各種事情而不會感到疑惑，50 歲認同自己的命運，60 歲自然地接受聽到的一切，都能明白貫通，不再感到有違於心，70 歲即便放任我心所欲，也不會有逾越規矩／法度之處。

無獨有偶，這種熟老社會心理年齡的人生座標揭示的心胸，正如德國詩人小說家赫塞所言：「一個人必須與老年達成和解，接受老年所帶來的一切。一個人必須對老年說『好』，沒有這個『好』，不順服於造化所加諸我們的要求，那不管我們是老是少，都將失去我們歲月的價值和意義，從而成了人生的叛徒。」（梁永安譯，2011）。

參、老人諮商實務

這一部分涵蓋「生命回顧」及在老人諮商中的運用、老人團體是老人諮商的重要處遇模式，以及老人團體諮商的實例說明。

一、運用「生命回顧」做為老人諮商的主軸

Butler 強調生命回顧治療不同於一般懷舊療法對過往簡單的回憶或回想，它是一個有結構、有目的的概念及做法。透過詳盡自傳式的描述，重新檢驗個人生命的內在衝突、需和解之處、所傳承的知識和價值觀，以及創建一個有意義的人生理想與責任（Butler & Lewis, 1982）。Butler 認為生命回顧是一正常且必要的過程，幫助我們以理性的態度來審視過去經驗，尋找自己生命的意義。生命回顧不但具有一致性，會發生在每個人身上，而且還具自發性，常在毫無預警的情況下發生（潘英美譯，1999）。過程中包含詢問存在主義的問題，例如：「你是誰？如何過你的一生？」。讓老者藉由評估過去，將生命經驗整合到目前的自我認同，因此也是一種意義治療（施寶雯、洪珮惠，2011）。詳述如下：

（一）為何「生命回顧」適合老人諮商

老人是有歷史的。Erikson 認為老人有不同的優勢，身為過去時光的收藏者及記憶的保護者，有一生累積的歷史及故事可述說（周怜利譯，2000）。Butler 認為這個概念能迅速傳播，受到美國當時有高度興趣尋找種族之根的推波助瀾（Butler & Lewis,1982）。國內安寧療護先驅趙可式教授曾說：「基於老人喜愛回憶的特性，生命回顧常被用在老年照護的護理活動中。」（范衷慈，2009）；陳慶餘醫師、釋慧哲、釋宗惇宗教師也提到：「老人因為生命接近臨界點，焦點更關注在自己身上，所以老年階段或臨終，都是生命回顧的重要時機。」（施寶雯、洪珮惠，2011）。

（二）「生命回顧」的功能

老人在生命回顧中，可達到以下功能：（1）積極參與：范衷慈的質性研究中發現，老人能被一個人專心傾聽，是難能可貴的，對於被訪談，老人不但熱衷而且享受，同時也會預先做準備；（2）促進思考與統整：在生命的片段拼圖中重整秩序、發現和重新詮釋意義，協助老人從懊悔或不滿的經驗中，重新以較正面的角度去肯定舊有的經驗，使自我在過去、現在與未來，達到新的統整及接受（范衷慈，2009）；（3）內在力量轉化提升：Butler 認為生命回顧對成功老化很重要，回顧包括過去所有的事件、榮耀、反思、懊悔、冒險和重新整理，都會有收穫（DuBois & Miley, 1996）。范衷慈觀察老人在過程中，「由禁錮到鬆綁、由僵滯到開放、由隨意到認真，過程就像花瓣漸漸綻開！」；（4）尋找生命意義：意識到死亡接近促使個人開始回顧生命，人們常會重複訴說自己的生活故事，試圖從中發掘自己的重要性，或淬鍊出此生不虛此行的所在。尤其對那些失去很多事物的老人，尋找意義更加重要。訴說內省的過程象徵一個人對自己存在的重視（潘英美譯，1999；施寶雯、洪珮惠，2011）。

（三）應用及效果

1. Knight 認為治療師如同編輯，完整回顧個案過去生命是不可能的，應一起決定強調哪些重點來建構個案的生命史，成為創造自我的基模。同時也針對需要來運用回顧收集的資料：比如需要自我肯定的案主，編輯的焦點可放在過去歷史的正向部分；如果目標是改變個案長久以來不了解的行為模式，編輯工作可能著重於發現個案生命史中隱藏及負向的因素；對於目前處於壓力的案主，可以引導回憶過去成功處理壓力的經驗等。Knight 列出 13 個項目做完整的生命史回顧，包括案

主對相同世代人們的看法，以及這些看法對他自我概念的影響（康淑華、邱妙儒譯，2001）。

2. Butler 認為生命回顧可以做為團體活動，包括安養院、老人中心或是治療性的團體（Butler & Lewis, 1982）。具體操作可以從個案記憶深刻的某件事出發，一些小物品，如相片、紀念品、錄影帶等都可做為媒介，請老者敘述其生命故事，引導回顧者將注意力從事件轉向為對事件的反應感受，拓展多元觀點。老人在回顧時，被傾聽、理解，看見自己過去解決問題的能力和面對生活的勇氣（施寶雯、洪珮惠，2011）。提倡以友善尊嚴方式照護失智症親友的 Bell，以「一個人的生活故事為榮」，幫助失智症患者利用生命故事的內容改善溝通，並且設計成與人互動的適當活動。她以美國亞特蘭大州一間失智症老人之家為例，透過和住民的親友聯絡，加強擴充他們的生命故事，來改善工作人員和住民之間的連結，並且實踐做失智症患者「最好的朋友」這樣的照護理念（蔡佳芬譯，2012）。

3. 生命回顧就治療老年人憂鬱方面，有臨床的實證支持，它是少數和老人工作的方法上，得到實證的治療形式，也有充足的實證支持其療效不限於憂鬱症。Butler 建議在帶領時，讓老者將他此生不同的生命主題，予以整合。一般無法順利整合的老人，比較容易陷入絕望或憂鬱。生命回顧療法有很多不同形式，一個最近的後設分析建議，生命回顧可以幫助老人強化心理福祉，它的效果等同認知行為療法（Segal et al., 2011）。

但 Erikson 和 Butler 都曾警告：「生命回顧可能會讓案主產生絕望及沮喪的負面結果，未經指導的生命回顧過程不會有可預期的成功」。治療性的生命回顧需要有所準備，焦點在於自我概念的創意性發展，也就是指如何看待現在、過去和未來的自己，在人生全程的架構下，更明確地把個人發展及統一性做整理（康淑華、邱妙儒譯，2001）。

二、老人團體是老人諮商的重要處遇模式

Verwoerdt 醫師認為對老人的支持性心理治療以團體為最佳形式。McDonald 認為提供老人團體式的服務，是最重要的社會工作之一（施振典等人譯，2012）。團體提供一個固定的社會網絡，能有效催化老人治療性的改變，減緩老人常經驗到的孤立，並藉參與團體產生歸屬感與現實感，對增進老人與其社會環境間的契合關係，有非常強而有益的效果（李玉嬋等人，2012；李開敏等人譯，2008；Butler & Lewis, 1982; Ver-

woerdt, 1981）。文獻也指出團體治療中，人際互動是關鍵要素。一篇嚴謹的文章回顧
475 篇控制性研究後結論：「接受心理治療的人比 80% 未接受治療的人的狀況佳，而
團體治療療效幾乎等同個別治療。團體凝聚力是個複雜又奧妙的變項，簡單說就是團
體對所有成員的吸引力，它是其他療效因子得以最佳發揮的必要前提。」（方紫薇、
馬宗潔譯，2001）。

　　國內外近年都在因應不同需要，推動多元類型的老人團體，如危機減壓、社區身
心減壓（李玉嬋等人，2012；李開敏等人譯，2008；Butler & Lewis, 1982），包括劉
慧俐報告多項歐美大型研究，證實身體活動影響老人心理（如降低及預防憂鬱症）、
體能、獨立程度、整體生活品質（劉慧俐，2012）。機構中團體的施行，如榮家住民
書法／繪畫／園藝班、懷舊治療團體等。白河和屏東榮家皆針對團體活動進行研究，
發現團體服務成效顯著且成員滿意度高（楊培珊、羅鈞令、陳奕如，2009），這些都
支持老人的團體是重要的處遇模式。

三、老人諮商案例：社區獨居老人短期支持團體介紹

　　依筆者帶領社區老人支持團體 20 多年的經驗，提出以下幾個帶領老人團體的原則：

（一）帶領方向

1. **培養人和**：視合作機構為老人的另一個家庭，建立照顧團隊的共識，以及合作機
   制，包括事前會面、充分討論，以便增加對機構服務的了解；此外，機構的宗
   旨、預算、對團體的期待、工作人員對服務族群的了解、建立的關係、在團體中
   所扮演的角色等，均需花時間建立共識。
2. **老人為尊**：老人團體蘊藏的能量及寶藏取之不盡，用之不竭，只需傳遞真誠對等
   的關係，依循穩定的架構，催化團體內的彼此連結，充分運用成員做為療癒夥伴
   （healing partner）。一起安心地面對老化的功課，同時投注在當下有趣的活動，
   賦權的歷程自然展現。
3. **整合型**：平衡正向，團體目標鎖定在學習成長、相互支持、紓壓和自我照顧的整
   合取向。
4. **異質性組合**：依據社會縮影理論的基本前提，認為團體被視為大社會的縮影，因
   此必須異質化，以尋求最大的學習機會。希望兼容並蓄，讓成員反應不同性別、
   職業、年齡、社經地位、教育背景等（方紫薇、馬宗潔譯，2001）。

（二）注意事項及做法

1. **老人聽力不佳，注意力難持續，發言時易失焦，或私下互動，需適時引導聚焦：** 可以採分組方式進行討論，提高專注力，讓每位參與者互動更平均、增加彼此認識的機會。討論時間不宜太長，約 20 分鐘。

2. **多樣化的活動安排，刺激多項感官：** 每次有固定主題，做分享（除口語外，也包括照片）和短講，並穿插身體照顧、看動畫片、手工創作、影片回顧等。

3. **善用儀式，傳達多重連結的訊息：** 如生命回顧感恩、點燭感謝生命中重要的人、製作禮物送團體和自己。

（三）案例說明

以下就筆者所帶領的一個社區獨居老人支持團體為例做說明。筆者將之定位為老人諮商的二級預防工作。

1. 獨居老人現況

獨居是老年生活的一個特性。聯合國世界人口高齡化趨勢分析顯示，由於生育率下降，使家庭人口數減少，高齡者獨自生活日益普遍。根據臺北市政府社會局的統計，2014 年 12 月底，北市獨居長者 4918 位，占北市 65 歲以上老年人口 1.2%。

2. 團體前期作業

（1）**團體緣起／目標／實施計畫：** 2014 年春，某社福中心社會工作主任因直接服務中看到許多獨居長輩，生活中較無親近親友，內心落寞，希望安排為期六週的支持團體，陪伴長輩回顧及整合自己的生命，並重新建立支持關係。由社工轉介服務轄區內的獨居長輩，一位社工擔任協同帶領及召集人，由筆者設計團體並帶領每次活動，會後與主責社工討論。第三週加入暑期實習生一名。

（2）**團體成員背景**

13 位老人成員背景多元：

年齡：平均年齡 77 歲，從 63 到 88 歲，涵蓋老年期的青、中、老老人。

健康狀況：退化或外傷造成行動緩慢／受限 5 位、心血管疾病 3 位、精神科就醫 3 位、失智前兆 1 位、健康 1 位。

語言使用：國語 9 位、國臺語 2 位、國臺客語 2 位。

學歷：從不識字（3 位）到大專畢（3 位），含國小國中高中職不等。

婚姻狀況：含喪偶 9 位、離婚 3 位、已婚 1 位（家人均工作，關係緊張，特
　　　　　例加入）。

居住狀況：自有房屋者 8 位、租賃 4 位、借住親人處 1 位。

信仰：基督、佛、道教都有。

其他：男性僅 1 位，外省籍 6 位／本省 7 位。

3. 團體活動及過程圖示例

團體活動內容包括六次主題：（1）護老身——來做伴；（2）護老身——跑完一
生；（3）安老心——齊面對；（4）憶老伴——來時路；（5）挖老寶——往日情懷；
（6）交老友——慶學習。

第一次主題依成員期待，決定團體定位在教育與支持性。成員期待每次以身體照
顧（介紹「大腦體操」，身心伸展平衡，每次練習）、成員分享（內容有：1.生命回
顧：觀賞動畫——青木純的「跑」、生命照片分享、將自己一生訂出書名；2.創作活
動：毛根、摺紙等製作；3.儀式：感恩／慶祝學習）為主。

以下為第一、六次活動的互動圖示例；左圖是第一次，右圖是第六次。

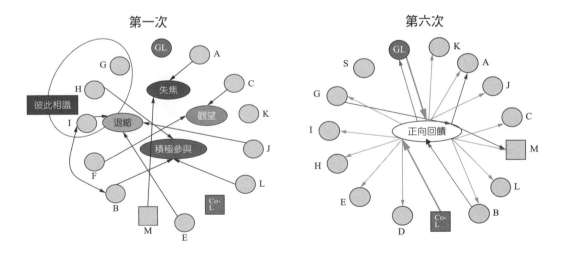

4. 社區獨居老人團體評估

許多成員表示團體帶給他們目標，學習大腦體操，身體痠痛減少，感覺自己較年
輕、較健康；從領導者身上學到慢活的概念，不必事事焦急；也認為團體中每個人都
有值得學習的優點，團體每位成員都是老師，如：A 的樂觀、M 的幽默感。領導者以
D 所寫之對於青春的定義鼓勵大家，不管年紀，都隨時對世界保持熱情及好奇。

5. 回顧團體歷程，歸納以下重點

- 團體認同感高：老人出席率頗高，六次團體活動中全勤的有八位（62%），平均出席率 91%。多數成員表示團體對其有正向影響，肯定團體中的學習與成長，也願意再參與類似的活動。最後結束時，兩位老師背景的成員前來詢問如何可繼續，以及別處是否有開這樣的團體，深深感受到她們內在渴望成長與連結的熱切。

- 催化信任支持順利：除首次外，團體動力很快形成，成員對於生命中遺憾、失落，或溫暖懷念的情緒能自然流露。開放給予支持回饋，或表達不同意見。團體結束後留下彼此聯繫資訊，非正式支持網絡已建立，團體信任支持的目標有達成。

- 老人展現學習熱情：活動中引導老人運用想像、譬喻，重新統整生命經驗，並嘗試賦予新的意義，如「將一生寫下書名」。每次創作過程，成員都很專注投入，沒有表達困難，自發及參與度之高超過一般團體。成員樂於嘗試多媒材，例如運用色紙、粉蠟筆、毛根、卡片製作等，且享受珍惜自己的創作，會帶回去保存。

6. 團體後續追蹤及調查

獨居老人支持團體結束後兩年（2016 年），決定輔以後續追蹤及調查。經社工協助或老人自填「關懷老人生活品質問卷」統計，團體中有兩位因健康變化，成年子女搬回同住。此次獨居老人團體 11 位成員問卷統計結果如下：

- 對於社會是否尊重老人的看法：平均 7.5 分，最低 5 分，最高 10 分。8 分以上 5 位（45%），普通（5-7 分）6 位（55%）。

- 對於生活滿意程度的看法：平均 6.9 分，最低 3 分，最高 9 分。8 分以上 4 位（36%），普通（5-7 分）6 位（55%），5 分以下 1 位（9%）。

- 對於健康滿意程度的看法：平均 6.2 分，最低 4 分，最高 9 分。8 分以上 2 位（18%），普通（5-7 分）8 位（73%），5 分以下 1 位（9%）

- 獨居老人最擔心的事：5 位回答和健康有關，例如：摔倒、健康惡化，3 位擔心晚年發生難以預料的事，有 2 位提出最擔心的是孤單、無聊，2 位擔心子女。

- 目前生活中心：5 位是健康運動，1 位是做義工，1 位每天去公園唱歌，1 位是宗教活動，2 位以朋友為中心，1 位因中風，生活中心是看電視。

7. 三次團體追蹤，浮現一些重要議題

（1）潛在老人保護議題

A. 心理虐待、財務剝奪

例　兩年前在團體中曾有一位提出遭男友言語騷擾及不好的互動，當時沒太留意，追蹤時才警覺到老人被不當對待的普遍性及嚴重性，很容易被忽視。第一次追蹤團體，成員提出：在生活中被服飾店老闆強迫推銷一萬多元衣物，鼓勵穿短裙、化妝，表現更加自信；另一位在大陸旅遊時，被帶到房間看首飾，後來消費了近 20 萬，事後很懊惱，覺得自己有老年失智的狀況，思考不夠敏捷，被人利用。

　　相關文獻也指出老人受虐是重要議題，全世界老人受虐事件數量都在上升，獨居老人現象更突顯照顧及保護的重要。一項針對 10 年內南加州近一萬八千名受虐老人的研究發現，受虐類型最多是忽視，其次是物質上剝奪或虐待（潘英美譯，1999）。黃志忠研究臺灣中部五縣市 286 位接受居家服務的失能老人顯示，老人虐待發生風險估計有 18.3%；在各種類型中，以心理虐待與疏忽較高，各為 16.8%（黃志忠，2013）。蔡啟源（1996）也指出，受虐老人中逾八成是高度需依賴被照顧（簡吟芳，2009）。

B. 身心退化、居家安全議題

例　腳腫脹不靈活，沒有動力運動，或憂鬱過度依賴家人，很愧疚。89 歲高齡，行動受限，對於是否住到安養院，十分焦慮和憂鬱。

　　老人通常比其他年齡層更加孤立，原因包括健康不良、缺乏交通工具、缺少社會網絡等，而孤立是老人虐待的關鍵因素（李瑞金，2015）。

（2）全球化多元經驗的豐富話題

例　當成員說起去上海玩，被騙 20 幾萬的事，團體聚焦於在大陸被騙的經驗，當時一位低收入的阿嬤成員泰然自若地說：「人就不能貪心，被騙多半因貪，不只大陸，臺灣也一樣有人被騙，所以要保護好自己。」

例　最後一次追蹤團體，分享一生最有意義、最滿足的回憶：有 3 位提出最滿意快樂的是曾在美國移民或依親，家人共處有伴，環境優。曾有跨國工作或移民經驗的，竟有 6 位，時間最長達 29 年；決定在外定居，後因配偶生病返臺的有 2 位；有 2 位曾在加州同區住過，帶著濃厚鄉音的英文講他們居住的城，熱烈相認！對照團體內沒有出國經驗的 2 位阿嬤，他們神色自若地說：「沒有錢，哪裡都不能去啊！」（她們

是生活滿意最低的兩位）。

例 移民經驗帶來的多元文化刺激豐富老人的一生。老年生活充滿多樣性，不僅反映老人過去的生活選擇，也反映老人目前的生活安置，以及老人的自我概念和自我接納程度。

（3）老人內外在更新力量持續消長

例 三次追蹤團體中觀察到兩位經濟弱勢阿嬤的進步：一位喜孜孜地分享參加老人歌唱比賽得獎，獲得一個血壓計，自信地表示不用看歌詞，都牢記在心。每天去公園唱歌，年節拿紅包，很開心。另一位在兩年前團體中非常安靜，分享照片時，只帶了僅有的一張大頭照，可見生活的孤立；而目前生活中心，每天都會去做環保志工，和大家一起吃午餐，食物還可以打包回去做為晚餐。雖然這兩位在社會參與和歸屬上都較兩年前更好，但生活滿意度仍是團體中最低，或許和生命中未竟之事的遺憾、孤單、健康、經濟不佳有關。

例 最後一次撕畫活動時，一位阿嬤看到一集安寧照顧專刊的主題「學習放手和說再見」，她特別向社工員提出要借回家好好讀，她說：「這是我需要的！」面對死亡的坦然，溢於言表。

根據陳肇男與林惠玲（2015）之研究，臺灣在 1994 年感覺生活不快樂的老人只有 13.5%，但到了 2002 年增加為 26.7%，研究者認為這和家庭型態變化及休閒活動過於貧乏有關。一項日本研究指出，80% 老人期望回到童年或青年期，對自己的評價過低，也有研究發現，一年裡有 45% 的老人回答沒有一件事是高興的（華意蓉譯，1987），老人感覺生活不快樂顯然成為一個重要的議題。

 小結

Butler 醫師說：「老來適應好的多半生性樂觀、有彈性，且善用資源。」（Butler & Lewis, 1982）。因為「樂觀」，能正向積極看待一切，上文中的多項例子皆然。「有彈性」則不拘泥，不偏執，不強求固著，安然隨緣。「善用資源」者心胸開闊，坦然面對自己的需要，且開放掌握資訊、資源，做適當的運用配合。

社區獨居老人六次團體，兩年後的三次追蹤，都是短期接觸，但深刻見識到老人具有的炙熱學習精神和態度，對團體開放及真誠的交流。更有感於社福機構長期穩定及高素質的陪伴服務，讓獨居老人得到實質照顧、資訊及心理的支持，

落實在地老化。

　　在這個團體中，筆者再次心領神會：「老年生活最重要的任務之一，便是維持社會網絡！學習成長是抗老的秘方！」

第四節　賦權的老人諮商取向及臺籍慰安婦老人身心支持團體之實例

壹、運用社會工作的賦權理念於老人諮商

一、「賦權」概念簡介

　　1975 年左右，賦權（empowerment）概念由 Solomon 提出而被廣泛運用，Solomon 將賦權定義為「協助被烙印的個人或團體，增進或練習自身的人際技巧或社區影響力」（Burwell, 1995）。雖然該詞出現甚晚，但其概念很早就深植在社會工作致力協助社會邊緣劣勢人口的精神中。「賦權」成為社會工作傳統，關注社會中存在各種對資源掌握不同權力及控制力的團體（Gutierrez, 1990），個人經驗到無力是來自環境的不友善與敵意。依此脈絡，增強案主的權能以面對不平等的社會結構就很重要（李開敏，1997，2008；李開敏、陳淑芬，2006），這樣的觀點及做法和被邊緣化、貶值化的老人族群工作時十分關鍵。

二、賦權的諮商關係

　　DuBois 與 Miley（1996）提醒社會工作者在助人歷程中需對被迫害、無力感兩者的動力有所了解，因為當我們將自己定位在施善或握有專業權威的角色時，我們已經在複製一個剝奪能力的關係與過程。因此社工員需時時觀照、反省自己和當事人的關係，雙方的互動。賦權觀點追求的是和當事人建立合作與夥伴的關係，包括持續的投入、互惠、專注、快速的接納、二人休戚與共（fellow strugglers）（李開敏，1997，2008；李開敏、陳淑芬，2006）。

三、賦權的諮商歷程

賦權運用在臨床實務工作，如下頁兩個圖示，直接引導如何看待及催化諮商的復原歷程。此圖無意簡化受害人內心複雜的轉變歷程，但希望藉此說明工作的架構與重點。

圖 14-1 是心理學家 Sue（1981）提出和「不同文化案主」工作時的參考架構，橫座標以下所代表的二類世界觀，對被排擠於權力結構之外的劣勢族群相當普遍，Sue 認為他們有極深的無助與無力感。心態上，他們對受害感到無力憤怒，也有很深的自責自憎，社會環境多半強化這樣的世界觀，因此工作時需結合其他力量，來修正這樣扭曲的信念（引自余漢儀，1995）。

Sue（1981）認為「賦權」的目標之一是對權力被侵奪（disempowered）的團體，協助他們從「外控、內負責」的世界觀轉化到「內控、外負責」，即相信自己有能力掌握自己的命運（內控），但也能洞察歧視、偏見、剝削等外在障礙阻擾了他們的發展（外負責）（引自余漢儀，1995）。

圖 14-2 是筆者整理多年陪伴受創者（如慰安阿嬤）復原轉換的歷程與機制。巨視層面，「賦權」意指增加集體政治權力的過程，微視層面強調儘管外在結構不變，個人仍能發展出有力感或自我主控感（李開敏，1997，2008；李開敏、陳淑芬，2006；婦女救援基金會，2005）。

四、對老人賦權的提醒

Thompson 和 Thompson 質疑過去以形式主義和醫療取向的靠照顧模式，並提醒社會工作者，在提供老人服務時，要以賦權增能為主的模式，人權的指導原則和個體的自我決定權應該成為專業覺察的首要任務（施振典等人譯，2012）。

以臺灣慰安婦為例，誠如 Sue 所指，臺灣慰安婦報告中指出阿嬤即使事經 50 年後，還是呈現以下強烈感受，以及社會適應不良情況：（1）羞愧：覺得慰安是一件很羞愧的事，因此「不敢說、不讓親友知道」，怕「壞了名聲」，親友聯絡少，有個案「一直想要自殺」；（2）怨嘆：「怎麼這麼歹命」、「對自己的一生很不滿意」；（3）憤怒：「很不甘心」、「無法接受」、「要討回公道」。至於復原歷程，請參考下一小節的團體活動及觀察。

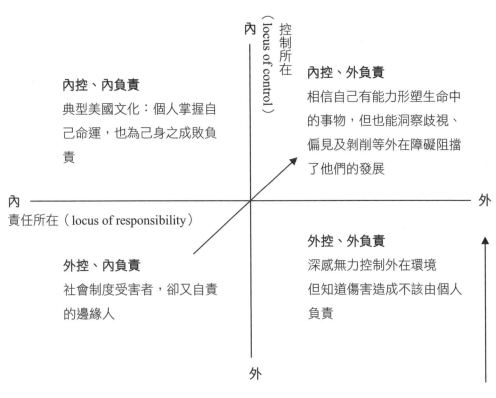

圖 14-1 賦權的目標：催化受害者內在歷程的轉換

資料來源：Sue（1981）（引自余漢儀，1995）

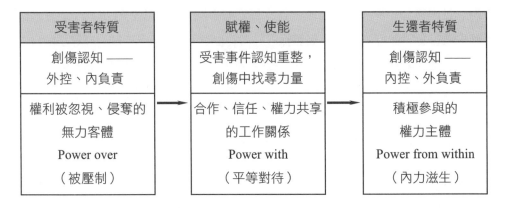

圖 14-2 賦權的復原歷程：受害到生還

貳、臺籍慰安婦的老人身心支持團體

一、時空背景

「慰安婦」又名為「二次大戰日軍性奴隸」，是指大戰期間，日本政府為贏得「聖戰」稱霸東亞，結合了官、軍、憲、警、業者各界，有計畫、有組織的運用國家機器，以欺騙誘拐或強迫等手段，徵集各地貧窮女子為日軍從事「性服務」。據史料估計，在亞洲各地遍設「慰安所」，徵用日、韓、臺、中國、東南亞占領地的「慰安婦」人數可能多達 30 萬人，臺灣推估約有 2,000 名受害者。「慰安婦」制度反映了婦女在戰爭中成為國家暴力及性暴力的受害者，是婦女人權遭受嚴重侵害的代表實例（康淑華，2012）。

二、歷史脈絡

1941 年太平洋戰爭爆發後，慰安所從中國推廣到東南亞各地（蘇智良，2000）。韓國是對慰安婦問題研究開展最早的國家之一，前後共找到 191 名倖存者。近年在印尼法律扶助協會的號召下，印尼有 559 名倖存者站出來（蘇智良，2000）。1992 年起，婦援會（簡稱）接受跨部會臺籍慰安婦專案小組之委託，展開全國受害者的調查及認證，且由基金會專人定期訪視，建立長期輔導關係，爭取倡導福利，並採取國內外具體求償行動、與國際連線，集體採取控訴行動。可惜 2005 年日本高等法院宣判，三審敗訴定讞。雖然如此，基金會仍不斷透過多元的方式，繼續為阿嬤出聲，讓阿嬤的故事能被看見！

三、慰安婦老人的面貌：身心受創不堪回首的破碎老年

據臺灣慰安婦報告：1993 年婦援會的訪查，願意現身且經確認的 48 位臺籍慰安婦中，年齡在 67-79 歲左右，多數於慰安經驗後身體狀況普遍不佳，常見疾病包括不孕、子宮疾病；婚姻不穩定（含終身單身、與人同居、離婚）的比例超過半數，婚後無法生育比例六成以上，超過四分之一與家人及社會關係疏離，至少有五位是依賴政府補助的低收入戶。因為心理烙印，僅一名願意公開，卻被家人拒絕，綜觀慰安創傷

經驗對其生命歷程的影響之巨大可見一斑（李開敏、江美芬，1998）。大陸倖存者於戰後的生活實況十分雷同：身心兩面巨大創傷，婚姻狀況不良，較少生育，適應社會的能力較弱，生活質量差（蘇智良，2000）。近來臺籍慰安阿嬤由原本 58 位，僅剩 2 位在世，平均年齡 91 歲，多數抱憾而終（康淑華，2012）。

四、臺籍慰安婦身心支持團體

「我曾飽經羞蔑，我學會永不放棄。」

—— 雷春芳阿嬤，《阿嬤的故事袋》

（婦女救援基金會，2005，57 頁）

（一）實施時間

1996 年 11 月至 2003 年 4 月。

（二）團體定位

當時和婦援會一起構思阿嬤團體時，有幾個重要立場：（1）「非治療」取向：阿嬤們經歷的是人生創傷事件，她們用自己的方式存活多年，任何「治療」的念頭或企圖，只會突顯專業的傲慢無知和對阿嬤的不敬；（2）支持性團體的取向：阿嬤分散各地，個別和婦援會接觸，雖有同樣的經驗，尚未建立起團體感；（3）身心照顧的取向：阿嬤年事已高，社會參與有限，老年病痛纏身，可利用團體示範傳授一些身心照顧的方法（李玉嬋等人，2012；婦女救援基金會，2005）。從 1996 年第一次北部六位阿嬤的活動，到 1999 年 6 月全省阿嬤大串連，再到 2003 年 4 月之間，婦援會遍尋場地，結合休閒及身心關懷團體。早期每次行前、會後都有詳盡熱烈的檢討，那樣的熱情真是專業工作的美好回憶。

這七年間所開辦的「身心支持工作坊」，關懷阿嬤的創傷經驗及老年適應，期待打破她們的孤立與疏離感，藉由身心放鬆、生命回顧、創傷調適等活動，催化賦權的關係和相互支持的過程。2003 年後，婦援會繼續邀約其他老師以戲劇、藝術等形式進行，長達 16 年的團體成為阿嬤彼此連結及建立友誼的最大媒介，但於 2012 年 7 月因成員的凋零而劃下句點（康淑華，2012）。

（三）團體內容及活動設計

　　每次活動目標及設計都參考成員回饋，並調整階段性重點，除每次必安排的身體照顧、創作活動、生命回顧外，初期以團體凝聚、釐清暴力責任歸屬、指認與表達創傷相關的情緒為主。中晚期較關注現實生活中的自我照顧、外出旅遊體驗。團體內容可整理為以下幾類（婦女救援基金會，2005）：

1. 身心照顧

> 例 芳療精油按摩，一對一治療性接觸，疼惜自己和彼此

- 用乳液彼此擦拭，輪流兩兩做手肩按摩。
- 精油按摩——放鬆的薰衣草精油治療痠痛和安撫創傷。

> 例 戶外早操，大笑功

　　清晨大腦體操平衡動作，伸展四肢中放鬆並活動筋骨。阿嬤若膝蓋無力，可坐在椅子上動。

2. 生命回顧：整理並強化生命中的美好／愉悅記憶／意義，選擇放下遺憾、痛苦和傷害

> 例 「人生四味」的分享

　　酸：「想父母，我媽與阿嬤過世，沒有看到」、「父親因煩惱過度去世，無法回家，此生再也沒見到父兄」、「去時 22 歲，每日看著海流淚」、「碰到酒醉的日本兵，無緣無故被打被罵，有一次還被拿刀追殺，卻無人安慰，還是繼續接客」。

　　苦：「不能為父母送終，一生抬不起頭」、「有污點，對子孫不敢講，最苦是被自己家人排斥，返臺後被兄長看不起，這種傷害無人能了解」、「最大的痛苦是被騙」、「差點死掉，受傷成殘廢，無法生育」、「一生像垃圾，不敢告訴丈夫及家人，痛苦一輩子」、「父母說沒收過任何一封信」。

　　辣：「怨恨被騙，一輩子都完蛋」、「恨日本人不認錯」、「誤我青春，死都不甘願」、「怨恨日本人害我家破人亡」、「怨恨命苦，認為自己是垃圾」。

　　甜：團體第二天分享「甜味」時，阿嬤們均能侃侃而談，在自己飄搖一生中找到某些甘甜、光明的回憶，其他成員也能立即給予正向的增強、肯定。帶領者將前一日的對比提出：阿嬤們雖受暴力侵害，卻無損她們對家、對朋友、對『女人』的有情有義。這樣的女人是我們的驕傲，怎麼會是垃圾？

例　生命之樹繪圖創作

　　阿嬤畫著各類的樹，每棵樹都記錄著阿嬤的生命經驗，大部分都是在海外的記憶。

例　重拾花樣年華

　　對青春之美的緬懷與再感受。準備各種顏色的布、化妝品、別針等道具，讓阿嬤取材，裝扮成自己18歲的年輕模樣，並站到大家面前，討論重返年輕的感想及回憶。例如：

　　「穿花扣，斜邊滾金，臉漂亮，身上、衣服、走路都漂亮」

　　「走路最漂亮，邊走邊高喊『拉婆』（原住民語：情人）」

　　「手最漂亮，搖手走路，招呼情人」

　　「用日語打招呼，奶扁扁的，慢慢走路」

　　「敬禮、頭髮最美，頭髮有吹，有設計」

　　「頭髮比較多，沒這麼瘦，穿旗袍最漂亮」

　　「穿衣服和褲子，綁辮子，走路都不敢看人」

　　「比較胖一點，穿洋裝，年輕就是美，全身美」

　　「穿山地衣服，還有鈴鐺，鼻子最漂亮」

例　「愛的故事」黏土創作

　　團體後期，一次主題是「當年愛的故事」，幾乎每位阿嬤都曾遇見善心的日軍，有不少動了真情，贈送各種紀念物給阿嬤，也有少數論及婚嫁。最感人的一位是曾送一臺縫紉機，再三叮嚀要有一技之長謀生。阿嬤用黏土做出象徵思念和愛的禮物。

　　學習到在拼湊創傷記憶時，仍記得其中美好正向的部分，再強的憤恨不甘之下，仍有溫柔難忘的部分。當愛的記憶在創傷的遺址中被找獲，團體似乎也向心靈的層面邁進。

3. 創傷認知與重整

　　團體不斷藉由回顧、敘述、支持、澄清、整理，提供修正經驗，是一個賦權的歷程。

例　放下的儀式

　　晚上進行悲傷調適的活動，佈置一個簡單場景，用白板架當隔板，後放一個空箱子，由工作人員協助，請阿嬤們將委曲、遺憾寫在紙上，步行至白板之後，將紙撕碎或揉成團，丟入空箱，過程中請阿嬤在「放下憾恨時」說：「這是你的垃圾，不是我

的垃圾」、「這是你的錯,不是我的錯」。藉由這樣的宣示,釐清創傷的責任歸屬、緩解深藏的自責自憎。

例 認領及表達情緒

第一次在陽明山的晚上,請阿嬤圍站一圈,每人手持抱枕,將內心不甘、氣憤的話說出,並丟出抱枕,鼓勵阿嬤釋放內心壓抑的鬱悶,有阿嬤很能進入,也有阿嬤不習慣口語或動作表達。有一位阿嬤表示「摔枕頭太不夠力了,應該做一個箭靶子,讓我們用刀丟」,語畢,阿嬤們都笑著附和,我們承諾下次改善,讓她們盡興。

大板根團體播「阿嬤的祕密」紀錄片,片中有阿嬤重返舊慰安所,赫然發現昔日之所變成了墳地,當時找來紙盒、塑膠墊,把它堆高,包上黑布,象徵內心的「遺址」、「黑盒子」或「不快樂的回憶」,請阿嬤一一上前用力踢倒或推倒,其他阿嬤在旁加油,一來讓阿嬤坐久了動動身軀,二來藉肢體動作,表達釋放情緒。記得有位弱小、約 30 公斤的阿嬤,拿起身邊當拐杖用的黑傘,一再揮打,那個激動的身影,震懾全場。

4. 團體的此時此刻,即興自發

例 次文化的學習

第一次大板根之遊,來了一位臺東泰雅族黥面的雷阿嬤,不通國語,八十高齡,卻充滿活力,帶著大夥唱「獵人頭」歌。她說要獵日本人頭,唱作俱佳,很有女頭目的英姿和氣魄,大家笑成一團。也有幾位帶領大家跳日本舞,是當年在日本學的,邊唱邊舞,身段依舊柔軟嬌嬈,彷彿回到年少,美不勝收。

團體中請雷阿嬤說明黥面的意義,隨後設計了一個黥面創作活動,大家用色紙剪成圖案貼在臉上,象徵「成熟、獨立」的女性。最後還有一個慶祝儀式,記得我跪在雷阿嬤面前,請她將我剪好的色紙黏在我臉上,她慈愛的面容,至今不忘。後來雷阿嬤中風,由她女兒代為出席活動,但這位可敬老人家樂觀的生命力永遠留在我腦海裡。

5. 祝福儀式、創造正向連結

例 練習表達愛

「……說聲我愛你,我永遠愛你,用國語、臺語、日語、客家語、英語、山地話各說一遍」、「請每位阿嬤說說回去要記得什麼事?」

「要記得最愛的老師、基金會和各位姊妹。」

「受到基金會的照顧,勝過世小的照顧,你們都會教我們做早操,到天上做神也

會記得。」

「每次辦活動都是我最快樂的事，甚至一整晚都睡不著，每次看到所有阿嬤都健健康康，就覺得很快樂。」

例 晚間的身心安頓

大板根團體的晚上安排精油按摩，加了點噱頭，由工作人員繞場讓阿嬤挑選，大家臨時惡補幾招按摩功，在音樂、燭光下，阿嬤們非常放鬆與享受。結束後，年輕同仁和阿嬤深深擁抱，因阿嬤躺著，席地將阿嬤摟在懷中，我心有所感地向阿嬤們真情告白：「我是第二代的外省孩子，和祖父母、外祖母從未曾謀面，有幸和阿嬤們作夥，讓我能在心底深處紀念我死於文革的祖母和留在東北的外祖母。」感謝阿嬤們給我機會愛她們，彌補了心中多年的缺憾。

例 放天燈儀式活動

為自己、家人、家園、世界祈福或祈願。阿嬤們在天燈上寫下人生的遺憾、心願、祝福與道別，互相分享。放天燈是該次四項活動中，反應最好的部分。

「……天燈冉冉上升時，雙手合十在一旁祈禱。」

「自己想請天上眾神來幫忙祈福。」

「向上帝祈禱。」

「自己是第一次放燈，自己的天燈飛得最高，把許多罪都洗去了，就家內平安，如果前世做了哪些過錯，也請上天幫我赦免，國家平安。」

6. 配合時勢，現實引導

例 阿嬤競選活動，仿總統大選

此次團體設計競選活動，驚訝地見識到阿嬤的看家本領紛紛出籠，分了四、五組，上臺自然展現出自我肯定與領袖風範，如：說政見、拜票、喊口號等，助選團也賣力演出，幾乎完全臨場表演，不需準備，創意十足，非常賦權的過程。其中一位平常內向安靜的阿嬤被推選出來，決定背誦心經過程，一字不漏（平日參加助念團），參與的精神、專注力及勇敢直接，令人刮目相看。

例 阿嬤個人畫冊

從寫名字和日期來強化阿嬤的現實感，意外發現即使是活動力最強的兩位阿嬤，對於時間定向仍十分模糊，甚至都說不出現在的月份，建議未來在團體「心智定向」活動上，可持續增強。

（四）團體觀察

1. **阿嬤團體是一跨文化團體之典範**：阿嬤個別差異很大，光是語言就有臺、客、泰雅、國語四種，還有日、英語（一位常出國探親），其中日語算最通用，真是一個多元文化的老人團體。居住狀況有獨居、與兒孫同住，有和家人和睦或不和的，有樂觀稱自己是「老小姐」的，有難露笑容且內向沉默的，有第一位站出來公開承認身分的。阿嬤們很快以姊妹互稱，展現逐漸親近、互助和信任。帶領團體的最大樂趣在於臨場感，以及見識可敬阿嬤的豐富資源。大板根團體全省串連，出動不少工作人員。一位來自安養院的阿嬤由安養院護工陪同，花蓮的原住民阿嬤有牧師陪同，團體進行時，牧師翻譯成泰雅語，協同團體帶領張玉仕負責翻成臺語，三位重聽阿嬤則另安排人在耳邊複述，真是熱鬧非凡。

2. **阿嬤健康的多重問題，團體要注意安全及放慢腳步**：阿嬤體弱老衰，重聽、視力差、腳無力、腰痠背痛等，中後期因疾病、退化影響出席率。有幾次出遊在外地，因生病送急診。有幾位阿嬤有抽菸的習慣，團體每進行一個多小時就要放阿嬤去抽菸。

3. **阿嬤的開放及勇於嘗試鼓舞我們，讓我們相信成長無年齡界限**：阿嬤處在相當孤立的社會環境，外宿活動多是阿嬤們的第一次體驗，感覺很新鮮、快樂、輕鬆，是值得回味的經驗。到後來，阿嬤從對活動不熟悉，到願意嘗試不同媒材，如愛的回憶，許多阿嬤推說不會做黏土，但後來仍做出令人驚奇的作品。

4. **阿嬤們在團體中習慣直言，表達衝突**：早期因個人對創傷的看法不一，有人滔滔不絕，有人不以為然，對某些發言有微詞，認為過去的事不要再說了，覺得自己眼前的家庭生活較過去更為重要。因此在團體中常要提醒阿嬤每個人想法不一樣，這是沒有關係的，可嘗試接受差異。

5. **團體中阿嬤注意力難以集中太久，分組討論較能聚焦**：阿嬤在分小組時比大團體中，更容易彼此連結，私下的交誼互動頻繁，彼此支持、關心，有些會主動「發功」，為其他阿嬤按摩頭部，遇有不舒服，亦會彼此關心協助。

6. **阿嬤最明顯的改變是坦然接納承認自己的身分**：1998 年婦援會出版的紀錄片中，十餘位阿嬤公開現身，不再遮頭蓋臉，坦然對著鏡頭訴說歷史的不公，以及自己如何帶著這段創傷紀錄重建生活。後期數次有日本友人、男性志工加入或協助攝影，阿嬤們都已坦然自若，和第一次在陽明山團體的陌生、防衛及對男性攝影師的激烈反應，不可同日而語！

本章中第三、四節所舉例的社區獨老支持團體和臺籍慰安婦老人身心支持團體，成員都以劣勢的老年獨居女性為主，呼應了在老年族群中，除貧窮問題之外，社會隔離是伴隨獨居老年婦女增加而帶來的一種危險。Simon 提出：「美國自 1960年代以來，逐漸關注到貧窮確實是獨居老人的問題。過去 40 年當中，獨居老年婦女的比例大幅增加，從 1950 年代的 14% 到 1986 年的 41.3%。1984 年，美國所有窮困老人中，52% 是單身獨居的婦女。」（李開敏等人譯，2008）。

Terry 在帶領極脆弱高齡者與其照護者的團體治療時，發現最核心的恐懼是與患者接觸。被這麼多的疾病、創傷與絕望包圍，他說：「團體成員覺得可能再重拾內在與外在世界中，愛人與被愛的信心……團體試圖幫助參與者，在生命走到盡頭時承受磨難，卻繼續維持對生命之美熱愛的過程。」（泰秀蘭、李靈譯，2014）。

讀到這一段，筆者心有戚戚焉！感佩基金會的用心，長期守候阿嬤們至終！

第五節　老人諮商工作者的預備及未來工作展望

以下提出筆者對老人諮商工作者的預備，以及對未來老人諮商展望的看法，做為本章的結尾。

壹、老人諮商工作者的預備

雖然 65 歲以上老人族群一直持續成長，然而在各種心理治療的使用比例上卻相對為低。學者分析專業工作者準備不足是因素之一，包括：（1）治療師不願意治療老年人；（2）家醫科醫師對老人心理問題缺乏正確辨識能力；（3）把憂鬱症誤診為失智症，導致轉介心理治療的比率偏低（周鉦翔等人譯，2011）。英國 Murphy 認為老人的心理治療，因為專業對老人可治療性的負面刻板印象，以及相關訓練缺乏，以致老人心理治療受到許多限制，最常見的還是生物模式和藥理學模式。針對心理健康和社會照顧專業人員所做的研究顯示：有 87% 的專業人員認為他們無法提供老人良好

品質的心理照顧服務（施振典等人譯，2012）。Knight 卻對老人心理治療抱持樂觀的態度；他以 Neugarten（1977）的論述支持：「隨著年齡增加，人們的內向性會提高，或者說傾向於內向思考，並對生命變得更加的深思熟慮、心理取向與具有哲學觀點。」這個改變使老年人更加適合心理治療，或者像榮格在他的治療理論中，討論生命後半段的正向發展。Knight 指出心理治療理論及實務的改變，已傾向讓心理治療更能與老年人相容，許多來自不同學派的治療師，以及各種不同的治療方案，都已證明老人心理治療的成功（引自康淑華、邱妙儒譯，2001）。

身為諮商工作者的我們準備好了嗎？筆者認為諮商工作者服務老人族群需要做的預備如下：

一、自我檢視對老的迷思，正向看待老人適應力

Bales 和 Bales 認為老年人表現出高度的適應力與行為可塑性，老年人有能力自然地適應自身或環境的改變，這個過程反映了心理健康的適應力。老年人本性即具有競爭力，可以補償失去的功能，或用來抵抗惡劣的環境（引自 Segal et al., 2011）。李開敏於 1999 年為迎接國際老人年，向中華心理衛生協會提案，進行「長輩心聲」調查，隨機抽樣臺北市 265 位 60 歲以上長者，希望透過這份簡單初探，了解長輩如何看待老年（李開敏，2008，2011）。問卷中老人的表述令人耳目一新，顯示老人自評的老年生活感受普遍正向，打破一般對老人孤獨、遲鈍、無聊、悲觀等刻板印象。

二、諮商者須具備多元文化敏感度，重視老者的獨特性和生命軌跡中的正向力量

老年人口特質異大於同，Corey 等人從多元文化諮商倫理的角度談論：「諮商要考慮不同性別、種族、年齡、文化背景、社會階層因素，訓練自己處理的敏銳和能力，才符合諮商倫理」（引自李茂興譯，1996；陳金燕譯，2000）。Pearlin 認為，雖然在生命線上老人同步前進，擁有共同經驗，然而這不能抹煞來自不同社會經濟背景的差異性，同族群間的個別差異，可能大於不同族群間的差異。依循發展心理學的觀念，我們常會將老中青年期分開，但每一期必須和整個生命歷程及前後階段相扣，對照了解，才能對老人生命軌跡有一全貌的認識（李玉嬋等人，2012）。而仔細聆聽並認識每個老人生命的多重脈絡，且發現其中的正向力量，是與老人的工作者需要具備的能力。

筆者舉在前節臺灣前慰安婦老人身心支持團體中，帶領的精神科醫師與老人的對話為例，從中可以看見她們生命的韌性，帶領她們走過生命中的創傷。前臺灣慰安婦老人婦女團體中，A 與 B 阿嬤是兩位調適佳的老人，一位開朗坦率，和家人同住，另一位信仰虔誠，在醫院做義工。

　　有次團體中帶領的精神科醫師問：「有沒有想過要報復日本人？」

　　B 阿嬤回答：「就算我有報復的想法，我也沒有這個能力，我是一個女人。……現在根本沒有想這個問題，事情已過去，我就跟著上帝走。」

　　醫師再問：「假設你有能力報復？一個日本軍人站在你面前，你會怎樣？」

　　B 阿嬤：「假如現在有以前傷害我的軍人在我面前，我一定要用我所有的力量打他或殺死他。」（每次做惡夢都是被日本軍人傷害的情景，有時嚇到全身流汗，惡夢持續了二、三十年）

　　醫師再問：「有沒有人要帶自殺炸彈報復日本？」

　　A 阿嬤：「我可以去帶自殺炸彈，把我心理的痛苦都爆掉。我會寫遺書，把日本人醜陋的事通通寫下來，還要去首相那裡，我要做自殺攻擊。如果現在要去日本投炸彈，我絕對第一個自告奮勇做這件事。」

　　2007 年臺灣婦援會邀請日本野田教授為六位阿嬤做身心診斷，依當年 6 月 14 日工作人員對演講重點的摘要為：（1）阿嬤們的共同點大都是從小家貧，日子過得很苦，「慰安婦經驗」不比小時候日子慘；（2）晚年有婦援會協助，阿嬤生活有著落，又有工作人員的精神支持、撫慰。婦援會允諾生病時會照顧她們，就是最大的幫助；（3）目前並非已完全無創傷後壓力疾患，但不嚴重，並不會因慰安經驗而使個性有所改變；（4）經過認證、訴訟及「身心照顧工作坊」等一次次訴說過去經歷，分散了埋藏在內心的苦痛；（5）臺灣慰安經驗相較於中、韓及菲律賓阿嬤，日軍是較善待臺灣女性的。因為在日軍眼裡，臺灣女孩像日本女人，語言通、個性較溫和，所以當臺灣女孩生病時，常被送回臺灣。也許這是臺灣阿嬤們身心狀況不像海南島個案這麼慘的原因。

　　筆者當時讀完這份摘要，心中很難認同貧窮可以和失去身體自由的損失做比較的觀點，但是摘要中的第 2、3 點令筆者感動，婦援會的長期照顧，包括實質和心理層面，讓慰安阿嬤把婦援會視為不離不棄的家人。阿嬤不因慰安經驗而使個性有所改變，在第一次全省連線活動中，阿嬤們很快就決定這個團體要取名為「勇敢的阿嬤」，

以此正向自我認同看待早期創傷。

筆者也在這個團體的片段中，看見令筆者動容的阿嬤正向力量：例如，有一次請阿嬤即興畫圖說故事，一位南部阿嬤的創作令人印象深刻。故事摘要是一個小偷去偷椰子，被主人發現，生氣的主人知道小偷的窮困，於是就原諒他。這個選擇原諒的結局，好像象徵阿嬤內心世界的某種和解；團體中的阿乖阿嬤是位可愛的寶，她的口技、勸世歌令人叫絕，粗曠的嗓音中氣十足，雖然當年被日軍重打頭部而影響聽力，但她過著獨立自在的老年生活。有一次問到她這一生最大願望，阿嬤虔誠地說：「死後能到極樂淨土。」神情肅穆，令人油然起敬。

以上經驗再再提醒我們社會工作者不要簡化或單純化老人的一生經歷，或忽略他們內在複雜的動力，Vaillant 認為善用成熟防衛機制的人，在老年也會有較好的適應。成熟的防衛機制會使人表現幽默慷慨，心中充滿希望，即使未來困難重重，他們也會善做打算，包括在離世前做好心理準備（引自潘英美，1999）。

三、心態開放，安適的探討靈性／信仰及生死議題

中老年是關注靈性的關鍵時期，因為想要回答生命意義有關的問題，又面臨親友死亡與個人生命的有限，促使自己反省選擇的生存方式和核心價值。Yalom 認為當靈性愈趨成熟智慧，則更願意對死亡保持覺知，這種覺知會在有生之年繼續拓展、豐富生命（引自劉淑瓊譯，2011）。陪伴老年個案，助人者要自省有關生死／靈性話題，開放陪同老人探索，協助了解身後事或未竟之事。美國安寧病房心理師及諮商學教授 Lair 說：「專業人員若拒絕在靈性關懷面向上幫助病人，形同承認自己提供的協助太過狹隘。」（引自蔡昌雄譯，2007）。相關說明如下：

（一）心理學重視靈性層面是完整人的部分

1993 年美國精神醫學會主席 English 醫師和教宗若望保祿二世有一場關於上帝與醫學的對話，彼此同意對一個人完整的了解，必須包括靈性層面和自我超越的能力。1994 年在心理學家 Lukoff 及兩位精神科醫師努力下，美國精神醫學會同意在精神疾病診斷手冊 DSM-4 中，加入一新項目「宗教或靈性問題」，促使專業助人者重視靈性議題。《紐約時報》認為這代表精神醫學的傳統生物醫學模式，正式向靈性經驗敞開大門（引自楊彥芬，2012）。而重要的心理學先驅 Maslow，也在他的晚年將需求層次加入靈性層面，並視之為人類最高需求（引自楊彥芬，2012）。

（二）宗教與靈性對老人的貢獻

Blazer發現他研究的老人，其中90%認為靈性與宗教是他們最常使用的因應及支持之一，可幫助老人提升快樂、生活滿意度及適應。Gartner等人廣泛回顧超過兩百篇精神病學及心理學研究，彙整結果指出，宗教參與對身心健康均有正面影響（引自周鉦翔等人譯，2011）。Emery 與 Pargamen 歸納宗教與靈性對老人重要的原因包括：（1）提供個人穩定性，幫助老人有一種連貫感；（2）提供一個大型社交網絡的親密感及歸屬感；（3）感覺與上帝親近，提供老人支持與了解；（4）對失落者提供一個較大的意義結構，對過去、現在及未來，提供一個仁慈且充滿希望的觀點；（5）透過與上帝的關係，人們可經驗到較好的效能與控制感，參與事奉也讓老人賦權（引自周鉦翔等人譯，2011）。

宗教與靈性是老人生活很重要的部分，若忽視這個層面，等同遺漏老人可因應困境與失落的優勢，以及足以增進生活品質的支持系統。雖然研究支持靈性宗教參與對老人的正向影響，但助人工作者在受訓時並沒有學習探討此議題，也不熟悉在與個案會談中納入此議題。從一項調查研究中，學者發現73%的社會工作者對在實務工作中討論宗教及靈性的適切性，抱持正向態度；另一項對 25 所社會工作學校的教師做問卷調查，發現 82.5% 作答者贊成將宗教與靈性納入專業選修課程；而另一研究針對328 位社會工作實務者做調查，發現雖然三分之一作答者在治療時會跟個案討論其關切的宗教或靈性議題，但83% 作答者承認在大學時僅接受過少量的相關訓練（引自周鉦翔等人譯，2011）。臺灣的多元信仰背景，為老人工作者提供了在宗教與靈性議題上探討的沃土，唯有打破禁忌，以開放的心態檢視自己的信仰觀，才能安適地陪伴老人，探討與了解老人如何看待自己的一生、對死後的看法、是否相信造物主、選擇了哪種修行的方式及能否解以上之惑，這些都需要老人工作者謙卑的面對，並開放接受各種信仰背景，予以尊重，且並接受如何在會談中與老人個案探討的督導或訓練。

貳、未來多元文化老人諮商工作的展望

2009 年內政部統計處調查指出：65 歲以上老人認為政府需要加強提供之服務項目中，心理諮詢輔導占第三名（何柔萱、鄧心怡，2015），但國外文獻報導，老人尋求諮商及心理治療比例偏低（Butler & Lewis, 1982）；30 多年前的美國研究指出：美國 60 歲以上老人占總人口 13%，其中卻只有 6%到 8% 曾至社區心理衛生診所尋求協

助；1980 年美國 Mendenhall 一項心理治療報告指出，精神科醫師花在 65 歲以上老人病人的時間，占全部治療時間 5.3%（Butler & Lewis, 1982）；1996 年，美國洛杉磯對州立心理學家的調查顯示，提供給老人的心理衛生服務只占 3.1% 到 4.4%（周鉦翔等人譯，2011）。綜合過去文獻可知：老人人口在持續增加，老人接受諮商服務的需要性不低，但是老人實際接受到的諮商服務則明顯偏低。

筆者認為未來老人諮商工作有以下幾個重要的方向：

一、巨視的老人工作視野

1991 年聯合國公布「聯合國老人綱領」，提示老人工作五大原則：獨立、照顧、參與、自我充實、尊嚴的生活（引自楊培珊、鄭讚源等人，2009）。若以此做為普世老人工作的願景，對照筆者於 1999 年「長輩心聲調查」（李玉嬋等人，2012；李開敏，2011）之結果，二者其實相去不遠，筆者的調查研究發現老人重視的生活是全面性的：

1. 老人重視的需要為：基本生理需求（含健康等）、安全感（含經濟社會環境、安定安全等）、歸屬感（含子女關懷照顧及社區參與等）。

2. 老人生活重心主要為：社會關係（含親友、社區服務、老人活動），以及休閒活動（唱歌、旅遊、看電視、看報等）。

3. 快樂老人宣言：老人發聲豐富多元，對於學習成長、精神心靈的訴求、奉獻與傳承的回饋、尊嚴和靈性的需要都各有主張。

   - 老人需要健康、有品質生活／免於髒亂、動盪不安的社會環境。
   - 老人需要人身、經濟安全的基本保障／免於暴力與恐懼。
   - 老人需要真誠、細水長流的關懷與尊重／免於忽略和歧視。
   - 老人需要繼續學習成長，與社會保持互動／免於孤立和隔絕。
   - 老人需要追求精神的安寧與心靈的自由／免於憂煩及罣礙。
   - 老人心懷感恩，認同國家社會，樂於奉獻／傳承經驗，從事有益於後代子孫的事。
   - 老人透過社會參與及自我成長／可以擁有快樂的老年生活，並享受一生當中最滿足的時光。

二、老人諮商的工作目標

美國第一任老人署長Butler醫師認為老人諮商的目標有三個元素（Butler & Lewis, 1982）：（1）復原（restitution）──老人需要復原的能力，也就是對於生命中重大深刻的傷害，能夠補償或復原；（2）老人需要機會成長及更新（growth and renewal）──重新發現自我，成功的諮商過程可以讓老人展現出人格和自我認同上的一種質變或更新；（3）老人需要觀點（perspective）──能夠完整看待自己及生命，而非固著在特定扭曲的部分，能安身立命於自己內在及外在世界。

筆者回顧先前提到的對獨老或阿嬤團體工作的豐富之旅，過程中運用了較彈性、方便性的諮商型態，來因應不同老人群體的需要，提醒實務工作者需要具有與老人彈性工作的信念。在實務面的做法則以尊重老人自主性，提供老人賦權的關係、歷程和機會為重點。無獨有偶，這幾年來英美精神醫學、心理諮商學者逐漸倡導針對個別老人提供前瞻性的介入，同時強調心理治療應用在老人工作，要強調彈性化和方便性（施振典等人譯，2012；郭峰志譯，2001）。筆者認為在臺灣，近期老人個別心理諮商發展仍屬有限，原因如前所述，而老人團體工作是未來值得推行的作法。因為平均餘命延長，未來老扶老（老伴或老年子女照顧老老人）的狀況會越來越多。Powell與Courtice 很早就針對失智老人家屬，呼籲支持性的心理治療團體非常重要，因為在團體中可以打破孤單感、得到同理，而且客觀地認識自己的優勢和劣勢，讓絕望痛苦的情緒得以紓解。透過團體支持交流，可以促進個人的成長，他們也提出要就地、方便地找到能夠支持自己的團體。如果找不到的話，建議要主動地創造屬於自己的支持團體，不惜在超市或是地方報紙上登廣告，這樣的積極是必要的（Powell & Courtice, 1983）。

陳肇男與林惠玲（2015）的研究顯示，資源或社會支持較多的老者，憂鬱傾向比例較低；筆者亦非常認同老人會更受益於支持性團體。從筆者所帶領的老人支持團體可窺見成功的老人支持團體具備以下的特性：

1. 賦權的取向，帶領者不只是一位專家，也是一位資源提供者、促進者或增能者，給老人足夠的時間，來表達自己的觀點和需求（施振典等人譯，2012），以增加老人與環境互動的機會。團體進展快速顯著，老者在團體中樂於開放學習，從被動觀望到主動自發參與，彼此關係從陌生到凝聚，氣氛熱絡自然形成，彼此支持回饋，團體經驗有效強化了老人的歸屬感與現實感，並因與外界連結帶來滿足感。

2. 鼓勵創造性活動：創造力是生命中的重要元素，2002 年聯合國第二屆老齡議題大會即指出，讓老年人有參與文化藝術等創意活動的機會，是人性化的老化過程之基礎，目前世界各國也針對創意老化的發展予以積極的關注與投入（楊培珊等人，2009）。人本主義和社會老人學近年最有趣的發現是：「不分年紀老少，創造性始終是成長的泉源」。創造性涉及肯定生命和願意冒險，要求一個人在不斷改變的內在與外在環境中，持續地與侷限性角力（引自梁永安譯，2011）。如藝術治療或創意治療用不同方式治療創傷，著名的藝術治療師 Arrington（2001）談到運用意象（image）催化療癒過程，也就是運用五個 R：降低壓力（reducing stress）、放鬆（relaxing）、回憶（remembering）、重新敘述（retelling），以及修補和自己及他人的關係（repairing relationships with self and others）（Arrington, 2001），來進行治療。運用這樣的藝術或創意治療方法來催化老人的創造力，是激發與維持老人活力的有效藥方。

一項瑞典的研究（Short, Erikson, & Klein, 2005）發現，非機構老人適應較佳者，依個人喜好決定他們每日活動行程，適應較差者則較受到外界影響，研究的結論是：照顧者需要維護老人能夠主宰自己生活的能力（引自 DuBois & Miley, 1996）。被尊為現代催眠之父的 Milton Erickson 定義療癒為：從受傷中身心復原的特殊能力，他認為在受到恐怖創傷之後，要不斷溝通及傳遞給受創者「你有能力獲得療癒和健康」這樣的信念，才能夠使受創者有能力走出創傷（Short et al., 2005）。

三、落實活躍老化，由終身學習開始

美國未來學家 Toffler 曾說：「21 世紀的文盲不是那些不識字的人，而是那些不願意重新學習的人」。老年失智保護因子預防之道首要在動腦、高教育（王培寧、劉秀枝，2014）。本章文內提到團體中老人對身體工作及創作活動的熱衷，包括阿嬤們後來學拍照、攝影展、圓夢計畫等（曾淑美、婦女救援基金會，2012），都是成功賦權的極佳範例。諮商者要創造老者回歸社會主流的機會，提供繼續成長的管道，協助老人尋找有意義的社會角色，繼續參與各種社會活動（李玉嬋等人，2012；周怜利譯，2000；Butler & Lewis, 1982）。近年國內外不同學派的諮商相關工作者，嘗試各種新治療模式，如：園藝、寵物、閱讀、以身體中心的治療取向等，落實活躍老化，或應用在安寧、失智、護理之家老人的照護，從「益康花園」的歷史理論與實務，到藝術治療等的討論，均受到矚目（江姿儀等人譯，2007；呂素貞，2008；李玉嬋等人，

2012；邱溫譯，1999；凌坤楨，2011；楊培珊等人，2009；廖和敏譯，2004；謝靜雯
譯，2009）。

四、透過團隊合作，發展本土多元老人服務模式

國內外老人醫學專家或社工、教育、心理專業工作者，都非常強調和老人工作須
透過團隊合作模式（何柔萱、鄧心怡，2015；施振典等人譯，2012；康淑華、邱妙儒
譯，2001；郭峰志譯，2001；Butler & Lewis, 1982）。

本章所舉的兩個老人支持性團體諮商實例，諮商者是被動應邀參與，發起者為社
區穩定的社會福利（社會局老人福利中心）、民間非營利組織（婦援會），他們長期
介入弱勢老人照顧，形成穩固支持網絡，結合龐大且多層面的社會資源，方能完成特
定族群老人照顧。這些形成共識的聯盟，是推動老人諮商服務的基礎。

Butler 認為社區心理衛生團隊提供的老人服務，包括成員功能，會越來越完整，
團隊領導會多元化，僅三分之一由精神科醫師指導。身心靈全人健康模式團體輔導在
香港研究已 10 多年，香港大學社會工作學系陳麗雲教授結合不同專業，把全人健康
整體治療理念貫穿在團體輔導過程中，並輔以研究，顯示相當好的成效（陳麗雲，
2009），筆者呼應這樣結合團隊，運用多元方法，以及老人全人健康取向的工作模式。

參、後記：感恩與讚歎

回顧過去 40 年，筆者帶著兩種不同專業的養成背景，有幸服務不同文化種族背
景的老人，成為我生涯中的亮點，也彌補從小和自己生命中長輩隔離、不曾謀面的遺
憾。

臺灣酷暑八月天，我的心飛越時空，書寫中好多早年陪伴的老人，如數家珍般被
我一一想起。環視家中各角落，充斥著他們送的禮物，如：丹麥安徒生故居的小磁
盤、愛爾蘭的幸運草小磁盤、內地安寧療護醫師的長城照等，其中更有一位住老人公
寓的女遊民，長期被精神疾病所苦，早出晚歸在外遊蕩，和誰都不相往來，記得回臺
前和她道別，她翻箱倒櫃，一定要送我兩條襯裙，堅持要我收下的古早衣，至今還在
櫃子中，搬了幾次家，也沒捨得丟掉，彷彿留住她的真心誠意，簡單動人。

一路走來，我從半知半解地陪伴老榮民，後來到國外，再回來，有緣老人像數不
清的孤獨靈魂，在他們寂寂人生的最後一程，簡樸心意，是我見證老年最美好的德

行，這份不假裝飾的心，讓他們在團體中直言不諱，不怕得罪人，同時這份真心也讓他們彼此疼惜。獨居老人支持團體中，一位是脊椎、腿部長期疼痛，且家人幾乎都已經往生的老人，會把坐在隔壁的憂鬱老阿嬤因嚴重關節炎而變形的手拿起來，不斷替她搓揉，告訴她：「我會去看妳喔！」

當老年被各種殘酷無情的剝奪侷限禁錮，老人仍自然流露對身邊小小事物的關懷，他們生命的溫厚底蘊，謙和柔軟。Butler 認為老年人向來都對自身的命運貢獻自己的力量，這些力量促成老年人的特定性格。性格變化是可能的，因我們從來就不是一件完成品。去蕪存菁，重新調整，重新審視，可在老年時改變，因生命中最後階段，都仍有變化的新機會（引自呂家銘、韓淑珍譯，2007）。

近年來，隨年齡添增，實務上陪伴老人，漸漸脫離技術導向，回歸「人在心在」（fully present）的全然陪伴，七年多前，我的人生因家中的老、病、死，自身呈現提前老化的沉重蕭瑟，因緣際會走上修行之路，專業一路苦尋，終於明白開啟自心才是究竟的解脫圓滿，也和失智老母找到靈性對話連結的心橋，我的晚年更因明白靈性此生是要追隨 明師，成佛利眾，直奔天家而精彩絕倫！

學習活動與討論問題 ● ● ●

1. **檢視迷思—老的聯想**：當你想到老，會出現哪些畫面？哪些形容詞？從這些聯想你看到了什麼？他們的來源為何？

2. **老年規劃—我的老年老景**：我希望 65 歲、75 歲、85 歲、95 歲的我，在做什麼？為什麼？我現在需要做什麼準備讓這樣的願景達成？

3. **生命回顧（一）**：採訪一位老人（個案），你要如何聆聽？如何在提問中拓展對方的觀點？如何用生命回顧的架構，幫助這位老者編輯他的一生？讓這一生的意義更凸顯、統整？

4. **生命回顧（二）—他就這樣過了一生**：閱讀一本老人專輯、自傳，或觀看相關紀錄片，如：「阿嬤的故事袋」、「歡喜赴約——劉俠跟你說再見」、「一個超越天堂的淨土」、「蘆葦之歌」、「阿嬤的秘密」、「不老騎士——歐兜邁環臺日記」等，從這些老人的故事，我看（讀）到什麼？學習到什麼？

5. **靈性課題大哉問**：我是誰？此生所為何來？往生後去哪裡？有信奉的宗教信仰嗎？宗教信仰有提供答案嗎？我有在實踐這樣的信仰嗎？如何在老病死之前，

因明白答案而心安心定、不憂不懼？

6. **老人的創意**：我知道哪些老年素人藝術家？或是晚年生命中展現創意，有化腐
　朽為神奇力量的老人？

7. **成功的老化**：認識老人的光明及陰暗面。你心目中最理想及最害怕的老人代表
　是誰？為什麼？他們有哪些特質？他們的背景或個人資源如何造就老年的他
　（她）？

8. **賦權的老人諮商**：我如何在諮商中用更開闊敏感的視野看老人？如何檢視諮商
　關係？如何聆聽他（她）的早年原生家庭／成長背景／自創家庭？如何從他變
　老的過程中，看到早年和現在的關聯？諮商可提供的為何？如何與老人共同擬
　定合理的目標，動用可用的資源？

 **參考文獻**

中文部分

王文秀（2000）。老人團體諮商（Elderly Group Counseling）。載於劉真（主編），**教
育大辭書**。臺北市：文景。

王培寧、劉秀枝（2014）。**假如我得了失智症：從預防、理解到遠離，失智症權威醫
師教你從此不再害怕它！** 臺北市：寶瓶文化。

方紫薇、馬宗潔（譯）（2001）。**團體心理治療的理論與實務**（原作者：I. D. Yalom）。
臺北市：桂冠。

江姿儀、吳珠枝、林鳳蓮、邱玉婷、殷育士、劉采晴、羅亞惟（譯）（2007）。**益康
花園：理論與實務**（原作者：C. C. Marcus, & M. Barnes）。臺北市：五南。（原
著出版年：1999）。

余漢儀（1995）。**兒童虐待──現象檢視與問題反思**。新北市：巨流。

李玉嬋、李佩怡、李開敏、侯南隆、陳美琴、張玉仕（2012）。**導引悲傷能量：悲傷
諮商助人者工作手冊**。臺北市：張老師文化。

李青松、林歐貴英、陳若琳、潘榮吉（2010）。**老人與家庭**。臺北市：空大。

李茂興（譯）（1996）。**諮商與心理治療的理論與實務**（原作者：G. Corey）。臺北
市：揚智。

李開敏（1997）。受害到生還──談性虐兒童重新得力的輔導過程。**中華心理衛生學**

刊，**10**（2），103-128。

李開敏（2005）。**臨終關懷與實務**。臺北市：空大。

李開敏（2008）。受害兒少的創傷與輔導。月旦法學雜誌，**96**，12-13。

李開敏（2011）。夕陽無限好──且聽快樂老人宣言。自殺防治雙季刊，**4**，21-24。

李開敏、李自強（譯）（2003）。**征服心中的野獸：我與憂鬱症**（原作者：C. Irwin）。臺北市：董氏基金會。

李開敏、王增勇、王玠、萬育維（譯）（2008）。**老人福利服務**（原作者：A. Monk）。新北市：心理。

李開敏、江美芬（1998）。慰安婦的激力與生命回顧團體──傾聽她們的創傷與超越。取自：http://taiwan.yam.org.tw/womenweb/conf_women/cof_trans.htm

李開敏、陳淑芬（2006）。受暴婦女的充權：社工復原力訓練及督導之整合模式。**應用心理研究**，**32**，183-206。

李瑞金（2015）。老人保護服務現況與策略。長期照護雜誌，**19**（3），237-249。

邱溫（譯）（1999）。**肢體療法百科**（原作者：Mirka Knaster）。臺北市：生命潛能。（原著出版年：1996）。

呂素貞（2008）。**超越語言的力量：藝術治療在安寧病房的故事**。臺北市：張老師文化。

呂家銘、韓淑珍（譯）（2007）。**必要的喪失**（原作者：J. Viorst）。上海市：三聯書店。

吳書榆（譯）（2014）。**晚退休時代：轉型超高齡社會未來關鍵 30 年、我們如何工作、怎麼生活？**（原作者：M. Ezrati）。臺北市：三采。

何柔萱、鄧心怡（2015）。高齡化社會來臨──老人諮商的倡導。諮商與輔導，**354**，35-38。

范袁慈（2009）。從生命回顧敘說觀老人存在於老境──以某市立安養護機構長者為例（未出版之碩士論文）。國立臺北護理學院生死教育與輔導研究所，臺北市。

周怜利（譯）（2000）。**Erikson 老年研究報告──人生八大階段**（原作者：E. H. Erikson, J. M. Erikson, & H. O. Kivnick）。臺北市：張老師文化。

周鉦翔、李昆樺、陳佑昇、叢均如、邱思華（譯）（2011）。**老人心理諮商與輔導**（原作者：M. D. Glicken）。臺北市：華騰文化。

胡幼慧（1995）。**三代同堂：迷私與陷阱**。臺北市：巨流圖書。

施振典、莊淑瓊、秦秀蘭（譯）（2012）。**老人社會工作**（原作者：A. Mcdonald）。

新北市：心理。（原著出版年：2010）。

施寶雯、洪珮惠（2011）。生命回顧運用於有自殺意念的老年個案。**諮商與輔導**，**307**，17-19。

秦秀蘭、李靈（譯）（2014）。**高齡者的諮商與心理治療——從精神動力觀點出發**（原作者：P. Terry）。新北市：心理。

華意蓉（譯）（1987）。**老年心理學**（原作者：井上勝也、長鳩紀一）。臺北市：五洲。

莊秀美、姜琴音（2000）。從老人虐待狀況探討老人保護工作：以臺北市家庭暴力暨性侵害防治中心之老人受虐個案為例。**社區發展季刊**，**91**，269-285。

凌坤楨（2011）。**療癒，藏在身體裡：從創傷復原到生命整合**。臺北市：張老師文化。

郭峰志（譯）（2001）。**現代社區精神醫療：整合式心理衛生服務體系**（原作者：W. R. Breakey）。新北市：心理。

陸洛、高旭繁（2009）。臺灣民眾對老人的態度：量表發展與信效度初探。**教育與心理研究期刊**，**32**（1），147-171。

陳金燕（譯）（2000）。**諮商與心理治療——多元文化觀點**（原作者：A. E. Ivey, M. B. Ivey, & L. S. Morgan）。臺北市：五南。

陳韋廷編譯（2016 年 8 月 30 日）。日企回聘銀髮族 人瑞銷售員超狂。**聯合新聞網**。取自 http://paper.udn.com/udnpaper/PID0006/302120/web/index.html#3L-7876761L

陳肇男、林惠玲（2015）。**家庭、社會支持與老人心理福祉——二十世紀末的臺灣經驗**。臺北市：聯經。

陳麗雲（2009）。**身心靈全人健康模式——中國文化與團體心理輔導**。北京市：中國輕工業。

康淑華（2012）。從創傷到復原：陪伴前臺籍慰安婦 20 年的啟發。**婦研縱橫**，**96**，12-15。

康淑華、邱妙儒（譯）（2001）。**老人心理治療**（原作者：B. G. Knight）。新北市：心理。

梁永安（譯）（2011）。**老年之書：思我生命之旅**（原作者：T. R. Cole, & M. G. Winkler）。臺北市：立緒文化。（原著出版年：1994）。

婦女救援基金會（2005）。**阿嬤的故事袋：老年‧創傷‧身心療癒**。臺北市：張老師文化。

黃亞琪（2008）。另類酷媽——李開復媽媽王雅清。**臺灣光華雜誌**，**33**（5），16-19。

黃志忠（2013）。老人主要照顧者施虐傾向及其危險因子之研究－－以中部地區居家服務老人為例。中華心理衛生學刊，**26**（1），95-139。

單思寧（2013）。臺灣老人自殺問題的探討。諮商與輔導，**336**，20-24。

曾淑美、婦女救援基金會（2012）。**獻給臺灣阿嬤的書──堅強的理由**。臺北市：婦女救援社會福利事業基金會。

楊彥芬（2012）。探討宗教和心理治療之間的關係。諮商與輔導，**319**，8-10。

楊培珊、鄭讚源、黃松林（2009）。「榮譽國民之家」組織文化革新：由慈善安置到專業服務。社區發展季刊，**125**，162-176。

楊培珊、羅鈞令、陳奕如（2009）。創意老化的發展趨勢與挑戰。社區發展，408-423。

廖和敏（譯）（2004）。**身體的情緒地圖**（原作者：Christine Caldwell）。臺北市：心靈工坊。（原著出版年：1996）。

蔡昌雄（譯）（2007）。**臨終諮商的藝術**（原作者：G. S. Lair）。臺北市：心靈工坊。

蔡佳芬（譯）（2012）。**你忘了我，但我永遠記得你：以友善尊嚴方式照護失智症親友**（原作者：V. Bell, & D. Troxel）。臺北市：心靈工坊。（原著出版年：2002）。

蔡啟源（1996）。老人虐待：解決之道及相關議題。社區發展季刊，**76**，251-264。

劉建良（2016）。**是老化還是疾病：高齡趨勢下，如何判斷與協助發生在長輩身上的健康問題**（第二版）。臺北市：大塊文化。

劉淑瓊（譯）（2011）。**家庭治療的靈性療癒（下）──賦能復原與希望**（原作者：F. Walsh）。臺北市：張老師文化。

劉焜輝（2011）。老人期的臨床心理學講座（十六）。諮商與輔導，**304**，56-58。

劉蔚（2012）。**基督教信仰對華族老人（新加坡）活躍老化的影響之研究**（未出版之碩士論文）。國立暨南國際大學輔導與諮商研究所，南投縣。

劉慧俐（2009）。臺灣地區老人自殺之流行病學分析：1985-2006。臺灣公共衛生雜誌，**28**（2），103-114。

劉慧俐（2012）。某退休中心 10 週社區太極拳訓練班之成效評估。健康生活與成功老化學刊，**4**（1），32-47。

潘英美（譯）（1999）。**老人與社會**（原作者：J. A. Thorson）。臺北市：五南。（原著出版年：1995）。

謝靜雯（譯）（2009）。**預知生死的貓**（原作者：D. Dosa）。臺北市：大塊文化。（原著出版年：2009）。

簡吟芳（2009）。家庭內老人虐待之社區諮商模式初探。諮商與輔導，**281**，24-27。

蘇智良（2000）。日軍性奴隸──中國「慰安婦」真相。中國：人民出版社。

英文部分

Arrington, D. B. (2001). *Home is where the art is: An art therapy approach to family therapy*. Springfield: Charles C Thomas.

Baker, L. W. (2004). Eastern European immigration. In L. W. Baker (Ed.), *U.S. Immigration and Migration Reference Library : Almanac* (pp. 485-516). Detroit, MI: UXL.

Burwell, N. Y. (1995). Human diversity and empowerment. In H. W. Johnson & contributors, *The social services: An Introduction*. Itasca, IL: F.E. Peacock Publishers.

Butler, R. N., & Lewis, M. I. (1982). *Aging & mental health: Positive psychological and bio-medical approaches*. St. Louis: Mosby.

DuBois, B., & Miley, K. K. (1996). *Social work: An empowering profession*. Boston: Allyn & Bacon.

Gutierrez, L. M. (1990). Working with women of color: An empowerment perspective. *Social Work, 35*(2), 149-153.

Laslett, P. (1996). *A fresh map of life* (2nd ed.). London: Weidenfeld.

Powell, L. S., & Courtice, K. (1983). *Alzheimer's disease: A guide for families*. Boston, MA: Addison-Wesley.

Segal, D. L., Qualls, S. H., & Smyer, M. A. (2011). *Aging and Mental Health* (2nd ed.). Hoboken, NJ: Wiley.

Short, D., Erikson, B. A., & Klein, R. E. (2005). *Hope & resiliency: Understanding the psychotherapeutic strategies of Milton H. Erickson*. Norwalk, CT: Crown House.

Verwoerdt, A. (1981). *Clinical geropsychiatry* (2nd ed). Baltimore, London: Williams & Wilkins.

Yang, P. S. (2012). Surviving social support: Care challenges facing Taiwanese centenarians. *International Journal of Social Welfare, 22*(4), 396-405.

Chapter 15 原住民諮商

∥ 邱珍琬

壹、前言：我與原住民的淵源

　　我從小就居住在族群混居的花蓮市，屋後的阿美族鄰居與我們家的緣分從祖母時代就開始，逢年過節，彼此會互贈一些季節性的農產或製品，在當時的純樸民風中，是一種互敬與互愛的禮節。我們這一代的孩子從小就玩在一起，在鄰居家收割過後的稻田裡抓青蛙、鬥蟋蟀、焢番薯、打棒球，沒有所謂的「你」、「我」之分。雖然我們還是會聽到大人說他們是「番仔」，但是我們是一起長大的好朋友。後來家裡租屋的對象也有原住民，通常是外省爸爸娶原住民媽媽，或者是原住民一家，讓我們有機會做近距離接觸，破除了彼此許多的刻板印象與迷思。之後，我到臺北念大學，因為座位號碼在僑生之前，還有老師問過我是哪裡的僑生，但是當我說自己來自花蓮，就有南部的同學直接稱我是「番仔」。後來，進建中服務的那一年，一位大學同學兼同事有一次向我鄭重道歉，她說因為我歌唱得好、又是花蓮人，因此一直認為我是原住民，後來還以此「介紹」我給當時的輔導主任，而主任就將一些對原住民的「刻板印象」套用在我身上，對我的行為有錯誤解讀。這對我倒是新鮮的經驗。

一、與屏東原住民的接觸

　　多年前做隔代教養的研究，屏東原住民部落是我有機會去探訪的區域。當時是用電話連絡，對方也回答得爽快，願意接受訪問。依約抵達居處，受訪人不一定在家裡，但是只要走出去、看見人就問，通常就會知道對方目前在何處，而且馬上會有人義務擔任翻譯。有一回在學校舉辦的研討會裡，一位原住民中年男性質問我：「妳這樣是不是『侵門踏戶』？」我承認就某方面來說，做田野調查的確是如此，但是重要

的是動機，想要了解隔代的現況，才可以進一步思考解決與協助方案，因此我一點都不覺得被冒犯。接下來的幾年，擔任許多碩士論文口委，一些研究生做原住民女性的性別意識，也讓我間接了解臺灣原住民的許多特色與挑戰。

後來學校社區諮商中心成立，我們與屏東縣政府社會處有許多合作的機會。社會處首次舉辦的社區婦女成長團體，我也參與其中，這是我首次進入原住民社區，與當地居民做第一次接觸、做首次的團體諮商。在社工人員所規範的三個議題（走入時光隧道——我的成長歷程；甦醒時刻——自我覺察；與我的排毒計畫——談自我肯定與自我接納）出現時，我其實不太清楚自己現身於社區時，會有哪些遇見或是意外，只是依據自己往年帶領社區婦女成長團體的經驗，初擬了一些課程內容，準備隨時若有變動就做適度更改，以滿足團體成員的需求。後來在現場遇到幾位當地受過高等教育的女性，談到居民亟需諮商協助的機制，卻礙於交通不便、資源分配稀少，往往不能夠得到想要的協助。於是我就想以「種子領導員」培育的方式開始，希望可以讓類似這樣的自助團體開始生根發芽，可惜後來沒有持續。當地的居民告訴我，他們最希望可以做個別諮商，只是我們沒有駐點服務，往返一趟耗時費力，而且效果有限，但是我一直有把這件事放在心上。我服務單位之系所在多年前先成立了「社區諮商與評量中心」，將服務範圍延伸至南部縣市居民與新住民，運作兩年之後，在因緣際會下成立校級的「社區諮商中心」，希望留給學校一個資產的同時，也可以讓諮商與社區服務在地化，讓經濟與資源較貧瘠的屏東民眾可以享有優質的服務。

二、社區諮商與服務使用情況

社區諮商是目前國內外的趨勢，美國的社區諮商已行之有年，而我國才剛起步。臺北市推動的輔導教師走入校園，以及各縣市相繼成立的「社區諮商（或心理衛生）中心」，也反映了這個趨勢與民眾的需求。社區諮商不是單獨作業，而是需要靠團隊合作乃得以達成。我於 2015 年時有機會與屏東縣社會處、屏東教育大學心輔系，以及屏東縣春日鄉美麗村（化名）的社工及居民一起完成這個「探勘」之旅，相信以後會有更多的機會做這樣的合作，真正落實社區服務的精髓。

社區諮商是真正可以落實在地化並成為在地資源的重要關鍵，然而屏東地區經過這十多年來諮商普羅化的努力，距離理想仍甚遠。一來是因諮商專業人員寧可在大都會區執業，二來屏東地區雖與高雄都會區距離相近，然而心理衛生服務及資源的充足性與使用率都遠遠不及都會區，再加上屏東縣轄區狹長，有時候儘管有資源，卻也因

為交通或人力分配之故，未能讓供需有較為平衡的結果。

　　本土的諮商實務也面臨與美國諮商專業同樣的困境，少數族群使用諮商專業助人的頻率遠遠少於一般漢民族，而諮商深入少數族群的困難度也較少有先驅研究做探勘的工作。諮商服務未能全面化的同時，也顯示了助人專業發揮功能的可期待性與前瞻性。隨著資源在地化與產學合作方興未艾，相信諮商進入原住民居住區，進而提升心理衛生服務的量與質，應該指日可待。

貳、文獻回顧

　　本節將就臺灣原住民的概況、文化與價值觀，做言簡意賅的介紹，然後以排灣族為例，進行較細部的介紹，接著就原住民與心理衛生服務做大略說明。

一、臺灣原住民

　　臺灣是一個居住著各種族群的島嶼，其中原住民族約有 55 萬人，占總人口數的 2%，目前政府認定的原住民族共有 16 族，分別是：阿美族、泰雅族、排灣族、布農族、卑南族、魯凱族、鄒族、賽夏族、雅美族（達悟族）、邵族、噶瑪蘭族、太魯閣族、撒奇萊雅族、賽德克族、拉阿魯哇族、卡那卡那富族，各族群擁有自己的文化、語言、風俗習慣和社會結構。依據我國內政部統計，2015 年 2 月底，原住民人口數為 547,456 人，較上年同月增加 6,493 人，較上月增加 421 人，占總人口比率 2.33%。就縣市別言，原住民人口數最多為花蓮縣 92,143 人，占原住民總人口數 16.83%，其次為臺東縣 79,029 人，占 14.44%，再其次為桃園市 68,014 人，占 12.42%；最少為連江縣，僅 181 人，其次為澎湖縣 465 人，再其次為金門縣 974 人（內政部戶政司，2015）。

　　2014 年的統計，15 歲以上的原住民以阿美族的人數最多，占 39.92%；其次是排灣族，占 18.09%；再其次是泰雅族，占 15.37%；布農族占 10.34%；太魯閣族占 5.69%，其餘各族別比率皆在 3% 以下。15 歲以上原住民的教育程度以高中（職）比率最高，占 38.70%，其次是小學及以下的 21.17%，再其次是國（初）中的 19.97%，大學及以上占 14.17%，專科僅占 5.99% 最少。與全國民眾相較，原住民高中（職）及以下者之比率較全國民眾高，而專科及以上者之比率則低於全國民眾。15 歲以上的原住民有 60.83% 需要負責家計，其中有 31.75% 為主要家計負責人，29.08% 為次要（輔助）家計負責人，而不需要負責家計的占 39.17%。

　　2014 年，原住民就業者從事的行業以「營造業」（18.56%）比率最高，其次為「製造業」（16.32%），再其次為「農林漁牧業」（11.64%）。與全國民眾相較，原住民從事「營造業」、「農林漁牧業」的比率高於全國民眾。就行業特性來看，原住民就業者從事勞力密集性產業的比率高於全國民眾，所擔任的職務中，以擔任「服務及銷售工作人員」（21.73%）比率最高，其次為「技藝有關工作人員」（20.36%），再其次為「基層技術工及勞力工」（16.88%）及「機械設備操作及組裝人員」（16.03%）。也都是勞力密集的工作，原住民就業者占五成左右，較全國民眾的 31.22% 高。原住民就業者的從業身分以受私人僱用比率最高，占 79.30%，自營作業者占 11.57%，受政府僱用者占 8.35%，擔任雇主者 0.28%，擔任無酬家屬工作者 0.50%。有酬就業者，每人每月主要工作平均收入 27,378 元，與全國民眾相較，原住民有酬就業者主要工作平均收入較全國民眾的 37,433 元低了 10,055 元。觀察每月主要工作收入分布情形發現，原住民有酬就業者每月主要工作收入未滿 3 萬元之比率占 59.06%，高於全國民眾的 39.03%。失業率（4.08%）及失業週數都較全國民眾（3.96%）為高；找工作的困難在於找工作過程中沒有遇到工作機會。進一步分析，找尋工作過程中主要遭遇的困難是「生活圈內沒有工作機會」，其次為「就業資訊不足」，再其次依序是「本身技術不合」、「年齡限制」及「教育程度限制」（原住民族委員會，2015）。

　　臺灣原住民分布區如下頁表 15-1 所示（內政部戶政司，2015）。

二、原住民文化與價值觀

　　我國目前認可的原住民族群有 16 族，每一族都有其獨特的文化特色與習俗，其中或有相似之處。臺灣原住民的社會文化體系歷經三階段的演變：（1）幾千年前遷徙到臺灣的傳統部落生活；（2）51 年的日本殖民統治，外界的政經與宗教體系介入；（3）國民政府治理時期，西方科層體制與政經、宗教之影響更深入（王嵩山，2001）。原住民無獨立之經濟，因為其經濟活動是整個社會與文化之一環，不可切割；其社會組織與祖靈信仰有關，同時也是維持社會秩序的主要價值（王嵩山，2001）。臺灣原住民或有階層嚴謹的社會體制（如，魯凱族與排灣族），這些階層體制也關乎食物與權力之分配，然而隨著市場經濟的引入，自然也會影響其社會關係或階層，以及經濟現況（王嵩山，2001）。

表 15-1 **臺灣原住民分布區**（內政部戶政司，2015）

族別	居住區
阿美族	分布在中央山脈東側，立霧溪以南，太平洋沿岸的東臺縱谷及東海岸平原，大部分居住於平地，只有極少數居於山谷中。
泰雅族	分布在臺灣中北部山區，包括埔里至花蓮連線以北地區。
排灣族	以臺灣南部為活動區域，北起大武山地，南達恆春，西自隘寮，東到太麻里以南海岸。
布農族	分布於中央山脈海拔 1,000 至 2,000 公尺的山區，廣及於高雄市那瑪夏區、臺東縣海端鄉，而以南投縣境為主。
卑南族	分布於臺東縱谷南部。
魯凱族	分布於高雄市茂林區、屏東縣霧臺鄉及臺東縣東興村等地。
鄒族	主要居住於嘉義縣阿里山鄉，亦分布於南投縣信義鄉。
賽夏族	居住於新竹縣與苗栗縣交界的山區，又分為南、北兩大族群。北賽夏居住於新竹縣五峰鄉，南賽夏居住於苗栗縣南庄鄉及獅潭鄉。
雅美族（達悟族）	分布於臺東的蘭嶼島上的六個村落，為臺灣唯一的一支海洋民族。
邵族	分布於南投縣魚池鄉及水里鄉，大部分邵族人居住日月潭畔的日月村，少部分原來屬頭社系統的邵人，則住在水里鄉頂崁村的大平林。
噶瑪蘭族	過去居住於宜蘭，目前遷居到花蓮和臺東。
太魯閣族	大致分布北起於花蓮縣和平溪，南迄紅葉及太平溪這一廣大的山麓地帶，即現行行政體制下的花蓮縣秀林鄉、萬榮鄉及少部分的卓溪鄉立山、崙山等地。
撒奇萊雅族	聚落主要分布於臺灣東部，大致在今日的花蓮縣境內。
賽德克族	發源地為德鹿灣（Truwan），為現今仁愛鄉春陽溫泉一帶，主要以臺灣中部及東部地域為其活動範圍，約介於北方的泰雅族及南方的布農族之間。
拉阿魯哇族	高雄市桃源區高中里、桃源里及那瑪夏區瑪雅里。
卡那卡那富族	高雄市那瑪夏區楠梓仙溪流域兩側，現大部分居住於達卡努瓦里及瑪雅里。

　　原住民族群之傳統強調人與自然的關係，其傳統教育也是以生活教育為主，重視的是面對自然的生存能力與生活方式，人若與大自然共存共榮、生息一體，是最完美幸福的（沈明仁，1998；Turner & Pope, 2009）；萬物皆有靈，與人之間都存在著某些關係（霍斯陸曼‧伐伐，1997；Turner & Pope, 2009）；也強調家族價值的集體意識與分享的意義（Garrett & Garrett, 2002, cited in Turner & Pope, 2009, p. 198），其所使用的物品器具或是藝術飾品，都有其蘊含的社會文化價值、風俗習慣及信仰態度。原住民的口傳文學涵蓋了人類起源、族群發源地、自然現象與社會、文化風俗等，且其可再現民族獨特的思考與風俗習慣，是社會教育及凝聚族群情感的重要資產（王嵩山，2001，頁 74；沈明仁，1998），也與其生活緊密相關（陳孟君，2009）。

　　臺灣原住民慎重使用不同儀式來處理生命重要事件，如：出生、成年、結婚、喪葬等，也協助族民成功跨入生命的不同階段（王嵩山，2001，頁 84），以及像是對造

物者的尊敬、對死後的生命轉換、宗教領袖的重要性、淨化或重生的儀式等（Turner & Pope, 2009, pp. 200-201）。但是，誠如沈明仁（1998，頁 28）所言：原住民的歲時祭典儀式為其傳統文化之精神所依，但受到外來文化侵入以及宗教之洗禮，目前已喪失殆盡，頂多只是商業性的「文化表演」罷了！目前諸多原住民信仰天主或基督教，對於傳統儀式是否還如此重視，也有待觀察。

臺灣原住民基本上崇尚祖先（祖靈）、敬畏自然、與大自然和平相處（沈明仁，1998）。萬物有靈且兼具善惡，人亦如是，生命是由「自我」及善惡兩精靈力所組成（霍斯陸曼‧伐伐，1997），然而其傳統信仰也因為外來宗教進入而幾乎消失（拉夫琅斯‧卡拉雲漾，2014，頁 242）！漢人與日本人將居住於平原的原住民稱作「平埔族」，其生活受到漢化影響最大，雖有許多共通點，但還是有不同的社會文化特徵，不可一概而論（王嵩山，2001）。原住民居住在傳統部落、平地或都會區，其受到漢民族文化的涵化程度不一，加上受教育程度、與漢民族通婚等諸多因素，即便是同一族群，也有許多的差異。

三、排灣族社會文化

由於目前國內官方承認的原住民族群共有 16 個，要在短短一章的篇幅中介紹完善，實不可能，因此本章僅以排灣族為例，做較為詳實的介紹。其他族群或有共同及相異的風俗或文化意涵，雖未能一窺其堂奧，但是至少可以了解一些梗概。我們以往將原住民稱為「山地人」，這是很大的誤解與汙名（stigma），原住民原本居住在平地，是後來的外來移民（如：閩南、客家、外省等）占據其土地、將其驅趕至山上而稱之。

（一）排灣族源流

排灣族屬於南島民族的一支，生活區域是以丘陵與溪流為主，依目前行政區劃分，主要分布在屏東與臺東兩縣，現今人口為臺灣原住民第三大族（次於阿美與泰雅）。排灣族分成 Raval 與 Butsul 兩個亞族，前者居住於屏東最北端的三地門，與魯凱族互動頻繁，採長男繼承制，而Butsul亞族占排灣族多數，又依所居地區分北部、中部、南部與東部排灣，南部的排灣族與客族及閩南族互動較多，漢化亦較多；東部排灣族與阿美及卑南二族較多交流；而中部和北部排灣與其他族群互動較少，保存了較多的傳統文化特色（譚昌國，2007）。

排灣族是以口語傳說的方式來傳承，據說其文化為「蒼天授意」的起源傳說，祖先是來自臺灣之外的「馬賽賽島」（Marairai），後來遭遇鬼類驅趕而漂流到高雄下淡水附近登陸，這是「古樓村」的傳說。古時的排灣族自稱為「阿底旦」（Adidan），意指「土地的朋友」；神話與儀式在南島語族的文化溯源上扮演重要機制（亞磊絲·泰吉華坦，2006）。排灣族人重視自己的起源，對於出生的原家有濃厚情感，常常回饋原家，婚後分出的餘嗣，死後也以回到「原家」埋葬為願望；也因為排灣族人認為祖先是活在死後世界的親人，他們死後也會成為子孫的祖先，因此特別注重祭祀（譚昌國，2007）。

（二）排灣族文化特色

　　排灣社會文化特色有四：封建階級與宗法制度、親族組織的親系法建立在雙嗣合併的家系制度（長嗣與旁系分出的家氏系統制度）上、封建領主權制度與宗法制度交織的複雜性、呈現男女平權的血親主義（王嵩山，2001，頁 166）。「家」是排灣族最基本、最重要的社會單位（王嵩山，2001），排灣族人一生以家為主，包含家屋（安身立命的精神與價值基礎）、家名（同住一屋簷下的共同記號，代表出身與社會地位）與家人；家屋也是親屬與婚姻關係的樞紐，呈現了排灣族與祖先及鬼神的關係（譚昌國，2007）。

　　排灣族的長嗣制非父系或母系、非單系，而是男女雙方血親並重的親系法則（許美智，1995，頁 31），其宗支系統由家屋系統發展而成，以直系為中心，越接近直系的家系地位越高（王嵩山，2001）。施美英（2006）整理排灣族相關文化與傳承時提到：排灣族行長嗣制，只重出生序而非性別，長嗣不論男女皆有繼承其父或母的家宅、家氏與家財的管理權，可見其為兩性平權的社會，而其社會階層制度也是建立在土地制度與長嗣繼承上。排灣族的階級制度是嚴格的，以世襲取得其階級地位，但各階級間並不是完全封閉，階級外婚是變更身分地位的方式，且成為排灣族社會異動的主要原因（石磊，1971，頁 89，引自許美智，1995，頁 34）。因此，排灣族男、女在婚姻上的保守和嚴謹是相同的，男生的交遊活動是以集體行動方式為之，女生不能與男生私下見面，所有活動都要在父母的監督下進行。婚後婦女要持家與生育，若不能生育則可離婚並各自嫁娶。各自嫁娶的兩家則成為好友，會互贈禮物及一起出遊（潘立夫，1998）。

　　個人出生序、生母出身與婚姻地位為決定長子繼承權的主要條件（施美英，2006）。排灣族人的社會單位是「家」，家有 Vusam（小米種子，也指稱長嗣），

Vusam 為一家之主，通常是父親或母親。新家的 Vusam 是長女或長子，父母是保護 Vusam 成長的義務人而已。後來因為農事工作需要，有家團的出現，由數個家和諧相處形成，然後形成聚落、部落（潘立夫，1998，頁 11-22）。親系法是建立在長嗣繼承、庶系分出的家氏系統上，個人的婚姻方式是變動其地位的附加條件，排灣族沒有階級內婚法則，反而以異階婚姻為變更個人及其後嗣身分地位的合法手段。排灣族的社會階級分為貴族（頭目與其近親）、士（為頭目做事的人）、平民（以勞力換取生活與榮譽）三種，貴族階級保有高度社會地位、經濟與裝飾藝術的特權（施美英，2006）。

排灣族是非常重視生命禮俗的族群，舉凡出生至死亡都有許多正式且隆重的儀式，而目前原有儀式為貴族階級所控制，平民則是信仰不同的西方宗教（王嵩山，2001）。排灣族大武山（Kavulungan）文明的思考模式，基本是二元相對結合文明，在人與自然間求得平衡的結合，靈與肉體也以異質的結合取得生命的光輝；肉體和靈是異質的二元，肉體和靈結合了便有創造性第三者產生，即是生命。男女在同質二元的結合下，成為一個家，培養一棵種子（Vusam），社會也以二元互惠的結合而構成分工的階級。夫婦結婚若不能生育兒女，這個結合的意義便不完整，也就是夫妻要生育後代才算成人（簡炎輝，2010），因為這個理由，可以在兩季芋頭收成後，男女分離，各自帶走一半的生活資源，另外再找結婚對象，且在結婚前便要先商議好離婚條件（潘立夫，1998）。排灣族人的社會地位是結婚以後才確立的，結婚就是其成年禮。而這個家如果婚姻人的 Vusam 健在（不管父親還是母親），依然是 Vusam，一切重大事件由 Vusam 裁定，一切家庭資源的運用由 Vusam 決定，直到權利繼承轉移（潘立夫，1998，頁 16-22）。排灣族人藉由婚姻關係拓展領地，而階級較低的族人希望找比自己階級高的人結婚，藉此提升自己的階級（簡炎輝，2010）。

排灣族對於生命的許多儀式有其特殊意義，其一生要經過一連串儀式，才能成為一個有名字、身分與地位、被社會接受的人（譚昌國，2007），例如男女結褵從交往到結婚，歷經婚前交際、議婚、訂婚與結婚四個階段（施美英，2006）；排灣族的社會生活、經濟活動與祭祀等場合，都以一對夫婦為中心（譚昌國，2007）。病亡於室內為善死，惡疾死者為惡死，婦女難產死亦為惡死（施美英，2006）。若婦女於家中難產死亡，則會在草草埋葬後，全家遷往他處，而所有物品都會帶來厄運，不能帶走（譚昌國，2007）。也因為重視祭祀，孕婦與其夫不可吃祭祀的任何物品，不然會招來厄運（施美英，2006）。排灣族人認為亡靈離開人世之後，依序會先化身為蛇（頭目為百步蛇）、禿鷹、竹子（象徵幸福），最後為水，升到天上（譚昌國，2007）。

通常原住民的傳說與神話的內容都與「生存」有關（陳孟君，2009），其神話所蘊含的包括人與萬物的對等地位、崇敬祖靈或神靈，以及生活資源與文明不是人力可獨力為之（蒲忠成，2007，引自陳孟君，2009，頁 1-4-6）。

（三）原住民的性別——以排灣族女性為例

臺灣原住民女性在不同的部落中有不同的地位與權力，從其繼承制度就可以窺見該族群的女性與男性享有同樣的權利。在排灣的傳統裡，原家長輩會為男嬰佩刀，女性則有戴花儀式的成年禮，而巫師都是女性。排灣的婚禮中還是有「聘禮」的存在（受到外省文化的影響；高金豪，2004），只是在正式納聘之前都可以有異動。聘禮的種類與數量由女方提出，考慮的條件包括女方家的階級地位、女子的名譽（如：處女與否、是否有多人追求），以及女方的教育程度（譚昌國，2007）；女性的教育程度或是工作可以提升其價值，也表現在聘禮上（高佩文，2007）。高金豪（2004）從追溯部落源起與頭目系譜的研究裡發現：階序身分意識是排灣生活經驗的一部分，而系譜的政治性是很明顯的，同時可見權力的消長，婚禮本身就是政治運作與實作的場域。在高佩文（2007）的研究裡也發現：排灣族的 Vusam 與階級制度是勝於性別的，而貴族階級的男性享有較多的優勢，目前因為受到漢化的影響，老中青不同世代受到漢化影響程度也衝擊到其原本的性別平等傳統，尤以年輕一代受到的衝擊最甚，明顯看到主流文化性別刻板印象的複製。

排灣族的性別文化是以階級為前提（貴族與平民、誰當家），排灣族與阿美族是具有最不同於漢民族性別文化的族群，其社會制度、人際關係與語言結構（包括稱謂）都較忽略性別，不強調男性氣概、也不執著性別的刻板角色，性別分工中也無固定的職業性別，繼承的家名不受父方或母方限制之外，即便為孩子命名，也是以對孩子的期待為主，這都是承自其種子繼承的精神（高佩文，2007；陳雅慧，2005）。蔡永強（1993）針對五位原住民女校長的研究發現：族群認同對其影響比女性角色更多，他人較關注的也是其原住民身分（引自施美英，2006，頁 69）。陳雅慧（2005）的研究也發現：排灣族婦女在公私領域的發展都能展現母親角色的重要性，不僅對社會文化有貢獻，並有更多的自我期許、認同與肯定，也就是除了肯定自己的女性價值之外，同時能享受因為自己努力而來的榮耀與成就（陳雅慧，2005）。原住民的女性問題與其族群結構密不可分，最關鍵的還是傳統文化的保留與尊嚴，對她們來說，即便每個人扮演的角色不同，但性別是固定的，性別問題很單純，兩性衝突也不存在，以能力來決定在家庭中的分量，至於現有社會的性別問題，應該回歸到社會問題做思

多元文化諮商在臺灣

考，而不是一味套用！

以往部落女性共同撫養下一代的傳統，因為市場經濟的侵入而有了變化，遷徙異地工作，擠壓其人際空間，女性更孤立、也更貧窮（余桂榕，2009，頁1-5-5）。此外，受到主流文化影響，排灣族青年逐漸無法接受傳統招贅制度的婚姻模式，這也直接衝擊到身為長女的排灣女性婚姻（陳雅慧，2005），而學歷越高的女性也越難找到婚姻對象（高佩文，2007）。陳綉青（2009）發現都會排灣女性在親密關係上較以往有更多自主性，儘管身為長嗣者還是有較多家族文化傳承的壓力，然而婚姻對象已不若以往那般受限，不管其身分階序如何，自己可以有獨立經濟能力與較高教育水準，在擇偶與其他發展上都是加分。

（四）現代的排灣族

因為時代與社會變遷，許多排灣族人已經離開原來的部落，融入主流漢族的生活。簡炎輝（2010，頁4）發現，排灣族的習俗文化在漢文化的強力影響下，許多傳統的文化與社會習俗也在逐漸消失，且向附近的平地族群（如，客家與閩南）逐漸靠攏。像是在傳統服飾裡加入客家元素（如藍衫）；在喪禮中，女眷頭蓋戴孝則顯然是受到平地人習俗的影響。若干研究者（如：沈明仁，1998；拉夫琅斯·卡拉雲漾，2014；簡炎輝，2010）也發現，排灣族的傳統文化與社會習俗在漢文化的強力影響下，已漸漸消弭與流失。

不管是哪一個民族，其傳統文化依靠與精神若是流失，才是原住民最大的困境，也是造成其往後流離失所的主因（沈明仁，1998）。劉秀俐（1994）對原住民藝術工作者的研究發現：在主流社會工作時，雖工作性質屬於低技術高勞力，但回鄉從事工藝事業時，卻能將在漢人社會中學到的各式現代技法用在傳統工藝中，不僅延續傳統工藝，也為自己開創出不一樣的路：從正向族群認同進而背負族群使命，以傳承並發揚族群文化為己任，同時有計畫地推廣原住民傳統工藝，教導並帶動族人學技術，希望族人能以傳統工藝的技術自食其力（引自施美英，2006，頁71）。

四、原住民與心理衛生服務

原住民區的居民對於使用專業助人的服務有限，加上一般人對於求助的汙名化與誤解，導致文獻上幾乎無法找到有關諮商協助進入原住民區的相關資料，因此本文在文獻蒐集方面主要以國外研究為主，相關族群的文獻則以本國之原住民資料為主。

（一）美國原住民與心衛服務現況

美國州政府針對州內之弱勢族群，不只提供身體健康的保險，也同時提供心理諮商的協助，也就是兼顧身心兩個面向。以二十多年前的德州為例，基於經濟弱勢族群所面臨的不僅是基本生活條件較困難，隨之而來的身心困擾也相對較多，每年州政府提供經濟弱勢族群一人 30 次的免費諮商（每一次州政府補助 59.59 美元）。

美國本土有 410 萬以上的原住民（U. S. Census Bureau, 2001, cited in Spillane & Smith, 2007, p. 396），聯邦認可的族群部落近 560 個（U.S. Department of the Interior, 2002, cited in Gone, 2004, p. 10），其對於印地安與阿拉斯加原住民的心理衛生服務，也因為近 20 年來的「多元文化」發展而有較重視的趨勢。然而原住民對於心理衛生專業服務的使用還是過少，除了因為絕大多數原住民是處於貧窮、未就業狀態，無法負擔相關的衛生醫療費用外，主流文化的心理衛生服務未能提供「文化敏感度」的評估與處置，更加深了原住民運用服務的困難度（Gone, 2004; Turner & Pope, 2009），因此提升心理衛生服務的可接近性與服務品質有其必要（S. Sue, 1998）。美國許多少數族群也都是直到情況危急時，才會去使用心理衛生服務（Snowden & Yamada, 2005, cited in Vandiver & Duncan, 2010, p. 263）。

（二）對原住民心衛服務的相關研究

Clarkin 與 Levy（2004）的研究結果發現：治療師願意以平等方式對待，加上其本身的專業信譽，就較能贏得少數族群當事人的信賴；而 Zane（1987, cited in Clarkin & Levy, p. 204）提到少數種族對於治療師的社會地位（與社會文化有關，如年齡、性別或專業）與專業地位（與技能有關）是較相信的。儘管許多作者提到傳統治療模式必須要做調適，以配合當事人文化背景，但是卻少有實徵性研究支持，於是 Griner 與 Smith（2006）將過去 76 個研究做後設分析，的確發現依照文化背景做調適的治療方式效果較佳。另有研究者（Hartman & Gone, 2012）以原住民社區為單位做焦點訪談，結論發現：必須要更了解傳統療癒，並將其適當納入心理衛生或藥物濫用的介入處遇裡，才能夠發揮預期效果，也就是將參與儀式、傳統教育、文化守護者及社區凝聚力融入。這也說明了，要讓原住民可以善加利用心理衛生服務，不僅需要有多元文化能力的專業人員，還需要深入了解服務對象本身文化跨社會脈絡的圖像、自我與個人（Gone, 2004）。也就是要著重團隊合作（尤其是延攬社區重要人士參與），注意到原住民將心理疾患及療癒與靈性、宗教的脈絡連結在一起的現實，因此，提供為不同

社區量身打造的心理衛生服務是當務之急，而不是僅提供有專業知能的專業人員（Gone, 2004）。

要深入原住民區提供專業服務，必須得要先熟悉當地的文化與時事、傳統與療癒現實，還有當地人自我認同的相關事項（Hartman & Gone, 2012, p. 551）。然而這樣以社區為主的理念也有一些緊張情況會出現，包括傳統療癒 vs.現實生活的窮困、提供傳統療癒的多族群代表 vs.文化守護者的關係、對傳統的熱情 vs.不確定該信任誰，以及傳統醫療的整合 vs.另類醫療（Hartman & Gone, 2012, p.542）。McCubbin 與 Marsella（2009）則是以夏威夷原住民為研究對象，補充了「在地心理學」（indigenous psychology）的必要性，強調要去檢視在生態、歷史與文化脈絡的心理學現象，並納入多元觀點與方式，因為個人身處在一連串互賴與互動的力量中（從家庭延伸到大自然與靈性），必須要去了解原住民是怎麼思考的、其世界觀又如何，這才是夏威夷原住民所謂的最佳健康狀態。

美國是多元族群的國家，許多研究雖然呈現了少數族群的學生（如：非裔、拉丁裔或亞裔）似乎較喜愛與同族群的諮商師合作，而 Coleman、Wampold 與 Casali（1995）等人將現存研究做事後比較的結果，似乎也呈現這樣的趨勢，但卻沒有得到一致的結論，因此他們進一步提出兩個值得深入探討的問題：（1）喜愛同一族群的諮商師是因為族群本身，還是其他相關的變項（如：社會可欲性、態度或價值觀）；（2）喜愛同族群的諮商師是否與正向結果有關？而 Fraga、Atkinson 與 Wampold（2004）的研究，採用了 Sue 等人（1992）所描述的「多元文化諮商能力」（multicultural counseling competence）（包括態度／信念、知識與技巧）特色為研究工具，發現亞裔、歐裔與拉丁裔三族群的大學生都極為重視諮商師多元文化的能力，但是最喜好與最不喜好的程度有相當高的一致性。同樣地，Shin、Chow、Camacho-Gonsalves、Levy、Allen 與 Leff（2005）等研究者，將歐裔與非裔成人使用諮商服務的現存研究文獻做後設分析，結果發現並不會因為當事人與諮商師的族群配對，而有效果上的差異，因此需要考量除了族群之外的其他重要因素。

美國原住民青少年的自殺、酗酒、憂鬱徵狀較之非原住民的同儕要高（U.S. Congress, Office of Technology Assessment, 1990, cited in Gone, 2004, p. 12），而原住民區居民的心理疾患與酗酒問題，也是一般民眾關切的議題，但是 Spillane 與 Smith（2007）提醒研究者與政策擬定者：需要去了解美國印地安原住民使用酒精的相關歷史背景（如：在與歐洲接觸之前，原住民對酒所知有限；是商人進入原住民區與原住民貿易時，以酒做交換；開墾早期的皮毛商人、礦工與牛仔的飲酒示範；甚至後來政府是以

酒做為土地交易的手段），以及原住民哀悼其所失去的歷史傳統與文化涵化的壓力，以免汙名化原住民。一般人對本土原住民的刻板印象也是酗酒、好吃懶做、性關係複雜，這些都需要做歷史溯源與釐清，以免陷原住民於不義。在提供專業心理衛生服務時，需要考慮少數族群的靈性與宗教信仰外，還需要將其所處的社會文化壓迫因素也列入考慮，因為持續的種族歧視與壓迫的生活事件會影響到個體的社會、情緒心理與社區功能（Elligan & Utsey, 1999, cited in Cervantes & Parham, 2005, p. 73）。

（三）國人使用心衛服務情況

國人使用心理諮商的服務率並不高，其中以受教育程度在高中以上者較願意求助（劉錦萍，2008）。華裔美國人對於諮商服務會因出生地不同（美國、中國或臺灣）產生恥感差異，而在求助意願上有不同（Yang, Phelan, & Link, 2008），甚至是心輔系學生對專業求助，也抱持著社會汙名（擔心他人怎麼看諮商求助者）與自我汙名（擔心自己在他人的印象與人際）的雙重印記（邱珍琬，2012）。程小蘋與陳珍德（2001）的研究提到，學生延遲求助的主因有：對輔導業務不了解、行政安排未能即時，以及不願面對問題，這是不是也意味著諮商觀念的普及化有待加強？而原住民的情況除了上述可能因素之外，還得要加上提供專業助人機構的便利性與可及性（accessibility）。或許求助行為對絕大部分人來說，都是一種「羞愧」的表現，而羞愧多來自於自信不足，或是認為他人視我為無價值（Fontes, 2010, p. 48）。

參、提供諮商服務前應有的準備與先備知能

在提供原住民諮商之前，諮商師本身應該要有哪些準備與先備知能以協助治療之進行與有效性？

一、了解原住民的歷史與傷痛

「壓迫」（oppression）藉由對個人的歧視與刻板印象，以及社會與其建構系統（如：法律、宗教、教育、工作與房屋政策等）而維繫下來，為了生存，這些邊緣或少數族群傾向於了解主流文化或族群。不同形式的壓迫（如，對身障單親女性）也致使個體落入許多特殊、不利的情境底下，使其置身於更危險的壓力之中。「壓迫」常致使少數族群的成員因其「脆弱或不利」地位而導致心理方面的問題，因此對其處遇

必須要同時考量社會與系統的解決方式（Israel, 2006, pp. 150-151），也就是只要求個體的改變將效果不佳或於事無補。而心理學從來就是有政治意涵的，因此需要社會行動與意識覺察一起聯手（Toporek & Williams, 2006, p. 26），這也是近年來美國心理衛生學界倡議「社會正義」（social justice）的主要原因。

臺灣原住民族與大自然共生共存的傳統，可從以下的詩句裡一窺堂奧：

「我們是太陽的孩子，百步蛇的蛋，大地蘊育的種族。」（〈燃燒〉，莫那能，2010，頁 50）

「記起我們的歌／我們的舞／我們的祭典／我們與大地無私的共存傳統。」（〈來自地底的控訴〉，莫那能，2010，頁 75）

從清朝、荷蘭人統治，過渡到日據時代、中華民國政府，原住民沒有獲得應有的人性待遇，像是邊緣人一樣，誠如原住民詩人莫那能（2010）所言：

「幾百年來，我像個孤兒，任人蹂躪、踐踏／任人奴役、侮辱／生命失去保障，尊嚴也無法維護。」（〈燃燒〉，莫那能，2010，頁 59-60）

幾百年來的顛沛流離，讓詩人感慨道：

「我們的生命比山芋還不如／至少山芋還有一塊泥土／在那裡容身／在那裡生生死死。」（〈來，乾一杯〉，莫那能，2010，頁 101-102）

「我們的命運，唉，我們的命運／只有在人類學的調查報告裡／受到鄭重的對待與關懷。」（〈恢復我們的姓名〉，莫那能，2010，頁 19），以及「追溯不清有多少祖先的流轉／從平原到丘陵，從丘陵／到森林，從漢人的欺詐／到日本的壓迫／交織著／奴隸的悲哀。」（〈山地人〉，莫那能，2010，頁 112）

1960 年代中期以後，臺灣經濟產生重大變革，也滲透到山地原鄉，其原先共同體的社會組織崩解，連帶地也讓其文化、價值等分崩離析，眾多原住民流落到平地，為了謀生打零工，男性從事苦力工作，女性甚至被販賣為娼（陳映真，2010，頁 180-181）。這些歷史的傷痛與過往，還深深烙印在原住民心中，偶爾族裡的耆老還會舊話重談，也許是希望後代子孫記取這些教訓，或許是傷痛也在敘說中獲得一些解

脫或紓緩。

即便 80 年代開始有所謂的「原住民運動」，卻沒有針對族群認同而有批判或實踐，也因為原住民沒有自己的文字，文學作品也是以漢文為之（陳映真，2010，頁181-183）。儘管近年來立法上已經有許多改進，一般人對於所謂「原住民問題」的態度並未有重大改變，如同美國原住民，家庭收入低、受教育少、身體與心理疾病較之其他族群高（Turner & Pope, 2009, p. 193）。直到目前的開放觀光，原住民還被持續汙名化：「被遊覽觀光的廣告渲染成落伍與野蠻」（〈來，乾一杯〉，莫那能，2010，頁 105）。族群的認同關乎個人認同，原住民依然面對著主流文化的歧視與壓迫，若是認同自己的家族傳統，又不免被酗酒、貧窮與暴力等刻板印象標籤，而內化的刻板印象與種族歧視也影響其族群與自我認同（Sue & Sue, 2003, cited in Turner & Pope, 2009, p.94）。原住民的認同與其部落、社區或家族是一體的，不可以切割，這是所謂的「社會心理身分」（psychosocial unit identity），因此即便有問題也不是個人的，而與其家族或社區息息相關（LaFromboise & Jackson, 1996, p. 195）。

二、原住民諮商服務的可能阻力與助力

了解原住民與漢文化之間的歷史與淵源、由來已久的價值觀與社會文化，有助於治療師提供更有效且務實的諮商服務，因此原住民若能與同樣是原住民的諮商師晤談，或許是最好的安排。非原住民的諮商師若能具備多元文化的知能與技巧，以及虛心求教、展現願意學習的態度，也可以提供有效的服務。

在臺灣本土做原住民諮商服務，尤其要考量到社會文化與經濟政治因素。原住民長期以來處於被壓迫的邊緣，許多的資源都沒有適當到位，因此在提供諮商服務的同時，必須要與不同的專業、資源合作及整合，才可能竟其功。

語言與文化上的障礙可能妨礙原住民求助或使用資源的意願（Wilkinson, 1980, p. 286），而一般漢民族對於原住民的刻板印象，如：酗酒文化、家庭界線鬆弛、懶惰不工作、低學業成就等，這些當然也會妨礙其求助或尋求資源的動機。之前在原住民社區目睹到一個很特殊的景象：太陽下山之後，每戶人家門前就擺上小桌子，開始聚眾飲酒聊天，幾次之後，我詢問參與團體的成員這是怎麼一回事，他們的答案都一樣：「這是我們的文化。」暗指此乃根深蒂固、較難改變，但是我回道：「也許是長久以來的習慣呢？」習慣可以養成，當然也可以改變，然而這樣的「解釋」是不是也帶有漢人文化的傲慢，認為原住民酗酒是文化使然？郭東雄說得好：「喝酒是文化，

但酗酒就不是了！」（私人對話，2016/4/6）

依據謝世忠（1987，頁 19）的整理，臺灣原住民在 1960 年之前是自己的主人，歷經了荷蘭與西班牙的統治，到明朝鄭成功的管理、清朝與日本的統治，直到中華民國以來，其地位慢慢演變成失去主人的地位。西方學者 Yinger（1981）提到「同化」的四個重疊階段，從「生物上的人種混合」、「心理上的認同」、「文化上的涵化」到「結構上的整合」，其過程是緩慢的（引自謝世忠，1987，頁 21）。族群認同也有汙名，將某些不好的屬性歸為某一族群所擁有，甚至藉以剝奪其應有之權益，而汙名的恥感通常是建立在「比較」上（謝世忠，1987，頁 27）。汙名的形成因素有「外在」與「內在」兩類，前者是指漢人與漢民族的社會文化（傳統、象徵與族群中心），後者則來自原住民本身與其社會文化（歷史、文化與情境）（謝世忠，1987，頁 38）。原住民的共同經驗都是土地被侵占、被同化、然後被征服的歷史，反映其劣勢地位，也讓原住民都背負著這些痛苦經驗（謝世忠，1987，頁 52）。然而原住民族群共同的宗教信仰與認同（謝世忠，1987），也是自我認同不可忽略的一部分。

三、諮商師多元文化能力與自我覺察及探索

D. W. Sue（1996, p. 2）提到人都是文化的產物，而我們的所有學習與身分形成都與文化有關，發展多元文化能力的起始關鍵就是自我覺察。心理衛生服務應該是可接近（availability）、可使用（accessibility）、可負擔（affordability）、可接受（acceptability）與適當的（appropriateness）（Ridley & Shaw-Ridley, 2010, p. 210）。Ivey 與 Ivey（2008, pp. 27-28）特別提醒諮商師，除了要覺察自身文化的假設、價值觀與偏見外，還需要了解不同文化當事人的世界觀（尤其是有關社會正義方面，了解當事人所處的社會現況與地位），以及採用適當的處遇策略與技巧，才是一位適任的諮商師。諮商師若身為主流文化的一員，長期以來享受著特權或優渥待遇，可能較難察覺弱勢族群的經驗與感受，因此，「刻意」的覺察與接觸是必要的，有助於釐清迷思、修正偏見。

肆、原住民的心理衛生需求與服務

國內針對原住民的健康調查，焦點幾乎都在飲酒行為與其所引發的其他健康議題（如：肝硬化、癌症與酒駕），心理需求經常被忽略。其實在身體機能受損或罹患疾病的同時，也會有心理需求產生，因此只著重身體的健康是不周全的。一般來說，飲

酒行為型態有：交朋友的社交功能、行為障礙（從幼年時開始飲酒，導致最後的酗酒），以及家庭因素（親友飲酒的環境所造成）（胡海國，1994，頁40），或是「自我醫療」（self-medication）的行為（Turner & Pope, 2009, p. 197）。飲酒對不同性別之青少年來說，主要是因為飲酒後容易入睡或可用來連絡感情；男性常以飲酒來恢復體能或消除疲勞，女性會用來消除焦慮或壓力，讓自己心情愉快（許木柱，1994，頁32-33）。原住民女性與男性之餘命分別較之臺灣全體國民，要短少六至八年，嬰幼兒死亡率亦較高（尤以山地鄉為然）；十大死因除惡性腫瘤與糖尿病外，皆高於臺灣全體的平均，而癌症以胃癌發生率較高，其他癌症則低於臺灣全體（陳品玲、陳怡樺，2004）。當然，原住民的健康問題不只限於醫療的範疇，而應該涵蓋其他生心理、社會、經濟、文化、環境等層面（陳品玲、陳怡樺，2004，頁57）。以醫療行為來說，就有所謂的「社會醫療」，不只著重在生理疾病的處理，還擴及終極關懷的層面（如：社會秩序的重整、空間與人際及超自然的關係）（王嵩山，2001），因此對原住民提供之醫療服務，也應概括全面。

一、第一類接觸是必要且重要的學習

提供助人專業的諮商師需要有先備的訓練，加上適當的多元文化能力，以及需要對所服務的族群有深刻的了解。諮商師對於自己與所服務族群的文化要先有覺察、認識與理解，要站在謙虛、好奇與「不知」（not-knowing）的立場，讓原住民當事人成為有效的「資訊提供者」，從當事人那裡學習。另外，也要注意到彼此之間社會與權力位階的關係，隨時提醒自己勿踏入族群刻板印象與偏見中。

諮商師處理的是一般生活的議題，因此對於自己、所服務的族群與其需求，也都要有適當的覺察及先備知識，而不是以漢民族的思考為框架。對於不同族群與當事人，願意去接觸、了解，也是展現助人熱誠的行為。諮商師需要有強烈的好奇心與興趣，才會對不同文化有探索的動機，而懷抱著「不知」、想要了解的好奇，也才會欣賞與接納不同。

二、諮商普羅化的努力

心理衛生的宣導走在最前面，接下來才是諮商服務的普羅化。原住民普遍對於心理疾病了解甚少，尤其是對於許多發展性的障礙（如：聽障、腦性麻痺、智能落後或是過動等）病因不清楚，而擅自解釋或是「自我醫療」，就可能延誤了就醫或療癒時

效。原住民對於諮商專業助人的了解不多，「是對人生或心理問題尋求管道做解決，（較）屬於個人隱私的」。最主要是因為對此專業不熟悉，當然也就不知如何運用，而且也可能認為問題還沒有嚴重到需要諮商的程度（郭東雄，私人對話，2016/4/6）。

就如同一般民眾對於諮商服務不甚了解一樣，讓諮商專業的相關訊息用大眾都能夠接受的方式與用語，做適當的介紹與說明，甚至是結合一般社會教育與活動（如：社區醫療或衛生教育、活動、演說，或與教會合作），讓諮商可以廣為原住民認識與接受，進而才可能使用專業的助人服務。

當然，在專業服務進入之前，能夠針對諮商普羅化（對於求助行為的正名），以及考量潛在當事人可能有的社會與自我汙名是很必要的。破除「公眾汙名化」是專業助人界需要達成的終極目標，因此教育民眾諮商的相關知識是必要且重要的（Vogel, Wester, Wei, & Boysen, 2005）。此外，諮商師協助當事人了解如何去處理或克服「內化」的汙名也是重要關鍵（Vogel, Wade, & Haake, 2006）！Vogel 等人（2006）綜合學者意見認為：一般人若有適當足夠的資訊，就不會有更多的羞愧或罪惡感，因此若能讓民眾知道有問題不是他們的錯、問題有轉圜的餘地，以及經過治療之後情況會好轉，會是協助助人專業普羅化的重要關鍵。因此有學者（Bagley & King, 2005）認為：只有使用過諮商服務的民眾對於個人汙名化的感受改變才是最有效的正視聽途徑。當事人可以了解諮商與其過程，自然對於諮商效果更是加分（Tyler & Guth, 2003）。郭東雄（私人對話，2016/4/6）也提到原住民對於諮商專業助人的服務非常不了解，當然也就不會進一步尋求資源或求助。

三、個別諮商先於團體諮商

通常原住民即便有求助需求，其第一順位不是諮商服務，而是先找熟悉、可信任的親友，接著可能尋求教會牧師或神父的諮詢與協助，因為向外人或專家求助，畢竟還有汙名化的問題，不僅擔心他人對自己的看法，對自己也會有貶損與不信任。倘若尋求助人專業服務，或許以「個別諮商」方式較佳，進一步則以團體方式為之。團體的功能在於其普同性、分享及互相學習，可以打破彼此孤立無援的迷思，形成可能的支持系統或網路，但也因為團體張力極大、容易牽引出情緒，因此在個人議題整理到若干程度之後再進行，效果較佳。之前與原住民社工及民眾接觸的經驗，他們亦表示個別諮商較有隱私性、可保顏面，也減少社會汙名化的可能性。

四、了解原住民的需求

通常大學生希望諮商能對其未來生涯協助較多（特別是生涯期待，怕與他人不同，因此不敢太積極），一般民眾則期待有助於其物質生活的改善。原住民家長對子女的期待目前還是以軍公教為首，主要是因為收入與穩定；部落中彼此之間仍常見做子女成就方面（如：收入、工作、學業等）的比較（郭東雄，私人對話，2016/4/6），可見實際工作與薪資還是「好生活」的絕佳保證。原住民較需要有子女教養、生涯探索、健康議題等的資訊與協助（郭東雄，私人對話，2016/4/6）。倘若對於私人事務難以啟齒，個別諮商或許效果較佳，但是以團體方式進行或討論也是可以考慮的方式。尤其是原住民婦女彼此之間關係較親近，常以非正式的聊天方式聚會，這也許是團體諮商的雛形，就如同當年女性主義的濫觴一樣。

原住民至今仍保有良好的「互助」模式，只要部落或族群裡有需要，都可互相照應、協助，即便是進行心理衛生服務或諮商，也要將此模式視為可用的寶貴資源（郭東雄，私人對話，2016/4/6）；將其周遭社會支持與資源納入，可達事半功倍之效。

五、適當地結合民俗療癒方式

主要是指其介入方式是與當事人的文化脈絡相合且有效的。將原住民文化、儀式、家族成員納入是很重要的，而不是就「個人」來做治療，同時也尊重當事人的意願，必要時將部落的巫師或療癒者納入治療過程，甚至採用其療癒方式，就如同尊重漢民族以乩童、收驚等民俗療法協助心靈療癒與復健一般。

Garrett（2004）提出一個融合原住民儀式的團體諮商理念，亦即諮商師還是要了解原住民的一些傳統價值（如：與大自然間的關係與和諧、不具攻擊性及不競爭的生活、維持人際和諧、人際間的互惠、相信有最終的正義等），同時注意到不同當事人涵化（受主流文化影響）的程度。對於以臺灣原住民為服務對象的諮商師，除了對於不同原住民的文化及社會背景、擁有的傳統觀念或價值，以及不同漢化程度有初步了解之外，同時也要尊重原住民傳統的求助方式與管道，諮商也要「在地化」，就如同前陣子南部某大學學生在經歷鬼屋遊戲後，該校師長帶同學去收驚一樣，只要是當事人認為有效的方式都應尊重。

Lee（1996）建議將原住民的風俗與文化帶入諮商場域，像是原住民所信任的治療師（healer），重視全神論（universal shamanic tradition，宇宙萬物皆有靈）的內涵、

人類經驗的諸多層次（包括心靈），以及統整的治療取向（身心與內外環境及資源），這也是將諮商在地化且尊重原住民文化傳承之做法。有些人將原住民傳統的巫師視為迷信，卻沒有將自己相信紫微、相命、針灸、中藥療法等納入考量，這樣的雙重標準，可以說是另類的歧視，因此諮商師本身也要針對自己的靈性部分做更統整的覺察（Lee, 1996; Turner & Pope, 2009）。另外，也要注意原住民之政治與社會現實及處境（Ivey & Ivey, 2008; Turner & Pope, 2009, p. 201）。

六、 同中有異，異中有同，不可一概視之

阿昌是原住民，目前擔任國小教師。阿昌從小學時就知道自己「不一樣」，可是不清楚到底是怎麼一回事？等到升上國中之後，才開始去找答案。阿昌因為學業與體育成績都很優秀，因此在學校或社區裡都有很好的人緣與人脈，在進入大學之前，比較沒有額外的壓力。儘管國高中同學會戲稱他為「娘仔」，但是都可以被阿昌爽朗個性與好人際給淡化，他在高中時甚至主動向一位心儀的男同學表白，雖然被拒絕，但是無損於他的樂觀。

進入大學之後，阿昌發現大環境對他很不友善，同學間常常會有竊竊私語，一看到他出現就閃開，阿昌開始了解所謂的「人際霸凌」，他也開始「選擇性」地交朋友。阿昌在學校沒有相關的社團可以參與，而他的開朗個性與熱心助人的特質，也讓他不會孤單，只是當實習越靠近，他也新增了另一層擔憂，因為教育界是最保守的，他很擔心自己在教學崗位會遭遇預想不到的問題。雖然族群中有人很大方地坦承自己是同志、喜歡的對象是男生，但是他們不需要面對學生及好奇的同事，有的人甚至已經被同儕認可，情緒上的壓力少了很多。

阿昌說他不敢讓雙親知道他的性傾向，偶爾家人或親友會好心詢問他的親密關係或婚姻看法，他也只是笑笑帶過。阿昌說他很擔心萬一族人或親友知道他是同志，自己的父母親該如何自處？會不會成為親友或族群的笑話？

每多一重身分（不管是種族、社經地位、教師），對於同志族群而言都增加了一個變數，這是一般多元文化議題必須要觸及的部分（邱珍琬，2009），原住民自然也不例外。謝世忠（1987）在其研究中提到，原住民對於自己族群的認同有強烈的自卑感，通常是發生在與漢民族接觸的過程中。然而近年因為人權與多元文化的提倡，其在認同議題上是否有提升？原住民的認同議題主要有三種內涵，一是對自己是屬於某

一族的一員，二是對自己是原住民，三是對身為中華民族一員的認同，然而也會因為居住地（原住民區、平地或都會區）、受教育程度、與漢民族接觸多寡而有不同差異（謝世忠，1987，頁5），不同原住民族群也有相異的風俗與習慣，加上身份、社經、性傾向等等，不可一概論之。

　　男女因為性別而有的制式分工，不能排除漢化（或主流文化）的影響（達努巴克發言；易言媛整理，2003）。除了性別是需要注意的議題之外，在臺灣的同志運動似乎將原住民同志排除在外，這是另一種階級壓迫的顯現（吳紹文，2004）。Rofes（1989）針對美國教育界對於同志／雙性戀族群的許多需要改進議題提出看法，包括對不同性傾向的成人沒有提供鼓勵支持的環境、缺乏提供大眾有關此族群特殊需要的資訊（所謂的「缺乏友善資訊」；吳政庭，2005，頁154）、學校單位不敢提出或面對有關的爭論性議題，甚至沒有顧慮到同志情慾（吳政庭，2005）。只要繞過「性傾向」，似乎許多路都不通了（Yarhouse, Brooke, Pisano, & Tan, 2005），同志擔心現身之後，後果不可收拾（Cain, 1991; Savin-Williams, 1994），擔心破壞家庭的和諧（Elizur, 2001），甚至是擔心家族或是族人眼光、可怕的社會標籤等等（邱珍琬，2009），因此原住民同志多採行「自然式現身」與「和異性戀友善互動」的生存之道（吳紹文，2004）。建構同志認同的正面因素（也可以是「現身」因素）包含：情慾開展與情愛關係、正向的同志論述、進入大學開拓視野及參與同志社團等（瑪達拉‧達努巴克，2004），也都是可行之道，只是礙於若干原住民對於性傾向的不了解，或是將漢文化對性傾向少數族群的偏見亦納入，眼前還有許多待努力空間。

　　原住民族群受到政治力量影響，使得原住民同志的主體性隱而未見（吳紹文，2004；瑪達拉‧達努巴克，2004），對原住民同志來說，還需要將個體對家庭的歸屬（Elizur, 2001）、族群階級制度（Yarhouse et al., 2005），以及主流父權文化對於同志族群的歧視與不容忍（Elizur, 2001; Rivers, 1997）考量在內，也就是有更多重束縛需要突破。

伍、原住民諮商服務需要克服的挑戰

一、可接受度與可使用

　　原住民使用心理衛生服務的阻礙之一是：無法像一般民眾那樣相信與接近諮商機

構。多年前筆者到原住民部落做隔代教養研究，才恍然發現連醫療巡迴也有特定日期，不是生病就可以立即獲得需要的醫療處置，何況是心理衛生服務！原住民若有心理或情緒上的困擾，以排灣族為例，婦女較常尋求同儕的協助，男性則較少提及，或者是尋求教會牧師或部落靈媒（巫師），或者部落耆老首領的意見協助，倘若一個管道的答案未能滿足，就會再去尋求其他管道的建議。教會牧師或許以《聖經》的內文做引導，詢問族內耆老或巫師，有些答案也是以隱喻的方式呈現，但是求助者不多。有關家庭問題，則是以同儕諮詢較多，但是性別界限極為明顯，也就是以尋求同性的諮詢為主（郭東雄，私人對話，2016/4/6）。

除了努力於諮商普羅化之外，當事人對於諮商過程或自己應該做些什麼可能不清楚，諮商師必須要花一些時間讓當事人了解，也要對提問做解說，務必讓當事人可以很清楚該做些什麼、期待為何。此外，當事人也許對於傳統治療中的治療關係或界限不知如何拿捏，治療師也需要做釐清與解釋（Vasquez, 2005, cited in Johnson & Sandhu, 2010, p. 133）。治療師在正式進入治療工作之前，花時間與當事人聊聊，也藉此了解當事人的文化背景，或是透露治療師本身的一些私人資訊，將有助於建立治療關係（Johnson & Sandhu, 2010）。另外，種族歧視或偏見可能是非常隱微的（D. W. Sue, 2001），漢民族的治療師服務原住民族群，要特別注意可能的歧視與偏見，以及將自己或漢民族的價值觀強加在當事人身上，而原住民諮商師面對自己所屬族群或其他原住民當事人，當然也要注意可能的偏見或價值觀。

二、可接近性

原住民使用諮商服務的機會少，還有一個主要原因是心理衛生服務的「不可接近性」，因為原住民居住區地處偏遠或距離一般醫療及社福機構較遠，因此首先需要克服的困難就是讓原住民可以就近使用到心理衛生的服務，也許是在學校、教會、醫院或社區設有服務地點，甚至與當地教會或學校社區機構結合或合作，或採用駐點服務，增加其使用率。固然網路或線上諮商也是可行的方式之一，但是，一來電腦網路是否普及，而在保密性方面會較困難；二來，若是以文字方式為之，又會受限於文字表達與電腦使用能力；第三，若是以視訊方式為之，也較未能顧及全面（未能看見許多肢體語言或表情線索）。雖然網路諮商有匿名、不受地域影響、便捷等諸多益處，其有效性或是可接近性仍有探討空間。

三、可負擔性

　　許多原住民家庭的收入都是在貧窮線下，維持基本生計尚且有困難，何況是「奢侈」的心理衛生服務！美國的福利政策擴及身心兩個面向（醫療與心理諮商），我國的一般健保則尚未將心理諮商囊括在內。我國有些公家或私人機構藉由產學合作的觀點，偶爾也願意捐輸一些款項提供給弱勢族群諮商之用（如，屏東大學社區諮商中心），然而捐款與名額都有限，要普及其服務還是有諸多難處需要克服。

　　由於原住民要使用諮商服務有金錢、時間與交通之考量，倘若可以用電話諮詢或諮商，自然可以減低費用或增加使用率，甚至是以「駐點」（有諮商師與相關助人專業者在偏遠地區某個定點常駐）方式提供服務，也是不錯的變通之道。

陸、諮商師服務原住民需注意事項

一、了解不同理論的限制

　　如同將諮商理論引入華人文化一樣，LaFromboise 與 Jackson（1996）特別針對不同諮商理論運用於原住民族群的限制做了說明，因為諮商理論是以西方、中產階級、白人男性的觀點出發，不免受到其重視「個體化」（忽略集體化）、強調內在因素（忽略社會因素）、適應主流文化（忽略非主流文化）等因素的影響，而這些都挑戰了原住民的文化與價值觀，因此其建議要聚焦在原住民協助與療癒的既存智慧、優勢、因應資源及特殊能力等面向。

二、了解與處理抗拒

　　在多元文化的諮商場域，常常會因為諮商師不處理的抗拒，而導致諮商師無意的歧視行為或態度（Ridley, 2005, p. 144）。雖然目前助人專業對於「抗拒」有更多的了解與認識，然而諮商師不免還是會將當事人的許多行為視為「無建設性的」抗拒。Ridley（2005, p. 134）認為抗拒有其目的，也以不同形式或方式表現，可觀察或不可觀察，也可能妨礙治療效果，其基本動機是要免於痛苦。

　　一般人進入諮商也都有抗拒，這些抗拒也許是因為不熟悉或不了解諮商這項服

務，加上可能的社會與自我汙名化。原住民族群對於諮商這個助人專業可能不熟悉，在沒有足夠的資訊或認識下，自然對這種新穎服務會有抗拒，因此諮商師需要小心謹慎，好好處理可能出現的非療癒性抗拒。不妨將抗拒一般化，不要刻意去解讀當事人的行為，這樣或許能夠將抗拒化為彼此了解的契機。諮商師的真誠一致是關鍵。

對原住民來說，不理解諮商所為何事、與其功能為何，因為不熟悉，所以就不會考慮尋求專業協助，因此提醒我們需要對諮商理念與其功能的普羅化及宣導多下工夫。此外，原住民對於一些特殊疾病（如：聽覺障礙、學習障礙或發展遲緩）或心理疾病（如：過動、妥瑞氏症等）的病因認識不多，往往以為「長大就會消失」，也容易延擱治療關鍵期（郭東雄，私人對話，2016/4/6）。處理抗拒行為可以參考下列建議（Ridley, 2005, pp. 137-143）：

1. 避免防衛性反應：通常這樣的反應是因為諮商師本身沒有覺察到自己的防衛行為，以及為了減少自己的情緒痛苦，因此需要先辨識當事人的抗拒是否為無療癒性。

2. 了解當事人的抗拒是否具有療癒性：要清楚區辨當事人是默許還是順從的，是敵意還是抗議。

3. 面質當事人的矛盾、差異與不一致：包括言語、行為、言行或態度等方面。

4. 暴露當事人的「附加利益」為何：倘若當事人是為了掌控，那麼就與當事人談論遊戲背後的目的。

5. 重新架構當事人所謂「控制」的定義：同理當事人的擔心與害怕，協助其了解抗拒背後是想要掌控，以及鼓勵當事人公開談論他／她的害怕與不安全感。

6. 面質一般的抗拒：諮商師要知道一般文化中減少焦慮的方式。

三、諮商中的治療關係

治療關係是有效諮商的要件，而「信任」是最重要的元素。當事人要進入諮商關係前，必定有許多疑慮，諮商師有義務與責任做釐清與說明，取得當事人信賴之後，後續的治療才有可能。與原住民當事人的不同諮商關係需要有以下的考量：

1. 治療師為漢人，當事人為原住民：大部分的諮商師為漢人，而當其面對原住民當事人時，可能會有哪些先入為主的想法？有沒有權力位階的考量？

2. 治療師為原住民，當事人為漢人：有些原住民治療師在一般國小教育機構任教，或許學生還是將其視為教師、賦予傳統的位階尊敬，然而家長們會做何思考？是

視諮商師為一般教師？還是原住民？會不會有位階與種族的歧視或不信任？

3. 治療師為原住民，當事人為原住民：會不會有權力位階或信賴度（接受漢人程度）問題？有無保密之疑慮？若是所屬族群不同，會有過度類化（像是族群盲，將所有族群視為一樣）的情況嗎？

此外，治療師與當事人的關係會不會因為治療而有延伸？原住民當事人或許與諮商師一樣，也是教會或社區機構團體的一員，彼此關係要如何拿捏？若偶爾「跨越界限」是被允許的、也是需要的，當決定是否進入多元關係時，應以當事人或所服務的對象之福祉為考量，也要先考慮其潛在益處是否多於害處（Herlihy & Corey, 2006），主要的裁量權與責任還是在諮商師本身。

四、評估與診斷

王嵩山（2001）提到原住民的困境常常被化約為「原住民的文化或社會問題」，這也提醒助人專業者要特別謹慎，不能將原住民自外於臺灣社會的脈絡，然而將原住民納入漢人社會體系中，自然也就掙脫不了漢人社會關係與政治經濟的綁綁。臨床的評估與診斷可能存有偏見，諮商師必須要將當事人的情況納入文化脈絡裡做考量，而不是一味以診斷標準為依據（Paniagua, 2010, p. 66），或許只是純粹將行為、感受與想法做描述，更能減少或消除成見與偏誤（Constantine, Miville, Kindaichi, & Owens, 2010, p. 110）；評估與診斷也應該是持續在進行的，而不是一次完結。

五、治療處遇與結束

（一）治療介入的客製化

即便是原住民，也不可視其為同類之族群，而是有個別差異存在的特殊個人（Thomason, 1995）。加上居住地不同、涵化程度亦有所不同，因此有效的處遇方式應該考慮到團體（社會與文化）、個人（個別差異，如：性格與學習歷史），以及普遍的因素。諮商師採用的處遇方式應以當事人陳述的為主，當事人的治療目標反映了其文化、個人或家庭價值觀。諮商師在選擇不同的處置方式時，需要保持彈性，打造「客製化」的治療處遇，也就是吻合當事人需求與其處境。治療師要能夠協助當事人認出、釐清目標，或是將其目標分成可以達成的小目標（Johnson & Sandhu, 2010）。

（二）讓當事人了解諮商功能與過程

Fontes（2010）建議諮商師要先讓當事人了解諮商過程與功能，還有當事人與治療師的角色，也需要處理與釐清當事人隨著求助而來的可能羞愧感，以感興趣、尊重、溫暖的態度來面對當事人，同時注意配合當事人的步調進行諮商。可以採用不同方式蒐集當事人相關資料，最好讓當事人娓娓道來自己的故事；如果要使用測驗或評估工具，也要留意文化上的可能偏見。

（三）諮商師的文化知能或敏感度

治療師本身若較少接觸到其他文化，較常將當事人的問題視為個體內在的問題，而忽略了社會與文化的因素（Atkinson, Thompson, & Grant, 1993, cited in Constantine et al., 2010; Johnson & Sandhu, 2010），這也都會減損諮商師的可信度與治療效度。此外，不同當事人受到漢文化的影響有差異，也需要加以考量（Paniagua, 2010）。加上諮商理論源自西方，其尊重個體性與分離的傳統並不適用於所有文化，也需要做一些「適文化」的調整或改良。

此外，諮商師要考量當事人在其文化裡的角色，以及評估此角色對當事人的重要性與影響如何（Ridley, 2005, p. 99）。或許此人在一般社會只是一介平凡人，但是在其專屬的族群文化裡擔任重要的功能，而當事人也以此角色為榮。Garrett（2004）建議將原住民的一些儀式或活動融入諮商過程，可以讓當事人或參與成員較少抗拒，同時也彰顯原住民傳統的文化意義。Attneave 與 Speck 還提出了讓當事人的重要他人加入所謂的「部落網路治療」（tribal network therapy），大家聚在一起協助當事人解決目前遭遇的問題，或增進其面對未來問題之能力，如此不僅有社區一體感、促發創意的解決方式，並且讓當事人之外的人也因此受惠（引自Thomason, 1995, pp. 113-114）。

（四）注意社會背景脈絡

許多原住民家戶經濟都不富裕，甚至在貧窮線之下，但即便有計畫補助或是諮商費用可負擔，也不一定能吸引潛在原住民當事人使用諮商的服務。由於經濟的弱勢，常常也會犧牲了與健康有關的行為，自然得要連帶付出情緒或心理上的代價；倘若貧窮、低教育程度，再加上失業，更會直接影響原住民對自己的看法與信心。諮商師若是對於貧困民眾存有偏見（像是失業是因為懶惰、不願意改變現狀，或有道德瑕疵，甚至錯誤解讀原住民的價值觀），或是認為服務原住民族群就是做社會或慈善工作，

就是犯了所謂的「專家自戀」（professional narcissism）的毛病。諮商師因此也有必要改變傳統諮商服務的模式、擔任多重角色，並成為代言者與社會改變的動力（Caldwell, 2009）。

　　Turner 與 Pope （2009, pp. 202-203）建議有效的諮商要注意：處理代間傳承的創傷經驗；對於較傳統的原住民則融合儀式、祈禱或傳統的另類醫療，至於涵化較深之年輕原住民，協助其探索自己的族民歷史與背景，重新去整合之前被拒絕的部分，可以建立新的認同。此外，諮商師還要結合草根運動（如：家族與部落支持、社區教育等），以及擔任積極的社會改變與代言者，泯除可能有的機構組織及社會的歧視。

　　面對文化不同的當事人時，諮商師必須要注意當事人有關情感表達與自我揭露在其語言表達及文化價值觀的意義（Hackney & Cormier, 2009, p. 153）。此外，當事人個人的改變，可能會與其家庭、信仰（許多原住民信仰天主或基督教）與文化扞格，甚至引起明顯劇烈的衝突，治療師也都應該事先考慮到這些（Ridley & Shaw-Ridley, 2010）；對於原住民之兒童或青少年來說，要在傳統文化價值與融入主流文化兩者之間取得平衡，常常感受到莫大壓力（Thomason, 1995）；與當事人做磋商，以及問題復發的預防，治療師也需要協助當事人與重要他人間價值觀的協調、檢視當事人個人的資源，還要顧及其環境與系統的支持，以及資源是否可讓當事人的改變持續（Ridley & Shaw-Ridley, 2010）。

（五）結合族群與社區資源

　　團體諮商模式讓原住民分享與非原住民間的價值差異，甚至是企圖融入主流文化（或維持傳統信念與保持獨立性）所遭遇的挑戰（Thomason, 1995），是不錯的內涵，具有其價值性。這些議題經過公開分享與討論，可以減少孤立與迷思，而在諮商室外有其他相關活動，結合興趣相投的族人一起參與，以同儕諮商的模式進行，效果亦可期（Thomason, 1995）。

（六）結束議題

　　諮商有效率地結束是治療改變的一環，諮商師在治療之初就應該要把結束放在心中，也應以當事人為主。同時要考量當事人的準備度，包括：避免過早的結束，須經治療師與當事人雙方共同的決議，讓當事人了解治療的收穫與效果，使其在情緒上知覺到結束治療的必然性（Ridley & Shaw-Ridley, 2010）。然而，若治療關係已經結束，但當事人以尋求諮詢或建議的方式來就教於諮商師，也不應排拒在外、嚴守界限，因

為諮商師儼然已成為當事人信賴的對象或專家,對於當事人的需求也要有因應策略。

柒、適用於服務原住民的諮商模式

Lews、Lews、Daniels 與 D'Andrea(2011, pp. 54-61)提出一個「尊重」(RESPECT-FUL)的社區諮商模式,其考量的面向也適用於原住民諮商服務,在此簡單做介紹。

「RESPECTFUL」模式包含(但不限於):

面向	說明
R(religious/spiritual identity)	宗教/靈性認同(包括當事人的信仰或生活哲學)
E(economic class background)	社經地位(當事人不同的社會地位與經濟情況)
S(sexual identity)	性別認同(性別社會化、性取向)
P(level of psychological development)	心理發展(當事人所表現的成熟度)
E(ethic/racial identity)	種族認同(不同的種族背景)
C(chronological/developmental challenges)	年齡/發展的挑戰(不同發展階段與生命任務)
T(various forms of trauma and other threats to one's sense of well-being)	不同形式的創傷或個人感受到威脅其福祉的因素(像是經歷過自然或人為災難,或是居住在犯罪社區,個人資源也會因為長期在壓力下而耗損)
F(family background and history)	家庭背景與歷史(家庭功能與一些可能遺傳或複製的因素)
U(unique physical characteristics)	特殊生理特徵(包括身障或是不同於一般人的特徵)
L(location of residence and language differences)	居住地與不同語言(居住地與語言不同,也會有不同的文化或生活習慣的考量)

這個模式有三個重點:(1)諮商師的多元文化能力;(2)以優勢為基礎(strengths-based)的取向;(3)強調環境與歷史脈絡(Lewis et al., 2011, p. 53),因此主要的核心概念包括:(1)在當事人所處的環境裡促成其正向的改變;(2)評估此模式裡的各種因素向度;以及(3)諮商師個人必須要很清楚自己是誰、願意做些什麼(Lewis et al., 2011, p. 62)。

諮商師必須要能夠理解當地社區的資源為何、了解其他可用資源的取得,以及社會、政治、經濟與文化因素對人類的影響(Lewis et al., 2011, p. 76),因此不可能獨力為之,由於是「社區一體」的概念,基本上是結合當地可用資源與人力的「團隊服務」。其進行團隊工作時必須要注意:(1)清楚阻礙當地居民發展的環境因素;(2)提醒當地學校或機構團體有關此關注議題的資訊;(3)與這些團體合作結盟,為改變而努力;(4)使用有效傾聽技巧,取得共識與目標;(5)檢視團體成員在進行改

變過程所帶來的優勢與資源；（6）進行溝通，認可與尊重這些資源與優勢；以及（7）諮商師提供促成合作的技巧（Lewis et al., 2011, p. 187）。當然，因為是國外的模式，在實際運作之後，必須要依據其運作方式、效能，配合在地的資源與人文等，做適當的調整或修正，方能竟其功。

捌、從這裡開始

大約 20 年前，我在德州碰到一位諮商督導，羅夫，他是一位五十多歲、留長髮、單親育有五位子女、騎哈雷機車的諮商中心主任。有一回他跟我討論中國老子的故事，當時我真的嚇一跳，怎麼會有這麼一號人物？羅夫說他連外太空、幽浮的資料都看，因為我們諮商處理的就是一般人類的事物，當然也要跨文化、泛文化，因此一切都可以去閱讀與了解。與羅夫的對話，改變了我對諮商許多的既定印象，從大量的閱讀中也發現了許多道理其實是共通的；智慧不一定從書中來，而是從與人的互動和交流中，看見更多的可能性。我也領悟到，我們一般所稱的「你群」、「我群」，這樣的區分只是要顯現優劣勝敗的私心而已，沒有太多的建設性。

我自己對於文化的解釋是：每一個人都是一個文化，因為許多背景、經驗、價值觀、教育養成過程等等都不同，自然有其個殊性，因此都值得尊重。面對每一個個體，抱持著未知、好奇的態度，就可以打開自己的感官與外通的管道，接觸到不同的世界與故事，而這些體驗豐富了我的生命，也教我更謙虛。我國原本就是多元文化的族群與社會，然而對於國內的原住民與新住民的注重卻僅是近十多年的事，諮商服務對這些少數族群的服務也落後許多。儘管前面的路還很長，但是有開始，就會距離目標更近。

對於原住民的諮商服務，我受到兩個框架的束縛，一是諮商所由來的歷史是美國、中產階級、白人男性的理論，要將其修正以符合臺灣在地社會與文化，需要做許多的調整與思考；二是我身為漢人，對原住民文化的熟悉與了解還遠遠不足，因此要如何讓諮商服務普及且有效為原住民運用，比當初預想的還要複雜。

諮商是心理衛生服務的一環，不是靠專家進駐或提供服務就好，而是需要讓服務有其效果可期。原住民是我國族群的一部分，要讓原住民了解諮商資源與如何使用，不能只是以漢民的思維來入手，而是要先了解原住民現存的資源為何？傳統與目前使用的情況如何？文化或社會的禁忌或擔心是否與諮商有扦格或整合之可能性？有沒有共通的立基可以開始？接下來才是在結合在地資源與心衛服務的同時，宣導諮商教育

及求助管道的可使用性，像是與當地的教會、學校、衛生局、鄰里或部落辦公室、醫療機構等合作，一起舉辦經常性活動，進而成為該機構服務選項之一。除了募集對原住民服務有熱忱的專業助人者共襄盛舉外，相關心衛人員的訓練（包含義工或是「準專業人員」），也都可以讓諮商更普羅化。在原住民看病就診的過程中，或許可適時納入諮商師或準專業人員，提供有關心理撫慰、健康維護資訊、用藥須知、家庭或親子教育等（如同目前諸多醫療院所提供的附加服務），讓心衛推廣更具成效、較無威脅性。

原住民的諮商服務若可以在地化，挹注與整合當地資源（包括軟硬體、人力等），成為一個既定系統或機構，在實際執行服務工作時，就不會因為人力遷移或計畫預算的變動而中斷，專款專用才能落實其功能。我們對許多社會中弱勢族群的服務，常常是短期、不持續的操作，往往在沒有見到預期效果或是沒有具體檢討改進方案前就收手，這樣的短線操作作為，除了花錢與擾民，並沒有具體成效。我所知道的屏東原住民社區，有一些已經結合當地耆老與具社會聲望人士（如牧師、教師等），在自己教會與社區聚會場所，提供學童晚餐與課業輔導，這就是「社區一體」的實踐，諮商當然也可以沿用這樣的模式，讓資源留在在地，為居民所用。

 玖、案例分析

案例 --

小莉 30 歲，父母親分別是魯凱族與排灣族，相親結婚，她來諮商的理由是不敢答應男友的求婚。小莉外表上看不出原住民血統，大學畢業後考上公務員，在工作之餘經友人介紹認識了現任男友，兩個人學歷相當，「也有相似的背景」。提及自己的原生家庭，小莉說自己的父親在孩子長大之後就經常喝酒，也許是因為工作不順遂、在家裡也得不到尊重，但是似乎也沒有真正解決的方法，父母吵架是常事，她跟姊姊都不能選邊站。也因為父母親失敗的婚姻，小莉的姊姊選擇與人同居，但還是有孩子要養，反而衍生了更多問題，而媽媽也勸小莉不要結婚最好。

談及與家人的關係，小莉認為小時候父親喝醉酒後會摔東西、打母親，讓她與父親漸行漸遠，但是，另一方面又覺得父親很可憐，不僅被家人冷落，在家中也毫無地位。她說後來才自母親口中知道，父親是由姑姑帶大，因為雙親過世得很早，可能因此受姑姑寵溺與保護，加上父親只念了小學，所以親子之間不太有話聊，也可以說是

價值觀相差太多。小莉說在家裡媽媽最大，大小事都管，父親的功能好像只是賺錢帶回家。她跟姊姊還是有話聊，只是姊姊有了自己的家庭之後，彼此都忙碌於各自的生活，關係好像不如以往親密。

雖然小莉理智上清楚自己與男友相似性較高，彼此也有共同的價值觀，但是要踏進婚姻這一步，她覺得有太多障礙與害怕，而她更擔心的是男友是漢人，萬一他知道小莉的家庭背景及經歷，好事可能也要告吹吧？

分析

小莉目睹家中父母親互動的方式，讓她對於親密關係與婚姻感到卻步，加上男友的漢民身分，擔心與自己的原住民家庭文化與價值會有所牴觸，因此她目前對家人與男友採取隱瞞，許多的焦慮和關切與此脫不了干係。

小莉想要與人親近，但是又覺得親密關係會傷人及傷心；母親的強勢與父親的弱勢、父親在子女眼中的形象與作為，使得小莉對父母親的想法有許多矛盾，在在影響了小莉的人際與親密關係。

小莉提及男友與她背景相似，但又說男友是漢人，不知其所謂的「相似性」為何？是因為價值觀？還是成長背景？男友也是家暴目睹兒嗎？這些還有待進一步釐清。

父親形象在小莉心中的實際模樣，也可以進一步探索所謂的「矛盾」之具象，是不是也影響小莉對於男性及男性在家庭中角色與功能的看法？在沒有檢視的情況下，也可能對其未來配偶有不切實際的期待或要求，醞釀親密關係的危機。另外，小莉本身對於自己是原住民身分有許多的自卑或不如感，帶著這樣的心態進入婚姻可能會引發許多的挑戰或問題。婚姻關係裡應是以兩造平權為前提，彼此相扶相攜，小莉的自卑感或許是因為社會對待與自我內化（internalized）使然，加上原住民身分的認同情況，這也會影響婚姻關係及伴侶相處，這些都是在諮商中需要面對與討論的議題，不能迴避。

小莉姊姊與人同居、也有孩子，但是未選擇走入婚姻，也許她的擔心與小莉一樣，只是彼此未針對這樣的議題深入討論，對彼此也只是猜測而已。建議小莉與姊姊可以找機會好好談談彼此對於父母的相處情況與擔心，或許在有支持的情況下，較能從更廣角度來看事物，也會有更多的解決之道可以考量。

父母不睦家庭的子女，對於婚姻較持兩極的看法，多數選擇不婚或同居，少數會希望打破惡性循環，創造一個與上一代不一樣的婚姻，只是後者需要在認知、情感與行為上有極大的韌力，方足以「對抗」長年以來的習慣與影響，同時創發不一樣的行

為與問題解決方式。

　　婚姻絕不只是兩個人的事，而是涉及兩個家族與其過往歷史及價值觀，小莉與男友是不同族群，在雙方家長對於跨族群結縭情況未明的目前，可以就此先做一番了解。在小莉的個別諮商同時，也有伴侶諮商的可能性，或許邀請其男友來了解與溝通，也是不錯的策略。

拾、總結

　　原住民在諮商領域中是被忽略的族群，許多原住民的處境仍處弱勢（像是經濟、社會地位、居住區等），在目前公共衛生要兼顧身心靈的前提下，處於社會地位或經濟弱勢的民眾在身心上也是居於弱勢，因此未來的健保制度是否納入「心理諮商」這一塊是可以預期的。

　　若要真正落實諮商對原住民的服務，首先要考量的應該是服務的「可接近性」，除都會原住民外，許多原住民尚居住在較為偏遠、甚至是一般醫療衛生都難及之地，諮商服務可以結合在地的衛生機構、教會或鄉里聚會處或活動中心，較可能讓居民享受到應有的服務。

　　國內極大多數諮商師為漢人，服務的對象也以漢民族居多，不過在其中也會接觸到一些原住民服務對象，這提醒諮商師需要對於服務對象的文化有更多認識與了解，僅僅是上過多元教育課程是遠遠不足的，需要更積極將原住民文化納入課程中，也與原住民族群有更多接觸，在彼此互信的情況下，達到真正有效的心理服務供需平衡。原住民的結構、文化與風俗有其複雜性，加上居住區域（如都會或原住民區）不同，受漢族影響程度（涵化）亦不同，在提供服務前應該要有深入了解，而不是以單一或偏差的角度來度衡。

　　目前國內諮商師培育系所逐漸有原住民諮商師通過證照考試，正式執業，但很可惜，都是在學校或社區單位居多，較少回原鄉服務。雖然在這些職業場所還是有機會與原住民同胞相遇、提供協助，但是若能到原鄉工作或執業，或更擴大其服務範圍至原鄉，對於諮商專業的普及與利用或許有催化加分之效。畢竟在都會區或市區，還是以漢人諮商師為主，對於原住民文化與風俗不是很熟悉，可能採用了不適當的介入，折損其處置效果，而原住民面對漢人諮商師是否有不自在或「非我族群」潛在對原住民的偏見，使其對求助卻步，也是需要注意的。

　　諮商專業基本上還是以中文為主要溝通管道，雖然也可以適時加入不同的媒材，

然而，若服務對象對於中文使用不嫻熟，是否需要有翻譯進場協助？這些會涉及保密議題，得視當事人的需求或意願而定，需要特別留意。另外，若是原住民諮商師進入原鄉服務，會不會因為其原住民身分，較能取得原住民的信任，建立治療關係較為容易？而原住民男性是否也與漢民族男性一般較少有求助動作？要如何融合原住民文化與諮商服務？這種種也都還需要進一步的研究與實務的探究，才可竟其功。這就如同二十多年前，諮商專業剛進入臺灣一樣，有諸多的可能性，亦伴隨著需要克服的挑戰。華人本土心理學固然方興未艾，然原住民也理當納入。

討論問題

1. 對於臺灣原住民的接觸經驗分享。
2. 對於臺灣原住民的一般印象有哪些？
3. 閱讀臺灣某一原住民族群的文化資料，並帶來與同學分享。
4. 當你／妳面對一原住民當事人，你／妳可能會考慮到什麼？
5. 若你／妳以一個漢人諮商師對原住民族群提供諮商服務時，會擔心什麼？

學習活動

1. 訪問原住民大學生或成人一位，詢問其有無求助經驗？通常會找哪些求助管道？
2. 訪問原住民大學生或成人二位（男性及女性），詢問其對於諮商專業的了解為何？
3. 找三位有原住民背景者（青少年以上），詢問其對於尋求他人的協助（尤其是心理困擾）有何擔心？

參考文獻

中文部分

王嵩山（2001）。臺灣原住民的社會與文化。臺北市：聯經。

內政部戶政司（2015）。作者：溫麗華。取自 http://www.moi.gov.tw/chi/chi_news/news_detail.aspx? sn=，2016 年 3 月 12 日。

余桂榕（2009）。採收自在：布農部落婦女母職生活的故事。載於國立嘉義大學舉辦之「2009 年全國原住民族研究發表會」論文集（頁 1-5-1-1-5-19），嘉義市。

易言媛（整理）（2003）。「非父系社會之性別圖像：排灣族、阿美族、卑南族與漢族的對話」座談紀實。性別平等教育季刊，21，70-93。

邱珍琬（2009）。一位原住民男同志的生活經驗優勢初探。南臺人文社會學報，2，125-154。

邱珍琬（2012）。大學生諮商的迷思──以心輔系學生為例。諮商心理與復健諮商學報，25，167-195。

吳政庭（2005）。彩虹國度裡的教師身影：三位高中男同志教師的生命故事（未出版之碩士論文）。國立政治大學教育研究所，臺北市。

吳紹文（2004）。階級、種族、性身分──從原住民同志之社會處境反思台灣同志運動（未出版之碩士論文）。世新大學社會發展研究所，臺北市。

沈明仁（1998）。崇信祖靈的民族　賽德克人。臺北市：海翁。

拉夫琅斯・卡拉雲漾（2014）。瑪家鄉誌。屏東縣：瑪家鄉。

施美英（2006）。三位排灣族傑出原住民的生命史研究（未出版之碩士論文）。國立屏東教育大學教育行政研究所，屏東市。

胡海國（1994）。山地社區酗酒之防治──理論與實際。山胞（原住民）飲酒與健康問題研討會會議紀錄（頁 38-50）。花蓮市：慈濟醫院。

亞磊絲・泰吉華坦（2006）。大武山的守護者──排灣族。臺北市：原產會。

原住民族委員會（2015）。103 年原住民族就業狀況調查報告書。新北市：原住民族委員會。

高金豪（2004）。起源敘事、婚禮政治與階序實踐：一個排灣族村落的例子（未出版之碩士論文）。國立清華大學人類學研究所，新竹市。

高佩文（2007）。排灣族 VUSAM 制度與性別角色變遷之研究：以絡蘭村女性 VUSAM 為例（未出版之碩士論文）。國立屏東教育大學教育行政研究所，屏東市。

許木柱（1994）。臺灣地區原住民飲酒行為之社會文化基礎。山胞（原住民）飲酒與健康問題研討會會議紀錄（頁 30-37）。花蓮市：慈濟醫院。

許美智（1995）。排灣族的琉璃珠。新北市：稻香。

程小蘋、陳珍德（2001）。大學生求助心態之分析研究。彰師大輔導學報，**22**，49-88。

陳品玲、陳怡樺（2004）。中華民國 91 年原住民健康狀況統計。新北市：原住民族委員會。

陳映真（2010）。莫那能——臺灣內部的殖民地詩人。載於莫那能（主編），美麗的稻穗（頁 179-203）。臺北市：人間。

陳孟君（2009）。原始、原屬自然——試論排灣族文學思維裡的人與自然。載於國立嘉義大學舉辦之「2009 年全國原住民族研究發表會」論文集（頁 1-4-11-1-4-13），嘉義市。

陳雅慧（2005）。排灣族婦女性別觀之研究（未出版之碩士論文）。屏東師範學院教育行政所，屏東市。

陳綉青（2009）。族群文化與親密關係：七位都市排灣族女性的觀點（未出版之碩士論文）。國立高雄師範大學台灣文化及語言研究所，高雄市。

莫那能（2010）。美麗的稻穗。臺北市：人間。

郭東雄（2016/4/6）。私人對話（屏東大學原住民專班教師，排灣族）。

瑪達拉・達努巴克（2004）。是原住民、也是同志：排灣男同志 Dakanow 的生命之歌（未出版之碩士論文）。國立高雄師範大學性別教育所，高雄市。

潘立夫（1998）。Kavulungan 排灣族文明——一個沒有文字、金錢的社會。屏東縣：屏東縣立文化中心。

霍斯陸曼・伐伐（1997）。中央山脈的守護者：布農族。新北市：稻鄉。

簡炎輝（2010）。臺灣排灣族性文化的調查研究（未出版之碩士論文）。樹德科技大學人類性學研究所，高雄縣。

劉錦萍（2008）。臺灣成年人對求助於心理專業的看法。全人教育學報，**2**，1-34。

謝世忠（1987）。認同的汙名。臺北市：自立晚報。

譚昌國（2007）。排灣族。臺北市：三民。

英文部分

Bagley, C., & King, M. (2005). Exploration of three stigma scales in 83 users of mental health services: Implications for campaigns to reduce stigma. *Journal of Mental Health, 14*(4),

343-355.

Cain, R. (1991). Stigma management and gay identity development. *Social Work, 36*(1), 67-73.

Caldwell, L. D. (2009). Counseling with the poor, underserved, and underrepresented. In C. M. Ellis & J. Carlson (Eds.), *Cross cultural awareness & social justice in counseling* (pp. 283-299). New York, NY: Routledge.

Cervantes, J. M., & Parham, T. A. (2005). Toward a meaningful spirituality for people of color: Lessons for the counseling practitioner. *Cultural Diversity & Ethnic Minority Psychology, 11*(1), 69-81.

Clarkin, J. F., & Levy, K. N. (2004). The influence of client variables on psychotherapy. In M. J. Lambert (Ed.), *Bergin and Garfield's handbook of psychotherapy & behavior change* (5th ed., pp. 194-226). New York, NY: John Wiley & Sons.

Coleman, H. L. K., Wampold, B. E., & Casali, S. L. (1995). Ethnic minorities' rating of ethnically similar and European American counselors: A meta-analysis. *Journal of Counseling Psychology, 41*(1), 55-64.

Constantine, M. G., Miville, M. L., Kindaichi, M. M., & Owens, D. (2010). Caseconceptualizations of mental health counselors: Implications for the delivery of culturally competent care. In M. M. Leach & J. D. Aten (Eds.), *Culture & the therapeutic process: A guide for mental health professionals* (pp. 99-115). New York, NY: Routledge.

Elizur, Y. (2001). Family support and acceptance, gay male identity formation, and psychological adjustment: A path model. *Family Process, 40*(2), 125-144.

Fontes, L. A. (2010). Considering culture in the clinical intake interview and report. In M. M. Leach & J. D. Aten (Eds.), *Culture & the therapeutic process: A guide for mental health professionals* (pp. 37-64). New York, NY: Routledge.

Fraga, E. D., Atkinson, D. R., & Wampold, B. E. (2004). Ethnic group preferences for multicultural counseling competencies. *Cultural Diversity & Ethnic minority Psychology, 10*(1), 53-65.

Garrett, W. C. (2004). Sound of the drum: Group counseling with Native Americans. In J. L. DeLucia-Waack, D. A. Gerrity, C. R. Kalodner, & M. T. Riva (Eds.), *Handbook of group counseling & psychotherapy* (pp. 169-182). Thousand Oaks, CA: Sage.

Gone, J. P. (2004). Mental health services for Native Americans in the 21st century United States. *Professional Psychology: Research & Practice, 35*(1), 10-18.

Griner, D., & Smith, T. B. (2006). Culturally adapted mental health interventions: A meta-analytic review. *Psychotherapy: Theory, Research, Practice, Training. 43*(4), 531-548.

Hackney, H. L., & Cormier, S. (2009). *The professional counselor: A process guide to helping* (6th ed.). Upper Saddle, NJ: Pearson.

Hartman, W. E., & Gone, J. P. (2012). Incorporating traditional healing into an urban American Indian health organization: A case study of community member perspective. *Journal of Counseling Psychology, 59*(4), 542-554.

Herlihy, B., & Corey, G. (2006). *Boundary issues in counseling: Multiple roles and responsibilities* (2nd ed.). Alexandria, VA: American Counseling Association.

Israel, T. (2006). Marginalized communities in the United States: Oppression, social justice, & the role of counseling psychologists. In R. L. Toporek, L. H. Gerstein, N. A. Fouad, G. Roysicar, & T. Israel (Eds.), *Handbook for social justice in counseling psychology: Leadership, vision, & action* (pp. 149-154). Thousand Oaks, CA: Sage.

Ivey, A. E., & Ivey, M. B. (2008). *Essentials of intentional interviewing: Counseling in a multicultural world.* Belmont, CA: Thomson Higher Education.

Johnson, L. R., & Sandhu, D. S. (2010). Treatment planning in a multicultural context: Some suggestions for counselors & psychotherapists. In M. M. Leach & J. D. Aten (Eds.), *Culture & the therapeutic process: A guide for mental health professionals* (pp. 117-156). New York, NY: Routledge.

LaFromboise, T., & Jackson, M. (1996). MCT theory and Native-American populations. In D. W. Sue, A. E. Ivey, & P. B. Pedersen (Eds.), *A theory of multicultural counseling & therapy* (pp. 192-203). Pacific Grove, CA: Brooks/Cole.

Lee, C. C. (1996). MCT theory and implications for indigenous healing. In D. W. Sue, A. E. Ivey, & P. B. Pedersen (Eds.). *A theory of multicultural counseling & therapy* (pp. 86-98). Pacific Grove, CA: Brooks/Cole.

Lews, J. A., Lews, M. D., Daniels, J. A., & D'Andrea, M. J. (2011). *Community counseling: A multicultural-social justice perspective* (4th ed.). Belmont, CA: Brooks/Cole.

McCubbin, L. D., & Marsella, A. (2009). Native Hawaiians and psychology: The cultural and historical context of indigenous way of knowing. *Cultural Diversity & Ethnic Minority Psychology, 15*(4), 374-387.

Paniagua, F. A. (2010). Assessment & diagnosis in a cultural context. In M. M. Leach & J. D.

Aten (Eds.), *Culture & the therapeutic process: A guide for mental health professionals* (pp.65-98). New York, NY: Routledge.

Ridley, C. R. (2005). *Overcoming unintentional racism in counseling & therapy: A practitioner's guide to intentional intervention* (2nd ed.). Thousand Oaks, CA: Sage.

Ridley, C. R., & Shaw-Ridley, M. (2010). Termination within the context of culture: A three-phase model. In M. M. Leach & J. D. Aten (Eds.), *Culture & the therapeutic process: A guide for mental health professionals* (pp. 201-227). New York, NY: Routledge.

Rivers, I. (1997). Lesbian, gay and bisexual development: Theory, research and social issues. *Journal of Community & Applied Social Psychology, 7*(5), 329-343.

Rofes, E. (1989). Opening up the classroom closet: Responding to the educational needs of gay and lesbian youth. *Harvard Educational Review, 59*, 444-453.

Savin-Williams, R. C. (1994). Verbal and physical abuse as stressors in the lives of lesbian, gay male, and bisexual youth: Associations with school problems, running away, substance abuse, prostitution, and suicide. *Journal of Consulting and Clinical Psychology, 62*(2), 261-269.

Shin, S. M., Chow, C., Camacho-Gonsalves, T., Levy, R. J., Allen, I. E., & Leff, I. E. (2005). A meta-analytic review of racial-ethnic matching for African American and Caucasian American clients and clinicians. *Journal of Counseling Psychology, 52*(1), 45-56.

Spillane, N. S., & Smith, G. T. (2007). A theory of reservation-dwelling American Indian alcohol use risk. *Psychological Bulletin, 133*(3), 395-418.

Sue, D. W. (1996). Toward a theory of multicultural counseling & theory. In D. W. Sue, A. E. Ivey, & P. B. Pedersen (Eds.), *A theory of multicultural counseling & therapy* (pp. 1-2). Pacific Grove, CA: Brooks/Cole.

Sue, D. W. (2001). Multidimensional facets of cultural competence. *Counseling Psychologist, 29*, 790-821.

Sue, S. (1998). In search of cultural competence in psychotherapy & counseling. *American Psychologists, 53*, 440-448.

Thomason, T. C. (1995). Counseling Native American students. In C. C. Lee (Ed.), *Counseling for diversity: A guide for school counselors & related professionals* (pp. 109-126). Needham Heights, MA: Allyn & Bacon..

Toporek, R. L., & Williams, R. A. (2006). Ethics and professional issues related to the practice of social justice in counseling psychology, In R. L. Toporek, L. H. Gerstein, N. A. Fouad, G. Roysicar, & T. Israel (Eds.), *Handbook for social justice in counseling psychology: Leadership, vision, & action* (pp. 17-34). Thousand Oaks, CA: Sage.

Turner, S. L., & Pope, M. (2009). Counseling with North America's indigenous people. In C. M. Ellis & J. Carlson (Eds.), *Cross cultural awareness & social justice in counseling* (pp. 185-209). New York, NY: Routledge.

Tyler, J. M., & Guth, L. J. (2003). *Understanding online counseling service through a review of definition and elements necessary for change.* Retrieved from ERIC Document Reproduction Service (ED 481136)

Vandiver, B. J., & Duncan, L. E. (2010). Toward practicing culturally sound counseling: A synthesis of current clinical research & experience. In M. M. Leach & J. D. Aten (Eds.), *Culture & the therapeutic process: A guide for mental health professionals* (pp. 255-299). New York, NY: Routledge.

Vogel, D. L., Wade, N. G., & Haake, S. (2006). Measuring the self-stigma associated with seeking psychological help. *Journal of Counseling Psychology, 53*(3), 325-337.

Vogel, D. L., Wester, S. R., Wei, M., & Boysen, G. A. (2005). Role of outcome expectations and attitudes on decisions to seek professional help. *Journal of Counseling Psychology, 52*(4), 459-470.

Wilkinson, D. Y. (1980). Minority women: Social-cultural issues. In A. M. Brodsky & R. Hare-Mustin (Eds.), *Women & psychotherapy* (pp. 285-305). New York, NY: Guilford.

Yang, L. H., Phelan, J. C., & Link, B. G. (2008). Stigma and beliefs of efficacy towards traditional Chinese medicine and Western psychiatric treatment among Chinese-Americans. *Cultural Diversity & Ethnic Minority Psychology, 14*, 10-18.

Yarhouse, M. A., Brooke, H. L., Pisano, P., & Tan, E. S. (2005). Project inner compass: Young adults experiencing sexual identity confusion. *Journal of Psychology & Christianity, 24*(4), 352-360.

Chapter 16 新住民諮商

▌趙祥和

　　本章將先描述新住民諮商的主要概念，從臺灣社會變遷脈絡角度敘述新住民的定義與名稱、生活適應與家庭關係、文化適應與認同、移工的弱勢處境，以及輔導政策與服務等議題；再從多元文化諮商的角度，提出新住民諮商相關概念、工作架構，以及對諮商應用的省思與實務；最後提供案例分析，以及學習活動與問題討論。

壹、臺灣社會變遷下的新住民

　　臺灣是一個移民的社會，早在明清時代漢人移民之前，臺灣已有南島語系原住民居住，而近代國共戰爭的軍眷移民，解嚴之後的婚姻移民等，移民所帶來的多元族群已成為臺灣社會的特色，臺灣是一個名符其實的多元族群文化社會。而新住民又特別指婚姻移民和移工。臺灣在 1990 年代之後，因為政府提出南向政策，加上婚姻移民人數快速增長，外籍配偶逐漸受到政府和社會所關注；臺灣也因為產業人力需求和人口老化的影響，引進東南亞籍移工解決勞力困境，亦成為新住民發展的一環，臺灣各大城市都可以看到許多東南亞新住民的身影。

　　2015 年，新住民移民人口數逼近 51 萬（509,363）人，其中約三分之二是大陸、港、澳籍配偶，三分之一為越南、泰國、菲律賓、印尼，以及日本、韓國、美國、加拿大、歐洲各國等外裔外籍配偶；移工（外籍勞工）則已逼近 60 萬（579,260）人，其中八成以上來自東南亞，比例多寡依序為印尼、越南、菲律賓、泰國（內政部統計處，2015），而新住民子女就讀中小學的人口數也超過 20 萬（207,733）人（教育部，2015），因此，若以廣義統計，移工、婚姻移民及其第二代人口數，整體新住民人口數已超過百萬。雖然相較於整體的族群人口結構比率，新住民的比率並沒有特別高，但已遠遠超過原住民的 54 萬多人。在以漢人為主流族群的臺灣社會中，新住民的人口特徵具有特殊性，其語文、文化、飲食及生活習慣等，皆迥異於臺灣的主流文化。

這些婚姻移民大多相當適應臺灣的生活。根據移民署（內政部入出國暨移民署，2013）的「外籍與大陸配偶在臺生活需求調查」結果顯示，外籍配偶的教育程度多為國高中，其勞動參與率為 46.63%，所從事的行業多為製造業、住宿業及餐飲業，其他多擔任服務及銷售人員、基層技術工或勞工，個人月薪收入為 1 至 2 萬元占多數，2 至 3 萬元居次；整體家庭月收入 3 至 4 萬元占多數，5 至 6 萬元居次。整體家庭平均月收入為 4 萬 6,173 元，相較於國人家庭平均月收入 9 萬 8,073 元，幾乎差了一倍；而新住民的子女有 40.3% 不會說新住民母語，87% 與家人相處沒有困擾，68% 生活沒有困擾，92.9% 感到幸福。

臺灣社會在適應新移民的過程中，難免出現一些負面或刻板印象的新聞，例如：假結婚真賣淫、外配取得身分證後逃跑、仲介越南姊妹從事性交易、大陸外配來臺統戰等各式偏見與歧視。多年來，這些新移民女性逐漸適應臺灣的生活，並且發展出自身的主體性，例如：2003 年婦女新知基金會推動外籍配偶正名活動，票選最喜歡的名稱，最後以「新移民女性」獲得最高票，並呼籲勿再使用外籍新娘或大陸新娘；同年 12 月份，為爭取新住民之居留權益，移民／移住聯盟成立，加速了移民法規的修訂與對政府的監督，以保障新住民的居留權益；在社會行動工作者協助下成立的南洋姊妹會，成為第一個由新住民組成的人民團體。多年下來，新住民已有足夠的自主能力，高雄市的越南同鄉會即是一個成功的例子。該會由越南新住民自行組成，自行申請登記為人民團體，其會員數也有一兩百人，且該組織透過自給自足的方式辦理各式活動，反映出越南新住民的能量與行動力。這些新住民在臺灣各種社會公益團體的協助下，逐漸發展出主體性，並為自己發聲，參與臺灣社會有關新住民的公共政策。

新住民被汙名化和問題化的議題，最值得我們反思。早年夏曉鵑（2002）的研究指出，「外籍新娘」的現象與臺灣農村在工業化、都市化與國際化的過程中經濟衰退等結構，有很大的關聯性；臺灣鄉下適婚或過了適婚年齡的男性，多透過仲介媒合外籍女性結婚，並輔助臺灣農村與漁村的家庭勞動力。故早年嫁來臺灣的外籍配偶大多需要負擔家務，與公婆同住的情形也居多（藍佩嘉、吳嘉苓，2013）。在婚姻移民女性大量增加的年代，新移民女性在臺灣面對社會與媒體的汙名化、問題化，一直是一個嚴重的社會歧視；臺灣主流社會沿著外籍配偶是弱勢與問題婚姻的基調，論述她們增加社會成本，弱化人民素質（何青蓉，2005）。事實上，女性移民一直是輸出國無法承擔的損失（邱琡雯，2005）。雖然早期許多關於新住民女性的研究發現多呈現問題化與商業化，但也有研究指出，越南新住民婚姻家庭的情況並非社會大眾所認知的刻板印象。事實上，越南女性新住民為改善原生家庭經濟來臺，在原生家庭的地位提

升不少，而在本國的生活亦相當不錯（王宏仁、詹娟娟，2005）。

一、新住民定義與名稱

　　廣義而言，臺灣的新住民一般是指因婚姻移民來臺居住的配偶、新住民的第二代或來臺灣短期居留的移工；狹義的定義則是指移婚來臺的新移民，包含取得短、長期居留證件或身分證件的移婚者，也就是所謂的外籍配偶。但無論是採取哪一種定義，都不太容易涵蓋所有的新住民，例如，移婚來臺 20 年的移民，已取得身分證，很難算是「新」住民，但相對於世代居住於此的臺灣民眾，還是算新到者。新住民一詞可以採用較為廣泛的定義，凡是因為工作、結婚、依親或相關因素而居住於臺灣的外國籍人士及其第二代，不論其是否還擁有外國身分證件或已有中華民國身分證，皆可視為新住民。而一般媒體或社會大眾，過去對於外國籍勞力工作者簡稱外勞，現在多稱移工；過去稱跨國移婚女性為「外籍新娘」，但此用詞在跨國婚姻中已被汙名化，故許多跨國移婚女性較能接受官方使用的「外籍配偶」，近年來則大多使用「新住民」。有關新住民的下一代，最近 10 年從「新臺灣之子」的稱謂逐漸轉為「新二代」，特別是在媒體報導的使用上，也建構了臺灣新住民下一代的形象，傾向將新二代視為是一種人力資產（李美賢、關嘉河，2015）。因此，新住民可以從婚姻、勞動、居留或代間的角度來定義，通常國內在提及新住民時，多泛指移婚新住民女性及新二代。

　　目前臺灣新住民的來源國包含了越南、印尼、泰國、菲律賓、柬埔寨、緬甸、馬來西亞、中國大陸、韓國和日本等，可見新住民的原生國相當多元。每個國家的語言、文化、習慣、價值觀等都有相當大的差異，但我們習慣將東南亞各國的新移民歸於同一類，這也就容易形成錯誤的偏見和誤解，在提供輔導或社會服務時，應避免將他們視為同一種文化。本章的新住民諮商所呈現的，僅能視為諮商實務工作者一個鳥瞰式圖景，提供讀者綜覽理解，諮商實務工作者要更精進汲取和學習不同新住民或移工案主的國情和文化，才能達到具有文化敏感度的諮商工作。另外，由於國內移婚新住民多為女性，本章主要仍把焦點放在新住民女性，但在實務場域中，仍可能面臨新住民男性。

二、新住民的生活適應與家庭關係

　　大部分的新住民在移入初期，會面臨較多的生活適應問題，包括語言、生活技能或飲食等，許多新住民很快就能適應臺灣的生活，但也有其個別差異。概括而言，日

益成熟的移民輔導系統中,新住民在生活技能上的適應問題不大,反而社會上的弱勢處境成為新住民較大的問題。一般而言,如果移婚新住民夫家的家庭情境和地位在臺灣社會屬於弱勢階級,則較可能面臨經濟壓力,再加上婚配年齡差異大和先生的個人問題,例如:酗酒、賭博、精神障礙等,以及強勢的父權家庭結構,衍生出家暴、婆媳衝突等議題的可能性就會增加(林津如,2008;邱美英,2009;張玉珮,2004),這些新住民大多是社會工作服務的對象。當然,要提醒的是,並非所有的新住民都會面臨這樣的處境,有些研究者在田野研究中就指出,越南新住民的先生屬於中壯年,負責任也疼惜太太(王宏仁、詹娟娟,2005;蕭昭娟,2000)。

根據內政部的統計,2015年臺灣的離婚對數占有偶對數的比率為10.1‰,其中離婚夫妻為中外聯姻者高達22.0‰,是離婚夫妻均為本國籍者的2.5倍(內政部統計處,2016)。這些數字顯示,新住民離婚比率仍然較本國人高。新住民面臨哪些家庭或婚姻的議題?學者根據衛福部2009年的統計資料進行分析顯示,東南亞籍的婦女和大陸籍的婦女占通報案件的比例相當高,分別占8.2%及6.8%(陳芬苓、黃翠紋、嚴祥鸞,2011),但近年通報量大減,2014年度分占4%及3.9%,2015年度各占3.4%及3.7%(衛福部保護服務司,2016),這可能跟臺灣家庭暴力防治政策推廣有關。特別是臺灣的移民輔導體系也於2003年起,大量培育東南亞語口譯員,直接或間接提升社福、警政與司法等單位的新住民服務,而家防工作的翻譯有助於提升新住民求助意願,並促進服務的可近性。新住民女性仍存在著諸多弱勢情境,其弱勢情境包括隨著婚配年齡的縮小、婚齡的延長,新住民需要負起更多的經濟責任,更重視子女的教育,離婚單親之弱勢者增多,就業競爭力不足(詹火生、陳芬苓,2014)。離婚新住民女性的處境十分艱難,根據林津如(2008)針對南臺灣離婚新住民的研究發現,其研究的新住民女性離婚原因包括三類:(1)先生不養家、吸毒、欠債;(2)老公不斷外遇及無節制的男性性慾;(3)父權家庭要求新移民女性勞心勞力地付出。而離婚的新住民女性通常在離婚後就無家可歸,又得面臨經濟困境;她們從事的工作多為非正式的勞動,如:早餐店、自助餐店、菜市場或夜市,又或者工廠女工、清潔工等,常有工時過長、扣薪等風險,生存不易,收入微薄,很難養得起孩子,離婚後,孩子多歸夫家,少數會將孩子先送回原生國請親戚暫時代為扶養。

新住民女性在跨國婚姻移民過程中,很難脫離原生家庭的牽絆,曾有學者以「靈魂之債」來形容越南鄉下傳統女性仍存在著「男尊女卑」、「三從四德」的父權文化,而越南女性對原生家庭的恩情,是以一種義無反顧的回報,甚至用犧牲自我來回饋家庭也在所不惜(李美賢,2006)。從這樣的角度就可以理解為何越洋跨國而來,

越南新住民女性仍然不忘對原生家庭伸出經濟援手，然而這也常造成臺灣社會大眾對新住民女性的誤解和偏見，將東南亞移婚新住民視為金錢婚姻。事實上，這些東南亞女性的傳統文化價值，對原生家庭深情重義，在經濟上顧及原生家庭是身為女兒理所當然也當為的義務（王翊涵，2012）。我們從這個角度來看新住民女性的家庭地位，就不難理解她們進入臺灣夫家父權體系的處境，她們須承受父權體系所造成女性地位低落的問題，包括：強勢的家人介入、為夫家貢獻勞動力、增加家庭收入、生兒育女、從事免費的照顧工作等（林津如，2008）。新住民女性在面對婚姻困境方面較臺灣女性多了跨文化因素，許多新住民女性初到臺灣不久就懷孕，除了要適應臺灣的生活習慣外，缺少人際交往、無止盡的家務責任，以及面對以父權結構為主的臺灣夫家，也使得新住民的處境更加艱鉅。許多社會學學者從女性主義、父權結構、社會排除、文化衝突等角度，對臺灣新住民的家庭與婚姻進行批判性的討論，很值得諮商工作者參考。的確，無論是婚姻商業化、父權結構體系或是社會上的制度性歧視，都需要更多助人工作者投入倡議與行動。

另外，新住民來臺多為中低學歷者，加上各式居留身分的限制，其就業並不太容易。近年來，勞動部及相關政府單位雖相當重視新住民的就業輔導，但成效並不大，且其輔導多集中在美容美髮或餐飲證照的職訓。根據移民署最近一次的調查顯示，新住民整體勞動率是 44.63%，工作大多為服務業、基層技術員和勞力工，分布在製造業、住宿業及餐飲業（內政部入出國暨移民署，2013）。當然，新住民也會面臨就業歧視，特別是進入職場後的權益問題，常因就業權利和雇主產生問題。

教育問題則隨著新住民在臺居住的時間越久，日益受到重視，特別是近年來提倡新二代母語教育，以及在課程中融入多元文化材料，也間接豐富了正規教育與學習的文化多樣性。因新住民二代多於學齡期即接受臺灣教育，基本上其學業程度與本國人無異，而大部分新住民的家庭在日常生活中多使用中文，新住民夫家成員和鄰里也會交換教育訊息，故新住民二代在正規教育體制中的表現，和母親為本國籍的學生並無太大差異。少部分新住民二代因家庭因素，於學齡前送回原生國生活，及至學齡時再回到臺灣就學，較容易出現中文程度落差問題。有關學齡前的幼兒親職教育部分，國內部分研究顯示，新住民仍然會使用原生國文化的教養方式，也會有盡量配合本國文化的教養方式（馮涵棣、梁綺涵，2008，2009）。

三、新住民的文化適應與認同

新住民為了生活適應，學習中文語言是必備的，但對於代表著自己文化的母語，新住民女性大多僅能在參與活動或聚會時，才有機會大量使用。相似族群的聚會也是族群認同的重要樞紐，她們多在假日與同鄉朋友聚會，或在社區中的某家東南亞餐廳聚餐，這些都成為文化和族群的日常交流地點。移婚新住民在進入臺灣家庭後，一方面得適應臺灣家庭的主流文化，一方面也透過日常的飲食和聚會，展現原生國的生活文化，在相似的母語流動中，消化在主流臺灣家庭所面對的文化適應壓力。事實上，許多新住民在臺定居已超過 10 年或 20 年以上，很難再被稱為「新」，對於早就歸化為本國籍的新住民，她們也渴望被視為本國人而不是「越配」、「印配」或「陸配」的稱謂。不僅如此，日常生活中異樣注視的眼光、感受到鄰里和家族的負面刻板印象，以及在職場上的差別待遇，皆形成新住民的認同壓力，影響新住民對臺灣的歸屬感與認同感，普遍上認為同鄉較會相互幫助（陳燕禎，2008）。當然，其他諸如媒體報導和政治，也影響臺灣民眾對新住民的接納或態度，例如，陳志柔與于德林（2005）的研究就指出，政黨支持和族群成見影響了民眾給予大陸配偶公民權的態度，但卻沒有影響給予東南亞配偶公民權的態度。至今，臺灣因為國家安全或移民政策因素，中國大陸配偶和東南亞配偶在許多居留申請、國籍歸化、工作權等方面，都有相當大的差異，這些因素也影響新住民對臺灣的認同。

另一個有趣的跨國文化互動則是食物交流。新住民在臺經營餐廳，使得新住民可以更深入一般社會大眾，這些東南亞餐廳除了形成新住民的群聚效果外，許多新住民業主相對有較多的機會和臺灣民眾接觸、交流和互動。有研究發現，族群之間日常生活中的實質社會接觸，對於降低族群間的社會距離，具有正向顯著的效果（伊慶春、章英華，2006）。筆者在實務工作上，曾聽聞來自中國大陸新住民談起自己的身分認同兩難時說：「自己是臺灣永遠的外配，在大陸則是永遠的臺灣婆」，這句話相當傳神地表達出新住民的認同議題。的確，早年在正名活動時，許多新住民女性反對使用「外籍新娘」，因為此一用詞隱含貶抑、商業化，甚至汙名化的意涵，整體而言，新住民一詞較受歡迎，但此稱謂若一直緊跟著自己的一生，則其身分將在原生國和接待國之間漂流，這恐怕也是臺灣新住民需要面對的身分認同迷失與調適。

新住民女性在夫家大多能展現高度的文化適應能力，平日多以中文和孩子對話，但言語中仍保留了部分原生國文化精髓的堅持，例如有研究指出，越南新住民母親在

幼兒教養過程中，展現和華人文化相似的孝道準則，於教導孩子長幼有序的禮貌和耕耘情感的表達上，使用不同的越南語詞彙，而且親子之間流露更多的肢體語言和感官知覺的運用（例如：聞媽媽的味道、親吻孩子等），擁有更親密的親子互動（馮涵棣、梁綺涵，2008）。此外，原生國和臺灣文化在親子關係價值觀上的差異、三代同堂家庭結構、夫家弱勢情境等，對新住民母親的親子互動造成深遠的影響（吳欣璇、金瑞芝，2011）。這些新住民女性展現了驚人的文化適應能力，透過女性／母親的角色，將跨越國界和世代的社會網絡連結起來，雖然東南亞新住民多以第二外語（中文）和家人互動，但也沒有放棄在接待國傳遞原生國文化的角色。

　　就宗教信仰方面而言，新住民女性要適應臺灣一般家庭的民間信仰並非易事，有關臺灣新住民宗教信仰的研究不多，從少數的研究和實務工作上已可略窺其複雜性。雖然臺灣是一個宗教信仰自由的國家，但是在同一家庭的成員擁有不同宗教信仰，也必須是互斥性不能太高的宗教才可減少衝突。就信仰伊斯蘭教、天主教或基督教的新住民而言，如何在多神民間信仰的臺灣夫家適應，涉及家庭的權力／性別角色／婆媳關係。有研究指出，臺灣夫家採取強勢的同化處理方式，信仰天主教或基督教的新住民女性會屈就於「婆婆指示」、「媳婦角色」和「長男長孫」的父權文化壓力，而跟隨夫家民間信仰祭拜；先生則採取不同的策略迫使新住民太太參與民間信仰活動，包含：先生強勢堅持、先生共同分工祭拜工作、安撫／敷衍／裝沒事，或者經歷爭執和妥協的過程，最後新住民太太只好在不得已的情形下配合，僅有少部分的新住民女性堅持依循自己宗教信仰而不參與祭拜（林品妤，2014）。在實務中，我們觀察到信仰伊斯蘭教的印尼新住民，因其信仰禁食豬肉，而豬肉是臺灣家庭常食用的肉類，民間信仰亦有祭拜，印尼新住民女性多隱忍烹煮豬肉，參加祭拜，但個人不吃；至於在平日的禱告，也只能私下進行。於一般民間信仰的家庭中，有關宗教的文化適應，在父權體系家庭結構下，新住民的宗教信仰受到無形的壓抑與輕視。

　　就飲食方面而言，以越南新住民女性為例，其所面對的婆媳關係，不僅僅只是和婆婆的相處問題，還包括家庭中的其他成員如何看待這個越南女性，是否同理和接納來自不同地區的生活文化差異，例如，越南媳婦做菜喜好使用魚露，而臺灣夫家覺得味道太臭而禁止魚露入菜。若臺灣家庭不容易接受這類異國料理，東南亞來臺的新住民飲食文化在臺灣家庭主流文化觀點下，容易產生適應上的困境，這也是形成新住民感受到被壓迫的原因之一。某些研究指出，食物的味道具有文化深層的意義和家庭婆媳權力的議題；新住民不容易被臺灣家庭所接受，但可以在新住民開設的小吃店或同鄉聚會中獲得認同（林開忠，2006），而臺灣出現越來越多新住民的餐飲店家，也可

以成為一種文化認同邊界的滲透（陳燕禎，2008）。另外，也有研究指出，越南小吃店在臺灣形成一種「網絡集結點」和「移民病理區」的衝突；前者指的是：「移民在接待國中以自營商家的形式聚集在族群日常生活周遭地區，形成族群生活的要塞，提供許多生活機能，並與媒體、教會、寺院、學校、食材店、料理店等其他族群生活集結點彼此相連或網絡化。」後者指的是：「將移民住商集中的現象視為社會毒瘤，是貧困、犯罪、暴力的溫床，低教育、低所得階層者的棲息所在，住在其間的移民得不斷自我調整及採取行動，面對接待社會的歧視與偏見。」（邱琡雯，2007，頁99）。因此，這些新住民在文化適應過程中，於飲食方面所顯露出來的文化認同意涵，東南亞小吃店或許是一種新住民面對臺灣主流社會所形成的一種跨界文化鬥爭（張正，2004）。

就語言使用而言，新住民在初到臺灣的前幾年，其中文表達能力有限，再加上多數的新住民夫家並不認同母親跟孩子使用母語交談；實務工作中，有些案例顯示新住民案主的先生或公婆限制新住民媽媽使用母語和孩子互動，甚至剝奪新住民母親的教養權（鄭詩穎，2012）。在臺灣家庭的主流文化中受到語言使用的限制，新住民只能在自己的同鄉聚會中使用母語一解鄉愁，雖不致造成文化異化（cultural alienation）的現象──一種將自身感受從周圍的文化隔離，但必然也有著一種文化失落的餘緒。根據移民署的調查，東南亞的新住民子女有43.3%不會說新住民母語（內政部入出國暨移民署，2013），這和臺灣夫家不支持新住民女性跟下一代使用新住民的母國語言可能有關。當然，國家政策是最容易影響新住民母語的使用，2016年在國家主導的新南向政策下，教育部推動新住民二代母語的培力計畫，將是另一波影響新住民認同的推力。

新住民二代的文化認同雖然未有全國性的研究，但一份有關雲林地區新住民二代的研究指出，新住民二代既認同外籍母親的文化，也接受臺灣的文化，且大多新住民二代都認為母親原生國的文化很重要；但有趣的是，新二代無法用母親的語言稱呼自己的名字，也不太喜歡學習母親原生國的語言和文字，顯示個人主觀的認同和實際投入的落差（吳瓊汝，2009）。近年來，東南亞新住民的原生國語言納入課綱，加上政府的新南向政策，必然對新住民二代產生影響，或許也會進一步影響其認同與投入文化活動的質量。但也有學者提出呼籲，特別針對新二代的東南亞語培育政策，隱含著某種限制和框架新住民二代的能力，也排除了非新二代參與東南亞語言的學習，間接把臺灣的新一代切割出「我們─他們」之族群界線，反映臺灣的單元思考／他弱我強／經濟利益的思考機制（李美賢，2015），這提醒我們在推動文化認同有關的政策或

服務時，要檢視背後動機和假設。

四、東南亞移工的弱勢處境

在移民的定義中，移工並不被視為是正式的移民，因為他們並沒有移居久住的意圖。但這樣的說詞並不夠完善，例如，在臺灣的白領移工身分有機會獲得中華民國的永久居留或歸化資格，藍領移工在臺灣工作久住之後，隨之而來的關係或身分變化（如：交友、與本地人結婚、生子等）也會讓移工變成移民。近幾年，我們在研究和實務工作上均觀察到，有越來越多的婚姻移民女性是在臺灣工作時認識自己的伴侶，再回原生國辦理婚姻移民移居臺灣。由於《國籍法》的規定，移工在臺灣（特別是為數眾多的藍領移工）大多不具備移民臺灣的資格，其規定指出需具有相當程度的收入或資產（收入為最低工資兩倍或擁有 500 萬元的動產或不動產），而《入出國及移民法》也規定外國人在我國須合法連續居留七年以上才能提出申請，但《就業服務法》則規定外籍藍領勞工在臺灣境內工作期間累計不得逾六年，這些皆排除了藍領勞工成為公民的機會，這種差別限制被學者稱為「階級主義」（曾嬿芬，2008）。

在國界和政府的管理中，移工在工作國常受到無情的剝削，其價值僅餘付出勞力之後的交易，許多人不把他看成這塊土地上的居民（或人），他們也不具備在這個社會生活的完整權利。例如，過去臺灣勞工法令規定移工三年內得出境（政府已於 2016 年 11 月 5 日公布廢除《就業服務法》第 52 條有關三年出境一日之規定），而大部分移工由仲介公司仲介來臺，仲介費約 8 至 15 萬新臺幣，還得支付在臺三年的服務費 6 萬元，移工還未工作賺錢就先付出龐大的支出，三年得出境造成他／她們必須重複繳交仲介與服務費，這也是移工逃跑的重要原因（陳秀蓮，2016）。但是，「逃跑外勞」的檢舉是依據《就業服務法》第 56 條規定，雇主只需書面檢舉，不必查實即可通報，這種通報者不必負查實之責的規定，明顯是一種不公平的法律，成為雇主對付「不聽話的移工、敢提起勞資爭議的移工、敢訴訟的移工」之手段（吳靜如，2016），這也就是為何外籍移工很容易落入「犯罪嫌疑人」的位置而被通緝。另外，在臺灣的移工也面臨低薪、超時工作、無休假等剝削，甚至面臨心理疾病仍須工作的困境（Atin Safitri，引自王慧儀譯，2013）。社會學家對於這些外籍移工研究分析也指出，這些「外勞」從政府的法令規章、移工仲介機制和訓練模式、雇主的僱用動機和心態、仲介對不同國家移工的刻板陳述，讓臺灣的東南亞移工變成「階層化的他者化」（stratified otherization），移工被暗示為低劣的他者（藍佩嘉，2008）。

　　根據勞動部勞動力發展署在 2014 年針對收容所 653 位外籍勞工，分析其發生行蹤不明之原因，結果顯示：以「金錢相關原因」者居多，占 55.1%，其次依序為「工作調配原因」者占 26.2%，「相處往來原因」者占 15.8%；其中，「金錢相關原因」以「我認為外面賺的錢較多」者居多，占 56.1%；「工作調配原因」以「工作量太大」者居多，占 75.4%；「相處往來原因」以「雇主或其家人會對我亂打亂罵」者居多，占 49.5%。而「要求回國原因」以「仲介要求我回國」者居多，占 32.3%；「更換工作原因」以「仲介不幫我轉換雇主」者居多，占 49.0%；這些外籍勞工工作情況中，僅 37.5% 符合工作狀況，而有 62.5% 不符合工作狀況。近六成（59.4%）的受訪者表示「雇主會扣留證件」，其限制依序為「不可自由外出」（22.3%），「不可和陌生人說話」（19.7%），「不可持用手機」（19.2%）。合理工作時數維持在「8 至 10 小時以下」僅 30.9%，有高達 40.6% 的受訪者在合法雇主處之休假情形為「不曾休假（週一至週日都需工作）」，且這些移工有近半（49.0%）「不知如何尋求幫助」（林玲舟，2014）。從這份調查報告可以看出移工處境的艱辛，面對強勢的雇主和國家管理，他／她們很容易被媒體或政府描繪成潛在的犯罪份子，例如，2016 年勞委會和警政署推出「僱用行蹤不明外勞雇主 420 重罰上路」專案（勞動部，2016），又如 2017 年農曆年前臺北新莊成立專案查緝非法外勞，「針對逃逸外勞聚集處、出租套房、工寮等地，全時段不定時臨檢盤查」（自由時報，2017）。事實上，他們並非刑事犯罪，只是缺乏地主國許可，不能稱之為「非法外勞」，應避免歧視和排斥，聯合國已將之正名為「無證移工」（藍佩嘉，2011）。

　　「臺灣國際勞工協會」（Taiwan International Workers' Association, TIWA）多年來致力於協助這些外籍移工，該協會理事長顧玉玲於 2008 年出版了《我們——移動與勞動生命記事》一書，生動刻劃了來臺移工在國際形勢和歷史變遷過程中的生命故事。2010 年成立的「白刷刷黑戶人權行動聯盟」長期關注國際移民家庭、婚姻移民和移工等族群，對不公義的國境控管政策提出陳情、制度修改、學術研討、社會行動倡議黑戶人權；這個聯盟在 2015 年以田野調查的方式訪談臺灣的移民黑戶，出版《一線之遙：亞洲黑戶拚搏越界紀實》，為臺灣移民的極端處境發出聲音。專門研究家務勞工的藍佩嘉所撰寫之《跨國灰故娘：當東南亞幫傭遇上臺灣新富家庭》，提供了一個社會學家對幫傭移工的深度觀察和分析。另外，《四方報》解散之後（該報於 2016 年 4 月結束九年多的越、泰、印、菲、柬、緬六種語言移工新聞報導），原編輯團隊成立「移人」（Migrants' Park）網路媒體，持續報導當前臺灣移工的各種要聞。這些由第一線社會運動者、社會學家、新聞工作者的實踐、田野調查與報導，提供第一手

的外籍移工／移民生命故事，有助諮商工作者對此一族群的理解。

五、新住民的輔導政策與服務

　　整體而言，臺灣的移民輔導體系都是由內政部主導，2005 年成立「外籍配偶輔導基金」，分 10 年挹注 30 億基金服務外籍配偶；2016 年改為「新住民發展基金」，每年補足 10 億預算。移民署自 2005 年起開始境外輔導，強化入國前之輔導，著重於國情、文化、法令及相關權利義務。入境後輔導則包含中央內政部、教育部、衛福部、勞動部、各縣市社會局及民間社福團體，其中內政部移民署在全國設有 26 個服務站，提供各種居留申請和諮詢服務，且在全國設有 36 個新住民家庭服務中心；而社會及家庭署則在全國設立 115 個新住民社區關懷據點，與新住民家庭服務中心形成全國服務網絡，提供各種生活適應、文化推廣、心理輔導等服務（趙祥和、沈慶鴻，2016）；衛福部則在 2003 年啟用外籍配偶保護諮詢專線（愛護外籍配偶專線），提供英、越、泰、印、柬等五國語言服務，強化被害人向正式管道求助的意願（游美貴，2008）；教育部於 2010 年起迄今，已在全國各縣市國小設立 30 個新住民學習中心；內政部 2012 年起為整合新住民及其子女照顧與輔導而實施「全國新住民火炬計畫」，全國有 362 所重點學校辦理新住民家庭關懷訪視、母語學習課程、多元文化推廣、新住民親子活動、母語歌謠等活動。整體上，整個移民輔導體系是朝在地化、網絡化、社區化三個方向規劃，但新住民在使用這些輔導體系上，仍存在使用率不高的情形。移民署的調查即指出，62.4% 的外籍與大陸配偶未曾參與任何照顧與輔導措施，未參與的原因以「料理家務及照顧家人、小孩」為主，其次為「要工作」、「不知道有輔導照顧措施」（內政部入出國暨移民署，2013），這也反映出新住民女性在家庭牽絆下的困境。

　　2016 年內政部移民署規劃「全方位新住民培力展能方案」，從新住民的生命週期及需求規劃：語文拓能、一代就業、二代增能、多元服務及關懷協助，主要針對婚姻移民為主的服務，反映出臺灣的新住民輔導隨著新住民的生命週期而出現不同的變化。而移工也屬於新住民的一部分，但目前臺灣還缺少針對移工的心理諮商服務。移工所面臨的問題，大部分都是由非營利組織提供輔導與服務，特別是天主教教會及一些小眾的社會行動團體（例如，臺灣國際勞工協會 TIWA）協助發聲，這些移工的服務組織多著重在社會歧視與壓迫的解放、法律救濟服務、生活空間權益、語言課程訓練、宗教聚會等。而政府對移工進行比較深入的文化服務則始於 1990 年代末期，在

臺北市勞工局局長鄭村祺帶領下，發展服務與文化活動的行動方案，以移工詩文比賽和文化展演讓移工可以集結與發聲。

貳、新住民諮商的主要概念與理論

上一節我們談論了新住民在臺灣的概況，可以發現新住民在生活、家庭和社會各個層面上所面臨文化差異的議題，從事新住民諮商工作，是無法忽略新住民從原生國移居臺灣過程中的困境。新住民的心理困擾或議題應該放在社會文化脈絡來理解，才能提供更貼切的諮商服務。本節主要先說明移民諮商的相關概念與作法，並從中討論應用於新住民諮商工作的可能性。

臺灣的新住民在適應過程中，其所面臨的個人議題與文化、社會脈絡互為影響，這些包括臺灣社會文化、家庭人際網絡、社經地位、教育背景及性別等因素。因此，我們需要了解移民諮商的相關論述和概念，例如：文化認同（cultural identity）、涵化（acculturation）過程、族群認同（ethnic identity）、世界觀（world view）、社會階級（social class）與女性地位等。當然，這些是指移民在適應接待國時可能面臨的文化或適應議題，但在進行新住民諮商工作時，我們要更謹慎處理，案主之間仍然存在著許多個別差異。因此，我們不能假設相同原生國的新住民所主述的議題都可以納入同樣的處理方向，這些理論是讓我們更具備多元文化的介入能力，增加個案概念化的多元性，以及採取彈性和多元的諮商介入策略。以下介紹移民諮商中的相關概念，以及社區／生態／系統／多元文化的諮商工作架構，提供符合文化意識的新住民諮商實務。

一、移民諮商的相關概念

移民在適應接待國的生活和文化過程中，認同（identity）的議題顯得特別重要。在心理學領域中的認同論述包含：自我認同、性別認同、性取向認同及社會階級認同等，但有關文化認同則被視為是一種多層次的構念（multidimensional construct），諮商師可以透過檢視文化認同來了解不同移民或族群，其內容包含個人、文化／族群、家族、社會、歷史及失能的多元觀點。以下說明與文化認同有關的概念，以理解臺灣新住民如何展示自身的世界觀和文化認同，又如何在涵化過程中適應生活，並進一步討論新住民諮商應用的可能性。

（一）世界觀與文化認同

　　每個人都有族群文化背景，我們的核心價值觀在這些文化脈絡中社會化而形成，這些就是所謂的世界觀，包含我們對人、自然、關係、時間及各式活動的信念、價值與假設，而這些核心信念、價值和假設決定了我們日常生活中的問題處理和決策方式。基本上，世界觀是一種對社會的認知、知覺和情感地圖，個人會以一種理所當然或潛意識的方式使用它，也影響我們如何理解他人和社會、如何適應社會化，以及如何處理衝突關係等。

　　在心理學領域中，Kelly（1963）將世界觀視為人格的一部分，它是透過個人建構來理解外在世界，跨文化的研究則將之視為是一種普同性結構（universal structure），用於了解不同文化的差異與衝突（Hofstede, 1980）。人類學家 Kluckhohn（1951）早年提出跨文化的世界觀架構，將世界觀分為人性、社會關係、自然、時間、活動五個存在性價值向度，此一分類清晰，後來Schwartz陸續驗證普同性的價值內涵和結構存在各種文化中（引自 Schwartz, 1994; Schwartz & Bilsky, 1990）。這五種價值向度各有其分類：（1）人性觀：分善、惡和善惡兼具；（2）社會關係觀：分線性—階層、平行—相互和個人主義；（3）自然觀：分和諧、控制和接納；（4）時間觀：分過去、現在和未來；（5）活動觀：分重視存在感（being）、重視在發展中的存在感（being in becoming），以及重視實作（doing）的價值觀（引自 Ibrahim & Heuer, 2016, p. 53）。

　　有關臺灣新住民的價值觀，柯瓊芳與張翰璧（2007）根據世界價值觀資料庫的資料分析發現，臺灣與越南文化的相似性高於臺灣與印尼，而臺、越文化間的共通性，也說明婚姻移民中的選擇親近性。而李秀如（2014）依據柯、張等人的研究基礎進一步研究發現，在社會行為態度、性別化意識、成就導向、世界本質意識及個人意識面向上，中、港、越、印、泰和臺灣女性價值觀都存在著差異。這些價值觀是文化認同的核心，透過生活經驗的滲透，文化認同受到自身族群、性別、年齡及發展階段、性取向、移民者的地位、語言、宗教與靈性、失能狀態、家庭組成、出生序、地理環境及社會階級等因素影響（Ibrahim & Heuer, 2016）。上述的世界觀向度，可做為理解新住民案主的世界觀之參考，也可以提供新住民諮商工作者檢視自身世界觀。

　　國內有關新住民文化認同的相關研究並不多，前述吳瓊汝（2009）的研究指出，新住民二代對母親文化的認同和投入出現明顯的落差，的確反映出新住民女性在臺灣家庭權力結構上，其文化認同的傳遞受到阻礙；而新二代雖然認同母親的文化，但其族群認同的實踐仍以臺灣文化為主。另外，張琬涓（2013）從雙文化認同的角度，分

析新住民二代的認同心理歷程，發現新二代的被歧視經驗影響了其採取主流價值觀和實用性來衡量自己與母親文化的認同，而對汙名化的經驗則產生情緒宣洩與保持距離、揭露經驗與調整內在認知，這些新二代依臺灣主流文化的接納程度，在認同上呈現出融合、半融合和被同化的狀況，而父母的雙文化資本的確也成為這些新二代的文化資本。

此外，新住民諮商師也需要了解案主的社會階級、家庭關係、性別、年齡、居住區域、宗教、教育程度或失能等影響世界觀和文化認同的重要因素。如第一節所述，新住民女性從原生國進入臺灣社會的適應過程極為複雜，新住民女性無論在宗教、飲食、教養、婚姻和家庭關係上，都面臨女性的性別與文化議題。從世界觀和文化認同的層面來看，新住民的心理議題反映在個人、家庭、社會與文化層次之間的互動。

（二）涵化策略與族群認同

涵化的概念是由人類學領域所提出來的，指一個遷徙團體在新環境脈絡中的適應過程，於心理學的論述則是指個人在這個移民適應過程中的內在認同之變化。早期學者對涵化的論述較強調移民適應接待文化，這種單一向度的涵化被稱為同化（assimilation），後來的涵化研究把焦點放在移民和接待社會的雙向適應，所以移民的適應是順著平行的兩條路線前進：一條是和原生文化的連結，另一條是和接待文化的連結。涵化的歷程涉及個人和社會兩個層次，前者是指心理適應有關的行為、價值、態度和認同，後者則指社會適應有關的經濟、文化、技術、社會及政治轉換。

Berry（1997）提出移民在接待國的涵化策略，包含四種類型：（1）統整：同時維持原生國文化與接待國文化的認同；（2）同化：認同接待國的文化，排除原生國文化；（3）隔離：認同原生國文化，排除接待國文化；（4）邊緣化：不認同原生國文化，也不認同接待國文化。根據西方學者的研究，涵化和族群認同這兩個變項與少數族群的青少年問題、心理健康、酗酒及藥物濫用有關；有些學者指出，移民的涵化壓力主要受到接待國和移民之間在社會、文化和心理等層面的交互作用而形成，其壓力反應包括憂鬱、焦慮、邊緣化和疏離的感受（Short et al., 2010）。但已有越來越多的學者避免將涵化論述成負面觀點，例如Pedersen（1995）就以「文化衝擊」（culture shock）取代「涵化壓力」（acculturation stress）；又如，有研究指出，成功的涵化與移民者的身心健康、生活心理滿意度、高自尊、優越的工作表現、年輕移民取得良好的學業成績有關（Liebkind, 2001），而移民者的族群認同和心理幸福感有關（Phinney, Horenczyk, Liebkind, & Vedder, 2001）。但有關涵化與族群認同如何影響諮商工作和諮

商歷程的論述還很有限，因為移民案主在諮商中的個人問題、社會正義及文化反應是一個相互影響的複雜議題（Ibrahim & Heuer, 2016）。故涵化和族群認同的概念在新住民諮商中是一個值得重視的概念。

　　然而，生活在接待國的移民群聚社區，和散居於接待國的主流社區，涵化的情形和面臨的壓力是否一樣？在臺灣，新住民大多是散居於臺灣的社區，故其和臺灣文化的交流呈現了獨特的風貌。例如：陳燕禎（2008）指出臺灣新住民以小吃店的經營方式構成一種新住民和同鄉交流的網絡節點，以及解決原生文化鄉愁的文化聚落，形成另一種文化認同的型態；但新住民小吃店和臺灣人的商家存在著競合關係，臺灣民眾或商家對於小吃店聚集許多新住民或移工，其看法不盡然都是友善的態度，甚至可能視為是一種移民區病理化（邱琡雯，2007），而從新住民的角度來看，東南亞餐飲店則可視為一種同一族群的交流場域（張正，2004；陳燕禎，2008）。

　　目前臺灣尚缺少新住民的涵化研究，筆者從臺灣近幾年來出現許多新住民慶典活動、新住民商圈、新住民自辦團體的趨勢來看，臺灣東南亞新住民文化活動顯得相當熱絡，或許第一代的新住民藉由這些活動參與和聚會，保存自身族群的文化，但在生活交流過程中，也逐漸熟悉臺灣的文化，習慣臺灣的飲食，家庭生活中大多使用中文，反倒是缺少跟自己的孩子以母語交談。依筆者粗淺的判斷，以 Berry 的涵化策略來看，臺灣新住民較可能落在統整和同化兩個策略上，而使用隔離和邊緣化策略的新住民女性僅出現少數弱勢家庭的特殊案主。

　　族群認同是另一個影響移民涵化的因素，移民在接待國文化中的認同與適應受到幾個重要因素影響：移民的時間點、移民的代間、接待國文化對其原生國文化的接納程度、原生國和接待國的文化相似度（Phinney et al., 2001）。Smith 與 Silva（2011）則是將族群認同放在主流／小眾（majority/minority）的社會地位來看，強調移民者的族群認同發展在主流／小眾的社會結構中統整與分化，這是一個終身的過程。移民者對其族群的感受和態度，以及其自我和族群團體的連結程度，決定了族群認同的強度。族群認同被視為是一種多向度和動力的關係，包含態度、價值、行為的表現，移民在涵化過程中感受到接待社會的支持與否，影響其心理幸福感。從前述有關臺灣新住民的文化與家庭關係中，可以發現新住民和原生國文化的連結，以及適應臺灣主流文化的家庭，充滿了各式生存的策略。

　　Ibrahim 與 Heuer（2016）在整理涵化與族群認同的文獻後，提出心理健康專業工作者從事移民諮商服務時，可能遭遇三種阻礙：（1）社會—文化阻礙（social-cultural barriers）：對案主症狀表達的詮釋，以及對心理問題的處理歸因差異；（2）脈絡性—

結構性阻礙（contextual-structural barriers）：缺少提供具有文化敏感度的心理健康服務和知識、缺少小眾族群的心理健康工作者，以及缺少特定小眾族群的服務訓練；（3）臨床—程序的阻礙（clinical-procedural barriers）：缺少文化敏感度服務、溝通問題、臨床偏誤、對主述問題錯誤診斷等。這些提醒相當值得新住民諮商工作者參考。

在諮商或心理治療的領域中，涵化過程涉及個人的認同，西方學者多將這個議題放在對涵化與認同的評估；其實，在全球化和科技化的影響之下，個人的認同建構越來越多元，諮商的其中一個目標就是協助案主統整自我，以發展多元認同（Monk, Winslade, & Sinclair, 2008）。諮商師如何協助新住民案主在臺灣社會主流文化中保有自己的文化資產，以及如何協助或培力新住民的社會參與和倡議，皆是新住民諮商工作重要的一環。

（三）社會階級與女性地位

社會階級根基於社會結構，我們常常透過個人在社會上的位置或地位，相互認識彼此，也影響著彼此的文化認同。根據著名的社會學理論家 Bourdieu（1989）的看法，社會結構和心理結構是一種雙向關係，兩者的互動提供彼此改變的機會。心理諮商則較少觸及這個觀點，但早年Altman（1995）曾提出一對一的對偶諮商概念，應修改為三人式心理學，第三人指的即是社會脈絡。有些學者指出，諮商師和心理健康工作者常常將社會階級視為一個大家都能理解的概念，而且很容易辨識出案主屬於哪個社會階級的成員（Liu, Soleck, Hopps, Dunston, & Pickett, 2004），這種刻板印象或簡化的想法，常常忽略階級和族群、性別、宗教、性取向、居住區域等因素是和心理健康有關。例如，同樣是藍領勞工，臺灣勞工和東南亞移工之間就有明顯不同的社會地位；臺灣勞工有工會支持，在公民權、語言、社會支持網絡和文化上皆具有優勢，相反的，東南亞移工受限於國家移民法令、有限的中文和不同的文化，只能被動地接受接待國資方的安排，面對不合理政策、管理和問題，只能求助於非營利組織。因此，社會階級不僅僅只是單一職業、教育水準或薪資收入的刻板印象，它也跟主流文化的歧視和偏見、社會制度的排除、主流權力的剝削等議題有關。

許多學者指出，早年來臺的新住民女性之社會階級偏向勞工、中低教育水平、較低的家庭地位，甚至是家庭無酬勞工等。例如，夏曉鵑（2002）的研究指出，外籍配偶是填補臺灣弱勢邊緣家庭的角色，社會階層化造成臺灣女性移民勞動化；王宏仁（2001）的研究顯示，越南籍的女性在臺灣被視為是無酬的勞動力。但從移婚女性的角度來看，Lu 與 Yang（2010）的研究指出，女性選擇跟其他國家男性結婚主要是為

了經濟上的考量和提升自己的階級；近年來研究跨國婚姻仲介的學者也指出，以狩獵／受害和剝削／自由的二分觀點解讀跨國婚姻不盡然正確，而主張改以跨國／跨階級的角度看待臺灣的移婚新住民，認為她們是一種「主動的順服」（active submission）（Tseng, 2015）。以越南女性新住民為例，透過跨國移婚改善母國原生家庭的經濟而帶來社會階級的向上流動，也提升其在原生家庭中的地位（王宏仁、詹娟娟，2005），而這樣的動力源自於越南「重男輕女」、「男尊女卑」的性別文化內化後的一種體現（李美賢，2003）。長期以來，女性案主面對父權結構的體系，以及以兩性為二分的異性戀社會，也加劇女性在此一結構下的次等地位（Monk et al., 2008），這包括男性在生理上比較有體力、在各種發展議題上被暗示為較優越，這種男性特權透過各種形式的權力運作（例如：以男性為主軸的婚姻和家庭關係、刻板化的家務分工可以穩定社會結構），形成難以動搖的女性次等地位。

　　臺灣的新住民女性之社會參與，常常需要透過參與勞動市場改變自己在家中的地位。在個人層面上，移民女性在接待社會中的勞動參與，促成女性意識與權力關係變化，在工作上獲得成就感與賦能感，提升新住民女性的自信心；而在家庭層面上，移民女性透過經濟的收入，對夫家家庭的貢獻，影響其在家庭中的發言權和決定權，但這部分仍取決於夫家的權力互動（邱琡雯，2005）。但近幾年新住民女性的生活狀況已有所轉變，這些新住民成為臺灣夫家的經濟支柱後，其在家中的地位的確有所改變，若其先生處於失業狀態，新住民女性在家中的地位相對獲得提升；而婚配年齡差距縮小，婚姻存續拉長，加上以新住民女性為主的養家模式，對臺灣傳統的父權家庭文化造成深遠的影響（陳芬苓，2014）。社會階級隨著時間和地點而有所改變，我們需要了解新住民女性如何看待自己的社會地位，以及臺灣社會如何看待這些女性。但新住民女性仍存在著若干弱勢情境，根據詹火生與陳芬苓（2014）的研究顯示，新住民女性的社會、地位、經濟、教育程度均不如本國人；而在主觀態度上，無論是臺灣民眾或是新住民本身，都認為新住民家庭的整體生活水準、經濟狀況、教育水準、社會地位和職業聲望皆低於臺灣一般家庭。而新住民倡議實務工作者也觀察到，臺灣社會將某些臺灣女性不願意承擔的傳統價值轉嫁到更無主體性和選擇權的新住民，將之捆綁於人妻／人母／人媳的角色（吳佳臻，2013）。

二、新住民諮商的工作模式：社區（群）／生態（系統）／多層次的諮商工作架構

在了解有關移民諮商的文化概念後，我們可以發現新住民諮商工作需要注意新住民的多重認同議題、社會處境，以及相關個人與家庭議題的交互作用。新住民諮商工作的個人、群體與社會層次介入是環環相扣的，Ibrahim 與 Heuer（2016）提出幾項相當實用的移民諮商工作指引：（1）實施多層次的文化評估；（2）應用生態觀點發展介入策略；（3）結合和統整研究和實務的證據；（4）提供具有文化能力的治療方式；（5）跟社區團隊合作，以及在服務過程中顧及社會正義的原則。以下介紹社區（群）／生態（系統）／多層次的諮商工作架構，並進一步說明新住民諮商工作的應用。

（一）社區（群）諮商工作架構

社區諮商（community counseling）是國內通用翻譯用詞，事實上，Lewis、Lewis、Daniels 與 D'Andrea（2011）採用 Paisley（1996）的觀點，將 community 視為是「一組或一群具有共同興趣和需求的人」，因此 Lewis 等人將 community 定義為一個具有一體性（unity）、持續性（continuity）與可預測性（predictability）的體系（system），由個人、團體和組織組成一個相互依存的群體。所以，社區可以是學校、鄰里（這一類比較屬於區域或組織，中文「社區」一詞就較貼切），也可以是同性戀、原住民或新住民（這一類比較屬於群體，使用中文「社群」一詞較貼切）。社區諮商的基本假設是強調人的心理議題由個人和環境互動而來，若諮商師忽略社會系統的影響力，其諮商效果也較無效率。這是一個不難理解的觀點，一個案主若能得到外在環境或社會系統的支持，其在處理個人生命壓力或困擾時，必然可以更有效地獲得改善。因此，社區諮商同時要對個人內在心理和外部環境進行工作，提供多層次的服務。

社區諮商強調案主的資源與優勢，強調案主的自我導向、賦能、整體與非線性觀點、同儕支持、尊重、責任與希望感。另外，多元文化與社會正義觀點的應用，是社區諮商一個重要的特色，是故社區諮商師也須具備多元文化諮商的能力。Lewis 等人（2011）對社區諮商做了一個完整性的定義：

社區諮商是一個全面性的助人架構，它是根基於多元文化能力與社會正義導向。由於人類行為是受到脈絡強力的影響，社區諮商師需要運用策略，同時促進案主，以及滋養他們的社區（群）健康發展。（Lewis et al., 2011, p. 9）

依循這樣的定義，人類發展過程中，個人的整體能力（capabilities）受到主流社會體系的剝奪和壓迫而未能維持身心健康、自由表達想法和情感、關注他人、掌控環境等，社區諮商工作即是在這個基礎上促進個人和社區（群）的發展，那麼其所使用的諮商策略就不能僅限於傳統諮商所著重的個人內在工作方法，它必須具有更全面性的策略。Lewis 等人提出的社區諮商模式與策略分為四個向度：

1. 促進個人發展：聚焦策略

諮商師在提供案主一對一的諮商服務時，必須擺脫傳統的個人內在觀點，以一種整體觀，將案主的脈絡和優勢納入諮商工作，而促進個人發展的策略必須同時包含諮商室內和外展的諮商服務。所以，社區諮商師的角色將是多元化，其工作方法也必須是主動出擊，貼近案主的脈絡進行諮商，甚至外展至特殊社群。以新住民的諮商工作而言，此一策略可以提醒諮商師展現更多元和彈性的個別服務，例如，透過參與新住民據點活動，藉以跟潛在的新住民案主建立關係，或者可透過親職和婚姻講座提供後續的個別諮詢等。

2. 促進個人發展：擴散策略

這個策略主要在於針對一般大眾或特定群體進行發展性和預防性介入工作，教育和訓練社區民眾認識個人發展健康的知識與能力，以因應未來可能面對的困境。目前有關新住民的輔導體系中，新住民家庭服務中心和社區關懷據點是重要的服務網絡，這兩種服務單位皆提供相關的生活適應、家庭婚姻、親職教養及文化活動，這些活動皆可視為預防性與發展性的心理健康推廣；另外，新住民二代多已進入學齡期，學校體系提供的發展性服務包括親師座談、親子活動，以及日常的親師互動與交流，新住民諮商工作者有必要聯合學校工作者，提供新住民案主更多元的服務。和學校教師合作是新住民諮商個別服務的重要橋梁。

3. 促進社群發展：聚焦策略

社區諮商強調提升案主自我倡議的能力，培養案主服務社群的主體性和為自己的處境發聲，是社區諮商師的重要任務。新住民案主面臨的問題需要各種組織的合作倡

導，讓新住民可呈現自己真實的需求。這也是臺灣新住民社會工作服務常見的培力工作，新住民針對自身議題進行自我發聲，需要透過學校和社福組織共同合作與賦能，搭建契合新住民的發聲平臺。

4. 促進社群發展：擴散策略

社區諮商亦重視巨觀層面上的倡議工作，諮商師被視為是倡議社會正義的代理人，需要高度敏感服務社群的社會處境和個人心理議題或健康之間的關聯性，有能力區辨社會／政治行動可以解決的問題，也要發展處理這些議題的管道和機制，此時諮商師的角色是一個社會行動者。因此，新住民諮商工作者熟悉相關政策、法令推進及社會議題，並且參與或密切關注相關的倡議議題和組織活動，例如：移民移住人權修法聯盟（簡稱移盟）、臺北的 TIWA、臺中的 1095（關注東南亞新住民移工和東南亞教育倡議）、高雄的南洋姊妹會等組織推展之議題。

而 Fielding 與 Anderson（2008）提出集體式韌力（collective resilience）的概念，強調以組織式支持（institutional support）協助移民建立社區保護因子：（1）建立社會支持網絡，包括志工、專業工作者及社群；（2）透過公眾參與、公社責任及行動賦能移民；（3）社區（群）處需要同時聚焦於問題解決和情緒。這三個保護因子正好可以補充上述社區發展的工作方向。新住民諮商工作者需要參與或帶領新住民回應新住民社群的發展議題，包括對各種歧視、偏見、社會排除及政策的回應。

（二）生態（系統）諮商工作架構

生態觀點被引入諮商工作中，大多是採取Bronfenbrenner（1994）的生態觀點，強調個人和不同層次社會體系的交互作用，包括個人和他人、團體與社會體系之間的動力。諮商師在社會脈絡中概念化案主的問題，將案主的問題放在整體生活情境及特定的議題上加以理解。因此，有學者提出跨文化諮商歷程架構，強調移民從原生國的巨系統遷移至接待國的巨系統，各次系統間的協調與巨系統間的要求不一致，導致移民的壓力（Neville & Mobley, 2001）。後來 Roysircar 與 Pignatiello（2011）提出相似的概念，發展多元文化—生態式的評估工具（multicultural-ecological assessment tool），主要著重於幾個向度評估移民女性的主述問題。以下介紹生態系統式的評估向度，並以新住民諮商工作的例子說明。

1. 個人系統

主要了解案主如何建構其問題，諮商師須探索案主如何看待自己的遷移與失落、

性別與家庭角色、文化認同、在主流文化的舒適程度等，從各種文化的交互作用中，檢視與了解案主如何建構自己的狀況和處境。新住民諮商工作者可從此一系統中，了解案主如何理解自己目前的處境與主述問題的關係，經由這樣的探討，可以協助案主全面性地認識自己的困擾，讓案主了解問題是與環境交互作用，也跟案主的知覺和觀點有關。

2. 微系統（文化和環境系統）

在微系統方面，諮商師評估案主的家庭結構、同儕關係、在地社群、文化活動和資源。例如，新住民諮商工作者可以探問案主目前的家庭日常生活、案主和母國原生家庭的連結狀況，以及案主當初為何想要移民臺灣？案主在臺灣的朋友群有哪些？有無親近的朋友？案主平日是否參與同鄉姊妹的聚會？

3. 中系統（生態系統間的互動）

此一部分聚焦於工作和家庭系統衝突／和諧情形，包括案主在工作場合中對不同族群之間互動的看法？案主如何描述她的家人和自己的主管見面時可能是什麼場面？案主日常面對的工作和家庭衝突為何？在中系統部分，新住民諮商工作者可以帶領新住民描述其工作場所的族群互動、同事關係，或者母國原生家庭成員如果看到自己的主管或同事，最想了解什麼？目前家庭成員如何看待她的工作？

4. 外系統（間接影響之外系統）

此一系統著重於父母工作對個人在職場的影響力，主要指個人受到父母的職業和社會關係所影響。例如，新住民案主是否能夠意識到自己的下一代受到自己原生國文化影響？案主的孩子是否了解案主的同事關係？案主的孩子是否了解父母親的工作？是否喜歡案主的工作？

5. 巨系統（社會）

指社會常規、信念、法律等對個人的影響，新住民案主的原生國和臺灣的社會文化差異影響新住民的社會角色。諮商師可以探問新住民案主的原生國社會或文化如何要求女性？如何當一位母親或太太？案主是否了解臺灣家庭對媳婦的要求？案主如何看待自己的性別認同？案主如何適應臺灣的家庭文化？

6. 時間系統（環境事件）

指個體受到外在環境事件影響，特別是在時間軸的向度中，個體的生命經驗變

化，例如遷移過程中的生活改變。案主從原生國決定跨國移婚至臺灣，此一過程對她的人生造成什麼影響？面臨哪些困難？從剛過來臺灣一直到現在，她自己有何改變？有孩子和沒有孩子，她的生命經驗有何差異？對於未來她將長久落地在臺灣，她的看法是什麼？

　　和社區諮商模式相似，新住民諮商工作使用生態系統的工作模式是一種多元專業工作角色的展現，諮商師進行諮商中的生態評估和處遇，需要同時兼顧案主的世界觀和文化認同、涵化傾向和族群認同、社會階級和女性地位等概念；諮商師必須要評估自身的自我覺察、價值觀、主流文化、新住民文化知識及諮商方法的契合性，以及評估新住民的文化認同、涵化傾向、特權與壓迫、情緒穩定性、面臨家庭主流文化等面向。

（三）多層次的諮商工作架構

　　由於移民的議題具有複雜性，移民諮商的工作無法單靠傳統的諮商即能有效處理，移民同時面對遠離原生國文化和適應接待國文化的壓力，還得面臨各種負面刻板印象、文化偏見、制度性歧視或政策壓迫，隨之而來的是許多心理和社會適應問題。因此，移民的諮商工作不能只針對移民案主本身，諮商師也要能回應社會環境造成的移民人權議題。近年來，「倡議」在諮商文獻中廣受討論，許多學者建議諮商工作納入社會正義的原則，並將這些原則具體應用在諮商教育、訓練與實務工作（Singh & Salazar, 2010）。諮商領域在回應社會正義的典範，是以社會正義倡議（social justice advocacy）和行動主義（activism）做為處理個體面對社經條件的不平等所造成個體、家庭與社群在學業、生涯與個人／社會發展上的困境，例如，美國諮商學會（American Counseling Association, ACA）2003 年就預告「倡議能力」（advocacy competencies）是諮商未來的第五勢力（Ratts, 2009）。諮商師要將社會正義和倡議融入諮商工作，需了解與學習基本的社會正義文獻和知識，例如：壓迫、內化主流、內化壓迫等概念。

　　Bemak 與 Chung（2008）提出多層次模式（multilevel model, MLM），是以多元文化、社會正義和人權為主的諮商工作模式。它是一種強調多元環境因素的全面性諮商工作架構。在這個工作架構下，諮商師具有多重角色，包括社會正義倡議者、諮詢者及網絡建立者，新住民諮商工作者需要同時和各種影響新住民心理健康的成員共同工作，包括案主的家庭、新住民家庭服務中心的社工與督導、社群中的重要他人（例如：案主的同鄉、新住民團體的領導者）、教會神父或牧師、移民署服務站的工作人員、政府官員、社會行動工作者，以及相關學者和立委等。採用 MLM 工作的諮商師

要能夠覺察自身與新住民的族群認同、了解臺灣當前的移民政策和法令，以及覺察自己的政治立場與反移情。最後，諮商師要能夠掌握新住民團體的韌力與賦能，並善用新住民團體的力量。MLM 的架構共分五個層次，分述如下：

層次一：心理健康教育

運用心理教育的方式，讓案主了解諮商歷程，諮商師也由此學習了解新住民案主的諮商期待。

層次二：個人、團體和家庭諮商的介入

諮商師要以文化敏感度和尊重的方式提供這三種介入方式。

層次三：文化賦能

諮商師透過倡議和諮詢，協助新住民案主發揮個人與集體的文化賦能，支持案主適應臺灣的文化和保持自身文化資產，並提供臺灣主流文化的資訊及教導符合臺灣社會脈絡的社交技巧。

層次四：整合傳統與西方治療

諮商師要確認與尊重案主原生國文化的治療（例如宗教儀式）經驗，也需要了解案主是否能適應西方文化所發展出來的諮商方法，必要時，應結合兩者。

層次五：處理社會正義與人權議題

諮商師要確認新住民案主是否受到公平待遇，以及獲取社會資源的能力和機會是否足夠。新住民諮商工作者除了確認在諮商中受到平等的服務外，也要投入新住民族群有關的政治、社會和體系的倡議工作。

在 MLM 的應用上，建議國內諮商工作者在層次三和層次五可以多跟臺灣既有的新住民和移工服務單位合作，分別跟政府單位和民間單位開展不同的合作，前者包括新住民家庭服務中心、社會局或教育單位。但因為有些新住民或移工面臨議題時，並不會找政府單位求助，他／她們多轉向民間單位求助，例如：長期關注與協助外籍移工的「臺灣國際勞工協會」（TIWA）、推動與保障外籍配偶公民權、工作權、教育權、人權與社會福利的「臺灣國際家庭互助協會」（TIFA），以及長期倡儀和庇護移民與移工的「天主教嘉祿國際移民組織臺灣分會」等組織，這些也都是諮商工作者重要的合作單位。

參、新住民諮商的省思與實務

一、新住民諮商工作是建立在對主流文化的檢視與批判基礎上

新住民諮商工作者，首要即須具備對傳統諮商的中產階級意識形態有所覺察和批判，諮商專業的白人／中產／男性的意識形態，需要靠諮商工作者的自覺與反思實踐，才可能對女性新住民在臺灣的性別／階級／制度的複雜性處境產生同理。如前所述，新住民女性案主多生活在主流的父權結構家庭中，其內化主流文化所產生的內心委屈／主體的喪失／親職權的剝奪／文化壓抑等現象，需要諮商工作者高度的敏感度與文化同理心。臺灣社會的主流文化歧視、媒體的偏見報導、教育體制的盲目複製、以「利益」為導向偽裝成「人本」政策等等，這些都是諮商師應該列入學習和倡議的工作議題。

（一）對諮商主流工作方法的檢視

1. 新住民諮商工作方法須更重視社會脈絡的應用

諮商的傳統意識形態是個人內在處理，延續著心理學的發展脈絡，諮商對於人類問題的概念化偏向處理內在精神世界，無論是精神動力、人本存在、認知行為或後現代取向，大都是強調案主個人的內在認知或情感。雖然多元文化能力在近 40 年來被諮商領域視為是諮商工作者必備知能，但也只是被納入服務主流的個人內在工作，諮商師仍缺少踏入社區與社群的能力。這部分跟諮商教育與訓練有關，大部分諮商教育多講究個別諮商技巧或理論的訓練，傾向一種心理性大於社會性的思考和工作方式；若放置在個人—群體的光譜中來看，傳統的諮商師擅長個人心理的處理，而較忽略社群議題的處理，特別是屬於社會行動與倡議的工作。新住民諮商工作者須更具社會性／更參與式／更主動／更草根性，新住民諮商工作者需要學習走入新住民群體的生存與生活脈絡，像人類學家那樣的蹲點、像社會工作者對新住民的培力、像社會運動者那樣的草根性運動。換言之，新住民諮商工作需要擺脫諮商的主流文化和作法，重新學習一個貼近新住民脈絡的工作方法。

2. 借鏡跨領域專業的知識

以心理取向來概念化新住民案主面對的問題，很容易落入文化簡約或文化無感的諮商專業知識強權。新住民的個人議題常常夾雜著社會脈絡的問題，這些包含主流文化／社會階級／制度歧視／社會偏見等，新住民諮商師需要學習從不同專業知識和方法調整諮商工作。因此，概念化新住民的心理問題或困擾，需要區辨心理困擾背後的社會性議題，鼓勵新住民案主學習分辨問題背後的歸因，重新學習更有效的方式面對困境。的確，傳統的諮商工作和案主維持某個程度的界線，較少涉入案主的生活或生存脈絡，一旦要處理新住民案主的議題時，諮商師須借重其他學科的方法。在多元文化諮商領域中，已經存在著運用社會學概念協助案主解構與重構女性自我的作法（Monk et al., 2008），在諮商歷程中以逐步引導的方式，協助案主區辨心理困擾與社會歧視之間的關聯性，一如新住民案主在臺灣的主流文化家庭中面臨的困擾，案主需要受到鼓勵與脫去主流文化強加在她們身上的枷鎖，新住民諮商工作者有必要了解這些論述和研究。因此，跨領域的知識，特別是東南亞學、社會學或社會工作等專業領域對新住民的工作方法和研究發現，很值得新住民諮商工作者學習和了解，才能更貼切處理新住民案主的心理議題。一如前述社區諮商的工作架構，新住民諮商師的工作方法可以從個人內在的賦能延伸至社群倡議，個人的發展和社群的發展息息相關。

（二）對臺灣主流文化造成的新住民處境之再檢視

多元文化諮商需要具備文化敏感度、文化知識及文化同理心的能力，同樣的，新住民諮商師要發展出這些能力，除了要了解新住民的原生國文化外，更要掌握新住民在臺灣的社會文化議題，以及在社會中所產生的歧視與偏見等相關議題。前面我們對臺灣新住民的概況有了一個綜合性的了解後，新住民諮商工作者有必要從多元的角度來檢視新住民的處境，方能更貼切評估新住民的心理困擾與社會文化關聯性。

新住民被問題化和汙名化的情形雖然已逐漸獲得改善，但新住民諮商工作者有必要長期檢視臺灣社會和個人價值觀對新住民的歧視和偏見，這是做為一個新住民諮商工作者應該有的基本功課。新住民女性和移工一直是被家庭和經濟所捆綁，而這兩個人類生存的重要元素是全球移民流動的主要原因，造就了接待國族群文化的多元性，但也反映了社會的排他性。從早年「外籍新娘」的稱謂歧視，「新臺灣之子多遲緩兒」、「新移民第二代功課比較差」的問題化，「假結婚真賣淫」、「金錢婚姻」的汙名化，「越南外勞比較會抗議」、「陸配是統戰」的妖魔化，到現在的「新住民第

二代是臺灣南向的貿易尖兵」、「東南亞新住民女性在母國經濟差,來到這裡比較刻苦耐勞」、「東南亞移工補足勞動市場」、「引進東南亞外傭解決高齡者照顧需求」、「農村東南亞新住民太太比臺灣的先生更多工作機會」等等,看似正向,但其中仍隱含著背後的歧視性動機和偏見的假設。例如,為何要強調新二代學東南亞語?他們為何不能學歐系語言?反之,臺灣新一代也未必是沒有能力學好東南亞語。又,印尼新住民刻苦耐勞真的是因為母國經濟差嗎?還是她們有更虔誠的宗教信仰和價值觀?東南亞移工僅僅只是勞動市場的貢獻?還是他/她們豐富了臺灣的國際視野?家庭照顧移工是「外傭」?那麼為何臺灣的居家照服員是「專業」?東南亞新住民比臺灣先生更多工作機會?還是因為女性工資被壓低?這些說辭背後所呈現出來的社會階級、性別歧視與主流優越感,透露臺灣社會長期單一中產階級價值、事事經濟利益思考、人本人文關懷不足、貧乏的文化想像力及封閉的島國社會心態。新住民諮商工作者有必要、有責任、更有義務針對這些現象進行反思與學習,甚至倡議與行動。而後,新住民諮商工作者才可能建立一種文化同理的基本態度,展現諮商做為一種促進人類心理健康和發展的方法,是奠基於人類身而為人的基本人權和公平正義的社會,那麼,諮商才會是促進新住民良好的生活品質、身心平衡與健康的專業方法。

二、新住民諮商實務

上一節談了新住民諮商的理論和工作架構,在這裡針對諮商實務的工作方法提出一些方向和策略。Segal 與 Mayadas(2005)針對移民諮商工作曾提出幾個實務建議:(1)助人專業者必須了解案主的原生文化、案主在移民過程中的經驗、案主移民的理由和決定為何、案主擁有什麼資源和優勢;(2)了解移民案主適應新文化,熟悉環境、人、家庭、朋友、文化傳統和儀式,以及哀悼的過程;(3)舊移民的移民經驗造成新到移民哪些困惑,以及缺少哪些原生國的傳統支持系統;(4)移民搬遷的巨大日常壓力,必須發展處理的策略,這些日常壓力多跟歧視、社會排除、膚色及口音有關。在和新住民工作時,諮商師的態度宜維持在一種學習的立場,學習和認識不同新住民案主的文化,並且善用這些文化元素調整諮商技巧和策略。

(一)新住民諮商的評估與介入

1. 評估

目前臺灣並未有針對新住民的評估檢核表,大部分諮商工作者仍然延用傳統的形

式。個案諮商計畫一般包含主述問題、問題分析、介入策略與未來工作方向，由於新住民面臨的心理困擾多受到社會、歷史和文化脈絡的影響，新住民案主的評估需要納入這些影響因素。我們在跟新住民工作時，要詳細評估其家庭結構與權力關係、文化壓抑與失落、內化的性別角色，以及社會歧視和偏見等因素在案主問題上的影響。因此，新住民諮商案主的個案概念化，需要納入新住民的脈絡性分析（contextual analysis），評估社會文化因素對其主述問題的影響，建議諮商師於評估時可以包含：（1）文化認同：案主參與族群聚會的情形、使用原生國語言的場域和機會、對原生國節慶的參與、對原生國和臺灣的認同程度等；（2）文化衝突：在適應臺灣生活中面臨的文化差異與調適，包括在家庭和日常生活中的習慣、飲食、表達等，特別是與臺灣人的互動、溝通方式、對日常人際溝通意義的差異等；（3）社經地位：案主本身及夫家的社經水準、教育程度、職業等，以及對臺灣社會的接納程度與主觀感受；（4）宗教信仰：案主本身的宗教信仰為何？是否在日常中實踐自己的宗教？和夫家的信仰是否造成衝突？對其主述問題的助力與阻力為何？（5）家庭處境：與夫家的互動狀況、家中的地位和角色、親子互動與教養情形等。

2. 介入

在介入技巧與策略上，新住民諮商工作者需要更細緻了解不同原生國新住民案主的表達方式、情感的多重失落、主流文化壓迫下的自我、脆弱的支持系統等。因此，在諮商關係的建立、問題的澄清與目標設立、諮商中的處理與諮商後的作業，都可以結合其脈絡性分析的評估融入諮商過程。以下是幾項實務上的介入建議，提供新住民諮商工作者參考。

（1）保持彈性的關係和界線

新住民諮商的關係建立通常是需要透過組織轉介，而組織中的工作者和同儕大多是長期參與活動的夥伴，彼此之間關係密切，這部分也跟新住民的族群與文化認同有關。因此，諮商關係的建立無法採用傳統的界線維持方式，新住民案主有時期待組織中的姊妹陪同，若諮商師參與組織的活動，建立平日的關係，這些社會性關係有助於諮商中信任關係的建立。尤其是在生活中感受到歧視或偏見的新住民案主，其信任關係較不易建立，諮商師參與新住民的活動，或者投入新住民議題的倡議，較易取得新住民案主的信任。另外，諮商師參與新住民的活動，除了可以增加和新住民互動的機會外，更可提升諮商師對新住民文化的了解與感受，這種體驗可以轉化諮商師站在專業工作者這種遠距位置所產生的想像，更真實體驗新住民在文化適應過程中的感受與

想法,有利於諮商關係的建立。

(2)化被動為主動的積極引導

　　傳統諮商工作假設案主的自主表達和意願是諮商工作的基調,這種假設是強調自主表達是一種健康和自我負責任的表現,此為諮商的西方個體主義文化價值觀。但這個假設並不符合新住民的文化,以越南新住民案主為例,越南新住民在面對諮商師時,較一般臺灣案主更尊重「教師」角色,在引導她們進入諮商時,自主和自在地表達想法需要建立在諮商師適度的指導,而非僅僅只是等待案主。越南的尊師文化不利於案主表達和諮商師立場相左的想法,她們只是不輕易表達自己,而非沒有自己的想法,通常在諮商師積極引導之下,新住民案主都可以清楚表達出自己真實的想法和感受。

(3)活用合作資源與角色

　　新住民諮商工作使用口譯員有時是難以避免的,部分新住民案主的中文表達能力不佳,加上對於諮商工作方式的陌生,案主多期待熟悉中文的同鄉姊妹陪同,陪同者一方面擔任協助口譯的工作,另一方面也是案主的重要支持力量。在諮商中,陪同者不僅僅只是擔任翻譯,也參與案主的議題討論,這種在諮商過程中扮演「輔助」諮商的角色與功能,是新住民諮商的另一個常用策略。當然,和新住民案主參與的組織或者轉介單位合作與分工,取得工作目標的共識,協助案主建立日常生活的支持系統,這種多重專業分工的作法,可以有效協助新住民案主將諮商中所學習到的新觀念或新方法,應用在改善生活中所面臨的心理、人際、家庭、職業困境。這樣的合作策略是奠基於「心理困擾存在社會脈絡」此一假設上,在第一節新住民的概況介紹中,我們可以看到新住民的議題幾乎和其所處的社會脈絡有關,因此,不同脈絡中的助人工作者可以發揮不同的角色功能,新住民諮商師要有能力連結和促發工作者間的合作,因此彈性的諮商架構就顯得特別重要。

(4)保持彈性的諮商架構

　　彈性和多元的工作架構是社區諮商的特色之一。新住民諮商工作需要因應新住民的生活脈絡和處境而調整,工作架構應包含諮商會談時間的應用、諮商次數之間提供諮詢、諮商師和其他助人工作者的合作、和案主討論諮商進程中可能面臨的困境、案主需要在生活中練習改變所付出的努力和代價、對其現況的影響及準備工作,這些都需要多元和彈性的諮商架構,以及助人工作者之間的合作與協調。例如,新住民女性

案主大多身負家務重擔，在時間的使用上不見得可以固定，加上願意接受諮商的案主很多都是處境較為艱困的案主，生活中的突發狀況容易造成案主陷入困境或放棄諮商。諮商雖然帶來心理上的支持力量，但新住民案主的改變也相對影響其生活中的重要他人，因此這些案主多需要不定時的諮詢與討論，並配合同鄉姊妹的支持，因此，傳統將諮商限定在諮商時段才討論的作法，需要做適度調整。

（二）新住民的自我療癒與培力

在移民諮商相關議題中，可以發現移民本身的自我療癒是一項重要的資產，對其在移民過程中所承受的創傷或衝擊具有修復的功能，這些自我療癒的方法包含利他主義、工作和靈性的方式（Molica, 2006，引自 Short et al., 2010）。在利他主義方面，新住民因為經歷了移居臺灣的調適，對於後到的新住民大多願意伸出援手，相互扶持與協助。早年在相關社會工作者的協助培力下，像南洋姊妹會這樣的新住民團體就是一個典型成功例子。最近幾年，新住民的自辦團體和組織大量增加，已反映出新住民在經歷生活與文化的適應後，有了嶄新的力量，許多新住民團體標榜自己人幫助自己人，獲得各族群新住民的支持。這些新住民團體以情感聯繫、才藝活動、法律諮詢、辦理職訓課程等為主，雖缺少助人工作的專業，但是在會員互助的熱情、文化交流及異國處境的普同感下，新住民團體儼然取代了政府的第一線輔導體系。無論是都會區或偏鄉的新住民，在各自不同型態的生活中，發展為自成一格的互動網絡，例如：城市的新住民團體透過各式活動聚會，號召同鄉成員，動用網路社群的便捷性，很快就可以動員活動能量；偏鄉務農的新住民也透過農工資訊的交換，互相分享打工訊息，不僅增加了新住民的工作機會，也造就了「姊妹圈」的特殊情感。這些情誼，是另一種自我療癒的力量。筆者曾經在執行研究過程中，有機會跟北中南的新住民團體互動和訪談，發現這些團體的活動和生命力量強大，常受邀協助縣市政府辦理新住民的各式活動。

新住民在宗教信仰上，菲律賓和越南的天主教徒受到其宗教信仰的活動與教義所影響，天主教會的聚會深深撫慰了這些移民；相對地，印尼的穆斯林新住民則較為困難，因臺灣清真寺和穆斯林教徒較少，除非居住於都會區才有機會參與宗教組織活動，信仰回教的印尼新住民常常只能自己朝向麥加祈禱，在偏鄉也很難有符合回教淨化儀式的肉品，有時還得適應臺灣夫家食用豬肉的習慣，她們大多依賴個人信仰的虔誠獲得力量。至於工作方面，帶給新住民經濟自主和自信，是大部分新住民女性渴望的生活目標，許多新住民女性的經濟獨立代表著能力和自由，經濟對她們而言不只是

支撐現在的家庭，也是對母國原生家庭的責任。從很多新住民組織所辦理的職業訓練課程就可以了解，新住民女性的工作需求度高，就業意願強，能夠工作對新住民女性而言，是一個非常強而有力的療癒力量。

因此，新住民諮商工作者該如何運用新住民的自我療癒力量？筆者建議參與新住民的培力工作是最好的途徑，特別是自辦新住民團體在許多有關組織運作與經營、計畫申請與資源爭取、活動方案的規劃，以及和政府單位的合作等等，需要仰賴助人工作者的協助。諮商工作者的參與不僅僅只是鼓舞新住民，可以藉此培訓新住民基本的助人技巧、自助團體、同儕輔導等工作，那麼，未來就可能出現新住民諮商師；事實上，社會工作者以這類培力的方式協助新住民團體，讓我們也看到新住民如何從中文識字班開始，到獲得大學社會工作系學位。這種賦能和培力，是新住民強大的韌力展現。

肆、案例分析

一、案例：為家遠行的阮小姐

雅方是一位行動諮商師，她主要的工作是協助家暴議題的諮商，長期擔任多個社會福利機構特約諮商師。她是某縣市的新住民家庭服務中心特約諮商師，中心每年固定的新住民志工培訓，她也是其中的培訓講師。阮小姐是雅方在中心新住民志工培訓時認識的，在一次志工培訓中，雅方請志工學習畫家庭圖，並分享和說明家庭圖中自己和家人的關係，阮小姐在分享當時激動地哭了起來，表示自己來臺五年，每天都生活在暴力陰影中。阮小姐目前 28 歲，育有兩個孩子，分別為三歲和五歲，與先生、公婆及小姑住在一起，家中務農，經濟尚可。

（一）原生家庭背景

阮小姐是在越南胡志明市郊區長大的小孩，母親平日以家務為主，偶爾外出打臨工，父親是臺灣工廠的作業員，雖然顧家，但脾氣很差，也有賭博的習慣，常常動手打母親和孩子，母親沒有受過教育，是從越南中部遠嫁給父親，由於家中有五個小孩，在經濟上顯得相當拮据。阮小姐排行老三，初中沒念完就去學美髮，也有一個穩定交往的男友；上有一個姊姊和哥哥，姊姊已經結婚，哥哥遊手好閒，下面有兩個念

高中的弟弟。她和姊姊的感情特別好，姊姊已經結婚，姊妹和母親特別親近。雖然父親常常打罵母親，造成她們心裡不滿，但都很敬畏父親。阮小姐當初看到母親常常為了家裡的經濟而擔憂，而她在美髮店工作的同事中有一位嫁到臺灣，聽說過得很好，不但先生好，工作收入也比越南好很多，常常寄錢回家，阮小姐非常羨慕。有一段時間，跟男友的關係很緊張，因為男友沉迷賭博，他們常常為此而吵架，可是她還是很愛他；她知道政府已經禁止婚姻仲介，但仍有不少媒人介紹越南女性給臺灣男性，她決定試一試，所以就跟男友分手。初期反對最厲害的是姊姊和媽媽，而爸爸則是一直提醒她要幫助家裡改善經濟，從未出國的她，當時也很害怕，但為了家裡，她還是鼓起勇氣嫁到臺灣。

（二）目前家庭背景

阮小姐嫁到南臺灣的偏鄉後，發現先生有喝酒的習慣，公公曾經中風，行動不便，家裡都由婆婆主導和照顧，兩個小姑外出工作，但假日都會回家。她加入這個家庭後，婆婆和先生要她負責照顧公公、煮飯、家務整理及偶爾協助農務。和婆婆一開始的關係還好，後來她想要外出參加活動和工作，關係就越來越緊張；剛開始婆婆和先生都不同意，認為她人生地不熟，不要出去跟亂七八糟的人聚會，後來就以她懷孕、有孩子要帶、公公需要照顧等理由，要她留在家裡。她覺得婆婆對她很不友善，常常大聲喝斥她，小姑們回來也不太跟她互動，先生又沉默寡言，每天晚上都固定喝酒，喝了酒就發脾氣罵人；她忍不住就回罵他，先生就會丟東西，接著動手打她。

二、諮商歷程

雅方在 10 個月內和阮小姐進行了 21 次諮商，其間透過和中心社工合作，處理的主題包含自我保護與家庭關係改善、親職教養、女性自我、未來規劃等。同時，雅方也應用了生態式的評估方法，從不同系統間引導阮小姐討論各式主題，雅方透過阮小姐的價值觀衝突、文化認同、女性地位及涵化壓力等脈絡概念化其問題；此外，雅方也和中心工作人員討論，在中心推動的活動方案中，成立「姊妹相好—互助團體」，讓阮小姐可以透過團體活動獲得支持，而該活動也成為中心倡議和培力新住民女性自我照顧與成長的重要工作。

（一）邀請進入諮商

　　雅方在志工訓練後，把阮小姐留下來關心她在活動中提到的狀況，她才說出先生長期都打她，但這一年來比較好一些，她表示只要先生喝酒時不回他話就沒事。在機構認識的好姊妹曾經鼓勵她要打 113 求助，可是她覺得這樣會毀了她的家，而且她先生事後一定會打她和孩子。雅方跟她說明了 113 的求助程序與保護她的方法，阮小姐在了解資訊後仍然不願意求助 113，但她非常謝謝雅方老師這麼關心她，她表示已經很久沒有人可以和她討論這件事。雅方問她是否想要有固定時間跟她討論更好的方法，阮小姐表示自己心理很正常，不需什麼會談，於是雅方跟她澄清了會談的目的是為了整理心情和想法，並改善在家裡的關係，她才表示目前沒辦法每週都出來，因為家裡有很多事要做，她只有在來參加活動時才有空。雅方事後跟機構社工討論了一下，讓雅方在參與活動時，可以離席一小時進行諮商。

（二）諮商進程

1. 諮商初期

　　會談初期著重在阮小姐對問題的陳述，以及了解阮小姐對諮商、諮商師及諮商關係的看法。雅方跟阮小姐澄清了她參與會談的想法，了解阮小姐看待她的角色是老師，雅方接著跟阮小姐討論她這個老師和越南的老師有什麼不一樣，並藉此把會談定位為個別式的學習，順利地跟阮小姐建立了諮商工作關係。雅方帶領阮小姐分享來臺五年的生活經驗，以及決定遠嫁來臺的過程和心情，並評估了阮小姐的家暴問題。家暴的情形沒有危急性，但家庭的權力關係讓她覺得很壓迫，而且她希望可以出來工作，想寄錢回娘家。雅方對阮小姐做了生態式評估向度：

（1）個人系統：阮小姐來臺後最不能適應的是聽不懂夫家的臺語，初到臺灣時，她只在附近的國小參加了三個月的中文語言課程，但因為懷孕而中止。婆婆也不喜歡她外出，她有很長的時間都只透過臉色猜測家人的心情，那是一段對她很痛苦的日子，加上飲食適應不良、思鄉和懷念越南的生活，她瘦了六公斤。她覺得婆婆講話很兇，她聽不太懂，老是覺得被罵，而先生都說婆婆沒有罵她，只是講話比較大聲。她在這個家一直都像一個外人，直到有小孩後，她才覺得先生和婆婆對她的態度有點改善，但是她覺得婆婆太寵小孩，都用溺愛的管教方式，而婆婆覺得她太嚴厲；因為在越南，禮貌是很重要的

事，所以她認為小孩子要好好教導，這也是婆媳常常衝突的原因之一。而先生不喜歡她頂嘴，更不喜歡她說要去找工作，這就是先生喝酒後常跟她衝突最主要的原因。雖然她適應臺灣的生活，但是在吃的部分，也曾經跟婆婆有過不愉快的經驗。阮小姐非常懷念家鄉的一切，由於婆婆和先生不讓她出來參加活動，她沒有機會講越語，直到今年才有機會參加這裡的活動，所以她的中文不太好，倒是臺語講得不錯，所以雅方也用臺語跟她交談。

（2）微系統：阮小姐平日不太跟社區的人互動，覺得別人都用異樣眼光看她，她聽得懂大家都叫她「那個越南的」，她自己也不太舒服，覺得自己好像差人一等，現在有機會參加中心活動，結交了好幾個同鄉姊妹淘，這讓她覺得更有家人的感覺。

（3）中系統：阮小姐很想出去工作，但是她覺得以後再慢慢爭取。夫家對她現在參加中心的志工活動不甚支持，初期時婆婆一直問她，還說她吃飽沒事做，家裡放著不照顧，去當什麼志工。後來她一度沒辦法出來，幸好中心社工在一次年終感恩活動時，去家裡邀請婆婆和先生一起來參加，經由社工的協助說明，她才能繼續參加活動。

（4）外系統：阮小姐兩個孩子相當乖巧，五歲的兒子常常跟媽媽一起來參加活動，中心也有親子活動，加上有其他孩子一起玩，孩子對阮小姐來參加中心活動很期待。至於娘家的父母對於她沒有工作的事，幾次越洋電話中都表達了賺錢是一件很重要的事。

（5）巨系統：阮小姐覺得女人很沒地位，認為女性一定要賺錢，有錢才有權，她認為越南的女人都很能工作。婆婆和先生常說她好命，對於她一直想外出找工作不太能理解，阮小姐則覺得臺灣人很奇怪。她覺得自己在夫家沒地位是因為沒有錢，她想要有自己的私房錢，希望可以寄錢回越南娘家，自己也可以有零用金花，不必看先生的臉色。

（6）時間系統：阮小姐認為自己現在已經慢慢適應了，有了兩個寶貝兒子，她覺得自己不一樣了，回顧這幾年，她覺得自己想很多，對未來也充滿期待，她希望可以讓兒子常常回越南，也期待自己經濟獨立。

2. 諮商中期

雅方從生態系統的評估中，逐漸引導阮小姐了解到自己的文化差異、女性地位及涵化壓力造成的影響，她和先生的關係其實並不如想像中的差，她也逐漸找到方法面

對先生喝酒的習慣，不會在先生喝酒時主動提要外出找工作的事。進入諮商中期，雅方和阮小姐討論如何重新定位自己，討論了她在夫家的角色和地位，也引導阮小姐討論越南女性顧娘家的文化習慣和臺灣傳統父權家庭認為女性嫁過來就不可以回頭顧娘家的差異，阮小姐從這裡學習如何更有技巧地向先生表達想工作賺錢寄回娘家的說詞，也了解到臺灣夫家為何一直防著她外出工作；從文化上的理解讓阮小姐更正向解讀婆婆的表達，在親子教養上，她也逐漸了解到她的兩個兒子在夫家婆婆心中的重要性，而她也在中心活動中，跟其他越南姊妹學到如何和婆婆分工帶孩子。

3. 諮商後期

在後期的諮商中，雅方也主動問阮小姐，她已經拿到身分證了，她是如何看待自己的身分？阮小姐表示自己仍然是越南人，但是她也知道自己後半輩子就住在臺灣了，孩子在臺灣受教育，她覺得很好，對孩子充滿期待，她也聽到同鄉姊妹說現在政府將東南亞語納入課綱，許多同鄉的姊妹有比較多的機會在家裡跟孩子講越南話，大家也在討論如何在家裡教孩子講越語，阮小姐跟先生提到盡早讓孩子學母語，在進入小學後可以贏在起跑點，也獲得先生的支持。至於工作，阮小姐希望孩子上小學後，她要跟先生慢慢爭取外出工作的機會，她心裡頭還是很掛念越南的娘家狀況。像這樣一邊會談，一邊參與中心活動，帶給阮小姐很多自信和文化上的認同感；對於自己可以透過當志工來幫助同是遠嫁來臺的新住民，她覺得很有意義。

三、彈性的諮商工作架構

雅方在和阮小姐諮商過程中，不完全採用傳統的一對一諮商方法，她在評估上採取生態系統的方式，從文化適應和差異的角度重新概念化阮小姐的家暴議題，順利改善其夫妻和婆媳關係。在整個諮商過程中，善用系統合作的力量，運用中心活動賦能阮小姐，增加阮小姐的支持力量；在和社工的合作上，讓社工知道會談的目標，當阮小姐在諮商中學習到新的概念和方法後，社工會在活動中鼓勵阮小姐，也在討論到親子教養時，到阮小姐家中進行家訪，協助阮小姐和婆婆溝通。後來先生也在社工的邀請下，參加了一次茶會活動，對於阮小姐在中心的學習有更多的了解。這種在諮商中的學習，回到生活實踐，對阮小姐的改變是一個強大的助力。而對於無法進行每週一次的個別諮商案主而言，自助團體是一項重要的輔助力量，同鄉越南姊妹新住民無形的支持力量，是阮小姐文化認同與涵化過程中的重要資產，也給了她安定感和力量，得以面對自己的家庭關係和心理壓力。

伍、總結

　　新住民諮商工作在多元文化諮商中屬於移民諮商，本章說明了新住民的概況、新住民的生活適應與家庭關係、文化認同與適應、新住民在臺灣的輔導等現況，並介紹移民諮商的重要概念、工作模式和實務，以及案例分析，提供助人工作者了解新住民諮商的實務過程。新住民諮商工作者需要從社會文化脈絡的角度重新概念化案主的問題，新住民從原生國來到臺灣，必然經歷文化認同與涵化的過程，而這些涉及臺灣主流文化和社會大眾如何回應和適應新住民文化的雙向過程，因此諮商工作需要投入倡議新住民議題，以促進族群之間的相互了解，減少社會歧視與偏見。另外，新住民面臨的問題包含個人層面和社會層面議題，前者有涵化壓力和文化認同的失落，後者有社會歧視與階級壓迫的排擠，所有問題都非單一心理問題，其複雜性是出自於一種內在心理和外在環境的糾結。因此，新住民諮商工作者除了要能理解新住民的文化議題外，也要有能力反思自身的文化與認同，檢視社會現象和政策，重新省思傳統諮商的工作方法，才可能落實多元文化諮商的理念和方法。

學習活動與討論問題

1. 請在心中選取一個新住民族群，在一張白紙上寫下 10 個形容詞，表達妳／你對該族群的新住民女性或移工的印象。分成三人一組，核對彼此的形容詞，找出共同和相異之處，並討論這些印象的來源，以及對進行新住民諮商工作的影響。

2. 請班上的同學針對每位同學，在便利貼上寫下一句對該位同學的形容詞，貼在該位同學背後。完成後，分成三人小組，把自己背後的便利貼撕下，分享自己認同與不認同的形容詞，以及被貼上自己不認同標籤的感受和想法。

3. 請寫下妳／你對東南亞各國的基本認識，包括政治制度、官方語言、主要宗教及節慶、地理位置、人口數、幣值、主要農產品、著名食物等，再上網核對妳／你的認識是否正確。

4. 請寫下妳／你的原生家庭文化（例如：家庭規範、管教方式，對交友、升學及求職的看法）與宗教信仰（例如：教義、禁忌、死亡、生命意義）的價值觀。分成三人小組，分享這些價值觀對妳／你的影響，以及和新住民族群的差異。

5. 請上網搜尋跟移工或新住民有關的爭議性法規與政策，並檢視其規定背後具有
   的偏見或歧視為何。

 參考文獻

中文部分

內政部統計處（2015）。**內政統計通報（104 年第 32 週）**。2016 年 11 月 24 日，取
　　自：http://sowf.moi.gov.tw/stat/week/week10432.pdf

內政部統計處（2016）。**內政統計通報（105 年第 23 週）**。2016 年 11 月 24 日，取
　　自：http://sowf.moi.gov.tw/stat/week/week10523.pdf

內政部入出國暨移民署（2013）。**102 年外籍與大陸配偶生活需求調查摘要報告**。2016
　　年 10 月 5 日，取自：http://www.immigration.gov.tw/lp.asp?ctNode=35627&CtUnit=
　　19349&BaseDSD=7&mp=1

王宏仁（2001）。社會階層化下的婚姻移民與國內勞動市場：以越南新娘為例。**臺灣
　　社會研究季刊，41**，99-127。

王宏仁、詹娟娟（2005）。「犧牲」，抑或是「希望」——「越南新娘」原生家庭之
　　社會階層流動。「2005 年臺灣的東南亞區域研究年度論文研討會」發表之論文，
　　國立暨南國際大學東南亞研究所。

王翊涵（2012）。跨國的女兒：東南亞新移民女性與原生家庭的關係探究。載於黃玫
　　瑰（編），**2011 年家庭福祉——開啟多元助人專業之對話**（頁 1-14）。屏東縣：
　　大仁科技大學。

王慧儀（譯）（2013）。原作者：Atin Safitri。致印尼與臺灣政府的信：移工飽受剝
　　削，你們看到了嗎？公視新聞議題中心（2013-12-23）。取自：http://pnn.pts.org.
　　tw/main/2013/12/23/%E8%87%B4%E5%8D%B0%E5%B0%BC%E5%8F%8A%E5%
　　8F%B0%E7%81%A3%E6%94%BF%E5%BA%9C%E7%9A%84%E4%BF%A1%EF%
　　BC%9A%E7%A7%BB%E5%B7%A5%E9%A3%BD%E5%8F%97%E5%89%9D%
　　E5%89%8A%EF%BC%8C%E4%BD%A0%E5%80%91%E7%9C%8B%E8%A6%8B/

自由時報（2017 年 1 月 19 日）。**新莊警專案查緝非法外勞 1 週逮 7 人**。取自：http://
　　news.ltn.com.tw/news/society/breakingnews/1952438

伊慶春、章英華（2006）。社會距離態度反映的族群關係：臺灣資料再探。載於劉兆佳、尹寶珊、李明堃、黃紹倫（編），**社會發展的趨勢與挑戰：香港與臺灣的經驗**（頁 341-369）。香港：香港中文大學亞太研究所。

李秀如（2014）。「她們」和「我們」一樣還是不一樣？中港印越泰女性婚姻移民與臺灣女性價值觀的比較分析。**新竹教育大學人文社會學報，8**（2），1-33。

李美賢（2003）。離鄉‧跨海‧遠嫁‧作「他」婦：由越南性別文化看「越南新娘」。載於蕭新煌（編），**臺灣與東南亞：南向政策與越南新娘**（頁 215-247）。臺北市：中央研究院亞太區域研究專題中心。

李美賢（2006）。越南「好女性」的文化邊界與「越南新娘」：「尊嚴」vs.「靈魂之債」。**臺灣東南亞學刊，3**（1），37-62。

李美賢（2015）。「新住民第二代？」叫「他們」我們就好了。**天下雜誌，獨立評論@天下**（2015/4/16）。取自：http://opinion.cw.com.tw/blog/profile/162/article/2659

李美賢、關嘉河（2015）。**臺灣「東南亞新二代」的形象建構**。「東亞聚焦：2015 第六屆數位典藏與數位人文國際研討會」發表之論文。國立臺灣大學霖澤館國際會議廳。

吳欣璇、金瑞芝（2011）。華人家庭文化脈絡下新住民母親的親子關係——以一柬埔寨出生與越南長大的新住民母親為例。**應用心理研究，51**，111-148。

吳佳臻（2013）。這幾年，新移民姐妹教我的二三事。**臺灣人權學刊，2**（1），169-177。

吳靜如（2016）。**鬥惡法**。公視新聞議題中心（2016-10-23），取自：http://pnn.pts.org.tw/main/2016/10/23/%E3%80%90%E7%9C%8B%E8%A6%8B%E3%80%91%E9%AC%A5%E6%83%A1%E6%B3%95/

吳瓊汝（2009）。新移民子女文化認同之研究——以雲林縣國中生為例。**臺中教育大學學報：教育類，23**（2），187-204。

何青蓉（2005）。解構跨國婚姻移民問題化思維：性別、族群與階級觀點。**成人及終身教育，5**，54-81。

林玲舟（2014）。**外籍勞工發生行蹤不明原因分析探討**。103 年勞動部勞動力發展署委託研究報告。取自：http://www.wda.gov.tw/home.jsp?pageno=201112080003&act-type=view&dataserno=201510120002

林開忠（2006）。跨界越南女性文化邊界的維持與變遷：食物角色的探究。**臺灣東南亞學刊，3**（1），63-82。

林津如（2008）。父系親屬與國境管理之交織：新移民女性離婚經驗初探。「親密關係：性、國家與權力研討會」發表之論文，東海大學社會學系。

林品妤（2014）。拜或不拜？中國與東南亞女性婚姻移民在臺宗教行為之選擇及其影響（未出版之碩士論文）。世新大學社會心理系，臺北市。

邱美英（2009）。婆家？娘家？——東南亞新住民女性婆媳互動關係之探討（未出版之碩士論文）。國立暨南國際大學東南亞研究所，南投縣。

邱琡雯（2005）。性別與移動：日本與臺灣的亞洲新娘。臺北市：巨流。

邱琡雯（2007）。「移民區病理 vs. 網絡集結點」的衝突與克服：以在台越南女性的店家為例。教育與社會研究，13，95-120。

柯瓊芳、張翰璧（2007）。越南、印尼與台灣社會價值觀的比較研究。台灣東南亞學刊，4（1），91-112。

夏曉鵑（2002）。流離尋岸：資本國際化下的「外籍新娘」現象。臺灣社會研究叢刊09。臺北市：臺灣社會研究雜誌社。

陳志柔、于德林（2005）。臺灣民眾對外來配偶移民政策的態度。臺灣社會學，10，95-148。

陳秀蓮（2016）。對，真正的問題就是歧視。公視新聞議題中心（2016-10-7），取自：http://pnn.pts.org.tw/main/2016/10/07/%E3%80%90%E7%9C%8B%E8%A6%8B%E3%80%91%E5%B0%8D%EF%BC%8C%E7%9C%9F%E6%AD%A3%E7%9A%84%E5%95%8F%E9%A1%8C%E5%B0%B1%E6%98%AF%E6%AD%A7%E8%A6%96%EF%BC%81/

陳芬苓（2014）。女性新移民生活狀況的轉變與政策意涵。東吳社會工作學報，27，29-59。

陳芬苓、黃翠紋、嚴祥鸞（2011）。家庭暴力防治政策成效之研究。臺北市：行政院研究發展考核委員會委託專題計畫。

陳燕禎（2008）。臺灣新移民的文化認同、社會適應與社會網絡。國家與社會，4，43-100。

張玉珮（2004）。文化差異下跨國婚姻的迷魅——以花蓮吉安鄉越南新娘的生命經驗為例（未出版之碩士論文）。國立花蓮師範學院多元文化研究所，花蓮市。

張正（2004）。「全球化之下新移民／工社群的跨界文化鬥爭：從闖入臺灣的東南亞小店開始」碩士論文簡介。亞太研究論壇，26，280-282。臺北市：中央研究院亞太區域研究專題中心。

張琬涓（2013）。**新臺灣之子雙文化認同的心理歷程探究**（未出版之碩士論文）。國立交通大學教育研究所，新竹市。

教育部（2015）。**新住民子女就讀國中小人數分布概況統計**。取自：http://stats.moe.gov.tw/files/analysis/son_of_foreign_104.pdf

游美貴（2008）。臺灣地區受虐婦女庇護服務轉型之研究。**臺大社會工作學刊，18**，149-190。

勞動部（2016）。**重罰雇主・鼓勵投案，勞委會、警政署合力拼治安，4 月 20 日起非法僱用外勞最高重罰新台幣 75 萬元**。取自：http://www.mol.gov.tw/announcement/27179/8115/

曾嬿芬（2008）。誰可以打開國界的門？移民政策的階級主義。載於**跨界流離：全球化下的移民與移工**（上冊）（頁 135-164）。臺北市：臺灣社會研究雜誌社。

馮涵棣、梁綺涵（2008）。越南媽媽・臺灣囝仔：臺越跨國婚家庭幼兒社會化之初探。**臺灣人類學刊，6**（2），47-88。

馮涵棣、梁綺涵（2009）。私領域中之跨國化實踐：由越南媽媽的「臺灣囝仔」談起。載於王宏仁、郭佩宜（主編），**流轉跨界：跨國的臺灣・臺灣的跨國**（頁 193-229）。臺北市：中央研究院亞太區域研究專題中心。

詹火生、陳芬苓（2014）。**我國外籍配偶弱勢情境分析之研究：期末報告**。102 年度外籍配偶照顧輔導基金補助研究案。臺北市：內政部。

趙祥和、沈慶鴻（2016）。**新住民社區服務據點服務模式、執行成效與因應策略之研究——期中報告**。105 年度外籍配偶照顧輔導基金補助研究案。臺北市：內政部。

鄭詩穎（2012）。隱蔽的暴力：新移民女性之痛。**婦研縱橫，97**，22-24。

衛福部保護服務司（2016）。**97 年至 104 年家庭暴力事件被害人籍別及案件類型**。取自：http://www.mohw.gov.tw/CHT/DOPS/DM1_P.aspx? f_list_no=806&fod_list_no=4620&doc_no=43629

蕭昭娟（2000）。**國際遷移之調適研究：以彰化縣社頭鄉外籍新娘為例**（未出版之博士論文）。國立臺灣師範大學地理研究所，臺北市。

藍佩嘉（2008）。階層化的他者：家務移工的招募、訓練與種族化。載於**跨界流離：全球化下的移民與移工**（上冊）（頁 87-132）。臺北市：臺灣社會研究雜誌社。

藍佩嘉（2011）。跨國灰姑娘　臺灣請不要虧待她。**天下雜誌，445**。取自：http://www.cw.com.tw/article/article.action? id=5000422

藍佩嘉、吳嘉苓（2013）。變遷中的性別與家庭，弱勢與移民的女性照顧者。載於王

振寰、章英華（主編），凝聚臺灣生命力（頁 47-64）。臺北市：巨流。

英文部分

Altman, N. (1995). *The analyst in the inner city: Race, class, and culture through a psycho-analytic lens*. Hillsdale, NJ: Analytic Press.

Bemak, E., & Chung, R. C.-Y. (2008). Counseling and psychotherapy with refugees. In P. B. Pedersen, J. G. Draguns, W. J. Lonner, & J. E. Trimble (Eds.), *Counseling across cultures* (6th ed., pp. 307-324). Thousand Oaks, CA: Sage.

Berry, J. (1997). Immigration, acculturation, and adaption. *Applied Psychology: An International Review, 46*(1), 5-68.

Bourdieu, P. (1989). Social space and symbolic power. *Sociological Theory, 7*, 14-15.

Bronfenbrenner, U. (1994). Ecological models of human development. In T. Husen & T. N. Postlethwaite (Eds.), *International encyclopedia of education* (Vol.3, 2nd ed., pp. 1643-1647). Oxford, England: Pergamon/Elsevier.

Chung, R. C.-Y., Bemak, F., Ortiz, D. P., & Sandoval-Perez, P. A. (2008). Promoting the mental health of immigrants: A multicultural/social justice perspective. *Journal of Counseling and Development, 86* (3), 310-317.

Fielding, A., & Anderson, J. (2008). *Working with refugee communities to build collective communities*. Perth, WA: Association for Services to Torture and Trauma Survivors.

Hofstede, G. H. (1980). *Culture's consequences: International differences in work related values*. Thousand Oaks, CA: Sage.

Ibrahim, F. A., & Heuer, J. R. (2016). *Cultural and social justice counseling: Client-specific interventions*. London: Springer.

Kelly, G. (1963). *A theory of personality: The psychology of personal construct*. NY: W.W. Norton.

Kluckhohn, C. (1951). Values and value orientations in the theory of action. In T. Parsons & E. A. Shields (Eds.), *Toward a general theory of action* (pp. 388-433). Cambridge, MA: Harvard University Press.

Lewis, J. A., Lewis, M. D., Daniels, J. A., & D'Andrea, M. J. (2011). *Community counseling: A multicultural-social justice perspective* (4th ed.). Singapore: Brooks/Cole.

Liebkind, K. (2001). Acculturation. In R. Brown & S. Gaertner (Eds.), *Blackwell handbook of social psychology: Intergroup processes* (pp.386-406). Oxford, England: Blackwell.

Liu, W. M., Soleck, G., Hopps, J., Dunston, K., & Pickett, T., Jr. (2004). A new framework to understand social class in counseling: The social class worldview model and modern classism theory. *Journal of Multicultural Counseling and Development, 32*(2), 95-122.

Lu, M., & Yang, W. (2010). *Asian cross-border marriage migration: Demographic patterns and social issues.* Chicago: University of Chicago Press.

Monk, G., Winslade, J., & Sinclair, S. (2008). *New horizons in multicultural counseling.* Thousand Oaks, CA: SAGE.

Neville, H. A., & Mobley, M. (2001). Social identities in contexts: An ecological model of multicultural counseling psychology process. *The Counseling Psychologist, 29*, 471-458.

Pedersen, P. (1995). *The five stages of culture shock: Critical incidents around the world.* Westport, Connecticut: Greenwood Press.

Phinney, J. S., Horenczyk, G., Liebkind, K., & Vedder, P. (2001). Ethnic identity, immigration, and wellbeing: An interactional perspective. *Journal of Social Issues, 57*, 493-510.

Ratts, M. V. (2009). Social justice counseling: Toward the development of a "fifth force" among counseling paradigms. *Journal of Humanistic Counseling Education and Development, 48*, 160-172.

Roysircar, G., & Pignatiello, V. (2011). A multicultural-ecological assessment tool: Conceptualization and practice with an Asian Indian immigrant woman. *Journal of Multicultural Counseling and Development, 39*(3), 167-179.

Schwartz, S. H. (1994). Are the universal aspects in the structure and contents of human value? *Journal of Social Issue, 50*(4), 19-45.

Schwartz, S. H., & Bilsky, W. (1990). Toward a theory of the universal content and structure of values: Extensions and cross-cultural replications. *Journal of Personality and Social Psychology, 58*, 878-891.

Segal, U. A., & Mayadas, N. S. (2005). Assessment of issues facing immigrant and refugee families. *Child Welfare, 84*(4), 563-583.

Short, E. L., Suzuki, L., Predes-Lintel, M., Predes-Lintel Furr, G., Madabbushi, S., & Mapel, G. (2010). Counseling immigrants and refugees. In J. G. Ponterotto, J. M. Casas, L. A. Suzui, & C. M. Alexander (Eds.), *Handbook of multicultural counseling* (3ed., pp. 201-212). CA: Thousand Oaks.

Smith, T. B., & Silva, L. (2011). Ethnic identity and personal well-being of people of color. A meta-analysis. *All Faculty Publications. Paper 88*. Retrieved form http://sholarsarchive. byu.edu/facpub/88

Singh, A. A., & Salazar, C. F. (2010). Process and action in social justice group work: Introduction to the special issue. *Journal for Specialists in Group Work, 35*(3), 308-319.

Tseng, H. -H. (2015). Gender and power dynamics in transnational marriage brokerage: The ban on commercial in Taiwan reconsidered. *Cross-Currents: East Asian History and Culfuve Review, 15*, 108-132.

Chapter 17 儒家文化下基督宗教取向之諮商模式的建構

▌陳秉華、黃瑩暖

壹、前言

在完成了人我關係協調的華人本土心理諮商模式之建構與實徵研究後（陳秉華，1999；陳秉華、李素芬、林美珣，2008；陳秉華、林美珣、李素芬，2009；Chen，2009），我（陳秉華）開始有了新的研究主題，從心理諮商的本土化轉向了靈性（尤其以基督宗教為主）與心理諮商的教育訓練與實務研究，於是有人問我：「這些與本土化研究有關係嗎？」我當時沒有回答，但是心裡期待我能夠對基督教諮商的本土化這個議題有所探究，進而可以建構出華人本土基督徒的諮商模式。但是，要建構本土的基督徒諮商模式，首先就需要釐清基督宗教與華人傳統文化（儒家文化為主）的衝突與對立之處。經過一段時間專注在這議題的探討之後，我對於華人本土基督徒的諮商模式有了初步的想法：即是奠基在先前我以儒家文化為基礎所建構出的人我關係協調概念之上，發展出儒家文化中基督宗教取向的心理諮商模式，可嘗試使用於受儒家文化影響的華人基督徒個案，並於本文呈現給讀者。

本章的主體分為兩大部分，第一部分呈現儒家文化與基督教文化對己、對人、對天三方面的論述，之後比較兩個文化之間的相似及衝突處，接續再討論文化衝突之相融性（見表 17-1，頁 599）；第二部分則建立在第一部分的知識基礎之上，發展儒家文化下基督徒諮商模式的建構，包括：基本人觀、諮商目標、諮商關係、諮商方法、諮商技術、諮商歷程、諮商中的基督宗教靈性議題、諮商倫理，以及案例概述、案例分析各個部分。

貳、儒家文化與基督教對己、對人、對天的看法及其對比

　　在本章的第一部分就先對比儒家文化與基督教對己、對人、對天的看法，是想了解這兩種文化的相容性。儒家文化主宰華人社會兩千多年，西方基督教進入華人社會，首先需要面對的就是基督教文化與儒家文化之間的衝突與矛盾。耿昇（2003）在《中國與基督教：中西文化的首次撞擊》譯書的序言中指出：「儒家文化雖有其開放性和兼容性，但『同化性』更強，因此基督教文化不可避免地在中國會面對『本土化』」（頁 2-3）。本文作者從對己、對人、對天三方面，簡述儒家文化與基督教的理念並做出對比，其中「對己」涵蓋了對人性的看法、對己的看法、對修身的看法、人生的目的、對天命的看法；「對人」的看法涵蓋社會倫理、對社會的責任；「對天」的看法則涵蓋了宇宙觀、對天的態度、對死亡的看法，陳述如下。

一、與己的關係（with self）

（一）對人性（human nature）的看法

　　儒家對於人性基本上是秉持孟子的主張，認為人性本善。孟子的性善論主要是對人何以能透過修養而成為君子、聖賢，提出人性上的根據；也就是說，人何以願意認同善、服膺善，而有修養品德的意願與動力，使自己成為更好的人，是因為人性中生來即具有善的品質與為善的能力。不過，儒家也說，人即使生來即具備這樣的本質，還是必須透過後天的教育與個人的努力，才能成為德行良好的君子或聖賢。而孟母三遷的故事，也影響華人千百年來重視人格與品德教育，特別是透過家庭教育，自小影響孩童的道德與人格的培養。

　　不過，就儒家而言，後天環境、品德教育與道德修養對於人格的養成來說，並不是擔負著由客觀力量向內在「形塑」或漸次「內化」的作用，而是發揮了一種「開發」或「顯揚」的助力。依據孟子的性善理論，完美的品德、道德的本質與為善的能力是人天生就具備的，只是隱而未顯，需要透過適當的引導才能使之開顯出來；所以就儒家而言，教育的功能或修養工夫的作用，是在幫助人們將此內在的美質「顯發」出來。例如孟子說：「舜之居深山之中，與木石居，與鹿豕遊，其所以異於深山之野人者幾希。及其聞一善言，見一善行，若決江河，沛然莫之能禦也」（《孟子‧盡心

上》），「聞一善言，見一善行」就是後天教育的引發作用，將舜內在本有的善性啟導出來，使它成為生命的主宰，讓原本行為與野人無異的舜，從此即能自覺地依循本有的善性而行，成為品德完美的聖人。

基督教則認為神最初創造宇宙萬物，看一切都是好的，祂也按著自己的形像造男造女，並賜福給他們，也給他們權柄治理萬物（參考創世記第一章）。神創造人類始祖（亞當）時，將生氣吹在他的鼻孔裡，使他成為有靈的活人，因此人的靈與神的靈可以相通，與神有親密的關係。但是人類始祖亞當、夏娃在伊甸園受到撒但的引誘，撒但告訴他們如果吃下善惡果，就可以像上帝一樣有智慧。亞當、夏娃受了試探吃了善惡果，違反了上帝的禁令，罪就進入了人心，成為人類原罪的開始，人與神的關係斷裂（參考創世記第二章、第三章）。從此之後，人類世世代代就帶著如亞當、夏娃般背逆神的罪性，在出生時就有犯罪的傾向，也會有犯罪的行為（參考羅馬書五章 12 節），即使人在做道德上的選擇時，仍然會被罪挾制，無法在道德上成為真正自由良善的人。《聖經》上說：「聖靈和情慾相爭，這兩個是彼此相敵，使你們不能做所願意做的」（加拉太書五章 17 節），[1] 聖經人物保羅也說：「我覺得有個律，就是我願意為善的時候，便有惡與我同在。……我真是苦啊！誰能救我脫離這取死的身體呢？」（羅馬書七章 21～24 節），所說的就是這個意思。除非人接受上帝的救贖，才能夠恢復人原有的上帝之形象，獲得真正人性的自由與良善，人憑著教育、修養是不可能回復到人被創造時的原有樣貌的，所以保羅感嘆自己必須與罪惡纏鬥時，在神的救贖中看到了出路，他接著說：「感謝神，靠著我們的主耶穌基督就能脫離了」（羅馬書七章 25 節）。

接受上帝的救贖，也就是接受上帝在耶穌基督裡為每個人預備的救恩。因著上帝的公義本性，對於罪無法容忍，罪的代價就是死，不只是肉體的死，也是道德與靈性的死。那麼，人如何能夠得救呢？惟有靠著耶穌基督的救贖，「因為罪的工價乃是死；惟有神的恩賜，在我們的主基督耶穌裡，乃是永生」（羅馬書六章 23 節）。永生不僅是指身體的復活，也是指靈性的復活，使人重新有能力活出從罪中被釋放出來的生命。獲得這樣的救恩是藉著人對神的信心，而不是靠著人的善行或德性，聖經上說：「神愛世人，甚至將祂的獨生子賜給他們，叫一切信祂的，不致滅亡，反得永生」（約翰福音三章 16 節），《聖經》上也說：「就是神的義，因信耶穌基督加給一切相信的人，並沒有分別。因為世人都犯了罪，虧缺了神的榮耀；如今卻蒙神的恩

---

[1] 本文中所引用的聖經經文出自於《聖經》（和合本），聖經資源中心（2009）。新北市：橄欖出版。

典,因基督耶穌的救贖,就白白地稱義」(羅馬書三章22~24節)。

(二)對「己」(self)的看法

華人本土心理學家David Ho(1995)提出關係中的自我(self-in-relation)的看法,認為人是鑲嵌在社會關係中的,個人的心理和行為都受到所身處的與他人的關係、尤其是受到社會角色關係的影響。華人的自我不像西方心理學(Triandis, 1995)所認為人是獨立的自我(independent self),每個人都有獨立的情感、思想、意志,並且視自我獨立(self-independence)為心理健康的特徵。

在儒家思想中,對於個人的存在性,經常是放在與他人的關係中來定義的。孔子曾說:「鳥獸不可與同群,吾非斯人之徒與而誰與?」(《論語·微子》),[2]孔子的這段話充分表現他對人群的關懷與社會責任感,同時也說明了儒家對個人存在的看法:因為人是群居動物,只要活著,即無法避免與他人的種種關係,因此「自我」的概念並不能單獨成立,必須與其所牽連的關係一併來看,也就是說,「自我」是「個人與其被鑲嵌的社會關係」的一個「整體圖像」。在這樣的自我概念下,關係中的互動行為與社會責任便成為關注的重點,例如儒家強調「五倫」:「父子有親,君臣有義,夫婦有別,長幼有序,朋友有信」(《孟子·滕文公上》),就是說明個人在人際網絡中應該盡到的道德義務。因此,儒家對於個人的思想情感較不從其「獨立性」著眼,而是從其人際關係與所扮演的社會角色來找到人生的定位與意義,這在儒家思想及深受儒家影響的中國文化中十分明顯;連帶地,儒家甚至認為,個人的存在價值是在自己與他人關係的圓滿中才能得到真正的確立。

基督教的文化是人以上帝為中心,人的自我是臣服於上帝的主權之下,也就是要與神的靈聯合,本文作者稱之為自我在上帝中(self-in-God),但是基督教不僅僅談個人與上帝的關係,也談個人與教會、與群體的關係。個人與教會的關係稱之為肢體關係,如同一個身體有不同的肢體,基督徒也如此彼此連結於基督,《聖經》上說:「就如身子是一個,卻有許多肢體;而且肢體雖多,仍是一個身子;基督也是這樣」(哥林多前書十二章12節);肢體之間要彼此扶持,追求合一,就如同《聖經》上所說:「總要肢體彼此相顧。若一個肢體受苦,所有的肢體就一同受苦;若一個肢體

---

2 《論語·微子》第六章記載隱士與孔子的對話,呈現他們對身處的亂世所做的人生抉擇。孔子不同意隱士們避世隱居的消極做法,他認為雖然當時天下大亂,自己的抱負理想也很難實現,卻無法放下人群社會不管,只顧自身的安危而離群索居,而仍然要在人群社會中生活,盡自己所能來改善社會(朱熹[宋],2008,頁258。以下所引同此版本,不另註明)。

得榮耀，所有的肢體就一同快樂」（哥林多前書十二章 25～26 節）。又如：「用和平彼此聯絡，竭力保守聖靈所賜合而為一的心」（以弗所書四章 3 節），所以基督徒連結於基督，也連結於教會，這樣的自我，作者稱之為自我在上帝與人的關係中（self-in-God and relations）。

（三）對「修身」（self-cultivation）的看法

儒家文化重視修身，曾子說：「吾日三省吾身」（《論語・學而》），透過不斷地反省、檢視自己的心思與行為，促進自己的道德行為，使自己成為更好的人，達到自我的超越與轉化。儒家認為修身的工夫全憑自己，因為惟有自己才能對自己的生命負責，所以孔子說：「為仁由己，而由人乎哉？」（《論語・顏淵》）。願不願意做修身工夫，以及修身工夫的成果如何，完全掌握在自己手中，不是靠他人或外力使然。孟子的性善論也為人之所以能主動修身養性，提供了理論上的依據：因為善的本質與動力就在人性之中，[3] 所以人本來就具備了自我修養的意願和能力，能夠主動自發地遵從道德法則並身體力行；因為所遵從的道德法則不是外在的規範，而是內在善性本有的，所以遵從道德法則就是回歸最本真的自我，也是人生應走的道路。[4] 儒家肯定人有充分的能力進行自我的提升與轉化，如果人做不到，並不是他力有未逮，而是意願不足或努力不夠，所以他必須為此負起所有責任。

基督教則認為人是墮落、有罪性的，透過修身或自我的修為無法使自己成為更好的人，人需要的是徹底承認自己對脫離罪的無能，需要接受來自上帝的恩典，被上帝救贖——接受上帝的獨生兒子耶穌基督為世人死，贖了世人的罪，才能脫去老我，成為新造的人，有新的內在生命可以勝過罪。《聖經》上說：「基督釋放了我們，叫我們得以自由。所以要站立得穩，不要再被奴僕的軛挾制」（加拉太書五章 1 節）。基督教也認為人接受了救恩之後，仍然需要常常自省，稱之為走上「成聖」的道路，正如保羅說：「現今也要照樣將肢體獻給義作奴僕，以至於成聖」（羅馬書六章 19 節），以及「就當潔淨自己，除去身體、靈魂一切的污穢，敬畏神，得以成聖」（哥林多後書七章 1 節）。基督徒脫離罪惡的權勢，就進入神的國度，接受聖靈的掌管，

---

[3]　《孟子・告子上》：「仁、義、禮、智，非由外鑠我也，我固有之也，弗思耳矣。」（同上註，頁459）

[4]　《孟子・告子上》：「仁，人心也；義，人路也。舍其路而弗由，放其心而不知求，哀哉！人有雞犬放，則知求之；有放心，而不知求。學問之道無他，求其放心而已矣。」和《中庸》第一章：「天命之謂性，率性之謂道，修道之謂教。」都認為順著人性中本有的道德法則而行，即是人生應遵循的道路（同上註，頁467）。

在心思意念與行為上學像基督，在世上過著一個不去犯罪、追求聖潔的生活。不過，基督信仰也聲明人要過脫離罪的聖潔生活，光靠自己的努力也是達不到的，這並不是說有好的立志、好的行為不重要，而是這些動力的來源是需要活在基督與聖靈裡才能夠有能力。耶穌曾用葡萄樹與枝子來比喻自己與信徒的生命關係：「我是葡萄樹，你們是枝子。常在我裡面的，我也常在他裡面，這人就多結果子；因為離了我，你們就不能做什麼」（約翰福音十五章 5 節）。「聖靈所結的果子，就是仁愛、喜樂、和平、忍耐、恩慈、良善、信實、溫柔、節制」（加拉太書五章 22 節），人需要時時倚靠聖靈，才能夠有成聖的力量。

（四）人生的目的

就儒家的人生觀來說，成為有德的君子，進一步成為賢人、聖人，是最高的人生境界，修身的目的，就是達到這樣的理想人生目標。儒家的聖人典範有堯、舜、孔子、伯夷、伊尹、柳下惠等人，各代表著不同的人格典型，[5] 可知儒家「聖人」的形象並非單一的。因為不同的人在達到聖人境界時，仍會保有他的性格特質，所以儒家所認定的聖人就各有不同的風貌與特色，相同之處是他們都已臻於道德完備的最高境界。[6] 儒家期勉人要達到的目標，即是道德上的圓滿。雖然，只要是人，就無法避免現實條件上的種種限制，但儒家的態度是坦然接受這些限制，而且是立基在既有的限制上去努力修養品德，因為天生本有的善性可以克服這些限制。[7] 初始時可以從自己容易做到的部分做起，再一步步達到生命的提升與圓滿，所以儒家認為任何限制都不會構成成聖的障礙。[8]

基督徒的人生目的是認識神。《聖經·舊約》說：「神啊，我的心切慕祢，如鹿切慕溪水。我的心渴想神，就是永生神」（詩篇四十二章 1～2 節）；「神啊，祢是我的神，我要切切地尋求祢，在乾旱疲乏無水之地，我渴想祢；我的心切慕祢」（詩

---

5 《孟子·萬章下》：「伯夷，聖之清者也；伊尹，聖之任者也；柳下惠，聖之和者也；孔子，聖之時者也。孔子之謂集大成。」（同上註，頁 440）
6 這四位不同風格的聖人，面對同一件事有著不同的選擇、不同的取捨標準。但在孟子的評價中，他們都已臻於最高的道德人格境界。見上註《孟子·萬章下》同章所述。
7 《孟子·盡心下》：「仁之於父子也，義之於君臣也，禮之於賓主也，智之於賢者也，聖人之於天道也，命也，有性焉，君子不謂命也。」（同上註，頁 519）此語意謂：雖然在種種的角色扮演與人倫關係上，往往會因為客觀的限制而無法達到圓滿，但是仁義禮智的德性是本有的，因此在這些限制上盡力做到最好是責無旁貸的事。
8 《中庸》第二十三章：「其次致曲，曲能有誠；誠則形，形則著，著則明，明則動，動則變，變則化；唯天下至誠為能化。」（同上註，頁 43）

篇六十三篇 1 節）。保羅說：「不但如此，我也將萬事當作有損的，因我以認識我主基督耶穌為至寶。我為祂已經丟棄萬事，看作糞土，為要得著基督」（腓立比書三章8 節）。人為神所造，人惟有在與神的關係裡，對神的渴望才能夠得到安息。當人開始逐漸認識神，認識神對人的愛、神對人預備的救恩，就會更多願意將自己交付給神，也就是把自己的主權交給神，由神來掌管自己的生命方向與目標，願意順著神的心意來生活。耶穌指出，人要遵守神的誡命，最重要的就是「要盡心、盡性、盡意、盡力愛主——你的神。其次就是要愛人如己」（參考馬可福音十二章 30～31 節）；愛神與愛人成為基督徒認識神之後的生命實踐。不同於儒家是以成為道德上的聖人為生命目標，基督徒則是以認識神、活出愛神與愛人的誡命為生命目標。

（五）對天命（destiny）的看法

儒家文化談上天有好生之德，[9] 認為天是仁厚的；也談天命不可違，人要知天命、[10] 順天命，甚至應該畏天命。[11]「天命」在儒家有兩個意義：其一是指超越的天理天道，它是一切的主宰，但儒家並不將它視為是人格神般的存在，而認為是萬事萬物（包括人倫道德）最終極的根源。當人不斷地以道德法則來行為處事、修身自律之時，漸漸便可以體會到這就是天命；也就是說，行為處事的「義」之處，便是天命天道的呈現，這是人的生命所應該遵行的道路。其二是指現實存在的種種限制，與一般人所說的「命運」或「宿命」意思相似。儒家認為，人必須了解自我生命的限制在哪裡，但並不將之視為「被決定」或無法改變，而是如上文所言，用積極的態度來面對這些限制，依然從限制之中努力實踐應有之「義」，也就是在限制之中堅持修養自我、在限制之中努力展現天命。所以孔子說「知天命」就是指知道自己人生的限制與應走的方向，此中含有對自我負全責之意，而孔子這樣的態度也表現了生命的莊嚴。

對於基督徒，每個人都承受了一個耶穌吩咐門徒的大使命：「你們要去，使萬民作我的門徒，奉父、子、聖靈的名給他們施洗。凡我所吩咐你們的，都教訓他們遵守，我就常與你們同在，直到世界的末了」（馬太福音二十八章 19～20 節）。另一處《聖經》也指出信徒的身分和召喚：「你們是被揀選的族類，是有君尊的祭司，是聖潔的國度，是屬神的子民，要叫你們宣揚那召你們出黑暗入奇妙光明者的美德」（彼得前書二章 9 節）。所以去向世人傳福音、傳遞救恩的好消息，以及信徒彼此相

9　語出《尚書・大禹謨》：「與其殺不辜，寧失不經，好生之德，洽於民心。」（屈萬里，1983，頁 308）
10　《論語・為政》：「五十而知天命。」（朱熹[宋]，2008，頁 70）
11　《論語・季氏》：「君子有三畏：畏天命，畏大人，畏聖人之言。」（同上註，頁 241）

互勉勵在基督信仰上成長，是每個基督徒相同的職分與召喚。同時，每個人也都是上帝獨一無二的創造，上帝對每個人都有獨特的計畫，因此每個基督徒也需要按著神所給人的恩賜、才能和所身處的環境，尋求並明白上帝對每個人特殊的計畫及使命。

二、與人的關係（with relationship）

（一）社會倫理

儒家倫理講究仁義禮智信、孝悌忠信與順從長者，[12] 以維繫社會秩序及和諧，而無關乎天或是上帝的心意。孔子說「君君，臣臣，父父，子子」，[13] 子夏也說「事父母能竭其力，事君能致其身，與朋友交，言而有信」，[14] 每個人扮演好自己的角色，不但能夠修身而齊家，同時也是維繫社會倫理（social ethics）最好的方法。而儒家的倫理有一個很重要的思想基礎，那就是「忠恕」，也就是《大學》所說的「絜矩之道」，[15] 用現代話來說即是「同理心」、「將心比心」。《中庸》也強調：想要子女如何對待自己，就要先用那樣的方式來對待自己的父母；對於屬下、兄弟、朋友也一樣，總歸要先自我要求、自己先做到。所以種種倫理要求，依然輻輳於「修身」、「反省」的基本盤。[16]

基督徒的倫理重視的不僅是社會倫理與社會秩序，還更重視在神的道與神的愛中實踐社會倫理。以十誡來看，前四誡上帝規範以色列人（也是吩咐所有的基督徒）如何敬拜上帝，後六誡規範了人倫關係，也強調與人和睦、與人有共融的關係，例如，華人社會重視的孝道，在十誡中即規範「當孝敬父母，使你的日子在耶和華——你神所賜你的地上得以長久」（出埃及記二十章 12 節）。這些規範都是出於以上帝為中心，使人將上帝的要求與上帝的愛，實踐在對上帝、對社會人倫的關係中。這種以上

---

[12] 儒家對於長者、上司的態度是恭敬。至於「順從」的要求，始見於《韓非子‧忠孝》：「臣事君，子事父，妻事夫，三者順，天下治；三者逆，天下亂」（陳奇猷，1974，頁 1107）。西漢遂有「三綱」之說：「君為臣綱，父為子綱，夫為妻綱」（見班固，1985，頁 203）。儒家的倫理意涵自此產生質變。

[13] 《論語‧顏淵》：「齊景公問政於孔子。孔子對曰：『君君，臣臣，父父，子子。』」（朱熹[宋]，2008，頁 188）

[14] 語出《論語‧學而》。子夏曰：「賢賢易色，事父母能竭其力，事君能致其身，與朋友交，言而有信。雖曰未學，吾必謂之學矣。」（同上註，頁 64）

[15] 《大學》傳第十章：「所謂平天下在治其國者，上老老而民興孝；上長長而民興弟；上恤孤而民不倍。是以君子有絜矩之道也。」（同上註，頁 13）

[16] 《中庸》第十三章：「君子之道四，丘未能一焉：所求乎子以事父，未能也；所求乎臣以事君，未能也；所求乎弟以事兄，未能也；所求乎朋友先施之，未能也。」（同上註，頁 30）

帝為中心去實踐社會人倫關係的特性，在新約中也說得很清楚，例如關於孝道提到：「你們作兒女的，要在主裡聽從父母，這是理所當然的。『要孝敬父母，使你得福，在世長壽。』這是第一條帶應許的誡命」（以弗所書六章 1～3 節）。

（二）對社會的責任

儒家文化重視社會責任（social responsibility），認為人要承擔的社會責任與義務勝於個人的慾望與私利，也稱之為實現「大我」。《大學》說「明明德」、「親民」；「明明德」是個人應做的修身工夫，「親民」是對人群社會的貢獻，後者是要由個人的修身經驗出發，以自己修身的成果做為基礎的。儒家不但視「親民」為「明明德」的擴充與發展，同時也視「親民」為「明明德」最終的完成。真正的自我實現，是在「大我」實現的意義上呈現的，個人承擔其社會責任，盡到他的社會義務，乃至盡己所能貢獻人群，此時小我的實現才是真正完成。所以摒棄個人的私利不僅是為了人群大我，也是實現小我，因為小我的實現就在大我的實現之中。《大學》提出「八條目」的進程，由個人的修身到齊家、治國，最後及至平天下；[17]《中庸》也要人由「盡己之性」（充分發揮自己的善性），最後做到「參贊天地之化育」（關懷促進世界的和諧運行），此時個人的生命價值就在促進世界的福祉與和諧之行動中，發揮到極致。[18]

基督徒也重視社會的責任，《聖經‧舊約》彌迦書六章 8 節：「世人哪，耶和華已指示你何為善。祂向你所要的是什麼呢？只要你行公義，好憐憫，存謙卑的心，與你的神同行」。類似的，在《聖經‧新約》馬太福音二十五章 35～46 節的比喻中，主耶穌教導門徒，若有弟兄餓了，便給他吃；渴了，便給他喝；作客旅的，便留他住；赤身露體的，便給他穿；在監裡或病了，便看望他，就等於將這一切善事行在主的身上。此外，路加福音四章 18～19 節，耶穌重申祂來世間的使命：「主的靈在我身上，因為祂用膏膏我，叫我傳福音給貧窮的人；差遣我報告：被擄的得釋放，瞎眼的得看見，叫那受壓制的得自由，報告神悅納人的禧年」。這些都在在顯示神要基督徒愛世人的心意，特別是關懷照顧弱勢貧窮或軟弱有需要的人，除了關心人肉身的需要，也要關心人靈性的需要。

---

[17] 這「八條目」分別是「格物、致知、誠意、正心、修身、齊家、治國、平天下。」（同上註，頁 4）

[18] 《中庸》第二十二章：「唯天下至誠，為能盡其性。能盡其性，則能盡人之性。能盡人之性，則能盡物之性。能盡物之性，則可以贊天地之化育。可以贊天地之化育，則可以與天地參矣。」與天地參，意謂與天地並列為三，即是個人生命價值達到最高的境界，與天地同高。（同上註，頁 43）

三、與天的關係（with universe）

（一）宇宙觀

儒家文化少談宇宙，只認為上天有好生之德，宇宙的力量是有道德性的。例如，《易·乾》的《象傳》說：「天行健，君子以自強不息」；《易·坤》的《象傳》說：「地勢坤，君子以厚德載物。」宇宙萬物的運行，以及推動這個運行的根源動力，都是道德的動力，例如，天體有日月星辰、日夜寒暑等變化，表現了剛健不息與生生不已的德性；大地承載並長養萬物，即是仁厚寬宏足以承載一切的美德。但並非有一個人格神如上帝般的主宰在推動和掌管，而只是一個律則和力量不斷地運行，儒家認定惟有道德才具有這樣的能量，所以整個宇宙的存在是一個道德意義的存在。人若能修養道德、提升自我，便能體悟到這樣的道德宇宙，而聖人的精神生命即是可以與宇宙完全相通。

基督教的宇宙觀則認為宇宙是上帝所創造，上帝是宇宙的源頭，世界萬物被上帝所主宰，而人也是神的創造，有神的靈住在其中，被上帝所託的責任是要管理萬物（參考創世記第一章、第二章）。基督教的上帝，是一位超乎自然的上帝，祂不藉任何先存的事物，乃從無中創造萬有：「祂說有，就有，命立，就立」（詩篇三十三篇9節）；「因為萬有都是靠祂造的，無論是天上的，地上的；能看見的，不能看見的；或是有位的，主治的，執政的，掌權的；一概都是藉著祂造的，又是為祂造的。祂在萬有之先；萬有也靠祂而立」（歌羅西書一章 16～17 節）。基督教的宇宙觀不是一個道德的精神力量，而是由一個位格神——也就是上帝所創造與掌管。

（二）對天的態度

儒家對天保持一定的距離，用敬畏的心來面對天，也對天究竟是怎樣的存在抱持著不輕易談論的態度。孔子講學多年，卻不對弟子講論天與天道；但從孔子的話語中可以窺知，他的內心對天其實有著很深的契會，[19] 只因為弟子與當時人的學力與修養

---

[19] 例如孔子曾說天是推動萬事萬物的力量、一切生命的源頭，但天的運作卻是悄然默然而不著痕跡〔《論語·陽貨》：「天何言哉？四時行焉，百物生焉，天何言哉？」（同上註，頁252）〕；又曾說周代禮樂文明是否能推行，上天自有安排，人為的力量是無法左右的〔《論語·子罕》：「天之將喪斯文也，後死者不得與於斯文也；天之未喪斯文也，匡人其如予何？」（同上註，頁148）〕；孔子也曾慨歎混濁的世界中大概只有天能了解他的心了〔《論語·憲問》：「知我者其天乎！」（同上註，頁219）〕等等。

尚未達到足以體會的程度，為了避免誤解，所以他不輕易談論。同時，他也指點人應該扮演好人的角色，盡到本分，不宜把精神過度放在人所不能及的未知領域。[20] 但孔子也有透露，人若努力自我充實、提升轉化，最後將可領悟天道，心靈與精神境界皆達到天的高度。[21] 孟子有同樣的主張，認為不僅透過個人的修養可以與天相通，[22] 一個有德性的君子，他對人群社會的教化與無私的奉獻，與天地化育萬物的道德能量將匯而為一。[23]

基督教則認為天即是上帝，上帝不是僅代表力量而已，是一個靈，而且還是有位格的神，有情感有意志，且是創造宇宙唯一的真神。人與上帝相較，何其渺小與有限，詩篇形容：「耶和華啊，祢的工作何其大！祢的心思極其深！畜類人不曉得；愚頑人也不明白」（詩篇九十二篇 5～6 節）；但是神仍然樂意以自己啟示人，使人得以認識祂。神向人的啟示，最大的莫過於透過神的兒子耶穌基督；「從來沒有人看見神，只有在父懷裡的獨生子將祂表明出來」（約翰福音一章 18 節）、「因為神本性一切的豐盛都有形有體地居住在基督裡面」（歌羅西書二章 9 節），這也就是說，藉著耶穌基督，我們得以認識神。

（三）對死亡的看法

孔子對死亡的看法最為人所知的話，就是他回答子路問死亡問題時所說的「未知生，焉知死」。[24] 孔子不談死亡，並非對死亡問題無所關心，而是認為死亡是人生的終點，人死後已無能著力；人生的主要場域是在活著的時候，所以應該把關注的重點放在活著時的世界，致力於人生的所有面向，盡量讓人生達到圓滿。人若能在活著的時候創造出生命最大的意義，同時也就寫下他死亡的意義了，這表現出務實人生的態度。

基督教對死亡有相當獨特的看法，認為耶穌基督從死裡復活，凡信祂的人會跟著復活，這樣的復活不但是靈性的復活，也是在未來身體的復活。基督宗教不忌諱談死，因為知道人死後會復活。《聖經》記載耶穌對馬大說：「復活在我，生命也在我。信我的人雖然死了，也必復活；凡活著信我的人必永遠不死。你信這話嗎？」

---

20 《論語·雍也》：「務民之義，敬鬼神而遠之，可謂知矣。」（同上註，頁 120）

21 《論語·憲問》：「下學而上達。」（同上註，頁 219）

22 《孟子·盡心上》：「盡其心者，知其性也。知其性，則知天矣。」（同上註，頁 489）

23 《孟子·盡心上》：「夫君子所過者化，所存者神，上下與天地同流。」（同上註，頁 494）

24 《論語·先進》：「季路問事鬼神。子曰：『未能事人，焉能事鬼？』敢問死。曰：『未知生，焉知死？』」（同上註，頁 172）

（約翰福音十一章 25～26 節）。基督宗教的信仰使人在面對離世時有信心，知道人生在世的盼望不會因為生命結束而消失，無需懼怕。《聖經》也記載耶穌在預言自己將被釘在十字架上面臨死亡時，安慰門徒：「你們心裡不要憂愁；你們信神，也當信我。在我父的家裡有許多住處；若是沒有，我就早已告訴你們了。我去原是為你們預備地方去。我若去為你們預備了地方，就必再來接你們到我那裡去，我在哪裡，叫你們也在那裡。我往哪裡去，你們知道；那條路，你們也知道。」（約翰福音十四章1～4 節）。

對照以上儒家文化與基督教對於己、人、天各面向的看法，本文作者進一步做出對照表（見表 17-1）。

從儒家文化與基督教文化傳統的比較，本文作者看到儒家文化與基督教文化在人觀上有許多基本的差異：（1）儒家文化認為人性本善，人生來即具有善的品質與善的能力，透過適當的引導、教育或自我修養的工夫，善的本質就能夠顯揚；而基督宗教認為人是按神的形象受造，具有神美善的本質，人類在亞當背逆神、墮落犯罪之後，罪進入人心，人走向敗壞，無法透過自救恢復人性中的本善。（2）儒家文化主張修身，修身、自我修養是為了自我轉化與自我超越的手段，成為道德上更好的人，達到自我的超越與轉化；基督宗教則認為修身不能使人的罪性獲得徹底的轉變，需要倚靠上帝的恩典與基督耶穌的救贖，人才能夠脫去舊我，成為新人，不僅在道德上，更在靈性上成為新造的人。（3）儒家文化認為人生的目的是靠著自我修為，成為「有德的君子」、「聖人」、「賢人」，或「道德圓滿的人」（ethical and moral person）；但是基督宗教認為對基督徒而言，人生是一條學像基督的成聖道路，第一為愛神，其次為愛人如己。

對天的看法，儒家文化也與基督宗教相當不同，儒家文化認為宇宙沒有一個人格神的主宰在推動和掌管，而是一種有道德意義的力量在不斷運行，因此知天命、順天命、畏天命，知道萬事萬物的道理，知道自己的人生限制與應走的方向，是人與天的關係；基督宗教則認為宇宙是上帝所創造，上帝是宇宙的源頭，世界萬物為上帝所主宰，上帝是有位格的神，有情感、有意志，至今仍然介入在人類的歷史之中，因此只有當人接受救恩並認識神之後，才能重新恢復與神的關係，回復到神起初創造人的計畫與心意，也明白並活出神對人的計畫與召喚。

本文作者認為在與人的關係面向上，儒家文化與基督宗教有較高的相似性。華人心理學家認為儒家文化中的人是鑲嵌在社會關係之中，看重人在關係中的角色義務

表 17-1　儒家文化與基督教文化的比較

	儒家文化／ 儒家文化為基礎的諮商	基督教教義／ 基督教諮商	儒家文化與 基督教的對比
對人性的看法	人性本善，但需要教化或自我修養，人善的本質才能夠顯揚	人為神所造，有神美善的本質 但人自從背逆神之後，人的罪無法自救，需要上帝的救贖，恢復原來被造的美善	儒家主張自我修養，不接受至高神的救贖；基督教認為人的徹底轉化需要接受神的救恩
對「己」的看法	人是鑲嵌在社會角色義務之中，沒有西方所謂的「獨立」的自我 自我在關係中	人是神的創造，目的是人與神聯合，也在基督裡與其他信徒聯合	都不認為個人獨立於關係之外，但儒家重視社會關係，基督教重視個人與神及與人的關係
對「修身」的看法	修身、自我修養是為了自我轉化與自我超越的手段，成為道德上更好的人	需要靠上帝的恩典與救贖，人在道德上、也在靈性上成為更新的人	儒家靠自我修養；基督教倚靠救恩
人生的目的	成為「君子」、「仁人」、有德的人	愛神、愛人如己	儒家以成為有德性的人為目標；基督教除了德性，更以追求認識神為目標
天命	要知天命、順天命、畏天命	完成基督交付給信徒的大使命，也活出神對每個人獨特的召喚	都重視明白天道，但儒家指的是沒有位格的天，基督教指的是上帝
社會倫理	維繫社會秩序與人際和諧	在神的道裡與人和睦	都重視社會倫理，但基督教更重視人要以神為中心去實踐社會倫理
對社會的責任	盡己所能貢獻社會	盡社會責任，但也關心人靈魂的需要	都強調社會責任，但基督教還加上對傳揚救恩的責任
宇宙觀	宇宙是一種有道德性的力量	宇宙由上帝所創造與主宰	儒家認為宇宙是道德的精神力量；基督教相信上帝是宇宙的源頭
對天的態度	敬天 對天保持不可知論	天即上帝 上帝有位格，是有情感與意志的獨一真神，樂意人認識祂	儒家為不可知論；基督教相信上帝可以被人認識，也願意和人有親密關係
對死亡的看法	不談生死 未知生，焉知死	信者隨基督復活有永生	儒家避談死亡與死後世界；基督教相信信者有永生

（self-in-relation, Ho, 1993, 1995）；而基督宗教認為人是神的創造，人與基督聯合，也在基督裡與其他信徒聯合，作者稱之為自我在神與人的關係中（self-in-God and relations）。二者都不認為人是獨立自存的個體，而是鑲嵌在關係中，因此兩種文化都重視人與人的關係，也就是社會倫理與社會責任。儒家文化透過修身、自我要求，每

個人扮演好自己的角色，維繫社會秩序與人際和諧，甚至與天的和諧（李亦園，1996）；基督宗教則以上帝為中心，按著上帝的要求與上帝的愛，去實踐彼此相愛的人倫關係。儒家文化看重個人承擔社會責任，盡到個人的社會義務，盡己所能貢獻社會；基督宗教主張人要行公義、好憐憫、與神同行，當然信徒除了社會責任，還有關心人靈魂的責任，從信仰的角度出發，使世人能夠認識神。

　　生活於重視社會關係與社會責任之儒家文化下的基督徒，除了關心自己與神的關係及靈性的成長，更因為生活在緊密的人際關係中，而需要處理與人的關係，維繫與人的和睦及和諧關係，也因此需要面對的人際議題可能會多過於在人際關係上較為有距離的社會。而生活在關係緊密的社會，基督徒的靈性成長也會與社會關係有緊密的關聯，例如我（陳秉華）探討 19 位基督徒的靈性掙扎與靈性因應的論文（陳秉華、程玲玲、范嵐欣、莊雅婷，2013）中發現，會對這些受訪者產生靈性掙扎（如懷疑神、抱怨神、信仰動搖、與神遠離）的重大生活壓力包括：與神職人員的關係、親人死亡或罹病、感情婚姻不和諧、家庭生活困擾、工作中人際困擾等，幾乎都與人際關係有關，因此發展適用於受儒家文化影響的基督徒諮商，首要就需考慮到人際關係的處理，這呼應本文作者建構人我關係協調的華人本土心理諮商模式之主張。

參、儒家文化下基督徒諮商模式的建構

　　奠基於以上的論述，本文所建構的儒家文化下基督徒的諮商模式，將涵蓋下列主要概念：基本人觀、諮商目標、諮商關係、諮商方法、諮商技術、諮商歷程、諮商中的基督宗教靈性議題、諮商倫理，以及案例說明等部分，以下分別論述之。

一、基本人觀

　　基本人觀為：自我鑲嵌在與神及與人的關係中，自我不是獨立的，自我若脫離神、脫離社會關係，就會陷入孤立，成為以自我為中心的不健康生命。

（一）何為人性？

　　因人為上帝所造，有神的形像，所以人性有美善與正向的一面，值得被欣賞與看見；但是人在墮落犯罪之後，罪就進入了人心，當人越來越偏離神，會使人產生無法自控的破壞性心思意念與行為，對自己的心靈與人際關係造成傷害。受到儒家文化看

重自我修為的影響，對於接受上帝的救恩，容易摻雜著人還需要靠自己的努力才能夠得到救恩的思想，而對於「因信稱義，白白恩典」會抱持著不敢置信，或是認為這與儒家「人應該努力，對自己負責」的態度相違背，而成為接受上帝救恩的心理阻礙。

（二）何為全人健康？

世界衛生組織（WHO）定義健康為：是一種身、心和社會方面的完全良好狀態，不只是沒有疾病或不虛弱（世界衛生組織，1948）。在這樣的定義裡並未將靈性合括進來，因此作者認為需要修改為：是一種身、心、靈和社會方面的完全良好狀態，不只是沒有疾病或不虛弱。在儒家文化的社會，社會關係的良好與否更容易牽動自我的存在價值感，而存在的價值也更容易被社會關係所界定，所以社會關係的良好是非常受到重視的。

（三）人為何會有困擾？

當身、心、靈、社會任一方面出現了困擾或是疾病，就是在不健康的狀態。而身、心、靈、社會層面出現困擾，常常來自於個體沒有照顧好身體、心理、靈性或社會的需要。但是，個體也會因為環境的匱乏或是資源的缺乏，而導致無法照顧好在身、心、靈、社會層面的需要。儒家文化的社會重視關係的和諧，所以關係的損傷或斷裂，會影響到個人在社會中的地位與聲響，更容易成為人困擾的來源。

又因為人是身、心、靈、社會的全人整全的個體，各部分都會相互影響，如果一方面的需要長期未能滿足或受到忽略，也會影響其他方面出現困擾或生病，例如，胃潰瘍、高血壓等身心疾病就是心理壓力影響生理而出現疾病最常見的例子。

（四）如何恢復全人健康？

人需要對身體、心理、靈性及社會關係各方面的需要加以照顧、滿足，免其匱乏；除此之外，也需要增加環境的資源，減少因為生存環境不良，而造成個人的生活壓力。儒家文化的社會中，人際關係為首要的關注，因此要恢復全人的健康，往往可以先從社會關係層面著手。

二、諮商目標

諮商目標是成為在身體、心理、靈性及社會關係各方面都是健康的人，能夠按神

的心意發揮自我與社會功能，發展出自我在上帝與人的關係中的認同，活出這樣的召喚及人生使命。

三、諮商關係

諮商者與案主建立關懷與傾聽同理的關係、關注案主各方面的需要、協助案主開發或連結社會資源、協助案主提升自我照顧（身體、心理、靈性、家庭及社會關係）的意識、協助案主獲得與使用各種自我照顧的方法、協助案主獲得自我效能與賦能感、協助案主生命轉化。諮商者可以擔負多方面的角色與功能，可以是催化者、諮商者、教育或教導者、引導者、社會參與者。

四、諮商方法

1. 自我覺察：對個人身體、心理、靈性、家庭及社會關係各方面需要的覺察。
2. 自我認識：認識自己的優勢、資源與困難、問題、問題來源、個人的有限、需要的內外在之靈性與社會資源。
3. 建立與獲得維護個人身體、心理、靈性、家庭及社會關係各方面的健康與自我照顧的知識與方法。
4. 社會（含家庭、教會、社區等）與環境資源（如教育、經濟、醫療、保險、工作等）的建立與連結。
5. 透過信任與關懷的諮商關係，以及在諮商及生活中對於神、對於人的愛之體驗，幫助案主感受到被愛，產生自我價值感。
6. 建立與發展自我在上帝與人的關係中的認同、召喚及人生使命感。

五、諮商技術

1. 諮商技術：聆聽、同理的了解、探問、引導、詮釋、情緒體驗、提供不同觀點、行為改變技術、自我對話、角色扮演等多樣性的諮商方法。
2. 靈性技術：禱告、《聖經》觀點的討論、靈修默想神、上帝意象的運用、詩歌運用等基督教靈性介入方法。
3. 靈性資源的連結：加入教會、團契生活等。
4. 社會資源的連結：連結社區、社會福利、醫療、教育等環境資源。

六、諮商歷程

1. 建立關係：與諮商者建立信任的關係。
2. 承認需要：承認自己有需要，需要與自我、與他人、與神有和好的關係。
3. 承認自己的困境及有限：承認自己遇到困難或問題；承認自己的內在或外在資源的有限，無法透過自己的力量達到自我改善的目標；承認自己需要幫助、需要關係的連結、需要上帝的力量來改變環境或是改變自己。
4. 承認自己需要上帝的救恩與幫助：認識救恩、接受救恩、與上帝和好、請求上帝的幫助。
5. 成為新造的人：與自己和好、與關係中的他人和好。
6. 負起自我照顧的責任：發展照顧自己的身體健康、心理自我、社會關係、靈性等各方面需要的知識與方法，並且付諸實踐。
7. 發現自己的命定與來自神的呼召：活出神預定的心意、完成自我的社會與靈性使命。

七、諮商中的基督宗教靈性議題

1. 諮商者的靈性評估：評估個案的靈性需要、靈性資源、靈性發展歷程、靈性的困境與問題、個案的信仰認同及投入程度等。
2. 常見的靈性議題：失落、死亡、苦難、生命的意義與價值、死後的生命等。
3. 心理議題與靈性議題的交織：個案的心理議題常常會交織著靈性議題，例如，當基督徒案主面對親人死亡失落的議題，背後會與基督教的死亡觀有關聯。對信仰投入深的案主，其世界觀會深受信仰觀的影響，或由信仰觀主導，因此心理議題即為信仰議題，心理困擾可透過信仰的重新堅定而部分或全部解決。
4. 談靈性的時機：當個案表達有靈性困擾或靈性需要時，諮商者需要加以注意並探討；當諮商者認為個案的困擾可能與靈性議題有關時，可以由諮商者主動提出與個案討論，當然也可以等候個案提出。
5. 可使用的靈性介入：在諮商中可使用經文分享、禱告、聆聽詩歌、繪畫、信仰觀點的討論、信仰經驗的分享、靈性書籍、鼓勵案主與教會資源連結。
6. 諮商者的靈性自我表露時機：在案主希望聽到諮商者的靈性經驗時；在諮商者認為案主的議題可以由信仰觀點來擴大或修正案主的觀點時；當諮商者認為自己的

靈性經驗與案主的議題有關,會有助於案主看待自己的問題時。

7. 融入靈性的諮商 vs. 傳福音:諮商者不以傳福音做為來談者諮商的目標,但是當來談者有興趣、有動機從信仰觀點來看問題,或是深入信仰觀點做討論時,諮商者則可幫助案主探討信仰,甚至在案主有意願時幫助案主接受信仰。

8. 諮商者的角色:諮商者維持在諮商者的角色,而不是牧師或神職人員。諮商者關心案主提出的身、心、靈、社會各方面的問題,不單從信仰觀點或單純使用信仰方法協助案主,而是融合了生理、心理、靈性、家庭、社會各方面的知識,整合地幫助案主。

八、諮商倫理

1. 信仰基礎:諮商者需要具備對基督宗教的認識、接受《聖經》與基督宗教的教義、建立個人與神的關係、有教會與團契的生活。

2. 對於不同宗教/靈性案主的態度與知能:諮商者尊重有不同宗教/靈性的案主,了解不同宗教/靈性案主的世界觀,不強加自己的信仰於案主身上,了解自己面對不同宗教/靈性案主的態度、偏見、反移情,不因為案主的宗教/靈性背景而提供不公平的服務。

3. 需要接受將宗教/靈性融入於心理諮商的教育訓練,並且具備實務經驗。

4. 當自己無法處理不同宗教/靈性背景的案主時,就需要做出合適的轉介。

5. 與神職人員合作,視其為重要的諮詢對象,或在需要時轉介給神職人員。

6. 當諮商者與案主在同一個教會團體時,需小心謹慎處理雙重或多重關係,重視維護案主在教會團體的隱私。

九、諮商案例

案主王太太是女性基督徒,已婚 10 年,家庭主婦,有三個孩子,在婚姻關係中長期感到有困難。先生是家庭主要的經濟來源,在有了孩子之後,就希望太太能夠在家專心照顧孩子,但是先生越來越忙於工作,而妻子則忙於照顧三名年幼的孩子,夫妻彼此的關係越來越疏離。半年前,先生開始常常晚歸,令案主懷疑先生是否有外

遇，對婚姻更加感覺痛苦，因此求助於諮商師。

　　諮商師與案主有相同信仰，因此在第一次諮商時，很快就取得了案主的信任，而願意傾訴在婚姻生活中的痛苦。諮商師發現案主長年來因照顧三個孩子，已經到了精疲力竭的地步。案主年輕時信主，有穩定的靈修與教會生活，但是當孩子出生之後就越來越沒有時間投入信仰與教會生活，再加上先生不是基督徒，與案主的信仰完全沒有交集。案主在第一次諮商中表示，除了在生活中照顧孩子而累積的疲憊感、婚姻中所感受到的孤單感外，也因為感覺離開上帝已遠而有著愧疚感。

　　諮商師同理案主對上帝的愧疚感，以及生活與婚姻的孤單和疲憊，探討到案主此刻最需要的是有一個自己的生活空間，能夠在這時空內安靜自己、讓身體獲得休息，也開始重新與神有靈修生活，並且思考如何經營與先生的關係。諮商師與案主討論可能有的社會支持，發現案主每個月可以請母親來家中短時間照顧孩子一或兩次，使案主有喘息的空間。案主原先有些猶豫，因為不想增加母親來幫忙照顧孩子的負擔，更何況自己過去與母親的關係並不親近。諮商師協助案主看見，偶爾請母親過來幫忙照顧孫兒也是一個與母親修復關係的機會，案主表示願意嘗試。

　　接著諮商師與案主討論可以在哪裡找到喘息空間，案主想到先前去過的教會在週間可能有安靜的空場地可以使用，於是案主與教會牧師聯絡，牧師了解了案主的需要，願意借給案主一個可以短暫使用的場地，讓案主能在那裡安靜靈修或休息。

　　一個月後，當諮商師再次見到案主時，發現案主的神色轉好了一些。案主告訴諮商師她已經有兩次短時間離開家去教會獨自聽詩歌、禱告，也在讀經中藉由神的話獲得安慰。牧師知道她的需要之後，也請太太（牧師娘）關心案主，案主開始覺得被關心與被了解，孤單感減少了一些。

　　當諮商持續進行時，案主談到更多對先生無法支持自己的孤單及辛苦，也發現自己因為對先生的不滿而影響自己對先生的態度，變得更容易憤怒，先生也因此變得更疏離與不回應。諮商師協助案主發現對先生不滿的背後其實是對關係失落的感受，諮商師也協助案主去向先生表達出對於親密關係的渴望。案主起初對於這樣的真實表達感覺到困難，很害怕這樣的表達會增加夫妻的緊張關係，甚至連表面的和諧關係都會破裂，並且會擔心若先生不理會她的內在渴望，只會使自己的失落感更大。經過一番內心的掙扎，為了突破目前婚姻的困境，她還是決定要冒險和先生開始表達與溝通。

　　當先生知道案主的真實感受之後，剛開始時表示覺得很詫異，以為案主有了三個孩子之後，已經不再需要夫妻關係，也責怪案主不能體諒自己為家庭付出的辛勞。案主記得在諮商中與諮商師演練過如何對先生表達情感與需要，所以她並未被先生的話

引發負面情緒，而繼續表達出她對婚姻關係的需要及對夫妻相互陪伴的期待，最後先生表示願意在工作之餘陪伴案主談心說話。

兩個月後，案主教會的牧師娘告訴案主，教會有一個週末夫妻關係成長營，邀請案主與先生一起參加。案主的先生原先並不願意，他害怕進入教會後，會被強迫接受基督教，但是他也開始意識到婚姻亮起了黃燈，乃勉強願意同行。夫妻參加完成長營之後，諮商師見到案主開始面露笑容，表示夫妻在成長營中都有對彼此的分享與學習，也聽到一些其他基督徒夫妻分享走過的婚姻路，如何一起從低谷中走出，夫妻開始稍微意識到，婚姻關係需要用一點時間經營的重要性。

在進入諮商尾聲時，諮商師與案主討論的內容除了自我照顧、經營婚姻關係外，也從基督徒的觀點探討做為家庭主婦、照顧孩子的角色與職分。案主認同現階段她的生命召喚與生命目標就是在家庭中支持先生與教養孩子，陪伴孩子健康成長，她更看重與認同自己做為一個家庭主婦、母親和妻子的身分與角色。

回顧這段諮商之旅，案主認為是有幫助的。她感謝諮商師在她重整信仰、婚姻關係、確認身分認同歷程的陪伴，使她重新與信仰及教會資源連結，也與先生開啟了經營婚姻的一段新歷程，而能夠走出孤單與疲憊，重新成為生活有力的人。

分析

案主生活在一個儒家傳統性別角色的婚姻關係裡，男主外、女主內的分工在案主的生活世界中是清楚的，她也接受做為母親、在家專心養育孩子是她的角色責任。但是隨著先生在工作上的投入越來越多，自己必須獨立負荷照顧孩子的責任，使得兩人的心靈世界越來越遠，自己也越來越感到孤單、疲憊，夫妻間僅維持著表面的和諧關係。

當案主進入到諮商室，諮商師注意到案主身、心、靈、社會的全人需要，他評估案主是處在身體疲憊、靈性空虛、心理與社會關係都缺乏支持的狀態。他協助案主先幫自己找到一個時間與空間，能夠安靜自己並獲得一些身體與心靈上的休息，這是一種教導案主學習自我照顧的方式。諮商師幫助案主連結與母親的關係，使母親能夠成為案主在需要時的支持系統，同時案主也重新與教會資源連結，而不再是一個孤單無援的個體。案主與先生的婚姻關係是案主前來諮商的主要困擾，諮商師協助案主釐清自己對婚姻的失望與失落感，並且確認她對於重新恢復婚姻親密的渴望，與案主討論面對真實關係中的恐懼，並且自我突破，開始向先生表達內在真實的需要，也教導案主在與先生互動時，能夠不被捲入夫妻彼此責怪的惡性循環中。在這個過程中，諮商

師提供陪伴、同理、理解、支持、鼓勵、挑戰、教導等多樣性的幫助，使案主不是在孤單中獨自面對困難。教會提供的夫妻成長營是一個支持團體，使案主與先生能夠有機會見到曾經歷婚姻困難的夫妻如何一起走過的心路歷程，提供了他們希望與支持。案主對自己的生命角色重新再認定，更確定自己人生階段性任務與身分的召喚，使得個案能夠走向身、心、靈、社會關係各方面都更完整的歷程。

　　案主張先生是一位中年已婚男性，妻子是職業婦女，有兩個青春期的孩子，他成為基督徒已經有 15 年的時間，平時認真投入工作，常常超時加班，也投入於教會服務，在別人眼中是工作的好夥伴，也是教會小組負責的小組長。但是張先生經常感到來自工作與生活中的莫名壓力，長期以來晚上睡不安穩，近來更常會感覺疲倦、食慾不振、缺乏動力，體重也下降，但健康檢查的結果並沒有大問題。醫師與張先生會談之後，判斷張先生得了憂鬱症，建議張先生服藥並且接受心理諮商。

　　諮商師與張先生展開會談之後，發現張先生有極強的社會責任感，要求自己要在工作與教會中盡心竭力，但是仍然有層出不窮的問題需要解決，回到家中又必須面對疲憊且需要自己支持的妻子，兩個青春期的孩子也比以前更不聽話，開始難以管教，令張先生對自己承擔各種角色的能力產生嚴重的懷疑與失敗感，情緒落入沮喪中。

　　諮商師與案主一起討論和評估案主各方面的壓力，發現已經超載，案主需要重新調配各種角色壓力，使得身心壓力減輕。案主剛開始對於自己竟然會無法承擔這些角色責任感到很自責，經過諮商師進一步的探詢，發現案主來自於一個父母對孩子要求很高的家庭，從小就教養孩子需要關心、照顧身邊的人，使得案主很早就認知到照顧人、關心人的需要，成為基督徒之後，更是把要愛神、愛人當成他生命的目標，隨時隨地都不鬆懈，對於自己需要停下來休息會有罪惡感。

　　諮商師與案主探討《聖經》中「安息」的觀念，以及「安息」對案主在身、心、靈方面重新得力的重要性，另外，也與案主討論如何從生活中規劃出休息的時段，使得身心有機會休息，能夠有個人在神面前安靜的時間。剛開始這樣做時，案主覺得很不習慣，覺得沒有做事就是在閒置、浪費時間，也對於學習這樣的照顧自己感覺有罪惡感；但是一段時間之後，他漸漸領會出放慢腳步的好處與對自己的必要性，他開始有多一點的時間來觀察自己、檢視困難，也把他的困難帶到禱告中尋求神的幫助，他慢慢覺得自己比較能夠「安息」，不再這麼容易心浮氣躁，心理的壓力感與晚上的睡

眠狀況都開始有一些改善了。

　　接著案主與諮商師全面地檢視案主的人際關係、與人維繫關係及互動的模式。案主逐漸發現他習慣扮演供應者、問題承擔者與解決者的角色，這樣的角色使他覺得有成就感與能力感，但是青春期的孩子不再這麼需要依賴他，也有著自己的想法與意見，當孩子不再接受他的安排與幫助時，案主除了會感覺到自己對孩子背逆的生氣，其實還有著很大的失落與不被需要感。案主開始意識到，他需要改變一些與孩子的角色關係，不需要再是單方面的供應者，而是需要學習與長大中的孩子建立一種較為平等的相互關係。同樣的，案主檢視他在工作與教會小組中，也是扮演類似的角色，使大家都依賴他，令他覺得自己有價值感，但是他也因為把大家的問題都扛在自己身上而負荷過重。在與諮商師討論的過程中，他發現其實每個人都有問題解決的能力，他不需要過度一肩擔起大家的問題，他可以改變角色，成為別人的鼓勵與支持者，鼓勵他人看到自己的能力，去承擔起自己解決問題的責任；他也開始覺得這樣的角色轉換與互動關係的改變，使他的責任與重擔有一些減輕，不過，他仍然可以保有他為人服務的價值感與成就感。

　　半年過去，案主覺得他的身、心、靈與社會關係逐漸有了一些好轉，憂鬱的症狀也減輕很多，與諮商師持續的談話，也幫助他對於自己長期以來高度自我要求與責任感，及靠著幫助人而建立的價值感之來源有更多認識。他對於與人互動的方式也有了一些新的調整，不再處處扮演滿足人需要的供應者角色，開始會坦承自己也有有需要的時候，並且調整了一些生活作息的安排，每週多一點個人安靜與在神面前安息的時間，他發現這樣能夠使自己更平和與平靜，也更有能力去應對生活中的壓力及各種角色的責任。

分析

　　案主從小被父母教導要關心別人的需要，承擔別人的責任，這是在儒家文化中常見的社會責任感與對成為一個有德性的人的教導。成為基督徒之後，在愛神、愛人的信仰中，更加強化案主對別人的需要要有所回應的責任感，但是案主也因此背負著許多重擔，以致壓縮了他自己需要有個人的身、心、靈舒緩的空間，進而導致他出現了身心症狀。諮商師在案主進入諮商室之後，首先協助案主覺察自己的身、心、靈狀態，承認自己已經壓力超載，需要在身、心、靈各部分都有時間休息。但是，開始學習關注自己的需要對案主而言十分困難，他覺得那是一種自私的表現，因此諮商師協助案主探詢這樣的價值信念的來源，也協助案主覺察自己抱持著「需要不斷照顧與服

務他人，才有價值與意義」的信念所形成的人際模式，因此而帶來不平衡的人際關係，以及無法與進入青春期的孩子發展出新的對等關係。於是案主逐漸學習照顧自己，調整與人的互動模式，也學習與成長中的孩子發展出不同於以往的關係；他也再一次肯定服務人是自己的命定與呼召，但是他需要學習照顧自己，以發展出一種能照顧自己、同時也能照顧他人之新身、心、靈、社會的平衡關係。

肆、結語

　　本諮商模式建構在探討儒家文化與基督教文化的文化比較之上，本文特別關注在三個層面：對己、對人、對天，包括了對人性的看法、對己的看法、對修身的看法、人生的目的、對天命的看法、社會倫理、對社會的責任、宇宙觀、對天的態度，以及對死亡的看法。經過比較之後，本文作者發現儒家文化與基督教文化有一些根本的差異，但是也有部分的相融之處；其根本的差異在於對「己」以及對「天」的態度與看法，而對社會關係與社會倫理則有相近與相融之處。基於儒家文化與基督教的倫理都重視個人的道德、和諧的社會關係、盡社會的責任，所以當案主遇到的是人際關係的困擾時，就很適合從人際間的情感關係、角色義務等議題著手。但是基督教心理諮商不同於儒家文化的獨特之處在於：人無法靠自己的修為、修身、修養全然改變人性與人的本質，所以要承認需要神的救恩與拯救、需要神的幫助。美國著名的酗酒者匿名團體最早所使用的十二個步驟，第一個步驟就是要承認人無法控制自己的酒癮或其他的上癮；第二個步驟就是要承認有一個更高、更大的力量（神）能賜給人力量；第三個步驟是要做出決定將個人的意志與生命轉向愛我們的神（Alcoholics Anonymous, 2001）。

　　本文作者也認為，當個案來到諮商者面前，是走到了一個困境，看見無法再藉著自己的力量做出對環境和對自己的改變，而願意接受上帝與他人的幫助，這是轉變的開始。在靈性心理學中，有些學者主張靈性是人的核心（Burke & Miranti, 2001），本文作者亦認同這樣的看法。雖然在諮商中，個案不一定都需要先從靈性層面開始談起，但是到了一個時間點，個案需要碰觸到自己靈性的需要，並且滿足靈性的需要，才能夠帶出全人的健康，而在華人社會中，由於緊密的社會關係與個人承擔的角色義務，協助基督徒案主發展出自我在上帝與人的關係中的認同與生命召喚，本文作者認為才算是完整的華人本土基督徒心理諮商。

多元文化諮商在臺灣

學習活動與討論問題 • • •

1. 本章的內容提供讀者將非在地宗教信念（基督宗教）與在地文化信念（儒家文化）融入於心理諮商的例子，這對於你理解宗教、文化與心理諮商之間的交會性有何幫助？

2. 閱讀本章之後，你對於宗教信念可如何被運用並融入於心理諮商工作中，有何新的認識？

 **參考文獻**

世界衛生組織（1948）。**世界衛生組織對健康的定義**。取自世界衛生組織網站：http://www.who.int/suggestions/faq/en/，2016 年 10 月 31 日。

朱熹（宋）（2008）。**四書章句集注**。臺北市：大安。

李亦園（1996）。**文化與修養**。臺北市：幼獅文化。

屈萬里（1983）。**尚書集釋**。臺北市：聯經。

班固（漢）（1985）。**白虎通**（叢書集成初編）。北京：中華書局。

耿昇（2003）。法國漢學界對於中西文化首次撞擊的研究（代重版序）。載於謝和耐著（耿昇譯）（2003），**中國與基督教：中西文化的首次撞擊**（頁 2-3）。上海：上海古籍。

陳奇猷（1974）。**韓非子集釋**。高雄市：河洛圖書。

陳秉華（1999）。華人「人我關係協調」之諮商工作架構。**測驗與輔導，167**，3511-3515。

陳秉華、李素芬、林美珣（2008）。諮商中伴侶關係的自我協調歷程。**本土心理學研究，29**，117-182。

陳秉華、林美珣、李素芬（2009）。人我關係協調之伴侶諮商研究。**教育心理學報，40**（3），463-488。

陳秉華、程玲玲、范嵐欣、莊雅婷（2013）。基督徒的靈性掙扎與靈性因應。**教育心

理學報，**44**（多元族群與特殊需求者的教學與輔導專刊），477-498。

聖經資源中心（2009）。聖經（和合本）。新北市：橄欖。

英文部分

Alcoholics Anonymous. (4th ed.). (2001). New York, NY: Alcoholics Anonymous World Services.

Burke, M. T., & Miranti, J. (2001). The spiritual and religious dimensions of counseling. In D. C. Locke, J. E. Myers, & E. L. Herr (Eds.), *The handbook of counseling* (pp. 601-612). Thousand Oaks, CA: Sage.

Chen, P. H. (2009). A counseling model for self-relation coordination for Chinese clients with interpersonal conflicts. *The Counseling Psychologist, 37*(7), 987-1009.

Ho, D. Y. F. (1993). Relational orientation in Asian social psychology. In U. Kim, & J. W. Berry (Eds.), *Indigenous psychologies: Research and experience in cultural context* (pp. 240-259). Newbury Park, CA: Sage.

Ho, D. Y. F. (1995). Selfhood and identity in Confucianism, Taoism, Buddhism, and Hinduism: Constructs with the west. *Journal of the Theory of Social Behavior, 25*, 115-139.

Triandis, H. C. (1995). *Individualism and collectivism*. Boulder, CO: Westview.

多元文化諮商**在**臺灣

Working WISER：
臺灣學校輔導工作模式之本土化發展與建置

▍王麗斐、杜淑芬

　　臺灣學校輔導工作始於 1950 年代，當時是為了協助來臺就學的海外華人子弟之身心健康與適應發展，於是開啟了僑生輔導（國史館教育志編纂委員會，1990）。1968 年開始實施九年國民義務教育時，即增列「指導活動」課程（後於《國民教育法》中改稱為「輔導活動」），並於國中設指導活動課教師，職司授課並負責學生輔導工作。到了 1979 年，國民中學全面設置輔導室，置輔導主任與組長，開始了臺灣學校輔導工作體制（吳武典，2013；葉一舵，2013）。接著在 2011 年，《國民教育法》第 10 條修正，正式於國民中小學增置專任專職輔導教師，此時學校輔導室的人員編制更趨完整。同一時期，各縣市教育局處下設置縣市學生輔導諮商中心（以下簡稱輔諮中心），遴聘具有證照之專任專業輔導人員（即心理師、社工師）。在此之前，臺灣學校輔導的組織與人力編制之規範，散落於各教育相關法規（如《國民教育法》、《高級中學法》等）；到了 2014 年《學生輔導法》通過，自此確立以專法規範各級學校輔導工作的內涵、組織、架構與人力。

　　然而，隨著學校輔導工作的法令趨於完備、更多的諮商輔導專業人力進駐校園（包括心理師、社工師等），學校輔導人力的配搭與輔導工作的分工和合作也面臨新的挑戰。2011 年，《親子天下》對學校輔導工作做了深度的報導，並提出學校輔導工作的四項挑戰：輔導師資的質和量不足、三級輔導體制的權責不清、跨專業合作的磨合，以及體制外的輔諮中心如何發揮功能（張瀞文，2011）。從內容來看，除了第一項關注輔導師資的人力品質外，其餘三項均與學校輔導工作的三級系統如何運作與如何分工合作有關。而在學校實務工作現場，增置專職不授課之專任輔導教師也引發學校輔導室對於校內輔導人力如何運用的挑戰，特別是如何讓這批新人力與現有系統整合與發揮功能的疑慮。在這個背景下，教育部委託本文作者與其他學者共同進行國民

中學與國民小學之學校輔導工作參考手冊的編製,以落實學校輔導工作。在這個專案中,WISER 三級輔導工作模式的發展就是從當初的教育部學校輔導政策、相關法規,以及許多第一線國中小輔導實務工作者的經驗整理而成(王麗斐等人,2013)。

本文旨在介紹這項擷取本土經驗所發展出來的本土化學校輔導工作模式——WISER 模式。為了理解 WISER 模式的本土化發展特性,本章將分為五節,第一節先淺介美國學校輔導與諮商工作模式的發展,第二節介紹臺灣學校輔導工作模式的前期發展,第三節專節介紹 WISER 學校輔導工作模式,第四節說明 WISER 模式的本土化特色,至於第五節則以一則霸凌事件為案例,說明 WISER 模式在霸凌輔導的運作,最後再提出總結。

壹、美國學校輔導與諮商工作模式的發展

對於美國學校輔導與諮商工作模式的發展,本文參考 Gysbers 與 Henderson(2012)所著的《學校輔導與諮商方案的設計、實施與評鑑》(*Developing & Managing Your School Guidance & Counseling Program*)一書,來說明美國學校輔導與諮商工作演變之發展。以下將美國學校輔導與諮商工作模式的發展概分為以下幾部分:

一、生涯導向——教師兼任學校諮商師

美國的學校輔導與諮商工作在 1900 年初於波士頓發端,其目的在於幫助學生找到教育與就業的方向(Gysbers & Henderson, 2012)。波士頓的中小學須指派教師義務擔任職業輔導的角色(無減授教學時數或額外的報酬),之後這項職業輔導方案迅速推展到全國,到了 1918 年,約有 932 所高中設有類似職業輔導的部門,協助學生的就業問題(Ryan, 1919, p. 36)。到了 1920 年代,學校輔導與諮商開始較為強調個人診斷與臨床取向,並重視心理測驗。許多學校諮商師(school counselor)是由教師或行政人員兼職擔任,其任務也是輔助「導師」的工作;此外,隨著越來越多全職學校諮商師進入校園,學校諮商師是否應該具備教學經驗成為當時爭論的議題。

二、心理諮商導向的學校輔導

1946 年的《職業教育法案》(Vocational Education Act)對學校輔導與諮商的成長與發展具有重要的影響,透過這個法案,聯邦經費得以用來支持學校輔導與諮商工作

計畫、諮商師與督導的薪資,以及補助輔導與諮商的研究。而 1958 年的《國防教育法案》(National Defense Education Act, NDEA)訂有輔導與諮商條款,將經費挹注於各州的測驗計畫,以及提撥經費給訓練機構與中小學輔導方案。此外,隨著諮商訓練的專業化,學校諮商師也尋求自己的角色認同與諮商服務的獨特性。依據 Wrenn(1962),當時學校諮商師的主要功能包括:與學生諮商;在處理學生問題時,納入教師、家長和行政人員的意見;協助校方了解學生族群的心理;以及協調學校與社區資源等等。從上述的內容可以發現,此時學校諮商師的角色與功能在於學生適應問題的諮商,並以心理治療為導向。

三、綜合性輔導與諮商方案

然而到了 1970 年代,一方面傳統學校輔導與諮商過度重視一對一的諮商,再加上學校諮商師的功能過度偏向學校的危機處理,導致學校諮商與輔導工作的效能受到質疑;另一方面,對於學生職涯發展的需求與重視,讓學校輔導與諮商重新回到發展性輔導的道路。在這樣的趨勢下,以生涯與發展性輔導為導向,並重視預防性工作與績效責任的綜合性輔導與諮商方案乃應運而生(Gysbers & Henderson, 2012)。1974年,美國學校諮商師學會(American School Counselors Association, ASCA)發表其職務論述——學校諮商師與輔導和諮商方案(The School Counselor and the Guidance and Counseling Program),率先認可這項概念,並逐步修訂與發展成目前美國各州所廣泛採用的學校輔導與諮商模式。依據 Gysbers 與 Henderson(2012)在其教科書的闡述,此時美國約有 41 州已經採用 ASCA 模式或是在發展階段中。

四、ASCA 全國模式

ASCA 全國模式是以 Gysbers 與 Henderson(2000)、Myrick(2003),以及 Johnson 與 Johnson(2001)的研究工作為基礎,據以協助學校諮商師發展「範圍是全面的、設計上是預防性的,而本質上則是發展性的」諮商與輔導方案(引自 Gysbers & Henderson, 2012)。因此,該模式係指由學校諮商師在校內推動的輔導與諮商服務系統。ASCA 模式的內容主要涵蓋四種要素:基礎、遞送系統、績效責任和管理系統。

(一)基礎(Foundation)

ASCA 模式的基礎在於建立學校輔導與諮商活動和服務的內容標準,確定服務信

念、哲學基礎與任務宗旨。以密蘇里州為例,其方案目的在於「促進學生的學業、個人/社會與生涯發展,以及在學校創造正向且安全的學習氣氛以滿足所有學生的需求。」(Gysbers & Henderson, 2012, p. 92)。

(二)遞送系統 (Delivery System)

各學區需要規劃學校輔導與諮商服務的遞送系統,來完成基礎所設定的任務目標與內容標準。以密蘇里州為例,其學校輔導與諮商服務乃經由以下四項方案所傳遞:(1)學校輔導課程:結構式的團體與課堂講解;(2)個別學生規劃:衡鑑、教育與職業計畫,以及安置;(3)回應式服務:個別諮商、小團體諮商、諮詢與轉介;(4)系統支持:透過專業成長、諮詢、團隊合作、方案管理與操作,使學校輔導課程更有效率地推動。

(三)績效責任 (Accountability)

ASCA 模式認為學校諮商師需要對服務負起績效責任,透過成果報告、建立學校諮商師的表現標準與評鑑,以及對方案的評鑑,來了解方案的適切性與輔導服務的推動績效。

(四)管理系統 (Management System)

ASCA 模式也重視管理系統,透過內部自我管理與外部的機制確保學校諮商師與諮商輔導方案能達成績效責任的要求。

由 ASCA 模式可以發現,美國學校輔導與諮商的發展係以「績效責任」為中心的理念,重視輔導與諮商方案能夠回應學生、家長、學校與社區的需求,從本質上來看,基本上是「目標→規劃→執行→評鑑」的服務循環,是一套自我評鑑與管理的系統。

貳、臺灣學校輔導工作模式的發展

諮商與輔導學界咸同意,臺灣學校輔導工作的發展始於 1954 年的僑生輔導(張植珊,1980)。對於臺灣學校輔導工作的發展歷程,許多學者依據教育部對於學校輔導工作的政策走向加以分段,例如,王麗斐與林淑君(2016)、何金針與陳秉華

（2007）、葉一舵（2013）、蕭文（1999）等學者的分期，多以學校輔導政策或輔導工作重點的轉變為分期的依據。本文則嘗試提供另一角度的思維，以學校輔導工作模式的角度，檢核臺灣學校輔導工作方式的發展；這裡的學校輔導工作模式係指輔導工作在學校場域中被推動和實踐的方式。因此，本文將臺灣學校輔導諮商工作模式的發展分類，粗略分為「綠洲式的輔導實驗方案模式」、「『課程為主』的輔導服務模式」、「普及化的教訓輔三合一模式」，以及 2011 年後的「WISER 三級輔導工作模式」等四個階段性發展。前三者說明如次，WISER 模式則專節介紹。

一、綠洲式的輔導實驗方案模式

依據張植珊（1980）對臺灣學校輔導源起的描述，由於返國就學的僑生驟增，僑居地教育水準與生活的差異，促使教育部推動僑生輔導，當時輔導的重點在於學生的學習輔導與生活輔導。

1959 年的「東門方案」是一項引進心理衛生模式的學校輔導工作模式，臺北市東門國小在臺大醫院兒童心理衛生中心創辦人林宗義博士的指導下，成為第一所試辦全方位心理衛生實驗方案的學校。東門方案的目的在於透過個案研討會和講座的形式，達到協助教師具備心理衛生知能的早期偵測、早期預防目的。當時的輔導室引用公共衛生的概念，設有心理衛生室，下設輔導教師，亦設有轉介專業機構（即臺大醫院兒童心理衛生門診）進行輔導的機制。簡言之，從東門方案的工作內容來看，當時已經包括教師研習、兒童輔導、心理測驗、家長輔導，以及推廣研究等，顯示這個時期的心理衛生模式運作已粗具輔導工作模式的概念。

學校輔導在這個時期雖然已經起步，如僑生輔導、東門方案，然而此時的學校輔導工作猶如在沙漠中的零星綠洲，尚未形成規模。僑生輔導重視生活與學習適應的協助，至於東門心理衛生方案則聚焦於個案工作，針對學校當中行為偏差的兒童進行辨識與提供輔導。不過這些執行者仍是一般教師，輔導的專業訓練仍在初步萌芽中。因此，各校輔導工作多僅能做到心理衛生概念的教育推廣，還無法針對學生個別適應之問題行為進行深入的輔導協助。此時的輔導工作，僅能說有輔導之名，尚無法落實預防輔導的目標（葉一舵，2013）。

二、「課程為主」的輔導服務模式

1968 年政府實施九年國民義務教育，同時於九年國教課程中增列「指導活動」課

617

程，這是學校輔導史上一個重要的里程碑。同年並頒布「國民中學指導活動暫行課程標準」，內容涵蓋了生活輔導、學習輔導，以及升學與就業輔導三面向，同時也規範課程的實施方法，例如，每週一節的課程時間進行學生身心調查、心理測驗，或各項升學、就業與其他輔導活動；此外，指導活動老師也需要與學生進行課外的個別談話，針對學生的個別問題進行輔導（張植珊，1980）。此標準規定「各校應聘受過指導專業訓練的人員擔任指導教師」，也促成日後國中輔導活動教師的專職化。1975年，指導活動課更進一步改稱為輔導活動課；到了2004年實施九年一貫課程革新時，國中輔導活動則與童軍、家政整合成為綜合活動學習領域課程，以每週三節課共同推動。

1968年的九年國教將輔導工作以課程方式成為教育的一環，對臺灣學校輔導工作與學生心理健康具有重要的意義。輔導課程可以將生活、學習、身心適應與生涯發展等的內涵，透過教育的形式，有系統、有順序地授與學生或與學生討論，讓較多的學生可以在短時間內取得這些重要的身心健康與生涯發展知識（Gysbers & Henderson, 2012）。葉一舵（2013）形容這是臺灣學校輔導史上的第一個黃金期，不僅學生輔導工作被納入學校課程裡，國民中學的輔導工作也從實驗階段進入了全面推展的制度化階段。

然而在這個階段的實施並不平均。雖然在原本設計上，國中的輔導活動課程是由受過輔導專業訓練的教師執行，也希望每週能以班級團體輔導的方式進行一次，然而許多學校在升學壓力的考量下，改以配課方式交由主科卻非輔導專業教師授課；再加上多數授課教師缺乏執行班級輔導的能力，致使輔導活動課程被「課程架構標準化」，使得那些真正需要被關注的學生輔導工作，反而成為輔導教師課餘兼辦事項，不僅無法真正落實學生輔導工作，也遠離當初設置輔導活動課程之初衷（林清文，2007；張植珊，1980）。

至於國小輔導工作，雖然教育部也在1975年頒布了「國民小學輔導活動實施要領」，然而由於國小輔導活動課程的實施並不另訂科目，亦無固定時間進行，而是由一般教師以融入教育情境與課程活動的方式實施。因此，在這種零編制、無具體課程實施的運作模式，自然形成國小教師對於輔導工作的空洞化，以及輔導室缺乏專業的困境（王麗斐、趙曉美，2005；林美珠，2000）。

另外，此時期的許多研究指出，這階段的輔導教師常有著同時擔任授課教師，以及與學生個別輔導的雙重角色之困惑與壓力超載的困境（何金針、陳秉華，2007）。以「既是教師又是輔導者」的問題為例，除了造成輔導教師的角色衝突及師生間雙重

關係的困境外,也讓學生混淆了輔導與訓導(Tu & Jin, 2016)。此外,也因為輔導課程化,有些教師就把輔導工作窄化成為一種「輔導課程」教學。王仁宏(2003)的研究發現:授課時數過多,造成輔導教師在學生輔導工作中的心餘力絀。雖名為初級預防輔導工作,但因高達18至24小時的授課負擔,許多國中輔導教師就自然把授課當成最主要的輔導工作,漸漸喪失心力去照顧有個別輔導需求的學生。接著,到了2004年,由於九年一貫課程的改革,將輔導活動、家政與童軍教育等課程整併為綜合活動學習領域,消失的輔導一詞,也讓不少學校輔導人員憂心輔導專業被忽略,更擔心此舉嚴重斲傷學校輔導專業的發展(吳英璋、徐堅璽,2003;許育光,2013;陳秀樺,2013;張麗鳳,2008)。

三、普及化的教訓輔三合一模式

　　1991年2月,教育部投入大量財力推動「輔導工作六年計畫」,以計畫性措施帶動學校輔導工作發展。到了 1997 年更函頒「青少年輔導計畫」,以加強辦理校園心理衛生教育、中輟學生復學輔導、人權教育、品德教育、生命教育、性別平等教育、法治教育及強化學校學務功能等為主。其中一項重要計畫乃是 1998 年所推動「建立學生輔導新機制──教學、訓導、輔導三合一整合實驗方案」。這是一個引進公共衛生預防流程,含:一級預防、二級預防、三級預防的三階段觀念,整合學校各處室與教師系統的輔導服務工作,建構成為一完整的輔導網絡,對日後學校輔導工作模式的發展有重要影響(鄭崇趁,2000)。此模式的理念架構如圖 18-1 所示。

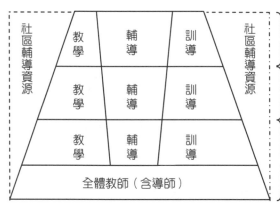

社區輔導資源　教學　輔導　訓導　社區輔導資源｜三級預防(偏差行為、嚴重適應困難之學生矯治、諮商及身心復健)

教學　輔導　訓導｜二級預防(瀕臨偏差行為邊緣學生之諮商、輔導)

教學　輔導　訓導｜一級預防(一般學生、適應困難學生之一般輔導)

全體教師(含導師)

圖 18-1　「教訓輔三合一」之學校三級輔導工作網絡(鄭崇趁,2005)

　　依據鄭崇趁(2000,2005)的論述,教訓輔三合一政策的構想是以「帶好每一位

學生」為目標，依據學生的適應困難程度分級輔導，並將學校教師與輔導行政系統架構為三級預防體系，重視教學、訓導與輔導系統的分工合作，並導入社區輔導資源，形成一完整的學校輔導網絡。其次，本於鼓勵「每位教師都可以成為輔導老師」的理想，推動落實認輔制度，放寬輔導主任的資格限制，期望透過教師系統對學生輔導工作的投入，讓校園的輔導工作更趨完備。而在「教訓輔三合一」的政策領導下，對於學校輔導體制的全面化與普及化也有重要的影響，包括輔導室功能的擴展；獎勵學校教師進修輔導學分，讓更多教師因而投入學校輔導工作；以及重視輔導、訓導與社區資源的輔導網絡合作（葉一舵，2013）。

然而，這種教訓輔三合一的政策雖有相當的理想性，但在實務上卻有難以落實的困境。加上教師輔導專業性不足的問題，以及政府強力的推動，導致有些學校甚至以為認輔教師就足以取代需要專業協助的學生輔導工作，不僅造成認輔教師的過重負荷，也使得學校教師對輔導專業有錯誤的期待與抗拒（王麗斐、趙曉美，2005；林清文，2007）。王麗斐與趙曉美在2005年的文章指出，由於教育當局將大量輔導經費與人力挹注在一般教師輔導知能的短期養成計畫，大量辦理輔導普及化的方案（如認輔制度），以及過度倚重非專業教師與志工來執行複雜且難以處理的學生偏差行為輔導工作，不僅造成校園將輔導淺薄化，也因此對輔導專業產生更多質疑。雖然此時期的諮商與輔導專業社群因日益嚴重的學生行為偏差與適應問題，而益加重視專業提升，然而教育主管機關則因政策與社會需求，朝「普及化」輔導工作的方向推動，也導致此時期學校輔導工作面臨「專業化」與「普及化」的路線之爭（葉一舵，2013）。不過，隨著普及化缺少專業性的學校輔導政策之推動，學校對嚴重適應不良的危機個案束手無策，也助長日後學校對諮商專業化的渴求，於是又開啟了下一個朝兼顧「全面性」與「專業性」整合與分工合作的階段。

參、WISER三級輔導工作模式——兼顧全面性與專業性的學校輔導工作模式

一、後《心理師法》對學校輔導工作的衝擊

2001年《心理師法》的通過，促進了諮商心理的專業化與證照化，也催化了輔導專業化的腳步。2002年考選部舉辦第一次心理師認證考試。2004年臺北市教育局啟

動「國民小學諮商心理師駐區實驗方案」，秉持「早期發現、早期治療、就近協助」的服務理念，引進諮商心理師進駐國小校園，協助處理在國小階段具有嚴重適應問題的學童；這是《心理師法》通過之後，首件學校輔導與諮商心理專業合作的實驗性方案。王麗斐、趙曉美與楊國如（2006）的評估研究發現，這項方案獲得國小輔導系統強力的支持，這也是現今各縣市學生輔導諮商中心的前身。

　　對臺灣諮商心理專業而言，諮商與輔導難以區分，可能在於目前的諮商心理師訓練多在教育學院的輔導與諮商心理相關系所進行，因而影響了諮商心理的主要執業場域多集中在學校場域（林家興，2014；Tu & Jin, 2016）。由於諮商心理專業在幾次重大災害發生時，都能發揮適時介入、安心穩定的力量，以及社會各界對於心理健康的日漸重視，再加上對學校輔導專業提升的呼籲與推動力量一直持續進行中，因此，當2010年爆發校園霸凌事件時，教育當局體認到涉入霸凌事件相關行為人的輔導機制相當薄弱，以及學校輔導人力的嚴重不足，同時考量過去諮商輔導專業總能在危機時期發揮及時雨般的助力，時任教育部長的吳清基博士，同時也是當年臺北市主辦駐區心理師方案的教育局長，即援引臺北市教育局引進專業諮商人力的做法，推動國中小增置專任輔導教師與專業輔導人力（即心理師與社工師），以行動支持我國學校輔導工作的專業化，在學生的發展與適應當中扮演更積極的角色。

　　於是，教育部與立法院乃於2011年共同努力，將《國民教育法》第十條加以修訂，於法規中明訂國民中小學應聘任專任專職輔導教師與輔導人員（即心理師與社工師），開啟了我國國中小學校園正式聘任專任專職輔導教師之端。面對學校輔導系統期盼已久的專職輔導人力，學校輔導系統一則以喜，卻也憂心增置的輔導人力該如何安置，才能適才適所、發揮最大功能。為使新增置之學校輔導人力與現有學校輔導體制發揮最大的融合效益，2013年在教育部的主導之下，本章兩位作者與其他學者接受委託，進行《國民中學學校輔導工作參考手冊》與《國民小學學校輔導工作參考手冊》的編製工作，WISER三級輔導工作模式於焉誕生，以協助新增置的專任專業輔導人力與現有學校輔導體制在三級輔導工作的架構下快速整合。

二、WISER模式的形成與概念介紹

　　如前所述，「WISER三級輔導工作模式」（以下簡稱WISER模式）是本文兩位作者及其研究團隊在接受教育部委託編製《國民中學輔導工作參考手冊》與《國民小學輔導工作參考手冊》時所研發；依據教育部的輔導政策與相關法規，透過24場滾

動式的焦點團體，以及個別深入訪談與實地校園參訪，蒐集各地推動中小學輔導工作所經歷的輔導困境及其突破困境之成功經驗等編製而成。由於資料蒐集過程遍及臺灣所有縣市與三個離島，共邀得第一線學校輔導工作者、學校教師、教育行政人員，以及學者專家共 402 名參與，其內容可謂集結許多資深學校輔導人員的集體智慧所創造，再加上此一三級輔導工作的內涵，可以 W 代表發展性輔導工作特性，I-S-E 代表介入性輔導工作重點，以及 R 代表處遇性輔導工作核心意涵，因此乃以 WISER 模式代稱此一具有本土性與在地性之學校三級輔導工作模式，如圖 18-2 所示。

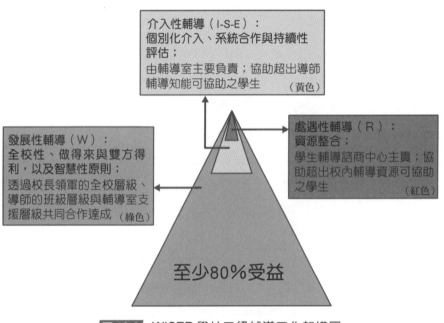

介入性輔導（I-S-E）：
個別化介入、系統合作與持續性評估；
由輔導室主要負責；協助超出導師輔導知能可協助之學生　（黃色）

發展性輔導（W）：
全校性、做得來與雙方得利，以及智慧性原則；
透過校長領軍的全校層級、導師的班級層級與輔導室支援層級共同合作達成（綠色）

處遇性輔導（R）：
資源整合；
學生輔導諮商中心主責；協助超出校內輔導資源可協助之學生　（紅色）

至少80％受益

圖 18-2　WISER 學校三級輔導工作架構圖

具體而言，WISER 模式是一個由下而上、累積第一線輔導工作者因應學校輔導實務場困境的成功經驗而成，是一個整合實際成功經驗與當地制度之本土化的學校輔導工作模式。從研究中發現，這些經驗顯示臺灣有效能的學校三級輔導體制是一個必須重視與善用學校生態資源的工作模式。相較於美國三級輔導工作強調每個層級的專業特殊性（如：輔導、諮商、心理治療），臺灣所建構的 WISER 模式更重視彼此間的融合與合作，若將介入性與發展性輔導工作重點整合，就形成「WISE」的英文字；若將三個層級的輔導工作重點加以整合，就形成「WISER」的英文字，彰顯學校輔導工作要推動得好，必須是大家一同合作，兼顧專業性與全面性的輔導工作模式，因此在三級輔導工作架構圖的繪製也不同於原先將該圖劃分為明顯的三等分之三級輔導工

作圖形，WISER 模式是以三個三角形逐層包容、堆砌的方式呈現，強調三級輔導工作間的合作與融合。

另外，WISER 模式採用彩色的方式呈現，希望透過視覺的效果，對三級輔導工作的特色一目了然，因此，WISER 模式借用大家熟知的「紅黃綠」交通號誌來展現三級輔導工作的特色：以綠色代表發展性輔導工作，其重點在顯示發展性輔導工作宜於平時經營，透過例行的教學、班級經營、師生互動及一般輔導知能的養成，達到發展性輔導工作的推動與學生輔導問題的預防；黃色是學生輔導工作的「預警區」，代表介入性輔導工作的特性，需要及早注意學生輔導問題惡化的徵兆，透過及早發現、及早處理，引領學生及早恢復正常適應與學習；而紅色則是「緊急區」，代表處遇性輔導工作，係針對已有較嚴重適應困難學生的輔導工作，需採取緊急與密集方式，且整合不同專業資源一起協助的概念。

值得強調的還有，WISER 模式不只在構念上與原先美國的三級輔導工作體制有差異，其內涵也有所不同。例如：在臺灣學校輔導工作占有一席之地的導師制度、教訓輔三合一制度等發展自臺灣本土教育與輔導政策，其成功做法均被納入 WISER 模式裡；又如，WISER 模式在建議輔導人員與學校人員合作時，也多融入華人文化之工作倫理，強調輔導人員應先積極主動伸出友誼之手、融入校園，與學校人員（特別是導師）建立同事關係等等；又如在談論如何與導師合作的策略時，也多強調華人在人際間的「先義後利」及「與人為善」等等的人際關係原則，這些做法均蘊含華人本土文化的精神。

此外，WISER 模式處理學生個案在三級間的轉換時，也不同於美國學校輔導工作強調彼此間的專業差異（如輔導、諮商與心理治療的分野），反而多了彼此間的相互支援與合作的考量，例如，發展性個案被轉介到介入時，其界定並非以專業程度的差異進行轉介，而是以發展性輔導工作者（如導師）已盡力，但學生問題仍持續存在、甚至惡化時，介入性輔導者（如輔導教師）乃以合作與補位（協助輔導工作者困難執行的部分）方式加入。因此，當該名學生被轉介至介入性輔導時，其發展性輔導工作仍持續進行並未中斷，即便引進校外資源進行處遇性輔導工作時，校內的發展性與介入性輔導工作者仍持續關心學生，扮演支援與支持者的角色，其差異只是主輔角色不同。總之，WISER 模式強調三級輔導工作間是相互支援而非相互獨立；強調彼此都是專業，只是各自專業的重點有所不同；以及期望兼顧專業性與全面性的生態合作之工作概念等等。這些概念與美國學校輔導工作強調輔導人員的專業特色是有所差異的。

總而言之，臺灣學校輔導工作模式之建立，起初雖是沿用美國三級輔導工作的架

構，但經過 50 餘年在臺灣實際推動與實施，已逐步將華人文化的特性與精神融入，漸漸形成有在地性與本土性特色的 WISER 三級輔導工作模式。雖然為顯示三個不同輔導層級的特色而把 WISER 區隔為三個層級，但就實務執行層面而言，每一個層級均需同時把握 WISER 模式的五個原則，也就是要能掌握全面性（W）、個別化（I）、系統觀（S）、效能評估（E）及資源整合（R）等五項要素，來推動每個層級的學校輔導工作。為使 WISER 三級輔導工作模式的概念更加清楚，以下茲就各級輔導工作內涵具體說明之。

三、WISER 模式之學校三級輔導工作內涵

（一）發展性輔導工作

為了協助學校適應增置輔導教師之重大變革，教育部於 2011 年起數度修訂「教育部國民及學前教育署補助置國中小輔導教師實施要點」，並於《學生輔導法》（2014年 11 月 12 日發布）明訂學校輔導工作的三級輔導工作內涵。依據教育部規範，發展性輔導工作是針對全校學生訂定學校輔導工作計畫，實施生活輔導、學習輔導及生涯輔導相關措施，以達成促進學生心理健康、社會適應及適性發展的目的。這是三級預防輔導工作中最基礎、也最重要的工作。

WISER 模式的「W」是呼應發展性輔導工作，代表發展性輔導工作要做得好，需把握全校性（Whole school）、做得來與雙方得利（Workable and mutual benefit），及智慧性原則（Working smart, not working hard!）的三種特性。這三種特性係整理自教育部當時對發展性輔導工作的規定及研究訪談資料而得。研究資料顯示，過去雖然政府政策強調發展性輔導工作應由全校教職員工共同推動，但實際運作時，主要推動者仍是輔導室。研究也發現，如果輔導室推動全校性初級輔導工作業務時，全靠處室人員一肩扛起，不僅容易人仰馬翻，大家也會對行政工作感到懼怕，並且壓縮從事介入性輔導工作的時間與精力。因此，研究團隊特別去探究能順利落實全校性輔導工作且具成效之發展性輔導工作內涵，結果發現，這些推動成功的經驗，除了所推動的發展性輔導工作內容要重視「全校性」原則，還同時要兼顧參與推動者「做得來」、「有成就感」、「有幫助」（如：對教學工作有幫助、改善師生關係），且具「預防性」（即能減輕例行性學生問題管教）等效果。研究也發現，這些成功推動全校性發展性輔導工作的輔導室，他們的主宰者角色並不明顯，多扮演幕僚性與支援性角色，透過

校長與所有處室共同執行，有時所推動之活動是融入學校其他大型活動或是一種全校綜合性活動，與教務處、學務處，甚至總務處的重點活動共同辦理（具體案例可參見教育部（2020）所編製之《國民中學輔導工作參考手冊》（第二版）與《國民小學輔導工作參考手冊》（第二版）之分享範例）。

　　此外，研究發現，若要促使全校人員（含校長與全體教師）共同推動發展性輔導工作，如何提升教師的輔導知能具有關鍵性的影響。因此，這些輔導室常把握有形與無形的機會，創造提升全體教師的輔導知能的機會，就如同全校輔導知能的「加油站」。由於發展性輔導工作需要全校師生一起參與，因此扮演幕後催化者角色的輔導室，必須更有策略與技巧才能發揮「以小伺大」、「四兩撥千斤」的效果。在整理過往成功有效輔導策略後，我們發現「做得來與雙方得利」以及「智慧性」原則，是推動發展性輔導工作的關鍵原則。總之，有效能的發展性輔導工作需要發揮減低介入性與處遇性輔導工作人力和物力投入的效果。在這樣的目標下，WISER 模式提出以下三個 W 做為學校初級輔導工作的原則：全校性（Whole school）、做得來與雙方得利（Workable and mutual benefit），以及智慧性（Working smart, not working hard!）的原則，以下分別闡述之。

　　全校性原則是發展性輔導工作的基礎概念。全校性原則包含兩個意義，首先，發展性輔導工作需要全校教職員生的參與；第二，發展性輔導工作以能關照到全校至少80% 以上學生與教師系統的需求為原則。早在《國民教育法》訂定之初，即已揭示：「學校校長、教師及專業輔導人員，均負學生輔導之責任」；日後《學生輔導法》第七條也責成「學校各行政單位應共同推動及執行三級輔導相關措施」，協助落實輔導工作，並安排輔導相關課程或活動之實施。雖然照顧到全體學生是發展性輔導工作的目標，不過考量推動的務實性，乃訂立以至少80% 為基準點，一則提醒發展性輔導工作要照顧到大多數學生，再則也接受無法達到100% 的現實面。

　　在 WISER 模式的全校性輔導工作中，發展性輔導工作的執行單位是全體教師，而輔導室則扮演催化與支援單位，這樣的考量是因為輔導室同時是介入性輔導工作的主責單位，若要兩者兼顧，有時容易顧此失彼。由於發展性輔導工作屬於全體教師的工作，如何讓更多人參與，便成為輔導室推動發展性輔導工作的重要思考方針。WISER模式指出，讓輔導室扮演催化與支援單位，可能比成為主責單位更能發揮發展性輔導工作的功能。因此，WISER 模式乃建議在推動發展性輔導工作時，輔導室人員要協助與強化校長成為發展性輔導工作的領航者，運用其領導角色，帶領校內各個行政組織與不同專業背景的教師共同參與輔導工作，而非全仰賴自身獨立扛起發展性輔導工作

的所有業務。

　　除了全校層級外，透過班級層級推動發展性輔導工作也一樣重要。在班級層次方面，WISER 模式認為導師是發展性輔導的最關鍵推手。這乃是因為導師天天與學生生活在一起，處理學生在校生活與學習適應等每件事，如果導師的班級經營能融入發展性輔導理念，將是推動發展性輔導工作的最佳實踐場域。我國自 1979 年《國民教育法》實施以來，就已經設有導師制度，明訂一個班級設置一位導師。為了確實發揮導師的功能並整合導師的角色功能，教育部更於 2012 年頒布「國民中小學聘任班級導師注意事項」，其中將班級導師之工作職責歸納和整理成為六大項：（1）班務處理及班級經營；（2）學生生活、學習、生涯、品行及身心健康之教育與輔導；（3）特殊需求學生之關照及個案輔導；（4）親師溝通與家庭聯繫；（5）學生偶發事件及申訴事件處理；以及（6）其他有關班級學生之教學、訓輔、總務等事務處理。這些工作內涵與發展性輔導工作的精神幾乎不謀而合，因此，在 WISER 模式裡，便將教育部規範導師必須執行的業務，整理成四項發展性輔導工作的內涵，並提供可具體實施的建議作為（詳細可參見《國民中學輔導工作參考手冊》），讓導師在推動發展性輔導工作業務時，感覺自己不僅是「做得來、雙方有利」，且是一種「智慧性」作為，有助於管教學生之例行性工作的減量，這也是輔導室催化發展性輔導工作的一則重要做法。也就是說，當導師能在班級層級落實執行發展性輔導工作時，包括對學生的關懷、班級規則的建立與執行、偶發性衝突的處理、學生問題行為徵兆的辨識，以及與家長維持暢通的溝通管道等等，以學生需求為主體的輔導網絡就可連結起來，而優質與友善的校園學習環境就這樣被創造與開展，讓教師教學與學生學習都能在友善校園中進行。

　　如上所述，W 不僅代表「全校性」概念，還蘊含另一項含義，就是「做得來與雙方得利」（Workable and mutual benefits）原則。發展性輔導工作需要全體教職員工共同推動，因此，輔導室在規劃發展性輔導活動時，一定要把握住「做得來與雙方得利」的核心精神，才能讓推動者與參與者皆「做得來」，並在執行過程中「獲得助益」，創造更多人參與以及持續推動下去的動力。

　　而第三個 W 含義則是「Working smart, not working hard!」的智慧性原則。由於推動發展性輔導工作的目的在於預防問題，因此，檢視發展性輔導工作的成效時，便可用「多做一件發展性輔導工作，能減少至少兩件介入性或處遇性輔導工作」的原則來檢驗其是否具有發展性輔導工作的預防性效果，而這就是 WISER 模式強調的「智慧性原則」。也就是，當校長善用其領導力帶動全體教師經營友善校園；當教師善用班

級經營創造正向班級氛圍；當輔導室成為全體教師的輔導知能「加油站」，在日常例行教學中結合發展性輔導理念，以最少的力氣讓全校浸潤在正向學習與友善的校園氛圍裡，這就是 WISER 模式在發展性輔導工作最想強調的重點：「Working smart, not working hard!」。

（二）介入性輔導工作

依據《學生輔導法》第六條第二款，介入性輔導係「針對經前款發展性輔導仍無法有效滿足其需求，或適應欠佳、重複發生問題行為，或遭受重大創傷經驗等學生，依其個別化需求訂定輔導方案或計畫，提供諮詢、個別諮商及小團體輔導等措施，並提供評估轉介機制，進行個案管理及輔導」。要達成上述功能，WISER 模式以為介入性輔導工作必須包含個別化介入（I：Individualized intervention）、系統合作（S：System collaboration）和持續性評估（E：on-going Evaluation）三項工作重點，因此乃以 I-S-E 代表介入性輔導工作的核心意涵，也就是把握住個別化介入（I）、系統合作（S）和持續性評估（E）等三項原則的介入性輔導工作，其效能與效率最佳。

根據教育部對三級輔導工作之規劃，介入性輔導工作主要是在實施發展性輔導工作後仍無法有效滿足其需求，或適應欠佳、重複發生問題行為，或遭受重大創傷經驗等少數學生之輔導工作，且主責單位是輔導室（處），因此介入性輔導工作的推動，就不同於發展性輔導工作是依賴全校性或全班性的方式推動，而是仰賴有輔導專業的輔導室人員，依據學生個別需求來發展介入性輔導工作。因此，介入性輔導工作的首要特色必須是重視個別差異的評估，並依據其個別差異再發展介入策略，此時的個別介入策略可能是個別諮商、小團體輔導，也可能是教師與家長諮詢。其次，研究也發現，介入性輔導工作不僅需要與學生工作，更需要橫向與導師及學校處室合作，以系統合作的方式幫助學生，效能最好，因此，「系統合作」在學校輔導人員執行介入性輔導工作時，變得非常重要。最後，研究並發現，校園的輔導需求遠高於現有的輔導人力配置，若要能經濟有效地展現介入性輔導工作的效能，介入過程進行即時性評量便顯得十分重要，如此才能在進行個別化介入時，提供隨時修正，以最貼切的輔導介入；若有必要，亦可立即透過轉介機制，進行個案管理及處遇性輔導工作。以下將針對 WISER 模式的介入性輔導工作之 I-S-E 核心意涵加以闡述。

所謂「I：個別化介入」的精神在於針對由導師或家長轉介的學生，施予個別化的介入策略，建立個別化的同盟關係（Individualized relationships），並運用諮商輔導專業評估其核心議題，以發展個別化的諮商計畫（individualized counseling plan），以

及個別化介入策略（individualized intervention strategies）。這些介入策略可包括個別諮商、小團體輔導，以及與教師、家長的合作與諮詢工作等等。I 也代表輔導教師在介入學生的適應行為困難時，具備多元文化的敏感度，能夠尊重個別差異（individualized difference），並了解學生的個別需求與多元文化間的差異，以實施適合其個別特性的諮商輔導介入計畫。

S在本模式中代表系統合作（System collaboration），這個系統指的是學生的生態系統，包括家長、導師、其他教師、校內各處室等。WISER 模式的本質是相信學生的行為受到自身與環境互動的結果，也就是一種生態取向的理論觀點；我們相信學生的適應與發展會受到周遭生態系統的影響（將於下一節介紹）。因此，在進行介入性輔導工作時，輔導教師若採用與生態系統合作取向來協助學生適應問題之處理時，其成效常是較為顯著的（王麗斐，2002；王麗斐、杜淑芬、趙曉美，2008）。王麗斐等人（2008）探究駐校諮商心理師對國小學童的成功輔導策略時，發現與兒童的重要他人合作、提供家長和教師有關親職教養或教師正向管教技巧的諮詢，常是協助兒童重新適應的關鍵因素。而本章兩位作者在編製《國民中學輔導工作參考手冊》的研究中，也發現許多學校輔導室的成功案例經常是將學校處室、導師與家長納入合作對象，一起幫助學生，因此，在手冊裡也特別討論處室合作、訓輔合作、親師合作、親師師合作或雙師合作等等系統介入模式（詳情請參見《國民中學輔導工作參考手冊》）。另外，同儕也是學生重要的生態系統，因此，視需要進行班級輔導與入班輔導也都是介入性輔導工作中強調的系統介入重要策略。

E 在介入性輔導工作中代表持續性的評估（on-going Evaluation）。以「證據為基礎的實務工作」（evidence-based practice）的概念近年來受到美國心理學會（APA）與學者專家所倡議，主張諮商輔導人員使用於案主的臨床技術應該具備實證研究的基礎；而 Miller、Duncan 與 Hubble（2004）則提出另一個「實務為基礎的證據」（practice-based evidence）的概念，強調諮商輔導人員應該透過以實務為基礎的證據來修正他們的工作。這兩種取向均顯示，學校輔導人員在執行介入性輔導時，宜注意介入策略本身的實證基礎，以及持續評估介入策略的有效性，來修正對受輔學生的個別性與系統性介入輔導策略，以達到輔導學生適應的目標。持續評估宜採用「多種方法與多種來源」（multi-methods & multi-sources），例如，諮商歷程的進展、問題行為的減少、適應行為的增加等等，均可做為多種方法的指標；而輔導教師、導師或同儕回饋也可以是多種來源的指標。

總之，「I-S-E」合在一起時可做為學生個別化輔導計畫的三項核心精神，也可視

為介入性輔導工作模式與介入歷程。有效能的介入性輔導工作必須建基在成功的發展性輔導工作之上，因此，輔導室專兼任輔導教師可將教師經常轉介到輔導室的學生適應問題，加以歸納整理，並回饋給導師與綜合活動科教師，幫助他們把這些常發生的介入性學生議題，納入班級經營與綜合活動領域教學的學校本位課程裡；或針對學生或教師轉介常見的適應議題，規劃全校性輔導活動方案，來預防介入性個案問題的產生。如此，將「W」與「ISE」的輔導工作加以整合，就成了「WISE」，也就是「有智慧」的學校輔導工作了。

（三）處遇性輔導工作

依據《學生輔導法》第六條第三款，處遇性輔導係「針對經前款介入性輔導仍無法有效協助，或嚴重適應困難、行為偏差，或重大違規行為等學生，配合其特殊需求，結合心理治療、社會工作、家庭輔導、職能治療、法律服務、精神醫療等各類專業服務」以進行之輔導處遇。從法的精神來看，處遇性輔導工作最重要的精神在於辨識學生的特殊需求，結合校外之各項專業服務，據以協助嚴重適應困難學生的就學適應與發展；而在實務層面，處遇性輔導工作通常是在用盡校園內輔導與行政資源仍無法有效協助該名受輔學生，或該名學生因自身特殊議題（如兒少保護性議題）而帶入一些社會輔導資源的一種結合校內外資源共同協助學生的處遇性輔導工作。由於引入的校外資源有時不只會有一種，而且常需與學校資源共同整合，進行跨專業合作或資源整合的工作，故研究團隊乃以「資源整合」（Resource integration）的R來代表處遇性工作的特性，也因此，WISER 模式的 R 意味著學校輔導人員宜認識和了解社區相關輔導資源，才能因應學生的特殊需求所帶來需要整合相關資源的輔導工作之特性。目前教育部規範處遇性輔導工作主要執行單位為校內的輔導室（處）與各縣市教育局（處）的學生輔導諮商中心。

相較於美國學校三級輔導工作模式中的第三級預防工作主要聚焦於心理治療工作，WISER 模式中所涵蓋的輔導資源更廣，除了心理治療，還包括社會福利、家庭會談、職能治療、法律服務、精神醫療等等各類專業服務，因此整合資源與跨專業合作的工作在 WISER 的處遇性輔導工作裡，就顯得更加重要與特殊了。

至於如何進行資源整合或跨專業合作方面，王麗斐與杜淑芬（2009）透過質性配對研究發現，當校內外專業資源要進行合作時，學校輔導人員需要發揮Bronfenbrenner（1979）生態理論中的「中介系統」（mesosystem）功能，也就是運用本身的輔導知能、行政技巧與校內影響力，以及善用校外輔導資源補強學校輔導工作的專業能力，

透過穿針引線與協助外來專家了解學校生態文化，達成雙方以「合作共生」與「同理性利他」的態度及行動，發展出值得信賴且目標一致的「最佳合作團隊」。另外，杜淑芬與王淑玲（2014）建議，學校輔導系統應熟悉社區內各項教育與輔導資源，並建立起長期夥伴關係，如遇重大危機或特殊個案時，即可轉介縣市層級的學生輔導諮商中心擔任校外整合資源的單一窗口，協助與其他校外資源聯繫與整合的工作。

四、WISER 模式——從華人本土研究與實務中建構模式

綜上所述，WISER模式的核心精神是「專業」與「合作」。在學校輔導工作中，專業的展現不只在諮商室內與受輔學生的工作，也展現在與輔導室內的輔導團隊合作，以及與學校整體行政系統的合作。這樣的領悟與體現，來自增置輔導教師以來對於學校輔導的相關研究，透過研究與實務現場對話所彙整的核心主題。特別是從增置專任輔導教師之後，學校各級輔導人員經常被詢問以下問題：那些個案可以轉介給專輔教師？綜合領域課程輔導專長教師究竟是一般科任教師還是輔導室的一員？專兼輔教師如何分工？專輔教師與輔諮中心的專任專業輔導人員又該如何分工？

在這一系列的個別訪談與滾動式的焦點訪談中，我們發現一些具有輔導成效的輔導作為常具有跨專業合作的意涵。例如，某A輔導主任分享她過去如何藉由製作簡報檔、邀請校長對全校教師講授輔導知能的做法，提升學校教師參與認輔制度的成功經驗；某B輔導教師分享他們如何製作統一的簡報資料，協助教師向家長講解職業興趣測驗、成功推動發展性輔導工作的做法；多位輔導教師皆提到如何與導師、各處室或專輔人員的合作經驗，更可達到快速且有效地協助受輔學生的成效等等。這些針對受輔學生的雙師合作、親師師合作、訓輔合作、教訓輔合作，以及與校外系統的跨專業合作等等，皆展現「合作」在學校輔導工作中無所不在的關鍵角色（王麗斐、杜淑芬，2009；王麗斐等人，2013）。

我們也發現，輔導室在學校輔導的實際運作中，扮演著支援與連結校內外輔導資源的角色，而輔導專業不僅展現在與受輔學生的工作中，更展現在運用專業與他人合作裡。例如，協助合作對象深化對學生內外在行為的理解，以共同輔導學生，或是理解與讚賞合作對象的角色與功能，這都是站在合作對象的角度思考並融入輔導學生的策略。杜淑芬與王淑玲（2014）的實務合作經驗也發現，專業間的合作需要對話，對話空間的開展有賴專業合作的雙方都能看見自己的主體性，以及讚賞對方的主體性。值得注意的是，不同於西方在談合作時強調彼此角色與分工，這些在臺灣運作有效的

學校輔導工作經驗多強調要替對方著想、看見與讚賞對方的協助、發展互利共生的合作模式等等。它們強調合作時的態度及做法，與華人文化的「忠恕之道」、「先義後利」合作觀點幾乎不謀而合（王麗斐、杜淑芬，2009）。這種先義後利的合作觀，也成為 WISER 模式論述合作的核心概念。

　　因此，在這樣的概念下，校園的學生輔導工作便是以「學生」為巢狀結構的中心所形成的輔導合作系統（圖 18-3）。當學生遇到適應問題時，WISER 模式運用華人在人際關係上的「親疏遠近」原理建構出如何運用生態資源的原則，也就是第一層是與學生關係最為密切的重要他人（包括家長、同儕、導師、任課教師等）合作，這也是輔導學生時首要的合作對象。當學生持續發生適應問題，而上述這些人已盡力卻無法有效幫忙改善時，輔導室就是接下來的主要介入資源；輔導室不只運用輔導專業協助學生，校內行政也被視為是可運用的重要輔導資源之一，是輔導教師合作的重要夥伴。然而，當校內輔導資源不足以因應學生的輔導需求時，校外的其他專業資源，特別是學生輔導諮商中心，以及其他社政、警政、衛政、法務和其他教育與社會系統（特殊教育資源中心、家庭教育中心等等）便成為學校依據學生輔導需求去尋找的重要合作資源。這些資源環環相扣，就形成 WISER 模式以學生為本的生態資源系統圖。

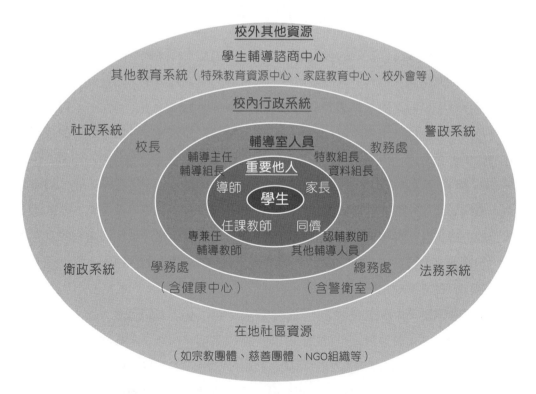

圖 18-3　WISER 模式以學生為本的生態資源系統圖

這種將學校輔導工作的合作系統加以整合所形成的「以學生為本的生態資源系統」構念，雖然是依據第一線學校輔導工作者的經驗整理而成，不過其精神卻與Bronfenbrenner 的生態理論概念不謀而合。依據生態理論，兒童與青少年的發展深受其所處的生態系統影響，這些系統又形成一個同心圓的巢狀系統，由個體的生活環境推展至外在的整體環境，每一層的系統間相互連結，也交互影響（Bronfenbrenner, 1979）。因此，WISER 模式主張：在校園裡推動輔導工作，必須納入影響學生的生態系統，並依據學生的個別狀況及需求，與影響其至為深遠的生態系統有所合作，如此才能發揮最好的輔導效果。

肆、WISER 學校三級輔導模式的華人文化特色

WISER 模式為依據臺灣學校輔導工作的現狀與特性，所發展出來的一項學校輔導工作模式，我們認為，WISER 模式具有以下的華人文化特色：

一、WISER 模式是兼顧「專業化」與「普及化」的學校輔導模式，反映出華人崇尚中庸與融合的文化底蘊

從臺灣學校輔導工作模式的發展歷史來看，無論是「綠洲式的輔導導入模式」或「課程為主的輔導服務模式」兩階段重視學校輔導的專業化發展，乃至於「教訓輔三合一輔導模式」階段之追求輔導普及化的發展，每個階段或多或少存在著「專業化」與「普及化」的拉扯與矛盾（葉一舵，2013）。WISER 模式是一種因應過去學校輔導工作的困境與挑戰所孕育而生，企圖整合學校的專業與非專業輔導資源的作為；也就是 WISER 模式一方面肯定學校各處室與教師在發展性輔導上的角色與功能，同時也強調專業輔導教師在介入性與處遇性輔導工作的輔導專業性與跨專業資源整合的重要性。這種兼顧普及化與專業化的融合取向，不僅反映出華人崇尚中庸與融合的文化底蘊，也得到教育當局與實務界的認可，展現在《學生輔導法》的立法上，並引領臺灣學校輔導工作的未來發展。

本文作者認為，WISER 模式之所以能有上述發展，係因其符合華人崇尚「不偏不倚、擇中調和」的中庸之道處世哲學，未拘泥於學校輔導應該走向專業化或普及化的論述，而是秉持「萬物並育而不相害，道並行而不相悖」的哲學，能看見學校輔導先進在輔導發展史中每個階段的貢獻，也同時納入教育當局歷年來對於學校輔導的相關

政策與努力,並認可學校每個處室、每位教師、甚至行政職員在其職務上都能夠對學生輔導工作有所貢獻所致。

二、WISER 模式重視教師在學校輔導工作的特殊角色與任務

　　臺灣學校輔導工作深受美國學校輔導與諮商的專業思維影響,然而自 1970 年代以來,臺灣對於學校輔導工作的重視程度已逐漸超越西方社會。例如,1979 年我國於《國民教育法》中納入「指導活動課程」便是一重要的里程碑,擔任輔導活動課程的輔導教師將攸關學生生活、學習與生涯發展的心理健康課題納入課程,成為課程的一部分;爾後雖然輔導課程併入「綜合活動學習領域」課程,但仍保有相當比例的課程時間。到了《學生輔導法》的立法,更彰顯教育當局與民間組織對於兒童與青少年心理健康與生涯發展的重視,也顯示學校輔導工作在臺灣社會被看重的程度。反之,以美國為例,雖然 ASCA(美國學校諮商學會)相當重視初級預防輔導工作,學校諮商與輔導工作卻仍不是各州國民教育的必要學科,甚至不是各校的必要教育服務,更遑論立法確保輔導的人力編制了。

　　上述的發展與歷史沿革來看,WISER 模式實與華人的社會及文化脈絡息息相關。相較於 ASCA 所使用的模式係以學校諮商師為學校輔導與諮商方案的推動者,WISER 模式則是強調全校參與的精神,由校長領航,全校教師皆為發展性輔導工作推動與執行的必要成員,輔導室主責介入性輔導工作,校外相關資源也責無旁貸,納入一起推動處遇性輔導工作,以提供學生最好的輔導服務。這樣的精神也在《學生輔導法》的三級輔導工作內涵展現。

　　本文作者以為能獲得這樣的認同,可能與我國在教育與文化之特殊發展有關。其一,在華人社會文化與教育體系當中,均認為教師需同時為具有傳道、授業、解惑[1]功能的經師與人師,這樣的宣示和期許被列入中華民國師資培育白皮書當中(教育部,2013),成為師資培育教育與增能訓練的課程設計基礎。張植珊(1980)詮釋「解惑」就是現在我們所推行的輔導,韓愈在《師說》中論述解惑,「人非生而知之者,孰能無惑?惑而不從師,其為惑也終不解矣!」正說明教師本身即具有輔導學生解惑的角色功能,而此角色定位與發展性輔導工作者的角色相一致,也就造成輔導學生是每一位教師必然的工作角色。

---

[1] 出自韓愈《師說》。

第二，自《國民教育法》（1979 年 5 月 23 日公布）實施以來，即明訂國民中學及國民小學每班均應設置導師；1998 年的「教訓輔三合一」輔導體制中，主張每位教師都應該是輔導老師的理念，並積極推動認輔制度，培育一般教師輔導技巧（鄭崇趁，2000），而《學生輔導法》更進一步規範所有教師為發展性輔導工作的執行者，這些教育政策均反映出華人社會對於教師從事學生輔導工作的期待。在這樣的背景下，WISER 模式除了納入我國對於學校與教師輔導功能的期待與現況、發揮《學生輔導法》的精神外，也反映出學校輔導工作是以「W」之發展性輔導工作為首的實務取向。

三、WISER 模式反映出儒家文化以教育為解決途徑的人文關懷

以美國為例，其學校輔導工作係以預防性輔導為主，學校諮商師的工作以個人、社會與生涯輔導為主（Gysbers & Henderson, 2012），對於具有心理適應問題而需要專業心理諮商服務的學生，在許多州和較大城市多透過駐區或駐校心理健康服務方案（school-based mental health services）轉介或引進社區內心理衛生專業人員（包括諮商心理學家、精神科醫師、臨床心理師等等），執行介入性與處遇性預防性輔導服務（Weist, Ambrose, & Lewis, 2006）。至於臺灣則於 2011 年起，透過《國民教育法》第十條修法，不僅在學校增置專任輔導教師，專責提供介入性輔導，並且於每一縣市設置「學生輔導諮商中心」，增置心理師與社工師，協助學校處理嚴重適應困難學生。

這樣的設置特性反映了社會對於學校輔導功能的觀點與期待。雖然長期以來，各界對於學校輔導的專業化很有共識，不過 2010 年的八德國中霸凌事件，則是促發社會對輔導教師專業化重視的引信。針對此一事件的處理，教育當局以增置專業輔導人力（即專輔教師與專輔人員）來回應各界對於學校霸凌防治的期待，就是認為霸凌議題是輔導議題，相信透過學校輔導機制的專業化與常態化，可以協助降低校園霸凌問題（張麗鳳，2008）。又如 2014 年，鄭捷北捷隨機殺人事件更讓教育與立法當局決心從強化學校輔導專業人力做起，也就促成《學生輔導法》大量增置專職輔導教師的作為。

然而這樣的輔導思維並未出現於美國。在 2012 年的康乃狄克州小學槍擊事件和 2015 年奧勒岡社區一連發生兩起校園槍擊事件後，美國社會則是從管制槍枝和校園安全著手來預防類似事件的發生（陳俐穎，2015/10/10）；這與我國教育當局採取加強「教育」和「輔導」的編制與功能，期待「帶好每個孩子」來預防犯罪滋生有著很不

一樣的文化思維。這樣的教育政策思維著實反映出我國社會深受儒家文化所影響，儒家教育秉持「人性本善」的理念，相信教育是引導人向善的途徑，而輔導正是透過「忠恕之道」、「循循善誘」得以協助個體走上成功的策略。在這樣的教育土壤中，所孕育的學校輔導工作乃走向發展、介入與處遇的教育輔導思維模式，三者間融合為一整體的教育思維與運作，而 WISER 正是整合這樣思維的校園三級輔導工作模式。

四、WISER 模式強調「先義後利」的跨專業合作，反映華人關係取向社會的人際合作信念

前面數度提及，WISER 模式強調三級輔導系統的合作。在 W 的發展性輔導部分，重視全校性、做得來與雙方得利，以及智慧性原則；在介入性輔導層次，則強調個別化介入、系統合作與持續性評估；而在處遇性輔導的層次，則重視跨專業間的系統資源整合。除了重視合作，WISER 模式也強調在跨專業合作中，需要具備「先義後利」的合作觀，有效能的專業人員在合作時須採取「尊崇（honor）對方專業」的態度，先不計得失地付出自己的專業能力進行合作，如此，合作的成果自然就能展現出來。WISER 這種「先義後利」的合作觀，正是華人「儒家關係主義」（黃光國，2009）的展現。

黃光國（2009）認為華人所謂的「智慧」，主要是指以圓熟的手法面面俱到地處理人際事務。儒家關係主義主張華人會依據關係的型態，決定人際互動的模式。黃光國在「人情與面子」的研究中發展華人的社會交換理論。該理論假設，社會互動是請託者與資源分配者的社會交換，當「請託者」請求「資源分配者」做有利於請託者的資源分配時，資源分配者會依據兩者的關係做判斷。依據這個概念，學校輔導人員與學校輔導資源系統互為請託者和資源分配者，當學生在學校發生適應問題時，導師通常是最先發現其適應問題並提供輔導之人，此時的導師是學生輔導的主要執行者，而輔導室和輔導教師是支援者，給予導師或教師各種行政或輔導專業的支援。當導師輔導一段時間而學生問題仍未見改善，或者發現該名學生需要更多資源介入才能有效協助時，此時就需要介入性輔導。而進行介入性輔導工作時，輔導教師即依據學生輔導的需要，與導師及各處室合作，共同輔導學生。若是學校輔導教師判斷學生的輔導需要更多校外資源（R）的介入，此時則請託校外資源的協助；當校外資源進入學校輔導學生時，則需要學校輔導人員的協助，此時學校輔導資源又是資源分配者了。從這個歷程可以發現，學校輔導人員無論與校內或校外輔導資源工作，均是互為請託者和

資源分配者，需要建立「關係」以利合作。也因此，WISER 模式主張「先義後利」的合作觀，即是體現華人「儒家關係主義」的合作模式；也就是說，透過先提供資源給合作方，以建立良好的合作關係，並站在合作方的立場思考其需要，以形成一良好的合作團隊，達成學生輔導的目標。

總結來說，WISER 模式是匯集臺灣學校輔導工作發展的經驗與精華的本土化學校輔導工作模式。透過對輔導政策及文獻的探討、與學校輔導相關人員的焦點團體、個別訪談，深入了解我國學校輔導的工作現狀，並集結過去有效能輔導工作的經驗結晶，用「W-I-S-E-R」展現出來。從上述的討論可以發現，WISER 模式的發展，實與我國儒家思想及文化對於學生輔導的理念息息相關，不僅兼容專業化與普及化的學校輔導工作特性，同時發揮「道並行而不相悖」的中庸思想。其次，我國教師培育與專業發展中，也認同教師身為「人師」的角色，展現於 WISER 模式重視教師在發展性輔導工作上的角色與功能。另外，WISER 模式也兼顧發展性、介入性與處遇性三級學校輔導工作，彰顯我們以儒家文化立國的精神，重視教育基礎，以教育做為社會問題的解決途徑。最後，WISER 模式強調「先義後利」的跨專業合作，反映華人關係取向社會的人際合作信念，鼓勵學校教職員生形成合作的輔導工作團隊，建構以學生為主體的輔導網絡。

伍、運用 WISER 模式進行霸凌輔導之案例解析

為了讓讀者能夠熟悉 WISER 模式的應用，接下來將借用一個疑似霸凌事件為案例，據以說明學校的三級輔導系統在遭遇類似事件時，如何應用 WISER 模式來進行處理。以下說明案例內容：

曉明上週五被同班同學成新絆倒，回家後才發現腳踝腫起來，造成封閉式骨折而去就醫。經父親了解後得知，這樣的事情自開學以來已經發生數次，並非如導師所說的意外事件。星期一上午，曉明的父親特地向公司請假到學校找輔導室主任，於是輔導主任邀請導師一同來了解狀況。導師對此非常驚訝，她說曉明很喜歡和成新那一群朋友玩，雖然成新那群朋友似乎不太理會他。導師表示在可以注意到的範圍內，她會制止成新與朋友語言嘲弄或過分激烈的肢體行為，但她發現曉明會袒護成新，讓她難以介入。上週五事件發生時，成新與同學在導師處理下皆已道歉，但沒想到會這麼嚴重，週日晚間接獲曉明父親通知後，她已告知成新家長。

一、基礎建設：發展性輔導工作

發展性輔導如同學校輔導工作的基礎建設（infrastructure），良好的基礎建設有助於校園霸凌事件發生時的因應與處理。就校園霸凌的輔導工作而言，依據「校園霸凌防制準則」（2012 年 7 月 26 日）與 WISER 模式的精神，可以從以下三個層級做好學校的初級輔導：全校層級、班級層級和支援層級。表 18-1 簡略摘要此三層級的學校輔導基礎建設與工作重點。

表 18-1　WISER 模式的發展性輔導

發展性輔導	WISER 輔導模式的做法	執行者
全校層級	● 由校長領航，經營友善校園 ● 成立霸凌防制與因應小組	校長與各處室
	● 訂定與執行能讓學生信服的正向管教辦法與策略 ● 走動式生活管理 ● 進行法治教育和相關宣導	學務處
	● 強化全體教師霸凌防治知能 ● 霸凌防制教育融入教學 ● 資訊組協助網路監控、及時反應	教務處
	● 針對校園死角進行監控	總務處
班級層級	● 教師對於霸凌行為的辨識與宣導 ● 融入教學（同理心、情緒管理等） ● 師生關係與班級經營	全體教師 綜合活動學習領域課程教師
	● 人際衝突的處理 ● 辨識高風險學生，轉介介入性輔導	導師
支援層級	● 與綜合活動學習領域輔導專長教師合作進行 ● 與學務處合作規劃霸凌防制教育的內容 ● 與導師合作規劃霸凌輔導之班級輔導課程 ● 組成教師支持團體，協助霸凌融入教育諮詢 ● 與家長志工團合作，提升家長對於霸凌的覺察 ● 培訓認輔教師	輔導處（室）

（一）全校層級

在校園霸凌的防制工作中，塑造正向行為支持的校園環境被認為是最有效的預防輔導方案（杜淑芬，2013）。而從組織管理的角度，校長的領導是推動正向行為支持

與塑造友善校園環境的成功關鍵因素。因此，學校應組成由校長領導、涵蓋各處室行政主管的霸凌防制與因應小組，以統合和推動學校的霸凌防制工作。

在霸凌防制的發展性輔導工作中，每個處室均占有重要的角色與功能。以學務處而言，學務處負責學校的生活輔導，透過制訂、宣導與執行學校正向管教辦法，可以讓學生的行為有所依循。學務處在聘任導師時，如能結合輔導室給予導師班級經營與霸凌輔導的相關訓練，支持並賦能導師運用正向管教策略協助學生，當更能帶動全校導師促進防制校園霸凌的成功。

教務處負責推動與督導教師的有效教學，透過支持教師反霸凌教育的融入教學，全體教師都可以參與防制霸凌的輔導工作。在教務系統中，具有輔導專業背景的綜合活動學習領域輔導科教師是發展性輔導的另一項主力。透過輔導活動課程，輔導教師可以將反霸凌教育列入課程中，有計畫地協助學生發展同理心、有效的問題解決、辨識霸凌事件，並防制霸凌事件發生等等。

學校的其他處室在校園霸凌輔導中也可以發揮助益，例如：總務處可以針對校園死角進行監控，加強校園安全；衛生保健組發現經常受傷的學生，可以進行了解與通報等等。當全校的教職員工都對防制校園霸凌的概念與策略有所了解，彼此連結成為一個友善與安全的校園網絡，霸凌行為就無法滋生了。

以本案為例，發生這樣的事情，輔導室主任在報告校長後，可開始與校內霸凌防治與因應小組合作並進行了解，如判斷是否需要進行校安通報，並展開防制、因應與輔導計畫。在組成校園霸凌因應小組方面，應以校長為召集人，依據「霸凌防制準則」，該小組由導師、學務人員、輔導人員、家長代表與學者專家共同組成，以負責校園霸凌事件之防制、調查、確認、輔導及其他相關事項。在學校的平日運作當中，校長與小組成員均需要了解如何辨識霸凌事件、影響霸凌事件的成因，以及霸凌事件的長期影響，俾有利於他們在霸凌事件中扮演好應有的角色與任務。

（二）班級層級

在學校情境中，教師與學生的接觸最多，直接互動最為頻繁，因此是直接遞送發展性輔導的重要管道之一。教師在班級中與學生的互動及教學，直接或間接地影響學生在校園中的生活品質。Chen 與 Astor（2011）的研究顯示，師生關係不佳、班級運作規則不清、結交行為偏差同儕等，是發生霸凌事件的學校危險因子，而良好的師生關係則是關鍵保護因子。因此，導師的工作特別重要。

Kärnä 等人（2011）回顧芬蘭的反霸凌教育工作發現，增能教師、促進教師運用

班級經營與管理，並藉助同學的正向力量來削弱霸凌者動機，經實徵研究證明有顯著降低霸凌的成效。杜淑芬（2015）針對 11 位受推薦的國小導師，探究其有效輔導具有欺凌行為學生的策略，結果發現導師有效處理學生霸凌行為的輔導策略，是採取兼顧個人、班級與生態環境（班級、家長和生態系統其他重要他人）的輔導處遇策略。教師平日即需與涉入霸凌行為的學生工作，深入了解霸凌行為問題成因、學生的正向特質和優勢，並以彈性與寬容，尋找雙贏的管教策略；在班級運作中，則應建立班級運作規則並一致地執行，此外，重視正向利他的人際行為、善用激勵系統促進班級正向利他文化、促進班級凝聚力與向上提升的力量，是班級經營的重點；而在生態合作層次，則傾向於與家長合作、與校內系統合作，以及從其他系統得到支持。

（三）支援層級

　　輔導室在 WISER 模式之發展性霸凌輔導中，扮演著各處室與教師系統的後勤支援工作。依據杜淑芬（2015），輔導室可以藉由下列工作扮演支援全體教師的班級輔導及與行政各處室合作的角色，具體行動包括：與學務處合作進行反霸凌的法治教育、與綜合活動學習領域輔導專長教師及導師合作進行人際關係教育，或是與導師討論如何降低班級的人際衝突行為。或者，可以讀書會形式組成教師支持團體，一起閱讀、一起分享學生問題、提供彼此情緒支持等，如此，不僅可以幫助教師專業成長，當有任何霸凌事件發生時，這些教師也可以彼此支援，不至於孤軍奮戰、怯於求救。

二、WISER 模式之介入性輔導

（一）受輔學生之介入性評估

　　當曉明疑似被霸凌的事件被父親揭露時，除依據「校園霸凌防制準則」（2012 年 7 月 26 日發布）進行通報、調查和處理外，輔導室應馬上指派輔導組長與輔導教師介入了解與評估，以釐清個案系統（包括被行為人、行為人、旁觀者與班級同學、家長、老師等）的輔導需求。在處理曉明被霸凌的事件時，輔導室在主任的帶領下，指派所有專兼輔教師與相關個案系統會談，包括曉明、成新、雙方家長、導師及其他涉入此件事情較深的同學，了解他們在事件中的感受、想法，以及需求與期待；接著召開輔導會議，討論與擬定可行的輔導與諮商計畫。依據 WISER 模式，這個介入性輔導計畫包括個別化介入（I）、系統合作（S）及持續性評估（E）。表 18-2 是針對曉

明霸凌事件之介入性輔導策略摘要表。

（二）個別化介入

個別化介入（I）係指霸凌事件發生後，依據當事人的需求所進行的個別化輔導，這也是專兼任輔導教師的主要任務，其具體諮商輔導模式為個別諮商或小團體諮商。在與當事人、家長和導師仔細進行個別和系統評估晤談後，輔導老師發現，涉入霸凌事件的當事人，包括行為人與被行為人均需要介入性輔導工作，以及時處理學生的問題行為，讓他們的人際行為可以得到幫助。

依據杜淑芬（2015），針對涉入霸凌當事人的個別或小團體諮商，是霸凌輔導的重點。對於行為人成新而言，他在校具有人際吸引力與領導力，加上不錯的成績與體育表現，在班級中一直是班上同學的焦點，然而他的主觀性較強，情緒調適的控制也較差，遇到事情不順己意時容易暴衝。在這個事件中，成新若不願意曉明加入活動可以說「不」，但欺凌想要參加活動的同學乃嚴重地違反人際規則。這些評估顯示，輔導教師在與成新的工作中，除了肯定成新的優勢能力外，重點在於協助當事人情緒與衝動控制的覺察及調節、發展同理心與人際覺察、尊重差異並發展領導能力等等，讓成新善用自己的優勢能力追求團隊的成長。

此外，涉入霸凌行為的其他同伴也需要列入小團體輔導。輔導教師發現，這幾位附勢者（followers）或許沒有直接對曉明造成傷害，但是他們在事件中，運用言語貶抑排擠他人、煽動成新的情緒，甚至鼓動成新進行攻擊，如火上添油般，也可能刺激成新採取更激烈的行動確認自己的權力。如此，這些附勢者也可能涉入言語霸凌，或者因為其他因素而介入間接的霸凌行為，需要即時的評估與輔導。輔導教師需要仔細評估這些學生在事件中的角色與功能，並了解其內在的需求與個人議題，透過個別輔導或小團體輔導來協助學生發展同理心、尊重他人、包容差異、情緒管理與人際衝突解決之道。

表 18-2　針對曉明被霸凌事件的介入性輔導策略

	工作策略	輔導重點	執行者	支援者
I 個別化介入	受凌者個別諮商	情緒覺察和表達 自我保護、強化與同學的人際互動關係 處理人際衝突與複雜關係技巧 同理心與尊重差異的人際互動能力	專兼任輔導教師	導師、輔導處（室）
	霸凌者個別諮商	衝動控制與情緒管理的能力 協助發展同理心、尊重差異 協助發展對人際差異的容忍度	專兼任輔導教師	導師、學務處、輔導處（室）
	其他霸凌事件涉入者之小團體諮商	同理心、尊重差異、人際關係技巧 人際衝突處理技巧	專兼任輔導教師	導師、學務處、輔導處（室）
S 系統合作	個案研討會議	輔導室召集相關處室、導師與教師共同討論現況與後續合作輔導策略	校內相關人員或含校外專業人員	各處室
	班級輔導策略	學務處：霸凌辨識與宣導、法治教育 導師：宣導反霸凌、旁觀者行動方案 綜合領域輔導活動科教師：同理心、尊重差異、多元文化、情緒管理、人際關係技巧教育與輔導 輔導教師：入班輔導，進行旁觀者教育與輔導	學務處、輔導處（室）、導師	各處室
	親師合作[1]	傾聽和提供家長同理、情緒支持 協助家長學習傾聽孩子和提供情緒支持 協助家長辨識孩子的人際行為問題 協助家長發展良好的教養策略	主責輔導教師	導師、專任專業輔導人員、輔導處（室）
	親師師合作[2]	協助導師與家長的溝通、相互了解，並建立對處理事件、幫助學生當事人的共識	導師、主責輔導教師	輔導處（室）
	雙師合作[3]	提供教師傾聽、同理和情緒支持 了解教師處理霸凌事件的困境 依據教師困境與需求提供輔導資源 協助教師發展正向管教策略 與教師共同研擬合作輔導策略	教務處、學務處、輔導處（室）、主責輔導教師	專任專業輔導人員
E 持續性評估	相關當事人、家長與教師[4]	當事人的霸凌行為是否已經停止？ 受凌者的人際關係是否有所增進？ 輔導教師評估是否達成預期的輔導目標？ 家長評估孩子的學校參與度及學校生活滿意狀況	主責輔導教師	輔導處（室）

註 1：親師合作指輔導教師與家長間的溝通與合作
註 2：親師師合作指輔導教師協助導師與家長間的溝通與合作
註 3：雙師合作指輔導教師與導師間的溝通與合作
註 4：教師指導師及其他任課教師

涉入霸凌的同學以捉弄曉明為樂的行為偏差問題固然最為嚴重，曉明處理霸凌事件的方式和人際關係的技巧也有待提升。例如，曉明希望被成新接納，加入成新的朋友圈，然而成新等人並不接受，此時曉明透過「跟老師告狀」或緊迫盯人的方式，期待透過外力「強制」成新與同學們接納他，這種人際關係的技巧不僅無法幫助其真正被接納，恐怕還讓自己成為眾矢之的。此外，曉明在遊戲時的團體遊戲技巧也待提升，例如，總是尋求自己的表現，或僅在乎討好成新，這也讓同儕感到不悅。因此，輔導教師將輔導重點放在曉明對他人情緒的覺察與解讀能力、強化曉明與同學的人際互動關係能力及團隊合作技巧，以協助曉明不僅看到自己的需要，也能看見他人的需要，培養出人際關係能力，並能針對情境做出不同的因應策略。

（三）系統合作

　　WISER模式的系統合作強調針對受輔學生的困難，在諮商輔導中，加入生態系統重要他人的合作，一起幫助受輔學生重新得到適應。依據圖18-3（頁631）的學校輔導資源系統，學生的生態系統最近端之重要他人包括家庭系統中的父母或主要照顧者，以及學校系統的教師和同學。在本文案例中，輔導教師除針對曉明與涉入霸凌的其餘當事人進行介入外，也針對曉明的重要他人系統進行介入。這些介入包括：個案會議、入班輔導、雙師合作、親師合作與親師師合作（表18-2）。茲說明如下：

1. **個案會議**：透過校內個案會議，直接與受輔學生生態系統的重要他人面對面溝通，凝聚共識形成一致的輔導目標、引進更多校內人力資源，並藉由會議進行資源整合與分工。在曉明的事件中，輔導室馬上邀集家長、導師與相關處室一起參與個案會議，商議相關處遇計畫，以及針對防制霸凌行為的擴散做了適切的回應，包括學年會議宣導、全校性宣導和進一步的教師增能訓練。

2. **入班輔導**：針對班級同學進行旁觀者輔導，是防治霸凌行為惡化的重要步驟（Kärnä et al., 2011）。班級輔導的主要目標在於辨識霸凌事件、協助旁觀者宣洩班級霸凌事件帶來的負面感受、透過班級輔導來澄清適當的人際相處之道與衝突解決策略，此外也凝聚反霸凌行為的共識等。

3. **雙師合作**：雙師合作是指輔導教師與導師間的溝通與合作。輔導教師與學生當事人工作並提供教師諮詢與支持。導師則在班級經營中，協助霸凌者停止其行為，同時也協助受凌者在班級中被接納，引導班級同學成為遏止霸凌行為的有效助力。要達到這些目標，導師需要與輔導教師合作，了解受輔學生的行為成因，並找出適當的策略，協助其降低不當行為與發展優勢。導師也需要在班級中建立人

際運作規則、鼓勵學生助人或包容的人際互動行為，並經營正向行為支持的班級環境。

4. **親師合作與親師師合作**：對於涉入霸凌事件學童的家長而言，無論是霸凌者或受凌者家長，均會因事件而受到心理的創傷與衝擊（杜淑芬，2013），故不批評、不責備，涵容和同理家長的情緒，是與家長建立關係與合作輔導的前奏曲（王麗斐等人，2008）。此外，結合導師進行「親師師合作」更是完善的合作機制。因此，在進行「親師師合作」時，將焦點放在「幫助孩子的成長」並協助家長和導師注意霸凌持續發生的警訊，以及提供家長和導師有關如何對孩子進行心理評估的資訊，協助家長發展適當的教養策略等。總之，與家長保持溝通管道的暢通，運用校內資源協助人際衝突的解決與欺凌事件的處理，如此，當有助於霸凌行為的防制與導正。

（四）持續性評估

專輔教師在輔導歷程中，需要隨時評估輔導策略是否達成預期成效，這就是WISER模式介入性輔導重視以實證為本的精神。專輔教師除了透過受輔學生當事人的主觀經驗進行評估之外，也可以適當地納入家長、導師、任課教師或其他處室相關人員的意見，以做為評估輔導計畫的依據。例如，成新與同伴對於曉明的敵意是否降低？受凌者是否有其他人際關係的形成？班級的人際衝突行為是否降低？我們也可以定期了解家長在家庭與導師在班級的觀察，以判斷人際衝突行為是否得到緩解。

三、WISER 模式之處遇性輔導

WISER 模式的霸凌三級輔導是引進校外資源（Resources integration, R），並整合已有的校內資源及校外資源共同合作，達成協助受輔學生重新適應的目標。

就學校輔導室來說，當發生關係霸凌事件時，引進輔諮中心專輔人員或校外專家的時機可以是：（1）校內輔導室專業人力不足以因應該事件所引發的全面性輔導需求時；（2）同一位輔導教師「既輔導受凌者，又輔導霸凌者」，可能難以避免陷入「誰對誰錯」、「對誰比較好」的關係拉扯中，此時引進輔諮中心專任專業輔導人員的協助，可以避免三角關係的糾葛；或者（3）因其他種種因素需要引進校外資源（杜淑芬，2013）。由於這個霸凌事件涉入多名學生與家長，因此該校決定申請輔諮中心的專任專業輔導人員入校協助。

四、從回饋學校霸凌輔導機制當中學到什麼呢？

學校輔導工作能從曉明的霸凌事件當中學到什麼呢？從此一案例中了解學校霸凌輔導機制的可能盲點，將此議題回饋給學校輔導工作委員會，可使案例成為未來實施反霸凌輔導的春泥，讓防制霸凌的輔導機制更為完整。透過案例，我們可以更了解個案系統（學生、家長或教師）的需求，並回饋到未來的學校輔導與諮商工作，即是學校本位輔導工作的基石。以此案例而言，這個事件顯示學校導師已經粗具霸凌辨識的概念，但對這種處於模糊地帶的霸凌事件缺乏判斷與處遇的能力，因此輔導室可以透過案例的討論，協助學校教師更了解這類學生的需求，深化導師霸凌輔導的能力。

陸、總結

學校輔導工作應該如何發展？應該讓輔導專業化，或者應該普及化讓每位老師都是輔導者？這些都是學校輔導工作發展上長久以來的難題。而 WISER 模式是專業化與普及化攜手的果實，有效地回應臺灣社會對學校輔導的需求，並強調先義後利的合作精神。在 WISER 模式發展的過程中，來自基層輔導實務工作者的智慧，讓我們看見學校輔導工作發展普及化的成果。例如：檢視學校輔導的發展中，透過輔導課程化的政策，傳遞生涯、社會與個人適應的概念，讓學生普遍具有心理健康的知識與概念；「教訓輔三合一」、友善校園等輔導政策是基於華人「人師」的概念，推動每個教師都是輔導教師的理念，積極培育認輔教師、推動輔導知能研習、校長領銜輔導工作等等措施，均促進了學校輔導工作的普及化，奠定全校教師對於自身輔導角色與功能的認知。如前所述，這些普及化的推動，多年以來為學校輔導與諮商的發展奠定良好的基礎。近年來，隨著社會的變遷，學生的多元化與適應困難行為的複雜化及嚴重化，加上《心理師法》的通過，各界要求學校輔導工作專業化的呼聲甚囂塵上，2011年的《國民教育法》第十條與 2014 年的《學生輔導法》所增置的專輔人員與專輔教師作為，恰好補足學校輔導工作的最後一塊拼圖，讓學校輔導機制趨於完整。

WISER 模式就是在這樣的脈絡中發展出來，以簡單易懂的英文字母連結三級輔導工作的精神與實務，連結普及化與專業化的工作，彰顯臺灣學校輔導工作多年來的推動成果，並回應在地化的需求。此外，WISER 模式發表後，受到現場實務工作者的積極回應，主要因為 WISER 模式有效整合現行的校內外輔導人力與輔導資源，成為一

個可運作的模式。在「W」中，認可校園內不同專業的教師均在輔導系統中扮演其獨特的角色，例如：教師的教學、導師的班級經營、綜合活動領域課程、認輔制度均是學校輔導工作不可或缺的一環，每位教師發揮所長，在自己的領域中引領學生的成長，即是做好發展性輔導的工作。而「I-S-E」則是專兼輔教師針對出現適應困難的學生所進行的專業輔導工作，契合學校輔導工作除了個別化介入服務之外，還重視系統合作與持續性評估特性。輔導教師透過其熟悉校內資源的特性，並依據受輔學生的特殊需求與校內資源連成學校的安全網絡，讓學生不再往下墜落。而「R」則代表連結至更豐富的校外輔導資源，透過縣市的學生輔導諮商中心提供與連結三級的處遇性輔導資源，學校將校園的輔導網絡擴展至社區的網絡，讓學生—家庭、社會與國家的未來主人翁—得到身心最佳的適應與發展。

討論問題

1. 在 WISER 模式下，專任輔導教師除了輔導專業知能外，還應該具備那些學校輔導工作能力？
2. 在 WISER 模式下，校長與學校輔導處（室）行政人員的角色與功能為何？
3. 在 WISER 模式中，輔導處（室）如何結合學校輔導行政人員、專兼輔教師、認輔教師、綜合領域活動教師等人員的工作特性，發展學校本位的輔導工作計畫？
4. WISER 模式與多元文化的關係？WISER 模式整合了那些在地化的智慧與特色？

學習活動

1. 請說明 WISER 學校三級輔導工作模式每個字母與整體的意涵？
2. 請運用 WISER 的精神，針對貴校常見的學生議題，發展一項善用校內系統合作的輔導工作計畫。
3. 請運用 WISER 模式，針對一位受輔學生，發展一項個案輔導的介入性輔導工作計畫。

參考文獻

中文部分

王仁宏（2003）。從教訓輔三合一談學校輔導體系的建立。**學生輔導，85**，96-105。

王麗斐（2002）。建構國小輔導工作的未來。**輔導季刊，38**，1-7。

王麗斐、杜淑芬（2009）。臺北市國小輔導人員和諮商心理師之有效跨專業合作研究。**教育心理學報，41**，295-320。

王麗斐、杜淑芬、趙曉美（2008）。國小駐校諮商心理師有效諮商策略之探索性研究。**教育心理學報，39**（3），413-434。

王麗斐、杜淑芬、羅明華、楊國如、卓瑛、謝曜任（2013）。生態合作取向的學校三級輔導體制：WISER 模式介紹。**輔導季刊，49**（2），1-8。

王麗斐、林淑君（2016）。臺師大與臺灣學校輔導工作發展。載於**師大七十回顧叢書——師大與臺灣教育**（145-184 頁）。臺北市：國立臺灣師範大學。

王麗斐、趙曉美（2005）。小學輔導專業發展的困境與出路。**教育研究月刊，134**，41-53。

王麗斐、趙曉美、楊國如（2006）。諮商心理師國小服務方案之實施評估。**教育心理學報，37**（4），345-365。

何金針、陳秉華（2007）。臺灣學校輔導人員專業化之研究。**稻江學報，2**（2），166-183。

吳武典（2013）。**臺灣心理輔導的演進、現況與展望**。未出版。

吳英璋、徐堅璽（2003）。校園中輔導專業人員之角色功能。**學生輔導，85**，8-21。

杜淑芬（2013）。WISER 學校輔導工作模式於霸凌輔導之應用。**輔導季刊，49**，17-26。

杜淑芬（2015）。國小導師成功處理兒童欺凌行為的輔導策略分析。**教育實踐與研究，28**（1），99-130。

杜淑芬、王淑玲（2014）。學校輔導教師與外部諮商心理師的團隊合作。**諮商與輔導，337**，4-7。

林美珠（2000）。國小輔導工作實施需要、現況與困境之研究。**中華輔導學報，8**，51-76。

林家興（2014）。臺灣諮商心理師執業現況與執業意見之調查研究。**教育心理學報，45**（3），279-302。

林清文（2007）。**學校輔導**。臺北市：雙葉。

校園霸凌防制準則。中華民國 101 年 7 月 26 日公布。

教育部（2013）。**中華民國師資培育白皮書**。臺北市：作者。

國史館教育志編纂委員會（1990）。**中華民國史教育誌**。臺北市：國史館。

國民教育法。中華民國 103 年 6 月 1 日公布。

張植珊（1980）。我國近六十年的輔導運動及其發展動向。載於宗亮東等（編），**輔導學的回顧與展望**。臺北市：幼獅。

張瀞文（2011）。終結霸凌——輔導人力如何整合。**親子天下，22**。取自 https://www.parenting.com.tw/article/5019980-終結霸凌——輔導人力如何整合？

張麗鳳（2008）。輔導教師專業組織發展與學校輔導工作。**輔導季刊，44**（3），45-51。

許育光（2013）。國小輔導教師實務內涵初探：從困境與期待分析進行對話。**中華輔導學報，38**，57-89。

陳秀樺（2013）。**國小輔導教師工作壓力、工作倦怠與督導需求之相關研究**（未出版之碩士論文）。臺北市立教育大學，臺北市。

陳俐穎（2015/10/10）。一日兩起校園槍擊案　美槍枝問題未解【風傳媒】。2017/4/25 取自 http://www.storm.mg/article/68830。

黃光國（2009）。**儒家關係主義：哲學反思、理論建構與實徵研究**。新北市：心理。

葉一舵（2013）。**臺灣學校輔導發展史**。新北市：心理。

鄭崇趁（2000）。教訓輔三合一方案的主要精神與實施策略。**學生輔導雙月刊，66**，14-25。

鄭崇趁（2005）。從學校組織再造的需求探討教訓輔三合一方案在教育改革中的角色功能。**國立臺北教育大學學報：教育類，18**（2），75-100。

學生輔導法。中華民國 103 年 11 月 12 日公布。

蕭文（1999）。學校輔導工作的發展趨勢。載於中國輔導學會（主編），**輔導學大趨勢**（103-122 頁）。新北市：心理。

英文部分

Bronfenbrenner, U. (1979). *The ecology of human development: Experiments by nature and design*. Cambridge, MA: Harvard University.

Chen, J. K., & Astor, R. A. (2011). School violence in Taiwan: Examining how western risk fac-

tors predict school violence in an Asian culture. *Journal of Interpersonal Violence, 25*(8), 1388-1410.

Gysbers, N. C., & Henderson, P. (2012). *Developing & managing your school guidance & counseling program* (5th ed.). Alexandria, VA: American Counseling Association.

Kärnä, A., Voeten, M., Little, T. D., Poskiparta, E., Kaljonen, A., & Salmivalli, C. (2011). A large-scale evaluation of the KiVa Antibullying Program: Grades 4-6. *Child Development, 8* (1), 311-330.

Miller, S. D., Duncan, B. L., & Hubble, M. A. (2004). Beyond integration: The triumph of outcome over process in clinical practice. *Psychotherapy in Australia, 10*, 2-19.

Ryan, W. C., Jr. (1919). *Vocational guidance and the public schools* (Bulletin 1918, No. 24). Washington, DC: U. S. Department of the Interior, Bureau of Education.

Tu, S., & Jin, S. (2016). Development and current status of counselling psychology in Taiwan. *Counselling Psychology Quarterly, 29*, 195-205.

Weist, M. D., Ambrose, M. G., & Lewis, C. P. (2006). Expanded school mental health: Collaborative community-school example. *Children & Schools, 28*(1), 45-50.

Wrenn, C. G. (1962). *The counselor in a changing world*. Washington, DC: American Personnel and Guidance Association.

 # 臺灣多元文化諮商未來發展的方向與任務

▌陳秉華

本書進入了尾聲，我先回顧了郭崇信老師在本書中寫的第二章——多元文化諮商風潮，將臺灣多元文化諮商的發展對照北美多元文化諮商的發展，也在上課時與同學們共同針對這主題有了些相當精彩且深入的討論，於是我整理這些資料並形成了本書這最後結語的內容，試圖對多元文化諮商目前在臺灣發展的情況提出評論，也指出未來臺灣多元文化諮商需要繼續發展的方向與任務。

壹、對目前多元文化諮商在臺灣發展的評論

回顧北美多元文化諮商的興起有其社會背景，如美國的民權、女權社會運動，帶動了諮商專業學會與團體做出積極回應，少數族裔心理學家紛紛組成該團體的學會，並合力推動心理工作人員的多元文化諮商工作知能，使其能夠有效服務不同族裔與文化背景的個案，多元文化諮商經過 60 年的時間發展為成熟且全面性影響諮商專業，可稱之為心理學的第四勢力（Pedersen, 1994）。

反觀臺灣的社會歷經過去 40 年的政治與社會開放、新移民人口逐年增加之後，也成為了多元文化的社會，但是臺灣諮商專業學會與團體並沒有針對多元文化諮商的議題有積極回應，以下就諮商教育訓練、諮商實務、學術研究、工作倫理等層面提出一些個人的評論。

一、諮商教育訓練

1. 多元文化諮商在學校養成教育中是邊緣的知識

截至目前，臺灣心理諮商系所開設多元文化諮商課程的其實相當少，許多系所會

列在課程名稱中，但是實際上並沒有開課，反映出其在諮商主流課程中是可有可無的。學生無法透過一門課程獲得多元文化諮商基礎且全貌的認識，僅能透過不同諮商科目（例如：諮商理論、心理評量、諮商倫理等）中與多元文化有關的一個章節之內容獲得片面知識，但是這些從不同科目教科書中獲得的多元文化知識並未進行整合，因此所獲得的知識也是零散的。

2. 多元文化諮商在諮商心理師考照科目中是邊緣的主題

臺灣諮商心理師的應考科目並沒有多元文化諮商，多元文化諮商的相關試題是在諮商與心理治療理論科目中的後現代取向，是在諮商與心理治療實務及專業倫理科目中的特殊議題之一，也反映出多元文化諮商的知能是被邊緣化的。雖然將多元文化諮商融入於各個諮商科目中是一個很好的做法，但是其出發點是因為認知到多元文化的知能對諮商者教育很重要，所以需要全面性的融入於各個諮商科目中？還是認為多元文化的知能僅是諮商者教育中，多則很好、少則不差的一個科目呢？這是兩種截然不同的心態，很不幸地，臺灣的諮商者教育對於多元文化是停留在後者的態度。

3. 諮商專業學會的年會與繼續教育多集中於少數議題

近年來，諮商專業學會年會的重要主題也會放在多元文化諮商，並且在學會中也常見一些與多元文化諮商有關的主題工作坊，但是這些主題會相當集中於某些少數議題，例如：對家暴婦女的諮商與賦能、同志或多元性取向諮商、兒童與青少年諮商等，而對於其他弱勢族群，例如：原住民、新住民（常見的是將新住民議題合併入家暴議題）、老人、身心失能者諮商的討論卻是相當稀少，這當然也反映出社會及專業團體對不同弱勢族群的資源分配不均。

4. 對西方諮商理論與方法全面採納，鮮少有文化適用的反思

目前國內諮商研究所的教科書幾乎都是英文教科書或是中譯本教科書，這些來自歐美的諮商理論與方法，被諮商系所學生全盤吸收，甚少會在課堂上討論跨文化適用性的問題，諮商領域受西方諮商專業的文化移植非常嚴重。

5. 本土諮商理論與方法或本土療癒的論述仍然相當少

臺灣多位華人本土心理學家在過去 40 年間發展諸多理論模式來解釋有關華人的心理與行為，對於臺灣諮商心理學本土化的建構有很豐富的啟發性，可惜的是，相當多諮商心理領域學者或實務工作者對於本土心理學的理論所知不多；或者，其中雖有不少有興趣的諮商工作者，卻因為本土心理學家所提供的理論或概念相當抽象，與諮

商的實務銜接性低，而不知道該如何應用。這兩個領域之間缺少對話，也欠缺專業知識的銜接，對這樣的狀況我覺得相當可惜。我個人從本土心理學的知識中獲得相當多對華人諮商的啟發，例如我過去所形成的人我關係協調諮商模式，就是立基於本土心理學家提出的華人社會人我的概念所發展出來的。

二、諮商實務

1. 某些族群議題較受到關注，但是另一些族群議題卻鮮少被探討

在臺灣，目前一些族群及其議題已經普遍在學校教育、醫療、社會福利、立法與政策制定中受到重視，例如：新住民與新住民子女之適應與多元文化優勢能力激發、原住民教育與就業保障、老人照顧與福利、老人健康照護政策、身心障礙者權益保障、多元性別教育、家暴與性侵害防治等，但是在諮商領域仍然很少深入探討這些不同族群的輔導與諮商，例如：這些特定族群的心理與社會需要的是什麼？怎樣是合適這些族群的諮商介入方法？有些族群議題會合併在其他議題中探討，例如，新住民婦女的諮商會合併在家暴議題中討論，但是家暴議題僅是新住民婦女議題中的一個面向，其中還有相當多元面向的議題尚未在諮商中被探討（如，新住民婦女與家庭），並且還有一些族群議題在諮商領域幾乎沒有被研究過，例如：對原住民、老人、移工、身心障礙、偏鄉孩童等的諮商。

2. 一些特定族群的諮商發展較為成熟，但是另一些族群的諮商則相當陌生

在諮商教育訓練中，一些諮商系所會開設家暴與性侵害諮商、同志諮商、兒童與青少年諮商等課程，而諮商心理相關學會也會不定時舉辦對這些族群的諮商實務工作坊，學習者有較多機會可以接受到相關的教育與知識。但是其他族群如老人、身心障礙、新住民、原住民等，學校的諮商養成教育中並沒有這樣的課程，而相關學會也甚少針對這些族群舉辦演講或工作坊，使得學習者相對的知能不足，也較無法對這些族群中有需要的案主提供文化合宜的心理服務。

三、學術研究

1. 擴展對多元族群的議題與諮商研究

目前諮商心理相關學術期刊，除了有時會看見同志議題與心理諮商、新住民與其子女的心理與社會適應等論文，甚少刊登老人、原住民、國際移工、國際學生等特定

族群的論文,在學生的畢業論文中,也較少有以這些族群為研究的主題。期許未來諮商心理相關期刊可以特定族群之諮商做為專題或出版專刊,來彙集相關的理論或實務知識。

2. 發展適合臺灣社會脈絡的多元文化諮商課程內容與教學方法

諮商領域甚少探討如何發展多元文化諮商的課程設計與多元教學方法,更遑論對於多元文化諮商教學課程成效的評估。我參閱了目前臺灣有限的幾所有開設多元文化諮商課程學校的課綱,發現其課綱相當雷同,主要都是以美國的多元文化諮商教科書為主要教材。

在教學方法部分,過去傳統的諮商教育以知識傳授為主,注重閱讀與認知學習,但是多元文化諮商的教育除了知識與技術的傳授,也相當強調情意學習,而協助學生增加對於文化的覺察就是一種情意教育,需要透過非傳統的認知活動,例如:與異文化接觸與體驗、認識與了解不同族群或文化認同的人、發現自己與不同文化認同者相處時的陌生或不舒服感受、發現自己在接觸不同文化認同案主時的反移情等等,都是需要走出自己文化的熟悉與舒適圈,進入不同的文化處境而產生異文化接觸。需要有經驗性的接觸與體會,才能夠引導學習者進入文化與心靈之旅。

如何針對臺灣的諮商系所學生,設計合乎臺灣社會文化現況的多元文化諮商課程教案與多元化的教學方法,是亟需立即關注的一環;本書的撰寫與出版,即是使臺灣的諮商教育邁向本土化、在地化重要的一步。

3. 開展文化認同與諮商的相關研究主題

目前,臺灣諮商研究中甚少有諮商工作者文化認同、特定族群之文化認同、多元文化能力之測量與工具信效度檢測、諮商者的多元文化能力與評量、對特定族群的跨文化諮商盲點與挑戰、臺灣少數族群的文化涵化等等各式的主題,使得臺灣多元文化諮商領域的研究主題顯得相當集中與狹窄,也欠缺具文化合宜的多元文化能力評量工具。

4. 以華人本土心理學為基礎,發展本土化的心理諮商理念與方法

深受西方諮商心理影響的臺灣諮商界,如何在持續接受西方諮商與心理治療理論及方法的影響下,增加探討文化合宜性與適用性的議題;如何在華人本土心理學的基礎上,結合本土文化的理念,發展本土化的華人諮商模式與方法;諮商者如何適當地引用或結合臺灣當地的宗教、文化療癒資源或方法,都是在未來發展具有臺灣本土文

化特色的諮商需要努力的方向。臺灣諮商界於去年（2016）由台灣輔導與諮商學會首度舉辦了本土諮商心理學國際研討會，該學會成立了「心理諮商本土化研究委員會」，原《台灣心理諮商季刊》更名為《本土諮商心理學學刊》，這些都反映出臺灣諮商心理學界開始對於諮商心理本土化有了更多重視，期盼藉著這些組織的推動，使得臺灣本土諮商的研究與實務得以開展。

 四、工作倫理

　　以下引用一個跨文化婚姻的家庭案例，並參考美國心理學會（APA）在 1993 年所提出對種族、語言、文化多樣性族群提供心理服務的指引（American Psychological Association, 1993），進一步說明我認為在臺灣對多元文化案主提供諮商服務需要有的工作倫理指引。

案例 --

　　此案例中，先生年約 60 歲，是漢人，也是癌症末期病人，已經進入臨終階段，太太是原住民，年約 40 歲，夫妻結婚十多年，育有一子，為國小高年級生，夫妻居住在新北市，開小吃店謀生，經濟狀況並不好。先生交代太太，他過世之後，太太可以和孩子搬去南部投靠兄姊家，因為他們的家境很好。我與太太進行會談，她說先生過世後，她想要獨自留在臺北努力賺錢，孩子則送去南部交由先生的家族照顧。太太主要是有經濟上的顧慮，怕自己獨力撫養孩子無法提供孩子好的教育環境（例如，讓孩子補習）。我建議她聯絡社工討論，看看是否能夠符合低收入戶的補助，或是可以申請到孩子學費上的減免，也與太太討論確認，如果經費夠用，她是否想要與孩子同住並自己照顧孩子。我提議太太可以與夫家的姊姊討論，能否固定資助孩子的教育費用，這樣孩子就不必與母親分離，經歷雙重失落。

　　另外，太太表示自己是原住民，不清楚漢人的喪葬儀式，很怕自己在先生的後事處理上會做錯決定。但是夫家的每個人對於如何進行喪葬都有不同的意見，最後只丟下一句話：他們不要管了，要太太自己決定。於是我們也討論了先生所信奉的佛教信仰一般會有的臨終助念與喪葬方式、太太在決定過程中需要的喪葬諮詢對象，以及如何把決定再帶回夫家。這位原住民太太面臨的是要理解夫家文化的喪葬儀式，並做出合適漢人宗教禮儀的決定，同時她在面對自己的經濟弱勢時，也需要知道如何可以爭取到一些社會資源，以及在夫家中獲得一些經濟資助，讓她可以帶著孩子生活下去。

　　太太剛開始時在會談中表達不多，當被問到她需要什麼幫助時，她都搖頭表示不知道，這樣的表達很容易給諮商者一個「案主被動且不清楚自己需要什麼」的印象，也會讓談話不容易展開。但是當太太開始表達出她是原住民時，有文化敏感度的諮商者就需要想到原住民在漢人文化中是相對弱勢，原住民個案在面對漢人諮商者也可能會反映出這相對弱勢的不平等權力位置，而使得這位原住民婦女在漢人諮商者面前保持沉默。有多元文化意識的諮商者需要採取比較主動的姿態，表達同理案主對夫家喪葬文化的不熟悉，詢問案主是否有一些諮詢管道，也要主動地提供資源或為案主連結資源。若會談時間再充足一些，諮商者可與太太探討，原住民婦女嫁到漢人家庭是否經歷了文化與家庭層面的弱勢地位，使她在夫家不能或不敢表達出自己的意願與需要，而她的聲音也比較不被重視、不被聽到。諮商者如何在會談中賦能這位原住民婦女是相當重要的，包括去協助她了解採取漢人文化合宜方式辦理丈夫的喪葬、幫助她去想想如何與孩子以原住民文化的方式紀念她的先生，以及協助她了解如何可以獲得一些社會與家族內的經濟補助，使她能夠與孩子一起獨立生活，減少自己無法提供給孩子合適教育機會之擔心。諮商者如果沒有這樣的文化敏感度，未覺察到這位原住民婦女可能在漢人家族中處於弱勢地位，而這位婦女也在面對丈夫與夫家決定對孩子的安置時，最終這位婦女也只能被迫接受自己的弱勢，而不再去考量自己，以及孩子是否有想要與母親同住的需要。諮商者在面對這樣多元文化家庭的處境時，背後需要有多元文化與社會正義的意識，為這位原住民婦女提供或連結、爭取資源，使這位婦女在具有更多資源的情況下，能夠做出真正合乎自己與孩子需要的決定。

　　如果將以上的案例做一些延伸，我認為諮商者在從事多元文化諮商服務時的倫理指引至少需要涵蓋以下 12 點：

1. 了解大環境社會中存在著文化的多樣性。
2. 了解少數或弱勢族群在主流社會會遭受文化歧視與壓迫。
3. 了解來自不同文化或族群的案主，在大環境社會中的經濟、政治、社會地位，以及他們所身處的地位，對他們在心理、家庭角色與關係、社區、教育、職場各層面的影響。
4. 在諮商中要敏感於自己與案主來自不同的文化或族群身分及認同差異，會如何複製了大環境中文化或族群差異所造成的權力不平等，進而影響到自己與案主的互動也出現權力與地位的不平等。
5. 協助案主了解他／她的文化或族群身分如何影響他／她的心理與社會認同，以及

所帶來的文化或社會優勢或劣勢。

6. 協助案主尋找與確認自己的文化或族群認同，並且了解所選擇的文化或族群認同將如何與所身處的社會環境主流文化互動（例如：是與社會的主流文化隔離？同化？還是融合？）。

7. 協助來自不同文化或族群案主了解所遭遇的困難或問題與所在的社會處境之關聯性，減少將問題或困難做不當的個人性歸因（例如：自己能力差、不夠努力等等）。

8. 諮商者學習並使用與案主文化合宜的語言、溝通方式，以及案主可以接受的介入方法進行諮商或會談。

9. 面對弱勢族群案主時，諮商者對於案主所處的社會壓迫、被歧視等社會地位與經驗，需要有敏感性與認識。

10. 諮商者需要熟悉各種社會福利、教育、醫療、宗教、諮商輔導、社區等資源，面對弱勢族群案主時，需要主動提供或協助案主連結並使用需要的資源。

11. 諮商者需要對於自己所認同的文化或族群價值、信念、行為有覺察，並能敏感於這些價值、信念與行為如何被帶入諮商情境，影響到與案主的互動。

12. 諮商者要敏覺自己在對不同文化或族群案主工作時所缺乏的知能，透過教育訓練與督導盡快加以補充，以提升服務的效能。

貳、未來臺灣多元文化諮商發展的方向與任務

　　綜合以上所述，可以看見多元文化諮商帶出的是一個諮商專業典範的轉移，也就是多元文化諮商的先驅 Pedersen（1991）早已指出的——多元文化諮商是心理學史上的第四波勢力。臺灣多元文化諮商的發展與北美多元文化諮商的發展在社會脈絡上有相似之處，都是在面對社會中的多元文化族群及文化多樣性，並提供多元文化族群案主文化合宜的諮商服務，這是不同社會文化中共有的文化普同性（etic）。但是臺灣多元文化諮商也與北美多元文化諮商有相異之處，最大的不同是臺灣多元文化諮商工作者需要去面對臺灣在地的社會文化特性，這是不同於北美的社會文化處境，也就是說臺灣的多元文化諮商工作者無法直接套用北美的多元文化諮商理念與方法，而需要去思考臺灣社會的文化特殊性（emic），以發展出合適臺灣社會文化下之多元文化案主的諮商理念與方法。

一、回應華人文化與臺灣社會的文化特殊性，建構有本土文化意涵的諮商理念與方法

因著深刻認識到臺灣社會的文化特殊性，我在本書中安排了四分之一的篇幅來針對臺灣的文化特殊性與心理諮商作出探討與回應（參見第二篇——華人文化傳統與心理諮商），所邀請的作者們分別以儒家文化觀點為出發，建構心理諮商的理念（儒家文化的倫理療癒、人我關係協調的諮商、融入孝道觀點的諮商），以及臺灣本土民俗／宗教療癒。在回顧了這些作者提出的觀點後，更強化了我的想法：這是未來臺灣多元文化諮商發展的重要任務之一。未來華人／臺灣本土心理學家需要和諮商心理學者／實務工作者有更多的文化與心理專業交流及對話，可以將心理服務現象場的觀察透過文化理解的眼光，重新發現諮商互動中的文化特殊性意涵，並以此為基礎，去建立、發展出有華人／臺灣社會文化觀點的諮商理念與方法。諮商心理學者也可透過與本土心理學家的合作，擷取或參考本土心理學者所建構出的華人心理與行為的概念或模式，將之應用於諮商場域，建構出本土諮商心理的模式。依據我的觀察，截至目前為止，這兩個專業的合作與對話才剛開始；這兩個專業的訓練、思考、使用語言不同，常常會造成彼此溝通上的障礙，如何進行跨專業的合作需要有一些共同的基礎，例如，本土心理學家對於諮商的現象場需要有一些接觸，而心理諮商工作者也需要有一些本土心理學的理論與方法學之基礎訓練，這樣才能夠展開彼此間的對話。如何建構出這樣一個接觸與對話的平臺，是未來需要展開的任務。

二、回應華人文化與臺灣社會的文化特殊性，將西方諮商理論做出文化修正再應用，以符合華人或臺灣社會文化的特性

本書的第三部分涵蓋了幾種目前在臺灣流行的西方心理諮商學派在臺灣的應用及可能要有的文化調適（參見第三篇——西方諮商理論在臺灣的應用與文化調整，涵蓋哀傷輔導、家庭治療、焦點解決短期治療、後現代敘事治療），事實上還有相當多西方的心理諮商或治療理論在臺灣普遍被使用，例如：精神分析或動力取向的心理治療、薩提爾家族治療、心理劇等。在國際專業領域，無論在期刊或是研討會上，都已經可以見到在不同文化應用這些理論的對話，但是在臺灣這樣由內而生的文化反省，甚或提出文化修正的聲音仍然很小，學習者只一味忙碌地將西方的諮商理論全盤接收，提供專業訓練者也幾乎不談一個西方理論應用在臺灣的文化考量或是需要做出文

化修正的觀點，這是未來臺灣多元文化諮商發展需要展開的另一個重要任務。

三、針對臺灣社會中被忽略的弱勢族群，發展對這些特定族群文化合宜的工作理念與方法

本書的第四篇為特殊族群的多元文化諮商，包含多元性別諮商、多元文化老人諮商、原住民諮商、新住民諮商、儒家文化下基督徒諮商、青少年族群學校諮商。有一些族群議題較被社會與專家學者重視，例如：多元性別、新住民、青少年等，但是根據這些特定族群的需要與議題發展合宜的諮商取向與方法，這樣的論述或是研究還相當稀少；另一些族群，例如：老人、原住民、有特定宗教／靈性議題者、身心障礙或弱勢失能者、國際移工、國際學生等，相對之下則更少被社會或專業工作者重視，更遑論針對這些特定族群發展文化合宜的諮商方法。

四、發展對不同族群多層次多元取向的諮商方法

根據 Sue 與 Sue（2013）所提出針對各種劣勢群體發展文化能力的多向度模式，其中包含了三個向度：劣勢群體向度（包含種族、性別、性取向、身體失能、年齡等）、文化能力向度（包含對不同群體的態度之覺察、對不同群體之知識、對不同群體工作的技巧等）、工作的焦點向度（包含個人層面、專業層面、組織層面、社會層面等）。應用這個模式，可以針對不同劣勢群體發展出不同層面的工作焦點，並且依此訓練諮商者增加對這個特定劣勢群體的態度覺察、知識，與技能。舉例而言，針對老人族群，諮商者需要檢視自己對於老人的態度，增加對於老人族群身、心、靈、社會各層面的發展特性及需要的知能，以及具備對老人族群合宜的工作技巧。對老人族群可以採取個人層面的工作，如心理諮商；也可以採取專業的層次，透過專業機構或團體，針對老人舉辦身心健康講座；或是採取組織層面，在機構內訓練年長者成為志工；又或是透過媒體傳遞出健康老人的形象與生活的多樣面貌。傳統以來，諮商工作者最熟悉的就是在諮商室內的個別諮商，而走出諮商室是許多諮商工作者不熟悉也心有抗拒的，如何透過專業團體、組織運作，甚至社會層面的工作，多元性且全面性的改善或提升劣勢族群的身心健康及社會地位，這是未來諮商者的新角色功能。

五、更新諮商心理師專業形象，形塑出新的文化與專業認同

Duan 與 Brown（2016）指出，面對美國社會的多元文化，21 世紀的諮商專業需要有新的定義與更新，不能夠再固守諮商中的單一文化價值。我也認為臺灣的諮商工作者不能夠再緊握學習到的西方以服務中上階層案主為主的諮商理論與方法，並且全盤套用在臺灣多元文化的案主身上。諮商者需要對不同文化個案群開發出多層次、多元性的諮商工作方法，諮商師需要走出諮商室，與專業團體及組織合作，在結構性的層次上做改變，為個案爭取更好的生存與生活條件，這會相當挑戰目前臺灣諮商心理師「僅僅坐在諮商室內，協助案主往個人內在做自我覺察，產生心理洞察」的專業形象。

諮商工作者在過去的專業訓練中，也絕少有對於自身文化認同的探索，相當多的諮商學習者毫無反思地就全盤接受與認同西方諮商理論背後的文化價值信念，忽略了在認同過程中自己是否經歷過與自身文化傳統有矛盾衝突之處，以致於使自己在諮商學習與應用裡全然失去了自身的文化主體性。未來臺灣諮商工作者的教育訓練中，需要強化學習者對自己文化認同的覺察，以及敏覺於自己帶著臺灣／華人文化背景在接觸與學習西方諮商文化的涵化（acculturation）歷程（Berry, 1997），這樣的訓練會形塑出諮商者新的文化與專業認同，也才能夠尋回臺灣諮商工作者自身的文化主體性。

討論問題

1. 如本章所言，若要更新目前臺灣諮商心理師坐在諮商室中作個別諮商的專業形象，你認為在諮商教育課程中需要有哪些改變？
2. 請小組討論出一個體驗性活動，以增加臺灣諮商學習者在接觸西方諮商文化的涵化歷程覺察。

學習活動

1. 請根據本章所提之 Sue 與 Sue（2013）的多向度模式，針對某一個特定族群從不同焦點工作所需要具備的文化能力，為諮商學習者規劃出兩天 12 小時的密集課程訓練。

2. 請融合本書內容，規劃出一個給諮商系所學生一學期（18 週 36 小時）的多元
文化諮商課程課綱，包括課程目標、涵蓋的上課主題與單元、授課方式、主要
閱讀教材。

 **參考文獻**

中文部分

郭崇信（2017）。多元文化諮商風潮：回顧多元文化諮商的過去、現在、未來，及其
對臺灣諮商的啟示。載於陳秉華（主編），**多元文化諮商在臺灣**（頁 27-50）。
新北市：心理。

英文部分

American Psychological Association. (1993). Guidelines for providers of psychological servi-
ces to ethnic, linguistic, and culturally diverse populations. *American Psychologist, 48*,
45-48. doi: 10.1037/0003-066X.58.5.377

Berry, J. W. (1997). Immigration, acculturation, and adaptation. *Apply Psychology: An Interna-
tional Review, 46*, 5-43.

Duan, C., & Brown, C. (2016). *Becoming a multicultural competent counselor*. Thousand Oaks,
CA: Sage.

Pedersen, P. B. (1991). Multiculturalism as a forth force in counseling. *Journal of Counseling
and Development, 70*, 5-25.

Pedersen, P. B. (1994). *A handbook for developing multicultural awareness* (2nd ed.). Alexan-
dria, VA: American Counseling Association.

Sue, D. W., & Sue, D. (2013). *Counseling the culturally diverse: Theory and practice* (6th ed.).
Hoboken, NY: John Wiley & Sons.

國家圖書館出版品預行編目（CIP）資料

多元文化諮商在臺灣 / 陳秉華等著. -- 初版. -- 新北市：
心理，2017.10
　　面；　公分. --（輔導諮商系列；21119）
　　ISBN 978-986-191-795-5（平裝）

1. 心理諮商　2. 多元文化　3. 文集　4. 臺灣

178.407　　　　　　　　　　　　　　　　　106017720

輔導諮商系列 21119

多元文化諮商在臺灣

主　　　編：陳秉華
作　　　者：陳秉華、郭崇信、陳金燕、黃光國、曹惟純、葉光輝、
　　　　　　余安邦、李佩怡、趙文滔、許維素、吳熙琄、劉安真、
　　　　　　李開敏、邱珍琬、趙祥和、黃瑩暖、王麗斐、杜淑芬
執行編輯：陳文玲
總　編　輯：林敬堯
發　行　人：洪有義
出　版　者：心理出版社股份有限公司
地　　　址：231026 新北市新店區光明街 288 號 7 樓
電　　　話：(02) 29150566
傳　　　真：(02) 29152928
郵撥帳號：19293172　心理出版社股份有限公司
網　　　址：https://www.psy.com.tw
電子信箱：psychoco@ms15.hinet.net
排　版　者：龍虎電腦排版股份有限公司
印　刷　者：龍虎電腦排版股份有限公司
初版一刷：2017 年 11 月
初版二刷：2021 年 9 月
I S B N：978-986-191-795-5
定　　　價：新台幣 750 元